后浪出版公司

滑铁卢

WATERLOO
Four Days that Changed Europe's Destiny

决定

欧洲命运的四天

[英] 蒂姆·克莱顿 Tim Clayton | 著　　高　阳 | 译

民主与建设出版社
·北京·

献给

詹姆斯和约翰，以纪念伍斯特的快乐夜晚

目　录

序言　这场以"小时"计量的短暂战役　1

第一部分　备　战

1　紫罗兰的季节　3
2　恶魔出笼　8
3　荣誉、自由与和平　13
4　鹰钩鼻佬接手指挥　21
5　普鲁士人　28
6　勇者的荣誉　36
7　世间的渣滓　44
8　情　报　54
9　等待入侵法国　61
10　法军的行动　69
11　镇　静　75

第二部分　入侵尼德兰

12　法军越过边境　83
13　普军前哨遭到攻击　90
14　沙勒罗瓦的陷落　96
15　日利、戈斯利与弗拉讷的前哨战　102
16　法军与普军的营地　109

17	里士满公爵夫人的舞会	115
18	进军命令	124
19	皇帝的命令	131
20	奥兰治亲王在四臂村	138
21	从布里远眺	142
22	拿破仑改变计划	147
23	奈伊对尼德兰人的攻击	152
24	对圣阿芒和利尼的试探性进攻	158
25	不要有半点迟疑	167
26	细红线	170
27	枪托和刺刀	179
28	奈伊的第二次攻势	185
29	圣阿芒	194
30	德隆的进军	200
31	近卫军参战	207
32	克勒曼的冲锋	214
33	布吕歇尔的撤退	220
34	威灵顿的攻势	224
35	灯下计议	231
36	时不我待	236
37	失去线索	243
38	四臂村的早晨	248
39	通向蒙圣让之路	255
40	阵线后的恐慌	264
41	天空打开了水闸	269
42	普鲁士人的进军	278
43	寻觅早餐	283
44	颤抖吧，暴君！	290
45	阵　地	295

第三部分　滑铁卢之战

46	法军的计划	307
47	对乌古蒙的第一次进攻	311
48	察觉普军的踪迹	319
49	大炮阵	323
50	德隆的攻击	330
51	克拉贝的冲锋	336
52	王室旅的冲锋	340
53	联合旅的冲锋	345
54	法军的反击	350
55	约翰·范德勒爵士旅的冲锋	355
56	普鲁士人在哪？	361
57	大炮阵的重建	366
58	快逃命！	373
59	拿破仑准备第二次进攻	377
60	米约的冲锋	383
61	洛博与普鲁士人	390
62	骑兵大冲锋	393
63	拉艾圣的陷落	402
64	火炮与战马	410
65	普军的推进	417
66	缓慢但无疑	422
67	齐滕的进攻	432
68	普朗斯努瓦	436
69	最后的预备队	443
70	近卫军败退	447
71	正前方，毫无疑问	452
72	追　击	459

73	胜利！胜利！	465
74	阵亡者名单	470
75	妻　子	478
76	这场悲惨战争的影响	481

结语　最为艰苦的一战　488

致　谢　506

注　释　509

参考文献　547

附录　战役序列　560

出版后记　580

地图目录

地图1　盟军从5月中旬开始驻扎的营地　　53
地图2　6月15日法军入侵　　82
地图3　6月16日上午盟军集结和法军进军　　130
地图4　下午3点的四臂村和利尼村　　166
地图5　下午5点左右的四臂村　　191
地图6　下午6点左右的利尼　　208
地图7　6月17日的军队调动　　242
地图8　滑铁卢：最初的部署　　306
地图9　滑铁卢和瓦夫尔；格鲁希和普鲁士军队的动向　　360
地图10　滑铁卢：法军最后的攻势　　435

序　言
这场以"小时"计量的短暂战役

《泰晤士报》在消息传来一周后宣布："在古代和现代历史中，没有什么可以媲美滑铁卢战役胜利的影响。"不久，人们就清楚地认识到，以滑铁卢战役为高潮的4天激烈交锋，为22年的战争画上了一个句号。[1] 鲜有战役具有这般决定性的作用。普鲁士将军格奈泽瑙写道："欧洲的命运正处于危难之中。"[2] 很快，人们开始或是相信或是担心，非凡的拿破仑·波拿巴的生涯，以及被他烙上自身独一无二个性的一个时代真的结束了，革命已成过往。贵族统治英国，法国国王复辟，其他的世袭君主可以再次在他们的王座之上酣眠。这些天确实意义重大。

当世人意识到滑铁卢战役异常激烈而艰难，并且有着出人意料的结果，在这场战役中世界上最强大的军队被彻底击溃时，由威灵顿公爵指挥的一小支英国军队的声望达到了前所未有的高度。尽管英国在努力打败法国皇帝的过程中积累了8.5亿英镑的债务，但是为了表示感恩之心，英国议会仍然投票赞成赠予公爵一处房产，并将之前赐予他的20万英镑增至50万英镑，以便保持他在世袭贵族中的地位。作为拿破仑的毁灭者，他能为所有军事问题下定论。而对于在布鲁塞尔附近的大屠杀中幸存下来的所有普通士兵来说，他们也感受到了作为一名"滑铁卢战士"*的荣耀。桂冠诗人罗伯特·骚塞不久宣称，滑铁卢战役是英国历史上获得的最伟大

---

*　从1816年开始，英国政府为所有参加过滑铁卢战役的英国和KGL（英王德意志军团，简称KGL，是由汉诺威军人组成的英国外籍军团）军官与士兵颁发了滑铁卢勋章（Waterloo Medal），获得这一勋章的人被称为"Waterloo Man"。——译者（本书中标注*的均为译者注，后文不再特意说明）

胜利。直至今天，这场战役继续享有这个地位。

的确，在这场战役的决定性会战中，承受大部分压力的那支军队由一位英国将军率领，这支英国军队在多国盟军中承担了最大的责任。然而，正是通过所有盟国军队的协同努力，他们才在历经4天疯狂的行军和艰苦的战斗后打败了拿破仑。这场战役的最后一战，即威灵顿与拿破仑之间唯一的一场交手，就像公爵的那句名言所说，"胜负难解难分，绝对是你一生中见过的最势均力敌的交锋"。[3] 如果没有普鲁士人的干预，威灵顿麾下那支由英国人、德意志人、荷兰人和比利时人临时拼凑的军队将会战败。当时，拿破仑认为普鲁士人不可能干预，但这却一直是他们计划的一部分，正如一个英国工兵承认的那样，"这场以'小时'计量的短暂战役是一次联合行动。荣誉必须被共享"。[4]

由于威灵顿与普鲁士人决意坚持步调一致，他们赢得了胜利，尽管拿破仑尽了最大的努力离间他们。位于这个成功的英国－普鲁士同盟核心的是3个非常不同的人：46岁的威灵顿严肃、孤僻、能力出众，在社会地位方面野心勃勃；72岁的骑士布吕歇尔经历了多年的艰苦生活和酗酒，他非常受士兵的爱戴，据称他们会跟随他进入地狱的入口；格奈泽瑙是布吕歇尔的"大脑"，负责组织军队、制订作战计划与约束他的统帅，据说他是一名共和主义者，在普鲁士和英国贵族阶层感到局促不安。他们正遭遇一个老对手，"一个挣脱锁链的恶魔"（the devil unchained）。在1814年战败后被强制流放的拿破仑·波拿巴回来了：天才、暴发户、现代主义者、解放者、暴君，一个谜一样的人，他被广泛认为是自亚历山大大帝以来最优秀的将领。

这个精彩的故事被要求公之于众。在事件发生后数周内，威灵顿公爵就收到了一名自称历史学家的人的第一封询函。"你提出的目标很难实现，如果真的实现了，将会非常招人不快，"他于1815年8月回复说，"一场战役的历史无异于一场舞会的历史。有人或许能回想起决定战役胜负这个大事件的所有小事件，但是没有人能想起这些事件发生的次序，或者是每个事件发生的具体时间，而这决定了它们完全不同的价值和重要性。"[5] 这个古怪的譬喻非常贴切，它让人回想起了在最初几场战斗前的夜晚里士满公爵夫人举办的舞会。相比大多数战役，滑铁卢战役更像是一大堆在极度匆忙中进行的混乱事件，人们没有时间吃饭、睡觉或是进行官方记录，即便在这场战役结束后不久，也很难准确回想起当时的具体情况。

威灵顿拒绝讲述这场战役历史的第二个理由是它将不可避免地暴露那些表现不佳者，因为"一些人的错误或是不当行为给了他人表现优异的机会，这多半是由于物资耗损，而你无法在不涵盖至少部分参战者的过失或不当行为的情况下，写出一部真实的战役历史"。这一点他说得有道理：当时，各个军团和国家的荣誉是神圣的，在更大的利益面前大多数的个人过失被宽恕。参战者如今早已离世，但是军团甚至国家一如既往地展现出对荣誉的敏感，并坚持以自己的方式讲述故事，以致于损害了客观真相。

尽管威灵顿有疑虑，但是至少有 7 部历史记录在 1815 年出版，另有 9 部在 1816 年问世。对于这些作品，公爵的评价不高。他不耐烦地回复一名记者：

> 关于滑铁卢战役，英国人有权获得一份详细且准确的记述，对此我没有异议，我只是反对他们被那些以"陈述""公正的描述"等为标题的小说误导与蒙骗。那些小说包含好奇的旅行者从农民、列兵、个别军官等处收集来的故事，它们被当作真相出版于世。[6]

在回答另一个想知道如果所有的"记述"都不可靠，有什么原始资料可以安全采纳的历史学家的提问时，威灵顿写道："现在你希望我为你指出，在哪里可以获得关于这个事件靠得住的真实资料。我只能回答，你可以参阅我发表在《伦敦公报》(*London Gazette*)上的函件。"[7] 后来，他详述了这个关于战史学家责任的观点。他们应该

> 努力寻找他们写作主题的最真实细节，留心研读所有相关的已出版作品，尽量选用那些由官方记录，并且由公众可信赖的权威机构出版的资料。接下来，可以留意这些作品的后续进展，虽然它们不是同时期出版的，也很少关注私人言论。而不管是私人做出的书面报告还

是口头表述，尤其是后者，大多离战斗发生已有很长一段时间，最重要的是，这些言论与传播或做出它们的个人本身的表现有关。[8]

这又是一条合理的建议。如果他的记述能更完整、诚实和可靠，历史学家或许会采纳它。不幸的是，威灵顿是在极度疲劳时仓促完成那些函件的，它们充分描述了威灵顿目睹的战斗，但是还有很多情况他没有见到。他授予近卫步兵和重骑兵荣誉，让他们成为大部分事后英方记述的核心，到了言过其实的程度。此外，他对盟军的积极作用言之甚少。尽管对普鲁士军队热切称赞，但是他关于在普鲁士军队取得突破前，己方的决定性攻击赢得了这场战役的断言，成功地贬低了他们在普通英国人眼中的贡献。

即便在当时，许多人也对公爵记述的完整性与公正性表达了不满，并警惕他对新闻管制的兴趣。一名参战者一直等到他可以使用巴黎的法国民用邮驿系统才将自己记录的事件说明寄回家：

> 由于威灵顿公爵很想打压人们对他行为的非议，军队里的半数信件没有寄出去，它们可能正在接受文书的全面检查。总的来说，将一个人的所知所想全部道出是不安全的。不可能抗辩《公报》对此战的声明，因为严格来讲它是真实的。然而，它省略了很多事情，这些事情可能趋向于改变《公报》的记述，因而有充分理由压制它们。不过，你不会想到在17日近卫骑兵团冲锋之前，第七骠骑兵团和第二十三轻龙骑兵团一部已完全溃败，或是18日由于逃向布鲁塞尔的一些德意志和比利时骑兵最初散播的恐慌，军队后方陷入一片混乱。如果这些情况被更大范围地传播开来，这场战役很可能会失败。当波拿巴第一次攻击我们的战线时，我们都在睡觉……[9]

助理军医约翰·詹姆斯的话足以提醒我们，官方资料可以像私人记述一样有所疏忽或是不诚实。人们从很早就开始协力禁止披露某些事件，构建公共档案。[10]

此外，如果说威灵顿急于使滑铁卢战役以一种有利于自己的方式讲述,他不是孤身一人。关于这场战役的早期史学著作,其中最引人注目的是拿破仑的副官加斯帕尔·古尔戈的一部作品。刚从圣赫勒拿岛返回的他,声称自己表达的观点的权威性不亚于拿破仑本人。古尔戈认为,这场战役遭遇惨败,不应指责拿破仑,而应归咎于他人,主要原因是奈伊元帅和格鲁希元帅的背叛与无能。奈伊无法为自己辩护,因为1815年12月他被处决,尽管事实上有几个人这样做了;而格鲁希则逃到了美国。[11] 拿破仑出版于19世纪20年代的回忆录做出了第二次贡献,多数后世的法国编年史以拿破仑是英雄还是恶棍,以及其他人是否应被责备而分化。

在这场战役之后,由于傲慢地宣称独当大任,从而获得了胜利,英国人(尤其是在夸大英国对获胜的贡献方面有政治利益的威灵顿公爵)以惊人的速度成功地惹恼了他们的盟友。从那时起,同盟各国的许多史学作品围绕各自军队所做的贡献争论不休。英国军官挖苦比利时人,而奥兰治亲王虽然当时可能固执己见并且经验不足,但是不可能在战争期间犯下英国与德意志军官私下指控的所有军事罪行。格罗尔曼、格奈泽瑙和威灵顿公爵彼此不喜欢,虽然他们在1815年相当有效地抑制住了个人情感,但是在事后关于谁应为赢得或是几乎输掉这场战役负责的争论中,他们尽情地阐述了自己的偏见。这些争论也受到彼时政治局势的影响。

因为它不同寻常的重要性,这场战役变得难以研究和描述。首先,人们通过撒谎辩解他们的不足,并夸大他们的成就。从拿破仑皇帝到威廉·西伯恩*上尉采访的最不起眼的军官,这点适用于他们中的每一个人,威廉·西伯恩撰写了这场战役的详尽历史,并于1844年出版相关著作。其次,人们很少知道自身周边环境之外发生了什么。对于滑铁卢战役本身来说,尤为如此。即便是像"后退了不长的距离,在军队后方观看战斗进

---

* 威廉·西伯恩(1797—1849),被誉为最伟大的滑铁卢战役学者。西伯恩是英国第一代专业参谋军官,在测绘方面有着很高的造诣。1830年,西伯恩接受政府委托,建造一组滑铁卢战役模型,为此他投入了大量的精力。后来因为政党更替等原因,政府拒绝继续为该组模型出资,不过西伯恩还是通过私人贷款的方式坚持模型的创作,并因此积累了大量的债务。为了保证模型的精确性,西伯恩给当时所有在世的英国与KGL军官写信,调查战斗的细节,并与其他参战国家沟通。模型于1838年建成后,西伯恩又利用收集来的资料撰写了这里提到的 History of the War in France and Belgium in 1815 一书。

展"的英国补给官，不久就发现"当浓烟从左翼弥漫到右翼，整个阵地都被笼罩其中，什么也无法看清"。[12]

随着时间的推移，席间传述的轶事被铸造成事实，或者人们改写自己的回忆录以吻合历史学家的论断，某些生动情节（一些基于事实，一些则完全是虚构的）主导了记述，而平淡一些的细节却被遗漏了。1842年，威灵顿54岁的秘书菲茨罗伊·萨默塞特被要求为威廉·西伯恩提供自己所经历事件的版本叙述时，他觉得"每当必须回忆和谈论这场战役时就会发现自己被欺骗过多，考虑到不断地从人们那里听来的言论是多么的矛盾，但大家依然认为他们所有人的证言都无可争辩，他就对自己没有任何信心，也无法设想你可以达到准确的可能性"。[13]

考虑到这些困难，要了解滑铁卢战役期间真的发生了什么是一个挑战。采纳威灵顿公爵的建议和给官方记录以高度重视，不会有什么坏处，即便为了取悦接受方，它们甚至可能歪曲真相。高级军官递交给威灵顿的报告尚存，但是团级报告大多已遗失（无论如何，这场战役的进展太过迅速，无法进行准确记录）。法国高级军官的报告到6月17日都是有用的，但是不言而喻，除了发给官方报纸《箴言报》（*Moniteur*）的那些消息，以及诸如奈伊和德鲁奥等人所做的事后演说和报告，6月18日的记录鲜有留存。普鲁士和汉诺威的报告质量更高，内容也更加丰富，近来也更易于获得。

不足为奇的是，从早期开始，历史学家就寻求以个人记述补充官方记录。个人记述很快就变得非常充裕。仅法军一方存在一定程度的沉默；威灵顿麾下军队的记述十分充裕。这种"口头历史"不符合公爵的口味，而且这种"自下而上的历史"理念让他震惊，尽管他已经正确地辨识出这种记述的缺陷：不可靠，有时所知不多，有时耸人听闻，有时又刻意撒谎，经常夸大其词、自命不凡和自我开脱。

由参战者讲述故事的问题因它们获得的市场而加剧：拿破仑战争将战争回忆录转化为一种可供出售的文学类型，而虚构或半虚构的传记以及连载记述开始作为副产品出现。有时很难区分真实记录与虚构叙述：实际参战者的叙述可能饰有虚构的细节，而一则虚构的故事可能以实际参战者的综合经历为根基,并且牢牢遵从它们,以至于像真实回忆录一样难得。[14]

考虑到这些困难,只有尽可能多地将碎片化的证据拼凑在一起,同时仔细审视每一个证据,以便揭示它们寻求传达的想法,这样一来任何类似事件的真实模式就可以重建。关于这场非凡战役最不同寻常的一点是许多发生的事件仍然为人所未知,尽管它被精细入微地研究过。双方为何都未能在6月16日将他们的全部兵力带到战场,这引发了持久的争论,而6月18日战斗每个阶段的具体情况仍引发争议。

近年来,除了来自英国与欧洲大陆档案馆的官方报告和统计数字,一些勤奋的研究者第一次获得了大量新的一手资料。其中,重要的是先前寄给西伯恩的未刊出信件,以及(到目前为止)5卷与滑铁卢战役相关的书信、日记以及回忆录的出版。*加雷思·格洛弗贡献的这两套原始资料又由至少250份在网上发布的记述(1815 Limited)和成卷出版的尼德兰与汉诺威军队的文献加以补充(有时会有重复)。**我想使用由这些数量显著的新材料提供的新见解,以便重新考量困扰滑铁卢战役的种种争议。顾及许多新发现和影响阐述的细节,我重新审阅了早期的一手和二手资料,尽可能分层剥除后来的传说,力图重新揭示事件的真实次序。由于近期许多珍本和之前难以获得的书被数字化了,地图和图片也是如此,这项工作变得有所简化。我也同样受益于皮埃尔·德·威特的努力。他在自己的网

---

* 西伯恩去世后,他的儿子赫伯特·泰勒·西伯恩将其父收到的部分回信以 Waterloo letters: a selection from original and hitherto unpublished letters bearing on the operations of the 16th, 17th, and 18th June 1815, by officers who served in the campaign 之名出版。赫伯特·泰勒·西伯恩版本中缺漏的部分又被加雷思·格洛弗整理、编辑后以 Letters from the Battle of Waterloo: the unpublished correspondence by Allied officers from the Siborne papers 为题面世。此外,加雷思·格洛弗还收集、整理了这里提到的6卷"与滑铁卢战役相关的书信、日记以及回忆录"(The Waterloo Archive)。不过,在作者克莱顿写作此书时仅有5卷问世。

** 这一系列的资料整理者是约翰·富兰克林。他最早以付费订阅的方式在网上推出了 1815 Limited On-line Archive,后又私人出版了关于尼德兰军队的 Waterloo Netherlands Correspondence, v.1: Letters and Reports from Manuscript Sources 与 Waterloo Netherlands Correspondence, v.2: Letters and Reports from Printed Sources,以及关于汉诺威军队的 Waterloo Hanoverian Correspondence, v.1: Letters and Reports from Manuscript Sources 与 Waterloo Hanoverian Correspondence, v.2: Letters and Reports from Printed Sources。因为印量有限,这几本书在市面上一册难求。

站上阐明了各支军队进展的细节,并将大多数存留下来的命令与报告以它们的原始语言刊出。许多其他基于网络的研究也对我的考证贡献良多。

借此机会,我将所有的新材料汇入到一部详细且权威的战役记述中去,致力于阐明所有共同决定战役最终胜负的因素,比如运气、判断、计划、意外和天气。

新的记述影响了几乎所有熟悉要素的解释:拿破仑在6月15日与16日遇到的困难;威灵顿的间谍和情报;他的军队集结延误,他承诺给普鲁士人的援助;德隆未能在6月16日任何一个战斗中发挥作用的原因;6月17日威灵顿在雨中的撤退。受到新见解的冲击最为显著之处是德意志部队同威灵顿的军队并肩作战的内容:其中一大部分揭示了乌古蒙内部和周边的战斗,特别是在滑铁卢威灵顿中路防线的崩溃。滑铁卢本身是一场险胜。但如果在这4天的前两天事情的进展能稍微有利于拿破仑,这场会战将不复存在。它本身至多只占整个故事的一半。

当他们的计划遭遇意外和混乱而改变,或是遭遇瓢泼大雨而毁掉了一次急行军时,我试图深入指挥官们的大脑。当将领们在战争的迷雾中不停思考他们的方向时,我想解释每一个新启示的意义和每一个不幸的疏忽。在传达由参战者遭受的不适、恐惧、饥饿和可怕的创伤,在描述各国所有卷入战役的将领和普通士兵的焦虑和动力的过程中,我希望给予读者一种身临其境的体验。新材料允许我更为全面地描述先前被忽略的汉诺威、不伦瑞克和拿骚参战者。我试图勾勒出参战者的生活和思想掠影,因为他们来自不同国家,具有不同的社会背景,以展现这个丰富多彩和充满活力的时代,以及急剧变化的政治局势和五彩缤纷的风尚。

我也致力于阐述各方观点,并提供一份公正评价各国军队在其中扮演角色的记述,尽管这是一本英文出版物,它主要关注英军。我希望自己不会因为剥夺过往的一些作家赋予英国士兵的超人品质,让其他国家分享更大的功劳,以及试图说明法国士兵甚至是外国士兵对拿破仑的热爱,而有损民族情感。

本书的目的不仅是要完整和深入地记述滑铁卢战役,还向新接触这个主题的普通读者传达拿破仑战争的真实感。我的意图是既不让那些不熟悉这个主题的读者失去耐性，又能提供足够的细节，以满足已经熟悉拿破仑战争的读者。要做到这两点颇为不易，为此我请求各方的宽容，但这也是我避免说出每个军官、部队和地点的原因。

在拿破仑突然出人意料地入侵比利时之后的一连串事件，是理解著名的滑铁卢战役结局的关键。实际上，拿破仑打败盟军的最好机会发生在6月16日，而非6月18日。因此，本书详细介绍了滑铁卢会战之前3天的进军与战斗，包括在利尼和四臂村两场不太出名却非常重要与血腥的交锋，并简短记述了在几英里开外的瓦夫尔，普鲁士后卫同格鲁希元帅指挥的一支分遣队之间的第四场战斗（与滑铁卢会战同时进行）。对滑铁卢会战之后的行动，我只给出了简要的总结。

在描绘这场历时4天的战役之前，我尽力叙述了它的一些历史、军事与文化背景。在法国大革命之后20多年的时间里，欧洲基本上处于一个持续不断的战争状态，在这段时期的最后15年，国际局势由拿破仑·波拿巴主宰。这位科西嘉炮兵军官自我加冕为法国的皇帝。他建立了近代最伟大的指挥官的名声，开始以自己的设计重绘欧洲地图。1814年，其余所有的欧洲列强联合起来，最终击败了拿破仑。他被迫退位，并接受流亡，成为意大利沿岸海域的一座小岛厄尔巴的统治者。每个人都庆祝全面的和平。国王路易十八重登法兰西王座，不过复辟的波旁王朝并没有受到普遍的欢迎，许多人哀悼共和国的逝去或是渴望皇帝的归来。然而，人们期望的后一件事发生得很突然，这也是所有得胜的列强统治者最不愿看到的：第二年初春，拿破仑竟胆敢指挥拥有1000名士兵的厄尔巴军团入侵法国。

第一部分

备 战

I

紫罗兰的季节

紫罗兰是拿破仑钟爱的花朵。皇后约瑟芬在结婚时佩戴它；拿破仑的第二任妻子、来自奥地利的玛丽·路易丝也栽植这种花朵。在以厄尔巴之主的身份于1814年4月离开法国开始被流放之前，拿破仑向他的支持者许诺，他将在紫罗兰盛开的季节归来。支持者通过佩戴人造的紫罗兰花束，以替代被禁用的帝国三色帽徽，暗地里表达他们的忠诚。他们通过相互询问"你喜欢紫罗兰吗？"识别同伴：波拿巴党人不回答"是的"，而是回答"是又如何？"，对方则回复"她将会在春天归来。"他们为"紫罗兰伍长"的归来干杯。从出版的一些图片中，人们可以看到隐匿于一罐紫罗兰里的拿破仑及其妻儿的轮廓。[1]

没有人预料到拿破仑在下一个春天就兑现了他的诺言。1815年2月26日，他离开了厄尔巴岛。两天后，惊慌失措的英国特派员发现，在自己探望大陆上的意大利情妇时，波拿巴的小舰队启航离开了。预计这位前皇帝会径直前往意大利，他向最近的港口里窝那和热那亚发出警告，但是与之相反，拿破仑在法国戛纳附近的海岸登陆。当地市长弗朗索瓦·普勒为他们寻找面包、肉食、驿马和货车时，他的士兵在沙滩扎营。波拿巴的军队由551名老近卫军掷弹兵、94名波兰枪骑兵和301名科西嘉腾跃兵（科西嘉轻步兵）组成。这支远征军总计1026人。[2]

沿着至今仍被称作"拿破仑路"的道路，拿破仑率领他的小队人马趁着夜色进入了群山之中。老近卫军以他们著名的快速步伐行军，于第二天一早抵达格拉斯，然后又火速赶往锡斯特龙。后者距离戛纳100英里，它有一座要塞，守卫那座横跨迪朗斯河的桥梁，此处也是他们前进之路上唯一的严重障碍。当他们的前卫于午夜夺下桥梁时，当地政府没有进行任何

抵抗。他们又继续行进 30 英里抵达加普，那里的城镇居民热情地种下了一棵自由树，并唱起了革命歌曲。³

3 月 5 日上午 11 时，波旁当局得知了他们入侵的消息。朝臣们嘲笑波拿巴的行为，认为他们这群强盗将会遭到围捕并被绞死。不过，路易十八却从这个消息预见到了一场新的革命。他召见陆军大臣让·德·迪厄·苏尔特*，让这位拿破仑的前元帅命令驻扎在阿尔卑斯山脚下的各团去阻止这场叛变。这看起来很简单：威灵顿 26 岁的军事秘书、英国临时驻法国大使菲茨罗伊·萨默塞特，向他的兄弟博福特公爵报告说："除去这个怪物的准备工作已经着手在做，我向上帝祈祷他们会将他杀掉。"⁴

3 月 7 日，第五战列步兵团的一个营在拉夫雷村挡住了通向格勒诺布尔的道路。在将军安托万·德鲁奥、亨利·贝特朗和皮埃尔·康布罗纳的跟随下，在他流放期间的同伴陪伴下，拿破仑冷静地朝他们走去，然后停了下来，敞开了他为人所熟悉的灰大衣，喊道："第五团的士兵们，你们认得我。如果你们中有人想打死他的皇帝，我就在这里。"没有人扣动扳机，相反，在"皇帝万岁"的呼声中他们丢掉波旁王朝的白色帽徽，冲向前去拥抱近卫军的士兵。

在同一天，第二个团在他们团长的带领下加入了他的事业。集结第七步兵团的夏尔·德·拉贝杜瓦耶，引来了更多"皇帝万岁"的呼声，在同自己的军官们简短商议后，他带领他们南下同拿破仑会合，他们使得后者的兵力翻倍。皇帝让拉贝杜瓦耶成为自己的副官。他的第一项任务是从第七步兵团的角度向全军书写一篇宣言，邀请他们加入皇帝的事业。

士兵们根本不需要这样的激励。此时距离戛纳 190 英里，拿破仑 3000 人的小军队停在了格勒诺布尔紧闭的大门外，直到拉贝杜瓦耶大步

---

* 达尔马蒂公爵让·德·迪厄·苏尔特有时又被写作"尼古拉－让·德·迪厄·苏尔特（Nicolas-Jean de Dieu Soult）"，不过 *Soult: Napoleon's Maligned Marshal*（London: 1990）一书作者 Peter Hayman 在该书第 96 页对面彩页提供的苏尔特本人的出生证明显示，"让·德·迪厄·苏尔特"才是他真正的名字，Roi Nicolas（作者表示大致等同于英文中的 Old Nick，意为魔鬼、撒旦）为一直同他不睦的奈伊手下的士兵为他取的外号。另据作者 Peter Hayman 称，拿破仑在 1814 年流放厄尔巴岛的途中，也被保王倾向严重的南方居民以同样的名字称呼。

走到门楼下。该地是一个军火库，正由5000人守卫。拉贝杜瓦耶向里面的守军喊话，希望他们加入拿破仑的军队。守军也齐呼"皇帝万岁"回应他们。当总督延缓打开大门时，小镇居民抽掉木梁，破坏大门，他们唱着《马赛曲》送别拿破仑。接下来，向西北的进军变成了一系列凯旋式的入城。当国王的弟弟阿图瓦伯爵于3月9日抵达里昂，意图守卫这座法国第二大城市时，他发现该城正酝酿反对王室的起义狂潮。他向北逃去，而该城守军则向南加入了皇帝的军队，此时他们已有1.2万人之众。

苏尔特将大英雄奈伊元帅召到了巴黎。米歇尔·奈伊一头红发，他的父亲是一名箍桶匠，他在成为一名革命者之前就已是拿破仑的关键支持者，以"勇士中的勇士"之名而享有盛誉。他是1812年对俄战役撤退期间后卫战的英雄，后又促成了拿破仑的退位。奈伊同阿图瓦的儿子贝里公爵一同离开了首都，临行前他向国王宣称，"无论是死是活，都要用铁笼子"将拿破仑带回巴黎。

在奈伊于隆勒索涅同他的军队会合后，他发出的向国王效忠的呼吁只换来了不满的杂音。了解到里昂等城市已经宣布支持波拿巴后，奈伊得出了一场新的革命为国所需的结论。到了3月14日，需要进军对抗拿破仑时，奈伊改变了立场，此举甚至让他最亲密的助手们大吃一惊。与发表一场鼓舞士兵支持国王的演讲相反，奈伊慷慨陈词："波旁家族的事业永远地完蛋了……自由最终获胜，而我们威严的拿破仑皇帝将对之矢志不渝……皇帝万岁！"4天后，他的部队在欧塞尔加入了拿破仑的军队。[5]

前大法官的孙女、才女卢卡夫人于3月16日写道："大批涌入巴黎的英国人又涌了回去，他们称加来与布洛涅的军队是靠不住的，这些人正在高呼皇帝万岁。"她的堂亲和表亲均在政府中任职。被重新召去了巴黎的半饷军官想知道会发生什么，不过形势瞬息万变。其中一位军官安德烈·拉瓦尔因抵达得太晚，而未能见证别人给他描述的高潮场面。在寄给他兄弟的信中，拉瓦尔写道：

> 我记得我离开时告诉过你，我不知道自己是去为国王还是皇帝服役，现在你知道是后者。3月19日，国王检阅了巴黎城中多达6万

人的军队。他让那些志愿保卫他的人向前迈一步。大约150人从队列中跨出来。当时，国王看到自己几乎被所有的士兵抛弃，于是决定在19至20日夜间带领他的家人和仆从前往英国……

从本质上而言，这一描述是正确的：精英部队已经开赴枫丹白露迎接波拿巴，而国民自卫军拒绝为路易十八而战，路易十八于午夜后不久就离开巴黎逃往比利时。[6]

到了第二天的中午，一个英国外交官发表评论："一天前还装饰在店里的国王肖像，如今让位给了波拿巴。白丝带消失了，而红丝带，或者在某些情况下三色丝带篡夺了它的位置。"500多名被波旁王朝召往巴黎，打算同篡位者作战的半饷军官宣布支持拿破仑。他们在埃克塞尔曼斯将军的带领下，前往杜伊勒里宫，和国民自卫队协商后控制了那里。一面三色旗在宫殿上空升起。在这个消息传播开来后，波拿巴党人把玩着新鲜采摘的紫罗兰花束，聚集在巴黎王宫的蒙唐耶咖啡馆庆祝。[7]

那天下午，拿破仑的嫂子朱莉·克拉里和弟媳奥尔唐斯·博阿尔内开始重新装饰宫殿。她们在王座室里发现，满是拿破仑喜爱的蜜蜂图案的蓝色地毯此时覆盖着大片的百合花饰。不过，其中一个侍女注意到百合花饰有一个边角松弛了。"她撕下了它，很快蜜蜂就显现出来。所有的侍女都开始了工作，不到半个小时，在欢快的嬉闹声中地毯又变回了帝国款式。"与此同时，杜伊勒里宫入口处渐渐地挤满了半饷军官。到了9点，"皇帝万岁"的巨大呼声响起，拿破仑于狂热的喝彩声中进入了杜伊勒里宫。"在洛博将军、埃克塞尔曼斯将军以及其他人的引领下"，他走上了主楼梯。波拿巴回来了。[8]

在比利时边境，原帝国近卫轻骑兵的猎骑兵们在咖啡馆徘徊，不耐烦地等待下一份报纸的到来。"第一捆报纸尖刻无礼，他们说'科西嘉食人魔登陆'；第二捆'篡位者波拿巴正前往格勒诺布尔'；第三捆'波拿巴将军已经进入格勒诺布尔'；第四捆'拿破仑已进入里昂'。他离巴黎越近，他们使用的称呼就越正常。"之后，连续两天，没有报纸送到咖啡馆。3月21日傍晚，一份报纸送达，心急的猎骑兵们了解到"皇帝已离开里昂，正在朝巴黎前进。最终，第二天，拿破仑皇帝于3月20日进入巴黎"。"我们在咖啡馆、街道、广场互相拥抱，我们唱歌，我们跳舞，整个地方都疯狂了。"*

普通团的士兵同样欣喜。雅克·马丁中尉和第四十五步兵团在北方要塞孔代度过了乏味的6个月，此时军队正在疯狂地庆祝。马丁是一名来自日内瓦的志愿兵。这位拿破仑的忠诚追随者当时只有20岁，却已经是一位经历过数场艰苦战役的老兵了。1813年，法军在莱比锡战败后，马丁游过水位暴涨的埃尔斯特河，从而逃过了被俘的命运，他急切地想要同盟军在稍好的机会下再战一场。路易·康莱下士所属的第二十八团的一个营离开了加来附近的圣奥梅尔，按照他们保王党团长的说法，去"同篡位者作战"。康莱是一个士兵的儿子，以童子军的身份被养大。他于1811年14岁时加入第二十八团，成为一名鼓手。每个连都被允许有两个这样年龄的孩子，而康莱那时已经学会如何敲鼓。两年后，他成为一名真正的军人，晋升为一名下士，协助抵抗盟军对安特卫普的围攻。此时，他所属的团正前去同他们的英雄作战，不过抵达贝蒂讷河后又被派回了圣奥梅尔。当晚，他们了解到拿破仑已到达巴黎。"所有的窗户都自发地亮起灯火，好像被施了魔法一样。接着，一场真正的狂欢开始了，人们高呼'皇帝万岁！'"[9]

不到一个月，由1000名变节者组成的微不足道的拿破仑军队推翻了波旁王朝，征服了法兰西，恢复了大革命带来的社会变革，让绝大多数普通士兵在内的一般民众欢欣鼓舞。其结果是，欧洲最令人生畏的军事天才又重新掌握了当时约有21万之众的欧洲最强军队。[10]只有拿破仑能完成这一壮举。他是一个能够收获非凡成就的人，当然也拥有绝佳的运气。在一幅于4月出版的讽刺漫画中，奈伊把他的脑袋探进拿破仑的屁股，说道："我发誓，它闻起来是紫罗兰味的。"[11]

---

* 这份报纸指的是《箴言报》，而关于它在这一时期所使用的不同标题及其演绎版本流传甚广，并被多本著作引述，但其真实性却颇值得怀疑。法国历史学家 Georges Blond 通过查阅法国国家图书馆收藏的那一时期的期刊文献，发现《箴言报》并没有进行这样有倾向性的报道，甚至当时的法国报纸还没开始使用标题。而法国前总理 Dominique de Villepin 则进一步研究发现，这些内容实际出自4月25日出版的波拿巴小报 *Le Nain Jaune*，见 Georges Blond 的 *Les Cent-Jours, Napoléon seul contre tous*, Julliard, 1983 与 Dominique de Villepin 的 *Les Cent-Jours, ou l'esprit de sacrifice*, Perrin, 2001。

2

恶魔出笼

1815年3月7日，在艾森施塔特（靠近维也纳）的艾什泰哈齐亲王宫，人们正准备进行一场猎鹿活动。英国大使在那里养了一群猎狗，此时积雪已经消融，因而威灵顿公爵打算遛遛它们。猎手们聚集在艾什泰哈齐亲王宫的英式庭院里，那里有一个喷泉，它由进口自英国的蒸汽机驱动。庭院里的"一切都是英国式的：英国猎犬、英国马匹，主人、猎手和驯犬者均穿着英式服装"。

富裕的英国人在维也纳会议中格外引人注目。盟国代表——最主要的是奥地利、英国、普鲁士和俄罗斯——聚在一起，研讨决定拿破仑时代之后的欧洲格局。未尝一败的英国将军威灵顿公爵广受尊敬。公爵的助手、年轻的威廉·皮特-伦诺克斯尤为喜爱打猎，并打算开始准备。直到他失望地发现公爵没有出现，并且逐渐意识到每个人看起来都很严肃。他问拿破仑的继子欧仁·博阿尔内发生了什么。前意大利总督欧仁在波拿巴退位后隐退到了慕尼黑，此时陪同他的岳父巴伐利亚国王来参加维也纳会议。"你难道没听说吗，"欧仁说，"拿破仑逃离了位于厄尔巴岛的囹圄。"考虑到威灵顿可能是想立即离开，皮特-伦诺克斯放弃了狩猎的想法，骑行40英里返回维也纳。[1]

维也纳有的不仅仅是外交，这场会议也是欧洲贵族的大型社交聚会。陶醉于不断旋转的华尔兹舞，音乐会和戏剧，皇家马术学校的盛大表演，前往维也纳城外宫殿的雪橇旅行以及雪化之时驱使大使猎犬的狩猎，臣子们尽情游乐，而与此同时外交官和军人们激烈争吵。

在数周之内，他们的争吵变得愈发激烈。在拿破仑的鼎盛时期，这位让人生畏的暴君重新绘制了欧洲地图。他随意裁除封建领主，为自己的家庭成员创建王国。在逼迫拿破仑退位，并把他流放到厄尔巴岛之后，欧洲的其他君主聚集在一起，瓜分他的庞大帝国，奖励一些，惩罚另一些，以便将世界恢复到大革命之前的样子。到了圣诞节，同盟各列强间互相冲突的领土野心，将他们带到了战争的边缘。

拿破仑做出的最大改变是解散神圣罗马帝国。这一基于德意志的古老架构包括无数封建君主小国、自由城市和主教采邑。1806年，拿破仑强迫弗兰茨二世放弃神圣罗马帝国的帝位，并沿着莱茵河创建了一个新的邦联作为法国、奥地利和普鲁士三者之间的缓冲区，奥地利和普鲁士在德意志内部是敌对力量。不过，到了1815年，被剥夺了权力的君主们想要回他们的土地。作为一个国家的共同意识在德语人群中觉醒，但是它与君主们的利益相左，与此同时列强意图扩张。

维也纳会议最棘手的问题在于俄普同盟的提议：波兰归俄国所有，而普鲁士应该得到萨克森。华沙大公国*和萨克森一直是拿破仑最忠诚的盟友，与许多莱茵兰人一起，他们在1813年莱比锡的民族之战中仍追随拿破仑。这场规模浩大的会战持续了4天之久，并使得50万人卷入其中，拿破仑最终失去了对德意志的掌控。卡斯尔雷勋爵支持奥地利和法国的立场，反对这一提议。此举让普鲁士人震惊，因为他们认为卡斯尔雷是站在他们这边的。当沙皇向卡斯尔雷宣称"我将君临波兰，而普鲁士将兼并萨克森"，并指出俄军有48万人正占据两地时，争端达到顶峰。普鲁士人无法相信英国会对法国如此恭顺，1815年1月1日他们威胁要发动战争，并开始动员军队。两天后，英国、奥地利和法国签署了结盟对抗普鲁士与俄国的《维也纳秘密协议》。普鲁士和俄国最终让步，同盟修补了协议，借此萨克森被分割，它的国王将约一半的领土割让给普鲁士。然而，这给维也纳的普军将军们留下了英国背信弃义的印象，并使得卡斯尔雷回国后，接替他职务的驻法大使威灵顿公爵深受牵连。[2]

拿破仑逃脱的惊人消息让同盟各国团结了起来。3月13日，在得知

---

* 华沙大公国（Księstwo Warszawskie）为1807年拿破仑利用原普鲁士瓜分得来的波兰部分创建的附庸国，由他的盟友萨克森国王兼任大公。1809年战胜奥地利后大公国又得到了加利西亚一部。

拿破仑已经登陆法国后，维也纳会议宣布他不受法律保护。3月17日，普鲁士、俄国、奥地利和英国各承诺组建一支15万人的军队，一起对付拿破仑。

列强们意识到，他们对各个君主的统治区域划定可能不总是受到相关区域的热情接纳，并且担心在这些地区许多人可能更为怀念波拿巴。这种怀旧之情在比利时最让人畏惧。在法国大革命之前，尼德兰南部（现代意义上的比利时）为奥地利所有；而尼德兰北部（现代意义上的荷兰）属于尼德兰联省共和国。尼德兰南部于1795年被法国吞并，而荷兰则先是被改组为巴达维亚共和国，后改为荷兰王国，由路易·波拿巴统治，最终在1810年到1813年成为法国的一部分。基于商业和战略的原因，英国对尼德兰的命运怀有兴趣，尤其是比利时的重要港口安特卫普，大部分的英国出口货物从那里流入欧洲。在会议上，奥地利同意英国让传统的荷兰护国主奥兰治家族成为一个强大到足以抵御法国的新国家主人的计划。英国摄政王打算安排他的女儿与年轻的奥兰治亲王联姻，但是她不喜欢奥兰治亲王，并打破了婚约。与此同时，同盟仍在为尼德兰应该包括哪些土地而争吵。

在波拿巴进军巴黎期间，会议同意将荷兰、比利时和卢森堡联合起来。3月16日，威廉一世被宣布为尼德兰的第一任国王。奥兰治家族的威廉从上一年的7月底就成为比利时的实际统治者，不过信奉新教的荷兰人霸权却在当地遭人愤慨。他颁布荷兰语取代法语作为比利时官方语言的法令后，荷兰国歌《奥兰治在上》（Oranje Boven）在剧院演奏时遭遇一片嘘声。*一个能说会道的伦敦人汤姆·莫里斯中士认识到威廉需要英国的大力支持，需要英国和汉诺威的军队在那里驻扎。莫里斯所属的第七十三团于1813年被派往荷兰，支援那里的反波拿巴起义，不过这时候正在比利时。他觉得"在比利时被荷兰兼并之前，应先确保民众的安宁"。

---

* 比利时传统意义上可以分为说瓦隆语的南部瓦隆地区和说弗拉芒语（即比利时荷兰语）的北部佛兰德地区。不过由于法国文化的兴盛，南部瓦隆人逐渐改用了与自己母语瓦隆语相近的法语。随着大革命后法国势力的介入，法语成为整个比利时的主导语言，尤其是在上流社会。

比利时同荷兰合并的公告"非常不受欢迎，在我们的驻地甚至到了无法说服任何一个居民协助将之读出的程度。除非有一个拿着英国刺刀的警卫逼迫他们这么做"。[3]

比利时人在波拿巴的统治下繁荣昌盛，而法语区也乐于接受并入法国。数量众多的比利时人曾在法军中服役，并有一些仍留在其中，尽管1814年路易十八剔除了绝大多数不再是法国国民的士兵*。重点事项是臃肿的帝国近卫军中9000名比利时成员，他们在越过边境时仍穿着制服。威廉一世准备将这些经验丰富的士兵组成他的新军队，不过他的盟友却在他将尼德兰南部的军政大权委以一名来自拿破仑近卫军的将领时明显感到不安。他们强烈担心在拿破仑对尼德兰雷霆一击后，比利时会随着忠诚度可疑的那9000名前近卫军成员旋即倒戈。

新国王22岁的儿子奥兰治亲王指挥着一支由1.4万名英国人、9000名汉诺威人和1万名荷兰人、比利时人组成的军队。1795年，在他仅有2岁时，亲王和他的家庭成员在法国人和反奥兰治家族的"爱国者"的逼迫下流亡英国。** 他在普鲁士接受了军事教育，之后前往牛津大学就读，1811—1813年在半岛担任威灵顿的副官，没有指挥过任何军队就一路晋升到了中将。他勇敢、自负并容易激动：听到拿破仑抵达里昂后，他就意图入侵法国，以便拯救在里尔的路易十八，但是被他的军事秘书约翰·科尔伯恩爵士劝阻。作为威灵顿手下最优秀的军人之一，科尔伯恩之所以获得这一委任，是因为亲王需要一名稳重的人照看。[4] 就像一个英国军官记录的那样：

> 似乎亲王使得自己在我们的军队中不得人心，而目前的形势没有

---

* 在共和国和帝国时期，法国先后合并了比利时、莱茵河左岸、皮埃蒙特、伊利里亚、荷兰、加泰罗尼亚等地区，使得法国的省份从83个增加到130余个，人口从革命前的2800万增加到4400万。拿破仑战败后，根据《第一次巴黎和约》，法国将绝大多数兼并地区归还，从这些地区征召的军队的大部也被复辟王朝除役。

** 第四次英荷战争后，因为严重的经济危机，荷兰社会分裂成支持共和国执政威廉五世的奥兰治派和支持革新的"爱国者"派，双方有各自的军队，并时常爆发冲突。1787年，"爱国者"派受到同威廉五世有姻亲关系的普鲁士弗里德里希·威廉二世派出的军队镇压后，大量流亡法国。1795年，"爱国者"派在法军的支持下重返荷兰，夺得政权。

让他回头的意思，也没有奉承的人想让他相信，他像家族的一些古代君主一样是一名伟大的将领。从他麾下这支军队的状态到他的处事方式判断，好像都没有体现出这一点。[5]

奥兰治无法胜任他的工作。虽然科尔伯恩认为他从根本上来说是明智的，但是其他的英国军官却逐渐把他视作不利因素，之后还将战场上的许多差池归结于他。

3月22日，一则流传于布鲁塞尔的谣言称，拿破仑正和5万名士兵深处法国北部。听到这一消息后，英国近卫军赶往边境，银行则关上了大门。大多数英国平民（预计有1500人）逃往安特卫普；抵达奥斯坦德的路易十八打算前往伦敦避难，不过他被说服继续留在比利时。与此同时，维也纳会议委任威灵顿指挥驻扎在尼德兰的军队。公爵于3月29日离开维也纳，前往布鲁塞尔。[6] 驻扎在莱茵兰的普鲁士军队于冬季减少到了仅约3万人，他们召回了刚刚被解散的部队。在比利时的每个人都感到紧张不安。埃德蒙·惠特利是一个在图尔奈服役的英国军官，他在4月2日的日记中写道："当穿衣出门参加一个聚会时，一个脸色苍白的女孩走了进来，惊骇地告诉我引火绳和火炮已被布置在广场上。而博尼（Boney）*就在里尔。"[7] 那是一个距离边境仅有数英里的法国北部城镇。

---

* "博尼"是英国人对拿破仑的蔑称。

3
荣誉、自由与和平

这位让所有人畏惧的欧洲统治者是一个天才和谜一般的人物。1797年，共和党人威科姆伯爵在对这个大革命救世主的第一轮膜拜热潮中写道："只有在古代才能找到他的模板。"两年后，一个因批评波拿巴而被流放的瑞士记者仍然疑惑是什么造就了他："人类的勇气与卑劣、才能与虚伪、理解与无知、傲慢无礼与高尚的品德，从来没有像这样混合于一人之身。" 15年的时间揭示了他更多的特质，但是朋友和敌人对他的刻画如此不同，以至于会使人们无法轻易理解他。即便在他倒台之后，波拿巴几乎仍被同等程度地热爱与仇视、崇拜与轻视。一个别扭的评论员于1819年写道："如果仍怀疑是否因为在如此短的时间里就取得这一系列伟大的成就，这段历史（除了显而易见的传说）才被归功于它的英雄，但可以确定的是没有任何人被赋予这么多不同的特质。"即便是他的英国敌人也承认："他曾经是，并仍将是他所属时代最伟大的人。"[1]

对英国漫画家来说，拿破仑是"博尼"：一个自负、猖狂、暴发户式的专制君主，一名身材矮小却佩戴巨大的帽子和剑的英雄。实际上，拿破仑身高5英尺6英寸或7英寸，这是那个时代的平均身高，而英国公众却深信他身材矮小（部分也是因为他的身高在法国被报道为5英尺2英寸，而法国的"英寸"要长一些）。他们心目中的"博尼"继续保持着1797年他的第一幅肖像传到英国的样子：精瘦的身材配着瘦削而萎黄的面庞和鹰钩式的鼻子。虽然到了1815年，真正的皇帝早就大腹便便、粗壮不已。

欧洲大陆的漫画家根据黑化的谣传来描绘他。他们模仿其本人宣传画中的特殊双角帽、蓝色或者绿色的制服，绘制出让人恐惧、夸张又邪恶的形象。相对于英国，对更多的欧洲大陆人来说，拿破仑象征着对希望的背叛。他们对这位年轻、英俊、杰出的共和国英雄的狂热逐渐转为恐惧和仇恨，尽管他曾经维护了大革命带来的社会变革。一代人伴随着持续的征战成长起来，而拿破仑慢慢地开始代表四处屠戮与破坏：在他的战争中，约 100 万法国人死亡，当然敌人的伤亡更大。1813 年底，在德意志出版的众多漫画里最引人瞩目的一幅，描绘的是皇帝的脸庞由尸体组成。有时他还是反基督者：通过标准的数字命理学系统，他名字的字母加起来为 666，指代野兽（Number of the Beast，除非这个人将他的名字拼写为"Napolean"），这通常表示他就是魔鬼。

而宣传不可避免地过于简化了拿破仑。他是一个非常复杂的人物，在任何时代都身居最伟大人物的行列。在青年时期，长相英俊的拿破仑富有魅力、使人着迷又绝顶聪明。人们开始提防他的眼睛，同时还有他的声音，它们可以施展法术，使人屈从于他的意志：布鲁塞尔的市长相信，他迷住了城市里的年轻人。[2] 即便在英国，他也拥有同情者，第十五骠骑兵团的助理军医威廉·吉布尼便是其中之一。吉布尼是爱尔兰人，他在爱丁堡与都柏林圣三一学院获得了医师资格。他持有法国人应当被容许自主选择统治者的观点：

> 我永远无法明白，如果相对于波旁家族，法国人更倾向于接受拿破仑的统治，为什么他们不被允许保留自己的选择？拿破仑冷漠、自私、野心勃勃，但是他发自内心地赞美与热爱法国。他的政府与法律显示他知道如何进行统治，可能只是被反对他的同盟经常拖入战争。拿破仑是一个天生的将才，他自己也了解这一点；他同时也是一名有远见和决心的统治者，而这正是统治法国人所需要的。如果不被干预，他的作为可能和史实相反。总之，他曾经大败整个欧洲。如果我们英国人不去援助欧洲，他将再次做到，不过凭借我们的资金和顽强的意志，这个聪明但多少有点肆无忌惮的领袖最终会被解决掉。[3]

没人否认波拿巴是位杰出的将领，也许是有史以来最伟大的。他扫除了欧洲大部分地区的旧制度。在意大利、德意志和其他地区，开明的自由派群集于他的旗帜之下，因为他预示着贤能统治的未来，而不是封建的过去。

拿破仑出生在科西嘉一个有影响力的家庭，他接受了近代科学的法国炮兵教育。在法国大革命期间，他加入了雅各宾党，并于1793年指挥炮兵从保王党和英国海军手中夺回土伦港而崭露头角。1795年，因使用"轻风般的葡萄弹"（whiff of grapeshot）驱散了王党分子的叛乱，他受到督政府的青睐，1796年只有27岁的拿破仑在意大利第一次指挥一支军队。法国当时正处于混乱之中，战败似乎迫在眉睫，不过波拿巴却扭转了战争的时运，并因解放意大利而赢得了众多的仰慕者。接下来以及在埃及、叙利亚的战役，带来了阿科拉、里沃利与埃及的胜利，由此为他建立了无敌统帅的声誉。在1799年10月的雾月政变后，他成为统治法国的三人执政之一，并在不久后担任第一执政。1800年，在马伦戈的胜利让他成了为欧洲带来和平的英雄。之后，拿破仑全身心投入于一系列被证明对国家有永久性价值的法律、教育、社会和基础设施改革中。

和平局势并没有持续太久，因为英国政府不信任波拿巴，而波拿巴也不信任他们。在这个阶段，拿破仑在英国有许多崇拜者，不过英国王室从根本上反对他的共和国政府。此外，波拿巴并不仅仅代表革命，他还代表法国：英国长期以来一直同法国竞争，法国历史学家将此描述为争夺全球贸易支配权的第二次百年战争。拿破仑是一个非常危险的撒旦式领袖——另一个戴着不同面具的路易十四。

从1803年5月开始，他便与英国处在了战争状态。他的部队操练至完美的程度，被部署在英吉利海峡沿岸。1804年他自我加冕为法国的皇帝，1805年加冕为意大利国王。为入侵英国而创建的军队是拿破仑最为精良的武装，是足以同罗马帝国军团相媲美的战争机器。携带与他们效法的罗马人相似的鹰旗，并被重命名为大军团（Grande Armée），他的士兵前去摧毁与法国为敌的第三次反法同盟的部队。这次的同盟缔约国是英国、奥地利、俄国、瑞典和那不勒斯。1805年，拿破仑在乌尔姆迷惑住了奥地利人，在奥斯特利茨粉碎了奥地利人和他们的俄国盟友。当第四次反法同盟被普鲁士、俄国、萨克森、瑞典和英国建立起来时，他于1806年在耶拿与奥尔施塔特羞辱了普鲁士人，入侵普鲁士并于1807年在弗里德兰赢得了这场战争，将满怀钦慕的俄国沙皇转变成法国的一个盟友。此时，拿破仑直接或是间接地统治着欧洲大陆的大部分地区。

英国辉格党再次建议和平，不过国王乔治三世仍执拗地对这个新暴发户皇帝怀有同旧共和国一样的敌意。拿破仑试图通过推行大陆封锁政策来击垮英国商业，但其结果是普遍不得人心，并且无法执行。它将拿破仑拖入伊比利亚半岛的长期战争中，这束缚住了法国的军队和资源，让英国得以历练出一支由威灵顿公爵带领的高效、经验丰富的军队。封锁激怒了俄国，1812年当威灵顿准备好在半岛采取攻势时，拿破仑对沙皇亚历山大发起了攻击。俄法1812年战争消耗了拿破仑及其盟友的50万大军，与此同时他的兄长在西班牙的统治在威灵顿于维多利亚取胜后分崩离析。最开始是普鲁士，之后是奥地利和德意志邦国背弃了他们的法国盟友。而在1813年莱比锡惨败后，拿破仑丢失了莱茵河以东的所有领地。他仍可以打胜仗，但是在输掉整场战争。1814年入侵法国的盟军进入巴黎时，拿破仑的元帅离弃了他，他也最终退位。获胜的君主制列强们通过将极其肥胖的路易十八扶上王位的方式，让波旁家族在法国复辟。

路易保王党支持者的处事方式极其糟糕。重新归国的流亡者抓住每个机会，提醒法国人为什么当初他们进行了一场革命。他们对军队的打理，尤其是他们未能回馈高级军官，疏远了曾让他们的回归成为可能的人，加剧了广布于下级军官和士兵中对拿破仑的怀念之情。士兵们开始数数"15、16、17、肥猪、19、20……"；20万新近遣返的战俘相信，如果他们在场，拿破仑不可能战败。这些人憎恨复辟的波旁王朝，以及对共和原则的背叛。为了捍卫这些原则，他们曾遭受残酷的监禁。与此同时，同盟各国彼此间几乎都处于战争状态。[4]

所以，拿破仑回来了。经过考虑，他很快拒绝了对比利时的猝然攻击。几位经验丰富的军官强调这一行动的低风险与高回报，但是波拿巴很清楚他缺乏士兵们对这一攻势计划的政治支持。虽然将路易十八和尼德兰国王赶跑，把比利时带回信众的行列是诱人的，但是法国人民不会原谅他将他们直接投入到一场征服战争中。如果即将有一场战争，不是由他挑起是绝对必要的。然而，拿破仑希望如果他接受法国的现有边境，他的回归可能会被欧洲的其他统治者所接受。他至少需要测试一下这个想法，于是写信给所有的君主，向他们保证自己的和平意图。如果同盟国顽固地拒绝这些和平提议，之后他将准备防御，至少他声称如此。那些对拿破仑不怀好意的人辩称，他只是急于说服人们要相信他渴望和平，可是实际上只要他掌权，战争便不可避免，并且他本人知道这点。[5]

波拿巴自己的宣传试图在对过往武力的怀念与和平之间进行调和，承诺复兴大革命的自由。在一幅印制于4月、庆祝他归来的版画《匆忙地离去与意外地归来》(Le départ précipité et le retour imprévu)中，太阳在一只抓着橄榄枝的老鹰上方照耀，拿破仑骑着的另一只老鹰嘴里衔着一面三色旗，上面写着"荣誉、自由与和平"，图中说着"我来，我见，我征服"的拿破仑，正在使用闪电攻击逃亡的路易十八。一幅更为昂贵的版画标题为"1815年3月20日，拿破仑大帝返回法兰西帝国首都"。画中身着古典服饰的拿破仑就像一位罗马皇帝一样。他被农业、贸易和正义的象征，以及对他所取得成就的致敬礼品，与一面上书"勇者荣誉"(Honneur aux Braves，意在说明他军队中的士兵很勇敢)的旗帜包围。而文字则描述了经历了一些意外挫折的法国，是如何在外国人的压迫下遭受数个月折磨的。它的英雄与解放者隐退到了厄尔巴岛，但是在2月28日带领不多的勇者离开了。他于22天的时间里未受抵抗，穿过了法国，所到之处无不受到欢迎。

波拿巴在来自法国东部农民的广泛支持下前往巴黎，其中最令人吃惊的是，伴随着自由树的复发等类似标志，革命热情重燃。他向一个高级行政官员透露："除了对教士和贵族的仇恨，没有什么在我返回法国时更让我吃惊。这种仇恨就像革命之初那般普遍与暴力。波旁家族将他们失落的力量交还给了革命理念。"[6]

实际上，一登陆法国，他便试图挑起这一革命热情：他的《3月1日宣言》为封建贵族、流亡者和神职人员贴上了人民之敌的标签。就像是在1800年一样，他再次将自己展现为革命的救世主。为此，《3月21日法令》

废除了贵族与封建头衔，驱逐流亡者并扣押他们的财产，删除几乎所有令人憎恨的酒类饮料的消费税。一本小册子的作者宣称："一位将军呼吁欧洲各国人民与法国人民一道打破压迫者的枷锁，以便让他们获得自己选择的领袖，以及确立自由、平等与所有公民权利的法律。"原因是明确的：法国人民将再一次努力捍卫他们的革命，同专制暴君做斗争，寻求同诸如比利时这种被压迫地区的人民合作。[7]

但是，拿破仑并未获得广泛的民众支持。一些位于南部、西部与北部的城市，尤其是马赛与波尔多，表露出了更支持国王的倾向。一位被路易十八流放到乡下的骑兵将领埃马纽埃尔·德·格鲁希团结到了拿破仑的麾下。他击败了普罗旺斯的保王党人，但是旺代很快就爆发了叛乱。在法国北部，波拿巴党人马丁中尉发现，"城镇居民和乡下人似乎不像我们士兵这般开心，我相信这不是由于他们对波旁家族不切实际的爱，对波旁家族他们所知甚少，而是因为对战争的恐惧"。[8]

对革命热情的呼吁是一柄双刃剑，保王党利用它去恐吓资产阶级，而他们的支持一直是拿破仑所渴求的。这批人对他的前景非常怀疑。他们乐于看到太过偏爱流亡者的波旁王朝被再次推翻，却也担心波拿巴的归来必然意味着同整个欧洲重启战争。荣耀与和平能够兼容吗？即便是忠诚的官员也很难相信这一政权有未来："对我们来说，重新唤醒那个刚刚结束的梦中幻象是不可能的。没有什么可以让我们相信在历史上前所未闻的时来运转。我们确信一切都完了，但是我们必须执行收到的命令。"[9]

单纯的共和主义者相信波拿巴对革命的复兴，但是老练的共和主义者怀疑他所谓的自由类似暴政，他所谓的荣誉需要持续的战争。大多数自由主义者认为，他对宪法改革做出的让步远远不够。他还对外国意见做出了姿态，禁止法国的奴隶贸易，从而使对他有好感的英国辉格党人获益。

尽管他千方百计使政变看起来顺应民意，而不是通过军事，但是他不断求助于军队，强调"荣誉"的概念，为"勇者"设定很高的价值。在军队中，普通士兵对皇帝的支持最为高涨，他们仍旧崇拜他。军队的情绪相较于平常更加雅各宾化，大多数士兵满腔热血地想要战斗，以便保卫革命果实，抗击入侵的君主，虽然他们厌恶对外征服的念头，至少是对比利时和莱茵边境之外的地区。

军官则更为审慎，尤其是高级军官。一些是保王党人，另一些认为他们无法打破自己对国王的誓言，还有一些对波拿巴或是他成功的机会持有严肃的保留意见。许多高级军官认为战争是不可避免的，战败差不多也是必然的。一个有王党倾向的炮兵军官回想起他同拿破仑的炮兵总指挥官吕蒂将军的对话，吕蒂给出的观点是拿破仑注定会失败。"我为这位可怜的将军感到抱歉，在内心他是个保王党人，背着原则加入了这支军队，并且相信失败是必然的。"是责任、职业与法律义务使许多高级军官坚守岗位，而不是政治热情，即便是许多乐于看到皇帝归来掌权的热忱的波拿巴党人和共和主义者，也以一定程度的不祥预感欢迎他。[10]

拿破仑很早就开始检阅部队。3月21日在杜伊勒里宫，帝国近卫军拿回了他们的旧鹰旗。新近从夏朗德抵达的波拿巴党人、半饷军官安德烈·拉瓦尔于3月26日见到拿破仑检阅近万名士兵，这些人又被高喊"皇帝万岁"的5万名民众观看，"每个人脸上都洋溢着欢欣与赞许"。这些军事检阅以皇帝最爱的特有表演为特色。在3月28日的一次阅兵中，让-巴蒂斯特·勒莫尼耶-德拉福斯一生中第二次近距离见到了拿破仑。这位安逸的受雇于第一军区的参谋军官之前对皇帝并没有好感，因为拿破仑的突然回归打破了他家人在巴黎的安静生活，并让他再次遭受战争的危险，但是近距离的接触让他印象深刻。他回忆说："皇帝不可以被接近，更不用说听到他讲话了。他的魅力吸引了每一个走近他的人。"授予鹰旗是事先精心安排好了的，拥有一整套标准的流程：

> 士兵们，这是你们的旗帜。这些鹰旗将会永远作为你们的一个集结象征。它们会前往任何你们的皇帝认为需要保卫他的王座和人民的地方。在凭借勇气通向胜利与荣誉的道路上，你们愿意发誓牺牲自己的生命，时刻捍卫和保护它们吗？你们会发誓这样做吗？

虽然这些言辞可能有些俗套，但是勒莫尼耶-德拉福斯认为，拿破仑的表现非常让人着迷：

他的每一个短句措辞，都像诗句一样合韵律，给予这一誓言难以置信的强度。你被冻结在原地，无法移动，皮肤上还生出了鸡皮疙瘩。当他高呼"你们会发誓捍卫它们吗？……你们会发誓这样做吗？"时，他的目光不可名状，宛如被灭绝的神明，就好像是在说："去这样做吧，否则我会把你们化为乌有。"[11]

4

鹰钩鼻佬接手指挥

4月4日午夜之前,威灵顿公爵抵达布鲁塞尔,从奥兰治亲王手中接过了盟军的指挥权。公爵立即投入到工作中,联络他的普鲁士盟友格奈泽瑙将军,以便制订一个新计划。威灵顿觉得他们应该做好准备,以应对拿破仑可能即将发动的"突然一击"。除此之外,在他看来,基于政治原因去防卫布鲁塞尔也是迫切的。"将我们逐退到布鲁塞尔后方,赶走法兰西国王,并且推翻尼德兰国王建立的秩序,这对波拿巴来说至关重要。这对公众舆论也会产生非常可怕的影响。"他说自己可以将2.3万人投入战场,尼德兰可以贡献2万人和60门火炮,并建议格奈泽瑙,普鲁士人应将他们所有的兵力调到布鲁塞尔附近,集结在那慕尔和于伊以东,自要塞城镇沙勒罗瓦而来的一条道路上,延展约40英里,并受桑布尔河与默兹河保护而免遭法国人的攻击。[1]

向他的普鲁士盟友宣告了他的到来后,威灵顿投入2万人修缮港口和边境要塞的防御设施。他故意向本国政府提出不现实的要求:他需要更多、更好的部队,因为他觉得有必要使本国政府摆脱死气沉沉的状态,并意识到他的需求很迫切。他写信给陆军大臣巴瑟斯特伯爵,额外要求4万名精锐步兵、1.875万名骑兵和150门火炮,连同一场重大战役所需的专用装备:

> 我请求您将货运马车队也派至此地,以及用来运输生病和受伤士兵的所有弹簧马车。除了上文提到的军械外,请您命令马尔格雷夫勋爵现在发往这里200辆配足挽马的步枪弹药马车,此后会需要更多。每个步兵营都需要配备一辆挖掘壕沟的工具车,工程兵和整支坑

道工兵队也需要 200 辆这样的工具车。拥有全部的参谋队同样令人向往……没有这些装备，军事行动不可能进行。[2]

威灵顿这种独具一格的要求方式十分精准，只是有些让人厌烦。威灵顿公爵阿瑟·韦尔斯利时年 46 岁，与拿破仑同龄。他出生时名为阿瑟·韦斯利，是一位盎格鲁－爱尔兰贵族的第三子。他的父亲是一个充满激情的音乐家，并因其作品而在都柏林圣三一学院获得教授职位。1798 年，阿瑟的兄长采用了更贵族式的姓氏拼写"韦尔斯利"。阿瑟在伊顿公学与法国昂热的皇家马术学校接受教育。他是一个很有天赋的小提琴手，不过对其他任何事务都缺乏兴趣。他的亲戚于 1787 年为他在第七十三步兵团买下了委任状，下一年他前往爱尔兰担任总督的副官。

到了 1792 年，他已是一名上尉，还爱上了朗福德勋爵的女儿姬蒂·帕克南。1793 年，他从兄长处借来足够购买两次晋升的钱，以便让自己成为第三十三步兵团的一名中校。之后他向姬蒂求婚，但是作为家族首领，姬蒂的兄长拒绝了他。[3] 这一年他参加了比利时的战斗，在"伟大的老公爵约克"（Grand Old Duke of York）手下临时指挥一个旅。他说这段经历使他明白"一个人不应该做什么"。[4] 1796 年他乘船前往印度，并和担任当地总督的杰出兄长理查德在那里度过了 8 年，通过损害法国盟友的方式开拓出了一个帝国。他学会了应付困难的地形与环境、微妙的敌人与喜怒无常的盟友，并且因纪律严明与自控而赢得声誉。虽然绝非贪婪的缘故，但是他回国时已是一个富人，还是一名民族英雄。

理查德·韦尔斯利也从印度归国，他一直是皮特的关键支持者。1806 年，他将阿瑟带入议会，在波特兰公爵的托利党内阁中担任爱尔兰首席大臣。阿瑟与理查德的共同朋友劝说阿瑟写信向姬蒂·帕克南求婚。她因信中冷淡的语气而感到惊慌，于是写信给一个朋友："有没有一种表述能够暗示'Yes'是满意，或者'No'是失望？"但是，她最终仍然接受了阿瑟的求婚。威灵顿在结婚前没有与她见面，而在经过如此漫长的时间后看到她的第一眼，让他感到一阵令人不快的震惊，他向自己的一个兄弟评论道："天哪，她变丑了！"事后，威灵顿不太真诚地向一个朋友解释："我娶她是因为他们让我这么做，我不清楚自己的想法。我想我不会再爱任何人，我应该和我的军队在一起。总之，我是一个傻瓜。"[5]这不是一个美满的婚姻。

1808年，他被派往葡萄牙，赢得了维梅鲁会战的胜利。他指挥部队于1809年返回。1810年，他的托里什韦德拉什防线阻挡住了马塞纳元帅，下一年他将苏尔特元帅的军队牵制在了西班牙南部。而到了1812年，随着拿破仑的大量部队为了俄法1812年战争而从西班牙撤出，他采取了攻势，夺得罗德里戈和巴达霍斯，获得了萨拉曼卡会战的胜利。1813年，他在维多利亚赢得了决定性的胜利，之后经过比利牛斯山的一番争斗，他入侵了法国，于1814年在图卢兹赢得了最后一场会战的胜利。回到伦敦，他被册封为威灵顿公爵。他从没有对阵过拿破仑本人，不过也从没有在任何会战中败给法军，他无疑是反法同盟的最佳捍卫者。

威灵顿个性复杂，即便是那些多年来密切观察他的人也觉得难以概括他的特质。其中一人写道："他是那种具有混合性格的人，在不公正的情况下很难赞扬或指责他。""他自信、自以为是、独断，但是坦率、开明并且脾气好"，他喜欢控制一切，这在一支小军队里可以奏效，不过在他之后的政治生涯中被证明是一个致命的缺陷。[6]一方面，他傲慢、看不起人又冷漠，一些军官知道他是"高层人士"，其他人则以"大人"指代他。当他自己的声誉陷入危险时，他可以尖刻地批评下级军官和士兵，对此他们往往感到愤恨。另一方面，他极其称职、高效、勇敢、冷静，临危不乱。他有一双能看出地形潜在军事价值的敏锐眼睛，并且很擅长部署军队，以至于同他对阵的将领会警惕树林里或是山脊后可能隐藏着什么。他通常能赢得战斗，将他的军队从困境中解脱出来，并尽全力让部队获得补给和最大可能的舒适度。他分担他们的艰辛，将自己钢铁般的身躯置于前线，无论位于何处都主动指挥最危险的区域。他的身体非常健康，体形精瘦，略高于平均身高（对他身高的不同估计介于5英尺8英寸到5英尺10英寸之间）。

他的士兵并不像海军崇拜纳尔逊那样爱戴他，实际上，他们不太喜欢他，但是信任并敬佩他。他们叫他"鹰钩鼻佬"（Old Hooky），这是因为他的鼻子，或者他是"痛殴法国人的讨厌家伙"（The Bugger that beats the French）。他在身边聚集了一个受他信任的参谋和野战军官班底，并且做出了正确的选择：他的副手们在他们各自的圈子内通常颇具才干，做事也极为高效。即便如此，他也不情愿让他们自由发挥：他喜欢相当详尽地掌控一切，不情愿委以他人，反感未授权的主动行为。如果有人未接到命令就表现出主动，他们至少会遭到训斥。他有些自负，还有好色之徒的名声，他在军官中的另一个外号是"花花公子"（the Beau）。[7]虽然他对女性和儿童的吸引力很大，但是男性普遍认为他的言谈给人留下的印象不深，说的话"好似孩子气的俚语"。[8]

当波拿巴在法国登陆时，伦敦的政府正忙得不可开交。卢卡夫人在日记中写道："谷物法没有被粉刷在伦敦半数的墙上。"而从3月6日起就发生了暴力骚乱，政府大臣的窗子被砸坏，他们的家宅被闯入。驻扎在豪恩斯洛区和汉普顿宫的第十六轻龙骑兵团奉令"调驻到威斯敏斯特桥附近一带，以便为通过谷物法造成的暴乱做好准备"，接着又有几个团也受命进行了一番调整。但是于3月11日证实的波拿巴回到法国的消息，让人们不禁集中注意力，以至于暴乱停息，而到了4月初，龙骑兵乘船前往奥斯坦德。[9]

英国接受了战斗的任务。卢卡夫人写道："惠特布雷德先生已经在下院说过，我们不应该干涉法国内政。但是，唉！如果我们不干涉，波拿巴就会干涉我们。"拜伦勋爵因"战争走狗的狂吠"而作呕，不过议会里反对战争的辉格党领袖仅获得了少数人的支持。助理军医威廉·吉布尼回忆道：

> 到处都吹响了战斗的号角，并都得到了很好的回应。然而，通过报纸上的报道和舆论判断，人们对战争没有多少热情。没人关心战争再次开始，或是为救济一个国家而增税，或是一些国家证明它们对先前的援助多少有些忘恩负义……但是，所有人都感到战争不可避免，拿破仑这个欧洲的扰乱者必须被粉碎，因为只要他自由或是活多久，战争便会持续多久，因此有必要把他推翻和摧毁法国制造危害与革命的力量。[10]

英国的问题是拿什么去战斗，因为威灵顿对更多、更精锐部队的要求无法轻易被满足。1812年，美国针对英国发动的战争才刚刚结束，他的许多经验丰富的半岛战争老兵仍在美洲。而许多在英国的部队还需要平息暴乱和骚动，尤其是但又不局限于爱尔兰。

抵达尼德兰时，威灵顿麾下最可靠的部队是KGL，但即便是他们，也是严重缺编。这个军团组建自1803年法军入侵汉诺威选侯国后该国的志愿流亡者。它的核心由杰出的前汉诺威正规军士兵组成，比如克里斯蒂安·冯·翁普特达，他之前在汉诺威近卫军中指挥一个营，1803年他坐船前往英国。来自近卫军的志愿者被编入了第一战列营，翁普特达少校成为该营的副指挥官。KGL参加了整个半岛战争，它的轻步兵营更是频繁执行最危险的任务。随着时间的推移，它开始接收各种外国志愿者，不过非汉诺威新兵于1814年被遣散。

1809年，20岁的弗里德里希·林道加入了军团。之前，他在哈默尔恩一直是一名鞋匠学徒，离家出走后他逃到了英国。这是一次不同寻常的冒险，期间需要沿着威悉河逆流而上，然后同秘密驻扎在黑尔戈兰岛的英国人接触。英国人从那里向德意志走私物品并接载新兵。他从哈里奇被带去了KGL位于萨塞克斯郡贝克斯希尔的兵站，在那里加入了当时受苏格兰人科林·霍尔基特指挥的第二轻步兵营，之后于1811年被派往葡萄牙。林道跟随第二轻步兵营这支先头部队参加了半岛战争。根据他的回忆录，偷盗食物要比战斗有趣得多，尽管他的英勇在这两方面都声名远扬。这个军团有一些英国军官，埃德蒙·惠特利便是其中之一。1813年，他在比利牛斯山以少尉身份加入了第五战列营，在西班牙和法国南部战役的最后困难阶段参战，第五战列营经常充当先锋，此时的指挥官是刚刚得到晋升的克里斯蒂安·冯·翁普特达。1815年，这个军团由8个规模较小的步兵营、5个庞大的精锐骑兵团和3个炮连组成。

威灵顿认为尼德兰的大多数英国占领军仅适合卫戍工作，而他接收到野战部队的4个团又完全由新兵组成，虽然第七十三步兵团因为同汉诺威人一道在北德意志的一场战役中收获了信心，但让汤姆·莫里斯中士遗憾的是，他们错过了莱比锡会战。4个营的近卫步兵中，仅有一个营曾在西班牙作战，并且只有第三十"剑桥郡"团和第四十四"东埃塞克斯郡"团是久经沙场的半岛老兵。

自汉诺威选帝侯乔治于1714年成为英国国王后，汉诺威人与英国人便开始并肩作战。汉诺威于1803年被法国侵占，1805年被普鲁士吞并，1807年再次被割让给法国，在这之后它便不复存在，其领土组成了拿破仑的新王国威斯特法伦版图中的最大一部分。但是1814年10月12日，维也纳会议决定汉诺威应该恢复为一个由乔治三世担任国王的王国。由志愿兵组成的野战营被召集起来，参加了1813年的战斗，这些部队后又获得了补充：新征召的民兵或"后备军"，来自KGL或原威斯特法伦军队经验丰富的下士、军士与军官。汉诺威最终提供了一支野战部队，包括2个轻步兵营、5个战列营与15个民兵营，总计3.7576万人，还有一支9000人的预备部队，被委派执行卫戍任务。他们还招募了1682人的骑兵部队与2个精锐的步炮连。威灵顿信任这些迅速组建的汉诺威军队的忠诚度，但对他们的军备不抱信心。

荷兰与比利时的正规军有经验丰富的老兵，他们在过去主要为拿破仑在西班牙同英军作战。威灵顿不想让同波拿巴并肩作战过的军官负责重要的防区，而奥兰治的秘书科尔伯恩则报告说："我一点也不相信比利时士兵。"[11] 一位荷兰军官觉得第八骠骑兵团的士气尤为令人担忧：3月在安特卫普，第八骠骑兵团的一些军官同汉诺威人爆发了冲突，并且刀剑相加，之后这些比利时人的团长消失在了高喊"皇帝万岁"的一个人群中，他之前曾指挥法国的第十六猎骑兵团。1815年1月至6月17日，第八骠骑兵团的逃兵多达216人。[12] 公爵敏锐地感觉到，如果给比利时人一点点机会，他们便会改换阵营，而一份来自普军的报告也得出了相似的结论。与此同时，在说法语的瓦隆地区的列日与埃诺两省，居民对寄宿在他们那里的外国君主部队的情绪介于阴郁不满和公开的敌意之间。

尼德兰民兵由志愿兵和为1814年战役征募的士兵组合而成，他们装备英国步枪，并进一步由来自正规军的士官和军官加强力量，在忠诚度方面被认为更为可靠。其中，许多人是拥有一年或者更少经验的年轻士兵；其他人服役时间更长，但通常是在法国军队中。最终，将来自德意志的拿骚各营计算在内，尼德兰军队共投入战场 12 个战列营、11 个轻步兵营、15 个民兵营，连同 7 个骑兵团，总计 3405 名骑兵、约 2.43 万名步兵和 72 门火炮。

威灵顿急切地想要通过德意志士兵增强他的军队，不过在维也纳会议上普鲁士和英国曾就德意志小邦国的士兵应该加入哪一方展开了激烈的争辩。普鲁士希望所有的北德意志小邦能与他们并肩作战，但是威灵顿反驳这将使他的兵力变得非常稀缺，于是在分割计划获得维也纳会议的同意后，普鲁士对不伦瑞克、奥尔登堡与汉萨同盟的城市汉堡、不来梅和吕贝克，以及最不情愿的拿骚和大约 7000 名仍属于萨克森的萨克森士兵，做出了让步。[13] 争执持续了太长时间，以至于大多数国家没有及时动员，以便为任何一支军队而战。虽然新近招募的不伦瑞克部队于 4 月 15 日从不伦瑞克出发，汉萨同盟城市的部队直到 7 月才到场为威灵顿作战。

在组织这支军队的过程中，威灵顿谋求将优秀的英国部队同较弱和缺乏经验的外国部队混编在一起，就像他之前在半岛所做的那样，取得了不错的效果。尼德兰国王对此表示拒绝，坚持让他的士兵在师级单位保持国别一致。但是让汉诺威部队失望的是，他们被拆分了，为此他们觉得英国军官看不起他们，并且没有尝试去了解他们的传统或是同他们交往。[14] 与此同时，英国政府还在拖他的后腿。在他提出 150 门火炮的要求后过了 3 周，威灵顿仅仅得到了 72 门，并且他还需为火炮购置挽马。他解释道，问题不在于马匹，而是马夫，因为他们无处可得。如果他们无法找到合适的炮兵，他愿意让他们派龙骑兵担任驭手。[15] 他经验最丰富的部队和最信任的助手一个也没有抵达，于是在 5 月初威灵顿认为他统帅着"一支可憎的军队，孱弱不堪、装备不足，并且还有一个缺乏经验的参谋部"。[16] 他的愤怒反映出他深深的焦虑：拿破仑有可能在他准备好之前攻击他。

5
普鲁士人

"孩子，擦拭你的来复枪，"德高望重的老父亲在我正研究洛德的解剖表时进入我的房间说，"他再次逃脱了。""拿破仑？""他从厄尔巴岛回来了。"

我的心脏跳动得厉害，对于一个15岁的男孩来说，这是一个令人愉快的消息，我经常听两个哥哥描述1813—1814年战役，对此我暗暗羡慕。两个哥哥于1813年参军，像大多数拥有良好家庭的年轻人一样，作为志愿猎兵踏上战场，又作为受伤的军官返回家乡。

追逐着兄长们树立的榜样，弗朗茨·利伯立即志愿成为一名来复枪兵，并挑选了波美拉尼亚科尔贝格团。该团之所以这么命名，是因为1807年普鲁士的其他地区落入法军手中时，他们光荣地捍卫住了科尔贝格要塞。在征兵桌前方聚集着庞大的人群，他排队等候了3个小时才得以登记入伍。[1]在德意志，中产阶级家庭的男孩志愿成为来复枪兵是很常见的。他们有办法为自己购置来复枪，从而节省了国家的支出，在主动性要求颇高的步兵战斗中也具备生存下来的智慧。

就像利伯对军队的介绍所暗示的那样，他们想要真诚地"回报"法国人，总的来说普鲁士人正被汹涌的爱国主义和对波拿巴以及法国人熊熊燃烧的憎恨所鼓舞。在对普鲁士漫长的压迫期间，法国人向当地人课以重税，并夺走一切他们想要的东西。1813年，普鲁士领导德意志起义，反对他们的法国统治者。爱国青年加入了路德维希·冯·吕措的自由军团，这支部队吸引了来自全德意志的艺术家、学生、学者以及更多的普通人。来自什未林的木匠之子路德维希·纳格尔，此时已是一位受过高等教育、可用多种语言读写的神学家,他便是自由军团的其中一员。纳格尔不久便被他的"黑色猎兵"(Black Jägers)同伴选为中尉。他们将自己的服装染成黑色作为制服,而一些学生发誓在法国人被逐出德意志之前不会剃掉自己的头发或胡须。

拿破仑已经将旧普鲁士军队摧毁。在腓特烈大帝麾下他们被认为是欧洲最优秀的部队,1806 年却耻辱地在耶拿与奥尔施塔特战败。次年,格哈德·冯·沙恩霍斯特与奥古斯特·冯·格奈泽瑙模仿法军的模式,将之重建为一支由义务兵和志愿兵组成的国民军队,编成能自给自足的军队。大多数普鲁士军人属于义务兵,但是几乎没有被征入伍者像他们那样,怀着美好的愿望服役。

1815 年,这支军队再次进行重组。1814 年为了节约资金而缩小了军队规模,此时因为拿破仑的归来又被突然扩大,这意味着许多团不得不收纳毫无经验的部队以达到额定兵力。三分之一的军队由作为后备军的民兵部队组成,虽然他们中的许多人拥有战斗经验,但是这些团缺乏训练、凝聚力与装备。在普鲁士的所有军队中,士兵们将就着混合使用英国、俄罗斯与法国的军服与武器。

大量士兵来自新收复的旧普鲁士部分地区,它们自 1807 年起一直属于"威斯特法伦",或是来自新近被割让给普鲁士的土地,比如拿破仑位于杜塞尔多夫周边地区的贝格大公国。8000 名新兵于 1815 年春从普鲁士位于马斯河(Maas,即法语中的"默兹河")至莱茵河之间的新领土上被召集起来,而另外 8000 名能说双语的莱茵兰人已在军中,新近还为皇帝作战过,他们中的绝大多数来自波恩、科隆和杜塞尔多夫。他们的承诺和忠诚度受到怀疑。就像普鲁士参谋长事后解释的那样,"短短几天,人们发现他们从属于一个新的国家,被赋予一个新的效忠义务,隶属于一个新的组织,并且经受新一轮的征兵,在战事开始前,他们参军的时间不多于 6 到 8 周"。[2] 一些人加入了 6 个威斯特法伦民兵团中的其中一个,还有一些去补充了正规军。5 月 11 日新加入第二十四团的 523 名莱茵兰义务兵,有 93 人在 6 月初之前开了小差。[3]

理论上,普鲁士军队的制服是蓝色的,但是由于普鲁士政府极度缺乏资金，当时的库存又不足以为部队提供新的军服，预备役部队的士兵只好继续穿着灰色或者黑色的制服，而来自贝格大公国的各军团仍穿着他们为法国而战时的破旧白色制服。英国人提供了一些装备，不过这仍是一支衣衫褴褛、装备不足、穿着各色制服的军队。一个在1814年曾看到他们穿过布鲁塞尔的英国军官描述：一群外表粗壮的士兵"穿着破破烂烂的衣服"，妇女跨骑在马上，"和她们的主顾拥有同样久经沙场的面庞"，而矮小的挽马可怜地拖拽着他们的火炮。[4]在整个欧洲大陆，漫长的战争造成良驹稀缺，骑兵和炮兵驭手也没有好马可配。普鲁士的"乌兰"（Uhlan）在名义上是枪骑兵（他们为枪骑兵取了一个波兰名字"乌兰"），但是有一些却不是，他们既没有骑枪，也没有接受如何使用它的训练。尼德兰人了解糟糕天气下比利时的路况，因而为他们的部队每人配备了3双鞋，与他们相反，普鲁士士兵仅得到了一双鞋和一只备用鞋。*拥有如此简陋装备的士兵们仍以坚定的意志去行军和战斗，很大程度上归功于受他们爱戴的指挥官布吕歇尔的个性。

格布哈特·莱布雷希特·冯·布吕歇尔侯爵**时年72岁半。同英国的夏洛特王妃一样，他出生在梅克伦堡。16岁那年布吕歇尔以一名骠骑兵的身份加入了瑞典军队，在被普鲁士人俘获后转换了阵营。他对赌博、女性与酗酒的喜好是出了名的，在一次醉酒嬉闹后，腓特烈大帝宣布"冯·布吕歇尔上尉可以去见鬼了"，再也没有起用他。腓特烈死后，布吕歇尔于1787年参加了镇压荷兰革命的行动，作为一个骠骑兵团长在1793年和1794年的战斗中表现出色。他于1801年被擢升为中将，参加

---

* 根据普鲁士军队的专家Peter Hofschröer的说法，当时鞋子的设计没有左右脚之分。见 *1815 The Waterloo Campaign: Wellington, His German Allies and the Battles of Ligny and Quatre Bras*, p.69.

** 布吕歇尔的英文名常被写作Prince Gebhard Leberecht von Blücher，不过需要注意的是其头衔Prince在德语中对应Fürst而不是Prinz（Gebhard Leberecht von Blücher, Fürst von Wahlstatt），虽然在德语中Fürst和Prinz词源相同，并在英文中都被翻译为Prince，但是二者在实际所指上还是有很大差异的，Fürst更侧重于指身份介于Herzog和Graf之间的immediate estate所有者，因此更准确的翻译是"侯爵"。Prinz则是König、Herzog、Fürst等诸侯男性后裔的尊称，在没有更好的表述与区分的情况下被统一翻译为"亲王"，但是其身份的尊卑还需要读者自己去把握。

了奥尔施塔特会战，在军队主力投降后，他指挥一支后卫且战且退，直到被困在丹麦边境。颇具影响力的爱国者和改革家格哈德·冯·沙恩霍斯特在这场战役中担任布吕歇尔的参谋长，在解放战争中又继续同他并肩作战，直至自己受了致命伤。沙恩霍斯特去世后，布吕歇尔挑选格奈泽瑙作为自己的参谋长，在莱比锡面对拿破仑之前他打败了两个法国元帅。莱比锡是两人之间第四次交手，也是布吕歇尔从拿破仑手上第一次赢下的会战，在战斗的最后一天布吕歇尔的军队夺下了城镇。而在拿破仑向法国撤退的过程中，布吕歇尔被击败了3次，但是布吕歇尔在拉昂打垮了寡不敌众的皇帝，然后向巴黎进军。事后他访问了英国，那里的新闻界把他宣扬成了一位英雄。

与烟斗形影不离的布吕歇尔称呼手下的士兵为自己的孩子。每次挫折之后，拥有无限的勇气、精力和决心的布吕歇尔都会掸掉身上的灰尘，再次策马向前，士兵们称呼他"前进老将军"（Alte Vorwärts）或"布吕歇尔老爹"（Papa Blücher）。士兵们十分爱戴他，对他极为忠诚。圆滑、敏锐与狡诈不是布吕歇尔的性格特征，但是他并不愚蠢，而且具有丰富的常识。他非常爱国，像许多其他德意志人一样，他对拿破仑的敌意包含家仇私怨。对于布吕歇尔来说，拿破仑的回归意味着未竟的事业：他告诉自己的士兵，他将前往巴黎寻找遗失的旧烟斗。

政治、后勤补给和战术细节均由元帅的参谋长（原文为 quartermaster-general，疑为误用）和得力助手打理。"如果我要成为一名医生，"布吕歇尔在1814年牛津大学的一次荣誉学位授予仪式上评论，"他们至少应该让格奈泽瑙作为药剂师，因为我们谁也离不开彼此。"[5] 在另一个场合下，他声称自己是唯一一个可以吻到本人脑袋的人，并以亲吻格奈泽瑙结实的颅骨作为演示。布吕歇尔自如地承认了自己的局限性，毫不自大，为了共同事业欢迎得到帮助。这极大地润滑了他同威灵顿的关系，而对于此人格奈泽瑙则没有多大的好感。

出生于1760年的奥古斯特·冯·格奈泽瑙比拿破仑和威灵顿年长9岁。作为一个萨克森炮兵中尉的儿子，对于在高级军官中占优势地位的普鲁士贵族来说他是一个局外人，他自然倾向于同为异邦人的布吕歇尔。年轻时，他跟随一支由英国出资的德意志部队去镇压叛乱的美洲殖民地，虽然抵达美洲不久战争就结束了，他仅加入了魁北克的卫戍部队。回来后，他申请进入普军服役，于1806年在耶拿作战，接着坚守科尔贝格要塞直至战争结束。在那之后，他协助沙恩霍斯特改造普鲁士军队，但在1809年却因为普鲁士国王拒绝加入他的民族起义计划而辞职。他游历了奥地利、俄罗斯、瑞典和英国，返回普鲁士后成为爱国党的一名领袖。格奈泽瑙被认为有共和主义倾向，而普鲁士国王则称他和布吕歇尔为"疯狂的雅各宾派"，不过仍然选择将自己的军队交予他们。[6]

此时，英国与普鲁士之间的政局十分紧张，而这增加了两国军队之间发生误解的可能性，即便他们共同反对拿破仑。尽管如此，当4月5日威灵顿请求格奈泽瑙将普鲁士军队向布鲁塞尔靠拢，以抵御拿破仑的突然一击时，格奈泽瑙下达命令，以他最为齐整的两个军开赴沙勒罗瓦和那慕尔作为回应。然而，他并不高兴，怀疑威灵顿的亲波旁政策，担忧这一行动可能会危及他自己防卫德意志的责任。普鲁士军队在保卫布鲁塞尔的一次战斗中损失惨重，因而格奈泽瑙必须深思熟虑。他不信任傲慢的威灵顿，并且讨厌被蒙在鼓里，后者的军衔和社会地位都要比他高。格奈泽瑙让普鲁士驻比利时的联络官写信给公爵，询问他的计划是什么，他意图在哪里作战，有多少普鲁士人会卷入战斗，若战败，行动方案是什么。之后，拿破仑通过让一个携带《维也纳秘密协议》的特使落入格奈泽瑙的手中，进一步加深普鲁士司令部的怀疑。英国、奥地利与法国联合对抗普鲁士计划的泄露并没有如拿破仑所愿取得好的效果。威灵顿明智、果断地做出回应以便消除怀疑，同时摆明自己的立场。他派遣了一个值得信赖且颇有魅力的年轻参谋军官亨利·哈丁前往格奈泽瑙处，就这个被尴尬揭露的秘密协议做出一个私下解释，之后亨利·哈丁作为两个阵营间沟通和解释的桥梁，留在普鲁士参谋部担任联络官。[7]4月10日，威灵顿写信给格奈泽瑙，坦率解释了自己的想法和计划，再次向他保证若受挫整支军队可以向东撤退，从而继续保卫德意志。[8]

在这一阶段，这两个将军解决了他们的关切和忧虑之事。这两人均以法语写信，这样做增加了发生误解的可能性，不过他们尽可能做到彼此坦诚。格奈泽瑙称，他意图投入自己的整支军队，而不仅仅是其中一部分，但是直截了当地陈述了他的真正忧虑：如果他将军队向布鲁塞尔靠拢，并且他们遭遇惨痛一击，威灵顿觉得有必要指挥军队向海边撤退，而这会使得普鲁士军队暴露在被消灭的风险中。他下决心与威灵顿的军队同舟共济，如果威灵顿准备撤向德意志，一切困难将迎刃而解。接下来，他解释了自己的计划。威灵顿的回信大意是说，虽然正常情况下他可能撤向海边，并注意荷兰的防御，但此时的形势决定了他的军队应该留在战场。如果他因为局部敌军的兵力优势而撤退，这只是为了英国和普鲁士军队在他处会师。只要他们能够会合在一起，就足够强大，不会被打败。这种明确的意见交换在英国和普鲁士之间确立了一个重要的共识：双方都下决心紧密协作、相互支持，而这将会被证明对战役的成功至关重要。[9]

格奈泽瑙像威灵顿一样谨慎的一个原因是他担心部队不可靠。他拥有1.6万名莱茵兰人和1.4万名萨克森人，这两方直到1813年都和法国并肩作战，他们若遭遇丝毫挫折，可能就会改换阵营。萨克森问题不久就到了危急关头，证实了威灵顿所有的猜疑和格奈泽瑙的恐惧。经验丰富的萨克森军队驻扎在列日，正焦急地等待维也纳会议关于萨克森命运的讨论结果。布吕歇尔已经尽他所能去感化他们，但是他们必然对结果心怀厌恶，因为每个团里一些士兵可能不久就会成为普鲁士人，而其他人却仍是萨克森人，这一点不难理解。之后，布吕歇尔从维也纳接到了直截了当的命令：将萨克森部队一分为二，一部分仍是萨克森人，另一部分成为普鲁士人。

5月1—2日，他试图推行接到的指示。一个新闻记者直率而诚恳地于5月2日将结果报告给了伦敦的一家报纸：

> 驻守这里的萨克森各团被命令于今天早上出现在广场，以便同普鲁士军队合并。不过，在下午之前他们都没有前往指定地点，并且在向他们宣布合并命令时，他们高呼"萨克森国王万岁！法国皇帝万岁！"离开了队列，场面十分混乱，大多数军官遵循了士兵的做法，混乱一发不可收拾。萨克森人拿着剑跑过街道，搜寻普鲁士人。我们为夜间可能会发生什么而担心。列日的居民有支持萨克森人的倾向。[10]

当晚，布吕歇尔被一群萨克森掷弹兵暴徒赶出了司令部，他们向他的窗户投掷石头并同普鲁士军官短兵相接。第二天，即5月3日，普鲁士指挥官同威灵顿在蒂嫩(一个位于普鲁士司令部与威灵顿司令部中途的小镇)有一场约定的首脑会议。由陆军大臣巴瑟斯特发来的情报通过其他渠道被证实，它表明拿破仑正前往北方边境，对外宣称视察边境和要塞。他刚刚下令4个军集结，因而"突然一击"很有可能迫在眉睫。威灵顿在参加会议前建议威廉国王为他的边境要塞的护城河注水。[11]

在蒂嫩，布吕歇尔与奥兰治亲王均主张在敌人加强他的要塞前立即进攻，不过威灵顿计划等到他们自己的力量增强，并且奥地利和俄罗斯军队做好协助的准备再开始行动。在这一阶段，普鲁士有两个军(约6.6万人)在沙勒罗瓦和那慕尔附近，以及列日1.4万名萨克森人的军队，而威灵顿可以投入战场的兵力约为7万人。[12]他们同意，如果可能，会在7月12日一起攻击拿破仑。

这场首脑会议讨论的细节鲜为人知，但是两位指挥官大概划定了布鲁塞尔通向沙勒罗瓦的大道两侧他们将负责的区域，并同意倘若法军发起攻击，他们会相互协助。由最终发生的事实推测，似乎每个指挥部在所辖区域里都有决定权，而当他们遭遇攻击时会选择一个同敌人一战的阵地。威灵顿青睐的战场是在径直前往巴黎道路上的阿尔，它位于布鲁塞尔西南10英里处，而普鲁士人选择的阵地更靠近边境。[13]威灵顿仍想让更多的普鲁士军队向布鲁塞尔靠拢。普鲁士人不愿越过边境，因为他们无法承担为如此众多的军队采购食品物资的费用，但是威灵顿获得了一个保证：尼德兰国王将为他们提供食物。两天后，布吕歇尔从卢森堡和科隆召来了6万人，调动另一个军去保护德意志同法国的边境。[14]

布吕歇尔还向威灵顿提供了萨克森人，不过公爵拒绝了，他说有比利时人在他手上，难以制服的士兵已经足够多了。[15]他认为萨克森人是为了支持拿破仑而哗变，而不是因为民族自豪感，并估计这些曾在莱比锡转换过一次阵营的部队很可能会再次哗变。他继续反对萨克森士兵自己提出的加入他军队的请求，因为就像他事后在写给哈丁的信中说的那样，"非常明显，在这场战争中他们对任何人都没有用，我们的目的一定是防止他们作乱……所有的较量中最致命的是有 1.4 万个不可被信任的人参加战斗"。[16]

威灵顿的话可能减弱了布吕歇尔对萨克森人的信任。对于萨克森人，他已经彻底愤怒了，而从会议返回途中发生的一个事件最终让他忍无可忍。让布吕歇尔怒火中烧的是，在他经过一个萨克森轻步兵团时，该团拒绝向他致敬。命令普鲁士第二军的指挥官确保萨克森人不会前往法国后，元帅将萨克森近卫掷弹兵解除武装，命令他们交出 10 个人让行刑队处决，并将萨克森王后亲手绣制的团旗当众焚毁。当军指挥官提出抗议时，他被解除了指挥权。整支萨克森军队蒙受耻辱，被遣送回德意志。

一旦他 6 万人的援军抵达，拥有 4 个军（总数约 12.6 万人）的布吕歇尔或多或少可以满员作战了。但这是一支经费不足、训练有限的部队，像威灵顿一样，布吕歇尔对麾下相当数量的士兵的忠诚和态度表示怀疑。

6
勇者的荣誉

到了5月初,所有的法国人都预见到战争已不可避免。拿破仑将他陈述和平意图的信件的失败归结于妹夫那不勒斯国王若阿基姆·缪拉,他在意大利攻击了奥地利人。缪拉曾是拿破仑最杰出的骑兵指挥官,自1795年起他就是拿破仑的亲信之一。因为奥地利-英国关于他可以继续保有那不勒斯王座的承诺,他背叛了皇帝,但此时看起来好像他们希望废黜他。拿破仑预想的事件版本是他期望维持法国和奥地利之间现有的友谊,因此当3月15日若阿基姆国王向奥地利宣战时他深感恼火。缪拉的所作所为是在挑衅拿破仑的指示,因为波拿巴曾一厢情愿地期盼意大利会以有利于他的方式起义。[1]无论谁是罪魁祸首,拿破仑都没有动一根手指帮助他昔日的副手。若阿基姆于5月2日被最终击败,遭到大多数部队的抛弃,被迫逃到法国。而拿破仑不仅拒绝起用他,甚至还拒绝接见他。

这时,拿破仑开始全面地考虑可供他选择的方案。第一个方案是打一场和上一年类似的防御战,不过其麾下有20万人,而不是去年的9万人,并且巴黎的防御得到了强化,增援了8万人,由令人敬畏的达武元帅指挥。他将在巴黎与里昂附近集结自己的部队,到了盟军迫近他时,即临近7月底,他将会非常强大,而盟军则需要分遣部队保护他们的补给线免遭他的要塞驻军的破坏。从军事角度而言,这是一个稳健且有吸引力的计划,但从政治上来讲它的风险颇大:作战前他将不得不放弃大片的法国领土,而法国人民将遭受由侵略军造成的破坏,法国人民对此可能无法容忍。

第二个方案更具军事风险,却能提供一个更好的前景,既能联合整个国家,又能获得政治红利。这一计划是在奥地利人和俄罗斯人做好战斗准备之前攻击位于比利时的敌军。难点在于确保他先后同两支军队交战,因为如果英荷盟军与普鲁士军队会合在一起，其兵力将大大超过北方军团和近卫军。假如他能赢得两场会战，所有昔日的信心都会涌回法国士兵心中，人民也会支持他。比利时人会加入他的行列，驱逐布鲁塞尔的尼德兰国王和根特的路易十八。这将会使怀有敌意的英国托利党政府垮台，重新上台的辉格党人将会举行和谈，而没有英国的资金支持，反法同盟的其他国家将会失去作战的热情。无论如何，他的援军都将会在他需要面对奥地利与俄罗斯军队前准备妥当。如果他在比利时未能击败盟军，他可以朝位于巴黎的增援撤退，并采取防御方案。进攻方案固然有许多一厢情愿的想法，充其量这只是一次孤注一掷的赌博，但拿破仑从来都是一个赌徒，他决定这就是他要采取的方案。

为了实现这一计划，他依赖那些爱戴他的军队和"勇者"。于是，拿破仑将他的精力投入组建和武装军队的工作中。他召回了1814年的应征兵员，而至少在一些地区征召工作热火朝天，新兵蜂拥而至以便抗击外国暴君，保卫法国。他雇用了逃兵、半饷军官、退役军人、宪兵、国民自卫军，意图在9月前武装起50万人。不久，他将重建旧日的强大机器。

在拿破仑及其对手的军队中有3种类型的士兵：步兵、骑兵和炮兵。步兵步行作战，装备一把步枪和刺刀。他们组成由上尉和中尉指挥、中士和下士协助的连。若干个连组成一个营，在法军中一般是6个。营是基本的战术单位，各个营的兵力大有不同，不过平均在500至800人之间。在法国军队中，两个或者3个营组成一个团，两个团组成一个旅，两个旅组成一个由将军指挥的师。一个师的兵力介于4000至8000人之间，拥有自己的炮兵。4个步兵师、1个骑兵师和他们的炮兵、工兵、参谋人员组成一个军。

马背上的骑兵被编为中队作战，平均3个中队组成一个团。两个团组成一个旅，两个旅组成一个师，两个师组成一个骑兵军。每个步兵军会配备一个骑兵师，不过还有一个核心预备骑兵部队。

炮兵作战一般被编成拥有6门火炮的骑炮连和拥有8门火炮的步炮连。每一门火炮都有一辆前车或炮架，以及一辆弹药车，炮连还有携带备用弹药的弹药车。每辆弹药车和火炮均由若干马匹拖拽，所以行进中的炮连包含大概由200匹马拖拽的约20辆车辆，并由200名炮兵维护。

这些基本要素由专业的工兵部队、运输和参谋人员加以协助。参谋负责计划、补给和通信。在师、旅一级有参谋军官配属，而在军和军团一级数量则更多。

拿破仑的军队最后一个要素是帝国近卫军——一个高效的精英军团，它有自己的步兵、骑兵和炮兵，他们均是各自兵种中的佼佼者。帝国近卫军在1814年有11.2万人，但在1815年3月20日仅剩下7390人。到了6月中旬，近卫军有2.8328万人之众。皇帝扩大了近卫骑兵各团的编制，重建了近卫炮兵、宪兵（军警）、水手和战斗工兵（这两者均为工兵部队）。老近卫军——拿破仑挑选自老兵的私人卫兵，是精锐中的精锐，传统上包括两个团的掷弹兵和两个团的猎兵，他们分别是挑选自最高大、强壮士兵的突击战士和精于快速机动的神枪手。1815年，拿破仑为他们各自增加了两个团——"中年近卫军"*，以及8个团的腾跃兵和8个团的狙击兵——精锐轻步兵散兵，他们构成了青年近卫军。近卫军传统上以功励和资历为标准进行招募，被邀请加入近卫军是对一个士兵长期优秀服役的奖励。但是，在1815年许多重新回到这个队列的士兵并不满足近卫军一度追求的标准。

装备新兵的武器远远不够，拿破仑做了大量努力以便获得更多武器。法国的军械制造商每月的步枪产能仅有2万把，于是他从英国购买枪支（根据他的警务大臣的说法，总共购置了4万把）[2]，从荷兰和德国走私，修复旧有枪支，奖励上缴枪械。万塞讷的兵工厂在两个月的时间里生产了1200万发子弹。出于优先制作刺刀的需要，仅有掷弹兵连配发了军刀。他们以最快的速度生产胸甲，不过拿破仑著名的重骑兵胸甲骑兵中，至少有一个团在没有配发这种为他们命名的装甲的情况下，就踏上了战场。作坊在巴黎建立起来，以便每天生产1250件军服，但由于缺乏蓝色布料，大衣只能用各种颜色的布料拼凑制作，主要是灰色的。由于骑兵和炮兵

---

* 实际上，根据拿破仑在4月8日、4月19日以及5月19日的命令，1815年近卫步兵不再有"老近卫军"和"中年近卫军"之分，先后扩充的近卫掷弹兵与近卫猎兵第三、第四团和原先的近卫掷弹兵与近卫猎兵第一、第二团一道被统称为老近卫军。

仅有 3.56 万匹马，其中 5000 匹还被借给了农民，拿破仑从宪兵处征用了 4250 匹好马。在 3 个月内，骑兵拥有了 4 万匹马，而炮兵拥有 1.65 万匹。

在阅兵时看到的总体情况一定让拿破仑很满意。这支新军队是他自 1809 年以来最好的一支。他在 1813 年与 1814 年统帅的军队由大量年轻和没有经验的义务兵组成，而这一支就经验而言更为丰富。1813 年新兵的幸存者此时已身经百战，而大量涌入的战俘凭借更漫长的作战经验、旧时的革命原则和对敌人的仇恨，成为军队的脊骨。像久经沙场的罗马军团一样，军旅生活几乎是他们所知道的一切，而他们对鹰旗的忠诚，仅被对他们的皇帝、他们崇拜的小伍长的忠诚超越。据说，这些人穿着破旧的灰大衣，头戴独特的黑色帽子，在身着华丽羽饰的随从中显得异常暗沉。

英国中士汤姆·莫里斯认为，法国士兵对拿破仑的忠诚很容易由他管理军队的方式解释。尽管这是一个关于法国体系如何实际运作的乐观看法，但法国体系仍优于让莫里斯不再抱有任何幻想并轻蔑视之的英国体系：

> 如果我们为这种异于寻常的忠诚寻找一个理由，我们将会发现拿破仑持续关注士兵的需求与愿望；他与他们同舟共济；他的奖励分配准时、慷慨且不偏不倚，他为最平庸的士兵打开了一条晋升到最高荣誉的道路，于是每个士兵都有表现出色的强烈动机。如果军官死亡或者瘫痪，空缺由其麾下能与战友们同甘共苦的军人补充，只要他们在维护自己的权威方面没有困难，他们对待士兵也会是亲善与和睦的。没有人可以因为阶层或者借助关系获得升迁，只能从最低等级一级一级地晋升。[3]

若是在敌军中服役，一个像汤姆·莫里斯这样的士兵很可能会获得他所梦寐以求的晋升。1814 年被释放的前战俘中有一人叫作安德烈·拉瓦尔，他时年 38 岁，来自夏朗德。他的农民家庭欢迎革命，其兄弟也于 1793 年志愿从军。但是，安德烈继续留在家中，直到 1799 年被征募，作为一个几乎目不识丁的列兵加入了第十三轻步兵团。1800 年他在意大利作战，1801 年前往瑞士，并晋升为下士。作为大军团的一员，他所属的团在1806年的奥尔施塔特与1807年的埃劳浴血奋战，拉瓦尔也晋升为中士，并被接纳为荣誉军团的一员。在1809年的瓦格拉姆会战后，他被擢升为少尉。在斯摩棱斯克遭遇的伤情让他再升一级成为中尉，1812年他在博罗季诺再度挂彩。他在莫斯科的医院里一度病危，在撤退开始时仍然很虚弱。在11月的一次后卫战中他头部中弹，不过靠吃死马肉在冬天活了下来。[4] 升为上尉后，他参加了1813年的德累斯顿战役。不过在8月30日库尔姆的战斗中，当他的团遭受惨重损失时，他也受伤被俘。之后，他作为战俘在罗马尼亚度过了一年。1814年9月返回法国时，他在给兄弟的信中估计自己在过去两年半的时间里走过了9000英里，能从如此多的危险中幸存下来是个奇迹。他一直希望能在宁静中长久享受和平的快乐，但他仍然欢迎波拿巴的归来。[5]

拉瓦尔投身军旅16年仍旧存活了下来是不同寻常的。1799年与他一同入伍的216名义务兵中，24人阵亡，28人病逝，50人被宣布不适合服役，84人在俄罗斯失踪。[6] 他例证了老兵的坚韧。从一个贫穷的农民起步，他的成年时光几乎全在军中度过，这一过程中他学会了用流利的法语书写。作为同批次仅有的3个升至军官级别的义务兵中的一个，他每年能获得2000法郎。英国几乎所有的军官通过购买获得他们的委任状，而拿破仑的军官中有四分之三的人出身行伍。

与包含高比例未经训练的民兵的尼德兰、汉诺威与普鲁士军队相比，所有的法国部队都是正规军，均拥有相当丰富的战争经验。然而，另一方面，许多团新近才被重组，他们的士兵不熟悉自己的军官，对于这些人也不总是信任，因为即便波拿巴在5月将知名的保王党人从军中除名，被他留下来的这类人的数量仍然可观，而这些军官在6月的战役中开了小差。各团通过招募新兵、前战俘或收纳其他支离破碎单位的残部来达到额定人数，因而很少有机会在一起训练。在这方面，骑兵要优于步兵，后者"需要在几个月的演练中发扬使士兵亲密无间并构成这一军种力量的团队精神"。此时没有时间向士兵逐步灌输1805年军队高昂的士气与纪律。[7]

这支军队也缺乏经验丰富的部队经过几年才能获得的凝聚力，在一定程度上英军却拥有这种力量。法军军官们彼此互不认识；将领们不了解他们的部队，甚至有时不熟悉他们的同事；士兵们不确定他们的职责，以及所有通过操练得来的技能与常规。这一问题在总参谋部与高级军官的参谋处尤为严重。最重要的是他们需要习惯彼此并走上正轨，但他们没有机会演练或者进行任何类型的练习。军队在这方面的生疏将是导致它失败的一个重要原因。

对背叛的恐惧广布于军中，没人确信谁可以被信任。4月25日，德隆将军写信给达武元帅，他发现里尔的弹药库正在分发哑弹。他将那里的炮兵主管置于监视之下，所有的团都被命令检查他们的弹药。[8]此外，士兵们怀疑前一年背叛了拿破仑的元帅，他们以1814年3月本该保卫巴黎，却为盟军打开城门的拉古萨公爵马尔蒙元帅之名命名这种叛徒。[9]

是否起用他的旧元帅，如果起用，如何使用他们，是一个棘手的问题。一些人年事已高无法再上战场，另一些则已失宠，还有一些需要掩护拿破仑的后方。虽然他们现身于野战部队很可能合乎需要，但是拿破仑任命令人生畏的路易·达武元帅照看巴黎事务，异常高效的路易·絮歇元帅带领第七军监视奥地利边境，在那里他需要一个有主动性的人，而牢靠的让·拉普将军则在斯特拉斯堡附近指挥第五军防御东北边境。

皇帝最严重的一个问题是路易·贝尔蒂埃元帅的缺席。自1796年他的第一次意大利战役开始，贝尔蒂埃就是他的参谋长和最亲密的战斗伙伴。贝尔蒂埃创建了帝国参谋部，组织了皇帝先前指挥的每一场战争。在战役中，他与拿破仑出则同舆，食则同席。贝尔蒂埃能深刻地洞悉皇帝的想法，将他的意图转化为命令，并填补他在快速思考时略去的细节。

62岁的贝尔蒂埃跟随路易十八去了根特，之后前往德意志探视他的家人，还没有回来。拿破仑最初任命贝尔蒂埃的杰出副手弗朗索瓦·热代翁·巴伊·德·蒙蒂永接替贝尔蒂埃的职务，不过之后他说服自己，他需要一个元帅来负责这一职务，于是决定任命苏尔特元帅担任少将——参谋长一职的法国头衔。苏尔特在为波旁王朝担任陆军大臣期间表现出来的明显热忱让他受到众多共和党人和波拿巴党人的反感，而这可能是拿破仑没有给予他战场指挥权的原因。拿破仑或许仍寄希望于贝尔蒂埃的回归，但他却于6月1日从班伯格的一座城堡坠窗身亡了。他是被保王党分子或者波拿巴党人谋杀，自杀或是意外坠亡，至今没有定论。[10]

拿破仑其他的战时挚友也同样无法为他效力。路易·巴克莱·达尔贝是1793年同波拿巴在土伦围城战中并肩战斗的炮兵战友，自那时起就陪伴在拿破仑左右，他和拿破仑的相识时间比贝尔蒂埃还要长。巴克莱是拿破仑的首席测绘学家，是地图的保管者和制作者。他在杜伊勒里宫的办公室正对着拿破仑的办公室，而在战场上他的帐篷总是紧挨着皇帝的帐篷。他们使用铺展在桌面上的巨幅地图，以插在上面的大头针旗子标注各支部队的当前位置，一同计划战役和行军。拿破仑的私人秘书说，有几次他看到两人趴在桌子上细致地研究着地图，诸如巴克莱向皇帝解释某处地形看起来是什么样子。这时候，巴克莱留在巴黎负责测绘部门，1813年他便因精力不济不再踏上战场。但是，他的替代者西蒙·贝尔纳将军本身也是一位非常有能力的测绘工兵。

由于再次力图让法国摆脱波旁王朝，并逐退入侵的暴君，拿破仑的军队被鼓舞重振大革命的平等理念。它消极的一面是革命情绪的再次觉醒：贵族军官不能被信任，教职人员应当被洗劫一空。旧时革命观念的复兴似乎在一定程度上掩盖了军队糟糕的惩戒记录，而它将会在战役期间暴露。当说到像劫掠的问题时，法国军中的纪律通常比较松懈，而这一支军队的纪律尤为差劲。

它积极的一面是对这一事业的热情：再一次，他们明确地为法兰西的自由和一个没有国王、封建特权和富有教士的世界而战。为了增强这种理念，拿破仑于6月1日举行了战神广场典礼。一个王座正对着巴黎军事学校搭建起来。一个带有棚子的房间从中间开启以便从耶拿大桥可以看到王座。它还配置了供一万人使用的长凳，用来容纳各地区的代表团、选举团和人民代表。3万名帝国近卫军和巴黎国民自卫军沿着杜伊勒里宫通向耶拿大桥和战神广场的道路列队，与此同时，30万民众站在士兵组成的"篱笆"后面观看。太阳照射在这一大型布景之上，到了上午10点左右，所有的官员就坐。皇帝于11点离开杜伊勒里宫，缓缓前往王座。新宪法被宣布通过，《赞美诗》唱起，弥撒合唱曲被公开吟诵。之后，鹰旗受到祝福,皇帝来到战神广场,行进了大约 200 步,在加高的王座就坐。各团的团长与近卫军和国民自卫军的军官聚集在一起,他们发誓捍卫鹰旗至最后一刻。

近卫掷弹骑兵的指挥官,同时也是皇帝忠诚追随者的克洛德-艾蒂安·居约将军对来自法国各地区不可胜数的聚集人群所表现出来的良好秩序和冷静印象深刻,并认为"它一定向我们外部的敌人证明了,还可能向内部的敌人教授了,他们应该绝望于再次改变政府希望采取的政体和法国刚刚又一次选择的领袖"。[11] 与此同时,苏尔特元帅华丽的反攻动员令与这一鼓舞人心的盛大场面十分相称:

> 新的反法同盟希望什么?他们想将法国剔除出国家的行列吗?他们想让 2800 万法兰西人陷于奴役之中吗?他们忘记了意图压迫我们独立而建立的第一次反法同盟促成了我们的独立,增加了我们的荣耀吗?百次惊人的胜利是不会被一些暂时的挫折和不幸事件抹去的,记住,一个自由的国度在一个伟人的带领下是不可战胜的。当国家荣誉与自由处在危难之中时,每一个法国人都是一个战士。

他向军队承诺一个新的荣耀生涯,更引人注目,因为敌人数量众多,不过没有超越拿破仑的天才或者他们的实力……"拿破仑会指引我们的步伐,我们将为我们美丽祖国的独立而战,我们是不可战胜的!"[12]

波拿巴党人表现出一副若无其事的样子。而就像拿破仑自己事后承认的那样,即使是伟人也暗自愁苦,他的自信心下降到不再信任自己直觉的地步。"我已经丧失了必胜的感觉,早年的信心已经离我而去……我内在的本能觉得事情的结果会是一团糟。当然,毫无疑问,这无论如何都不会影响我的决定或者行动方针,但是这种感觉一直潜藏在我的心里。"[13]

皇帝在很久之后说了以上这些话,而在战役伊始几乎没有这种焦虑的迹象。然而,当灾祸开始发生时,不确定的感觉将开始侵蚀他的自信。

7
世间的渣滓

1815年3月末的一天,当号手长带着邮件和报纸走来时,驻扎在朴次茅斯的第五十一"西约克郡"轻步兵团正在吃早餐。

> 某人打开了它,用眼神冷淡地草草扫过其内容,突然间他的脸色为之一变,像疯子一样将报纸扔向空中,吼道:"天大的喜讯!拿破仑再次登陆法国!万岁!"一瞬间,我们都疯狂了。"拿破仑又回到了法国",就如野火在营地里传播,士兵走出营房欢呼。不仅如此,当晚还一片混乱,那时我们已脱掉制服,长官起身为老拿的成功祝酒9次,我们感到无边的喜悦,我认为当晚几乎没人上床前还保持清醒。

这一出人意料的消息带回了"服役的所有乐趣、新鲜感,晋升和现役的希望",并将"从未体验过战争乐趣的普通士兵体验到的和平时期军队轻浮和放荡的生活"抛到了九霄云外。不到一周的时间,该营启程前往尼德兰。[1]

然而,并不是每个军官都对战斗的重启欢欣鼓舞,有一些军官变得彻底愤世嫉俗。"戈登"高地人团的一个中尉承认,其他人"有朋友可以在晋升时推他们一把,或者把他们安置到舒适的人员环境中,因而他们面对这一机会相当喜悦",回忆起像自己这样"在先前的竞争中以仅比蜗牛快一点的速度晋升的人,在看待另一场无休止竞争的前景时,就没有太愉快的感觉了"。[2]

无论欢迎与否,部队都被装载上船运送到了海峡的另一面。航程虽然通常是不舒适的，却比较短暂。从像朴次茅斯或科克这种相对较远的港口出发，再加上逆风，航程就变得更为漫长和不舒适，还伴随船上人员连续数天可怕的晕船景象。近卫骑兵的助理军医约翰·哈迪·詹姆斯是一位时年 26 岁的埃克塞特人，他于 1811 年在伦敦获得了皇家外科医学会会员的资格，之后在近卫军中获得了委任。"在船上还没待满 3 小时，讨厌的晕船感就朝我袭来了。我裹着斗篷躺在甲板上，直到浪花迫使我下到舱里。"另一个军医——第十五骠骑兵团的威廉·吉布尼，将自己的航程花费在了同级别高于他的同事讨论"医疗话题和政治，这些最后引向了关于支持还是反对拿破仑归来的争论，我的观点是如果法国人愿意让他作为他们的统治者，他们有理由欢迎他的归来，而且法国人对战争与荣耀的看法与我们完全不同"，上文还提到他对波拿巴的看法公正无私。[3]

  运兵船要小一些才能登上奥斯坦德的沙洲。据一个目击者称，第十六轻龙骑兵团搭乘"每艘能装载 10 到 35 匹马的小运煤船"，他们的马匹被稀松地安置在载具上。其他人描述它们站在压舱物沙滩石上，背部朝向船的侧面，拴在一个被放在中央的马槽上。第十六轻龙骑兵团"通过将他们的马匹从船上丢到水里，之后再用系在马轭上的长绳把马匹拉上岸"的方式下船。乔治·斯科韦尔爵士的马夫看到他的马匹被人们使用旋转滑轮卸下，接着人们不得不涉水把它们带上岸。"引人注目的是 20 至 30 艘船卸载类似当年大西庇阿的货物，40 匹马均来到沙滩，行李被扔得到处都是，大量的马匹自由奔跑……"不过在一个半小时之内，水手们卸完了他们的货物，船只返航以便运送更多货物。[4]

  从奥斯坦德，步兵前进一英里来到运河起点，搭乘驳船开始他们前往布鲁日的 12 英里航程，而骑兵则沿着运河纤道骑马行进。第五十一"西约克郡"轻步兵团的威廉·惠勒中士是一位有 6 年团龄的半岛战争老兵。战争末期受伤的惠勒于近期晋升为中士，他所属的这个久经沙场的营也通过吸纳许多新面孔达到了额定人数。布鲁日是一座诱人的城市，惠勒在那里"发现了大量美味的食物、杜松子酒和烟草"，而说弗拉芒语的居民也对他及其战友表示欢迎。

  在城市的另一侧，他们再次上船，这一次更坚固的驳船将他们带往

21英里外的根特，两段航程均比陆路交通要长。搭乘这种大型的日常客运驳船很舒适："两端均有一个小客舱，各种必需品一应俱全。中央是一个类似酒吧的房间，其一侧是一间配置齐全的厨房，另一侧是食品室和储藏室。"惠勒很享受他的旅程："一到船上，更像是去赴一场欢乐的聚会，而不是士兵们前去搜寻敌人，杯盏交错、歌声响起，一直持续到午夜。到处都是欢笑和庆祝，之后睡眠为我们喧闹的酒宴画上了一个句号。"[5]

一听到波拿巴归来的消息，一支与威灵顿的半岛军队特别相似的英国军队便在布鲁塞尔地区集结。在某些方面，老式的英国陆军与欧洲大陆国家的陆军相比，其编制显著不同。理论上，英国军队被编为拥有1000人的营，营又包含10个连，每个连有100人，不过实际上很难拥有这么多的兵力。据说，一个团的第一营由最好的士兵组成，而排名靠后的营留在本土进行协助。当被派往海外服役时，排名靠前的营从第二营选拔士兵以补充兵力，排名较后的营则从民兵中征调。在一个营里，像惠勒一样作为核心的沙场老兵能快速将生疏的新兵敲打成型，并给予他们信心。

与法国和普鲁士征召来的国民军队不同，英国的普通士兵由志愿入伍固定年限者构成。与战时强制服役的英国海军水手相反，规模很小的英国陆军是一支雇佣军，由职业军人组成，他们为了一笔提前支付的慷慨赏金（多达18几尼）而入伍。这种奖励吸引来的人被威灵顿称为"十足的社会渣滓。人们说他们入伍是因为对军队有好感或者诸如此类的原因，简直一派胡言。我们的一些士兵从军是因为有了私生子，或者犯了轻微的罪行，更多的是为了能开怀畅饮。你们无法想象这样一帮人集中到一起，非常难得的是，我们要把他们转变成现在这样的好小伙子"。[6]公爵对手下士兵的分析很有道理，但是行伍中还是有品格良好的爱国冒险家的，而这中间的一些人成为中士，就像汤姆·莫里斯那样，尽管这是另一阶层的士兵，但对于他们，威灵顿的态度是矛盾的："这一等级的英国军人在聪慧和价值方面无与伦比，但这是在你能让他们清醒的情况下，而这是不可能的。"[7]

事实上，酗酒在英国军队的各个级别都是一种常态。一名军医绝望地写道，一个康复期的病人在他"为威灵顿大人的健康干杯"后再次病倒了，并最终死亡。"我弄清了这次爱国畅饮的分量接近一品脱的白兰地和几夸脱的布鲁塞尔烈性啤酒。当晚,在附近一家妓院一群最放荡的比利时妓女的陪伴下,他于 3 小时之内将这些酒水喝完。"这位军医还描绘了英国伤兵到达医院的典型场景:"他们太过频繁因为醉酒导致的愤怒或者不理智的行为而来到这里,完全失去了他们的必需品,或使用那种只会传播污染物的块状破布。这些人经常由一名女性陪同,不过她的模样和举动更像是一名被激怒的酗酒者,而不是一个陪护人。"[8]

士兵的薪酬微薄,又受到强制实施的体罚纪律的管束,就后一项而言,海军的鞭刑也不免相形见绌。在海军中,24 次鞭笞是理论上的法定最大次数,而陆军中则高达 1200 次,200 次鞭笞不过是对一次小过错的寻常惩罚。由高级军官坚持了数十年之久的官方辩护是"英国陆军招募自为了赏金而自愿从军的人,它的队列不可避免地充斥拥有放荡习惯的人,因而需要极大的约束和执行非常严格的纪律"。[9]

因此,正如威灵顿所说的那样,在军队的下层服役趋向于吸引来自非常贫困的农村地区的绝望的人,或是那些有非常好的理由从当地社会消失的人。通常情况下,每个英格兰步兵团中爱尔兰人占的比例为 20%~40%,军队同样包含很高比例的苏格兰人。[10] 近卫骑兵托马斯·普莱福德是一个高大英俊的约克郡小伙。15 岁那年让自己的女教师怀孕后,他离开了位于约克郡南部的村庄,加入了军队。[11] 这类人中有一些在这种粗野却战友般的环境中混得不错,他们发现自己开始喜欢这种生活。

军官们来自不同的阶层,在他们与手下的士兵之间有一道社会鸿沟。对英国的士兵们而言,没有晋升的前景激励他们:天赋可能会让你尽快升到士官长,但是委任状需要购买才能获得。"在我从军时,"汤姆·莫里斯中士写道,"我非常愚蠢地幻想通过稳定良好的行事或者一些英勇无畏的表现,我将会足够幸运获得一份委任状。但是,很快我就发现这种期望是一种谬见。我确实知道两三个实例,有人因为功绩被授予委任,但是这种情况'就像是天使的拜访,极为罕见'。"[12]

委任状和装备均是一个军官升迁需要先后获得的,它们的价格十分昂贵,以至于军官职务只对富有阶层和有权势的人开放,倾向于只允许划定范围内的精英进入。大部分军官来自乡绅阶层，通常是爱尔兰人或苏格兰人，而近卫军的军官有时还是有头衔的贵族。一些军官非常看重他们的职业，其他人则不是。通常需要几年的浴血奋战才能让一些人脱颖而出，而这使得久经沙场的英国部队要比新招募的精良得多。他们不仅学会了如何作为军人生存和战斗，还摆脱了那些无论如何未能发挥作用的人。

随着军队的开进，威灵顿的亲信也开始抵达了。两个主要的参谋部门由副官长和军需总监统辖，他们分别处理纪律、武器、弹药、服装事务和行军、屯驻、扎营、部署与装备事务。第三个是补给部门，他们的任务是采购和供应粮秣，并提供运输。威灵顿任命爱德华·巴恩斯爵士担任副官长一职，此人曾在他半岛的参谋部任职，在那之前曾指挥一个步兵团。至于军需总监，威灵顿任命赫德森·洛爵士继续担任此职，但是他很快表明他想要任命自己的人。[13] 他最初想任命半岛时期的得力助手乔治·默里爵士，不过默里此时正在美洲，并且还没有收到出海前往比利时的命令。因此，在这段时间里，他选择了默里的副手——新婚的威廉·德兰西爵士。5 月下旬，德兰西抵达布鲁塞尔，他仅有不多于 2 周的时间适应新环境。

威灵顿也没有得到他信赖的骑兵指挥官的效劳。才华不那么横溢但却更为可靠的斯特普尔顿·科顿没有被派到威灵顿的军中。相反，47 岁的阿克斯布里奇伯爵亨利·佩吉特虽然才华横溢却不太可靠，他被威灵顿任命为副手和骑兵指挥官。1808 年，阿克斯布里奇曾于约翰·穆尔爵士麾下指挥骑兵，但后来与威灵顿的弟弟亨利的妻子私奔，这件事使他成为不受韦尔斯利家族欢迎的人，自那之后他未能和威灵顿共事。这意味着阿克斯布里奇缺乏实战经验，但是他深受尊敬，并且新的同僚也普遍喜欢和这位个性张扬的军官共事，他最爱穿的是第七骠骑兵团的制服。能力出众且经验丰富的奥古斯塔斯·弗雷泽爵士是威灵顿的骑炮兵指挥官，他自 1813 年起担任此职。他认为与阿克斯布里奇相处起来很愉快，他"在工作时既冷静又非常坚决，这正是在短时间里做更多事的正确方法"。根据第十五骠骑兵团军医吉布尼的说法，他通常是一位眼光比较挑剔的目击者，他认为"大家普遍觉得阿克斯布里奇是英国骑兵的第一名将"。[14]

第二军的指挥官是时年 42 岁的希尔勋爵罗兰。他的整个半岛生涯都是在威灵顿的手下度过的，后期还担任他的副手。与公爵相反，希尔深受士兵们的爱戴。他被士兵称为"希尔老爹"，这个外号反映了他爱兵如子的良好声誉。当希尔于 1814 年被封为贵族时，对他钦佩有加的副官在日记中匆匆写道，他"应该获得芒廷勋爵（Lord Mountain）的头衔，因为他是一座大山（a great hill）"。[15]

5 月，12 个训练有素且拥有半岛资历的步兵营抵达。5 月 12 日来到布鲁塞尔后，第九十五来复枪团一营的士兵发现，说法语的居民不及弗拉芒语居民友善，其中一人回忆说"成群的当地人张着嘴盯着我们。我听不到欢呼声，实际上，他们表现出把一切都看得很淡的样子"。[16]5 月中旬，高地旅在根特集结，28 日开赴布鲁塞尔。

该旅 3 个高地营本来有两个要同其他老兵一道去与美国佬作战，不过他们的航程由于恶劣的天气而有所推迟。第二十八"北格洛斯特"团于 1 月从科克出发前往美洲，但是逆风一直让他们在港口停留到 3 月中旬，而当他们最终出海时，一场风暴又在同一天晚上将他们吹回出发地。得知同美国的战争结束后，他们前往北爱尔兰，在那里听到了波拿巴回来的消息，于是前往都柏林，以便乘船赶往英格兰。5 月 10 日，他们在唐斯抛锚，换船后驶向奥斯坦德。在根特停留了一周后，他们于 5 月 26 日抵达布鲁塞尔。如果这些部队都在 1 月出海前往美洲，他们可能无法及时返回，而威灵顿将处于一个非常糟糕的困境。

到了 6 月，威灵顿拥有 4 个近卫军步兵营、20 个战列步兵营、3 个轻步兵营、3 个来复枪营，以及 8 个 KGL 的营，其中包含 2 个来复枪营。这些部队中，仅有 4 个战列营经验严重不足，而 18 个英国营和所有 KGL 的营都经历过数年严格意义上的战火洗礼。

骑兵同样于 4 月初缓缓抵达，增援训练有素的 KGL 骑兵。KGL 各中队兵力众多、纪律严明、经验丰富，就连威灵顿也对他们信赖有加：KGL 的第一骠骑兵团被认为是这支部队最优秀的骑兵（他们吸纳了前威斯特法伦王国的士兵以增加兵力，但是其中 40 人在 3 月至 5 月当了逃兵）。[17]其他各团的质量参差不齐：皇家龙骑兵团和 4 个轻龙骑兵团（有 5 个）经验丰富,4个骠骑兵团等而次之。穿着华丽的服饰,以"荣耀男孩"(Glory boys)或"威灵顿的宠儿"(Wellington's darlings)闻名的骠骑兵是一个风格独特的兵种。他们受到阿克斯布里奇的偏爱,伯爵也视自己为其中一员。[18] 近卫骑兵鲜有实战经历,国王龙骑近卫团、苏格兰灰骑兵与恩尼斯基伦龙骑兵更是十足的菜鸟,灰骑兵甚至只有一名军官曾经上过战场。

骑炮兵一个炮连接着一个炮连地从英国抵达,并逐步重新配备了更为强力的9磅火炮。虽然也为汉诺威炮兵准备了英国新式火炮,但问题是必须找到足够的人和马去拖拽它们,因为重型火炮需要8匹马运输而不是6匹。[19] 到了6月,骑炮兵拥有5个9磅炮连、3个6磅炮连、1个专门的榴弹炮连与1个装备12磅康格里夫火箭的炮连。

火箭是英国的秘密武器,是从他们的印度敌人处偷学而来的。因为欣赏海德尔·阿里和蒂普苏丹对它们的使用,威廉·康格里夫研究了这一技术。少量的火箭曾用于美洲和莱比锡。然而,它们仍处于试验阶段。威灵顿认为它们对敌对友同样危险,因而几乎没有在实战中使用它们。当他告诉炮兵指挥官乔治·伍德爵士,温耶茨上尉的火箭炮连必须配置6磅炮时,伍德回复说这将会让温耶茨心碎。"让他心碎去吧,爵士,"公爵坚持说,"执行我的命令。"[20]

在战斗中,骑炮兵受骑兵指挥官的指挥,但是伍德还控制着10个英国与汉诺威9磅步炮连和2个18磅炮连,尽管在6月重型火炮连仍然在努力寻找足够的马匹和驭手。除了攻城炮,威灵顿已经积聚了132门英国和汉诺威火炮。

其他承诺的增援也抵达了。不伦瑞克公爵弗里德里希·威廉应当与英军并肩作战,这是很自然的,因为他的母亲是乔治三世的姐姐,他自己的姐姐又(很不美满地)嫁给了乔治三世的儿子摄政王。弗里德里希·威廉自1789年起就于普军中担任军官,直至他的父亲老不伦瑞克公爵在耶拿指挥普军时遭受重伤。之后他继承了爵位,因为他的长兄早亡,另外两个兄长又智力发育迟缓,不过法国人将他的公国夺走,并让它成为威斯特法伦王国的一部分。1809年,他募集了一队人马同奥地利人并肩作战,并让他们穿着黑色制服用来表达对他死去父亲和丢失国土的哀悼。他那象征复仇与死亡的黑色军团在奥地利人于瓦格拉姆战败后拒绝投降，并在威斯特法伦指挥起义但是失败的威廉·冯·德恩贝格加入后挥师北上，短暂地解放了不伦瑞克，然后前往海岸，在那里夺得船只，出海前往英国控制的黑尔戈兰岛。弗里德里希带领他的部队在伊比利亚半岛为英国人作战，这时候他的许多男性臣民为法国人作战，死在了西班牙与俄国。公爵作为一个士兵和自由战士广受欢迎和尊敬。

除了几个老练的精锐营，这支被不伦瑞克公爵从5月15日出发带到布鲁塞尔，包含6000名步兵、1000名骑兵和16门火炮的人马非常年轻，就像许多英国士兵留意到的那样，纯粹是男孩，虽然他们被强烈的爱国主义热情所鼓舞，满腔热忱的公爵很严格地训练他们。5月的一天，一个巡查的英国军官惊慌地看到来复枪手被派驻到他所在的道路附近执行警戒任务，他认为战斗肯定已经开始了，因为能听到树林里的枪声。不过一个中士告诉他，他看到的士兵是不伦瑞克人，因为缺乏经验，公爵让他们表现得就如同在实战中一样，还设置了哨兵和前哨，枪声"来自一队进行来复枪射击练习的士兵，他们的标靶被裁剪涂绘成类似法军士兵的形状"。[21] 许多不伦瑞克军官也曾和公爵并肩奋战数年之久，所以新兵们只是被纳入一个既定的框架中。

最后赶到、并在6月才抵达布鲁塞尔的是大约3000名毫无经验的年轻士兵。他们由拿骚公爵委派，在奥古斯特·冯·克鲁泽将军的带领下从威斯巴登而来。除此之外，还有从迪伦堡抵达的奥兰治－拿骚团第二营。加上已在尼德兰军中的拿骚各团，来自中莱茵兰和黑森的士兵总数达到了7000人。

伴随着炎炎烈日和倾盆大雨不可捉摸的交替，潮湿的春季结束，潮湿的初夏到来，尽管流言和警报多次传来，但是拿破仑没有攻击。而日复一日，威灵顿变得更强、更为自信，准备得也更为充分。到了6月初，他的军队"就其兵力而言可能还不是最强的，却是此时欧洲最完备的战争机器"，这也是他对麾下半岛军队的称许，它也不再是5月初那支"可憎的"军队，虽然公爵可能仍会哀叹其众多不足之处。位于其核心部位的英国和汉诺威部队装备齐全，并且大部分身经百战。其余的德意志与尼德兰部队看起来弱不禁风，不过他们将会证明，他们要比多疑的英国同伴预期的更加坚定。

就防御而言，威灵顿信心十足，几近自满。盟军拥有约 22 万人和 500 门火炮，远多于拿破仑可以调动对抗他们的兵力。他们的兵力充足到不但可以获得胜利，而且可以威慑住任何进攻。此时只消等待奥地利和俄罗斯军队做好准备，便可发起对法国的入侵。

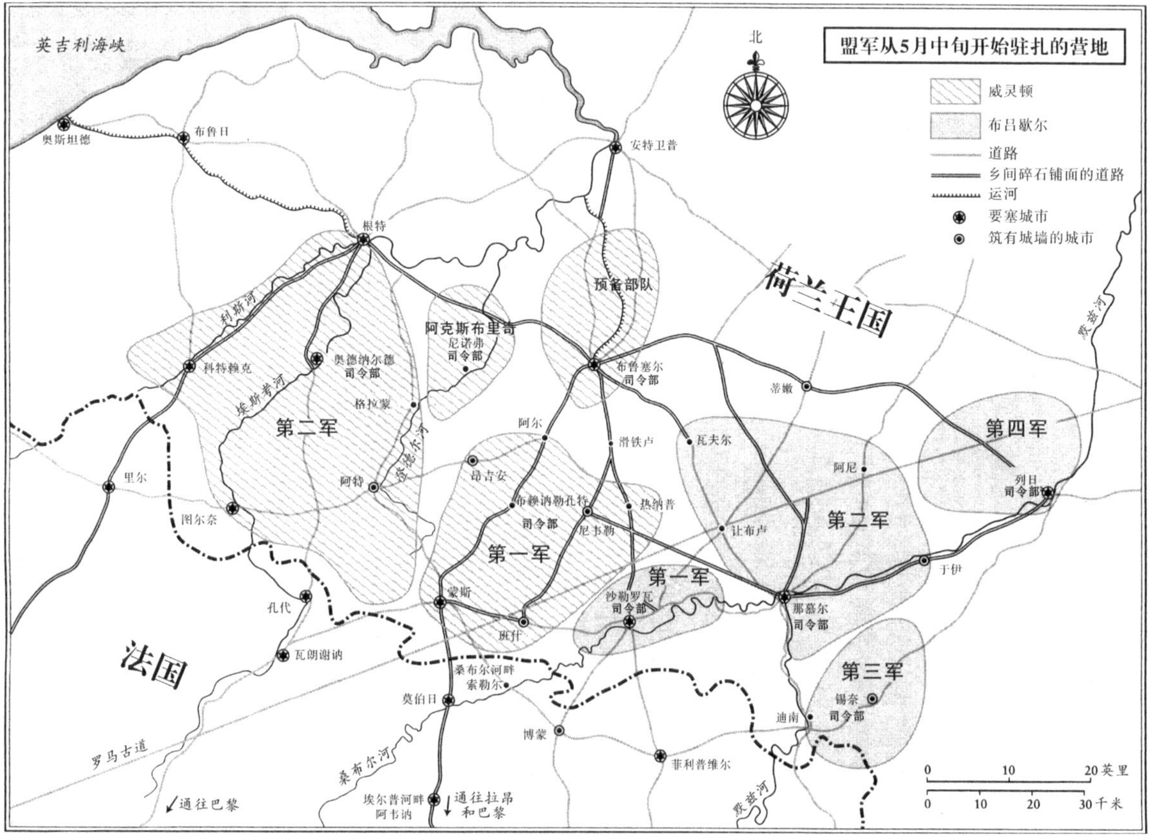
盟军从5月中旬开始驻扎的营地
北
威灵顿
布吕歇尔
道路
乡间碎石铺面的道路
运河
要塞城市
筑有城墙的城市
英吉利海峡
奥斯坦德
布鲁日
根特
安特卫普
利斯河
科特赖克
奥德纳尔德
司令部
埃斯考河
第二军
格拉蒙
阿克斯布里奇
尼诺弗
司令部
预备部队
布鲁塞尔
司令部
荷兰王国
蒂嫩
默兹河
第四军
列日
司令部
阿尔
滑铁卢
瓦夫尔
阿尼
第二军
让布卢
于伊
里尔
阿特
昂吉安
布赖讷勒孔特
司令部
尼韦勒
热纳普
第一军
第一军
沙勒罗瓦
司令部
那慕尔
司令部
图尔奈
孔代
蒙斯
班什
瓦朗谢讷
法国
桑布尔河畔
索勒尔
莫伯日
第三军
锡奈
司令部
迪南
博蒙
菲利普维尔
罗马古道
桑布尔河
埃尔普河畔
阿韦讷
通往拉昂
和巴黎
通往巴黎
默兹河
0
10
20英里
0
10
20
30千米

8
情　报

1815年春，关于敌军意图的情报并不容易获得。一旦宣战，指挥官们可以派出骑兵侦察队前往敌方领土试探防御，抓获俘虏用于审讯，但是当时双方并没有宣战。因为法国和尼德兰仍保持和平状态，前往法国的游客需要一份护照，而越境的骑兵侦察队会被很有礼貌地指引回他们的宿营地。

军队开始一场战役之前，它的士兵驻扎在可以方便提供食物和住宿的区域。"兵营"的位置是基于战略与后勤方面的折中考虑。骑兵与骑炮兵需要鲜草或干草（饲料）的充足供给，用来给他们的马匹喂食，所以威灵顿的这两个兵种稀疏地分散在布鲁塞尔以西20英里、草木茂盛的登德尔河谷地的村庄周边。他们向当地居民购买补给，并寄宿在他们的房子或者谷仓里。

当盟军等待攻击法国时，他们必须提防法国人攻击他们的可能。他们的军队不得不防守从海边的奥斯坦德到最东部的列日大约150英里的边境。只有数英里的边境是以河流为界。总体上它是开放的，不过受到国界两侧一连串的要塞保护，直到那慕尔以东的阿登地区，那里的山地和森林阻止了入侵军队的快速机动。

威灵顿的军队被部署用以应对法军各种可能的攻击。公爵不得不提防意图切断他在奥斯坦德与安特卫普同海军联系的进军，他尤为担心敌军从里尔直取东北40英里处的根特的一次行动，这会切断英国人通向安特卫普的补给线，并从后方突袭布鲁塞尔。之前拿破仑曾经有过这种大胆的举动，并且取得了成功，这些突然袭击可能会使威灵顿看起来如1805年奥地利将军马克在乌尔姆那般愚蠢，当时一支由英国资助的奥地利军队迷惑于法军的调动速度，甚至没有战斗就投降了。

为了应对这样的打击，威灵顿将他信任的副手罗兰·希尔及第二军部署在要塞城市图尔奈的后方，正对着里尔的边境。奥兰治亲王统辖的第一军和该部司令部一起部署在比利时首府西南20英里处的布赖讷勒孔特，用来封锁从巴黎经法国要塞城镇瓦朗谢讷或莫伯日，穿过比利时要塞城市蒙斯，通向布鲁塞尔最直接的路线。预备军则部署在布鲁塞尔，在那里军官与参谋们可以租赁屋子或者房间。综合考虑这些因素的结果是威灵顿的士兵分散在一个50英里宽、50英里纵深的区域里。

普鲁士人的情况与之类似。他们守卫威灵顿部队东侧很长的一段边境线，为了减少当地居民的资源压力，部队广为分散。从最西侧蒙斯附近设防城镇班什的普鲁士哨所到东侧司令部所在城市列日相距74英里。路德维希·纳格尔的吕措自由军团在主防线之前，位于那慕尔以南15英里、迪南附近风景如画的默兹河延伸处。在那里，纳格尔喜欢在河边林木丰茂的陡坡漫步，并在小岛上一座中世纪古堡进餐。

为了探明敌军的意图，双方都依赖旅客、逃兵和间谍。威灵顿公爵认为他的间谍活动运转良好。曾经是拿破仑的陆军大臣，之后在路易十八手下担任同一职务的费尔特雷公爵亨利·克拉克提供了法军在3月的战斗序列。此外，他还依靠"陆军部一名可靠的职员"发来一连串情报。5月16日，威灵顿传递给尼德兰人与普鲁士人一份截至5月初法军各军的兵力与部署的最新报告。[1] 更多的报告来自法兰西国王的弟弟阿图瓦伯爵，他掌控了一个被认为是可靠的保王党间谍组织。最后，拿破仑两面三刀的警务大臣奥特朗特公爵约瑟夫·富歇在他的回忆录中声称自己同公爵有联系，他曾向威灵顿保证，会提前警告他拿破仑的任何进攻及其战斗计划。富歇的回忆录出版之后，其真实性受到怀疑，但目前的观点是它们是可信赖的。虽然威灵顿很清楚富歇和拿破仑两人均广织诡诈和欺骗之网，但他对自己的巴黎情报源很有信心。

4月和5月，威灵顿甚至对波拿巴将会在战神广场典礼中被共和党人暗杀抱有很高的期望，"在那一天波拿巴和他的统治都会终结"。可能正是老雅各宾党人富歇洞悉了共和党人的阴谋。事实上，那天什么都没有发生，虽然威灵顿在公共场合对此一笑置之，但是英国大使说："我这一生中从未见过有人比他那天早上第一次听到这一消息时更挫败。"[2]

然而，直到4月22日，即将离职的军需总监赫德森·洛爵士首次建立了情报部门。一周后，威灵顿委任科洪·格兰特为"情报部门的负责人"。在半岛战争期间，格兰特穿着制服以防被当作间谍击毙。他深入西班牙，打入法军战线，在收集敌军部署和意图的情报上极为成功。威灵顿还争取来乔治·斯科韦尔爵士作为"军事通信部门的负责人"，他曾在半岛破译了法军密码。[3]他们在5月底才抵达，所以这两位经验丰富的专家都没能在战役之前适应新环境，关于他们活动的迹象也少之又少。

据称，格兰特招募了一个男人和一个女人作为间谍，并将他们派往巴黎，而他自己则在"英军前哨的前方"驻扎了下来，不过没有证据显示格兰特真的越过边境进入法国。他在威灵顿的文件中只被提到过两次。第一次是在5月25日获得的一份清单上，这份清单的内容是拿破仑的将军奥诺雷·雷耶所部明细，威灵顿指示"将此清单传达给格兰特上校，让他记录雷耶军的情况，比如他们的兵力、指挥官等"。如果格兰特正秘密隐藏在法国，威灵顿不太可能这么写；第二次是意图得到一份详细的法军战斗序列报告，结果得到的情报不完整且相当不准确，这份情报由格兰特于6月7日在布鲁塞尔签署，表明战役开始前一周格兰特在司令部，而对于情报部门的首脑来说，这确实是一个恰当的地方。[4]无论如何，斯科韦尔和格兰特的主要工作想必是筹划即将开始的入侵法国的行动。

幸运的是，情报收集工作的安排在威灵顿到来之前就做出了，并且在普军靠拢后得到完善。盟军的情报中心位于紧邻边境、横跨巴黎至布鲁塞尔主干道的蒙斯。报告从那里发往布鲁塞尔的威灵顿秘书菲茨罗伊·萨默塞特处，途经尼德兰军队位于布赖讷勒孔特的司令部，它正好位于蒙斯至布鲁塞尔的中途。重要情报也要通过一连串的前哨司令部，向东传送到汉斯·冯·齐滕位于沙勒罗瓦的普鲁士第一军司令部。该地位于蒙斯以东23英里、布鲁塞尔以南30英里处。每个军事哨所都有一个法国保王党军官，他们的工作是盘问来自法军的逃兵，审问任何越过边境、前去同国王会合的其他任何法国人。[5]

搜集敌军活动信息的那个人是威廉·冯·德恩贝格。德恩贝格能流畅地使用法语、英语和德语，这本身就使得他与众不同，因为在威灵顿的参谋中，没有人德语好到可以读懂布吕歇尔的信，这迫使布吕歇尔用仍旧感到不太舒服的法语书写。[6]德恩贝格是一名来自黑森－卡塞尔的贵族，作为一名战士和间谍，他的经验极其丰富，他是一位著名的德意志爱国者，是格奈泽瑙、布吕歇尔和不伦瑞克值得信赖的可靠朋友。他的杰出品性将盟军联系在一起，并在威灵顿抵达后保住了自己的职务。他还是一个轻龙骑兵旅的指挥官，并收到命令，如果拿破仑发起攻击，他将离开蒙斯前去与该旅会合。[7]

德恩贝格建立了一个由旅客和走私者组成的情报网络，这些人在穿过法国城镇时为他搜集信息。此外，他还频繁地从法国逃兵或者前往蒙斯的其他法国旅客处接收公报。最初，德恩贝格获得的消息显示没什么可担心的，但是到了4月底阴谋似乎正在酝酿。警报表明，从东部和西部过来的众多部队正在法国边境要塞莫伯日与瓦朗谢讷周边进行一次大规模的集结。这块区域面向蒙斯，位于布鲁塞尔西南略多于50英里处。法国人已经封闭了边境，而传言称波拿巴即将抵达。[8]

波拿巴本人的动向是关键，因为人们想当然地认为，他将亲自指挥任何进攻。只要他与帝国近卫军还留在巴黎，法军的部署可能采取守势。相反，近卫军的任何动向都需要注意，因为可以肯定，它会参加所有的进攻。到了5月9日，兵力强盛的法国军队似乎已经聚集在紧邻边境的蒙斯两侧。

威灵顿毫不畏惧。5月8日，他在写给驻维也纳大使的信中说："我倾向于认为布吕歇尔与我团结一致、兵力众多，敌人不会铤而走险。"然而，第二天他向第二军的指挥官罗兰·希尔将军承认："边境的情况看起来有些不妙。"与此同时，面对法军朝蒙斯以东的攻击，第一军指挥官奥兰治亲王在调查了可能的防御阵地后，提出建议：尼韦勒镇上方的高地看起来比较合适，它位于他司令部以东数英里处。威灵顿警告普鲁士人此时局势很危险，作为回应布吕歇尔将他的司令部向西移至那慕尔，这时候卡尔·冯·米夫林则加入威灵顿的参谋部担任联络官。[9]米夫林出色地完了向威灵顿阐释普军观点,并向普军说明英军观点的工作,威灵顿也变得非常器重他。7月,公爵在写给布吕歇尔的信中说:"没人可以在他的位置上将转述军事行动目的的工作做得更好。"[10]

危机不久就平息了,因为英军和普军的参谋部断定,莫伯日以东的法军是用于防御的。他们正在破坏桥梁,使用树木制造路障,切断壕沟,大致阻塞了从齐滕司令部所在地沙勒罗瓦进入法国的道路。根据长期担任威灵顿副官的费尔顿·赫维的说法,这"助长了他们永远不会沿着那个方向进军的看法",他在1809年杜罗河会战中失去了一只手臂。实际上,法军的集结很可能是一次预演,只不过被一次筹划成功的诡计所掩盖,因为这里正是拿破仑最终进攻的位置。[11]

德恩贝格收到的许多报告同样不太准确。大部分报告获取自混杂的消息源,但是有一些是波拿巴故意安插的。[12] 最为阴险同时也是最起作用的虚假情报在6月6日经由蒙斯的法国保王党代表派往巴黎的一名间谍得来。这个间谍钦佩地注视战神广场典礼的盛况,他认为皇帝将于6月6日离开巴黎。他看到了许多部队和车辆,并同司令部军事行动部门的一些人谈话,他们告诉他皇帝将前往莫伯日以南几英里处的阿韦讷,从那里他将发动一次对盟军的佯攻,而真正的攻击将从再向西40英里的里尔地区展开。这一消息同送到德恩贝格处的报告一致,其大意是说"波拿巴……肯定会尽快发起攻击,他说自己将会在俄军抵达前摧毁盟军。据推测他将佯攻普鲁士人,而他的真正意图则是英军"。[13] 这些精心布置的错误踪迹帮忙解释了为什么拿破仑真的攻击普军时,英国人预计这一攻击仅仅是个诱饵,并等待针对他们的真正攻击到来。

然而,法军再一次于正对着蒙斯的边境区域集结的情况没有瞒过前哨。6月5日,位于蒙斯以西25英里处的图尔奈骑兵前哨的指挥官告诉他的将军希尔勋爵,面向他们的法军前哨线已被放弃,部队向东开赴莫伯日。指挥东部普军前线部队的齐滕发出消息:法军第四军已经进入他的区域。一个英国炮兵军官在6月8日写信告诉妻子,报纸称波拿巴"意图在15日抵达军中"。之后几天,德恩贝格匆忙做出尝试,以便确定拿破仑是否已经抵达边境。他派遣一个间谍向南前往位于通向巴黎道路中途的拉昂,密切留意拿破仑的到来，虽然他担心自己之前安插的其余3个间谍可能已经被捕。[14]

位于蒙斯以东不远处的前哨指挥官让－巴蒂斯特·范·梅尔伦属于威灵顿不信任的那类比利时军官，他曾是帝国近卫军红色枪骑兵的团长，在法军中有丰富的经验，并且他的弟弟还在法军中服役。梅尔伦认为拿破仑已经抵达前线，并预计攻击随时都可能开始。齐滕同样确信他还没有现身，法军的表现仍是防御性质的，因为他们仍在破坏道路。德恩贝格事后声称，6月8日，由贝特朗将军负责的拿破仑文职侍从团（Maison Civile）的一名军人带来了一份警告：法国人将会在8到10天的时间内展开攻势，并且拿破仑的计划是攻击英军和普军之间的分界线。但即便德恩贝格曾将这一消息传递给威灵顿，他的报告再也无法在威灵顿的文件中找到了。[15]

对法军来说，情报较为容易获得，因为盟军大致上是静止的。苏尔特总司令部的一个部门专门从事情报工作，并且皇帝的军事侍从——他的个人参谋部——也包括一个情报部门，据称该部门在比利时军队中有极可靠的情报源。[16]英国报纸同样提供来自前线且相对准确的消息，与此同时拿破仑也在敌方一侧的边界拥有为他打探盟军部署的间谍：5月12日，其中一人在英军第六十九团的营地里被捕。

此时，皇帝正考虑在何地发起攻击。从西部的里尔或孔代行动，攻击路易十八所在的根特，这是有吸引力的，因为这将切断英军连接海边奥斯坦德的补给线，即便敌军加强了边境的要塞，拿破仑也可以绕过它们。这一方案的主要缺点是即便拿下了布鲁塞尔，由此他会将英－德－荷军队向东赶向他们的普鲁士盟友。沿着通向东部区域那慕尔的默兹河谷攻击普鲁士人的吸引力更小，因为这只会将普鲁士人送向英军的怀抱，甚至在拿破仑抵达布鲁塞尔之前。攻击地点应该是两支军队从沙勒罗瓦至布鲁塞尔一线上的连接处。这样一来，拿破仑可以将普鲁士人赶向德意志，将英国人朝相反的方向赶向大海，而他将直奔仅有30英里远的比利时首府。

这一进攻的结果将会在其展开过程中变得明了，不过它提供了各种诱人的可能性。两支敌军均是那么的分散，如果运气好，一次突然的攻击不仅可能会让波拿巴一支接着一支地消灭他们，甚至一个军接着一个军地彻底摧毁他们。深知普鲁士军队沿着与德意志的交通线间隔开来，并且齐滕军正暴露在靠近边境的沙勒罗瓦周边，他决定将矛头指向普鲁士人。凭借桑布尔河保护他的左翼免遭威灵顿的任何可能干预，他将从自己正对着英军的位置向东前进，攻击沙勒罗瓦。他希望将齐滕粉碎，甚至在剩余的普鲁士军队集结前将他们向东赶往列日。要是运气不好，如果普鲁士人在齐滕被粉碎前成功地集结了一支军队并支援他，拿破仑希望同他们打一场决定性的会战，然后再前往布鲁塞尔。

拿破仑于6月7日将苏尔特派往北方，命令他尽其所能查明敌军部署，在里尔建立一个间谍办事处，并组建一个由熟悉布鲁塞尔道路的士兵组成的连。与此同时，他派遣自己的副官夏尔·德·拉贝杜瓦耶前往比利时，最后一次核实英军和普军是否仍在他们的营地平静地等待入侵法国。6月7—12日，拉贝杜瓦耶巡视英荷盟军居住的村落和城镇。6月8日当威灵顿举办另一场盛大的舞会时，他正在布鲁塞尔，并向阿韦讷的拿破仑报告说，威灵顿认为入侵是可能的，不过未必会发生，尤其是不会立刻发生。英国和普鲁士的营地仍广为分散，以致切入两支军队之间是完全可能的。[17]皇帝的计划看似言之有理。

9
等待入侵法国

威灵顿的军队幸福地待在他们的营地里，躲避比利时那年春季急速降下的滂沱大雨。英国补给官使用国债从当地采购新鲜的食品与饲料，这种债券可以在预定的期限后赎回，或者立即兑换为一小笔现金（这使得补给官能够以此发财）。就像国王龙骑近卫团的一名半文盲士兵解释的那样，给养还过得去，但不是总能送到："我们每日的配给是1磅牛肉、1.5磅面包、半品脱杜松子酒，但最差劲的是我们不能定期得到它，如果这一天没得到，日后也不会有补偿，这种情况很常见。"士兵们将他们的军饷花在了烟草和更多的杜松子酒上。他们欣喜地发现杜松子酒在尼德兰每夸脱只要10便士，而军官们仅需要花4先令便可购买一瓶香槟。第五十一"约克郡"轻步兵团的威廉·惠勒中士是众多将军粮送给房主的士兵之一，而房主则以慷慨好客作为回报：

> 人们对我们非常客气。我和另一个士兵住在一个烟草商家中，所以我们不需要军粮，我们同房东及其家人一起进食，咖啡全天供应。当我们得到军粮时，除了留给自己饮用的杜松子酒，我们将它送给了房子的女主人。之后，我们从未见过一块分发到的面包，如果肉是新鲜的，它将被做成菜，如果不是，它将会和面包一起被送给乞讨者。[1]

军官同样受到他们房东的慷慨招待。身材高大、匀称，一头金发的克里斯蒂安·冯·翁普特达同他的老战友卡尔·冯·阿尔滕与科林·霍尔基特一起寄宿在了范·德·伯希特伯爵夫妇的德科西讷庄园里。阿尔滕时年50岁，是一个五官轮廓分明、拥有一双锐利眼睛的人。1808—1812年，阿尔滕在半岛指挥德意志轻步兵旅，之后被威灵顿擢升为英国轻步兵师的指挥官。这是一个巨大的褒奖，因为他是唯一一个被威灵顿允许指挥英国部队的外国人。他手下的旅长翁普特达和霍尔基特都曾指挥过 KGL 的轻步兵营。翁普特达是又一个献身于德意志自由事业的战士，他是格奈泽瑙和沙恩霍斯特的朋友，同歌德笔下的维特一样，他拥有一颗敏感的心，对一个嫁给他人的女性怀有强烈却无望的爱。翁普特达的副官被范·德·伯希特伯爵夫人彻底迷住了，他将待在那里的时间记作一生中最愉快的时光之一。[2]

女士是年轻的士兵们不可避免的关注对象。无论驻扎在哪里，士兵们都会自然地和她们交起朋友。惠勒指出：

> 这里有许多年轻漂亮的女士，其中一些同我们的士兵建立了密切的关系，并且我不怀疑，当我们离开时这类女士的数量还会增加。这里我必须声明，鄙人不打算同其中任何一人有所纠缠。有一个年轻可爱的女士作为同伴毋庸置疑会十分惬意。不过之后，据我观察所知，这将伴随无尽的痛苦。对于一个士兵来说，只有他还在服役，他的家庭得到了保护，他才能像空气一样自由。

5月，汤姆·莫里斯被安顿在一个小村子的磨坊主家中。他与一个同伴花了很多时间同磨坊主的年轻女儿们在牧场漫步。"其中一个女孩很爱慕我的战友，不需要费太多口舌就会成为他的妻子。"[3]

莫里斯的同事伯顿中士带着妻子随行。每个连正式允许随行五六个妻子，尽管一些团允许的数量更多。这意味着一个营可以携带 50 至 60 人，整支军队则有大约 4000 人，还有更多的女性非正式地跟随军队。她们和丈夫一起分担大部分的艰辛。"戈登"高地人团的大卫·罗伯逊中士是一个来自阿索尔公爵地产的苏格兰人，身高 5 英尺 9 英寸，拥有金色的头发和灰色的眼睛。罗伯逊原本长大后会成为一名鞋匠，但遭遇乱世他志愿从军，及时转入"戈登"团，从而赶上了 1801 年的埃及战役。1808 年大卫·罗伯逊前往西班牙，自那之后在威灵顿的麾下作战。1814 年罗伯逊失去了他的妻子，她在前往法国南部的一次前哨战中心脏中弹，此时正值隆冬时节，她在白雪皑皑的比利牛斯山脉龙塞斯瓦列斯山口刚产下一个女儿。他在日记里从未解释过他的妻子是苏格兰人还是伊比利亚人，也没有提及他孩子的命运。但是他详细阐述了他所属的团启程回国时的情况，当时军方决定"从葡萄牙和西班牙跟随军队的女性，无论结婚与否，都应该跟随她们各自国家的军队返回，因为她们不会被允许登船前往英国"。[4]

对于那些没有获得当地女孩芳心的士兵，有的是其他消遣：

> 在布鲁塞尔、根特和其他大型市镇最美妙的地方是拥有执照的妓院，一些法国女孩美丽动人，她们的举止超越了之前我在德鲁里巷和科文特花园遇到的一切。当进入其中一所时，你会被引入一间以此为目的进行改装的房间，并且马上就会有10个或12个女孩出来，任何一个对这类两足物种有判断能力的人，都有机会挑选一个付费情人。所有女孩每周都会被外科医生检查三四次。在被允许开始前，我挑选的那位姑娘刚光顾过医生阁下。[5]

5月底编制渐趋完善，一系列的阅兵和晚宴随之而至。5月19日，威灵顿的骑炮兵指挥官奥古斯塔斯·弗雷泽爵士最终拥有8个英军骑炮连和2个德意志骑炮连，他宴请了麾下所有的英国和德意志骑炮连军官。3天后，不伦瑞克公爵麾下象征复仇与死亡的黑色军团接受了一次检阅，"他们身着黑衣，头戴饰有骷髅头和马尾的帽子"，还包括"两个身着波兰服饰的枪骑兵中队"。由于那天下了一整日的大雨，阅兵结束时军团里的士兵不幸被淋成了落汤鸡。[6]5月24日，阿克斯布里奇伯爵检阅了重骑兵，第二天又检阅了骠骑兵。雨继续下着，在5月的下半月几乎每天至少会有一场阵雨。军官们打着伞骑马四处走动。

5月27日，公爵在他位于城市最豪华、最时尚区域，坐落于公园和皇家街一角的家中举行了一场舞会，以庆祝布吕歇尔侯爵的来访。客人们穿过灯火通明的花园，接受站在门旁的威灵顿的迎接。舞会在一楼举行，二楼的房间被用来安排一场盛大的晚宴。希尔将军的副官评论道：

公爵本人总是同一名叫作卡罗琳（原文是弗朗西丝）·韦伯斯特的女士跳舞，对于她公爵太过专注，以至于招来流言蜚语。她成了这里的女神，开始耳语各种故事，不过我们必然不会相信她说的所有事情，尽管公爵私下里的为人众所周知十分糟糕，无法对此做任何辩解。韦尔斯利家族接受的教育一定在本质上有什么不好之处：就风流而言，家族中没有任何一人是无可指摘的，无论男女。阿克斯布里奇勋爵被任命为英国骑兵的指挥官后，威灵顿公爵被问到在看见同他弟媳私奔的人时是否会感到不快，他回答说："为什么？该死的，他又不会同我私奔。"[7]

公爵花费了大量的时间同迷人的弗朗西丝夫人在一起，后者的丈夫给予她充足的理由去它处寻求安慰。在另一个场合，参谋巴兹尔·杰克逊看到两人一同消失在了公园的灌木丛里。她偏爱厉害的名流：诗人拜伦勋爵曾"玩弄"过她，不过之后于1813年将她"抛弃"。弗朗西丝夫人当时身怀六甲，但是这似乎并不妨碍她的社交生活或威灵顿对她的喜爱。威灵顿自己风流成性、臭名远扬，他对于其他人认为行为可耻的女性拥有一种特殊的嗜好，就像卡罗琳·卡佩尔在6月写给她母亲的信中说的那样：

鉴于他所做的那些事，并且刻意邀请所有水性杨花的女士，W公爵没有改善我们社会的道德。每个人都为在他的家中见到约翰·坎贝尔夫人而惊讶。他的一个参谋告诉我，他曾向公爵说明此人不应该被接待，因为她的品行非常可疑。

"真的吗，"他说道，"那么我会亲自去邀请她。"他立即拿起了帽子，并以此为目的出发了。[8]

在他的舞会结束两天后，公爵检阅了英国骑兵与骑炮兵。威尔士人托马斯·杰里迈亚被雇去登德尔河畔阅兵所要使用的草地上填补孔穴、铲平高岗。这一次天气晴朗，他的营看到"大约10点到11点，部队从各个方向蜂拥而至，到了11点30分，这块平原简直挤满了人。12点15分，所有炮兵和骑兵排成3列，队形展开接近1英里"。第一列是衣饰华丽的骠骑兵；第二列是两个人高马壮的重骑兵旅，其中骑乘近卫团与近卫骑兵团足跨黑马，灰骑兵骑着白马。灰骑兵属于联合旅，之所以这么命名是因为其下辖的3个团分别来自苏格兰、爱尔兰、英格兰；第三列是轻龙骑兵，加在一起总数有5000人之众。骑炮兵部署在队列间隙。[9]

在士兵们下马擦掉服饰上最后的灰尘时，威灵顿公爵和他的庞大随从队伍从山上疾驰而下，其中包括布吕歇尔，他于昨夜抵达参加另一场首脑会议。杰里迈亚还记得士兵们是怎样同其他团的老朋友和亲戚交谈致意的，"突然，我们看到一股烟尘……布吕歇尔侯爵的一群哥萨克骑兵进入这一区域，在他们身后紧密跟随着盟军将领和一大群人"。[10]

杰里迈亚写出了当时的气氛，"英军号手吹响了准备上马的号令，瞬间一片死寂。顷刻1.8万人（原文如此）从容坐于鞍上，针落有声"。一个骑兵军官写道："公爵由奥兰治亲王及其兄弟、贝里公爵、布吕歇尔元帅、数目庞大的要员随从及参谋人员陪同。当天非常炎热，万里无云，没有一丝空气流动，所有这一切都增添了这一场景的壮美，尽管我们热得要死。"要员们"沿着队列往前骑，之后骑兵"以半中队宽的队形列队行进，并返回驻地，直到晚上七八点才抵达那里。今天是查理国王的复辟日，所有士兵都在军帽上佩戴橡木小枝，这起到了很好的效果，因为我们的军帽上没有羽毛"。[11]一位"参谋人员"偶然听到了布吕歇尔对于威灵顿手下骑兵的恭维："当英国骑兵进入巴黎时，所有的士兵都必须生一个孩子，以便让法国再生。"[12]事后，骑兵指挥官阿克斯布里奇伯爵邀请他所有的指挥官前往尼诺弗的修道院共赴晚宴，去会见他的著名客人。

同时，更重要的事务也在往前推进。布吕歇尔驻威灵顿参谋部的新代表卡尔·冯·米夫林为布吕歇尔同威灵顿的首脑会议列出了普鲁士的事项日程表。普鲁士人几乎准备就绪，急切地想要开始战斗："普鲁士军团的前4个军将会在几天内实现满员。事实上，他们会比条约要求的还要强大。由于比利时人正在造成我们众多的补给问题，尽快开始战争是称心合意的。大人能否就最有可能的时间点善意地给出见解呢？"[13]

布吕歇尔正处在速战速决的压力之下。他濒临破产的政府无法支撑一场长期战争，而他的民兵则想及时返乡以便收割庄稼。此外，由尼德兰国王承诺出资的补给不是总能得到，而普鲁士人和当地居民的关系正在恶化。格奈泽瑙向他的朋友德恩贝格抱怨说，尼德兰国王"对普鲁士人的敌意造成了当地居民对我们的憎恶，更不用说他的大臣曾为法国治理这个国家的经历，以及他对他们的同情。日复一日，他们之间的关系变得愈发糟糕。延迟进攻导致的危害甚于一场败绩"。[14] 威灵顿试着从中劝解，但是尼德兰国王同样想尽快开战，以便摆脱普鲁士人。威灵顿本人仍旧在等待经验丰富的士兵和人员的增援，这部分人得到命令，将自美国归来，加入他的麾下，并且他不想在奥地利人准备就绪前发起攻击。然而，当布吕歇尔于5月28日与他一起进餐，并重申取回他遗落在巴黎的旧烟斗意愿时，威灵顿勉强同意他们可以在7月1日发动攻势。

不过，这一决定并没有改变军队在比利时的生活。几天后，骠骑兵在尼诺弗举行了一次赛马大会。虽然赛事因为又一场大雨而暂停，但是该地市长提供了"一场丰盛的冷食晚餐，并辅以大量的香槟助兴"。就像第十八骠骑兵团的一个军官朦胧的回忆那样，他们当时表现得像真正的英国英雄：

> 两小时足够这帮人吃饱喝足然后被"干掉"了：我相信我记得第十骠骑兵团的一个坏家伙站在其中一张桌子上，开始用一根大棍子打碎所有的盘子、瓶子和玻璃杯；余下的人也加入了这场滑稽的娱乐，之后翻身上马返回马场，其中一半人在路上坠落马下，许多马匹在无人骑乘的情况下奔向马厩。醉得最厉害的人在夜间的一次竞赛中穿过田野，朝塔楼急速冲去，并在村子的路上高喊"拿破仑万岁"，使当地农民产生了一些英国骠骑兵思想独立的观念。最后，我必不能忘记提及一件或是真实发生或是在梦境中发生的事：他们推翻了两辆马车，并以哥萨克的方式追逐马车里女士们的丈夫和女伴，他们吓坏了。

第二天他们收到了账单：972法郎的酒水、730法郎的食物，以及90

法郎的服务费，分摊到该旅的每个军官头上接近50法郎。他们向将军发了许多牢骚，并预计还要为所做的破坏进行赔偿。尼诺弗的市长声称他不会再同这帮英国哥萨克有任何瓜葛。一个军官还遭遇了一次"中风"，并且再也没有恢复过来。[15]

这并不是此类事件中的唯一笑料。在5月和6月初，格拉蒙每周都会举行赛马大会，"有一天晚上，我们的一些军官在酗酒狂欢中"因为破坏小于连撒尿雕像"而触犯了法律"：

> 一个裸体男孩，看上去4岁，他将左手放在臀部，叉腰撒尿，水流入盆里，或者更恰当地说是井中，因为它有大约12英尺深。一天晚上，我们的一些军官喝得酩酊大醉，外出寻求冒险。他们成功地用绳子绑住顽童的脖子，将他从底座上拉了下来。因为他是用铅做的，所以他沉入了井底。

幸运的是，他完好无损地被安放回了底座上，这一事件也被人们所遗忘。[16]

时间过得很快，5月过去，6月到来，布鲁塞尔依旧热闹，虽然参谋军官乔治·斯科韦尔爵士马夫的儿子回忆说，他们正朝着最后的期限做各项准备：

> 城市熙熙攘攘，士兵们全天接受检阅，军乐也是不停奏响，街道上不断地挤满各类军人。每晚都有舞会，为有需要的人提供丰富的娱乐活动。此情此景更像是集结部队以供检阅，而不是开赴战场，因为看来没人在想战斗，尽管到了13日或14日有消息说他们将准备25日开始的战争。在许多地方可以看到军人将佩剑拿去磨快，亚麻布店也满是购买布料，以便为自己制作绷带的军人。不过总的来看，好像没有什么要紧的事情。[17]

有间谍告诉威灵顿，在7月1日进攻之前他是安全的。根据拿破仑的警务大臣约瑟夫·富歇的说法，公爵被错误的情报所蒙蔽，认为在英普盟军入侵之前，法军不会展开攻势。[18] 尽管一切正常，但是盟军正处于准备协同进攻法国的最后阶段。

IO
法军的行动

6月12日破晓之前，一阵铃声将皇帝的贴身男仆路易·马尔尚召唤到了拿破仑的办公室。皇帝宣布："我将在4点出发。"

皇帝的旅行总是以这种方式开始：随从们预先知道他们将会离开，不过在皇帝告诉马尔尚之前，没有人知道准确的时间。此时宫殿上下忙碌起来，秘书打包文件，马夫准备马匹，男仆将行李箱装到车上。马尔尚自己打包好了皇帝的红木与乌木旅行箱。天一亮，皇帝在宫廷大总管贝特朗将军、弟弟热罗姆亲王的跟随下登上了他的绿色马车。皇帝的马穆鲁克（Mameluke）路易－艾蒂安·圣德尼*以"阿里"之名为人所熟知，穿着富有异国情调的东方服饰，坐在了车厢前的位置。深蓝色皇家马车的朱红色毂辘嘎嘎地碾压着鹅卵石，向北驶出了巴黎。

大多数法国军队已经到位。从6月5日开始，近卫军一个部队接着一个部队地从巴黎开拔，资历比较深的团一直停留到护送皇帝参加新的立法机构立法院的开幕，它的名字有意让人回想起革命时期。[1]之后，他们小心翼翼地将制服折叠放入背包中，穿上宽松的蓝裤子、蓝大衣和熊皮帽等战场装束，于6月8日凌晨4点离开营地。他们以只有老近卫军可以维持的步速向北前往山地要塞拉昂，在6天内行进了135英里。

6月10日，拿破仑向他的将军们发布了一道命令：3日后他们的部队应该到达的位置。第二天，达武元帅写信给奈伊元帅，指示他于14日之前抵达距离边境要塞莫伯日不远处的埃尔普河畔阿韦讷。奈伊在收到他的

---

* 被拿破仑称为"马穆鲁克阿里"（Mameluke Ali）的贴身保镖路易－艾蒂安·圣德尼是一名凡尔赛人，他从1811年起被拿破仑装扮成马穆鲁克，并于1814年他的前任，即真正的马穆鲁克鲁斯唐（Roustan）背离拿破仑后，接替了其贴身保镖的职务。

召唤后就立刻出发了，并同他的首席副官先行一步，其他副官携带元帅的马匹与装备随后跟上。[2]

在边境，第二军已经在英军所在的蒙斯对面集结，奥诺雷·雷耶最后的部队于6月11日从要塞城市瓦朗谢讷出发，向东行进20英里前往莫伯日后方的村落。雅克·马丁中尉吻别了他的女友，与兴高采烈的第四十五战列步兵团一道离开孔代要塞，向南行进7英里，进入了第二军刚刚离开的瓦朗谢讷，以便在6月12日与13日接受他们的军指挥官德隆伯爵让-巴蒂斯特·德鲁埃将军的检阅。路易·康莱下士所属的第二十八团于13日抵达瓦朗谢讷。行军途中该团失去了他们的保王党团长，他突然骑马离去，前往根特同路易十八会合。[3]

他们的团长在战神广场典礼上从拿破仑手上接过的鹰旗，被授予驻扎在北方的各团。雅克·马丁目睹瓦朗谢讷外部广阔的平原上发生的场景，感到震惊。他先前曾看过数量更多的士兵集结，不过从没有

> 任何场面像这16个最优秀的步兵团那样引人注目。他们在演练中展现出了令人钦佩的准度，并且豪情万丈，满腔热血地接过自己曾为之战斗如此之久的鹰旗。整个平原完全被士兵所覆盖，因为除了步兵，这个军还包括3000名骑兵和炮兵。在授旗时，2万人不战胜即死亡的誓词打破了宁静……从没有一支军队对胜利表现出这般信心。敌人的数量有什么关系呢？我们队列里的士兵是同胜利一道成长起来的。偶然的机会让他们做了几年俘虏，不过这只会让他们变得更可怕。为遭受的苦难复仇的渴望为他们天生的勇气增添了愤怒之情。他们的面庞因西班牙的烈日或者俄国的风雪变成了棕褐色，然而，一想到战斗他们就容光焕发。[4]

接受检阅后，第一军前往英军所在的蒙斯以南的莫伯日。

6月12日下午，在城市狂喜的钟声中，拿破仑的马车嘎嘎作响地翻上陡峭的山坡，进入拉昂这座雄伟的法国要塞城市。此地位于巴黎至边境一多半路程处，他的近卫军正等待他的到来。拿破仑在省府停下，他的随

从已经在该地为他设下了"行宫"。不过在抵达时,他不悦地意外发现埃马纽埃尔·德·格鲁希麾下的1.3万名骑兵仍在该地,出发的命令不知为何没有送到他们的指挥官那里。这样一来,骑兵需要在两天内向北骑行60英里,在战斗开始前就没有时间休息了。[5]

拿破仑于拂晓前离开了拉昂。在45英里的旅程中他在马车上工作,接着在阿韦讷要塞内的副省府被引入了由他的宿营总管准备的"行宫"。不管拿破仑在何地过夜,总会是在"行宫"里,即便它只是一个小农场或帐篷,而他的随从总会先行一步以便挑选最好的住处,然后做好准备工作。在"行宫"内,西蒙·贝尔纳准备好了作战地图,并将它们摊放在一张巨大的桌子上,用别针在上面标注他们所知单位的当前位置。

拿破仑正在使用的地图基于费拉里斯伯爵约瑟夫在1771—1775年进行的极为精细的测绘,他是原奥属尼德兰的炮兵司令,同时也是其数理学派的领袖。这份测绘地图于1777—1778年出版,以1∶86000的比例印制在25张纸上,与当时同在出版过程中的卡西尼所绘的巨幅法国地图相媲美。费拉里斯使用了与卡西尼相同的比例,以及相同的创新性地形标志。后者的地图将地图制作引入了一种新的精密层次:使用8种不同尺寸的城镇、5种不同的宗教建筑物、3类磨坊、9种不同类型的地形和6种道路质量等级加以区分。

当法国人在1792—1793年入侵尼德兰时,他们从一个布鲁塞尔版画商那里缴获了400份费拉里斯地图,1794年他们没收了铜版并将它们带去了法国,以便在需要时通过印制更多的样本来满足他们自己的军事目的。盗取了敌人的地图后,法国工程师路易·卡皮泰纳进行了一次复制,将它们印制在69张更小、更易处理的纸上,同时制作了6张小比例版本。在和平时期,这些地图在市场上可以买到,所以威灵顿公爵配备了一份,普鲁士总参谋部可能也有一份。法军于4月为他们的指挥官们印制了副本,标注了当前的边界与其他更新的信息。当历史学家亨利·乌赛看到拿破仑使用的卡皮泰纳地图与他的首席传令官古尔戈的费拉里斯地图时,他可以看出二者罕有显著差别。尽管非常详细,也很实用,但是两幅地图都已经过时近40年之久。例如,它们均没有标注自那以来沙勒罗瓦附近开掘的煤矿。[6]

这些地图既不便宜也不容易携带，因而需要自备地图的下级军官购买了以极小比例印制在单张纸上的地图。费拉里斯的测绘包含的信息很快落入了其他国家的地图制作者手中，他们以多种不同规格制作出了自己的版本，以贴合各类购买者的消费能力和目的。一个英国地图制作者在1789年发布了一个单页版，而维也纳出版的4页版在欧洲广为流通。普鲁士参谋官路德维希·冯·赖歇使用的便是《根据费拉里斯版本缩小的新尼德兰地图》(*Nouvelle Carte des Pays-Bas réduite d'après celle de Ferraris*)，它新近在布鲁塞尔发行，尺寸仅有520毫米×720毫米。[7]大多数军官可能还配备了一张基于费拉里斯测绘的地图，不过比例要小很多，以至于许多较小的地点并没有出现在地图上，并且道路网络也不完整。

在拿破仑钻研地图时，贝尔纳利用地形办事处收集的所有信息，解释前方的地形以及可行的选择。之后，拿破仑口述他的命令和口信。接下来，他起草了一份鼓舞人心的反攻动员令，并将它送到附近苏尔特的司令部，以便让地形办事处的打印员用他们的便携式印刷机印制出来。皇帝同第一军指挥官德隆伯爵让－巴蒂斯特·德鲁埃进行了长谈，商讨了即将开始的战役的计划以及边境要塞的补给供应。[8]最后，在下午晚些时候，他游览了阿韦讷和由沃邦设计的要塞。近卫军与第六军当天在该地集结，拿破仑封闭了边境，并下令违者处死。几乎所有的部队在附近云集，只有莫里斯·热拉尔的第四军仍然在路上。他们于6月6日离开115英里开外的梅斯，此时他们从菲利普维尔出发，还有一天的行程，菲利普维尔位于阿韦讷以东25英里处。

拿破仑命令第二军于6月14日进军，在边境靠近桑布尔河的位置扎营，第一军紧随其后，这两个军沿着河流组成了法军的左翼。近卫军将在12英里以东的博蒙周边和城内过夜。该地是一座山地小镇，俯瞰着通向阿登森林的道路。多米尼克·旺达姆的第三军在近卫军前面3英里处宿营，而乔治·穆顿的第六军则在近卫军之后。

拿破仑本人及其文职侍从团的秘书们一起处理国务文件，然后驱车前往博蒙。抵达那里时，拿破仑的车夫见证了一个事件，它能解释拿破仑为何受军队普通士兵爱戴，尤其是享有特权的帝国近卫军老兵。他的马车通过时，一个近卫军军官正在殴打一名士兵，士兵举起他的刺刀并"告诉上级，如果他胆敢再打自己，他会将他刺穿。皇帝从他的马车中看到了全过程，他把那个军官叫到自己身边，将手伸出马车的窗户，撕下了军官的肩章和荣誉军团十字，并告诉他，他不配指挥这些勇敢的士兵"。[9]

示范了他的老兵必须被他们的军官尊敬后，拿破仑在他的新"行宫"下了马车，并在那里同贝尔纳与苏尔特密谈，设计第二天入侵比利时的进军命令。

尽管大雨倾盆、路途坎坷，部队还是在相当愉悦、热切的交谈和频繁的歌唱中出发了。那天下了一整日的雨，但是他们找到了分配给他们的位置，拖着沉重的脚步走入营地，以便最大限度地利用这个短夜。第四十五团的马丁中尉抵达营地时已是晚上7点：

> 因为雨势很大，并且还在下着，我们几乎无法入睡，于是开始讨论第二天的行动。在不了解很多正在进行中的情况下，所有人都有一个清楚的总体计划，因而每个营火堆旁都在召开一个军事会议，与此同时这些足智多谋的人还不忘添柴、炖汤。[10]

晚上，拿破仑于阿韦讷撰写的反攻动员令被分发到各个单位，士兵们聚在一起，聆听皇帝的振奋之词。它让士兵们回想起过往的辉煌战役和革命精神："士兵们，今天是马伦戈和弗里德兰战役的纪念日，这两次会战都决定了欧洲的命运……被我们留在王位上的君主们……已经开始了最邪恶的侵略。现在就让我们前进去面对他们。他们和我们，和那时有什么不同吗？"

他提醒士兵们，他们是如何击败人数占优势的普鲁士人的。他邀请那些曾在英国大船上做过俘虏的人（他们在军中的数量不少）讲述他们所承受的苦难。他告诉他们，曾经被解放的萨克森人、比利时人、汉诺威人和莱茵兰人这时候烦恼不已，被迫为了君主的利益而拿起武器，那些君主敌视正义与人权，此时更是在吞并较小的德意志国家。[11]

他们均接到了命令，要在天一亮就做好进军的准备。骑兵指挥官埃马纽埃尔·德·格鲁希当天加入了克洛德·帕若尔的骑兵军，以确保他们在可能引起敌军前哨警觉的距离前停下。格鲁希元帅和骑兵将领帕若尔、埃克塞尔曼斯与叙贝尔维均拥有熟知他们路线的比利时副官。[12] 夜间，一个当地居民来到司令部告诉他们，如果他们想穿过边境，有必要先修复树林里被障碍物封锁的道路。没有人曾想到告知帕若尔最近修筑的路障，包括驻扎在边境城镇，理应充当他们向导的海关人员，于是当晚他们清理道路。[13]

就像他打算的那样，完全迷惑住了敌人的拿破仑成功地将一支12.3万人的庞大部队带到同比利时接壤的边境。[14] 他估计敌军知道第一军和第二军在莫伯日，不过他希望其他部队是在未被发现的情况下接近的。任由威灵顿察觉到他的部队聚集在蒙斯英军的对面，他的计划是沿着被破坏的道路穿过树林，朝一个完全出乎意料的方向前进。伴随着反攻动员令最后的激励之词在士兵耳畔的鸣响，他们将对沙勒罗瓦的普鲁士人发动攻击：

> 士兵们！我们有急行军要赶，有战斗要打，有困难要面对，不过只要坚定不移，胜利将属于我们，我们将恢复祖国的权利、荣誉与幸福。
>
> 对每个有勇气的法兰西人来说，时候到了，现在不战胜即死亡！

II
镇　静

虽然拿破仑认为他的军队秘密实现了集结，但实际上他的行动鲜有没被察觉的。一个法国地主与阿克斯布里奇伯爵于6月12日发出慎重警告：法军将发起攻击。同一天，德恩贝格向威灵顿发出一份报告，其中包含了最后被证明很准确的情报：

> 一个从莫伯日赶来前去同国王会合的法国绅士给出了如下情报：雷耶将军的部队昨天抵达莫伯日及其附近地区。军队的司令部从拉昂转移到阿韦讷，一个师的近卫军也将于今日抵达那里。波拿巴被预计随时都有可能离开巴黎，但仍不确定什么时候，似乎在10日他仍在那里。热罗姆在索勒尔堡。从拉昂来的苏尔特今早经过莫伯日，但是这个绅士不清楚他将前往何处。他估计菲利普维尔、济韦、梅济耶尔、吉斯与莫伯日之间区域的一线兵力多达10万。两天前，一个数量相当可观的骑兵军在伊尔松接受了格鲁希的检阅。总的观点是这支军队将发动进攻，波拿巴抵达阿韦讷就是战争开始的信号。[1]

实际上，关于法军活动的报告有很多。第二天，德恩贝格报告说法军正在莫伯日集结，德隆检阅了他的军。齐滕的一个旅长报告说法军封锁了边境。军需总监格罗尔曼出访布鲁塞尔，他的一个助手确定，威灵顿的军队可以在第一声炮响后的24小时内于其左翼集结。[2]潇洒的骠骑兵旅指挥官赫西·维维安爵士视察图尔奈的第一骠骑兵团时，发现法军骑兵前哨已经离开，取而代之的是海关人员，他们告诉他法军正在集结，即将发起攻击。维维安在写给妻子的信中说："我们对此表示蔑视，认为他不敢这样做。"尽管如此,他还是向阿克斯布里奇和希尔报告了他听到的内容。[3]

若是威灵顿在收到这一情报后集结他的部队,这场战役将很快就结束。盟军部队联合起来非常强大,他们唯一的风险是在一方无法前往支援另一方的情况下分别遭到攻击并战败。多年后他的一个参谋军官事后诸葛亮,指出布吕歇尔应该将他的司令部迁往布鲁塞尔以南22英里处的热纳普,他的士兵则沿着通向沙勒罗瓦的大道在司令部南北扎营,而威灵顿应该将他的部队沿着布鲁塞尔和蒙斯间的道路部署。这一方针将使军队沿着大致南北走向、近乎平行的两条道路不可分割地靠在一起。在欧洲最富饶的土地上,短时期内为两支军队提供食物补给的困难可以被克服。

然而,与之相反,威灵顿对他的间谍网络充满信心。通过这一网络他没有收到任何警告,反而得到保证:7月前他都是安全的。就像米夫林回忆的那样,"公爵通过我了解到布吕歇尔侯爵的间谍活动组织得很糟糕,他认为自己在这方面很牢靠,并预计能立即从巴黎收到法军攻击尼德兰的任何暗示"。[4]此外,从巴黎收到加密邮件的可能性,解释了密码专家乔治·斯科韦尔爵士成为威灵顿的一名参谋的有利条件。

但是,在巴黎一些事情出了差池。在他的回忆录中,约瑟夫·富歇声称自己精心设计了一场骗局。皇帝一离开巴黎,他就派某位"D夫人"带着一份加密便条,将拿破仑的战役计划(由达武元帅透露给他)出卖给威灵顿,不过之后他故意设置障碍,以便延迟她抵达法国一侧的边境,这导致威灵顿太晚收到允诺的消息,无法使之发挥作用。[5]以防拿破仑失败,富歇在试图取悦威灵顿的同时,实际上努力为皇帝工作。富歇的这个故事,同情报部门的负责人科洪·格兰特的朋友威廉·内皮尔讲述的故事奇怪地类似。格兰特的一名间谍发出了一条重要情报,但是它在边境传递的过程中遇到重重延迟(为此,内皮尔将原因怪罪到德恩贝格头上),当内皮尔看到文件时,上面注明"收自格兰特,6月18日11点"。有人可能会猜测格兰特的间谍是被捏造出来的,用来掩盖真的间谍,那人便是富歇,或者他们是被选中同富歇联络的间谍。[6]

然而,真实的故事可能并不像富歇讲述的那样。拿破仑知道富歇不值得被信任,离开巴黎前几天他告诉内政大臣拉扎尔·卡诺:"奥特兰托公爵正在出卖我。"[7] 可能是拿破仑截获了富歇的情报，或是迫使他做出妨碍威灵顿的举动。在滑铁卢会战不久后的 7 月，托利党政治家格兰瑟姆勋爵在威灵顿的亲密陪伴下参观了战场。他随后描述说："公爵承认他没有料到波拿巴会这么快发起攻击，他一直信任之前从未欺骗过自己的间谍的报告。据称波拿巴发现了这些间谍，并让他们向公爵发送假情报以换回自己的性命。"[8] 无论原因为何，威灵顿在巴黎的谍报系统都像是暴露了，并且他对该系统的信心也放错了地方。

不过，由于他寄托错的信心，相对于来自边境的传闻，此时他还是更依赖巴黎的情报。他仍然相信没有危险，而军队继续表现得就像是度假一样。6 月 13 日，阿克斯布里奇在格拉蒙参加了一场盛大的赛马大会，近卫军的佩里格林·梅特兰将军的英俊副官海勋爵在赌金全赢制赛马中拔得头筹。[9] 而这一天公爵则和 16 岁的简·伦诺克斯女士在昂吉安观看板球比赛。参赛选手包括她的父亲和梅特兰在内的一批近卫军军官，梅特兰既是萨拉·伦诺克斯的情人，又是英国最好的板球手之一。简的家庭教师写道：

> 虽然我已经列出了一些非常好的理由认为战事即将展开，但是威灵顿公爵判断，没人会认为如此。他似乎正在思考不相关的事，每周举行一次舞会，出席每一场聚会，享受提供的所有娱乐。他带着简·伦诺克斯女士前往昂吉安观看板球比赛，夜里将她带回，除了逗她高兴，显然没有其他目的。[10]

家庭教师谈到的"认为战事即将展开的理由"是指对盟军即将入侵法国的推测。他没有预料到拿破仑会展开攻势，因为到这个阶段，无论威灵顿还是布吕歇尔都不认为他们将会受到攻击。早在 6 月 3 日，布吕歇尔写信给他的妻子："我们可以在这里安稳地待上一年，因为波拿巴不会攻击我们。"格奈泽瑙也持同样的观点，他于 6 月 12 日写道："遭受攻击的危险几乎消失了。"威灵顿刚刚从保王党间谍处收到的数据证实，法军的兵力和联合起来的盟军相比要弱得多，而在 6 月 13 日，他写信给一个军界的老朋友和同僚，尽管有传闻，但是拿破仑"不像是现在就能立刻离开巴黎……我认为对他来说，如今我们太过强大"。[11]与之相反，威灵顿有一个不同的日程表。他的镇静不再与担忧法军对他的攻击有关。更准确地说，他正全力向当地居民和其他好奇的旁观者隐瞒他为不久后攻击拿破仑所做的准备，此时距离发动进攻只有两个星期的时间了。这也就是为什么一切看似正常，英军故意表现得漫不经心的原因。

因此，关于拿破仑的攻击，英军和普军都有完全充足的情报，不过拿破仑对时间的把握和散布的虚假消息是如此巧妙，以至于他们根本就不相信。然而，卡尔·冯·格罗尔曼已经惊慌到从威灵顿那里寻求慰藉。相对于公爵，普鲁士人更相信前线的风吹草动。

6月13—14日夜间，普鲁士与尼德兰的前哨均报告称，云朵因反射博蒙和桑布尔河畔索勒尔周边的众多篝火而显现粉红色。法军尝试在森林和谷地里宿营，以便掩盖他们的营火，却遭到反光云层的出卖。第二天一早，联系德恩贝格位于蒙斯的前哨与普军前哨的尼德兰骑兵前哨的指挥官让－巴蒂斯特·范·梅尔伦向齐滕报告了博蒙附近的篝火，并补充说法军在蒙斯附近的前哨减弱了，推断他们已经移向普军。收到这一警报后，齐滕根据5月2日制订的防御计划，采取了自己的防范措施，命令第一军的大型辎重运回让布卢东北15英里处。这被证明是一个关键的准备措施，因为齐滕后来不得不撤退时，道路畅通无阻，他的部队没有受到阻碍。[12]德恩贝格同样报告了法军朝沙勒罗瓦的移动，当第二师的指挥官哈里·克林顿爵士从他的司令部前来探听消息时，德恩贝格告诉他法军正在集结，并且波拿巴业已现身。克林顿听完后对他说："是的，我现在相信了，但是公爵尽管消息灵通，却不相信这一点。"[13]

当法国逃兵警告齐滕第二天迫在眉睫的进攻时，格奈泽瑙决定至少发布一份警报。6月14日中午，他预先通知弗里德里希·冯·比洛距离最远的第四军，做好集结与向西进军的准备，因为敌军的攻势可能即将到来。之后，他写信给第三军，向约翰·冯·蒂尔曼做出了同样的要求。当他们收到这一警报时，每个军各需要大约12个小时将麾下广泛分布的各旅集结起来，而第三军还有26英里的路要赶，从列日开来的第四军则有大约50英里的路程。[14]晚上9点30分，德恩贝格直接向布吕歇尔位于那慕尔的司令部写信，直截了当地警告称，法军的想法是在第二天一早展开攻击。[15] 半小时后，联络官哈丁给威灵顿写信，告知他携带 8 天口粮的法军正在移动，"我认为这里的普遍观点是波拿巴意图展开攻势"。[16] 当晚 11 点 30 分，格奈泽瑙命令第二军和第三军收拢麾下各团，做好行军的准备；前线部队上床睡觉以养好精神应付立即开始的行动；而第六枪骑兵团被命令不得解衣卸甲。

最后，在午夜，格奈泽瑙再次写信给列日的比洛，语气非常礼貌与恭敬，结果证明太过礼貌，他被要求于第二天向西进军。在进行了一整天的准备工作后布吕歇尔已经就寝，因而这份消息没有经总指挥官签名就被寄出：

> 我谨谦恭地劳驾阁下于明日 15 号在阿尼集结您麾下的第四军，让他们紧密地驻扎在该地。收到的情报越来越趋向于表明法国人在针对我们集结兵力，而我们必然由此料想到他们会立即转变为攻击……阁下如果能将阿尼作为您的司令部无疑会更好。[17]

威灵顿仍没有做任何准备。虽然他还不知道格奈泽瑙在最后一刻开始集中军队的决定，但在持续的镇定中他保有一定程度的倔强，以及他对前线传来情报的抵制。其他人察觉到了这点，在政治家格兰瑟姆勋爵游历比利时时告诉了他。"格兰瑟姆勋爵听说，奥兰治亲王两天前将波拿巴意图攻击的消息发给了公爵，可能是公爵太过镇定，殿下之前不过是他的副官，因而他没有充分考虑这份情报。"许多人像之前曾提到的参谋军官一样，认为威灵顿和格奈泽瑙应该更早集结他们的部队，或者说威灵顿至少应该像格奈泽瑙那样，在从边境收到那样不祥的消息时做出反应。但是，他根本不相信法军会发起攻击，仍然依靠他在巴黎的间谍，而没有意识到他已被出卖。

第二部分

入侵尼德兰

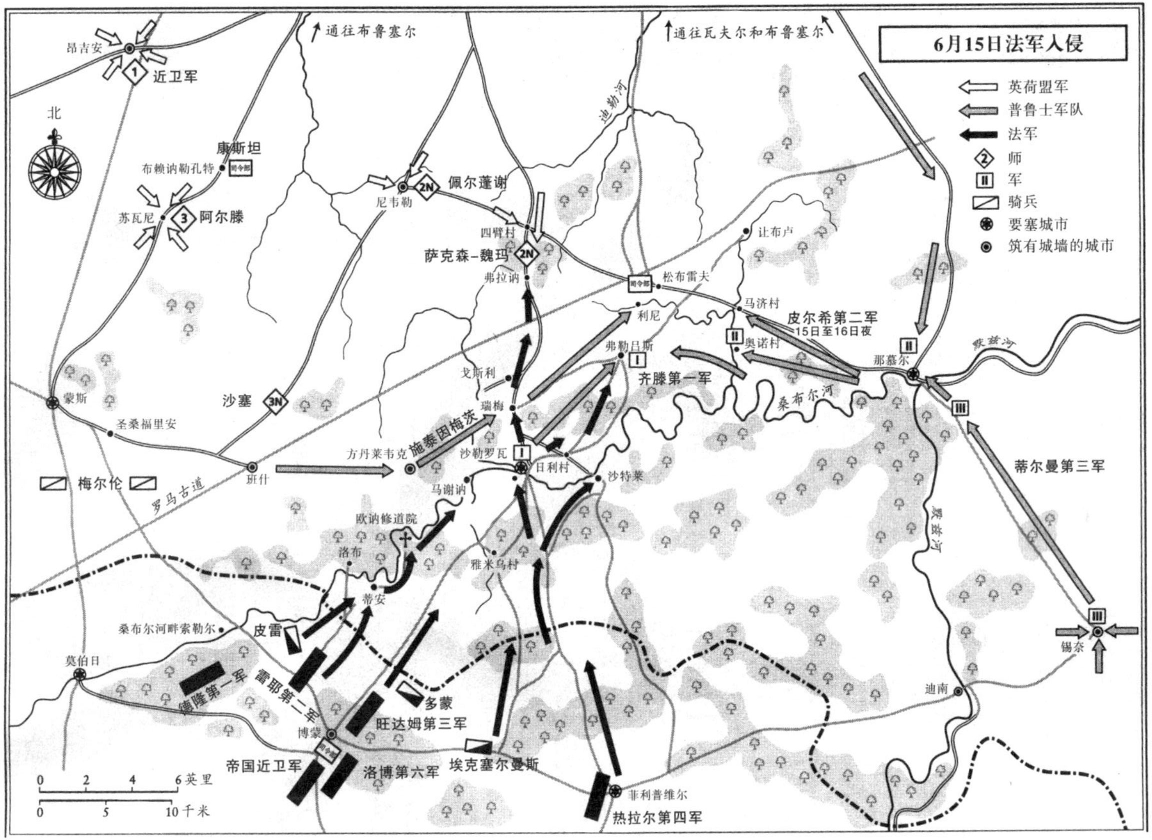

6月15日法军入侵
英荷盟军
普鲁士军队
法军
师
军
骑兵
要塞城市
筑有城墙的城市
通往布鲁塞尔
通往瓦夫尔和布鲁塞尔
昂吉安
近卫军
北
康斯坦
布赖讷勒孔特
苏瓦尼
阿尔滕
尼韦勒
佩尔蓬谢
四臂村
萨克森-魏玛
弗拉讷
松布雷夫
让布卢
马济村
皮尔希第二军
15日至16日夜
利尼
奥诺村
弗勒吕斯
齐滕第一军
那慕尔
默兹河
迪勒河
桑布尔河
戈斯利
瑞梅
沙塞
蒙斯
圣桑福里安
方丹莱韦克
施泰因梅茨
沙勒罗瓦
日利村
沙特莱
蒂尔曼第三军
梅尔伦
班什
罗马古道
马谢讷
欧讷修道院
洛布
雅米乌村
蒂安
桑布尔河畔索勒尔
皮雷
莫伯日
德隆第一军
雷耶第二军
多蒙
旺达姆第三军
博蒙
司令部
帝国近卫军
洛博第六军
埃克塞尔曼斯
菲利普维尔
热拉尔第四军
迪南
锡奈
0 2 4 6英里
0 5 10千米

12

法军越过边境

6月15日，凌晨2点30分至7点

对拿破仑来说，速度与出其不意至关重要。盟军知道一支军队正在毗邻桑布尔河的法国边境要塞莫伯日后面集结，不过他们认为这支军队的存在是为了防御法兰西本土，而不是用来入侵比利时。拿破仑意识到，盟军随时都可能入侵，因为他们已经做了数月的准备工作，但是他希望盟军尚不知晓他与近卫军已经抵达前线，没有料到他将抢先发起攻势，尤其是希望盟军不会料到他的矛头将指向沙勒罗瓦。为了确保成功，他必须在敌人会合之前打他们一个措手不及。6月14日，他将所有的部队移驻到边境，并下达了第二天一早入侵的命令。

皇帝下达的进军命令划定的行军路线仅到沙勒罗瓦和桑布尔河渡口为止，距离大约为15英里。这一斜向行军避开了英军，直指普鲁士人，而随着法军向东行进，宽阔的桑布尔河将会防卫他们的左翼，避免来自威灵顿方面的干预。在这一边境地区，地形崎岖复杂：河流和小溪将陡峭的河谷浇灌成了茂盛的树林，路况糟糕，没有一条铺有石子，多数只是小径。在沙勒罗瓦，河面有30码宽，有一座大型石桥。一座稍窄的旧桥在沙勒罗瓦向西3英里处的马谢讷跨过河面，第三处桥梁位于沙勒罗瓦往东5英里处的沙特莱。

一旦渡过桑布尔河，皇帝打算依据形势给他的将领们发布新的命令。当天法军没有既定目标，不过其终极目标是占据两个具有战略意义的交叉路口——四臂村和日光角，它们位于连接东面的那慕尔与西北尼韦勒的石子路上，从而切断威灵顿与布吕歇尔之间的主交通线。这两个交叉路口相距30英里，拿破仑一定明白，在一天之内前进如此远的距离太过野心勃勃。法军通常的日行军距离是10~22英里，所以在他预计既要战斗又要争夺渡口的这一天内行军30英里，更像是一个理想结果，而不是贴合实际的预测。

6月14日，大雨下了一整天，雨水再次冲刷了已被前几次降雨浸透的地面。糟糕的路况是对皇帝的第一个沉重打击。就像一个英国近卫军军官在6月15日写的那样："现在的天气不适合作战，甚至不适合任何户外运动，因为雨已经昼夜不歇地下了大约两周，并且相当有可能再下两周。我想知道这个国家的天气状况是否与圣斯威森*有关，就像在英国那样。"[1] 传递苏尔特命令的传令官深夜从博蒙出发，不久就全身湿透。然而，潮湿的环境确实给法军的进军带来些许好处：虽然拿破仑的士兵以纵队在泥泞的林间小径穿行时，发现其过程艰辛又缓慢，但至少黑暗让他们免于被敌军的哨兵察觉，即便是最积极和警觉的哨兵也无法在倾盆大雨中看到或者听到什么，雨在夜间转为蒙蒙细雨，但是水汽氤氲。太阳在3点45分就开始升起，雾却不见散去。

3点过半，皇帝和他的小司令部以及近卫骑兵执勤中队一起骑马出了博蒙。他们的身后跟随高级参谋人员的野战辎重和他本人的轻型辎重：前者由14辆四轮马车装载；后者的队伍由30个骑着捆有旅行包的骡子、身着绿色制服的男仆组成。每个仆人又牵着两只各驮有两个皮革箱的骡子，箱子里装着银盘、刀叉、咖啡杯、酒具、食物以及数瓶勃艮第红葡萄酒——尚贝坦，它是拿破仑最爱的葡萄酒，他通常兑水饮用。

拿破仑同他的御厩大臣阿尔贝·富莱一起骑马行进，后者主要负责帝国司令部的辎重以及拿破仑的马匹，他的职责之一便是保证皇帝随时都有新坐骑换乘。每当这一行人遇到任何潜在的危险时，富莱都会上前开路。紧随皇帝的是他的随从马穆鲁克阿里、3个马夫、私人医生和近卫军军医

---

* 圣斯威森（St Swithin，约800—862），中世纪温切斯特的一位主教，曾留有遗言希望将自己的墓地建在雨水能冲刷到的地方。在他离世百年后的971年7月15日，人们尝试将他的墓址迁回到教堂内部，不过从那一天起大雨一直下了40天之久，迫使工程不得不终止。从那之后，7月15日就成为圣斯威森日，传说若是这一天下雨，雨势会持续40天。

84

多米尼克·拉雷。阿里拿着望远镜，携带一小瓶白兰地、斗篷与备用大衣。他们由20个近卫猎骑兵围绕保护，其中一人携带装有地图和书写工具的公文包，其后则是副官和传令兵。拿破仑宣布自己将跟随前卫进发，他希望副手们能将消息和报告迅速又频繁地呈给他。他们的目标是在中午之前渡过桑布尔河。

让－西梅翁·多蒙是一位尤为杰出的法国骑兵指挥官，他带着1000多名身着绿色外套的猎骑侦察兵于凌晨2点30分开拔，在前带路。他将50人为一组的骑兵小队派往各个方向，调查前方路面，夺取或逐退敌军前哨。轻骑兵（尤其是这些"猎人"）的职责是搜寻敌人——定位、驱赶、追逐。他们装备有弯曲的马刀、一对手枪，以及一把通常用作在马鞍上射击的短管步枪——卡宾枪，尽管在紧急情况下他们也可以下马作战。

在这一幕后面的是受皇帝控制的克洛德－皮埃尔·帕若尔指挥的另外6个团——骠骑兵、枪骑兵和猎骑兵，总数近3000人。帕若尔在1805年拿破仑大胜俄奥盟军的奥斯特利茨会战中一举成名，备受皇帝信任。他英勇、时髦、意识敏锐、善于随机应变，是一名经验极为丰富的骑兵指挥官。除了光鲜的穿着、浓密的胡子和一贯奔放的个性，骠骑兵和猎骑兵区别甚少。相比之下，枪骑兵则是轻骑兵中的冲击力量，他们身着绿色的制服、黄铜头盔，前排装备9英尺长枪，后排多配有卡宾枪。每个骑兵师均配有一个骑炮连。炮连的炮手也都骑在马上，以便跟上大部队并提供近距离支援。这些英勇的炮兵视自己为精锐，当下的快速移动状态正是他们大显身手的时刻，可以被召来爆破掉阻碍快速行军的障碍物。法军骑炮连拥有4门发射6磅实心弹的常规火炮和两门可以沿高弧线向掩体内敌军抛射爆炸榴弹的榴弹炮。根据命令，多蒙将骑炮连交予第三军的先头步兵营，不过帕若尔的两个骑炮连则跟随自己的部属行动。

多米尼克·旺达姆总数1.6万人的第三军步、炮兵被命令在3点向沙勒罗瓦进军。每个师的炮兵和战地医院将跟随各师一同前进，但是在所有部队通过之前辎重不移动。任何未经授权就和行军纵队一起行进的车辆，一旦被发现，将被立即焚毁。乔治·穆顿（即洛博伯爵）的第六军有1.03万兵力，他们的行动时间与旺达姆有1个小时的间隔。其后的青年近卫军同洛博又相隔1个小时。再往后是老近卫军。

早上5点，格鲁希所部重骑兵先头师的号手吹响了备鞍上马的号令，他们拔营出发，沿着同主力纵队平行的旁道进军。人高马壮的重骑兵是战场上的冲击力量，一般不用来执行侦察或警戒任务。他们由胸甲骑兵、卡宾枪骑兵和龙骑兵组成。胸甲骑兵身着蓝色制服，外佩金属制前后胸甲与头盔；卡宾枪骑兵头戴饰有红白相间羽毛的黄铜头盔，身着的胸甲外覆有铜片；龙骑兵身着绿衣，未穿胸甲，个个都是多面手，甚至可以徒步作战。他们装备有长直剑、手枪，以及要比步兵款轻便得多的龙骑兵火枪。

右翼莫里斯·热拉尔的第四军（又名"摩泽尔军团"）有1.6万兵力，因为8天行军的最后一程非常艰辛而散乱分布在各处，比时刻表稍微晚了一些。他的先头师已经通过了莫伯日以东20英里的菲利普维尔，而其余3个师距离该地还有一段距离，殿后师更是落后11英里。他们得到的命令是从3点出发向沙勒罗瓦进军，尽可能同旺达姆步调一致。但是，只有在热拉尔各部云集于菲利普维尔的情况下，这一命令才有条件施行。既然实际情况不是如此，当热拉尔落后的部队赶上时，延迟也就不可避免了。为了防止被敌人攻击，他们以战斗序列并拢行军，并把骑兵部署在前方与东侧侦察，这无疑更减慢了行军速度。雅克·德洛尔的胸甲骑兵师作为后卫跟随热拉尔军行进。

在桑布尔河河畔，左翼第二军的鼓手在凌晨2点30分敲响了起床的号令。凌晨3点，奥诺雷·雷耶手下的2.5万人开始进军，计划在9点之前抵达18英里外、沙勒罗瓦以西的马谢讷欧蓬。除此之外，他们需要控制桑布尔河的各个渡口，防止任何人将法军进军的消息带给威灵顿，并确保在敌人将各个桥梁破坏前夺取它们，尤其是马谢讷的那座桥梁，因为其部将通过那里渡河。此外，雷耶还需要审问蒂安与马谢讷两个小镇及其间村落的居民，比如关于敌人的数量与他们的位置，并查抄取阅邮局里的所有信件。在蜿蜒的小道上以不低于每小时3英里的速度行军，无疑是一个挑战。

德隆伯爵让-巴蒂斯特·德鲁埃的第一军有2.04万人，他们将跟在雷耶后方行进。他们将横跨桑布尔河建立桥头堡，以确保蒂安小镇与欧讷修道院遗迹两处的桥梁。把守这些桥梁的同时，德隆还将向蒙斯要塞以及设防城镇班什派遣骑兵侦察队，以便探听敌军动向，不过他们不会越过边界。

各个指挥官将通过一连串的骑兵侦察队保持彼此之间的联系，他们预计将会同时抵达沙勒罗瓦。每个军会说弗拉芒语的军官将同前卫侦察队一同行进，以便在不暴露其身后整个军团的情况下从当地搜集情报。战斗工兵则跟在所属军第一个轻步兵团之后行军，以便及时清理各种障碍。战斗工兵是装备有斧子的大型工兵，他们能够修建或者修复桥梁与道路，破坏建筑物或将之改造成防御设施。轻步兵被视作此前20年战争的有力创新。他们一直以来接受的训练是以分散队形或小队行动时如何迅速移动，并且快速精准地射击。这些矮小且敏捷的士兵学会独立思考，成对作战。他们练习伏击与突袭，被教导在林地作战、夺取制高点和建筑物。自然地，他们在进军时担任先锋，在撤退时作为后卫。

近卫战斗工兵与水手、军团预备战斗工兵将紧跟在旺达姆第三军的先头部队之后行军。水手是一种特殊工兵，作为海军他们尤为擅长使用绳索、船只与滑轮拖运大炮翻山过河。工兵仅携带两三辆马车的装备，余下的被留下与军主力一同进发，一路上他们清理主干道上的路障，修复破损路面，在阻碍行军的沟渠、溪流或洪流上架设桥梁。一组足够在桑布尔河上架设3座浮桥的工兵带着工兵辎重，跟在旺达姆军的后方行军。近卫重骑兵（皇后龙骑兵和高傲的掷弹骑兵）作为整个军团的后卫，于早上8点出发。[2]

整个纵队的辎重最后出发，由辎重总监统一调度，它们和军队相隔很长一段距离。吃力不讨好的辎重总监主要负责指挥数量众多、载有补给和装备的车辆。最先上路的是一个由四轮马车、货运马车和马匹组成的巨型纵队，运载的是皇帝的日常重型辎重，跟在其后的是司令部的辎重。接下来上路的是军队的野战医院，近卫军、第三军与第四军的辎重。与此同时，辎重总监还要安排重骑兵的辎重紧跟着它们的主人。专门负责文书与采购工作的军务官将他所有的管理人员和辎重配属到这一纵队。每支部队的辎重都被分配了各自的位置，每辆车都被编号并确认。

每个营获准拥有 4 名随军妇女，每个中队则是两名，她们都骑马跟随辎重一同行进。通常情况下，其中两人为随军商贩，有的拥有自己的马车，有的骑马携带巨大的侧包，装着卖给士兵的白兰地、信纸、纽扣、醋以及其他物品；另外两人是洗衣妇，她们为士兵们清洗衬衫和绑腿。严格说来，随军商贩（vivandières）与随军食品小卖部的管理员（cantiniers 或 cantinières）是有所区别的，后者获准允许携带移动的商店，出售的物品种类更为宽泛，不过一般来说，这两个词是同义词。除了这些拥有许可证的商贩，还有马车专门携带士兵和马匹的日常补给。50 辆马车才够携带供 2500 匹马吃两天的饲料。数百辆运载大米、干豌豆、蚕豆、扁豆和盐的马车由遭人鄙视和厌恶的军需官调遣，他们负责为军队提供补给。还有建造面包烤炉的泥瓦匠和烤制面包的面包师。50 个烤炉便可以烤出这支 12.3 万人的军队需要的所有面包。50 个宪兵帮助辎重总监保证每辆车都处在这支巨大纵队中的指定位置。在庞大的辎重车队的后面和旁边是成群被驱赶的牛羊，它们能给军队提供鲜肉。最后面的是未获准许的随军平民。

毫不意外，事情的进展并不顺利。旺达姆在未知会任何人的情况下变更了自己司令部的位置，一个负责传递第三军行军命令的传令官在暴雨中苦苦寻找他时，不幸从马上跌落摔断了腿。因此，当旺达姆得知他要启程出发时，第三军已经比预定时间晚了一个小时。当时，军团的工兵司令约瑟夫·罗尼亚将军和第六军参谋部的雅南上校追上旺达姆，向他抱怨本该在行军途中的第三军士兵，此时却挡住了他们的去路。因为大雨停止后雾气弥漫，旺达姆的步兵并没有意识到整个军团正在移动，而其中的大部正堆叠在己部的后方。不管未能联系上旺达姆的主要原因为何，最终责任都要归结到苏尔特的参谋部，因为他们本该知道旺达姆的位置所在或者派出多个信使。在整个战役期间，这是糟糕的参谋工作如何导致灾难性后果的第一个关键例子。[3]

同多米尼克·旺达姆较量就有如面对莎士比亚笔下的埃阿斯。在大革命时期从列兵一路升到准将，旺达姆在 1805 年奥斯特利茨的伟大胜利中指挥了那次重夺普拉岑高地的突击。拿破仑评价他勇敢、粗野和果断，据说皇帝也讲过，要是他在地狱中同路西法交战，一定会让旺达姆担任他的先锋，但是喜好劫掠、目无纪律且喜怒无常让旺达姆难以与人共事。相较于波拿巴党人，旺达姆更像雅各宾派，他憎恨苏尔特倒向国王，嫌恶出身贵族的骑兵将领格鲁希先他一步取得元帅杖。格鲁希夫人一个身为军官的侄子认为，旺达姆因为1813年的战役而愤世嫉俗，厌倦了战争*。他拥有"抱怨者"**的所有通病：固执、好斗、目无法纪、不服管教、幸灾乐祸。他按照自己的理解与喜好去执行命令，甚至不惧怕拿破仑。一个负责给旺达姆传递命令的格鲁希副官遭受了他的太多咒骂和指责，以至于不愿意再次执行相同的任务。[4]

当旺达姆意识到自己拖慢了整个军团的速度时，他立即行动了起来。但是错误已经犯下，其影响无法消除。罗尼亚带领他的工兵先行一步，但是主力纵队却被延误了3个小时。拿破仑命令近卫军通过一条平行的旁路急行军超过旺达姆，该部指挥官莫尔捷因为坐骨神经痛、痛风或失宠没有离开博蒙。[5]

热拉尔的第四军也遭遇了延迟。他们先是等待其散布在各地的后卫抵达菲利普维尔，接着刚过早上5点，其前卫师的指挥官路易·德·布尔蒙带着他的参谋投向了敌军。新师长花费了一些时间去安抚纵队的先导第九轻步兵团。该师直到7点才恢复行军，比旺达姆还晚一个小时。

确实存在延误的情况，但是这么大规模的军事行动很少会一帆风顺。然而，当热拉尔军与近卫军拔营时，低沉的枪炮声已经从前方迷雾和细雨笼罩的树林深处隐约传来。

---

* 1813年8月26—27日的德累斯顿会战后，急于获得元帅权杖的旺达姆于8月30日在库尔姆会战中被盟军包围，全军覆没，而旺达姆本人也成了盟军俘虏，直到拿破仑退位才被释放。

** "抱怨者"（Grognard）是拿破仑老近卫军掷弹兵的外号，因为他们在军中资历最老，所以只有他们敢于公开抱怨，即便拿破仑就在身旁。

13

普军前哨遭到攻击

6月15日凌晨，位于靠近沙勒罗瓦的边境区域

拿破仑在这天早上的对手是比他小几个月的汉斯·冯·齐滕，他是普鲁士第一军的指挥官。这位出身骠骑兵的将军足智多谋、勤奋勉力且精力充沛，深受布吕歇尔的信赖。在1813年和1814年的战役中，不管布吕歇尔下达什么命令，他都会毫不犹豫地去执行，从来不批评上司，也不抱怨安排给自己或手下士兵的任务太过繁重。[1]

针对法军可能通过沙勒罗瓦入侵一事，普军参谋部已经下定决心在那慕尔通往尼韦勒的石子路前的利尼与之一战。他们已经调查了这一潜在战场，并将调查结果在5月22日通报给了高级军官。[2] 齐滕收到的命令是在自己军的后撤过程中打一场阻滞战，尽可能慢地撤往预定战场前的弗勒吕斯。

齐滕在5月2日下发了一个应急计划，所以他的每支部队都知道一旦法军发起进攻，他们需要做什么，进攻真的开始后，他们也就不需要等待命令再行事了。[3] 在他的各个旅前方7.5英里处，齐滕布置了一连串发送警报的前卫哨所。一个普鲁士旅就规模而言等同于一个法军或者英军师，这样的旅齐滕手下有4个，而其中两个正在展开行动：卡尔·冯·施泰因梅茨所部第一旅部署在设防城镇方丹莱韦克的最西侧，毗邻尼德兰骑兵哨所；奥托·冯·皮尔希所部第二旅守卫马谢讷欧蓬与沙勒罗瓦两地的桥梁，它们正好在法军的进军路线上；第四旅负责监视更靠东的渡口；第三旅则在弗勒吕斯担任预备队。齐滕手下总共有3万人。

在法军左翼，担任前驱的是第二军指挥官奥诺雷·雷耶。作为革命时期的志愿军，兢兢业业的雷耶以一名普通的掷弹兵开始了自己的军事生涯。他在波拿巴的第一次意大利战役期间表现优异，奥斯特利茨战役后开始指挥一个师。在1807年和1809年，他是拿破仑的副官。在西班牙战场，他成为苏尔特元帅的重要助手之一。雷耶的士兵行走在桑布尔河南岸高地的狭窄道路上，河流则在两侧有葱郁山丘的谷地里奔腾。在前方执行侦察任务的是2000名猎骑兵和枪骑兵，以及一个拥有6门火炮的骑炮连。该部指挥官是37岁的布雷顿贵族皮雷伯爵伊波利特·德·罗尼维南——一个忠贞的波拿巴党人。皮雷家族在大革命时期逃离了法国。1795年，他参加了一场由英国指使，意图重夺布列塔尼的保王势力暴动，并在基伯龙受伤，之后又跟随王党的旺代军团作战。当波拿巴试图同保王党和解时，皮雷加入了第一执政的志愿骠骑兵。于奥斯特利茨大放异彩后，他继续跟随大军团作战，并在1813年升任师将军*。1815年拿破仑从厄尔巴岛归来后，皮雷立即向他效忠，并协助格鲁希镇压普罗旺斯的王党势力。负责紧密支援这部骑兵的是一支轻步兵先遣队，即有4个营、2000余兵力之众的第二轻步兵团。该团由另一个虔诚的波拿巴党人皮埃尔－弗朗索瓦·迈格罗统帅。[4]当时，法军被认为拥有最优秀的轻步兵，而迈格罗的第二轻步兵团又是同袍中的佼佼者。

在比利时境内行进了两英里后，迈格罗的士兵遭遇了600名在洛布防守桑布尔河桥梁的威斯特法伦人。迈格罗率领士兵将他们驱逐到了北岸，把他们赶向险峻陡坡上的一座教堂。普鲁士人向施泰因梅茨发出警报，他开始召回前卫哨所，集结军队。由施泰因梅茨指挥第一军第一旅不是没有原因的：他是一名充满活力的领导人，拥有令人生畏的暴躁性子，1807年他在防守科尔贝格要塞时的表现奠定了他的声望，虽然那时他只是一个上尉，却被格奈泽瑙选为副手。

雨势减弱变为雾雨，皮雷手下已被淋湿的骑兵快步向前，直至高岗上

---

* 即 Général de division，法国共和国和帝国时期使用的军衔，对应当时国家中将，现代北约体系少将。为了避免混淆，此处翻译成师将军；下文中对应当时国家少将，现代北约体系准将的旅将军（Général de brigade）同理。1814年波旁王朝复辟后，原师将军军衔新王朝替换为了 Lieutenant général（中将），原旅将军军衔被替换为 Maréchal de camp（少将）。在百日王朝期间，拿破仑承袭了这一变革。

拥有壮观城墙的蒂安从迷雾中显露出来。遭到攻击后，皮雷唤来了他的骑炮连。4 点 30 分，低沉的炮声第一次响起，不久高岗顶端的教堂就遭到了破坏。防守此地的是威斯特法伦第二民兵团的 600 名燧发枪兵或曰轻步兵。他们的指挥官冯·蒙斯特贝格少校接到命令，不得过早舍弃阵地。

蒙斯特贝格手下的燧发枪兵拥有一个坚固的阵地，因而法军需要一定的时间才能将他们逐出。迈格罗训练更为精良的老兵通过狭窄的小径冲进了上城区，但是耗费了 1 个小时的时间，并在一些激烈的巷战后，才使得威斯特法伦人向东逃脱。但是太迟了，法军已经夺下桥梁，这群莱茵兰人不得不逃向南岸的树林。更多的威斯特法伦燧发枪兵躲入了欧讷修道院秀丽的废墟中，短暂延缓了迈格罗部属的追击。然而，当蒙斯特贝格从树林中逃出时，被派往掩护其部撤退的西普鲁士龙骑兵又被皮雷所部淹没，蒙斯特贝格的士兵被法军骑兵追赶上。有 100 名逃亡的德意志人被砍杀，另有 260 人成了俘虏。[5]

在桑布尔河北岸，施泰因梅茨警告邻近的尼德兰轻骑兵，他们即将放弃班什与方丹莱韦克。之后，他将按照预定计划撤往 8 英里开外的小镇戈斯利，它位于沙勒罗瓦以北 3 英里处。

在更东边一些的法军中央纵队中，克洛德·帕若尔的副官于贝尔-弗朗索瓦·比奥加入了多蒙所部猎骑兵，他们是全军最靠前的侦察部队，也是轻骑兵的前驱。凌晨，多蒙将一队身着白色外套、执行警戒任务的燧发枪兵驱逐到了树林里。普军第二十八步兵团驻扎在更靠后位置的另外 3 个连接到了撤退命令，已经抵达沙勒罗瓦以东 3 英里处沙特莱的桥梁。但是，执行警戒任务的那个连就没那么幸运了。在迷雾里经过了数英里的躲藏后，第四骠骑兵团发现了这 200 名从树林中现身的人，并把他们包围在了一个紧邻桑布尔河的农场里。防守者英勇无畏，不过当他们看到比奥调来一门榴弹炮时不得不选择了投降。[6] 多蒙和比奥带着他们的俘虏向西骑行返回主干道时，却遭到隐匿在马西内勒村房屋和树篱里的普军步兵的射击。因为骑兵对这种由步兵据守的阵地无能为力，他们选择后撤，无奈地看着桑布尔河北岸的普军骑兵缓慢越过陡坡。

兴建于 1666 年的沙勒罗瓦被用来监视通向法国的桑布尔河渡口。城市北部的防御比较脆弱，穿过树林地势缓慢向上倾斜，不过要塞被设计用来阻挡来自南面的威胁。它的城堡位于一个陡峭高岗的顶端，俯瞰着桑布尔河；城墙俯临桑布尔河，阻断了任何从东面或者西面接近的可能；加固的下城区深入可以注水的淹水草甸中，守卫河流的南侧。但是在1794年的一场围城战后，沙勒罗瓦的城防开始破败，并且不同于威灵顿统辖区域的要塞，在近几个月它没有得到修缮。顺着山丘蔓延的小镇位于下城区和城堡之间，它拥有5000多名居民，由于煤炭业的兴盛，其数量还在持续攀升。这里有生产服装和玻璃器皿的工厂，但是煤炭才是该区域的支柱产业，数量众多的煤炭从周围树林里被开采出来。城镇的商贸主要针对法国，当地使用的唯一语言也是法语。[7]

从马西内勒村往南（疑原文有误），一条堤道贯穿泛滥平原，延伸到下城区四周破败的城墙。从这里开始，一条小巷通向一个四周栽有树木的中央广场，这座广场通往一座石桥。这座拥有木制护栏的石桥长40码、宽9码，横跨宽阔的桑布尔河。帕若尔将军骑马上前加入了他的副官一行，并派遣手下的一个旅长去探明是否可以在更靠东的某个位置涉过桑布尔河，以便从后方夺取这座桥梁。在帕若尔等待下属的侦察报告时，担忧可能被数量众多的骑兵切断后路的普军撤出了马西内勒。当帕若尔注意到敌军的撤退时，他火速派出身着特有的淡蓝色制服的第一骠骑兵团通过堤道展开追击。但是，负责防御下城区的西普鲁士正规军坚决齐发火力，这让追击的骑兵慌乱后撤。派去侦察的旅长回来报告说，没有供他们涉水的浅滩（实际上并非如此）。于是，帕若尔只好等待步兵及时赶上。清晨的阳光正在驱散迷雾，预示着这一天会变得很热。

拿破仑就在他们后面不远处。他在一个名为雅米乌（Jamioulx，在他的地图上被标记为Jamignou）的村子建立了司令部，从那里有小路分别通向北部3英里开外的沙勒罗瓦和马谢讷。宫廷大总管贝特朗指示随行的队伍暂停，待后续的随从赶上皇帝一行时，膳食总管的两个厨师和一个学徒开始工作，加热预先准备好的餐食。罗尼亚将军最终带领他的战斗工兵和水手们出现了，拿破仑跟随他们前往马西内勒，这些精锐工兵成了第一批抵达的步兵。

在桑布尔河北岸，距离桑布尔河桥半英里的司令部"威猛庄园"里，汉斯·冯·齐滕将军正努力评估危机的严重程度。第一声炮响旋即使他惊醒，很快他向身处20英里外那慕尔的布吕歇尔报告说："从4点30分开始就有炮声响起，现在右翼又有步枪声传来。到目前为止我们还没有收到任何报告。"5点至6点，断定第一军可能正面临敌人的进攻，而不是某些无关紧要的夜警，齐滕的参谋长路德维希·冯·赖歇下令打响号炮，让部队进入沙勒罗瓦周围预先选定好的防御阵地。[8] 奥托·冯·皮尔希已经在部署他的旅，以数个营防守桥梁，余部在沙勒罗瓦后方至弗勒吕斯的道路上担任预备队。

收到前线的报告后，齐滕在6点30分向布吕歇尔发出了第二条消息，告知他自己的前哨正在遭受攻击，敌人的意图似乎是夺取沙勒罗瓦的桑布尔河渡口。此时向威灵顿发出警报可能是个不错的主意，但是齐滕并没有这样做，他担心若情报有误导致虚惊一场，不免让自己尴尬。他仍然不清楚自己面对的到底是敌人主力的进攻，还是一次为了掩盖它处主攻的佯攻，或者仅仅是前哨间的一次交火。

上午9点，布吕歇尔收到了齐滕的第一份报告，他命令齐滕尽可能查明法军的兵力和其进军方向。布吕歇尔的参谋们担忧，随着施泰因梅茨撤出班什与方丹莱韦克，法军可能从那个方向渡过桑布尔河，避开蒙斯和沙勒罗瓦，急袭布鲁塞尔；他们也有可能在蒂安渡河，登上东北方向直通让布卢的罗马古道，从侧翼进攻沙勒罗瓦的普军。因此，布吕歇尔警告齐滕留心班什和罗马古道。布吕歇尔急切地想要知道法军这次进攻的意图，以及它是否是法军唯一的进攻。

齐滕意识到了法军在蒂安渡河的危险，于是命令奥托·冯·皮尔希在敌军渡河的地点和前进的路线上设防。8点15分，齐滕再次向布吕歇尔报告，法军已经夺下蒂安，正沿着桑布尔河的左岸（或者说南岸）进军，拿破仑和他的近卫军现身战场，这说明这次进攻是他们的主攻。他通知上司，自己正将手下各旅撤往沙勒罗瓦以北3英里处、布鲁塞尔大道上的戈斯利，以及位于沙勒罗瓦至弗勒吕斯路上的日利村。[9] 他告诉布吕歇尔自己已经将情况通报给了威灵顿，并请求公爵在尼韦勒附近集结军队。[10]

到了 8 点 30 分，步枪声已经惊人地接近沙勒罗瓦，并且因为齐滕不知道法军步兵落后他们的骑兵很远，他有充分的理由相信下城区和桥梁不久就会陷落，当下之计是先将他的司令部转移到一个更加安全的地方。参谋人员匆忙打点行装，登上通往弗勒吕斯的道路。因煤炭货车带有湿气的尘土而染成黑色的沙勒罗瓦街道和外部道路，由于多达 5000 名的居民急于在该地变为战场前逃离而变得拥堵不堪。

通向布鲁塞尔的直达路线是危险的，因为法国骑兵可能已经渡过桑布尔河，所以负责传送消息给威灵顿的信使很可能选择了距离较远但更安全的线路，即经由弗勒吕斯和日光角，甚至经由弗勒吕斯、让布卢和瓦夫尔前往布鲁塞尔。此外，这位信使一定是在一片困惑中出发的。而且就算没有绕弯路，在将消息传达前他也需要跨越 33 英里的路程。[11]

14
沙勒罗瓦的陷落

6月15日早上5点到下午3点

当拿破仑的军队在桑布尔河南岸涌动，意图夺取沙勒罗瓦的桥梁时，北岸的英荷盟军虽然已经接到了危机警报，但是浓雾和潮湿、沉闷的空气使得枪炮声钝化到了一种不同寻常的程度，他们并没有意识到一个引人注目的事件正在发生。5点左右，奥兰治亲王从他位于勒米鲁瓦尔的司令部（布赖讷勒孔特集市的一座小旅馆）骑行15英里，抵达让－巴蒂斯特·范·梅尔伦在蒙斯附近圣桑福里安的指挥所。荷兰人的前哨四周一片宁静，不过在那里奥兰治亲王还是听到了一些交战的传言，很可能是派往前线的骑马哨兵发出的关于枪炮声的报告。这一情报预示法军可能已经发起了进攻，因而亲王采取了一些合理的预防措施，他命令梅尔伦在通向蒙斯的道路上集结他的轻骑兵旅，命令大卫·沙塞将军带领麾下尼德兰第三师的6500人在蒙斯通向尼韦勒主干道的高地上集结，以便应对法军从蒂安渡河后的潜在威胁。上午，奥兰治亲王返回司令部，通知他的参谋长自己所做的变更，然后出发前往布鲁塞尔。在那里他将和威灵顿一起进餐，然后参加里士满公爵夫人的舞会，当时它是社交季的重头戏。

9点30分，德恩贝格在一份原本平淡无奇的报告中加了一条附言，大意是说他刚刚得知普军遭到攻击的消息。他将报告发往布赖讷，但是进一步的上报却遭到延误，因为联络官乔治·伯克利爵士将报告留在了奥兰治的司令部以便亲王查阅，却不知道亲王已经出发前往布鲁塞尔。

下午早些时候，尼德兰军队的参谋长德·康斯坦·勒贝克男爵让·维克托得知施泰因梅茨在蒂安遭到了攻击，他已经放弃班什，正撤往戈斯利。蒙斯周围却是一片寂静。因为亲王缺席，指挥英荷盟军第一军的责任就落在了康斯坦的肩上，不过这样反倒更好。奥兰治得到这一职位是有政治原因的，他的父亲坚持他应该指挥一个军。对于如此重要的岗位，亲王太过年轻，而他能力出众的前导师正好可以弥补亲王经验的不足。康斯坦是一个职业军人，他的父亲和祖父都是曾在荷兰军队中服役的瑞士军官。1792年躲过革命武装在凡尔赛宫对瑞士卫队的屠杀后，他先后跟随荷兰、普鲁士和英军作战。大约下午2点，他将各类信息转发给了身在布鲁塞尔的奥兰治亲王，包括伯克利最终提交上来的德恩贝格的那份报告。

然后，康斯坦下令第一军集结以便做好行动的准备，他指示亨德里克·德·佩尔蓬谢在尼韦勒集结他的第一旅，在四臂村集结他的第二旅；命令骑兵指挥官同沙塞会合；警告奥兰治亲王麾下的英国师指挥官乔治·库克将军与卡尔·冯·阿尔滕将军，聚拢部队保持戒备。[1] 一个信使给驻扎在昂吉安的近卫师带来了警报，虽然师指挥官库克、他的两个旅长以及多数高级军官已经前往布鲁塞尔参加舞会，但是这些人的副手们着手召集分散在各地的部队。阿尔滕第三师的司令部就在4英里之外的苏瓦尼，所以消息被迅速转发到了他麾下各部，而翁普特达的KGL第二旅在下午3点就做好了准备。第七十三步兵团的汤姆·莫里斯中士回忆说，由科林·霍尔基特将军派出的一名传递行军命令的龙骑兵传令兵在下午4点抵达时，"一些军官和士兵正在村子里对着一座房子的山墙末端踢球"。[2]

布鲁塞尔的早晨在宁静中度过。一个传递奥军指挥官施瓦岑堡元帅信件的副官和一个俄国将军在晚上同时抵达，因为这时候俄军已经做好渡过莱茵河的准备，之前威灵顿曾向沙皇写了一封关于攻击法国计划的长信。下午1点，威灵顿仍满怀喜悦且漫不经心，还在就各个英军师重新编号的事宜写信给克林顿将军。他依然深信对蒙斯表面上的威胁只是虚张声势罢了，并告诉尼德兰的比利时国务大臣："我不认为他们会攻击我们，因为我军非常强大。"因此他只打算在法军的意图完全暴露后再调动军队，如果真的发生这种情况。[3] 普军驻布鲁塞尔的联络官卡尔·冯·米夫林将德恩贝格关于大量法军在莫伯日和博蒙集结的报告转发给了布吕歇尔，再次向他保证威灵顿的各军可以迅速集结，而且就反击法军从任何一翼进攻的计划同公爵已经达成共识。⁴ 总之,那里没有意识到任何紧迫的威胁。

齐滕宣称沙勒罗瓦受到确切攻击的第二封信,可能在快到 11 点时送达了普军位于那慕尔的司令部。普鲁士人将拿破仑的现身视作这一攻击为其主攻的预示。* 因此,军需总监卡尔·冯·格罗尔曼命令齐滕在弗勒吕斯挡住法军,因为布吕歇尔意图在利尼阵地集结军队并于第二天上午同法军一战。齐滕还被格罗尔曼告知,普军的司令部即将搬迁到那里。11 点 30 分,格罗尔曼向比洛发布命令,让他最迟在第二天拂晓抵达战场。这一命令被送往阿尼,他们相信比洛已经根据前一天晚上的命令抵达了那里。然而,不幸的是,因为一个严重的误解,第四军仍在列日。

弗里德里希·冯·比洛是和布吕歇尔拥有几乎同等地位的普鲁士英雄。他在乌迪诺元帅的攻击下防守住了柏林,在登讷维茨击败了奈伊元帅,在莱比锡扮演光鲜的角色,并在拿破仑倒台后和盟军领袖们一起访问了英国。60 岁高龄的比洛比其他普鲁士军指挥官要大得多,虽然天赋异禀,但他自视甚高,难以取悦,往往只有在仔细推敲和修改后才会将命令付诸施行(相对于法军或英军,普鲁士的军事习俗允许他们的军官拥有更多的主动性)。作为一个纯正的普鲁士贵族,他不愿作为布吕歇尔的下属。齐滕的参谋长赖歇认为他"蛮横、易怒,故意刁难人"。格奈泽瑙干脆不知道如何应付他:两人之间紧张带刺的关系几乎就酿成一场灾难。⁵ 比洛的资历要比格奈泽瑙高,他认为布吕歇尔这位出生于萨克森的心腹是一个暴发户。正是因为意识到这点,格奈泽瑙才会在发布让他于夜间出发前往阿尼的第二道命令时遣词用句太过礼貌。此外,因为该命令并非由布吕歇尔签署,比洛把这一立即行动的警报当成一个下级军官的建议,因而误解或忽视了它的紧迫性。第四军仍然位于普军参谋部预想位置以东 30 英里处。而格罗尔曼的信使认为比洛即将抵达阿尼,因而便停在那里等待,而不是去寻找他,这进一步加剧了灾难。

中午时分,格罗尔曼写信通知布鲁塞尔的米夫林,法军在黎明时朝着沙勒罗瓦发起了攻击,近卫军可能还有拿破仑也在场。齐滕将会后撤,但

---

* 与上一章的叙述矛盾,按照作者的说法,应该是齐滕的第三份报告称拿破仑现身战场。

是不会放弃弗勒吕斯。第二天意图在松布雷夫接受会战的布吕歇尔正在那里集结军队，他的司令部也将建立在该地。他请求米夫林"尽可能快地告知我们威灵顿公爵打算在何时、何地集结他的军队，以及他已经决定做的事"。一小时后，布吕歇尔在写给妻子的信中说："此时此刻我得到报告称波拿巴已经同我的全部前哨都交上了火。我立刻动身赶往前线与敌军对垒。我将满怀欣喜同他们一战。"[6]

没有意识到普军正集结起来与他对垒的拿破仑在快 11 点时从森林中出来，第一次看到了沙勒罗瓦。阳光已将迷雾驱散，天气变得愈加炎热。看到罗尼亚将军带领的工兵以及拿破仑和他的参谋人员与执勤中队后，下城区的普鲁士守军渡过桑布尔河撤退，将桥梁完整无损地留给了法军。罗尼亚将军的战斗工兵与水手们迅速清理了普鲁士人设置在桥上的路障，帕若尔将军则通过桥梁渡河追击正在撤退的敌军。[7]

拿破仑受到了沙勒罗瓦居民的热情欢迎。对当地人来说，在普鲁士和法国人之间他们更倾向于后者。他被邀请到"威猛庄园"享用本来为齐滕准备的午餐。在那里，宿营总管和宫廷军需官将齐滕的旧司令部布置成了拿破仑的行宫。他有理由对此时事情的进展感到满意，尽管遭遇了不幸的延误，但是桑布尔河上的桥梁均被完好无损地夺下。下午 1 点 30 分，拿破仑骑马前往沙勒罗瓦的城堡去查看其他纵队的进展，他被告知在紧邻布鲁塞尔边境线的贝勒维可获得更好的向西视野：从那里的煤矿开始，地面急剧下降至冲积平原，可以将 3 英里外的马谢讷和布鲁塞尔大道尽收眼底。从矿工食堂要来一把椅子后，这个身着灰大衣、头戴黑色双角帽的矮小精壮男人，在头戴羽饰帽的参谋和身着天蓝色与银色相间制服的传令官的环绕下，让侍从支起望远镜，审视雷耶军的进展。与此同时，青年近卫军以纵队穿过沃邦墙，在扬起的煤尘和响亮的欢呼声中从他的身边经过，登上石子大道。拿破仑抓紧时间小睡片刻，在骄阳下打起了盹。法军的第一阶段进展不坏，但此时必须做出新的决定。他们取得的突破需要被好好利用。

下午 2 点左右，加斯帕尔·古尔戈在贝勒维找到了拿破仑，向他报告在布鲁塞尔大道以北三四英里处,一支已经集结的普军正防守戈斯利镇。拿破仑让古尔戈带着一道命令找到雷耶,让雷耶加速渡过桑布尔河,并攻打戈斯利。此外,他还将约有2000骑的近卫轻骑兵派往该处,并在布鲁塞尔大道以北一英里的位置部署了一个团的青年近卫军担任预备队。苏尔特也命令德隆的第一军紧随雷耶,开赴戈斯利。

大约此时,奈伊元帅和他的副官皮埃尔·埃梅斯一同出现在贝勒维。一路上,红脸元帅沿着鼓乐声中兴高采烈的行军纵队骑马前进,所到之处均引起了士兵的欢呼。士兵们把这个大英雄的出现视作一个好兆头,他们喊道:"快看,红脸子!"[8]

皇帝向奈伊透露了他的下一步计划。渡过河后,法军距离布鲁塞尔仅有30英里,他们脚下的石子路可谓一片平坦。但是,显然有相当数量的普军位于东面和北面,他们实际上没有脱离环绕沙勒罗瓦的树林。拿破仑意图带领主力挥军东北,想要席卷摧毁普军。同时,为了防止威灵顿从北面或者西面干预,他会在左翼布置一支数量可观的军队。他给予奈伊口头指示,让他带领第一军和第二军沿着大道向布鲁塞尔推进。

到这时候为止,拿破仑都是直接向麾下的5个军指挥官和骑兵指挥官格鲁希元帅下达命令的。此时,皇帝倚赖奈伊,让他指挥军团的一部,在自己谋取消灭普鲁士人的同时,力阻英军搅局。

奈伊的第一个任务是把据守戈斯利的普军向北逐出4英里。他的第二个目标将是戈斯利往北3英里处,布鲁塞尔大道同另一条重要的东西向道路——罗马古道——的交叉路口。[9]拿破仑将近卫轻骑兵划入奈伊麾下,并向奈伊许诺他将在第二天得到弗朗索瓦·克勒曼将军的重骑兵军支援。毋庸置疑,波拿巴将充裕的骑兵资源大部牢牢地攥在自己手里,并且仍然希望创造和利用机会,将普军的有序撤退转化为不受控制的溃败。

如此形势下,交给奈伊这一权杖招致了风险。一方面,拿破仑需要向一个人委以全权,因为若是威灵顿或一支数量众多的普军选择不让他如此轻松就进军布鲁塞尔,这支分遣队将独自战斗,这并非虚谈。但如此却会让这位广受欢迎、手握斧钺的元帅承受莫大的压力。奈伊不了解麾下的军官和部队,他们也不知道自己已经被划归给奈伊指挥。此外,他没有参谋为自己提供建议、组织协助以及传递命令。这点相当不幸，因为比之他的英勇，奈伊的头脑没有那般出众。在他的辉煌年月，奈伊有一个杰出的青年军事理论家安托万·若米尼的辅佐。但是在1813年，若米尼同皇帝的参谋长贝尔蒂埃元帅闹翻了，作为一个瑞士人，他加入了俄军。因为其他副官与装备还在路上，所以除了埃梅斯，此时奈伊只能靠自己。

当皇帝还在向奈伊下达指令，解释战略态势时，格鲁希的一名信使来到贝勒维，报告称一支兵力达2万人的普鲁士军队正位于弗勒吕斯以南3英里处，封锁了小村子日利上面高地的道路。拿破仑写信给热拉尔将军，要求他在沙特莱渡河，以避免沙勒罗瓦的拥堵。他们将处于可以从侧翼包围这支拦路之兵的位置，尽管拿破仑很可能已意识到他们会花费很长时间才能就位，以至于无法在当天发挥作用。

收到这个命令时，热拉尔正在拿破仑之前吃早餐的地方以东的树林里艰难跋涉，缓慢前行。他命令纵队通过潮湿泥泞的林间小道向右转向，但是到了夜间才抵达沙特莱。与此同时，意识到有必要亲自评估前线的形势，皇帝策马前往日利，以便一探究竟。

15

日利、戈斯利与弗拉讷的前哨战

6月15日下午3点到晚上10点

克洛德·帕若尔中将和他麾下近3000名骑兵一起朝着弗勒吕斯推进，驰骋两英里后，他们抵达了日利村。此处的道路状如瓶颈，房屋沿道路两边排列。担心遭到埋伏，帕若尔派出第五骠骑兵团前去侦察，但是在村子的末端，他们遭到了普军炮兵的射击，于是迅速撤退。帕若尔命令他的部队分散侦察，并给后方的格鲁希元帅送去了消息。与此同时，一个连的近卫军战斗工兵也开始加固村子。

格鲁希疾驰赶往前线。调查了日利的阵地后，他认为普军兵力众多，在没有步兵支援的情况下无法攻克，于是派了一个副官去寻找拿破仑。抵达沙勒罗瓦后，近卫步兵听命停在了城镇的尾端。这使他们相当困惑，因为兵贵神速。[1] 拿破仑想必在等待布鲁塞尔大道上的进展，以便决定把他们派往哪个方向。

1点30分，在日利上方的高地上，齐藤将军向布吕歇尔报告说，奥托·冯·皮尔希的旅就在自己身边，卡尔·冯·施泰因梅茨的旅正在预备骑兵的掩护下撤往戈斯利，他余下的两个旅位于弗勒吕斯。他告知布吕歇尔，法军的德·布尔蒙将军叛逃到了己方，他透露拿破仑和12万法军一同在场。[2] 实际上，德·布尔蒙在收到进军命令前就向普军前哨投降了，他受到了路德维希·冯·赖歇的审问，但是赖歇称，除了证实他们正面临法军的主攻，并且拿破仑和他的近卫军也参与其中，德·布尔蒙提供的信息甚少。[3] 齐藤将德·布尔蒙转交给了布吕歇尔，但是布吕歇尔除了允许德·布尔蒙前往根特，不屑同他交谈。据称，当有人向布吕歇尔指出德·布尔蒙佩戴着象征波旁家族的白色帽徽时，老帅回答说："不管他戴什么帽徽,一坨屎还是一坨屎!"[4]

在下午4点左右抵达日利后,拿破仑调查了普军阵地。估计敌军的兵力不多于1万人,拿破仑部署了一次轻骑兵掩护下的步兵正面攻击,连同格鲁希麾下龙骑兵的迂回机动,从而将普军逼退。普军的阵地很坚固,位于一条小溪上方长满树木的高地,但是拿破仑通过他们稀疏的分布状态判断普军的兵力可能不多,虽然其大部可能被树木掩盖不为人所见。实际上,这个普鲁士旅的兵力至多有7000人,远少于格鲁希估计的2万人。

尽管如此,这也是一个设置陷阱的好地方,以防普军有诈,拿破仑必须谨慎。基于这点,他不愿使用近卫步兵进行正面攻击,免得他们遭到隐匿在树林里的大群普军的侧击。犯下这样一个失误将会是灾难性的,大概觉得时间还在他这边,所以拿破仑更倾向于等待旺达姆的士兵赶来。他返回沙勒罗瓦去催促步兵。

结果显示这次延误是一个错误,因为第三军的先锋部队又花了1个小时才抵达日利。而且,他们也没有发现陷阱,最后法国步兵一进军,普军就开始撤退。要是拿破仑当初冒险让近卫步兵立刻发起进攻,此时普军恐怕是一团混乱,而不是有序撤退。

大约下午6点,旺达姆总算开始了进攻。当法军涉水渡过小溪时,他们的部队变得彼此分散,但是皮尔希却没有利用这次机会,反而在燧发枪兵的掩护下撤退。拿破仑因为看到普军朝森林逃脱而暴怒,他派出由路易-米歇尔·勒托尔将军指挥的执勤中队展开追击。这名得到皇帝偏爱的副官带领4个中队在开阔地上追上了两个普军燧发枪兵营,并击溃了其中一个[5],但是令皇帝悲伤和沮丧的是,勒托尔本人也胃部中弹,伤势严重。普军后卫因法军步兵的射击而伤亡惨重,在抵达树林另一端时又被格鲁希的骑兵俘获。

然而,普军步兵的主力却在齐滕部署的预备骑兵和骑炮兵的进攻弹幕下成功撤退。这些士兵通过与追击的法军进行小规模战斗来掩护主力撤退,直到晚上七八点双方才停止交火,扎营过夜。

在西侧收到古尔戈关于普军正防守戈斯利的报告后,拿破仑派遣奈伊元帅带领近卫轻骑兵去那里主持大局，并命令雷耶将军尽快赶到那里。戈斯利位于环绕沙勒罗瓦的森林的北部边缘，从那里开始，点缀有林地的广阔平原上密布着大片的农田，一路向北延伸到苏瓦涅森林，它们为布鲁塞尔提供了最后一道屏障。自戈斯利起，地面随着一系列轻微的隆起凹凸起伏，但基本上比较平坦、易于通行，宽广的石子道路多为煤炭马车使用，一路向北26英里便可抵达布鲁塞尔。

古尔戈在戈斯利发现的3000名守军被命令坚守村落，直至正在撤退的卡尔·冯·施泰因梅茨旅的9000人抵达。施泰因梅茨将军在1点30分左右到来时，看到法军骑兵正在他的前方，另有一部显然正迫近他的右翼。意识到他的旅正面临被切断后路的危险，施泰因梅茨准备杀出重围。但是由于缺乏步兵，法军骑兵面对兵力众多的普军选择了后撤，因而施泰因梅茨顺利进入了戈斯利。

下午4点左右抵达戈斯利后，奈伊旋即以近卫军骑炮兵展开了攻击。于是，施泰因梅茨在燧发枪兵和西里西亚骠骑兵的掩护下后撤。战斗中，约40名骠骑兵被切断了退路，撤向了尼韦勒，他们在第二天早上加入了那里的尼德兰人。半个小时后，迈格罗的轻步兵占领了被普军放弃的镇子，并俘获了一批掉队的士兵。双方在对射和三心二意的冲锋中仅蒙受微小的损失。此时，雷耶军的大部仍在向戈斯利进军，庞大的纵队在道路上一直从瑞梅延绵到马谢讷，扬起阵阵尘土。[6] 奈伊派出皮雷的骑兵去追踪骚扰正向东撤往弗勒吕斯的施泰因梅茨所部纵队，命令近卫轻骑兵向北一探布鲁塞尔大道的究竟，如果可能就占领四臂村。近卫轻骑兵在布鲁塞尔大道上向北朝着4.5英里之外的弗拉讷快步而去，而迈格罗的轻步兵以及吉尔贝·巴舍吕师的余部在后跟随。担任雷耶军先头师指挥官的吉尔贝·巴舍吕来自边境地区弗朗什-孔泰，是一名律师的儿子。工兵出身的他是一个经验极为丰富的军官，因为从俄国撤退时担任后卫和1813年在但泽保卫战中的表现而升为师长。他的参谋长对他十分忠诚，因为他是一名精力充沛、坚忍不拔、坦诚、忠贞且宽厚的指挥官。

放弃戈斯利并撤往弗勒吕斯后，普军让布鲁塞尔大道门户洞开，将距离此地最近的威灵顿所部暴露在了法军的矛头之下。

驻扎在弗拉讷的一个拿骚轻步兵营是威灵顿全军的最前驱。这群来自威斯巴登，同尼德兰军队并肩作战的德意志人几天前就处于警戒状态，他们白天在校场集结操练，晚上则回到各自的营地。而这一天他们已经意识到有哪里不对劲，因为在中午前后他们被背着沉重行李、孩子，赶着家畜跟随的逃难农民警告法军即将入侵。

那里的负责人是轻步兵营营长菲利普·冯·诺曼少校，以及一个荷兰骑炮连的指挥官阿德里安·比勒费尔德。两人都曾长期在法军中服役。[7]这天早上，当诺曼吃惊地听到炮声时，他正在校场上。司令部告诉他这是普军的一场演习，不过当司令部的答复于下午抵达时，炮声明显更近了。因为惶恐的难民声称法军入侵，远处的枪声连续不断，并且还没有命令，他变得烦躁不安。诺曼派了一个骑炮兵前往他的团指挥所，不过未等待命令就集结了部队。

3点30分，负责传信的炮兵找到了约翰·扎特勒，当天早上原上校*被马踢断了胫骨，之后由约翰·扎特勒继任团指挥官。[8]扎特勒立即将这一警报转发给了4英里以西尼韦勒的师长亨德里克·德·佩尔蓬谢，以及位于布鲁塞尔大道3英里以北热纳普的奥兰治-拿骚团指挥官萨克森-魏玛公国的伯恩哈德亲王。他命令自己的团前往不远处本旅的预定集结点四臂村，它是一个具有战略意义的要地，位于沙勒罗瓦至布鲁塞尔大道与尼韦勒至那慕尔主干道的交叉路口。

23岁的伯恩哈德亲王同样因布鲁塞尔大道上的逃难农民而警觉，并且因为没有收到任何命令而焦虑。因为拿骚兵团上校的腿骨折断，伯恩哈德成为本旅军衔最高的军官，不过并没有得到指挥该旅的任命。虽然年纪轻轻，但是伯恩哈德并不缺乏战斗经验。出生于魏玛的亲王还是一个孩子时就在耶拿为普军而战。之后，他加入了法军一方的萨克森军队。1809

---

* 不走运的格德克上校（Friedrich von Goedecke）是拿骚第二步兵团的团长，同时也是尼德兰第二师第二旅的指挥官。早些时候格德克受伤后，拿骚第二步兵团第一营的营长约翰·扎特勒少校成为该团的临时指挥官（诺曼负责指挥该团第二营），他的旅长职务则由同属该旅的第二十八"奥兰治-拿骚"团指挥官伯恩哈德亲王临时接替。拿骚第二步兵团的团指挥所位于四臂村与尼韦勒之间的乌坦勒瓦。

年作为贝纳多特元帅的副官，他在战胜奥地利人的瓦格拉姆战役中表现优异。1813年，他又倒向了盟军。伯恩哈德身材高大，骑在一匹沙皇赠予的阿拉伯黑色高头马上时非常惹人注目。[9]当沙勒罗瓦的宪兵指挥官抵达热纳普，并告诉他法军的攻击时，他也做出了向四臂村前进的决定。[10]

亨德里克·德·佩尔蓬谢-塞德尼茨基像尼德兰军队的参谋长康斯坦一样，是奥兰治家族的朝臣。从尼德兰流亡后，他与英军并肩作战，直到被拿破仑威胁若不放弃委任，他将被没收田产。派出自己的副官去调查扎特勒关于枪炮声的报告后不久，他就从康斯坦那里收到了集结麾下各旅的命令。而那时伯恩哈德亲王已经主动前往四臂村。

下午6点，一个受伤的普鲁士骠骑兵冲入了弗拉讷，他吼道法军就在身后。接着，荷兰粮草运输车队也从沙勒罗瓦抵达了。他们同样遭到了法军枪骑兵的伏击，不过负责护送的普军枪骑兵为他们解除了危局。诺曼将他的部队撤向村庄上方的高地，象征性地在下方留下一个前哨。当更多的法军枪骑兵出现，并开始绕过他的侧翼时，诺曼下令向四臂村附近的树林撤退。除了被扎特勒抽调去占据离弗拉讷最近处的博叙树林边缘的300人之外，萨克森-魏玛已经和另外两个拿骚营抵达交叉路口。听到枪炮声从弗拉讷传来后，伯恩哈德在四臂村点燃了用于发出警报的信标。[11]德意志人看到法军枪骑兵在即将抵达他们步枪的射程范围时勒住了缰绳，然后又消失了。

从盟军视角来看，有一些部队将布鲁塞尔大道封锁是重要的，并且通过这些部队，他们意识到法军正在朝那一方向前进。

多年来，奈伊元帅一直因为未能夺取四臂村而背负大量骂名。但若是仔细研究当天晚上的情况，似乎表明这是不公平的。没有书面证据证明当晚奈伊收到了什么命令。根据加斯帕尔·古尔戈写于陪同皇帝流放圣赫勒拿岛期间，并自称是表达了拿破仑本人观点的记述，奈伊将攻击他在布鲁塞尔大道上遇到的所有敌人，并在前方10英里处的四臂村建立阵地：

下达了这些命令后，皇帝补充说："元帅，你对四臂村熟悉吧？"

"是的，陛下，"元帅回答说，"我怎么能不知道它呢？20年前我曾在这一区域作过战，那里是一切的关键。"

皇帝对他说："那就收拢你手下的两个军，如有必要，建立一些防御工事。催促德隆加速行军，让他把分布在桑布尔河桥梁处的分遣队召回。所有一切必须在午夜之前协调好。"

奈伊立即回答说："交给我准没错。两小时之内我们将占据那里，除非该地有敌军的整个军团。"[12]

奈伊否认当晚收到了夺取四臂村的命令，而很有可能他是正确的：拿破仑可能向奈伊提到了这个战略要地，但仅仅是把这一遥远的交叉路口当作一个目标，他不大可能要求奈伊不惜任何代价夺取它，因为两人都不清楚在前方的道路上会遇到什么。此外，法军的两支纵队保持大致相同的步调是重要的，只有这样才能紧密联系、互相支援。不过，有证据表明夏尔·勒菲弗－德努埃特意图夺下交叉路口。1800年，勒菲弗－德努埃特在马伦戈获取重大胜利的战役中担任拿破仑的副官，自那开始他就一直是皇帝忠诚的追随者和值得信赖的骑兵指挥官，从1808年起他负责指挥波拿巴最钟爱的近卫猎骑兵。他曾朝交叉路口进发，不过了解到前方有数量可观的敌人，并且天色渐暗，就决定停在弗拉讷过夜了。8点半到9点，他获得了第二轻步兵团一个营的支援。不过作为雷耶军的前卫，刚刚抵达村子的这个营早已满身尘土、疲惫不堪。如果前一天晚上他们曾休憩过，时间也是很短的，他们凌晨就起床了，自那之后总共行进了29英里，还打了数场激烈的前哨战，比起继续前进，困倦的他们更愿意就餐休憩。

随着夜幕降下，勒菲弗-德努埃特为留在戈斯利的奈伊写了一份报告。[13]他称自己已经将弗拉讷的拿骚人向北赶入了树林，抓获了15名俘虏，造成了敌人40人的伤亡，而己方仅损失约10人。科尔贝的枪骑兵挺进到四臂村的步枪射程范围内，他们遭到了敌军炮兵的射击，并且发现那里正由步兵占据，就撤退了。一个精疲力竭的步兵营在他返回时抵达了弗拉讷，当时接近9点。这些拿骚人属于威灵顿军队，不过他们是当地的驻军，不是从布鲁塞尔赶来的，所以没有迹象显示威灵顿的军队已经开始了行动，或是他们参加了戈斯利的战斗。

这一报告陈述的情况表明，勒菲弗-德努埃特的目标是四臂村的交叉路口，但是未能达成这一目标并不太令人失望，因为它并没有那么重要。在任何情况下，他都绝不可能攻下由5个步兵营防守的四臂村，因为他的火炮还在两英里以南、占据罗马古道与布鲁塞尔大道交叉路口的巴舍吕那里。勒菲弗-德努埃特认为，占据四臂村的敌军可能会在夜间撤离。

对于奈伊来说，即便他榨干了巴舍吕所部步兵的最后一丝体力，也不太可能在夜幕降下前将拿骚人逐退。而无论如何，这都影响甚小：他正处在切断那慕尔至尼韦勒道路的极佳位置，并且掌控着东西向道路罗马古道。

16
法军与普军的营地

6月15日夜—16日清晨

与驱使前卫部队杀向四臂村相反，奈伊从事更为急迫的事务——建立一个司令部，并同此时自己麾下的各师取得联系。为了实现前一个目的，他挑选了戈斯利最为豪华的房子，这幢房子属于一名叫梅尔基奥尔·迪蒙的钉子商人。当富有的主人正在为元帅奢华的晚餐做准备，并打开多瓶上等勃艮第葡萄酒用作招待时，奈伊派出信使去确定他手下各个指挥官的位置，侦察各个团的兵力，以及他们团长的名字。

这方面他未能完全成功。他只联系上了当天下午戈斯利附近的先头各师，但显然没能确认雷耶所在的位置。先锋师指挥官巴舍吕将军的参谋长图桑·特雷夫孔上校在晚上进出奈伊位于戈斯利的司令部三四回，为他带来各种报告，以及关于麾下各团的组成与所在位置的详细信息。[1] 午夜之前，奈伊向苏尔特报告，在戈斯利的交锋中他们抓获了500至600名的普鲁士俘虏，并告诉参谋长，近卫枪骑兵和猎骑兵正位于弗拉讷，巴舍吕将军的师位于其后几英里处，占据着他目标之一的布鲁塞尔大道与罗马古道的交叉路口，富瓦将军的师位于戈斯利，皮雷的枪骑兵则正在追踪施泰因梅茨的普鲁士人。奈伊在结尾说："我不知道雷耶将军在哪。"

雷耶实际上也在戈斯利，但是这两个指挥官均没有发现对方的行踪。在雷耶自己写的生动又切合实际的报告中，他向苏尔特称第二轻步兵团的一个营在晚上9点左右抵达弗拉讷，巴舍吕师的余部和骑兵就在他们身后。另外两个师则在自己的司令部周边，但是吉拉尔师则遵循拿破仑的命令前往弗勒吕斯。轻步兵损失了80人，第一骠骑兵团损失了20至25人，不过他们抓获了260名俘虏。

第一军的指挥官德隆伯爵正位于戈斯利以南 1 英里的瑞梅。虽然他就这个问题写了不止一封信，但是让他把守桑布尔河渡口的命令依然没有被撤销。所以他的部队仍然守卫在前进路线的各个点上，一个旅的骑兵更是从始至终被部署在索勒尔到蒂安之间的后方担任后卫。另一个旅的骑兵与 3 个步兵师在戈斯利到马谢讷之间的道路上扎营，但是第四个师，即若阿基姆·基奥的师，依然在 17 英里之后，守卫着蒂安附近的渡口。直到晚上，让他们摧毁蒂安至马谢讷之间的桑布尔河桥梁，并于第二天拂晓拔营进军的命令才送达。[2]

这是关于细节问题的另一个例子，若是贝尔蒂埃在场，他肯定能为皇帝处理好这些问题。同旺达姆的沟通不畅导致了一次严重的延迟；此时未能准确地向德隆传递命令导致了另一个延误。在守卫桥梁的问题上，拿破仑采取了明智的预防措施，以避免威灵顿的军队从侧翼攻击法军，但在很明显不需要这些桥梁时，他忘记下达将它们摧毁的命令。然而，苏尔特没有发现这个问题，也没有在拿破仑需要提醒时提醒他。因此，当第二天前线忽然需要德隆的部队时，他们还绵延在几英里之后的道路上。虽然让德隆留在那一位置原本出于非常好的军事目的，但这时候他们的位置不那么靠前却完全是皇帝的疏失。

但是，这些滞留在前线后方无所事事的军队却行为不端。1807—1814 年，作为伊奥尼亚群岛的一名和蔼总督，东泽洛将军曾在科孚岛待了很多年。东泽洛将军就他们的行为向手下各团写了一份措辞严厉的警告，其中还包括坚忍顽强的安德烈·拉瓦尔所属的第十三轻步兵团。他控诉称"士兵砸破了房门，打碎了室内的家具，掠夺、虐待居民，强迫他们交出银器与圣具，甚至犯下强奸的罪行"。他强调比利时人应该被当作法国人对待，他们过往是这样，不久的将来亦然。他命令军官监督柴禾和饲料的采集，但凡再发现有人从事劫掠，将面临军事法庭的审判。[3]

劫掠并不限于东泽洛师，作为马尔科涅师第四十五战列步兵团的一员，在马谢讷附近扎营的雅克·马丁中尉写道：

> 今夜的情况要比前一晚好很多。并没有下雨。士兵们前去搜集木

材和稻草，像往常一样，他们在阁楼搜寻木材，还在地窖发现了一些酒。这是一种不可避免的罪恶：因为要寻找粮草，必须要进入屋子。事实上，当没有更严重的事情发生时，这是幸运的。在执行这一任务的人中，一个曾在西班牙战斗过的士兵径直来到村里牧师家，因为知道这些绅士们的习惯，所以他走入地窖，从那里为我们带来了几瓶有些年头的好酒。我们喝下这些酒，为这位优秀的神职人员的健康干杯。[4]

尽管没能占据四臂村，但奈伊的表现还是要比右翼好得多。此时他距离自己的终极目标仅有数英里。而法军右翼则在距离弗勒吕斯两英里处扎营，这个小镇大概就是他们的主要目标。格鲁希元帅事后称因为旺达姆将军不服从他的命令，拒绝为攻击镇子的骑兵提供支援，所以他们被迫停下。不管这是否属实，这都表明两人相处得并不融洽。[5]无论如何，拿破仑一定对他军队的成就相当满意。除非法军能在与他们交锋的普军中引发一场溃败，不然他们都无法在当天越过弗勒吕斯。在不招致灾祸的情况下，至多把部队推进到这样的位置。

当天夜里，近卫军在沙勒罗瓦附近扎营。到了晚上9点，拿破仑返回了他位于"威猛庄园"的司令部，在那里轮到伊波利特·德·莫迪所属的第一近卫掷弹兵团二营担任司令部的警卫。他们将枪支堆积在一起，在庭院里宿营。20岁的莫迪是布雷顿人，曾参加过1813年的萨克森战役。他因为英勇而获得了晋升，被选入老近卫军成为一名中士，而不是在一线部队中担任军官。

他们花费了整个晚上烹饪食物，既用于当天食用，也为第二天做准备。这一天他们连续行军将近18个小时，没有机会煮饭，并预计第二天也会如此。[6]皇帝则在等待报告送达时进入了梦乡。

法军前卫在弗勒吕斯以南的树林边缘扎营。格鲁希写了一份满是对麾下不知疲倦的部队赞不绝口的报告，声称第十五龙骑兵团击破了一个敌军方阵，抓获了300名俘虏。3个将军间的敌意和争吵反映在了他们的报告里。帕若尔抱怨旺达姆未能用步兵支援自己的前哨，表现得不像个军人；旺达姆切合实际地陈述了他的部队所处的位置，并认为撤过弗勒吕斯的敌军有 1.2 万到 1.5 万人；格鲁希则估计敌人的兵力有 3 万之众。在这种情况下，格鲁希也许更贴近真相，但是旺达姆显然是一个难以共事的同僚。

洛博伯爵和他的第六军在桑布尔河南岸扎营。当天，他们因最窄处几乎仅容一人通行的隘路而进展缓慢，由于行走的路面被先前经过的部队搅成了让人反胃的烂泥，他们人困马乏。在以龟速行进了 12 英里后，直至晚上 8 点他们才抵达河边。同时，热拉尔第四军的先头师已经在夜间渡过了桑布尔河，在北岸建立了桥头堡，另外两个师位于沙勒罗瓦以东的沙特莱，但是殿后的步兵师和骑兵部队还在很远的后方。*这几个师在当时的情况下行进的距离值得称赞，精疲力尽的他们很晚才和雅克·德洛尔的后卫胸甲骑兵一道扎营休息。

待这些报告均抵达位于沙勒罗瓦的司令部后，军队的移动印刷机也再次开始工作，印制出了这场战役的第一份大军公报。公报声称在进军桑布尔河时，雷耶军抓获了 300 名俘虏，多蒙的骑兵抓获了 400 名俘虏。在日利，法军造成了敌军四五百人的损失，并且通过击破 3 个方阵还俘获了 1500 人。而法军的损失为 10 死 80 伤。

至于普军，他们承认各类损失共计 1200 人。而实际损失大概是法军 600 人，普军 2000 人。[7] 齐滕将军有理由为第一军的表现感到满意，因为他们几乎没有遭受太大伤亡就抵达了军需总监格罗尔曼将军指定的、位于弗勒吕斯的宿营地。夜里 10 点，在南部留下众多警戒部队后，他的骑兵在城镇后方扎营。奥托·冯·皮尔希精疲力竭的旅在弗勒吕斯几英里以北的利尼过夜，而施泰因梅茨经过持续的后卫战后，接近午夜时抵达了附近的村落圣阿芒。齐滕余下的两个旅守卫弗勒吕斯和利尼，因此他的全军能够集结在参谋部为第二日战斗选择的区域内。

但是，普军其他各军的集结却并不顺利。当天下午，于松布雷夫的神父宅邸设立了自己的司令部后，布吕歇尔在楼梯上发现了法国人于 1794

---

* 热拉尔的第四军包括 3 个步兵师、1 个骑兵师，不过德洛尔的胸甲骑兵师也被划归他指挥。

年留下的涂鸦。在那里，他焦急地等待军团其余各军的消息。受雨水和泥泞的路面延误，格奥尔格·冯·皮尔希的第二军的小股部队在下午5点抵达了马济村和奥诺村的集结地，它们位于利尼正东4英里处，但是大部队在午夜和第二天凌晨才蹒跚抵达，因为他的一些部队驻地位于格奈泽瑙指定的集结地点以东或者以北30多英里处。朝西侧不远处的零星枪炮声前进了一天之久后，足智多谋的爱国者路德维希·纳格尔和他所属的第二十五步兵团在接近午夜时抵达了位于奥诺村的大营地："大火在树木繁茂的谷地里熊熊燃烧。所有的一切均如我们头顶的蓝天一样安静祥和，秀美的月亮闪耀澄澈的光芒。"[8]

弗朗茨·利伯所属的团驻扎在瓦夫尔附近，位于马济以北15英里处。当拿破仑逃离厄尔巴岛的消息抵达普鲁士的首都柏林时，这个年轻人的父亲让他擦拭武器，之后利伯志愿成为第九"科尔贝格"步兵团的一名来复枪兵。日后将成为一名小说家的威廉·黑林也是该团的一名志愿猎兵。5月16日，这类总数为600人的新兵渡过了莱茵河，同月25日，他们接受了布吕歇尔的检阅，然后加入了从属的各个部队。

6月2日，志愿猎兵和第九步兵团一同接受检阅，利伯也第一次见到了著名的女中士——身佩3枚勋章的弗里德里克·克吕格尔。1813年，23岁的她在剪短了头发、穿上了男装之后入伍从军。她的英勇和镇定给战友们留下了很深的印象，即便她的性别被发现，旅长还是让她留了下来。在登讷维茨之战中她被晋升为中士，因为受伤后拒绝离开战场又被授予铁十字勋章与俄国的圣乔治勋章。她是普鲁士军中唯一正式服役的女性，尽管利伯知道在他的旅里还有另一个女性为了能让她的兄弟留下帮助父母免遭饥饿，穿上了她兄弟的衣服。而在全军中，这样的例子更多。他们得到命令在中午前后集合，然后于夜间出发前往南部的马济，他们整夜都在行军。[9]

第二十二步兵团驻扎在那慕尔至列日中途的一个村落里，到了晚上9点才集合完毕。之后，他们在夜间出发赶往那慕尔，于第二天凌晨4点抵达那里。到达目的地后，该团的一个中尉在日记中写道："由于夜行军而精疲力竭，我们在美丽的酸橙与栗子树下休息了两个小时。军用道路上布满了要前往松布雷夫集结地点的士兵。那慕尔的居民成群结队地站在主干道上看着部队经过。"[10] 第三军的集结同样缓慢，不过在午夜前他们就到达了那慕尔。而与弗里德里希·冯·比洛的沟通不畅导致的灾难相比，这些完全不值一提，他的第四军仍滞留在列日。

晚上10点30分，格奈泽瑙命令格奥尔格·冯·皮尔希带领他的军在黎明前开进战场，命令约翰·冯·蒂尔曼及他麾下的部队于破晓抵达马济。但是在得到休息之前，他们均无法再前进一步。格奈泽瑙不知道第四军身在何处。参谋长勉强允许齐滕在破晓撤出弗勒吕斯。做出这一决定相当不易，因为其他军严重落后于日程，他们还远不能确定在第二天早上是否有足够的兵力守住阵地。齐滕往利尼河的另一侧与右翼撤退。他曾希望自己的部队能有时间休息，不过格奈泽瑙告诉赖歇，第一军必须在其他军抵达前做好准备以便拖住法军。[11]

布吕歇尔面临拿破仑可能一早就发起进攻的窘境，那时人困马乏的普军还散布在数英里的道路上。在拂晓时分，他派了一个参谋官去查明自己右翼的弗拉讷正发生什么，前一天晚上就有枪炮声从那个方向传来，然后他在松布雷夫神父宅邸的司令部外急躁地等待第二军的赶来。看来至少有四分之一的普军无法在当天抵达战场，而他面临一个抉择：在这么多人不能参战的情况下，他还敢于同拿破仑一战吗？

17
里士满公爵夫人的舞会

6月15日下午3点到16日凌晨2点

与此同时，在布鲁塞尔，在下午早些时候，人们正逐渐了解仅20英里以南之处发生的事件的最初轮廓。

这周的社交活动马上就要开始了。最近一两个月，每周都至少会有一次舞会，不过今天是里士满公爵夫人第一次举办舞会，她希望它能成为一次盛会。然而，奥兰治亲王在下午3点抵达皇家街上威灵顿租下的时髦府邸，赶着与威灵顿一起进食舞会开始前的正餐，席间他添油加醋地宣称当天早上普军前哨周边一直有战斗。威灵顿对此很吃惊：他并没有从巴黎得到法军即将攻击的警告，于是认为这不过是边境的一些小规模骚乱。在行动之前，他需要得到更多消息。亲王有些气馁，他给康斯坦发了一条消息，让他不要轻举妄动，除非获得的新情报让他不得不如此。[1]

正餐被康斯坦送来的消息打断了。里士满之子通过换乘马匹，以最快的速度从22英里外的布赖讷勒孔特一路疾驰而来，于4点左右抵达了布鲁塞尔。他证实了蒂安的陷落，以及施泰因梅茨向戈斯利的撤退。[2] 齐滕的信使在大致相同的时间抵达了米夫林那里，米夫林飞速拜访了符腾堡特使后，告诉公爵沙勒罗瓦正遭到攻击。[3] 米夫林回忆说：

> 威灵顿公爵通常从巴黎收到每日报告，到目前为止报告都畅通无阻地被送抵布鲁塞尔。不过当我将冯·齐滕将军送来的消息告知他时，他没有从巴黎听到任何信息，因为驿车被禁止越过边境，而他的间谍也没有找到通过十字交叉路送达的方法。他认为，法军全军向沙勒罗瓦挺进似乎不大可能。尤其是，他预计一支法军纵队将会出现在蒙斯

通向布鲁塞尔的主干道上，而蒙斯正是他的前哨所在。[4]

7月，备受威灵顿信赖的副官费尔顿·赫维证实，司令部"认为这些进攻可能只是表象，敌人的真正意图是通过蒙斯入侵……（威灵顿）仅仅是命令各师在他们的几个紧急集合地集结，并等待进一步的命令"。[5]

当公爵的一个信使抵达军需总监威廉·德兰西爵士的家中时，6周前刚成为他妻子的玛格达莱妮·德兰西将信使差去了德兰西同西班牙特使米格尔·阿拉瓦的进餐地点。之后，她透过窗户看到丈夫骑马快速经过，前往公爵那里。德兰西刚抵达，威灵顿就告诉他命令部队集结，并做好即刻行军的准备，接着又向他简略地交代了军队的行军命令。威廉爵士把他的参谋召到了自己的办公室，接下来的几小时他都在那里忙于书写。预备行军的命令起草好后被立即派发了下去，但是进军命令却要等到威灵顿得知是否有指向蒙斯的威胁后才会下发。

威灵顿因为这些完全出乎预料的报告而困惑，他行事谨慎，宁愿行动迟缓也不愿意朝一个错误的方向前进。他很可能受到了法国王党6月初的情报影响，认为拿破仑在真正的意图暴露前会先佯攻普军。[6]格罗尔曼中午发往米夫林处的那条消息在晚上7点仍未抵达，它宣布了拿破仑的攻击，并声称布吕歇尔意图在第二天与他一战。米夫林向布吕歇尔报告说，在收到齐滕的信件后公爵下令集结部队，努力查清敌军的攻击方向。

消息很快就传播开来。当地的海军指挥官和威灵顿共进正餐后，径直前往阿克斯布里奇伯爵的住所，向他传递了这一惊人消息，赫西·维维安和其他骑兵军官正在那里进食。[7]很快，流言四起，有时甚至快过官方消息。皇家苏格兰团的几个军官在蒂嫩旅馆吃饭时突然听到外面传来一阵骚动。不久，一些"比利时绅士"走进来，告知他们边境的冲突，相距不过30英里。[8]

正餐过后，威灵顿照例前往公园散步。皇家苏格兰团的一个少尉回忆说，在那里散步时，他撞上了两个普鲁士副官，他们刚刚带来了法军进攻的消息。而希尔勋爵的一个副官同样从公园里了解到"我们即将开始行动，但是通过问询我发现每个人都打算参加舞会，因此我也决定如此"。[9]由于所有被邀请参加舞会的军官已经抵达布鲁塞尔，对前线事件的进一步澄清是意料之中的事，威灵顿可能视军官在布鲁塞尔的这次集结为一次机会，他无需浪费太多时间便能亲自向他们简述事态的进展。自然，他不想让里士满公爵夫人失望或制造任何大于实际的恐慌。

当晚，公园依旧充斥着传闻与期待。当天下午才抵达布鲁塞尔接手第五师的托马斯·皮克顿看到第二十八步兵团的营长正在和他的军官们一起散步，他告诉这些军官，能有他们这样的部属自己是多么欣慰。[10]威灵顿的秘书菲茨罗伊·萨默塞特在寓所独自进餐，他也从那里得知了这一消息，"在公园里发现了正在给周边人下达必要命令的公爵"。临近黄昏时，同英国大使查尔斯·斯图尔特进行深入交谈的公爵离开了公园。[11]威灵顿写信给法国保王党领袖贝里公爵，让他在布鲁塞尔到根特的中途集结军队。之后，在10点威灵顿又给费尔特公爵写信，建议国王应做好准备，以便在必要的时候离开根特。

大致此时，米夫林为威灵顿带来了军需总监格罗尔曼对中午时分形势的评估，确认了法国近卫军的介入，这也意味着拿破仑本人在场，并称布吕歇尔意图在利尼与拿破仑一决高下。这封信消除了所有缠绕的疑惑，威灵顿需要立即行动以便协助布吕歇尔。公爵指示德兰西发布"事后命令"，时间为晚上10点。就像齐滕请求的那样，它要求军队前往尼韦勒。米夫林也向布吕歇尔报告，该处将会是威灵顿军队的集结地。

朝尼韦勒的行军路线保护了布鲁塞尔以南的宽阔区域，以防对沙勒罗瓦的攻击被证明是佯攻，而另外的攻击从蒙斯方向展开。威灵顿位于布鲁塞尔的强大预备队被告知停在尼韦勒与沙勒罗瓦路的交会处——蒙圣让*。因为在这一位置，他们仍然可以向任何一个方向前进。毫无疑问，威灵顿没有命令他的部队驰援布吕歇尔，但是在他对事情的进展仍所知甚少的情况下，他最渴望的不过是避免酿下弥天大错。

---

* 滑铁卢会战的战场 Mont Saint-Jean 在中文里常被翻译成"圣让山"，使得许多人认为滑铁卢的战场是在一座小山上。不过根据著名学者 Pierre de Wit 等人的考证，13世纪圣约翰骑士团（即后来的马耳他骑士团）曾在附近获得了一块土地。这一村落的名字最早为 Maison Saint-Jean，意为"圣约翰的寓所"（Maison 来自瓦隆语的"Monjonne"或"Mohonne"，都是"房子"的意思，Jean 即为法语的"约翰"），后逐渐转换为 Mont Saint-Jean，所以相对于意译为"圣让山"，音译为"蒙圣让"更为恰当。

奥兰治亲王注意到尼德兰骑兵被遗忘了，便在附言中让康斯坦把他们移到尼韦勒附近。尼韦勒是一个大型设防城镇，镇子中耸立着一个宏伟的罗马式修道院。亲王还命令将他的司令部搬迁至此。没人想到召集正部署在布鲁塞尔以北仅 6 英里处的两个重炮连*。该部拥有 12 门 18 磅火炮。第二天，其中一个炮连的指挥官写信给妻子："我的炮连还没有准备好，我认为主要是缺少驭手。"不过，这听起来并不是什么难以逾越的困难。相反，无论是他还是司令部都没有对严峻的形势有一个清楚的认识，他们认为在入侵法国的时刻到来之前没有必要调用这些强大的野战火炮。到了周日，他们必然会后悔，如果那时这些火炮在场，它们一定能起到决定性的作用。[12]

与此同时，德意志士兵在四臂村安顿休息。日暮降下时，因为不清楚敌人的虚实而焦虑不安，并且没有骑兵去侦察或巡视自己暴露的侧翼，伯恩哈德亲王在写给佩尔蓬谢将军的报告中请求后备弹药。他提醒佩尔蓬谢，3 天前刚从黑森迪伦堡抵达的奥兰治－拿骚团第二营配备法国式步枪，此时平均每人只剩下 10 发弹药，与他们一同抵达的志愿猎兵更是只剩下 6 发了。[13]

佩尔蓬谢位于四臂村以西 4.5 英里处的尼韦勒，他对时局进展的看法比其他任何人都更清晰，也更糟糕。通过侦察已经确认戈斯利陷落，而一个法军逃兵还证实了沙勒罗瓦的陷落，并警告说波拿巴正带领 15 万人朝布鲁塞尔挺进。[14] 毫不夸张地说，形势十分严峻。如果布鲁塞尔真的是拿破仑的目标，他是应该增援四臂村，还是撤出那里以便保全自己的军队？黄昏时分，他派遣一名副官前往 10 英里以西的布赖讷，以便从康斯坦那里获取指示，除此之外命令全师的辎重朝北转移到通向滑铁卢的道路上。

在此时的布赖讷勒孔特，康斯坦已经数小时没有获得新的情报。因为有充分的理由让军队保持戒备，所以他忽略了奥兰治亲王让他收兵回营的

---

* 原文为 "brigade"，直译为炮兵分队，即一个炮连＋一个辎重连（车队连），等同于法军炮兵的 division。有时（比如在此处）"brigade" 也可泛指一个步炮连。

命令。之后，佩尔蓬谢的一个副官宣称弗拉讷遭到攻击，法军骑兵现身于四臂村，以及布鲁塞尔受到威胁。康斯坦为普军让沙勒罗瓦至布鲁塞尔大道门户洞开而惊讶。这显然是两军先前协议的一个缺陷，它没有清楚说明这条大道应该由哪方保护，就像拿破仑希望的那样。康斯坦派遣奥兰治的副官亨利·韦伯斯特以最快的速度前往布鲁塞尔，上报这一消息。他声称法军已经抵达四臂村，距离布鲁塞尔仅有20英里。虽然略微夸张，但康斯坦大概是希望这能让他的上司从懈怠中醒悟过来。他派了另一个副官前往四臂村，以便获取第一手情报，并建议佩尔蓬谢防守该地，若形势已然无法逆转则向西撤往布赖讷。

半小时后，康斯坦接到了一份来自威灵顿的命令，后者让他在尼韦勒集结麾下的两个师。这意味着放弃四臂村，并让布鲁塞尔大道门户洞开。像先前收兵回营的命令一样，他认为这个决定是错误的，所以不予服从。他考虑到公爵若知道法军在布鲁塞尔大道上蓄势待发，一定不会让自己撤出那里。因而，他下令沙塞将军撤回尼韦勒，却没有让佩尔蓬谢离开四臂村。萨克森-魏玛公国亲王与佩尔蓬谢的主动行事，以及康斯坦的考量和抗命，事后看来对第二天盟军的成败至关重要。

里士满公爵夫人的舞会在伦诺克斯一家租于布朗希瑟里街的住所里举行。威灵顿开玩笑称该地为"洗衣房"，尽管"布朗希瑟里"（Blanchisserie）*本身指的是这一街道。[15] 房子的主人是一个马车制造商。他的马车展示厅通过一个楼梯和有顶走廊与主楼连起来，此时它被改造成了一个舞厅。像许多英国家庭一样，里士满一家搬到布鲁塞尔居住以节省开支，这里的生活费用要比伦敦低得多。但是在1815年春，英国的"殖民地"急剧扩大了。在波拿巴从厄尔巴岛归来后，一些家庭从巴黎搬到了这里。之后，军队在妻子、孩子以及为军队提供服务的人士陪伴下也抵达该地。

最杰出的英国平民和贵族军官、外国使节与比利时的社会精英一起被邀请参加这个舞会。晚上9点左右，大约200名受邀宾客中的第一批抵达，

---

* "Blanchisserie"一词在法语里的意思是"洗衣房"。

马车开始在门外络绎不绝。这些客人中仅有 67 人为女宾，而其中的年轻女性只会更少。不过，她们的数量也足以充满一个小的舞厅，与此同时她们显赫的长辈则充当围坐的观众。仅有极少部分宾客是老人，公爵夫人本人 46 岁，绝大多数的宾客都是一身盛装、华丽优雅的军人。

大约晚上 10 点，当音乐转向新近风靡、令人兴奋的华尔兹时，舞会正式开始。这种被称为"德意志人不雅的旋转舞"的舞蹈，因为能通过身体接触刺激情欲而充满争议。直到接下来的一年，这种"性感的肢体缠绕"才第一次出现在摄政王的宫廷里。"如果这种色情舞蹈只限于娼妓和淫妇，我们不认为它值得关注，"《泰晤士报》后来谴责道，"这时候由于他们领袖的丑陋示范，而欲把它强加给社会的可敬阶层。我们觉得有责任警告每一位家长，不要使自己的女儿暴露在这种致命的'瘟疫'中。"[16]

毋庸置疑，青年军官和 17 岁的女士们都喜欢华尔兹，但是公爵夫人更热衷于向外国宾客展示她家乡苏格兰的时尚舞蹈，因为她本身就是一名"戈登人"——第四代戈登公爵的女儿，"夏洛特·戈登女士的双人对舞"（Lady Charlotte Gordon's Reel）即是为她而作。作为主要节目，风笛乐队队长亚历山大·卡梅伦参谋军士和"戈登"高地人团*的 4 个中士表演了剑舞。[17]

公爵来得"比较晚"，时间大概是 11 点，他抵达时 19 岁的乔治亚娜·伦诺克斯正在跳舞。不久，一个副官开始向出席的军官分发行军命令。随着舞会的进行，关于普法两军交战的流言就在客人的低声嘀咕中传播开来。希尔的一个副官记录道："大约 11 点半，据称法军正在推进，我看到进军的命令被立即送往希尔勋爵处**，我也决定不再做过多停留了。之后，我出发前往格拉蒙，并于周五早上抵达了那里。"[18] 一开始平民不相信流言，但是"当麾下部队正在前进的将军们动身离开时，当与所属部队会合的命令下发给军人时，事情就需要换个角度考虑了"。

舞会进行时，威灵顿花了一些时间同海军上将邓肯的女儿简·达尔林

---

* 第九十二"戈登"高地人团的创建者，就是这里提到的第四代戈登公爵。
** 这则记述给人的感觉是第二军的指挥官希尔出席了里士满公爵夫人的舞会，但是实情很可能并非如此。

普尔-汉密尔顿坐在一起:

> 虽然公爵伴装欢欣愉悦,但是他脸上表现出的那种未曾有过的牵挂和焦虑却让我吃惊。在很长一段时间里,我和他在沙发上比邻而坐,但是他似乎心事重重,虽然以最亲切的方式同我交谈,但是屡屡停顿,频繁地唤来一些军官下达指示,尤其是对不伦瑞克公爵和奥兰治亲王。这两人均在晚餐前离开了舞会。信件也不断地送到公爵那里。[19]

与简·达尔林普尔-汉密尔顿相反,伊丽莎白·奥德回忆说:"威灵顿公爵挽着韦伯斯特夫人的手来回走动,时而同她谈论一些无意义的事情,时而阅读报告发布命令,他的思绪和平常相比似乎并没有什么不同。"[20]

几乎所有旅级及以上的英军指挥官、他们的副官和近卫师的大多数军官都出席了舞会。威灵顿向这些人简述命令,晚饭一结束或更早就将他们打发回了各自的部队。43岁的不伦瑞克公爵长着狮子般的金色胡须、敏锐的蓝色眼睛,穿着饰有天蓝色饰面的深黑色制服,风度翩翩。他的佩剑是夏洛特王妃*赠送的,剑鞘上装饰有她的一缕头发。不伦瑞克公爵从威灵顿那里接到集结军队然后前往滑铁卢的命令后就离开了。乔治·斯科韦尔爵士发出指令让他的马夫在午夜给黑种马备好鞍。阿克斯布里奇在晚餐快要开始前接到了命令,"给了所有的骑兵军官一个让他们返回各自驻地的暗示"后于凌晨1点离开,尽管赫西·维维安爵士的一个副官坦言,凌晨4点之前他还没有离开布鲁塞尔。一些军官回忆,里士满公爵夫人试图阻止他们在晚餐前离开,以免破坏她的晚会。

在午夜和晚餐之间,奥兰治的副官亨利·韦伯斯特带着法军出现在布鲁塞尔大道上的弗拉讷的消息参加舞会。[21] 同里士满公爵一起研究一幅地图的威灵顿嚷道:"上帝啊!拿破仑骗了我,他已经超前了我24小时。"[22] 据目击者称,他可能还说,如果无法在四臂村阻击法军,他将退守蒙圣

---

* 夏洛特王妃是不伦瑞克公爵的姐姐,英国摄政王的妻子。

让，因为这一年早些时候它作为一个可能的战场被挑中和勘察。

依照惯例，晚点在凌晨1点送上。乔治亚娜·伦诺克斯声称，威灵顿坐在她身边，还送给自己一幅近期绘制的他本人的迷你画像，尽管达舍侯爵夫人注意到公爵对他另一侧的漂亮孕妇弗朗西丝·韦伯斯特大献殷勤。席间，阿拉瓦将军倡议为盟军干杯，对此公爵举杯回敬。[23] 晚餐后，虽然舞厅内依然有人跳舞，但是人数愈加稀疏，预计要持续到6点的舞会提前结束了。就像简·伦诺克斯女士谈及的那样：

>　　我知道当时我处于一种欣喜若狂的状态，因为场景本身是那么令人兴奋，客人们一个个又是那么杰出。我记得，当晚餐后再次回到舞厅时，我扫视了一下便笺簿，里面从上到下记录了我舞伴的名字。不过，当我再次抬起头时，我意识到舞厅里的女士们占了主导地位。白色的平纹薄棉和塔勒丹薄纱比比皆是，华丽的制服却明显减少。谜题很快就揭晓了。为了不惊动女士，军官们没有显露紧张之情，也没有列队行进或温柔道别，他们已经悄悄离开。[24]

根据伊丽莎白·奥德的说法："年轻的军官们执意要同我们继续跳舞，但是这种努力注定持续不了太久。一对对苍白的脸颊和红红的眼睛在舞厅里随处可见。"[25]

对参加舞会的军官来说，他们提前很久就收到了做好准备以便随时行动的命令，从而指示他们的仆人将一切准备完毕。但不是每个人都及时收到了在4点出发的新命令。一些人待到很晚，还有一些甚至穿着舞会上的全套服装就上了战场：

>　　看起来上文提到的"舞会狂热者"相信交给仆人打点就足够了，他们花了更多的时间取悦女士，而不是本来应该需要做的事情。他们来到自己的营房，打算脱下舞会上的服装，然后立刻赶往集结地。"惊雷与闪电"间，他们突然发现营房是空的，他们的行李、仆人、马匹却都不翼而飞了……这群不幸的人别无选择，只得身着舞会装束出发。[26]

威灵顿离开的时间很可能相当晚。简·达尔林普尔-汉密尔顿称当她在 2 点 30 分离开时，公爵还在那里。毋庸置疑，他一定是希望尽可能表现得镇定自若，即便事后传言是他对韦伯斯特夫人的依恋"才导致他没能及时出现在战场"。然而，他最终还是溜回了床上。[27]

18

进军命令

6月15日晚上11点至16日上午10点

威灵顿麾下军队的通信工作总体上做得很好，在这次战役中他们使法军和普军相形见绌。公爵的体系在西班牙战场经过了尝试与检验：他把自己的命令解释给军需总监，后者会让皇家参谋队的军官把命令写出来，因稳健而被选中的 KGL 第三骠骑兵团的传令兵负责将命令传递出去。这些德意志军团成员，除了母语德语，通常还会说法语和英语。"传令兵会被告知他们所要行进的速度，以及抵达目的地的时间，他们还需要带回由收件军官写下送抵时间的信封。"[1]这使得军需总监德兰西得以追踪各支部队的进展。

紧急情况下，命令会由副官传递。几乎所有的副官都是富有的年轻贵族。这群人的骑术经过训练，他们拥有数匹上等的快马。人们普遍认为，用于狩猎和赛马的英国马匹，相对于只会听命行事的其他国家马匹，在越野方面速度更快，适应能力更强。米夫林对能以每小时 14 英里全速奔驰的英国副官印象深刻。皇家参谋队的军官会传递命令的副本，"以防止可能发生的错误"。[2]

但是这一次，通信系统没有如原先希望的那么顺利。普鲁士人声称，威灵顿曾承诺将在会战第一声炮响后的 22 个小时内在左翼完成集结。实际上，第一炮打响后过了 22 个小时，英军的集结才刚刚开始，而又过了 22 个小时，他们的集结还远没有完毕。米夫林推算，计划时间表草率地将集结时间设定为白天，然而，"深夜传令兵不可能在交叉路口快速骑行。在各个营地，他们发现每个人都进入了梦乡。延迟抵达目的地是不可避免的，因为他们的速度是根据白天而不是夜间计算"。虽然这是个月夜，但是比利时小道的路况糟糕，有时甚至很难将它们视作道路。

巴兹尔·杰克逊传递给格里诺克勋爵卡思卡特上校命令的副本，内容是让他在布鲁塞尔以西11英里处的司令部尼诺弗集结骑兵。抵达这个城镇时，杰克逊碰上了一两个火速前往营房出口的龙骑兵勤务兵，并看到了附近村落的灯火，这意味着先他出发的德意志骠骑兵已经成功抵达了。[3] 然而，只有卡思卡特和桑希尔少校仍留在尼诺弗发布命令，几乎所有的骑兵参谋都跟随阿克斯布里奇伯爵一起出席舞会。所以，对驻扎在该地仅有一英里距离的第二近卫骑兵团来说，他们又耽搁了一些时间才"刚刚收到立即行军的命令"，开始集合为"完整的进军序列，携带所有的粮草与行李，做好了出发的准备"。列兵托马斯·普莱福德回忆说："16日早上两三点，我碰巧醒着，听到一阵英军的军号声从远方传来。"果然，没过多久，他们自己的号手也吹响了警号，紧接着是"上马"的号声。[4]

第一近卫骑兵团的军医约翰·詹姆斯在一次对该旅的检阅后与第二团的军官共同进餐，"饱食了朋友们丰盛的餐食和陈年佳酿后，在那个温暖舒适的夜晚12点返回了尼诺弗"。军医在警报声中继续沉睡，直至他的朋友爱德华·凯利上尉将他唤醒，并告诉他"号手已经吹了一个多小时'上马'的号令了"。他的仆人帮他打点好了行装，他则前往凯利那里吃早餐。"这是个美丽的早晨，太阳即将升起，我们的号手在各个方向发出'上马'的讯号。号令之突然足以解释部队的准备不足，以及嘈杂、喧嚣的惊人气氛，当然还有遍布各处的混乱。"

怀着兴奋之情，大步流星地跨入上尉的营房时，他"遇到了两个酩酊大醉、蹒跚而行的骠骑兵，他们对紧急局势一无所知。其中一人还对他的同伴说：'我不认为我现在应该上床休息。'我们的一个小伙子听到他的嬉闹后笑了出来，并大声说：'或许今天晚上你就会在浑然不觉的情况下被套上寿衣，丢在床上。'"。

4点，他所属的团行李装车，准备完毕。不过，在出发之前他们还需要再花费4个小时，等待宿营地在6英里开外的国王近卫龙骑兵团最后骑马赶来。他们的行军命令在拂晓后不久送到，但只是让他们行进到10英里以南的昂吉安等待进一步的指示。此外，"人们普遍认为这只是要集结军队"。[5]

贝斯伯勒伯爵的次子弗雷德里克·庞森比是第十二轻龙骑兵团的年轻指挥官,他的发色呈浅棕色。他受邀前往布鲁塞尔参加里士满公爵夫人的舞会,但在抵达之前就得知法军进攻的消息,所以又折回了尼诺弗。他写道:"早上6点我们就抵达了目的地,余下的骑兵有更多的路要赶,在9点或10点才出现。"不过,庞森比的指挥官约翰·奥姆斯比·范德勒爵士没等他麾下的部队全部抵达集结地就率队出发了。格兰特将军和维维安将军的骠骑兵的出发地更为遥远,在西南10英里处,因而离开时间更晚。而一些皇家骑炮连位于更远的北部。收到前往昂吉安的命令时,卡瓦利耶·梅塞上尉意识到他的弹药和补给马车还散落在各处。[6]梅塞是G炮连的代理指挥官,1807年那场命途多舛的布宜诺斯艾利斯远征是他唯一的实战经历,所以突然间得到战争号令让他极其振奋。

不同的指示被送至驻扎在法国边境的KGL骠骑兵,第二团被命令继续留在蒙斯监视敌军,第三团被告知在更靠北的边境留下警戒哨后径直前往昂吉安,所以该团700人中只有500人同军队主力会合。[7]第一团则在中午离开边境前往布赖讷勒孔特。驻扎于布鲁塞尔以北的威廉·冯·德恩贝格各团,因为获取食物和粮草延误了一段时间,之后他们同威灵顿的预备队一起经过布鲁塞尔向南进发。

仅是联系上驻扎在最西部的军队就花费了很长的时间。查尔斯·科尔维尔爵士在早上6点才接到第四师的行军命令,他位于布鲁塞尔以西40英里的奥德纳尔德,而他的师直到10点才出发前往东南方的昂吉安。弗雷德里克亲王的部队在正午前后才集结完毕,不过临近傍晚才在留下500名民兵防守奥德纳尔德后开始行军。指挥希尔军第二师的亨利·克林顿,位于布鲁塞尔西南30英里处,大约早上7点才收到命令。他没有参加舞会,所以对紧急情况一无所知,10点左右他麾下的英国团才集结完毕。卡尔·迪普拉的KGL第一旅凌晨2点开始进行一场演习,并在接到命令后没有携带口粮或行李就立即出发了,尽管按照规定,这些老兵的背包里本来就有军用干粮。

驻扎在布鲁塞尔的第五师已经为突然出发行军做了准备。第九十二

"戈登"高地人团的中士大卫·罗伯逊解释说:"传令中士被要求携带一份记录士兵营房所在街道和房号的清单。另外,每个连和团还被安排驻扎在同一个或邻近的街道,防止如果立刻集结造成混乱。"这一天"当执中士均在传令室待到晚上 10 点,由于没有命令下发,我们都各自回营房休息了。然而,当我刚躺下时,警号响起,鼓点催促我们行动起来,风笛奏响,所有的一切都处在混乱中"。听到警报后,"中士和下士跑去各自士兵的营房将他们叫出来"。罗伯逊"来到军需官那里索要面包,仓库总共调拨给了他们 4 日的配给"。士兵们还获得了一品脱的杜松子酒、4 天的牛肉和 120 发弹药。[8] 另一个久经沙场的传令中士内德·科斯特洛是伦斯特人,26 岁,身材矮小,来自来复枪部队。他把收到的补给分发给手下的士兵时评论说:"这些东西的主要部分被留下了,只有老兵知道它的价值。"年轻士兵将沉重的补给送给了他们的房主或者干脆将它们扔到了路上。[9]

虽然从理论上来说,士兵的妻子和随军平民应留在布鲁塞尔,但大量证据表明实际上并非如此。一名当天一早抵达布鲁塞尔的游客从她在佛兰德旅馆的房间里观察到了这一情景:

> 士兵们正与他们的妻子和孩子道别,有可能这会是最后一次。许多老兵粗糙的脸颊被悲伤的泪水浸湿。一个可怜的家伙,当时就在我的窗下,不断地回头向他的妻子道别,再一次把孩子抱入怀中。我看到他最后一次将孩子还给妻子时,用衣袖匆匆擦拭掉眼泪,又握住她的手,然后跑去同正在皇家广场另一侧整队集结的连队会合。许多士兵的妻子同她们的丈夫一同前往战场,我看到一个年轻的英国女士骑在马背上,她和一个军官一起缓缓离开城镇,毋庸置疑,那是她丈夫。[10]

虽然如此,但是这个游客还会愉快地看到:

> 许多载着一堆堆白菜、一篮篮豌豆、早熟的土豆和草莓的车辆,像过往一样平静地从乡间赶往市场,驶入混乱的士兵当中。在皇家广场众多的士兵和散乱的辎重中穿行时,坐在车上的弗拉芒老妇对这一

奇特景象目瞪口呆。[11]

一旦各连装备完毕，各营就会前往皇家广场前的公园，在那里他们将以旅为单位接受检阅。[12] 及时返回的巴兹尔·杰克逊得以看到整个师在公园集合，他站在贝勒维旅馆旁边看着这群老兵列队经过。第一个走来的是身着深绿色、搭配黑色饰面和皮带的第九十五来复枪团，接着是演奏《英国掷弹兵》的第二十八"北格洛斯特郡"团，之后是第四十二"黑卫士"团，他们"步伐稳健，帽子上的黑色羽饰几乎没有震动"；第七十九"卡梅伦"高地人团和第九十二"戈登"高地人团都穿着格子呢短裙，戴着饰有黑色鸵鸟羽毛的帽子。同许多人一起，杰克逊在金色的黎明中注视皮克顿的老兵师通过宽广的街道，向南朝那慕尔门前进。[13]

不伦瑞克近卫军的一个少尉来到布鲁塞尔北部边缘的阿莱韦尔特，发现不伦瑞克公爵正躺在林荫道的草地上，一边钻研一张巨大的地图，一边等待麾下分散的各营赶来。他的骠骑兵指挥官冯·克拉姆少校组织了一次醉酒狂欢，他们奏起音乐、演唱歌曲、比赛射击，刚刚躺下休息时，就又被警报唤醒，在黎明之前被召去阿莱韦尔特。由于距离较远的部队在他们抵达集结点的一个小时后才收到集结命令，公爵在日出时就率领已经抵达的部队出发了，让3个营的步兵、枪骑兵和炮兵随后跟进。炮兵在早上8点集结完毕，他们于下午2点抵达滑铁卢。一个小时后，公爵的一个副官催促他们加速前进。于是，他们派出了一支先头部队将街道上的伤员和行李堆移至路边，以清理前方的道路。[14]

黎明之前，威廉·冯·德恩贝格从蒙斯抵达布鲁塞尔。他在驻地等待更多的消息从前哨传来，随后骑马前往班什，发现普军已经离开了那里，他判断战役可能已经打响，应该将此事报告给司令部。途中感受到布赖讷勒孔特的警报后，他担心布鲁塞尔尚未意识到形势的危急，并认为是自己的到来才让威灵顿公爵起床。

公爵因他的简略报道重新提起精神，于是派遣坎宁上校去叫来前一天晚上抵达布鲁塞尔后就睡在丹格莱泰尔旅馆的托马斯·皮克顿爵士。皮克顿没吃早饭就加入了公园里的威灵顿、菲茨罗伊·萨默塞特与里士满公爵一行人。他发现此时的威灵顿言谈刻板、态度倨傲：

> 相对于公爵希望的副手们的举止，皮克顿表现得总是更为随便，而这一次他以一种不得体的方式靠近公爵，就好像要会晤一个同级别的军官一样。公爵冷冷地向他鞠了一躬，说道："我很高兴你来了，托马斯爵士。你越早出发越好，已经没有时间可浪费了。你将负责指挥正在前进的部队。奥兰治亲王知道这个时候你会前去援助他。"皮克顿似乎也不喜欢公爵的态度，因为在鞠躬离开时他嘟囔了几句，这让那些和他一同前往的人确信，他对这次会面不太满意。[15]

尽管如此，皮克顿还是骑马跟在他的部队后面出发，驰援奥兰治亲王。

与此同时，在布赖讷勒孔特的康斯坦的指挥下，亲王麾下部队的集结时间相比威灵顿的其他部队显著提前。卡尔·冯·阿尔滕的第三师傍晚就在苏瓦尼集结，他们中的许多人挤进了镇上的大教堂。被告知于凌晨出发后，他们在集市上重整队列，然后立即离开。行军途中，他们收到了"事后命令"。不过，在他们前往尼韦勒的道路上需要穿过浓密的林地，"由于不知道敌人身在何处，有必要先派出一支前卫探路，并谨慎前行"。根据汤姆·莫里斯的说法，"在树林里穿行的速度非常缓慢，以至于到了第二天早上8点我们前进的距离还没有超过10英里"。[16]

近卫步兵已于昂吉安集结，鼓声在午夜一小时后敲响，士兵们迷迷糊糊地从营地走出。他们在该地等待军官们从舞会返回，并更换衣物。最终，纵队在黎明前后踏上了征途，朝东南方的布赖讷勒孔特进发。

威灵顿的军队甚至要比布吕歇尔的更落后于预定计划。如果当天一早就爆发一场会战，几乎没有哪支部队可以出现在战场上。但是，此时他们至少行动了。

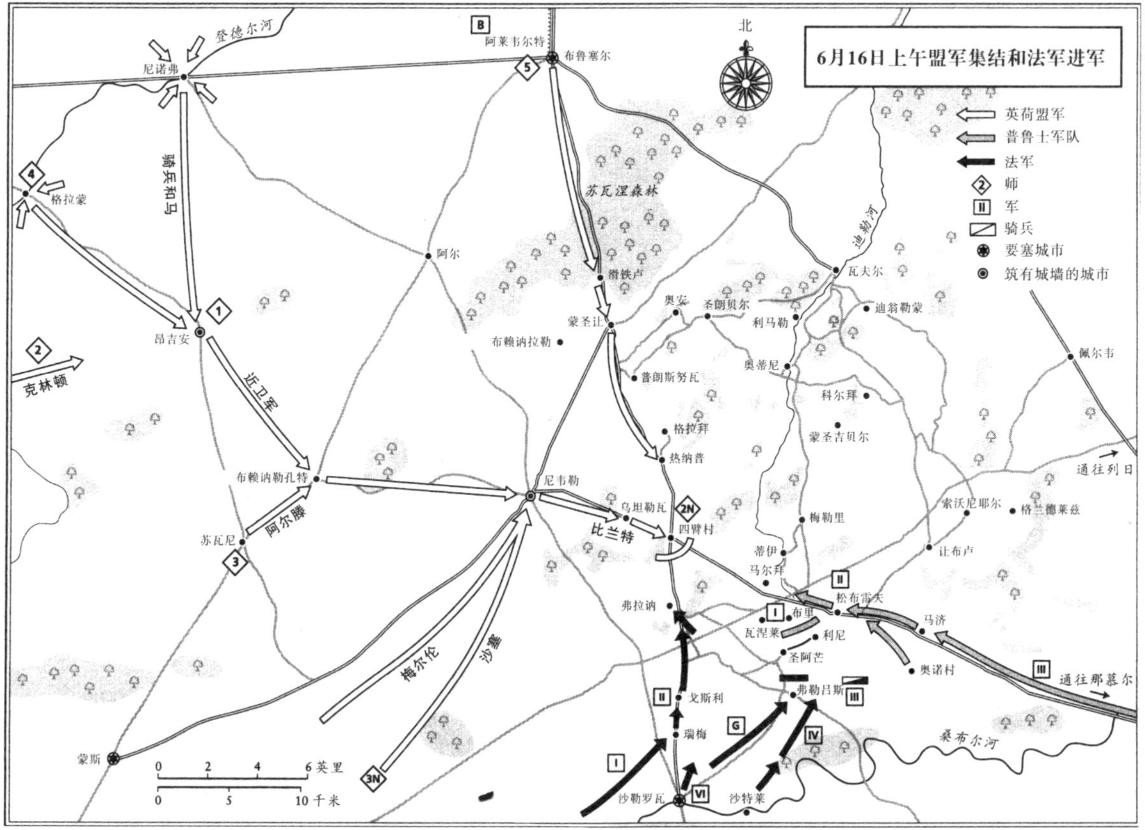
6月16日上午盟军集结和法军进军
英荷盟军
普鲁士军队
法军
师
军
骑兵
要塞城市
筑有城墙的城市
北
登德尔河
尼诺弗
阿莱韦尔特
布鲁塞尔
骑兵和马
格拉蒙
苏瓦涅森林
阿尔
滑铁卢
奥安
圣朗贝尔
蒙圣让
利马勒
布赖讷拉勒
昂吉安
克林顿
近卫军
奥蒂尼
普朗斯努瓦
迪勒河
瓦夫尔
迪翁勒蒙
佩尔韦
科尔拜
格拉拜
蒙圣吉贝尔
热纳普
通往列日
布赖讷勒孔特
尼韦勒
乌坦勒瓦
四臂村
比兰特
阿尔滕
苏瓦尼
索沃尼耶尔
格兰德莱兹
梅勒里
蒂伊
马尔拜
让布卢
松布雷夫
弗拉讷
布里
瓦涅莱
利尼
马济
圣阿芒
梅尔伦
沙塞
奥诺村
弗勒吕斯
戈斯利
通往那慕尔
瑞梅
桑布尔河
蒙斯
沙勒罗瓦
沙特莱
0 2 4 6 英里
0 5 10 千米

19

皇帝的命令

6月16日凌晨4点至上午10点

4点左右,皇帝起床阅读将军们送来的报告,并给他们发布新命令。看起来,普军正像他希望的那样行动。他们似乎正向东撤退,也没有做向北前进以便同威灵顿联合的任何尝试。他派了一名副官到奈伊那里评估形势,因为昨天的事件一定会激起敌人的反应,不过皇帝希望英军也会后撤。拿破仑事后称,他预测鲁莽的布吕歇尔会去协助威灵顿,但是没有料想到威灵顿会驰援布吕歇尔。他认为,一次强有力的进攻会让他们出于各自国家的利益沿相反的方向撤退。实际上,他低估了他们相互协作的决心。[1]

然而,无论威灵顿或者布吕歇尔正在做什么,当务之急是要摧毁在前一天一直躲避他的那支普鲁士部队。为此,拿破仑的第一个计划是夺取从普军位于东部的基地通往布鲁塞尔的道路,派法军将它封锁,然后向布鲁塞尔进军,打败威灵顿的军队,或者将它赶向海边。但是,随着这一天的行动逐渐展开,他数次改变自己的计划。他原本打算继续昨天的未竟事业,以对阵齐滕为始,以进军布鲁塞尔为终的一天结果变得大为不同。要理解局面为什么会演化为后来那样,把握住拿破仑对所获机会的判断的变化至关重要。当天一早,他未曾想过会在一天之内进行两场血腥的战斗,而这正是他的疏忽,因为随着时间的推进,他应该预料到参谋与通信工作将发挥重要作用,并必须对此做出反应。

6点之前,参谋长苏尔特一直在写命令。让·德·迪厄·苏尔特足智多谋,在半岛战争期间他是威灵顿难缠的对手。作为拿破仑的第一批元帅,他冷酷、强硬、野心勃勃、毫不留情,在波拿巴多年前取得的辉煌胜利中留下了浓墨重彩的一笔。但是,作为参谋长的人选,苏尔特却充满争议。在 1794 年的弗勒吕斯战役期间，他曾担任勒菲弗将军的参谋长，对比利时那部分的地形和环境有一定经验。在西班牙，他则一直是约瑟夫名义上的参谋长，但以前从未在这一职位上同拿破仑合作过。他的副手，即原参谋长巴伊·德·蒙蒂永，因为被降职而怨恨。而匆忙中，苏尔特召集的一群参谋官没有工作经验，并且明显不如他长期受信赖的前任——贝尔蒂埃元帅——的参谋人员。他们的不足之处已经在前一天发给德隆的相互矛盾的命令上凸显出来，这导致德隆的 2 个步兵师和 1 个骑兵旅距离前线仍有数英里之远。此外，1815 年 3 月 11 日被解职前，他在陆军大臣的职位上对新主子路易十八表现出来的热忱使得自己颇不受这支主要由波拿巴党人或共和主义者组成的军队的欢迎。他重新将不怎么受军人喜爱的牧师引入各团；他为穿着英军制服、被革命政府于 1795 年在基伯龙打败的流亡王党竖立纪念碑；他曾起诉过几位贸然支持拿破仑、此时是自己同僚的军官。旺达姆将军拒绝同他握手，并拒不执行他的命令，除非拿破仑强令。

当天上午，拿破仑已经决定委以格鲁希要职，以突出这位元帅的权威。格鲁希将指挥热拉尔和旺达姆的军，先朝松布雷夫前进，切断那慕尔通往尼韦勒的道路，然后前往附近的城镇让布卢，切断从那慕尔通往布鲁塞尔的道路。他还需要展开大范围的侦察，尤其是对那慕尔方向，以便尽量查明普军的位置所在。[2]

4 月，埃马纽埃尔·德·格鲁希在普罗旺斯击败了昂古莱姆公爵而获得权杖，作为拿破仑最近擢升的元帅，他是军中仅次于奈伊和苏尔特的军官，毫无疑问会获得这一职务，尽管他是否堪当此任值得怀疑。格鲁希出身于一个自由贵族家庭，他的姐姐索菲·德·孔多塞是吉伦特党人的智囊，格鲁希同她持有相同的信念，并因为在 1789 年支持改革而被王室卫队除名。在共和国时期他晋升为将军，不过很快就又接纳了波拿巴的政权。他在埃劳和弗里德兰会战中表现出色，1812 年又负责在俄国战场指挥一个骑兵军。复辟时期没有获得委任的格鲁希集结到了皇帝的麾下，在普罗旺斯对王党的迅速胜利让拿破仑晋升他为元帅。格鲁希夫人的侄子写道，元帅是一个极其优秀、英勇的骑兵指挥官，但是从来没有指挥步兵以及多兵种协同作战的经验。他不为士兵们所知，不为同僚们喜爱，意志薄弱，无法拿定主意。总之，他害怕让拿破仑不悦，为此他不惜违逆自己的本能。听命行事的长久习惯让他失去了主动性。[3]

为了支援格鲁希富有侵略意味的推进，安托万·德鲁奥将带领近卫军前往弗勒吕斯。与此同时，洛博伯爵将继续留在沙勒罗瓦外围的交叉路口，确保俘虏和伤员被安全运送回阿韦讷，并负责保护存储后备弹药的炮场。从那里，他既可以支援格鲁希，也可以支援通向布鲁塞尔道路上的奈伊元帅。

就像勒菲弗-德努埃特所预期的那样，苏尔特在给奈伊的命令中假定四臂村的敌军已经于夜间朝尼韦勒或布鲁塞尔方向撤退。奈伊将占据四臂村，沿着尼韦勒路和布鲁塞尔大道派出侦察兵。如果有可能，他将在四臂村以北3英里的热纳普布置一支前卫部队，在四臂村和松布雷夫之间的马尔拜部署一个师。苏尔特指示克勒曼的胸甲骑兵加入奈伊。近卫轻骑兵与第一骠骑兵团也将前往马尔拜，除非他们正在追击敌军。

此时，拿破仑正在试探。他不知道普鲁士全军正在附近尝试集结，也不知道威灵顿在做什么。侦察兵告诉他，他所面对的普鲁士士兵至多有4万人，因此他的计划是向东北推进，先夺取松布雷夫，再占据让布卢，从而封锁从那慕尔以及位于更遥远东方的普军基地前往布鲁塞尔的主干道。避免普鲁士人的干扰后，拿破仑将带领剩余兵力急袭布鲁塞尔。

在苏尔特下发进军命令的同时，拿破仑也发布了他的指示。他的军事侍从副官和传令兵总是会传送总参谋部命令的副本，而拿破仑也喜欢引申参谋长发出的重要命令，一来出于安全方面的考虑，也是因为自己副官的坐骑更为优良，更富有主动性，很可能更快抵达目的地，即便面对意外事件，也能很好地阐释皇帝的意愿。拿破仑的高资历副官远非只是信差：作为皇帝的个人特使，他们拥有举足轻重的话语权。他们都拥有旅将军及以上军衔，级别要比仅仅是校官的军官高，他们经常被派去率队侦察、带领进攻或指挥分遣队。相比苏尔特发出的命令，拿破仑自己的命令会自然揭示出他的大量个人想法，如果收件人有任何疑问，或两个命令存在矛盾，皇帝的命令总是被优先执行。但是，随着重复命令的发出，总会有造成混乱的可能。

拿破仑将夏尔·德·弗拉奥派去奈伊那里。此人被认为是塔列朗的私生子，还是约瑟芬的女儿奥尔唐斯的情夫，拿破仑最富天赋的忠诚追随者之一。拿破仑在信中告诉奈伊，他正将自己的军队分为两翼与预备队。他指示奈伊占据四臂村的阵地。至于他自己的行动，取决于格鲁希尝试向松布雷夫进军后的情况。不过，奈伊需要做好在当天稍晚时候朝布鲁塞尔进军的准备，因为拿破仑希望能通过夜间急行军于第二天一早抵达那里。拿破仑的参谋们预计敌军不仅会撤出四臂村，还会撤出尼韦勒，他们假定威灵顿的前哨会随着拿破仑的前进而后撤。

拿破仑在信中向奈伊承认，可能会有一些同英军的小接触，但是他希望奈伊平静度过这一天，聚拢士兵，为晚上朝布鲁塞尔的进军做好准备。他指示奈伊在马尔拜部署一个师，从而填补两翼间的空隙，并在必要时支援任意一侧。他希望克勒曼的胸甲骑兵能停驻在布鲁塞尔大道和罗马古道的交叉路口，如此他们可以支援两翼中的任何一翼。若皇帝不需要克勒曼所部，奈伊可以命令他同自己会合。拿破仑告诉奈伊，继续将勒菲弗-德努埃特的近卫轻骑兵留在身边，因为这天稍晚时候他们很可能长驱布鲁塞尔，但如果有战斗，可用一线骑兵替代。

拿破仑写了一封相似的命令书信给德·拉贝杜瓦耶将军，令他交予格鲁希元帅。旨在加强格鲁希相较于旺达姆的权威，这封信件确认他将指挥右翼，不仅旺达姆，热拉尔也将听他调遣。他们知道，只有亲临时拿破仑才会越过格鲁希直接向他们下令。在此之前，负责指挥骑兵的格鲁希除了他的元帅身份高于中将军衔的旺达姆，并无任何统辖他的权限：虽然与一些历史学家的说法相反，但是从这时开始他才正式成为右翼的指挥官。格鲁希将带领9000名骑兵，在旺达姆的1.75万人和热拉尔的1.54万人支援下先夺取松布雷夫，然后猛攻让布卢。让-巴蒂斯特·吉拉尔的步兵师将紧随其后，不过除非万不得已不会参战，因为该部之后还需要前往布鲁塞尔。拿破仑将带领近卫军在上午11点前抵达弗勒吕斯，但他也不希望他们参战。因为所有的情报均表明，格鲁希已经拥有足够的兵力打败正在撤退中的普军，据估计他们至多有4万人。[4]

毋庸置疑，早晨此刻的拿破仑仍信心满满，深信自己最初的计划正在奏效。他意图在粉碎齐滕军和一小部普鲁士援军后，在身后留下一支负责封锁敌人的后卫，然后沿着还算畅通无阻的大道向布鲁塞尔进军。他预料，若普军撤退，英军也会撤退。

与此同时，仍滞留在桑布尔河南岸的军队正在进食、重组和渡河。虽然热拉尔抱怨说他在凌晨2点就做好了进军的准备，但是他们的进军命令直到9点30分才送达。[5]热拉尔的士兵直到下午早些时候才抵达弗勒吕斯，但是拿破仑似乎认为，再次催促他们前进之前，一直不分昼夜行军的他们需要休息和进食。

奈伊第一步要做的是将他麾下所有的部队带往前线。让-巴蒂斯特·德鲁埃的军在当天很早的时候就出发了，但是他的骑兵后卫有20英里的路程要赶，落在最后面的步兵也要前进17英里才能同雷耶部会合，每支部队都在各自背后的那支赶上后出发。与此同时，勒菲弗-德努埃特在天一亮就派出的侦察兵发现，敌军非但没有从四臂村撤出，反而增援了那里的守军。在将此事汇报给苏尔特并简述完雷耶后，奈伊前往弗拉讷观察前线形势。那里的情况表明，他需通过战斗将尼德兰人逐出。

尼德兰部队分列在布鲁塞尔大道两侧约两英里的阵地上，他们的西侧是一个大而浓密的树林，能够隐匿数量众多的部队。勒菲弗-德努埃特的侦察兵看到尼德兰步兵从尼韦勒向四臂村进发，但骑行到四臂村以北的热纳普后，他们却发现那里空无一人。到这时候为止，并没有任何部队从布鲁塞尔赶来。大约早上7点，近卫骑兵进行了几次试探性的进攻，以便测试尼德兰人的态度和兵力。[6]除了一个连的普鲁士骠骑兵，没有盟军骑兵能阻止奈伊获悉守四臂村的敌军是孤立无援的。除非大部队隐藏在树林里，他们的兵力并不多，但即便如此也足够抵挡奈伊位于弗拉讷附近少量步兵的攻击。

上午10点左右，让-巴蒂斯特·吉拉尔向戈斯利的雷耶报告说，他看到一支普军纵队正沿着主干道自那慕尔而来，增援弗勒吕斯附近的普军。雷耶请求奈伊确认，他应该向弗拉讷前进，而不是朝着这支集结的普军进军。奈伊在 10 点 30 分收到了拿破仑的指示,让雷耶前往四臂村,这与苏尔特的行军命令一致。一个骑兵师和德隆的一个师被派往马尔拜,余下的师将前往弗拉讷。剩余的骑兵师将对纵队的侧翼和前方进行侦察。奈伊随后向苏尔特汇报:四臂村似乎有 3000 名敌军步兵,几乎没有骑兵,他认为自己不费吹灰之力就能执行皇帝进军布鲁塞尔的命令。

奈伊的消息体现出他对各个师的位置以及他们正由谁统帅含糊不清的事实。前一天晚上他只确定了雷耶军两个师的位置,感觉德隆军的大部正和德隆本人一起位于瑞梅。此时他认为吉拉尔师仍在雷耶麾下,实际上该部已经被拿破仑借调了,这意味着奈伊手上一线部队的数量要比他预想的少 5000 人。这是不吉利的预兆;奈伊正在使用近卫枪骑兵作为信使,以填补参谋人员的缺失,而当天一整天他都要向苏尔特借调一些参谋人员,因为他自己没有参谋。

根据奈伊一早的局势报告,苏尔特命令他集中兵力,摧毁四臂村的所有敌人。[7] 得知将在夜间强行军前往布鲁塞尔,克勒曼的骑兵军正从沙勒罗瓦附近的桑布尔河南岸悠闲地开过来。克勒曼可能在那时遵从了拿破仑的指示,停驻在戈斯利与弗拉讷之间布鲁塞尔大道同罗马古道的交叉路口,只有弗勒吕斯的皇帝不需要他的协助时,他才能离开该地,前去同奈伊会师。同样地,为了将勒菲弗-德努埃特所部近卫轻骑兵的伤亡降到最少,并留到夜晚向布鲁塞尔进军,奈伊只在必要时才动用他们。这些命令从未得到修改,使得这 3 个强大的骑兵师在当天鲜有作为。

上午 11 点左右,拿破仑抵达弗勒吕斯。纳沃风车磨坊被法军工兵改造成了拿破仑的观察哨和指挥所,此处可以俯瞰向松布雷夫延伸的广阔平原。在那里,他收到了吉拉尔的报告:有普军正从东部赶来。他命令苏尔特和格鲁希巡视前线,尽可能弄清普军的兵力和位置。[8]

拿破仑事后批评自己没有在前线过夜,但是他没有理由能感知到即将到来的危机。如果他身处弗勒吕斯附近,他可以更早知晓事态的进展,并随机应变,但他仍缺兵少将。落在最后面的部队(比如热拉尔军)未能在凌晨就开始前进,可能是参谋人员的疏忽,但也许是认为他们需要休息。无论奈伊还是拿破仑,都在有条不紊地向前推进,并且奈伊还意识到他要为士兵们稍后的艰苦夜行军保存一部分的体力。这两个指挥官都被指责在6月16日上午较为懒散，但是有那么多部队需要从远方赶去前线，要推进局势更快发展，他们鲜有可为。

20

奥兰治亲王在四臂村

6月16日凌晨5点至中午12点

四臂村的房屋围绕尼韦勒至那慕尔道路与沙勒罗瓦至布鲁塞尔大道的交叉路口排布，这个村庄位于布鲁塞尔以南23英里、沙勒罗瓦以北9英里的地方。该地无险可守，只是因为它处在自尼韦勒和布鲁塞尔而来的两条道路的交叉处，威灵顿的军队肯定会通过那里驰援布吕歇尔，布吕歇尔也必定经过该地撤往布鲁塞尔，这才赋予它重要的战略意义。

这两条道路路面宽广，铺有石子，易于车辆通行。石子路旁还有宽阔的土路供马匹使用。两者都相对水平，因为周边的地势发生变化时，可以通过路堑或堤道前进。俯瞰通向弗拉讷的平坦金色平原的是博叙大树林。树林从尼韦勒至那慕尔路朝着法军所处的弗拉讷延展1.5英里，它的宽度介于500码至1000码之间。这片树林是古代山毛榉森林的遗迹，又长有少量橡树。其边缘区域树木浓密，但是其内部由于成龄树木阻止了灌木丛的生长，而变得非常疏朗。[1]一条深陷在地面下的小路沿着树林的东部边缘穿过，另一条小径从东至西横穿树林。在弗拉讷以东是一片与之类似的巨大树林——德于特树林。法国士兵抵达后被命令躲入这个树林，从而保持隐蔽。

佩尔蓬谢将军和伯恩哈德亲王在黎明的迷雾中巡视了前哨。佩尔蓬谢派遣一个营的拿骚轻步兵去支援正据守博叙树林、配备来复枪的拿骚猎兵，又将第二十七荷兰猎兵营以散兵队形部署在坚固的海米奥库尔农场和皮洛蒙村之间的高秆谷物里。抓紧时间睡了几小时后，年轻的奥兰治亲王抵达并视察了阵地，发现雾气仍未消除。他下令前线部队进行一次战斗侦察，一探法军的虚实。尼德兰猎兵和诺曼的轻步兵得令后向前推进，重新夺回了前一天晚上丢失的所有土地。法军乖乖后撤，他们的前哨骑兵同西里西亚骠骑兵展开了小规模的交火。西里西亚骠骑兵被佩尔蓬谢说服后加入了他的行列。

布吕歇尔先前派遣了一个参谋去查明前一天晚上听到的枪炮声的起因。6点30分，这个参谋返回向布吕歇尔报告，根据奥兰治亲王的说法，所有的比利时部队以及大量的英国部队将于3小时内抵达尼韦勒。普鲁士人将流离失所的西里西亚骠骑兵派往马尔拜，希望他们能保证道路畅通。

可以理解，奥兰治亲王仍心存不安：当他的军队被牵制在四臂村时，法军可能会直驱尼韦勒。所以，他命令沙塞将军的师占据尼韦勒上方的防御阵地，阿尔滕的第三师一旦从西部抵达便立即支援他们。由于急需骑兵，尤其是需要探明周围正在发生什么，亲王将梅尔伦的轻骑兵召往四臂村。拿骚人进行的第二次试探性攻击遭到了法军炮兵的还击，这说明后者已经获得了支援。奥兰治差人传信给威灵顿，告知他自己所了解的以及他所做的。

威灵顿和他的参谋一起于上午8点离开布鲁塞尔，他们骑马快步超过了预备军的纵队。根据公爵的命令，纵队停在滑铁卢和蒙圣让之间，即向右通往尼韦勒和向左通往沙勒罗瓦的道路分岔口前。第九十五来复枪团位于纵队的前列。内德·科斯特洛中士写道："新兵躺下睡觉，老兵生火做饭。"中士发现，在这个美丽的早晨，从树林边缘传来的鸟鸣声惊人的吵闹。[2] 阳光穿透了薄雾，这又是从清晨开始就知道会很热的一天，所以纵队的绝大多数士兵都停在了树木的阴凉处。

滑铁卢是一个靠近苏瓦涅森林边缘的小村庄。当沿着道路向南前进时，左侧的树木依然浓密，但右侧的树木却随着地形的开阔变得逐渐稀疏。覆有石板和瓦块的白墙屋舍立于道路两旁。几家旅馆主要接待将煤炭从沙勒罗瓦运往布鲁塞尔的车夫，正对着它们的是一片开阔区域，环绕着一座令人惊叹并饰有精致门廊的宏伟圆顶教堂。从森林边缘开始，地面缓缓隆起形成一条长山脊，道路从其中坡度非常陡峭的缺口穿过。到了蒙圣让的风车磨坊前，树林便不再向南蔓延，那里散布着第一批茅草小屋，再往南则是位于道路分叉口的第二批小屋。在面向沙勒罗瓦方向的斜坡高处，坐落着大型封闭式的蒙圣让农场。山脊之上有一条小路穿过，从那里开始长有谷物和三叶草的广阔田野缓缓降下，然后又攀向另一条较高的山脊。当皮克顿的部队停下休息，等待沿哪条道路前进的命令时，卡尔·冯·雷特贝格的炮连追上了他们，不伦瑞克的近卫营也赶上了他们。近卫营正由他们的公爵骑马带领，同威灵顿一起急速向通往四臂村道路上的热纳普前进。

上午10点左右，威灵顿跟着自尼韦勒而来的两个尼德兰民兵营和一个炮兵连抵达四臂村。双方的士兵都在煮饭，什么都没有发生，威灵顿对危机的冷静处理似乎是完全合理的。尼德兰人先前辨认出，同他们对垒的是近卫猎骑兵、枪骑兵和骑炮兵，以及一线步兵，这让聚集在四臂村的盟军军官多少有些不好意思地承认，他们可能仅仅是法军的一支强大侦察队。可能它只是用来掩饰对其他地点的进攻，或是针对普军，或是针对尼韦勒。[3]

威灵顿同布吕歇尔的使者讨论了当前的局势，并捎给元帅一则便条，内容为他对麾下各部当前所处位置的估计以及他们预计的抵达时间。然而，公爵太过乐观：实际上，英军仍分布在图尔奈至布鲁塞尔途中的昂吉安，蒙斯至布鲁塞尔途中的布赖讷，班什至布鲁塞尔途中的尼韦勒。虽然其中一部将在傍晚前赶到，但是威灵顿却告诉布吕歇尔，希尔勋爵的军已经抵达布赖讷勒孔特，而事实上他们刚刚完成集结，连进军命令都还没有收到。威灵顿还告诉布吕歇尔，他预计骑兵将在中午之前到达尼韦勒。

一些历史学家认为，威灵顿蓄意误导布吕歇尔，或骗他将计划建立在虚幻的希望之上。其他历史学家推测，威灵顿和参谋们知道他们已经铸下大错，不过在部队抵达前就将可能的延迟和盘托出未免太过尴尬。如果实情如此，这么做是不对的。然而，似乎更可能的是，在这条消息发出后，错误才被发现。虽然在离开布鲁塞尔之前，威灵顿向希尔军和骑兵军下发了行军命令，但是直到四臂村他才察觉意外的发生，根据德恩贝格的说法，威灵顿从那里向骑兵下达了第二道命令，让他们从昂吉安前往四臂村。一些骑兵的回忆证实，等待新命令的下达时，有许多团在昂吉安滞留了相当长的时间。[4]

上午 10 点 30 分，皮克顿接到命令，向 10 英里之外的四臂村前进，而不是赶往尼韦勒。而此时进入尼韦勒的阿尔滕师与通过该地的沙塞各营正好撞在了一起。幸运的是，康斯坦抵达了，并顺利将这 1.5 万人全部引入了设防城镇的阵地，其中英军位于最靠近四臂村的东侧。粮秣车队抵达后，士兵获得了 3 天量的咸牛肉和硬饼干。[5]翁普特达的 KGL 旅被派到了前方，阻击任何自班什而来的法军。期间，库克将军的近卫师抵达位于四臂村以西 15 英里处的布赖讷勒孔特，却发现通过该地的道路已经被辎重堵塞。等待通行时，在极端的高温天气下这群背着厚重的行囊而汗流浃背的士兵，不停地唱着一首叠句为 "All the world's in Paris" 的流行歌曲。[6]库克骑马前往勒米鲁瓦尔获取命令，却发现司令部在没有留给他任何新指示的情况下就已经迁往尼韦勒，于是他决定自己展开侦察，而他手下的士兵则解下行囊休息。

当时正在防御四臂村的兵力共有 9 个营的步兵和 16 门火炮，总计 6500 人，尽管他们出现在这里与威灵顿的命令无关。伯恩哈德亲王觉得他应该受到一些嘉奖，归功于自己的积极主动，法军才没有在前一天晚上占领这个战略要地。但是，由于此时看来威胁被夸大了，威灵顿无视他的功劳，这让亲王感到非常郁闷和愤慨。[7]

对四臂村的局势做了简要评估，觉得当时出现在那里的少量法军并不构成威胁后，威灵顿沿着石子路，骑马前往 7 英里开外的松布雷夫，随行的还有德恩贝格、米夫林、一些参谋，以及一个小型骑兵护卫队。然而，他离开后，轻步兵就重启了他们的前哨战，炮击也再次展开。

21

从布里远眺

6月16日上午,"松布雷夫阵地"

普鲁士人像威灵顿一样,热衷于为两支军队制订协同作战计划。于是,格奈泽瑙派遣哈丁带着一个来自格鲁希参谋部的逃兵去寻找威灵顿。双方在林荫道上相遇,并一同返回。他们离开石子道路,在骄阳下沿着一条小路前往布里村。抵达这一位于浅谷小溪旁的村落后,他们登上树木茂盛的斜坡,来到村子东南500码高地上的一座农场。

当一行人接近时,没有人注意到威灵顿,直到齐滕的参谋长赖歇认出了他,两人在上个月的骑兵检阅中结识。当威灵顿的普鲁士仰慕者叫出他的名字时,所有人都转身凝视这位"誉满天下的战争英雄"。威灵顿质朴的服饰让赖歇惊讶,但是他的栗色良驹和实用装备给赖歇留下了更为深刻的印象。威灵顿的马鞍之后是一个小盒子,里面放了一套换洗的衣物。而马鞍前大多数军官用来固定手枪枪套的地方,系有一个盛放片状皮革的小骡皮盒。这些皮革供威灵顿用铅笔在上面书写命令,它们比纸要好,因为遇水不会湿掉。[1]

赖歇将威灵顿迎上楼梯,来到比西木制风车磨坊的扶栏前。在那里,普鲁士指挥官们正通过望远镜,在一片朦胧中观察两英里以南弗勒吕斯附近正在移动的法军纵队。很明显,一支数量庞大的法军正在布吕歇尔面前集结,他估计有13万人。虽然这个数字要远比他能看到的多,但是此估值可能是基于逃兵告诉他的信息。

一整夜,普军参谋部都在为他们的前景担心,因为他们知道部队要很晚才能抵达松布雷夫,由于没有其他部队到场,齐滕的第一军被迫留在了第一线。此时,在指挥官前方和身旁的开阔区域里,齐滕的士兵正在列队。

从那里开始，地形缓缓向下方谷地里的圣阿芒村倾斜。在风车磨坊上一睹普军的部署后，威灵顿事后声称曾谴责齐滕军顺着斜坡向小溪利涅的部署方案，这样会被敌军一览无余、炮火覆盖。结果，齐滕的士兵确实遭到打击，但是普军的大部均隐藏在法军的视线之外，位于威灵顿后方，尼韦勒至那慕尔石子路另一侧的背坡。[2]

在指挥官身后 1200 码处，石子路沿着一个坡度不大的山脊往前伸展，同通往让布卢方向的罗马古道，在位于莱特鲁瓦比雷特旅馆的交叉处形成了一处分水岭，接着它在松布雷夫村沉入谷地，再向着与弗勒吕斯至让布卢路交叉处的日光角旅馆爬升。道路继续向东通往马济和那慕尔，从那里疲惫的普鲁士各团仍自豪地向战场迈进。

在指挥官所处的风车磨坊下面，地势朝小溪利涅所在谷地的两侧和正面下降。小溪利涅两岸分布着数个村落，位于磨坊右侧一英里处的是瓦涅莱的零散屋舍，位于西南半英里多一些的是圣阿芒拉艾，再往南是圣阿芒，它的教堂位于磨坊正南一英里处，正对着弗勒吕斯，位于它们左侧东南一英里处的则是利尼。过了利尼，溪面变得开阔，成了一条小河，蜿蜒流往东北方向一英里多的松布雷夫，以及之外的其他村庄。卡尔·冯·施泰因梅茨的旅占据着风车磨坊前面、圣阿芒上方的高地；弗里德里希·冯·雅戈的旅位于布里周边与磨坊附近；普鲁士贵族威廉·亨克尔·冯·唐纳斯马克伯爵的旅位于他们左侧，在利尼村内与其后方位置；奥托·冯·皮尔希的旅则位于其身后作为预备队。弗里德里希·冯·勒德尔之前和所部骑兵掩护了自弗勒吕斯的撤退，占据了利尼和布里之间的阵地。他将黑色枪骑兵部署在利尼西南引人注目的坟场"利尼墓地"作为警戒部队。[3]

当天一早，格奈泽瑙由于意识到比洛第四军的 3.2 万人可能无法在天黑前抵达战场而烦恼，因此他们将要在四分之一的军队不在场的情况下与法军一战。他派往阿尼的信使于前一天晚上 11 点 30 分传回消息，第四军仍没有出现，虽说多少有些迟，但是信使将前往列日搜寻该部的踪迹。同时，一条从比洛处发来的消息称，他将在这一天早上于阿尼完成集结。格奈泽瑙一定介于愤怒与绝望之间左右为难，因为比洛对命令的误解，有一部分责任在他身上。比洛军于黎明时分离开列日，在正午左右抵达罗马古道时，他们停歇了两个小时就餐休息，此时距离战场仍有 25 英里。在那里比洛收到了布吕歇尔的命令，继续沿着罗马古道朝让布卢前进。

尽管遭遇这一挫折，但是随着时间的推进，法军并没有发起进攻，普鲁士第二军、第三军的士兵开始在战场的边缘集结，将领们逐渐变得更有信心了。同时，齐滕各旅的前置散兵正在加固谷地里各个村子的工事，开凿射击孔，设置路障。[4]

9 点左右，格奥尔格·冯·皮尔希第二军的先头团从正站在松布雷夫的神父宅邸外面的布吕歇尔侯爵身边经过，并对他报以欢呼。当路德维希·纳格尔的团抵达时，元帅仍在该地，"看着我们经过时，他用右手托着脑袋，似乎正在沉思"。志愿猎兵弗朗茨·利伯所属的"科尔贝格"团，在不分昼夜地行军后稍晚抵达。接近战场时，他们得以一览下方军队调动的景况：鼓声阵阵，绣着精致图案与鲜艳十字的白色旗帜垂荡在窒闷的空气里。通向战场的道路总是布满垃圾：士兵们通过扔掉书籍和旧鞋子减轻负重，更迷信的人会扔掉扑克牌，因为这类人普遍认为扑克牌吸引子弹。同样的理论还适用于骰子和下流的歌曲集，需要将它们从头上抛掉，并且不能转身回望，从而让士兵免受它们的不良影响。不迷信的利伯在松布雷夫的近郊捡到了一副漂亮的扑克牌。[5]

到达与利尼村同一高度的一个阵地后，"科尔贝格"团的士兵右转来到石子路北的下坡处休息，掉队者则趁机赶上同主力会合。士兵们焦急地等待战斗。一些人吞食枪弹，认为这样可以避免被侵袭或者觉得体内已经有一发子弹，就不会再被击中。因为利伯所在的连是由中产阶层的志愿者组成，他们的枪支由自己购置，不同的枪管造成使用的子弹各异，在这方面不得不自给自足。就在一周前，他们获得了一定量的铅，以便自制铅弹。利伯写道："在战斗即将爆发时为自己制作子弹，对一个会反思的人来说，这是他所处的最古怪的局面之一。"那天晚上，利伯和两个同伴躺在草棚下，一边透过屋顶的孔洞出神地望着天上的星星，一边思念着家乡。一个同伴说，他的父亲曾预言他再也回不了家了。另一位同伴是犹太人，也说他有种会战死的预感。利伯则信心满满地认为，他将毫发无损地活下来。[6]

士兵们检查武器，准备弹药。步枪子弹每20发为一份被装在纸包中，只有在使用时才会打开。绷带和皮棉被分发给每个士兵。位于利伯所在连后面的是一个骑兵团，其中一人是利伯在柏林的邻居。此人骑马过来请求利伯，若他倒下了希望利伯能帮忙通知他的家人，并同意若利伯牺牲，他也会这么做。

蒂尔曼的第三军在黎明前紧随第二军离开那慕尔，其先头部队在中午前后于东侧阵地展开。皮尔希军中来自西里西亚的第二十二步兵团因为出发地最远，是最后抵达战场的部队之一，在威灵顿于比西磨坊同布吕歇尔会面时他们仍在行军。当天早上7点，经过了两小时的休息后他们离开了那慕尔，不过很快就遇到了一辆满载着前一天前哨战伤员的车辆。他们因为交通而延误，当太阳穿透晨雾时，又要忍受阳光的烤灼：

> 天空万里无云，6月骄阳如火，飞扬的尘土令人窒息，每个人都忍受口渴之苦。我们经过的村庄水井已经枯竭。士兵中已经有人因为精疲力竭而倒下，每个小时掉队的人数都在增多。过了中午，我们的团在一个村子停下，一边等待掉队的士兵赶上，一边从池塘中取水止渴。池塘的水很甘甜，尽管曾被骑兵与炮兵的马匹饮用而混上了泥浆。一个信使骑马赶来，传递加速行军的命令，全团的荣誉在此一举，我们立即出发，虽然经过24个小时的行军，精疲力竭的掉队者中超过半数的人还没赶上。[7]

在3个军抵达攻击距离后，布吕歇尔大约有8.35万人和216门火炮。[8] 普鲁士人认为他们的兵力处于极端的劣势，己方所有的士兵还是在整日整夜的行军后才抵达战场的。实际上，他们军队的数量比拿破仑预计数字的两倍还要多，比拿破仑此时正在弗勒吕斯周围集结的6.5万人多得多。

实际上，数周前考察战场时，普军参谋部就已经制订了在松布雷夫的作战计划。它的细节不为人所知，不过第一军将占据布里和圣阿芒周边的右翼阵地，第四军在其后作为预备队；第二军将防御从弗勒吕斯到日光角的道路，第三军在后支援。[9]当时的想法是防御位于松布雷夫至通格尔内讷（位于松布雷夫以东约一英里处）之间的左翼坚固阵地，从右翼的布里发动攻势，并迂回法军侧翼和后方。当普鲁士人认识到比洛无法在16日的白天抵达时，他们必须选择是停下一战还是向后撤退。普鲁士人认为他们的防御阵地稳固，因而决定一战。他们命令比洛前进到全军后方的一个位置，这样他们就能以此为依托撤退，或该部在第二天从那里展开攻击。

修订后的计划设想由蒂尔曼的第三军防守东侧，冯·皮尔希的第二军在右翼齐滕军的身后蓄势待发。最初的计划并没有把英军计算在内，但是这时候看来普军可以牵制住法军，直到威灵顿从西面抵达，给予敌军致命一击为止，于是讨论开始转向英军以何种方式干预战局。威灵顿仍认为四臂村的法军兵微将寡，完全不值一提，他相信己部主力可能会在一两个小时内集结完毕进行战斗。[10]到此时为止，即使他担心自己开始集结军队的时间太晚，他并没有向普鲁士人坦白这一点。

威灵顿的想法是沿着沙勒罗瓦大道驱散自己正面的法军，然后插入拿破仑的后方。然而，格奈泽瑙对此表示反对，他认为这样花费的时间过长。他的提议是威灵顿仅需沿那慕尔路向左转向，支援普军右翼。据米夫林称，威灵顿带着执行这一策略的意图离开，但是菲茨罗伊·萨默塞特写道，威灵顿"告诉布吕歇尔，自己将尽其所能支援他"。无论如何，格奈泽瑙留下了"威灵顿公爵保证会从背后给予敌人一击"的印象。有了这样一个保证，布吕歇尔决定在现有位置接受会战，于是发射号炮以便传递这一决定。[11]

伴随着普鲁士军队不绝于耳的"万岁"欢呼，布吕歇尔在威灵顿返回四臂村的道路上陪同了他很短的一程，然后调转马头。看着骑马慢跑返回的老帅去带领军队投入战斗时，威灵顿大声说："一个多么难得的战友啊！"[12]

22

拿破仑改变计划

6月16日下午1点至2点30分，利尼

威灵顿从比西风车磨坊走下来不久，格鲁希与苏尔特从他们的侦察中返回，并在弗勒吕斯外他们自己的纳沃风车磨坊遇到了拿破仑。两个风车相隔两英里，可以彼此看清楚对方，而法军的司令部就建在拿破仑的风车下，配有一套桌椅供他研究地图。在信使带着奈伊元帅的报告抵达后，拿破仑认为不费吹灰之力就能将预计只有3000人的四臂村守军扫除。他以轻快的口气做出了回复，指示奈伊"发起最猛烈的攻击"。[1] 奈伊需要执行的计划仍然是为夜间行军扫清道路，并于第二天早上突然现身布鲁塞尔，与此同时，格鲁希元帅会逐退普军，夺取松布雷夫和让布卢。为此，格鲁希的骑兵正扫过弗勒吕斯的东北区域，骑马赶往通格尔内讷，旺达姆将军的军正在城镇前面休息，而热拉尔军与近卫军正从南面接近。

然而，元帅们估计，普军已经在上午获得了支援，更多的援军仍在不断抵达，尽管他们的大部不为己方所见，其一线部队又隐匿在房屋、花园和果园里。做了报告后，苏尔特和格鲁希跟随拿破仑来到了由战斗工兵围绕风车搭建的瞭望长廊上，以便进一步观察敌情。参谋部的夏尔·德·福尔班-让松上校靠在木栏上，用他的肩膀为皇帝的巨型望远镜的末端提供支撑。通过这个有力仪器，拿破仑对普军阵地做了一次仔细、漫长的勘察。[2]

拿破仑所在的风车磨坊紧靠沙勒罗瓦至让布卢路，位于一片基本水平的旷野的制高点上方。在他身前是一片波状起伏的广阔麦地，其地势缓缓升起，延展至一个坡度不大的山岭，在那里从那慕尔至尼韦勒的主干道通向远处。位于风车磨坊东北3英里处的沙勒罗瓦路与尼韦勒路在通格尔内讷以北的日光角旅馆交叉。从该地沿道路往尼韦勒方向前进一英里是松布雷夫村。再往西一英里多是布里村，拿破仑观察普军主阵地时位于其正面。在这个村子后面西北半英里处，通向尼韦勒的道路与罗马古道在莱特鲁瓦比雷特相交。

在人口众多的谷地中，于泥沼中蜿蜒流淌的小溪因凹陷在地下而不被他们察觉。不过拿破仑有一位当地向导，他名叫弗朗索瓦·西蒙，是一名来自弗勒吕斯的测量员，他一定为拿破仑指出了这点。[3] 一条支流从布里向南流去，同源自更靠西的位置，穿过两英里外瓦涅莱的主溪道汇合。溪水向圣阿芒拉艾的东侧蜿蜒，绕过它的城堡，流向圣阿芒特有的扎有树篱的花园。距离最近的建筑是将近一英里开外的圣阿芒教堂。在教堂下方的沼泽区域，更多的小溪流汇聚在一起。拓宽到5码、更值得注意的小溪利涅向东北延伸几乎一英里，通过护城河堡，来到利尼村边缘。这个较大型的村落距离圣阿芒教堂大约一英里，距离拿破仑所在的磨坊1.5英里。之后，小溪利涅从村子的中心穿过，向东流往波特里欧，接着向南再向东流经通格尔内讷、布瓦涅和巴拉特尔。在这些村子里，数量众多的庄园、农场和教堂构成了重要据点。

皇帝说："老狐狸是不会招摇过市的。"仅凭拿破仑能看到的来说，普鲁士人仍保持神秘，但是他的勘察表明敌人在场的兵力要比他最初认为的多。他甚至可能看到了聚集在敌方风车磨坊上的布吕歇尔的参谋们。在风车磨坊的下方和后面，齐滕军3万人中的大部，以及一条火炮阵线完全展露了出来。火炮阵线位于圣阿芒拉艾与利尼之间的山脊上，俯瞰着圣阿芒与它至利尼间的空旷区域。但是，更多的军队已经连续数小时不断地赶来，一部分藏身于后坡，其他的还在路上。皇帝觉得很难相信敌人集中了一支军队，不过他取消了格鲁希对松布雷夫的进攻，以派出侦察兵作为替代，同时他与元帅们也前往近处勘察敌军阵线。[4]

在一小波执行护卫的参谋随从和骠骑兵的陪伴下，莫里斯·热拉尔将军一边进行侦察，一边正试图找到皇帝。突然，一个中队的普军黑衣枪骑兵对他们发起了冲锋。就在法国人疾驰逃离时，热拉尔的坐骑倒地，将他摔下。他的同伴见状转身投入了同普军的激烈肉搏战，其中热拉尔的一个副官肾部中弹，参谋长被捅了一枪。生死攸关之际，一个猎骑兵分遣队抵达，逐退了普军，将热拉尔一行救下。

热拉尔最终在纳沃磨坊找到了业已同一行人返回那里的皇帝。此时，格鲁希位于东部的侦察队已经确认，更多的普鲁士人正在通过那慕尔道路前往战场，而随着波拿巴逐渐接受了普军的兵力正在不断增加的事实，一个新的计划也在他的脑海中构建了出来。与简单的通过打击日光角，将敌人逐往让布卢相反，他将设下一个陷阱，使普军无法再次逃脱。

新计划需要旺达姆钉住普军，并吸引他们的预备队，与此同时，热拉尔将攻击敌军左翼，吉拉尔将军的师将攻击右翼（此处作者弄混了普军的左右两翼）。若敌军投入全力，仅凭这些部队又无法撼动他们，奈伊会从西面赶来，在近卫军从东面攻击时，为普军敲响丧钟。拿破仑所要做的就是告诉奈伊计划有变化，摧毁普鲁士人是他们新的第一要务。于是，拿破仑指示苏尔特向奈伊发出另一道命令，时间为下午2点：

> 元帅，皇帝吩咐我通知阁下，敌人在松布雷夫和布里之间集中了一个军（body）的兵力。在2点30分，格鲁希元帅会指挥第三军、第四军对该部敌军发起攻击。
>
> 陛下的意图是阁下也应当对面前的敌人发起攻击，在有力地将他们逐退后，你应当掉头转向我方，以便同我部配合，迂回刚才向你提到的这支敌军。若是这支敌军在此之前已被击溃，陛下将朝你部所在方向前进，协助你部速战速决。
>
> 立即把你的部署，以及正面正在发生什么报告给皇帝。[5]

这道命令的措辞是有问题的。到这时候为止，奈伊已被多次提醒，除了预定向布鲁塞尔的进军，不要"错误地行进"从而导致部队疲惫。而一道杀回利尼的命令强烈地暗示，皇帝认为这个"军"或者"body"（这个法语词存在歧义）可能实际上是一个军团。但是，苏尔特没有告诉奈伊，需要在利尼全力以赴以便消灭普鲁士军队。这表明他们对普军的真实兵力和战斗决心仍都是不确定的。既然苏尔特还说如果他们很快就打败了普鲁士人，他们将会赶去四臂村，奈伊没有真正的理由得出迫切需要他的介入或者进军布鲁塞尔的计划已遭放弃的结论。自然，拿破仑假定，因为奈伊面对的敌人不多，他可以选择自己的行动步骤。

根据他们的路线，拿破仑的信使需要赶6到8英里的路程前往弗拉讷。之后，他们需要找到前线某处的奈伊。传递命令需要他们耗费超过一个小时的时间：如果奈伊在大约下午3点30分收到命令，他可能会在两三个小时后抵达利尼战场。

在旺达姆军的后面，法军仍在以蛇形纵队不断开来。爱德华·米约的3500名胸甲骑兵在弗勒吕斯附近停下。近卫步兵于下午2点左右从镇子出来，占据了纳沃磨坊下的阵地。青年近卫军在前，近卫猎兵和近卫掷弹兵在后。近卫重骑兵停在了近卫掷弹兵右后方的位置。[6] 扣除近卫轻骑兵，近卫军总共有1.86万人。减掉仍在沙勒罗瓦附近交叉路口的洛博军，拿破仑的兵力共有约6.5万人和232门火炮，比普军的实际兵力少了近2万人。[7]

和一线部队一样，近卫军也穿着外套，感到闷热难受。第一近卫掷弹兵团的伊波利特·德·莫迪回忆说，当他们前进时，"漫天灰尘就像厚厚的云层一样将我们团团包裹，连呼吸都变得困难。天气变得愈发闷热，没有一缕微风拂过脸颊，太阳又从当空直射而下"。他们将枪支堆放在一起，然后躺在麦地里，挂起衣服遮挡阳光。一些老掷弹兵曾参加过1794年的战役，其中一位甚至从背包里拿出了一张旧地图，与其他老兵共同讨论弗勒吕斯战役，并将它讲述给像莫迪一样的年轻人。[8]

法军在普军火炮的有效射程范围外列阵。旺达姆的1.75万人占据了弗勒吕斯的前方阵地，正对着圣阿芒，让-巴蒂斯特·吉拉尔4600人的师位于其左翼，面对着圣阿芒拉艾。格鲁希的骑兵已事先部署到右翼，在拿破仑的风车磨坊以东伸展出两英里的阵地。安托万·莫兰的师位于布瓦涅村的西侧。再向西则是雷米·埃克塞尔曼斯的3300名龙骑兵和克洛德·帕若尔的2400名轻骑兵，他们正朝巴拉特尔村的东侧派遣侦察队。

会战的第一次攻击将由艾蒂安-尼古拉·勒福尔将军带领他麾下4700人的师朝圣阿芒方向发起。为了准备这次进攻，热切的共和主义者勒福尔向他的手下做了一场慷慨激昂的演说，让他们进入一种兴奋又狂热的状态。之后他们组队，透过被炎炎烈日烤灼的成熟黑麦，向几乎被杨柳、果园遮蔽的圣阿芒教堂的尖顶望去，他们觉得那片村庄寂静得仿若一片树林。

圣阿芒教堂的钟在 2 点 30 分敲响时，近卫炮兵根据惯例开了 3 炮作为会战开始的信号。听到号令后，第十五轻步兵团的散兵快步向前，成扇形展开钻入谷地里。勒福尔的 3 个战列步兵团由他亲自带领，紧跟在轻步兵的后面，以营纵队队形大步向前。穿着灰色外套，背着沉重的行李，士兵们大汗淋漓。如果团长富有，他指挥的团通常会配有一个乐队，第二十三步兵团便是如此。乐队包括一个指挥官和衣着华丽的各类乐手，他们可以演奏单簧管、长笛、高音双簧箫、巴松管、喇叭、蛇形号和铙钹，弥补了由鼓手长、鼓手和横笛手组成的野战乐队的不足。一些乐手可能只有 14 岁。童子军、士兵、随军商贩或洗衣妇的孤儿从那个年龄起便可以在乐队工作，获得报酬。他们也可以非正式地担任横笛手，至于充当鼓手，要等到满 16 岁并且足够强壮才行。[9]

在指引各营开赴战场时，乐队奏起了一首寓意打败外国暴君的共和国老歌——《出征曲》。伴随着"胜利在歌唱"的开头，曲子进入了鼓舞人心的合唱部分：

> 共和国在召唤我们；我们必须清楚如何去战胜或死亡。
> 法兰西人必须为她而生；为了她，法兰西人可以赴死。

23

奈伊对尼德兰人的攻击

6月16日下午1点15分至3点30分，四臂村

评估了普军位于弗勒吕斯前的兵力后，拿破仑对他的计划做出了相应的调整。与此同时，在向西7英里外的弗拉讷村，奈伊元帅正在焦急地等待雷耶军从戈斯利赶来，以便拥有足够的兵力攻击位于四臂村、正封锁布鲁塞尔大道的敌人。

雷耶于下午1点15分在弗拉讷的高地上同奈伊会合。隐藏在他们右后方巨大的德于特树林里的只有巴舍吕将军的5000名步兵、德·皮雷伯爵的1700名骑兵和14门火炮，以及2000名近卫轻骑兵和他们的12门火炮。[1] 奈伊遵从了拿破仑的指示，在非必要的情况下不会使用近卫轻骑兵，但调用了他们的火炮。[2] 在等待富瓦将军麾下的5300名步兵和8门火炮抵达时，奈伊和雷耶尝试估测他们正面的敌人情况。

此时，奈伊担心他的行动可能不会像预期的那样一蹴而就，因为自从他告诉拿破仑他将不费吹灰之力扫除敌人后，局势已经发生了很大的改变。正午前后，洛博参谋部的一员与几个高级军官进行了交谈，并在之后审问了逃兵。他们估计敌军的兵力可能多达2万人，相对于早前认为的3000人和当时实际在场的6500人多出了很多。想必是一个逃兵曾警告他们，援军是意料之中的，或是侦察兵观察到了皮克顿纵队的接近。但是，从他的半岛经历中回想起威灵顿隐蔽自己军队的习惯，雷耶对博叙森林里可能躲着什么仍然感到焦虑。[3]

当奈伊向北眺望时，位于布鲁塞尔大道西侧的博叙树林若隐若现。这个巨大的树林可以隐匿数千名士兵。树林紧邻四臂村，有超过半英里的部分和布鲁塞尔大道相距不足500码。若有火炮隐藏在其边缘，更是危险。

一条从弗拉讷出发的小路，经过正由敌军散兵控制的格朗皮埃尔蓬农场，然后穿过树林，抵达位于尼韦勒道路上的乌坦勒瓦村。布鲁塞尔大道东侧前的区域地形开阔，缓缓起伏，并有沼泽溪流淌于低洼处。田野里种植着小麦、黑麦和三叶草。它们为散兵提供了极佳的掩护，在其中悄悄行动，就如隐形了一般：小麦高 5 英尺，像比利时的其他区域一样，这里的黑麦更是高得惊人。近期，一个英国骑兵军官在家书中惊讶地写道："骑马在中间穿行时，高耸的黑麦甚至可以将马背上的我们遮住。我带了一根返回住处，发现秸秆足足有 7 英尺 9 英寸长，而这种情况在此地并没有什么特殊之处。"另一位军官表示："黑麦高达 7 英尺，几乎到我的下巴处。"[4]

位于奈伊右侧一英里处的是皮洛蒙村。村庄外围有一个湖泊，再往西是另一条石子路，从四臂村向东南通往松布雷夫和那慕尔。位于法军将领右后方的是德于特树林，奈伊的绝大多数士兵都隐藏在那里。树林向北延伸，几乎抵达皮洛蒙，向南延展一英里到维莱佩尔文。树林的宽度超过半英里，完全将拿破仑行动的区域隔绝在视线范围之外。

马克西米利安·富瓦是一个老练的战士，他是英军在西班牙战场的强悍对手。作为一个共和党人，他因为反对拿破仑对个人权力的攫取而仕途不顺。他的师到来使得法军步兵总数达到 1.03 万人。在他们抵达的那一刻，奈伊就执意立即发起攻击，不论风险为何。下午 2 点左右，迈格罗的轻步兵从面向皮洛蒙的树林杀出，逐退了位于村子西侧高地上以散兵队形作战的敌军猎兵。奈伊在那里布置了他的火炮。发现皮洛蒙空无一人后，第二轻步兵团占领该地，以确保军队右翼的安全。

当时，奥兰治亲王有一个完整的师集结在四臂村，尽管他们有些分散，这支部队想要营造出远比他们实际兵力强得多的假象。在右翼，萨克森－魏玛公国亲王的拿骚部队沿着博叙森林列阵，一支强大的预备队在两门火炮的支持下部署在树林后方，靠近乌坦勒瓦的位置。在左翼，比兰特将军的尼德兰旅占据着大道和海米奥库尔农场，第二线在四臂村和树林后方作为支援。荷兰猎兵在 7 英尺高的黑麦地里隐蔽部署了前哨，用来监视东部的大片区域。两门 6 磅加农炮和一门榴弹炮被部署在去往沙勒罗瓦的大道上，另有一门 6 磅炮和一门榴弹炮位于它们右侧。前一天晚上，比勒费尔德上尉从弗拉讷撤出的炮连中的剩余 3 门火炮被部署在了东侧，以便掌控通向那慕尔的道路。6 门新抵达的火炮在四臂村作为后备。当迈格罗的轻步兵向前推进时，荷兰猎兵们躲入了流经海米奥库尔的一条小溪沿岸的树篱中，而他们的精锐连则进入农场的建筑物里。[5]

大约也是这个时候，四臂村的盟军参谋们得到了令人非常不安的消息。当天一早，皮埃尔·迪吕特将军的参谋长和首席副官从他们位于瑞梅附近的营地叛逃，骑马前往尼韦勒。向一个尼德兰轻骑兵侦察队投降后，这位参谋长透露，沿着布鲁塞尔大道朝四臂村赶来的法军由奈伊元帅指挥，一共是 8 个师的步兵和 4 个师的骑兵，总计 5 万人。[6] 虽然拿破仑仍有攻击尼韦勒的可能，但是此时所有的证据都表明敌人的攻势将会沿布鲁塞尔大道展开，并且不久他们就会被占据绝对兵力优势的敌军淹没。奥兰治亲王派出了所有的副官，以便尽可能快地召来援军。

数千名背负沉重装备的盟军士兵正在向四臂村会合。下午 2 点刚过，一个信使来到距离四臂村 2.5 英里的皮克顿处，命令他带领麾下正在休整的疲惫之师赶往交叉路口。"这一天热得让人烦闷，道路上布满了尘土，""戈登"高地人团的罗伯逊中士回忆道，"我们缓慢行进，直到抵达热纳普村。那里的居民拿着装满水的大桶站在门前等候我们，而这正是我们非常需要的。他们告诉我们一个法军侦察队在早上曾来过这里。"皮克顿的师超过了正在树荫下休息的不伦瑞克士兵。不伦瑞克公爵命令他的士兵给武器上膛，接着他平静地抽着烟斗说："孩子们，让我们快些装填！"[7]

在尼韦勒的高地上，阿尔滕的盎格鲁－汉诺威师听到了从东部传来的微弱枪炮声。该师的 3 个将军——阿尔滕、霍尔基特和基尔曼斯埃格，在前往调查时遇到了奥兰治亲王的一个副官，他们被命令火速前往四臂村。霍尔基特转身前去召集他的士兵，他们正停在一片长有三叶草的区域烹饪餐食。为此他们不得不将肉食丢弃，或将半熟的食物打包，然后在炮兵的引领下以纵队开始行进。克里斯蒂安·冯·翁普特达的旅被继续留在尼韦勒，以防法军对该地进攻。

库克将军在没有收到命令的情况下主动带领英国近卫师向尼韦勒前进，因为奥兰治亲王早前派出的信使不知为何没能找到他。在灼烧般的炎热和尘土中行进到距离小镇还有很短一段路程时，库克下令停止前进。各连派出小队寻找水源，他们预计会在这里过夜。不过在下午3点，奥兰治的一个副官发现了他们，他恳请库克立即朝四臂村强行军。马修·克莱是第三近卫团的一名列兵，他是一名土生土长的诺丁汉人，来自一个名为布利德沃思的村子。他在1813年成了当地的一个民兵，之后转入了苏格兰近卫团*的轻步兵连。他回忆说：

> 跟随我们行进到停驻地的士兵妻子们被允许同她们的丈夫道别。她们被命令前往后方，离开开阔地的人群一小段距离后，她们中又加入了帮别人保管怀表以及其他各种贵重物品的人。一些没有家庭成员跟随的士兵希望他们的感情能传递给远方的妻子与家人。离别的拥抱虽然短暂但是深情、真心，又伴随寡居的生活可能会立即降临到她们身上的巨大悲伤。与此同时，雷鸣般的炮声正不断传入他们的耳朵。[8]

此时，在南面，热罗姆师的6600名步兵和16门火炮正接近弗拉讷。在他们后面，兵力近2万人的德隆军在会合、休息和进食后，正离开戈斯利向北进发，增援奈伊。

奈伊的攻击有条不紊地展开了：一个旅的枪骑兵在巴舍吕的轻步兵从东侧向前推进时负责掩护其右翼，富瓦师的一个旅沿着布鲁塞尔大道直线推进，近卫轻骑兵负责侦察左翼。[9]富瓦的进攻是为了吸引火力，以便让敌军的炮兵阵地显露出来。奥兰治被迫将他的第二个炮连派往前线。

出色的炮兵一直是法军的传统优势。他们开始反击敌军炮兵，意图破坏他们的火炮或将他们逐出战场。34门法军火炮与奥兰治亲王的16门火炮正面交战，最后尼德兰人输掉了这场炮兵决斗。法军给予比勒费尔德的炮连很大的打击，后者不得不把火炮装上前车，后退半英里。之后，他

---

* 英军第三近卫步兵团又名苏格兰近卫步兵团，虽然在当时这并不是它的官方名称。

们又将火力指向其他炮连*，损坏了他们的两门火炮，迫使剩余4门撤退到了比勒费尔德的新阵地。这些火炮再次开火时，法军火力再一次覆盖了他们，并打死了他们的指挥官。在慌乱中他们丢弃了一门火炮，撤回了四臂村。

年轻的奥兰治亲王一左一右派出第五民兵营和第七战列步兵营沿布鲁塞尔大道前进，去占据海米奥库尔农场到树林之间的位置，守住荷兰猎兵西侧可利用的最牢固防御阵地。海米奥库尔是一座坚固的乳酪农场，它最古老的部分源自中世纪。农场的三面被有篱笆的花园和果园包裹，有一条小溪在它北面50码处流过。博叙树林的边缘区域位于农场以西500码处，从那里流出的沼泽溪流向东穿过一个桥梁，汇入埃唐德马特内湖中。湖泊紧邻那慕尔道路，长300码，宽介于100码到200码之间。奥兰治亲王不想不战而逃，但是由于尼德兰炮兵已经被逐出战场，法军炮兵开始肆无忌惮地轰击己方步兵。民兵是没有经验的，第五民兵团招募自阿纳姆的454名士兵，只有19人经过战火的洗礼，这时候暴露在敌军的密集炮火下几近崩溃。[10]

一英里以东，迈格罗上校2300名轻步兵的小队以松散的队形朝着蒂勒村与桑斯树林快步推进，前往那慕尔道路北侧，迂回尼德兰人的左翼。与此同时，有1000余人的第四轻步兵团的3个营沿着通向海米奥库尔的道路前进，攻下了农场。富瓦的另一个旅也在西侧将格朗皮埃尔蓬农场的拿骚人逐往博叙树林。

以密集队形聚集在大道上的民兵正处于海米奥库尔农场的火力覆盖之下。法军猎骑兵对他们发起了连续的冲锋，之后转向第七战列营，使得他们转身逃入了树林。当骑兵后退重组时，奥兰治亲王下令发起反击。他将猎兵驱向海米奥库尔农场，命令第五民兵营在大道上支援。

在这个关键时刻，威灵顿返回了四臂村。离交叉路口还剩一英里路程时，为了躲避法军狙击手，他不得不向北绕行了一段距离。他事后声称自

---

* 即斯特弗纳尔上尉（Emmanuel-Joseph Stevenart）指挥的尼德兰第二师步炮连，他在当天的战斗中被法军炮兵击杀。

己是在战斗开始前抵达的，但是很难想象威灵顿与他的随从可以骑得那么快。此时的形势与他离开时完全不同：法军的一次主攻正在展开，当下他就能看到捍卫交叉路口的尼德兰年轻士兵正面临他们压倒性兵力的威胁，随时都可能崩溃。他的军队此时位于何处？威灵顿焦急地向北望去。令他欣慰的是，遮天蔽日的尘土预示着托马斯·皮克顿爵士及其麾下稳健的老兵即将抵达。

24

对圣阿芒和利尼的试探性进攻

6月16日下午2点30分至3点30分

在东南7英里处，拿破仑将战斗的火光映入眼里，有点自我陶醉。他已经走出了第一步，朝比西磨坊下方普军掌控的村庄发起了试探性的进攻。借此他希望能大干一场，并获得辉煌的胜利。此时，他认为自己面临的普军可能多达一个军团，尽管他们的真实兵力和意图还不为自己所知：只有一个约3万名普鲁士人的军团是清晰可见的，而在弗勒吕斯周围行动中的法军有约4万名步兵和1.1万名骑兵。但是，拿破仑知道，更多的普鲁士人被隐藏在了后面，还有很多普鲁士人仍在赶来。他们显然不打算攻击他，但是会停留在那里与他一战吗？如果他们接受会战，拿破仑会逐渐扩大战斗规模，直到将他们完全困住。接着，他将在奈伊的协助下将普军抹除。在那之后，随着一支盟军的出局，他将转而打击另一个。

一个普鲁士旅通常会有3个步兵团、1个骑兵团和1个炮兵连。此时，卡尔·冯·施泰因梅茨的旅完全展露在法军面前，他们位于圣阿芒后方的高地和布里村。他麾下位于右翼的西里西亚骠骑兵团接到命令，派出了一连串的侦察哨以便同威灵顿的英军保持联络。位于施泰因梅茨左侧（司令部所在的风车磨坊和利尼之间的位置）的是作为预备队的奥托·冯·皮尔希旅所部步、骑、炮兵。布吕歇尔一边在磨坊附近的各团间骑马穿行，一边说："快看那里！敌人正聚集在弗勒吕斯！准备好，就是现在，孩子们！"

雅戈将军和亨克尔将军的旅因为前一天没怎么参战，所以被部署到谷地里作为第一线。雅戈9个营中的3个在上午11点去防御圣阿芒，同那里一个穿着绿外套的西里西亚猎兵连和第十二"勃兰登堡"步兵团的志愿猎兵会合。在德意志军队中，猎兵（猎人）都装备来复枪。这些西里西亚人是精锐猎兵，招募自波兰森林，是林地作战的专家，他们从小就被训练如何精准使用来复枪射击。

来复枪要比绝大多数步兵装备的滑膛枪精准得多。一个来复枪手写道："经过计算，由滑膛枪发射的 200 发子弹中，只有一发命中了目标，而来复枪的平均命中率是二十分之一。"[1] 在完美的状态下，一个熟练的护林员被普遍认为，可以用来复枪在 200 码的距离实现爆头，在 300 码的距离击中人身。而据称，志愿猎兵在 200 码的距离击中和射偏目标的概率是五五开，当拉近到 100 码时，他们每 5 发至少会有一发正中靶心。[2] 战斗状态会使精度大打折扣，不过来复枪被优先用作狙杀军官的武器。为了最大限度地提高精度，来复枪手需要将皮革包裹的子弹缓缓地塞入枪管中，使得射速降低到大约每分钟一发。然而，在近距离，他们使用常规弹药以加快射速。

雅戈第二十九团的两个火枪兵营依然穿着贝格大公国的白色外套，他们占据了排列在村庄内一条单行道两侧的屋舍。道路一直通向村庄东南侧尽头的教堂，然后向南延展与小溪利涅平行。在屋舍两侧，树篱和果园为他们提供了额外的掩护。一个连的威斯特法伦民兵占据了一个紧邻教堂的果园，另有 3 个连担任预备队。来复枪手掩护火枪兵的两翼。

往东接近半英里的位置，雅戈的两个燧发枪兵营躲藏在利尼西侧的石灰石采石场里。每个普鲁士步兵团包含一个燧发枪兵营。他们是轻步兵，装备比正常尺寸更轻更短的滑膛枪，他们的士官则携带神射手步枪。这两个营的任务是保护齐滕的重炮。这些火炮总共有 46 门，包括亨克尔的炮连。它们被排成一线，从利尼一路延展到圣阿芒拉艾，形成了一个强大炮阵。12 门 12 磅炮、18 门 6 磅炮和 16 门榴弹炮在挽马的牵引下进入炮位，然后挽马拉着前车后退到离火炮有一段距离的位置，再往后是他们的弹药箱。战斗开始后，齐滕的骑兵向前移动，以便保护炮群和军队的右翼。

火炮主要分为两类：发射多种实心弹的加农炮和曲射爆炸物的榴弹炮。普军加农炮发射的实心弹有 6 磅和 12 磅两种。到炮弹第一次"擦地"或弹起的最大射程是一英里，尽管在半英里多的有效射程后准度就下降了。炮弹会在空气中划出声音，反弹几次，最终落在地上滚动。面对炮火最好的防御方式是卧倒在地。任何人出现在炮弹的运行轨迹上要么被直接击杀，要么致残。士兵可能会被炮弹直接削掉头或劈成两半。若一发炮弹有幸射入队列中，可以一次杀死数人，而实心弹的跳跃杀伤力能将一个人的脚夺去。12磅炮的射程更远，威力更强，但是6磅炮的射速更快，仅仅是因为较轻的炮弹更易装填。6磅炮的射速可以达到每分钟2到3发，但是随着炮手的体力消耗而急速下降，而12磅炮可能至多每分钟一发。

榴弹炮可以通过高弹道将榴弹曲射到敌人上方或队伍中间爆炸。榴弹是一个装满火药的铁球，爆炸时弹壳在20码的半径内破碎成25到50个粗糙弹片。这会造成残忍的伤口，并混合着骨折（意味着折损的骨头会暴露在空气中）和肌肉的撕裂。引信烧完时炮弹会爆炸：其中的技巧是尽量正确设置引信，如有危险，仍有可能将引信还在燃烧的炮弹扔到一边。[3] 榴弹炮的弹药车会携带少量特殊的燃烧弹和闪光弹，前者用来点燃建筑物和干燥的植被，后者用来在夜间照亮目标。火炮是战场上最可怕也是最有力的武器，通常也造成最多的伤亡。

会战的开场通常是试探敌人在战场各个点上的兵力和决心。于是，拿破仑以攻击圣阿芒（该地正对着旺达姆的士兵）为开端，以便确认普鲁士人是停下一战，还是像昨天那样向后撤退。

艾蒂安·勒福尔手下的4700人在朝圣阿芒前进时，同乐队一道唱起了《出征曲》。普军的火炮隐藏在村子果园上方的高地，在纵队前进到它的射程后，一首新的"曲子"奏响：

> 炮弹奏出的曲子不会变调，它只有两个音符。当炮弹全速驶来时，它们仍不可见，只是用划过空气的紧促笛声宣告它们的到来。这种声音让人胆寒。当炮弹发生跳跃时，也就是说炮弹在第一次击地后连续弹起，你可以看到许多黑点在空气中穿过，发出某种无法形容的悲鸣或哀怨的声音。之后，它们会造成一种极端的错觉，好像其中的每一颗都朝着你的脸袭来，这也是人们闪开或弯腰来躲避跳弹的原因。[4]

一枚发射入纵队的炮弹杀死了一列 8 个人,但是其他人聚拢队形,继续前进。

在营纵队之前,身着蓝衣的轻步兵以稀疏的散兵队形不为人所知地穿梭于黑麦与小麦之间,悄悄前行。负责防守圣阿芒的莱茵兰人穿着白色的衣服,在法军来到身前时才发现他们的接近。"红色、黄色和绿色的羽毛,以及掷弹兵、狙击兵和腾跃兵的肩章就像是生长在高秆谷物里的罂粟花和矢车菊一样。每一处麦丛里都好像藏有攻击者,他们的突然现身就像他们精确瞄准射出的子弹一样恐怖。"[5]

法国人与普鲁士人尤为喜欢将大批士兵布置为散兵。他们单独行动、尽可能隐蔽、经常蹲在或者匍匐于地上,以松散延展的队形作战,使用任何物体作为掩护。与依靠近距离齐射打击大目标的"战列"步兵相反,由轻步兵组成的散兵被训导如何独立作战,不过要在战场上以最常见的武器燧发枪命中目标,前提是离得足够近。

射击是一个艰苦的过程。滑膛枪手需要先咬开弹壳,往药池内装填火药,并将剩余的火药倾倒入枪管里,将铅弹吐入枪管;再将推弹杆沿枪管推下,弹药归位,驳回控制燧石的扳机(否则枪会在扣到半击发位置时走火),复位触发器。击发时,扳机向前滑动,携带燧石的击锤击中盖板,使之归位,产生的火花点燃药池内的火药,而通过枪管一侧的小洞火花又被引入枪膛。因燃烧产生的火药颗粒会直扑人脸,但是如果药池内的火药不足而无法引燃枪膛内的火药,至多药池内有火光一闪。如果正确击发,爆炸产生的后坐力还会使得肩膀受创。士兵的初始射速可能达到每分钟 3 到 4 发,但是不久他们的体力就会衰竭。

在法军轻步兵团中,所有人都可以作为散兵作战,不过在每个法军战列步兵和轻步兵团的 6 个连中,均有一个精英腾跃兵连。他们选自团队中最精于射击、灵巧敏捷的士兵,并在军帽上佩戴黄色羽毛加以区别。最初的设想是步兵可以由骑兵运输,借着这个理念,可以直接跃上马背的腾跃兵——"撑竿跳者"——应运而生。虽然这一想法照常理讲是不切实际的,但是腾跃兵却也偶尔会搭龙骑兵的顺风车。一般而言,腾跃兵步行作战,他们是前进时的前锋，撤退时的后卫。腾跃兵连的士官和军官装备有线膛枪，这种武器拥有极佳的视野，长40英寸，重8磅，发射半盎司的子弹。[6]士兵装备法式龙骑兵火枪，它与步枪一样出色，只是更短、更轻。他们瞄准军官和士官射击，从而促使敌军士气低落、秩序混乱以致瘫痪。他们的主要工作是在己方主力纵队攻击前，尽可能多地对敌军造成伤害，虽然他们的第一对手通常是敌军散兵，但因为具有相似的想法，双方会进行一场决斗，他们飞奔向前以便抢占好的位置，受到压迫时又会旋即后撤，就如酷热天气里的成群蚊虫一般。

伴随更多的普鲁士来复枪分遣队赶来支援处境困难的前线，圣阿芒的散兵战持续了半个小时。与此同时，法军火炮被前移展开，然后使用实心弹和榴弹轰击圣阿芒，攻击纵队也在为第一次突击做准备。勒福尔将据守拉艾西北侧教堂的莱茵兰人赶了出去，他的士兵在小路上紧随敌军，穿过村舍和花园，一路追到小溪前的空地上，但在那里遭到了普军炮兵雨点般的霰弹射击。勒福尔本人胯下的坐骑遭到射杀，多亏了他侄子的救助，他才没有被俘。[7]

在400码的近距离内，加农炮和榴弹炮都能发射霰弹———一种塞满弹丸和锯屑的罐状弹药。霰弹分为两种，内装填弹丸为步枪子弹的轻型霰弹与内装弹丸更大、更少的重型霰弹或葡萄弹。霰弹罐在火炮开火时爆炸，霰弹丸以锥形从炮口中喷涌而出，就像霰弹枪一样。在100码时，圆锥的直径为32英尺，200码时为64英尺，300码时为96英尺。霰弹对密集目标的杀伤力惊人。重型霰弹的最高射程为600码，但一般只在300码的距离使用，而轻型霰弹的最高射程则只有250码。

在勒福尔对圣阿芒的进攻开始时，一个新的法军纵队也从弗勒吕斯后方现身于布吕歇尔参谋们的视线里。艾蒂安·于洛的师径直朝沙勒罗瓦至让布卢路前进，以防御普军从松布雷夫对热拉尔军侧翼的威胁，莫里斯·热拉尔剩余两个师的1.06万人则沿着通往松布雷夫的主干道前进，然后向左急转，正对着距离圣阿芒超过一英里的利尼，朝村子派出了散兵。

威廉·亨克尔伯爵手下有3000名士兵据守利尼。这是一座由青色岩石筑建起来的村落，它的茅草顶屋舍沿着两条小路分布，位于小溪利涅南岸的是上街区，位于溪流北岸的是下街区。村庄的主要建筑物位于南岸，其中心是一座位于墓地内的教堂，墓地外围由墙体保护。坐落在墓地上方和下方的是两座由高墙环绕的坚固农场——位于南部的上农场和位于北部的下农场，下农场通过河流上的人行桥同教堂相连。紧贴教堂北部穿过的小溪利涅是一个重要的屏障，溪流宽3码，两岸都有树篱保护。河流上面有数座木桥，不过只在村庄的东入口处有一座石桥。教堂西侧和东北侧是公共区域。

亨克尔的士兵已经通过加固工事强化村庄的防御。他们在墙体和屋舍上开凿射击孔，在道路上布设路障，修筑矮土埂，并割除紧邻屋舍的作物。第十九步兵团的一个营驻扎在村庄西南角由壕沟环绕的中世纪城堡里，该团另一个营防守村子的西部，来自莱茵兰北部明斯特地区的两个民兵营则保卫利尼东部。亨克尔下令这两个团各将一个营留作后备，他的骑兵与8门火炮则在村子以东的后方布阵。[8] 亨克尔的对手莫里斯·热拉尔是拿破仑最优秀的战士之一，热拉尔是一位杰出的军官，经验丰富，依旧充满活力。[9] 在进行第一次试探性攻击时，他只投入了一个旅（接近3000名士兵）。这些士兵由散兵掩护，以3支纵队开进战场。

只有来自第三十步兵团的中路纵队深入了村庄。在距离树篱200码时，他们展开并冲锋。1792年就以志愿兵身份入伍的夏尔·弗朗索瓦上尉，此时率领麾下的连和另外两个连一道慢跑冲入了凹路。这条凹土路陷于两侧地表之下，由通常长有树篱的陡峭路埂所封闭。这种道路会给身在其中的士兵以掩护，使他们免受敌军火力的打击，不过也很难横向进入和退出。而这条凹路又被由砍伐的树木、车辆、耙子和耕犁组成的路障所封锁，法军步兵不得不冒着浓密树篱后的普军火力翻过这条凹路。他们一边慢跑一边射击，经过上农场，左转冲入教堂所在的空地：

> 在教堂另一端，我们被一条小溪阻断了去路。躲在屋子里、高墙后和房顶上的敌军既通过步枪火力，也通过霰弹和炮弹，从正面和侧

翼给我们造成了大量的损失。

　　一瞬间，团指挥官埃尔维厄中校和两个营长里夏尔、拉福利均被射杀；另一个营指挥官布兰受了轻伤，他的胯下坐骑被击杀；5名上尉阵亡，3名受伤；2名参谋尉官阵亡，9名中尉和少尉阵亡，7名军官受伤，几乎700人或死或伤。

大多数观察者认为，法军使用的沙勒维尔滑膛枪要优于其他国家的步枪。这款步枪重10磅，长5英尺，发射直径为0.69英寸、重量为0.05磅的枪弹。与之相比，普鲁士旧款步枪更短更重，而新款则与法军步枪相似，不过许多普鲁士人正在使用英国或者法国的步枪。利尼的作战环境决定了大多数射击是在近距离内进行的。在小于50码的距离，枪弹可以击碎主要肢骨和关节；在100码的距离，击中造成的影响有所减轻，主要是大块锥形伤口，还会因子弹裹挟衣物和其他外部物体而使得伤口变得复杂；在200码的距离，枪弹会失去速度，或者引起皮肉擦伤，或者仅造成挫伤，或者打中装备和口袋中的物件后产生偏斜。一些被失速的子弹击中的士兵甚至可以自己从肉体中将它们取出。[10]

热拉尔的一个副官回忆说，第三十步兵团的一部分士兵穿过了小溪，但被困在了那里，群龙无首，暴露在敌军的密集火力之下。这个副官将他们撤回了法军那一侧的主干道。但是遭到普军的攻击后，他们又从那里被逐出。幸存者慌乱地逃出了这个村落，在己方火炮后重组。[11] 在村庄西侧，面对中世纪城堡高墙后和塔楼上，以及城堡前方两个扎有篱笆的果园中的普军防御者，法军进展甚微。在东侧，进攻的法军在遭到冯·察斯特罗少校指挥的威斯特法伦燧发枪兵的冲锋后败退，但是追击的普军因太过大意而落入了法军的霰弹雨中，在腾跃兵的紧逼下他们又撤回了村子。[12]

此时，在圣阿芒，勒福尔的士兵正在同普军交火，普军预备队在圣阿芒拉艾一座设防农场周围完成了重组。之后，精力充沛的冯·施泰因梅茨将军派出第十二和第二十四步兵团的4个火枪兵营对法军展开了迅猛的反击。除了预备队守卫的墓地，法军被施泰因梅茨从圣阿芒的剩余区域悉数逐出。[13]

164

两次试探性进攻均在蒙受损失后被击退了,这告诉法军参谋人员此次普鲁士人并不打算像前一天一样做做样子,一遭到攻击就向后撤退。无论拿破仑的侦察兵是否查明了布吕歇尔的真实兵力,齐滕军的表现都向他证明他有一场硬仗要打。这是铲除普军的一个绝好时机。

下午3点的四臂村和利尼村

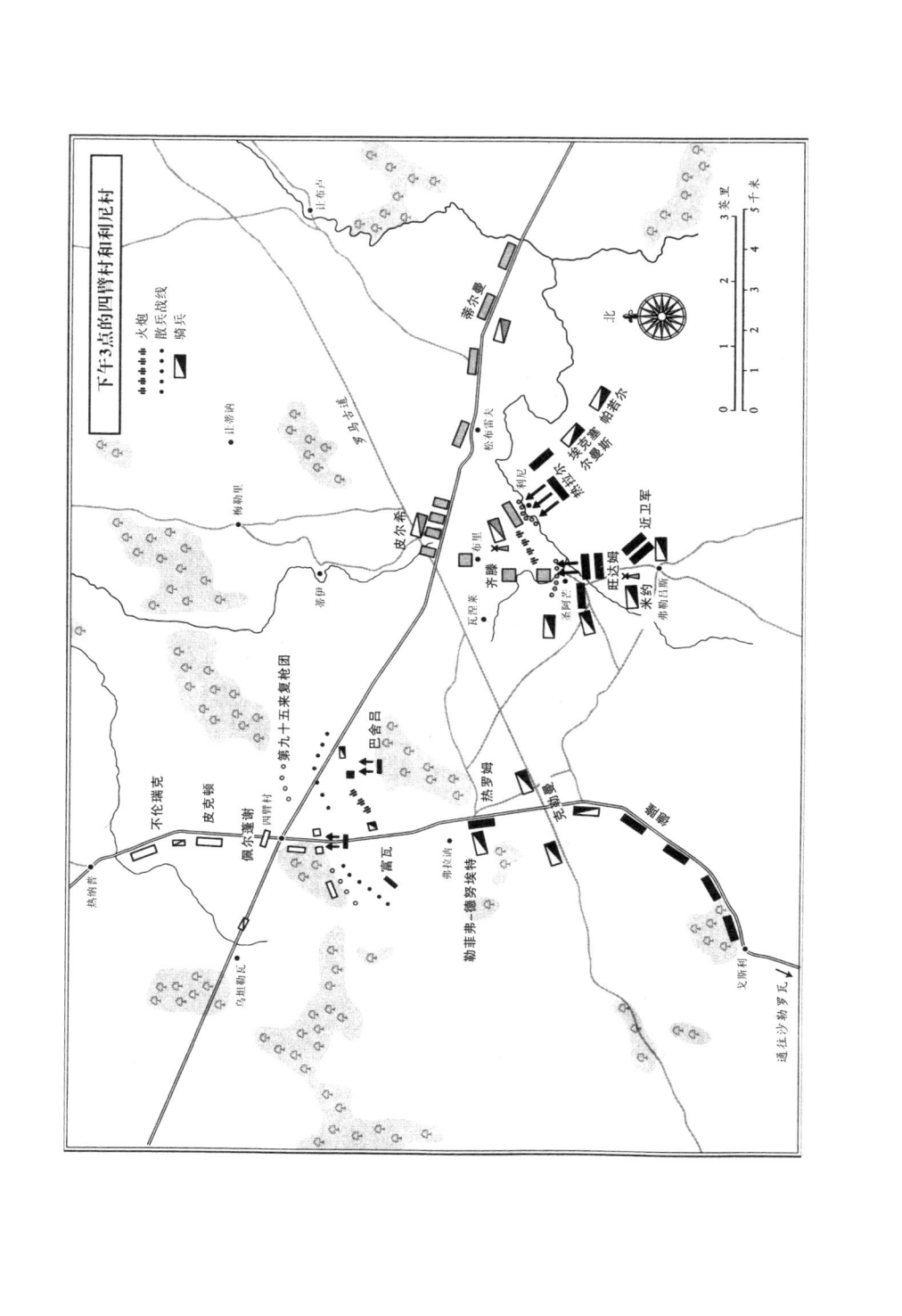

25
不要有半点迟疑

6月16日下午3点到3点30分，弗勒吕斯

观察了圣阿芒和利尼战斗的初始阶段后，参谋长苏尔特向奈伊元帅发出了一道更为迫切的命令。时间为3点15分，它要求奈伊尽可能快地挥师向东，攻击普军的侧翼和后方：

> 元帅，一个小时前我写信告知阁下，皇帝将会在2点30分攻击占据圣阿芒和布里之间阵地的敌人。
>
> 现在战斗正激烈进行。陛下委托我告知阁下，你必须立即行动以便迂回敌军侧翼，并在其背后施以重拳。如果阁下行动迅猛，普鲁士军团将在劫难逃。法兰西的命运系于你手。所以，不要有半点迟疑，立即按照皇帝的命令行事，率领你部朝圣阿芒和布里高地进军，以便为这次战斗的胜利做出贡献，它有可能是决定性的。在敌军正试图与英军合流时，我们打他们一个措手不及。[1]

值得注意的是，上一封信中的"军"或"body"在这封书信中变成了"军团"。普鲁士人在圣阿芒和利尼抵御法军进攻时表现出的决心最终说服了拿破仑，他此时打的是一场会战，而不是无关紧要的小冲突。此外，持续赶来的敌军让他相信，他让布吕歇尔正在行进的军队猝不及防。这给了拿破仑一个意料之外的机会，凭借奈伊的协助，他正处在将普军网入圈套，从而取得一场决定性胜利的绝佳位置。成功集结一个军团的兵力，布吕歇尔的反应要比拿破仑预期的快得多，不过布吕歇尔的冲动也给了拿破仑孤立两支敌军中的一支，并将之摧毁的黄金机会。

这一道命令写下不久，一封来自洛博伯爵的信便送到了。他称他的副官已经从弗拉讷归来，报告说四臂村有多达 2 万的英荷盟军部队。[2] 这一令人震惊的消息需要拿破仑对计划做出进一步的修正。如果奈伊在四臂村面对如此数量的敌人，他可能无法取得拿破仑于早间设想的迅速而又压倒性的胜利，可能也无法径直向布里进军。但是，皇帝觉得奈伊可以凭借雷耶一军牵制住 2 万人的英荷盟军部队，在这种情况下，德隆的军便可以被调去执行攻击布里的命令。在这一关头，拿破仑向奈伊送去了一份用铅笔写的便条，内容是让德隆带领麾下的军向布里和圣阿芒前进，以便攻击普军右翼。因为这一消息并没有送抵奈伊处，所以对它是否被发出一直充满争议。

这是另一个在滑铁卢战役历史上极具争议的插曲，问题在于德隆收到了命令，而奈伊却没有。每一个相关者在事后都给出了不同版本的叙述。命令的一个副本被送到奈伊处，因为这一事后送抵的副本留存在了奈伊的档案里。而德隆宣称展示给他的便条却没有留存下来。令人惊讶的是，它也没有登记入苏尔特的参谋部命令收发记录，虽然在收发记录中一些幸存下来的命令也有被消除的情况，比如早先那份让奈伊对敌人发起最猛烈攻击的命令。如果这一指示是由拿破仑的一名副官传递，它有可能只是口头命令。[3] 甚至还有人声称拿破仑根本就没有下达这一指令，只不过他一个拥有将官军衔的副官发挥了主动性，私自拟定命令，并交予德隆，让他率部攻击普军。[4] 然而，苏尔特在第二天发给奈伊的信件，以及他给陆军大臣达武的报告，都提到皇帝命令德隆采取的行动，而这证明拿破仑本人确实曾给德隆下令，让他前往利尼战场，所以上一说法也就可以不用考虑了。[5] 有可能是一个信使携带了两份命令，他需要将第二道命令直接交予德隆，然后再前往奈伊处，将第一份命令传递给他，并向他解释发生了什么。[6] 与此同时，皇帝命令洛博伯爵带领他的军前往弗勒吕斯，因为皇帝此时意识到，要一鼓作气解决普鲁士人，他需要用上所有的预备队。

另有军官被派去传递命令的副本，以保证消息送达。这一命令毋庸置疑是至关重要的，因为当务之急是奈伊应当意识到，自早上开始情况已经改变。这时候拿破仑的计划已经完全不同了。与摧毁敌人，以便打开通向布鲁塞尔的道路相反，此时奈伊要承担的只是牵制任务，而德隆军则是包围普军，并把幸免于难者逐向那慕尔。纪尧姆·德·博迪是苏尔特的一个副官，他自称被派去将命令的副本传递给奈伊，并声称皇帝曾命令他说：

> 我已经给德隆伯爵送去命令，让他带领麾下全军从普军的右后方发起攻击。你将命令的副本交予奈伊，在你抵达之前他应该已经收到了命令的原件。你要告诉他，无论他面临的局势如何，这一命令都断然是要被执行的，我不会重视他那一翼发生了什么。事情的重点是我所在的地方，我要终结普鲁士人。就他而言，如果不能做得更好，也必须拖住英军。[7]

拿破仑不可能同时身处两地，所以他要想付诸执行自己的绝妙想法，就必须依赖于成文命令和口头命令。这也是为什么他将重要命令交由机敏且能理解并解释他意图的高级副官去传递。此外，当拿破仑亲眼注视利尼的战斗在他眼前展开时，他对8英里之外四臂村正在发生什么知之甚少。所以，他尽量挑选可以根据预料之外的形势，对给予他们的指示做出调整的信使。然而，在这种关键节点，出了极其严重的差错。在流放期间，拿破仑曾就苏尔特、他拙劣的参谋人员、年轻又缺乏经验的传令官抱怨甚多。他对一些信件的命运表示困惑："递送函件的几个军官有同等的可能会不见踪影。"[8]信使可能会被延误、走失、犯错误、被敌军伏击，甚至直接投向敌方。

但是，当拿破仑派遣他挑选的信使前往奈伊处时，他却没有理由预期他们将会误送。那时，他对获得令人瞩目的圆满结果充满信心。当热拉尔伯爵前来接收对利尼攻击的最后指示时，拿破仑告诉他："3小时之内，战争的结局可能会发生决定性的改变，如果奈伊正确执行了他接到的命令，无一门普鲁士火炮能够逃脱，他们一定是猝不及防。"[9]

26

细红线

6月16日下午3点30分至5点30分，四臂村

在拿破仑发出那些命令时，奈伊距离夺下四臂村仅有一步之遥。他的部队正向前包围奥兰治亲王麾下仅有的一个师，并且封锁了他们与普鲁士人取得联系的道路。但是，威灵顿刚刚抵达战场，招之即来的英国生力军将帮他稳住形势：自热纳普赶来的皮克顿师正在不远处，威灵顿的参谋驱马疾驰前去迎接。

忧虑于法军即将封锁通向利尼的道路，威灵顿首先派人召来皮克顿的先头纵队，即由巴纳德营长指挥的第九十五来复枪团。菲茨罗伊·萨默塞特指示来复枪手沿着那慕尔道路向东推进，夺取桑斯树林和皮洛蒙村，以便"与普军的交通线保持畅通"。[1]不过在拿下道路北侧的树林后，他们不久就发现皮洛蒙村的防御太坚固，他们不可能得手，就转而向皮洛蒙以北，道路上的蒂勒村派去了两个连。巴纳德的参谋军士苏格兰人约翰·金凯德回忆说，在快步向前推进时，他的一个士兵因为穿得过多又太过疲乏在炎炎烈日下中暑而死。位于蒂勒的两个连保持静默，直到法军调来了火炮并展开了反击。一个漂亮的比利时女孩为内德·科斯特洛端来一杯水时，一发炮弹径直射入了她的屋子，掀起的尘土将两人覆盖。[2]来复枪手在被包围前撤出了村子，他们一边与法军腾跃兵交战，一边向北部的桑斯树林退去。

在交叉路口300码以北的一家酒馆，靠近拉巴拉克，威灵顿同皮克顿以及他的旅长们碰头。在紧要关头，没人比皮克顿更为决绝。1812年，这个健壮的威尔士人在枪林弹雨中攻下了罗德里戈和巴达霍斯，在1813年的维多利亚之胜中他又承担了最危险的角色，在敌军的毁灭性火力下顽

强地守住了一个桥头堡。皮克顿有"战斗师"之称的第三师在半岛战争中成了一支传奇之师,虽然他此时指挥其他部队,并于前一天晚上才在布鲁塞尔的公园中同他的高级军官第一次见面。然而,每个人都通过皮克顿的声誉知晓了他,而他麾下众多的半岛战争老兵本来就对"表情严肃、身体强壮、身材中等"的他充满了崇拜、尊重和畏惧之心。私下里,皮克顿要比他的严肃形象活泼得多。一个刚刚加入他麾下参谋部的副官预计他总是以铁面示人,不过在奥斯坦德同他会合时却发现自己的上司"以一口流利的法语同我们漂亮的侍女调情"。将军一身平民装束,因为他的军服还没有从英国运过来,"一件蓝色的礼服,扣子一直紧紧地扣到喉咙;一条黑色丝绸大领带将衬衫领几乎完全遮挡住;黑色的裤子、靴子和圆顶帽"。[3]他麾下的旅长苏格兰人詹姆斯·肯普特爵士和爱尔兰人丹尼斯·帕克爵士也都是半岛战争中久经沙场的老将。

在这几位将军南面的沙勒罗瓦至布鲁塞尔大道上,奥兰治亲王朝距离己方阵线大约一英里,由法军控制的海米奥库尔农场展开了一次绝望的反击。肯普特命令第二个抵达的营前去支援亲王,但在看到反击失败后又取消了这一命令。剩余的 5000 名英军步兵则向左转登上那慕尔道路,他们使用沟渠和堤坝作为掩护对抗法军的炮兵火力。肯普特的"卡梅伦"高地人团向东推进,来到正以散兵作战的来复枪团周边的位置,第三十二"康沃尔郡"团紧随其后。接着抵达的是帕克的旅:"皇家苏格兰"团、第四十四团、第四十二"黑卫士"团和"戈登"团。在他们之后开来的是卡尔·贝斯特上校麾下 2500 人的汉诺威民兵旅以及率先赶来的不伦瑞克人,他们的兵力很快就积聚到 5000,前者组成了第二线,后者组成了第三线。

身穿深绿色和蓝色相间的苏格兰裙的第九十二"戈登"高地人团匆忙占据了交叉路口上的一个坚固防御阵地,就像中士大卫·罗伯逊回忆的那样:

> 第九十二步兵团被带到农舍的前方,背对着建筑物和花园在道路上展开。我们的右翼靠着交叉路口,左翼一直延伸到前线。我们被命令给武器上膛,保持横队手握步枪坐了下来。我们所处位置的地势有

一些轻微的上升,位于法军正在进军的道路的正前方。

  我们部署在这里后不久,威灵顿公爵和他的参谋赶来,在我们团中部的后方下马。他命令掷弹兵连向左后转弯,轻步兵连向右后转弯。如此,8个连在前,房屋和花园在后,便组成了一个方阵,以防敌军骑兵的攻击。[4]

  遭遇骑兵威胁时,步兵会组成方阵,以防止行动迅速的骑兵从他们不加防御的一翼发起攻击。一个方阵(通常两翼各1个连,前后各3个连,组成一个长方形)的纵深为4排,前两排跪下,将步枪支撑在地面上,刺刀朝外,身后两排则准备开火。当多个方阵同时组成时,他们会尽量以棋盘格式排列,以便在射击通过的敌军骑兵时,最大程度避免误伤己方。

  这时候,"戈登"团面朝3个方向,而不是4个。他们背后依托的坚实农舍位于交叉路口的东北方,拥有封闭的庭院和一个大型砖砌谷仓。斜对着他们,位于交叉路口西南方的是一家旅馆和它的附属建筑物。旅馆的名字颇令人困惑,叫三臂。再往西南走不远就来到了博叙山毛榉树林的边缘,从那里可以听到枪声。在他们的右侧,正对着农场和旅馆的是一个过路收费站和谷仓。正对着他们的是十字路口开阔的东南区域,不过沿着布鲁塞尔大道向前250码,有一个名为拉贝热里的小型农场位于道路东侧。它的花园位于大道的另一侧,在那里博叙树林紧靠着路面。

  两个来迟的炮连为残存的尼德兰炮兵带来了10门9磅加农炮和2门重型榴弹炮。卡尔·冯·雷特贝格的炮连在"戈登"高地人团以东排成一列,部署在那慕尔道路的后方。而托马斯·罗杰斯的炮连则被部署在更往东的地方,位于"卡梅伦"高地人团的东面,正对着马特内湖后方的几门法军火炮。罗杰斯的火炮一开始部署,法军炮兵就从他估计的仅有500至600码的距离朝他开火,杀死了一些炮兵和马匹。[5] 实际上,从会战伊始盟军就痛苦地意识到他们骑兵和炮兵的短缺。法军至少有34门火炮,而此时则可能有50门。所以,当盟军炮连开始在战场上部署时,法军可以将它们一个接着一个地摧毁。

  当皮克顿的士兵展开时,在他们前面的尼德兰人开始瓦解。荷兰人对海米奥库尔的攻击，因遭遇法军从环绕农场的树篱中射出的密集火力而被化解。身着绿衣、头戴黄铜头盔的皮雷所部枪骑兵又紧跟了过来。手持9尺长枪，在枪头饰有红色和白色细长三角旗的枪骑兵队对年轻的荷兰士兵来说是一个可怕的景象。皮雷的手下看到了猎兵的动摇，便发起了冲锋，追上了逃跑的猎兵，并将他们刺倒。他们营长的坐骑在胯下被射杀，营长本人的额头也被砍了一个口子。

奥兰治亲王派了第一支抵达战场的骑兵部队，试图去拯救猎兵。梅尔伦的第六荷兰骠骑兵团因为刚刚抵达，未来得及排成横队就发起了冲锋。一些被俘或躲藏在谷地里的猎兵得以逃脱，但是遭到法军枪骑兵和猎骑兵的反击后，骠骑兵也加入了败退的行列。得胜的法军骑兵捕获到5门装在前车，准备支援骠骑兵的盟军火炮，他们从后面赶上，斩断了皮革挽绳，杀掉了炮手。

此时，法军骑兵一波波穿过高秆作物，横扫这片区域。第五民兵营意识到骑兵抵达时已经太晚，他们在逃跑时被追上、砍杀。见此情景，第七战列营的士气崩溃，在枪骑兵的追赶下逃向树林，枪骑兵会将每个追上的人刺穿。奥兰治亲王本人也被法军骑兵包围，他身边的一个副官受伤被俘，之后几个骠骑兵杀进重围将亲王救出，并一起逃向第七战列营的一群士兵以寻求救助。这群士兵在该营全面解体时仍固守阵地。

在慌乱中，亲王下令麾下其余新抵达的骑兵发动冲锋，他们直接向法军第六猎骑兵团扑去。巧合的是，许多比利时人过往曾和他们的法国对手一起服役，因而对他们很熟知。另一个不幸的巧合则是他们穿着相似的装束，均为饰有黄色覆面的绿色制服。

交战中法军占据上风。比利时人的团长在手臂中了两弹，肾遭到霰弹击中后，被一刀击落于地，并被压在他死去的坐骑之下。神奇的是，他居然活了下来。在一场激烈的肉搏战中，他手下的一些士兵在己方被击败之前将他扶上了一匹新马，接着剩余的比利时人掉头朝后方半英里的四臂村疾驰而去。[6]

在交叉路口，"戈登"高地人团因为将大批快速赶来的绿衣骑兵误认为敌人而向他们开火，不分敌我进行击杀。[7]而威灵顿公爵则犯了相反的错误：他认为逃跑的龙骑兵是比利时人，到最后一刻才发现法军猎骑兵混在其中，追踪而来。公爵不得不骑着坐骑"哥本哈根"翻越沟渠和堤岸，逃入第九十二步兵团的队列中。[8]

皮克顿师和"黑色不伦瑞克"的抵达及时稳住了阵线。帕克将军带领"黑卫士"团和第四十四团经过拉贝热里，前去占领海米奥库尔北面的高地。在他们右边，不伦瑞克公爵的骠骑兵赶跑了法军猎骑兵，不伦瑞克的士兵挺进到了树林和布鲁塞尔大道之间的位置。像他们的同袍一样，"黑卫士"团的士兵发现在高秆作物中穿行极为困难。"黑麦的秸秆就像生长在沼泽边缘的芦苇一样，阻碍着我们的前进，"一个高地士兵回忆道，"麦穗与我们的帽子齐平，我们大步向前，尽可能快地摸索前进。"第四十四步兵团将轻步兵连布置为散兵在前方开路，"不过却发现法军凭借有利的条件能看到我们，并击倒了许多人。哈默顿营长将他们集合起来，下令各连在前进时以横队开火，扫除黑麦"。身穿苏格兰裙、头戴软帽的"黑卫士"团遇到了富瓦麾下的第四轻步兵团，他们刚击退了荷兰猎兵，正从海米奥库尔开来，"黑卫士"团将他们的散兵原路赶了回去：

> 当抵达另一侧长满三叶草的区域时，我们的脚步已经非常踉跄。然而，在时间和前进速度允许的情况下，我们尽可能快地以横队集结。比利时散兵穿过我们的队列后撤，而在一瞬间我们就撞上了得胜的追击者。我们的突然出现似乎阻止了他们的前进。毫无疑问，我们的奇异着装和突然登场一起动摇了他们的决心。[9]

不伦瑞克第二轻步兵营抵达时，参谋部将他们派往左翼，支援坚守在极东侧桑斯树林里的英国来复枪兵。就像参谋军士金凯德回忆的那样，这群不伦瑞克菜鸟动不动就开枪，他们更倾向于朝执行散兵任务的来复枪手开火，而不是朝法军射击，以至于到最后他被派去命令他们不准开枪。步兵在紧张的情况下会尽可能快地射光他们所有的弹药，认为自己已经尽了一份力，然后快速返回后方。金凯德则尝试教会这些没有经验的军官和士兵节省弹药，以便在射程范围内射击正确目标。[10]

在他们西侧，皮克顿的各营派出所属的轻步兵连，同迈格罗麾下的散兵交战。后者正控制着从海米奥库尔向东流至蒂勒北部边缘的小溪一线，并与位于更远的东部树林里的来复枪手交火。皮克顿的散兵在人数和素质上均不及对手。"皇家苏格兰"团的一个少尉认为法军手上更为轻质的武器在这种战斗中给了他们可观的优势："比起我们可恶的笨重器械，他们质地优良的轻便燧发长枪在散兵战中更为有效。法国士兵迅速抽插子弹，将枪托朝地上猛捶一两下，以此取代推弹杆的作用，在我军射击一次的时间里，他们就能射击两次。"[11] 法军腾跃兵使用的短管龙骑兵火枪不仅轻便，甚至还更适用于快速射击。

尽管如此，皮克顿各营依旧跟随他们的散兵，前进到了离小溪 300 码的高地之上，或像"卡梅伦"团那样，来到靠溪流更近的湖泊周边。之后，各营以他们惯常的两排横队展开。纵队是一种用于行进和机动的队形，正面更窄，纵深更深，虽然易受炮火的打击，但也更容易变更方向的队形。不过，相对于这种队形，步兵同步兵交战时更倾向于使用两列或者三列横队，以便最大化地发扬火力的效用。

在决斗的英法散兵后面，巴舍吕的其余各营以攻击纵队从德于特树林现身。他的士兵径直向小溪进发，不过前进道路受到溪流两岸稠密树篱的阻碍。当法军抵近湖泊时，罗杰斯少校的炮连第一次使用了一种英军独有的武器对付他们。由亨利·施雷普内尔于 1784 年发明的榴霰弹是一种内部混合填充火药和 100 余发枪弹的特殊弹药。这是一种空爆武器，被设计在目标上方爆炸，将枪弹从爆破点向 200 至 300 码的距离倾洒。榴霰弹既可以用加农炮也可以用榴弹炮发射，这给了英军在远距离使用霰弹打击目标的选择。当然，前提是这种武器发挥作用，因为要想让炮弹在正确的位置爆炸，既需要技术也需要运气。这可能也解释了为什么法军没有模仿制作这种弹药。

巴舍吕的步兵在减去正进行散兵战的迈格罗的轻步兵后，共有 7 个营 3000 人。在他们的前方，位于视野范围外黑麦中的是 4 个兵力众多的英军营，"卡梅伦""康沃尔郡""皇家苏格兰"和第二十八"格洛斯特郡"团，总共 2700 人。但是皮克顿的士兵已经连夜行军 20 英里，最后 10 英里还是处于酷热中，所以不在最佳状态。而巴舍吕的士兵虽然也经过前一天的艰苦行军，但已经得到了很好的休息。

法军经过位于溪流南岸树篱同一线的己方散兵，然后穿越险阻的地形。不过在这一过程中，他们失去了秩序：在湖泊附近，树篱被修剪到只有2至3英尺高，易于通行，尽管此处溪流本身相对要宽；而在西侧，菲利普·伊戈内的第一零八团面对的山楂树篱高达6到9英尺，宽3英尺，难以逾越。伊戈内让部队暂停，叫来了他的战斗工兵和掷弹兵，他们用斧子和锯子开了一个排的缺口。当第一零八团打开通道，第一营穿过时，他们已经落后于其他团的先头营。

小溪另一侧的斜面被高高的黑麦和小麦覆盖，谷地则种满了供牛食用的牧草或三叶草。英军前卫已经排成了横队，他们的散兵也在法军纵队迫近后撤了回来。

在他们登上坡面后，英军突然开火。英军使用的布朗贝斯步枪比法军的沙勒维尔款要重半磅，却短1.5英寸。它发射直径为0.76英寸、重约0.07磅的软铅弹。这种步枪的枪管更粗更短，因而精度略微不准，不过更大的子弹却可以造成更严重的杀伤。而英军也在近距离快速开火上训练有素，紧接着他们会进行一次凶猛、充满自信的刺刀冲锋。

从东到西，两军相隔大约50至100码的距离。伴随着士兵的倒地和叫喊，法军在惊慌中停下来。"最初，我们无从知晓齐射来自哪里，纵队出现了轻微的犹豫，"巴舍吕的参谋长图桑·让·特雷夫孔写道，"英军抓住机会全速对我们发起了冲锋，他们在欢呼中气势汹汹地杀来，而此时的我们完全惊呆了。"[12]

像这样的步兵交锋通常先以短促的步枪互射，再接着一次刺刀冲锋的形式进行。冲锋很少发展为双方的近身肉搏，因为一方或者另一方几乎总是会在碰撞前转身逃跑。也很少会出现大批成编队的士兵短兵相接的情况：法国军医多米尼克·拉雷研究了奥军和法军两次肉搏战中的受伤情况，发现与100多例枪伤相比，仅有5处伤口由刺刀造成。就像一个法国军官记录的那样：

> ……在这些刺刀交锋中，胜负总是在短兵相接前就决出了。在这种关键时刻，败下阵来的一方其队列中总是表现出某种明显的动摇，然后全线的崩溃接踵而至。就好像是我们被攻击者的气息吹走一样，而这就足够真实了，因为对于不太坚决的敌人，一支强大的部队就像是磁流一样。[13]

在这种情况下，皮克顿的士兵从黑麦中冲出，他们压低刺刀冲下坡面，将溃逃的第六十一团和第七十二团扫向谷底。然而，英军并没有追上他们的对手。"卡梅伦"团的士兵可能刺伤或俘获了一些正在穿越树篱和小溪的法军，但是绝大多数英军落后太远。就像第三十二"康沃尔郡"团的一个中尉描述的那样：

> 我们喊着惯常的口号朝他们冲去，胆小的无赖们四散而逃。但是，我们可怜的战友（前一天晚上开始就一直没有睡觉，接着又在烈日下行进了20英里）精疲力竭，谷物的枝叶又在我们腰际缠绕，所以没能追上他们。不过，在通过树篱的缺口时，我们狠狠地教训了他们一顿。[14]

在左侧，身着苏格兰裙的"卡梅伦"团一路追击法军越过树篱，冲上了对岸的高地。在那里特雷夫孔几乎被俘，他的坐骑暴跳了起来，拒绝前行，而苏格兰人就在身后。正当他要从马背跳下徒步逃命时，他的坐骑又再次起步，疾驰逃走。

展开攻击时，步兵一般会在后方留出一支强大的预备队，以便被迫后撤时能够依靠他们重新集结。此时，这一战术拯救了败退的法军。追踪而来的"卡梅伦"团先是被湖泊后面的法军炮兵一顿霰弹雨招呼，接着又被孤立暴露在易受法军预备队攻击的位置，就像列兵狄克逊·瓦兰斯阐述的那样：

> 法国人看到我们独自为战，并且距离主力甚远时，他们大批涌来，尝试将我们包围俘获，他们喊道："缴枪不杀！缴枪不杀！"我

们的指挥官看到后，对我们大喊："快跑，法国人是不会留活口的。"我们不久就看清了法国人，虽然他们兵力众多，却畏于接近我们。从法国人那里撤出时，我们需要穿过一个篱笆，而这延误了我们很长时间，因为我们只能在开口和缺口处通过。当拥挤着穿过树篱时，法军朝我们开火，打死打伤了许多试图退回黑麦地中行动基地的我方士兵。[15]

第三十二步兵团在小溪北岸的树篱边停下重组，他们的敌人则回过头在小溪另一侧的树篱后向他们开火。"皇家苏格兰"团虽然穿过了树篱，却落入了第一零八团凶猛的火力之下。伊戈内将他的第一营穿过树篱带了回来，并在沿这条屏障部署的两个营后方重整秩序。溃败的第七十二步兵团从他们的前方离开后，第一零八团同追击的英军交火，再一次将他们逐退。夺回失地时，伊戈内的士兵发现他们掷弹兵连的一个受伤下士正躺在那里，英国人帮他包扎了伤口，并在他身边留下了食物和水，这给法军留下了非常好的印象。[16]

特雷夫孔的士兵在皮洛蒙前方重整队列。之后，轮到他们在炮兵的支援下向敌军倾泻弹药了。法军炮兵凭借湖泊的掩护，仍留在高出村庄的山脊上。"皮雷将军的骑兵在关键时刻杀到，追击正在撤回己方阵线的敌军。不过，他们的撤退秩序井然，这让我们心生敬佩。敌军的方阵异常稳固，使得我们的枪骑兵和骠骑兵无法攻破。"皮克顿的士兵在法军骑兵的骚扰下以方阵队形撤退，并在拉贝热里和桑斯树林之间再次转换为横队，以保护那慕尔道路。

奈伊一开始信心满满，试图要夺下布鲁塞尔大道，但在英军步兵坚决的细红线面前后退了。在这次交锋中被抓获的俘虏向法军透露，他们属于一支1.5万人的部队，在威灵顿公爵的带领下一早从布鲁塞尔赶来。这向奈伊证实，此战的胜利并非唾手可得，因为很可能全部的英国军队不久就会前来支援公爵。

然而，威灵顿此时仅有2万人，热罗姆那个兵强马壮的师和16门火炮业已抵达，随同而来的还有克勒曼将军和一个胸甲骑兵旅。奈伊拥有同威灵顿兵力相当的军队，不仅如此，他还拥有发动另一次有力攻势的生力军。

27

枪托和刺刀

6月16日下午3点15分至5点30分，利尼

在四臂村东南7英里处，拿破仑正试图将尽可能多的普军卷入到弗勒吕斯以北、小溪利涅沿岸一系列村落间逐渐升级的战斗中。他意图在临近傍晚时，由奈伊的整个左翼或德隆的军从背后和侧翼攻击普军，除了被围、阵亡或被俘，布吕歇尔的士兵将被逐往东部。因为处于人数的劣势，要想取得胜利必须精打细算。所以，拿破仑要尽可能少投入兵力，在谨慎使用己方部队的同时，尽可能多地给予敌人打击。

在安托万·德鲁奥将军的监督下，法军的一条火炮阵线对着普军的火炮阵线建立起来，让德鲁奥高兴的是，他的这条阵线更为成功。"被命令保护我军火炮的部队离此有一段距离，处在曲折地势的掩护之下，鲜有伤亡。而与之相反，负责保护敌军火炮的士兵就像身处一个圆形露天竞技场一样，大量聚集在火炮后方，死伤严重。"[1] 作为一个面包师的儿子，德鲁奥逐步成长为军中最优秀的炮手。他将近卫炮兵改造成一件战无不胜的"武器"。拿破仑的一个元帅称赞他是"我所知道的最正直、最谦逊的人：学识渊博、勇敢、忠诚、朴素。他品行崇高，并极为廉洁"。[2] 有时，他被认为曾在1805年的特拉法尔加海战中于"不屈"号上服过役，不过那艘战舰在战役后的风暴中沉没，无人幸存，幸运的是此前一个月他就离开了战舰，前往同大军团会合。德鲁奥成了一名备受皇帝信任的将官级副官，由于莫尔捷元帅的缺席，他又接过了近卫军的指挥权。

法军的第二次进攻驱散了部分据守在村庄西部的普军。尽管拼尽全力，他们还是无法啃下城堡、墓地或在小溪利涅另一端由普军把持的下农场，以便站住脚。双方的交火非常激烈：负责防守该地的普军指挥官亨克尔将

军回忆说,他的副手威斯特法伦民兵团的格勒本已经有两匹坐骑在胯下被击杀。格勒本酷爱鼻烟,在第一次坠马后他猛吸了一大口,然后骑上了另一匹坐骑。而第二匹的死亡又让他使用了很大的剂量。之后,格勒本判断,如果自己步行就不会那么显眼了。[3]

艳阳下,天气异常炎热。士兵每次装填武器时,都需要咬开弹壳,将油滑、火药包裹的子弹咬在牙齿间。硝石尝起来很苦,还会在嘴里残存沙砾,而且很快就会使嘴唇干涩。与此同时,正在烟雾中作战的士兵,烟雾浓稠到足以刺痛他们的眼睛,而在这种环境下不久就会让他们处于极端口渴的状态。在利尼找水也并不容易。亨克尔叫来一个正在喝水的人,让他分给自己一点。不过当亨克尔将水壶放到嘴上时,为他牵马的士兵被击中身亡。

这时候,热拉尔将攻击的矛头指向村庄的东侧,不过法军纵队在己方败退的散兵冲向他们时发生了崩溃,追击的普军甚至暂时俘获了两门火炮。冯·察斯特罗少校带领威斯特法伦人的左翼第二次落入了为进攻部队提供支援的法军炮兵的霰弹火力中,这一次他的手臂被炮弹削掉,并从马上跌下,然后被抬往军医那里。

试探了村子两侧的防御后,热拉尔发起了一次大规模攻击,却发现普鲁士人愿意为每一间房子、每一处树篱同他们争夺。为了前进,法军需要扫清每个屋子:有人从盛放煤炭的地窖通过空隙开火,藏在阁楼上的敌人从屋顶射击。在真正的近距离交锋中,比如冲进一间屋子时,胡桃木的枪托可以被当作棍子挥舞,而当上了17英寸的钢制刺刀时,武器又变成了一根长矛。不过,这是一个缓慢而又血腥的过程:被逼入角落的士兵在绝望中互相戳刺,就像一个威斯特法伦人描述的那样:

> 在村里的小道上,我们用枪托和刺刀作战。双方杀来杀去,好像被个人间的仇恨所驱使。每个人似乎都遇到了自己的死敌,因此为这个长久等待的机会的到来而欢欣鼓舞。没有人给予或寻求宽容。法国人用刺刀刺入那些已经因伤倒下的普鲁士人,而普鲁士人也大声咒骂敌军,并杀死每一个落入他们手中的人。[4]

最终，经过一个回合的血腥激战后，法军夺下了利尼西部边缘的中世纪城堡和南部中央的墓地。他们将普军向北逐过小溪利涅，除了农场，夺下了所有据点。该地面对教堂，位于溪流北岸，正由普军顽固地把守着。法国人描绘这里的战斗，说的话几乎和他们的对手一样：

> 我真的不知道如何去记录双方士兵表现出来的狂热与愤怒。每个人似乎都想亲自为自己受到的伤害报仇，并把对手视作死对头。法军不留俘虏，而据说普军先前就宣布会屠杀每一个落入他们手中的法国人……法国人将所有的普鲁士人和其他德意志人视作逃亡的奴隶、阴险的罪犯。一言以蔽之，相互的仇恨因过往的伤痛回忆而加剧。可以肯定的是，不管谁笑到最后，胜利都将会因为太过残酷而遭到诋毁。[5]

对待俘虏的惯常做法被迅速践踏，因而这种极端行为被生动地表现出来。在一般情况下，挑起白旗或丢下武器后完全可以期望生存下来，不过在利尼"绝不宽恕"，不留活口从一开始就是双方的座右铭。在短时间之内，关于双方暴行的故事迅速传播开来：喉咙被割断，有人被吊死或被刺刀戳杀，很少有俘虏幸存下来。

到此时为止，亨克尔一个4700人的旅已经损失了2500人，幸存者也即将用光弹药。一个新的火石在射击30至50次后便需更换，而粗大颗粒的弹药意味着50至60次击发后枪管就需清理。50发子弹是每个步兵在战斗中通常携带的数量，当弹药用尽时，新的补给需要从跟随炮兵一同行动的辎重车辆处取来。但这时候他们无法抵达利尼帮亨克尔的士兵解决燃眉之急，所以除了占据如下农场在内据点的孤立守军，其余士兵不得不撤出村落，以便补充弹药，重整队列。

在亨克尔的士兵撤退后，冯·雅戈将军将他的预备队第七"西普鲁士"步兵团的火枪兵营和威斯特法伦第三民兵团，沿从布里而来的小道带入了利尼。在所属的轻步兵连将法军逐出屋舍后，"西普鲁士"团第一营沿小溪利涅以北的下街区向东推进。雅戈则亲自带领第二营沿着上街区向南杀去。雅戈的燧发枪兵营对城堡发起了攻击，成功地将它夺回。在法军凶猛的炮兵火力之下,"西普鲁士"步兵团的第二营抵达教堂附近,对墓地展开了一次狂暴的进攻,取得了成功。

正当普鲁士人冲入墓地时,他们遭到了法军从两个方向的攻击,其中一个还直切他们的侧翼。弗朗索瓦上尉带领支离破碎的第三十步兵团的100余人加入了这次反击。悄然穿行于通向上农场的凹路,他们几乎在浓重的烟雾中撞上了普鲁士人。弗朗索瓦大叫"开火",并匍匐于地以便身后的士兵射击。在接下来的肉搏中,上尉的佩剑被砍折,本人也被敌人践踏。不过,第九十六团从东部发起的冲锋击破了普军的防御。[6] 完全溃败的普军甚至在逃跑时还将第一营裹挟而去。法军再次占领了躺满普军"西普鲁士"团和威斯特法伦民兵尸体的墓地,穿过河流,向利尼北部杀去。

布吕歇尔再次从格奥尔格·冯·皮尔希作为预备队的第二军抽调来4个新锐营强攻村子。更多的普军士兵卷入利尼的战斗,正如拿破仑希望的那样。重组后,雅戈的士兵再次攻击村落西部,而生力军则将矛头指向了村子东部。

在两个小时的时间里,弗朗茨·利伯所属的"科尔贝格"步兵团来复枪连匍匐在地面上,以躲避炮弹的杀伤。他们急切地想要参战。这群年轻的小伙子们以身上的绿夹克和黑皮带,同穿着绿外套的火枪兵区分开来。他们经验丰富的指挥官卡尔·冯·巴根斯基尝试向他们解释,在战火下等待行动是士兵可能面对的最严峻考验。最终,一个副官疾驰而来,他告诉冯·察斯特罗上校:"你的纵队必须将村子左翼的敌军赶出去。"上校骑马来到利伯所属的连,对他们说:"来复枪手们,你们很年轻,我甚至担心你们太富于激情。冷静才能使一名士兵真正成熟起来。保持秩序。"然后,他转过身去。鼓手敲起了"前进"的鼓点。经过半英里的行进后,久负盛名的"科尔贝格"团和易北河民兵团的4个火枪兵营在散兵的掩护下准备进攻利尼,散兵包括"科尔贝格"团80人的强大志愿猎兵分遣队。军号声通知弗朗茨·利伯所属的"科尔贝格"团在村子前停下。[7]

除了西侧边缘的城堡,整个利尼的南部悉数落入了法军的手中。而在溪流的北部,普鲁士人占据着包括加固了的下农场在内的西半部,但东部却被法军夺走。那里便是"科尔贝格"团的目标。此时响声震耳欲聋,烟

拿破仑和他的元帅们

奈伊元帅加入了拿破仑的军队，背叛了国王路易十八："我发誓，它闻起来是紫罗兰味的。"

1815年3月，路易十八仓皇逃离，而拿破仑则出人意料地归来了。

1815年，拿破仑在战神广场将鹰旗授予他的士兵。

"伟大的英雄"威灵顿公爵骑着"哥本哈根",身着滑铁卢战役时的服饰。

奥兰治亲王曾是威灵顿的副官,他骑着"瓦克西",军服整肃,准备去战斗。

1813年,"老前进将军"布吕歇尔侯爵在卡茨巴赫率军第一次战胜法国人。

格奈泽瑙将军被称为"布吕歇尔的大脑"。

汉斯·齐滕是普鲁士第一军的指挥官。

吕措自由军团的志愿兵在执行前哨警戒任务。格奥尔格·弗里德里希·克斯廷绘制的画作《去前哨》描绘了他的三名战友——画家弗里德里希·弗里森和费迪南德·哈特曼以及作家特奥多尔·克尔纳。

莫里斯·热拉尔领导了法军对于利尼的战斗。

普鲁士来复枪兵弗朗茨·利伯后来成为哥伦比亚大学的历史学与政治学教授,在美国内战期间为联邦军起草了行为指南。

利尼焚烧过后的废墟，这个场景在靠近采石场的战斗结束后不久被绘制。

利尼要塞和布吕歇尔的风车磨坊，以及左边远处的布里教堂，右边则是松布雷夫。

四臂村在西边，农场位于左方，酒馆在中间，裸露的尸体和拉贝热里位于右方，由托马斯·斯托尼于1815年6月21日绘制。

四臂村在东边，上图是酒馆和位于其后方的博叙树林，下图则是农场和十字路口。

托马斯·皮克顿（左图）和不伦瑞克公爵（右图），他们都是四臂村战斗中的英雄。

格鲁希元帅是法军在滑铁卢战役战败的替罪羊；奈伊元帅到底是"勇士中的勇士"，还是厌倦了战争，抑或是愚蠢？下图是身着华丽制服的阿克斯布里奇伯爵。

云遮蔽了村落，又因步枪的击发、爆炸和四处乱飞的碎屑而愈加浓重。炮弹哀号着从头顶划过。偶尔，榴弹会在飞扬的尘土中爆炸，抛射出尘土和锯齿状的金属碎片。这便是利伯要进入的作战环境。

另一道号令告诉巴根斯基和他久经战阵的士官长带领散兵前进。来复枪手通常成对作战，一前一后互相掩护。他们本应该谨慎，徐徐前进，停在掩体里进行射击，一人开火，另一人装填。但是年轻人未发一枪一弹就全速冲向敌军，将他们的士官长抛在身后愤怒地喘息。利伯看到他的犹太朋友身体前倾，鲜血从喉咙中喷出，一发子弹击中了他。不过，他们继续向前冲去。面对他们的急躁冒进，法军从村子边缘的山楂树篱逃走。他们抵达了一条街道后，士官长又恢复了对部队的控制。

士官长将利伯派往"一座他怀疑藏有几个法国人的屋子"。利伯在角落里徘徊时，"一个掷弹兵突然站立在离我有15步的位置，用枪瞄准了我。我也举枪瞄准。士官长看到我时说：'瞄准打，孩子。'敌人射出的子弹擦过我右侧的头发。我也开了枪，将他击倒。我发现自己击中了他的头部，让他奄奄一息。这便是我在战斗中开的第一枪"。

多年后，利伯尝试重拾他第一场战斗的破碎记忆。他记得问过这场战斗是否确有其事，并因为获得的肯定答复而安心。他看到了一头猪、一个孩子，还有一只试图保护幼雏的鸟。感到口渴时，他停下来，从井里打来水。最后，他的连沿着一条堆积大量死伤士兵躯体的凹路前进，利伯记起了从他们身上踏过的感觉。他不得不去帮忙拖动一门大炮通过血肉模糊的尸体，回忆起被轮子碾压时伤员痛苦的表情。[8]他们将法国人赶过河流，重新夺回了村庄北部，但在杀向河流南岸时却被阻住了，血腥激烈的逐屋争夺仍在继续。

此时，对利尼的争夺陷入了僵局。即便法军一方的伤亡要比拿破仑预期的多，热拉尔将军还是成功地将19个普鲁士营卷入到了那里的战斗，人数要远多于他自己投入的兵力，到了下午晚些时候，普军预备队投入了战斗，但热拉尔手上的生力军也所剩无几。拿破仑的首席传令官加斯帕尔·古尔戈在观察了热拉尔的进展后，返回位于纳沃风车磨坊的司令部。他向拿破仑报告，尽管付出了巨大的努力，但是热拉尔仍然无法取得突破。在利尼地段，拿破仑进行设想中的决定性侧翼攻击，从而将普军拦腰切断的时机刚刚成熟。不过，要让这一机动以他满意的方式完成，皇帝需要奈伊元帅左翼军队的干预。但问题是西部战事的进展如何？

28

奈伊的第二次攻势

6月16日下午3点30分至5点，四臂村

在四臂村，皮克顿将军的抵达解了盟军的燃眉之急，让他们免于崩溃，并让法军占领交叉路口的希望落空。但是，奈伊仍然对他们施加了巨大的压力。皮克顿位于最东端的营、"卡梅伦"团和第三十二团，因法军部署在湖后的火炮而伤亡惨重。法军炮手瞄准英国军旗开火：当一发炮弹在第三十二团的团旗旁划过时，一个上尉的头颅被"炸得粉碎"，另有数人受伤。白色的丝绸旗帜被扯碎，不过持旗少尉只受了轻伤。[1] 英军士兵最终后撤，躺到路旁沟渠的堤岸下躲避炮火。

再往西的位置，法军枪骑兵和猎骑兵对"皇家苏格兰"团和第二十八步兵团进行了一系列的冲锋，他们以方阵回应。但是骑兵从没能完整地进行一次冲锋，在同方阵接触的最后几码眼见英军老兵仍固若磐石，他们只得转向离去。就像一个英军军官观察到的那样，骑兵径直撞向未遭破坏的方阵的情况极为罕见：

> 步兵要么在骑兵抵近前崩溃，要么通过火力将他们击退。对步兵来说，看到大量的骑兵朝他们全速冲来是很吓人的。方阵中的士兵频繁地移来移去，造成了某些不稳定。这使得他们疏忽了射击。骑兵看到他们的动摇，获得了朝近处驶去的动机，十有八九会成功冲入方阵，至此一切就结束了。一旦方阵被击破，步兵自然不会再有任何机会。但如果他们固若金汤，骑兵几乎没有可能击败他们。如果是由我指挥步兵对抗骑兵，我还是会时刻保持谨慎，因为就我所知步兵是最畏惧骑兵的兵种。[2]

他的看法被一个法军步兵军官证实：

> 对骑兵来说，即便在最好的机会面前，击破由无畏和冷静的步兵组成的方阵也是极为困难的。若步兵处于混乱之中，那将是骑兵毫无风险的单方面屠杀。但是，勇敢、可怕的士兵被攻击时就是另一种情况了。[3]

此外，在高高的黑麦中，要骑兵判断步兵离他们有多远以及何时加速冲锋，就像是让步兵预见到骑兵袭来一样困难。第二十八团的一位军官谈到，一个枪骑兵骑马赶来，将他的9尺长枪插在地面上作为冲锋的记号。因为方阵没有动摇，一个法军军官径直向英军的刺刀骑马冲去，想要做个示范，但是一个掷弹兵朝他开了火。中尉打了掷弹兵一个耳光，因为他没有接到命令就开了枪。不过事后讨论时，肯普特将军大声说道："安静，先生们，不要干涉士兵们了，他们比你更知道自己的职责所在，这些人让我们满意，所以不要再说了，先生们。"[4]

如果方阵成功地抵挡住了骑兵的冲击，之后他们要么被步兵攻击要么被炮兵驱逐。对炮兵来说，方阵是极易受到攻击的，因为组成方阵意味着众多士兵聚集到一个很小的区域，纵深为数列。此时，皮克顿密集排列的士兵因法军炮兵和散兵的攻击损伤惨重。若己方散离开了方阵，他们将面临在开阔区域受到骑兵攻击的风险，而部署为横队同样不甚安全，因为高高的黑麦缩小了视野，不是总有可能在相隔一段距离时就能发现骑兵袭来。

附近英军各营没有遭到骑兵的侵袭，继续保持横队队形，如第四十四"东埃塞克斯郡"团和第四十二"黑卫士"团。尼古拉·加尔布瓦带领第五枪骑兵团的380名骑士对第四十二团发起了冲锋。由于第四十二团的士兵无法透过高于额头的黑麦看到任何东西，一个德意志龙骑兵传令兵向他们发出了警告，散兵也在奔跑中高喊"方阵，方阵，法国骑兵来了"，但是他们未能及时封闭方阵，留在外围的士兵在逃跑过程中被长枪刺倒。[5]当方阵最终闭合时，冲入的枪骑兵困在了里面。他们的营长被骑枪刺穿下巴，扎入脑袋而亡，校官和资深尉官或死或伤。当天拥有613人的第四十二团共损失288人，大多数都是由步枪和炮击造成，不过他们在这次近乎崩溃的危机中的损失也不在少数。

这时候，第四十四步兵团也遭到了法军枪骑兵和猎骑兵的攻击。他们刚刚穿过"皇家苏格兰"团和第二十八步兵团的方阵，正返回己方的阵线。第四十四步兵团的军官以为该部是己方骑兵，直到他们开始屠杀军乐手和军医，并从背后发起冲锋时才反应过来。但是此时想要变成方阵已经太迟了，所以约翰·哈默顿营长命令后一排士兵转过身来，对来袭的骑兵进行了一次齐射，而这证明足以瓦解他们的冲锋。

对一支部队来说，丢掉他们的军旗是莫大的耻辱，而对夺取它的一方来说，这是无上的荣耀，法军付出不相称的努力去夺取英军的军旗。一群枪骑兵进行了一系列的尝试，想要夺得该营的军旗。执旗少尉詹姆斯·克里斯蒂被骑枪刺入左眼，贯穿了舌头和下颚。他倒了下来，将旗帜死死地压在身下。一个枪骑兵从旗上撕下了一小部分，不过旋即死在了枪弹和刺刀之下。皮雷的参谋试图夺取一面旗帜，但是英军围着它组成了紧密的圆形阵列，还击伤了数人。[6]

据称，"就英军步兵的比例而言，这一时段的法军骑兵伤亡惨重"，并且大多数英军步兵认为，他们是以收割的方式向冲锋方阵失败的法军骑兵倾泻火力。[7]但具体的数据却无法说明这一点：第六枪骑兵团当天只有2名军官阵亡，5人重伤，总兵力347人损失不到70人，大约为五分之一。而通过仅有的军官伤亡数据判断，第五枪骑兵团的损失与第六枪骑兵团相当。而两个兵力更多的猎骑兵团，军官损失数分别为2人和1人。加尔布瓦上校胸部中弹，但继续坚持战斗。[8]尽管他们来回游荡，持续冲锋，但是皮雷的骑兵却没有遭受太大的伤亡。

当来自法军的压力增加时，盟军的散兵线后撤。部署在第四十二团东侧的费尔登营的散兵被躲藏在高大黑麦地里的法军狙击兵伏击；其他人要么被法军骑兵用马刀砍杀，要么成了俘虏。第四十四团的散兵用尽了弹药，他们从一群正在劫掠的法军骑兵中杀出，逃回了己方方阵避难。

同时，威灵顿已然命令不伦瑞克公爵带领他的部队前进，以填补尼德兰民兵瓦解后在沙勒罗瓦至布鲁塞尔大道西侧留下的空缺。不伦瑞克公爵派遣他的精英猎兵赶往博叙树林，前卫营的两个轻步兵连在树林西侧担任散兵。前者是一支由 400 人组成的精英武装，招募自森林地区，身着灰外套，使用来复枪作战。德意志来复枪手有很高的声誉。在散兵线之后，不伦瑞克近卫营和第一战列营前进到离交叉路口 200 码的位置，占领了牧羊农场拉贝热里和树林间的阵地。他们保持纵队队形，并由己方的骠骑兵提供掩护。两个不伦瑞克战列营被继续留在"戈登"团右侧作为预备队，而他们的枪骑兵则位于这两个营后方。[9]

此时已临近傍晚，奈伊收到了苏尔特发于 2 点，让他摧毁当面之敌，然后向布里进军攻击普军右翼的命令。如果一早看来，完成这道命令很简单，不过这时候情况已经大不同了。这道命令可能由参谋部的夏尔·德·福尔班-让松上校传递，他在火力交织的海米奥库尔农场后方找到了奈伊。因为奈伊没有助手，福尔班-让松就志愿留下了。一个被俘的敌军参谋向奈伊证实，威灵顿正身在此处，这让奈伊得出威灵顿的全军抵达只是个时间问题的结论。[10] 他立即将热罗姆师掷入了突破敌军阵线的另一次急躁尝试中。

皮埃尔·博迪安对正由伯恩哈德亲王的拿骚人把守的博叙森林发起了一次进攻。1793 年，博迪安就在土伦与拿破仑共同作战，之后是意大利战役，然后是大军团的所有主要战役，当然除了 1805 年，那时他正和维尔纳夫的舰队在一起。作为一个英勇的老兵，博迪安亲自在前方带路。一个拿骚军官朝着法军慷慨陈词，直到被一个来复枪兵击中，第一轻步兵团的卡宾枪兵猛攻树林边缘的凹路，此处被他们的指挥官用作壕沟。在树林间一阵激烈的交火中，一发子弹击中了热罗姆亲王的剑柄，擦伤了他的臀部。但是，法军成功地将拿骚人赶出了树林，在不伦瑞克猎兵的协助下，第二拿骚营发起的反攻以失败收场。[11]

通过荡平博叙树林的大部确保自己的左翼安全后，奈伊着手准备攻击树林的东部区域。他首先使用军属预备炮连的 12 磅炮向不伦瑞克人发难，躲藏在谷地里的法军散兵也用步枪对他们挨个点名。一开始，年轻的不伦瑞克士兵耐心地忍住了，不过这是一场严酷的考验。一个骠骑兵认为，对他们来说，这是"我能想到的最糟糕的任务，因为武器就在你手里，但面对射来的子弹和炮弹却无法保卫自己，更别提将它们挡开。公爵则高兴地抽着烟斗，骑着马在我军前方走来走去"。不伦瑞克公爵在他的层面为手下树立了一个镇定自若的榜样，不过法军的重炮正在屠戮他的士兵。一发炮弹削去了那个骠骑兵的指挥官冯·克拉姆少校的一条腿，并让他流血致死。[12] 在炮火下被折磨了一个小时后，公爵将骠骑兵派去了布鲁塞尔大道的东侧。

在博叙树林的西侧，拿骚人缓慢退却，但是萨克森-魏玛公国亲王却愈加担忧，他没有得到任何新的指示，也不清楚自己是否会获得支援。一个被派往请求指令的军官无功而返，经过焦急的等待后，年轻的亲王决定向西撤退，下令前往乌坦勒瓦村。[13] 拿骚第二团一营被法军轻步兵从树林中逐出，在慌乱中穿过原野，撤往乌坦勒瓦。列兵约翰·彼得·莱昂哈德近乎失措，"战友们因中弹在我身边一个个倒下。伤员的呻吟与呼喊声震人心魄，让我不安"，不过当他们翻过一条山脊的顶端，尼韦勒路映入眼帘时，"一座村庄坐落在从尼韦勒来的路上，在它的另一侧，让我们欢欣鼓舞的是，我们可以看到道路因左右两侧的英国军队而被染成了红色。士兵们大喊'赞美上帝吧！我们的救星来平息这场风暴了！'"。[14]

阿尔滕的师从尼韦勒抵达。科林·霍尔基特爵士的英军旅在树林后方停下，弗里德里希·冯·基尔曼斯埃格的汉诺威正规军继续沿那慕尔道路向东进发。"在烈日下连续行军27英里"，士兵们早已疲惫不堪。[15] 霍尔基特同托马斯·皮克顿爵士会面，并被命令进入博叙树林，若有可能，就攻击法军左翼。但是之后一个副官赶来，宣称丹尼斯·帕克爵士的英军旅几乎弹尽粮绝，需要支援。法军骑兵在战场上肆意穿梭，使得弹药无法运往前线。与此同时，阿尔滕的师属12门火炮被部署在了布鲁塞尔大道的两侧。

不伦瑞克公爵向威灵顿乞求炮兵支援，因为他自己的炮兵还没有抵达战场。在劳埃德少校的炮连先于阿尔滕的部队抵达后，4门火炮被用来让海米奥库尔农场附近法军的12磅炮熄火，但是法军的火力似乎加倍了。"因为我们同敌军的炮连相距不过400到500码，在我们将火炮从前车卸下前，每门火炮和弹药车就有三四匹挽马遭到击杀，一些轮子被损坏，一些炮手更是被直接劈成了两半。"[16] 劳埃德的炮连不得不撤回后方进行一些修理，不过两门9磅炮却因无法移动而被丢在了原地，一门榴弹炮加入了更往东的雷特贝格的炮连。[17]

一阵猛烈的炮击后，先前属于"国王"团的1800人在外号"花花公子"的让－路易·博少校带领下向业已动摇的不伦瑞克人全力杀去。[18] 不伦瑞克公爵带领他的枪骑兵对法军步兵展开了反击，不过因为兵力有限，很容易就被击退了。不伦瑞克的步兵缓慢后撤，但是法军的步兵精英给他们造成了惨重的伤亡，在看到胸甲骑兵于步兵之后一并赶来时，年轻的不伦瑞克士兵惊慌失措，开始无秩序地逃散。在公爵奋力稳住近卫营的老兵时，他在三臂旅馆附近中弹落马*。一颗子弹穿透了他握着缰绳的手掌，射入了肝部，他在被送到军医处之前便已死亡。法军第四轻步兵团得以占据拉贝热里，这让他们在距离交叉路口仅有200码的位置拥有了一个据点。

卡尔·冯·阿尔滕的8个营来得正是时候。当威灵顿的右翼摇摇欲坠时，他又有了新希望和生力军。英军的出现激励了不伦瑞克人，这让他们得以重整旗鼓。尽管公爵本人阵亡，军队死伤惨重，黑色军团的支柱还是固若磐石。[19]

威灵顿命令"戈登"高地人团在两个作为后备的不伦瑞克战列营的协助下将法军逐出拉贝热里。在副官长爱德华·巴恩斯爵士的带领下，身着苏格兰裙的高地人从为他们提供掩护的沟渠翻出，冒着密集的火力沿大道推进，并由掷弹兵连负责在前开路。他们挚爱的指挥官约翰·卡梅伦营长被从上方窗户射出的一发子弹击中了腹股沟，因而失去了对坐骑的控制。马匹脱缰奔驰，又忽然停下，将卡梅伦头部朝下，重重摔在了石子铺筑的大道上。[20] 他的一个兄弟（领养的）将卡梅伦带出了战场，但他还是死在了一辆前往布鲁塞尔的马车上。

虽然伤亡惨重，但他们还是攻入了围墙，击退了敌军。他们荡平了建筑物，不过在另一侧却发现自己只是在同一支强大的散兵线作战。列队完

---

* 传统观点认为不伦瑞克公爵丧命于法军第一轻步兵团之手，不过著名学者约翰·富兰克林根据新发掘的一手资料，颇让人意外地指出，真正击杀不伦瑞克公爵的是克勒曼的龙骑兵，具体见 *Waterloo 1815 (1): Quatre Bras*, Osprey Publishing, 2014。

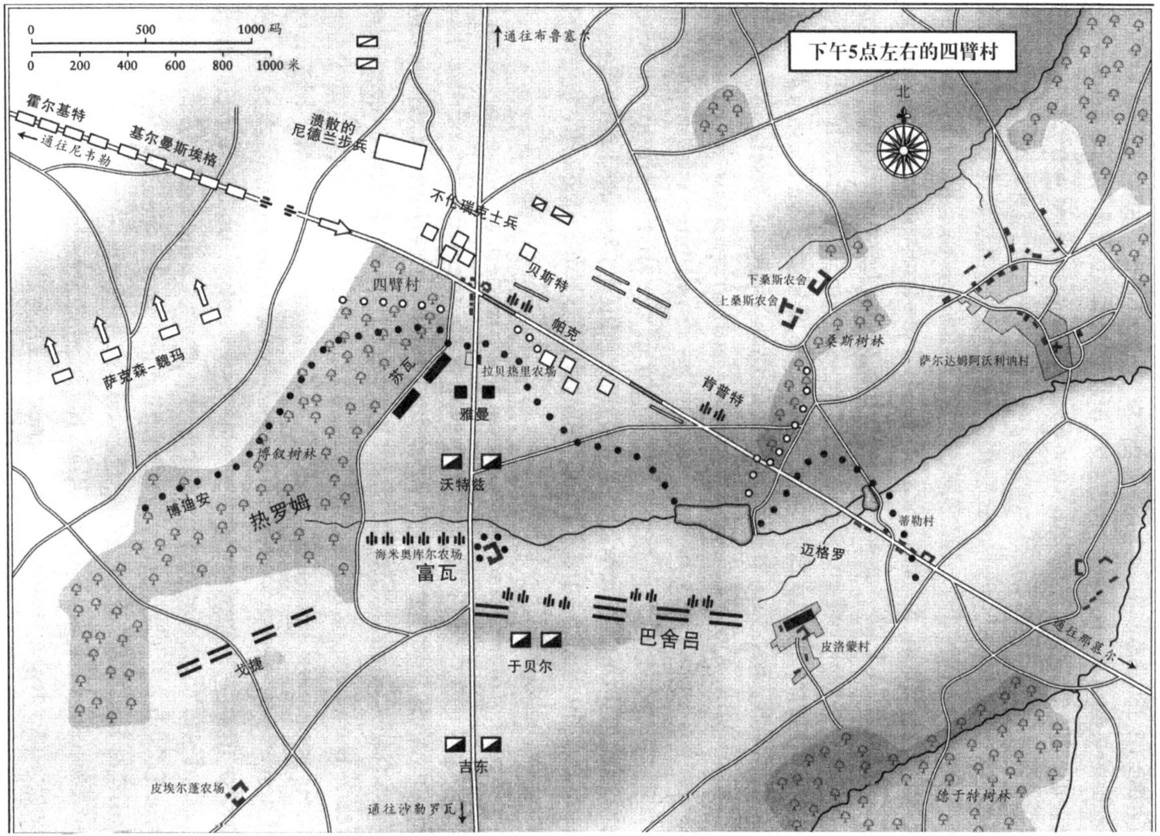
下午5点左右的四臂村
北
0 500 1000码
0 200 400 600 800 1000米
通往布鲁塞尔
霍尔基特
基尔曼斯埃格
通往尼韦勒
溃散的
尼德兰步兵
不伦瑞克士兵
贝斯特
帕克
四臂村
萨克森-魏玛
苏瓦
拉贝热里农场
雅曼
肯普特
下桑斯农舍
上桑斯农舍
桑斯树林
萨尔达姆阿沃利讷村
博叙树林
沃特兹
博迪安
热罗姆
海米奥库尔农场
富瓦
蒂勒村
迈格罗
巴舍吕
皮洛蒙村
于贝尔
戈捷
通往那慕尔
吉东
皮埃尔蓬农场
通往沙勒罗瓦
德于特树林

毕的敌军主力正在花园的树篱外等待他们。"戈登"团发起了冲锋，但再次被击退，四散奔逃，根据不伦瑞克第二战列营一名参谋军士的说法，他们就近逃入博叙树林避难。[21]离开沟渠前，他们的损失很小，不过在进攻拉贝热里的过程中，他们损失了23个军官（共35名）和约半数的兵力。这一天下来，书面数据699人（其中出现在战场上的人要少得多，因为有许多是军官的侍从或是在后方看守行李的）中共有39人阵亡，245人负伤。伤兵中有一位叫安格斯·麦克唐纳的少尉，他在执掌军旗时大腿中弹。他被送往四臂村农场内的临时医院包扎，并于第二天上午经布鲁塞尔转移到安特卫普。在那里，他写信给父亲倾诉自己的悲痛，"全团的绝大多数成员非死即伤"。[22]

第三十三步兵团的助理军医唐纳德·芬利森因医院事务被派往尼韦勒，不过已于之前返回，正在战场上寻找他的团。当卡梅伦中校在隔他100码的距离被击中时，他敏锐地察觉到自己所处的危险。一发流弹将他的马刺击飞，之后他发现了阿瑟·戈尔中尉，此人虽然被列为伤病人员，但也跟在他的后面从尼韦勒赶来了。戈尔对参战很兴奋，"还说自己'无论如何都不应该错过'"。[23]他们一起转向了西侧，在树林的后面找到了所属的团队。

拿破仑的亲信副官夏尔·德·弗拉奥在早上传递完最初的命令后留在了奈伊那里。事后他对奈伊当天表现出的巨大勇气和"视死如归"赞不绝口，但批评他对战斗的指挥。在"一系列毫无计划与章法的间歇性进攻"中，"抵达的我军部队被零碎地派上了战场"。[24]而这说得没错，零敲碎打的支援和即兴发挥就是这一天战斗的实质，可以说威灵顿也是如此。四臂村的形势变化是如此之快，想要一个一以贯之的计划是困难的，压倒性的兵力优势才是取胜所必需的。

确信他仍可以制造出压倒性的优势，奈伊随时准备再次挥出致命一击。面对奈伊的2.1万人和56门火炮，虽然阿尔滕的抵达让威灵顿的理论兵力达到了2.8万人和42门火炮，但是奈伊认为，他仍有安然躲在德于特树林之后的德隆整个军以及克勒曼所部骑兵的大部留作后备。

然而，当他要召来德隆，发动一次大规模攻击以粉碎当面的抵抗时，他的信使却带来了德隆已经赶往利尼的消息。奈伊指望能给他带来压倒性胜利的2万人已经不复存在了。奈伊呆若木鸡，并且大发雷霆。他命令福尔班-让松带着一个被俘的英军参谋作为证人去找到皇帝，告诉皇帝他正在同威灵顿的全军作战，若没有德隆的士兵，他将被碾压。[25]

29
圣阿芒

6月16日下午3点15分至5点30分，圣阿芒

在东部战场，圣阿芒的战火就像利尼那样肆虐，而且在这一区域的村落群中敌对双方的攻防转换更为频繁。法军的第一次进攻几乎得手，但是普军的一次反击又将他们从除教堂墓地外的其他区域逐出。

为了增援仍掌控圣阿芒教堂墓地的勒福尔将军，旺达姆派出了来自贝尔特泽纳师共8个营的生力军。第十二和第八十六步兵团攻击圣阿芒，第五十六步兵团迎击从圣阿芒拉艾杀出的普军。法军驱逐了普军第十二和第二十四步兵团的火枪兵，重新夺回了村子。施泰因梅茨派出了麾下的威斯特法伦民兵，但是他们在指挥官被击杀后四处逃散。在高出村庄的斜坡上，普军于己方火炮阵线之后整顿秩序，并重启攻势，但是施泰因梅茨的第二次进攻到教堂之前即告瓦解，他已经损失了2300人，超过麾下总兵力的四分之一。第二十四步兵团依旧暴露在法军猛烈的炮火之下，该部指挥官冯·劳伦斯少校和坐骑一起被一发爆炸的榴弹掀到了空中，伤情严重。[1]

法军轻步兵从圣阿芒杀出，向圣阿芒拉艾南侧的城堡施压。他们赶跑了第一线的普鲁士守军，夺取了他们的目标——一个拥有中世纪塔楼和礼拜堂的农场，但止步于普军的第二道防线。与此同时，让-巴蒂斯特·吉拉尔的师正以蒂比尔斯·塞巴斯蒂亚尼的轻步兵团为先导，以钳形机动从西部发起攻击。他们将普军一路驱逐到靠近布里一侧拉艾的17世纪庄园德莱斯卡耶，直至被敌军的一次反击赶回拉艾庄园，最终又撤出了村子。对于圣阿芒一侧的挫败，布吕歇尔的反应是往该地加派兵力，就像拿破仑希望的那样。他命令奥托·冯·皮尔希的旅支援施泰因梅茨将军。虽然不是每个人都在战斗，但是1.3万名法军牵制住了1.7万名普鲁士人。

大约此时，布吕歇尔仍然希望威灵顿公爵能从西方杀来。不过他的下一个行动是根据普军的原始计划进行的，即使用格奥尔格·冯·皮尔希的第二军从西侧展开决定性的迂回攻势。这将是布吕歇尔的致命一击，他计划用奥托·冯·皮尔希的旅从正面钉住吉拉尔的师，普鲁士贵族恩斯特·冯·蒂佩尔斯基希将带领7000名生力军从吉拉尔的侧翼发难，将他们粉碎，进而迂回法军左翼。

轮到路德维希·纳格尔中尉加入行动了。在过去的一个小时里，蒂佩尔斯基希的旅一直在艰苦地行军，先是沿着罗马古道，然后又穿过浓密的庄稼地，从他们作为预备队时所处的布里北部前往军队极右翼瓦涅莱。纳格尔所属的第二十五步兵团更是不分昼夜地行军，方才抵达战场，所以早就精疲力竭。在该团总数2400名的士兵中，有半数来自积极主动、经验丰富并一身黑装的吕措自由军团，但是剩余一半却是新近征募自莱茵兰地区、尚未融入团队的蓝衣兵，其中有330人更是在3天前才从克莱沃抵达。但是他们却异常兴奋和踊跃："旅长蒂佩尔斯基希准将一声令下，他们很快就从快步前进变为奔跑状态，每一刻都在加速。"[2]

奥托·冯·皮尔希以第二十八"贝格"团和威斯特法伦民兵团在前，牢靠的第六"西普鲁士"团在后，对圣阿芒拉艾发起了攻击。尽管他们的攻击十分猛烈，但是第二十八团却无法拿下拉艾庄园，并且还失去了他们的指挥官。第六步兵团随后也发起了攻击，不过面对防御坚固的农场同样无功而返。他们却也击中了对方的指挥官：吉拉尔身中数弹，其中一发击穿了他的肺部，当坐骑被爆头时，他又被摔到了马下。不久，他的继任者也大腿中弹，不得不离开战场。尽管如此，法军还是抵挡住了普军的攻击，即便这似乎占用了他们的所有注意力。

与此同时，蒂佩尔斯基希的旅正绕过或穿行于瓦涅莱。在兵不血刃地占领了部分区域正在燃烧的村子后，他们朝着村子外的高地推进，不过却因为村庄入口处的丘陵地形而变得秩序散乱，而他们中无经验的士兵则又因为通过该地要使用复杂的旋转机动而更加混乱。由老兵组成的第二十五团燧发枪兵营和波美拉尼亚第一步兵团负责在前引路并担任散兵，但他们最后却转向了右侧。击退了小股法军散兵后，他们占领了位于拉艾西侧的农场型建筑群勒阿莫。之后，他们留下己部的狙击兵防守该地，继续前进。然而，本来在前带路的燧发枪兵却被威斯特法伦民兵团的两个营超前。这两个民兵营在混乱中抄了近路，莫名其妙地走在了最前面，而第二十五步兵团的火枪兵营紧随其后，均盲目地穿行于齐额高的黑麦中，没有在前方布置散兵作为掩护。虽然他们能听到交战声从左侧传来，但几乎什么也看不到，尽管他们正处在远方高地上法军炮兵的火力之下。

在圣阿芒拉艾，布吕歇尔侯爵亲自带领奥托·冯·皮尔希的士兵进行了另一次攻击，他大喊道："坚持住，孩子们！不要让'强国'再次君临于你们！前进！前进！以上帝之名。"[3] 在统帅的激励下，第二十八"贝格"团的第二营重夺城堡式的农场，而他们的战友则一个房间接着一个房间地同法军激烈交锋，最终将严重被削弱的吉拉尔师赶出了村子。

此时，蒂佩尔斯基希的旅落入了法军的陷阱。数个法军营已经枪弹上膛，躲在麦地里等待伏击。一个来自帕德博恩的威斯特法伦民兵营想通过转向校准他们的行军路径，不过却径直落入了凶狠的步枪和霰弹火力之下，并在逃亡中冲走了其他部队。第二十五步兵团的两个火枪兵营最先通过开火时的闪光看到了法国人。受惊的普鲁士人以横队展开，却发现他们的纵队靠得过于紧密，以致于其中一个营遮住了另外一个。当他们试图机动时，逃散的威斯特法伦人冲入了他们的队列，路德维希·纳格尔回忆说："在这个糟糕时刻，敌军的一个营从左侧朝我们全速杀来，并在这场慌乱的逃散中将面前的一切席卷。"他们向瓦涅莱逃去。"此刻我已经不再祈求能够活下去，只是觉得死神就像风暴一样在我们身后咆哮，"纳格尔在他的"日记"中以富有时代激情的笔调写道，"我们戳刺和劈砍正在逃亡的士兵。'黑衣志愿兵在我面前集合，挽回荣誉或死亡！'依靠这种方式，大多数军官都聚集了一小队人，基本上都是身着黑色制服的志愿兵，预备部队的士兵则大多逃命去了。"

在脱离当前的危险后，力图阻止士兵的逃散并将他们重组是军官的职责，有时候他们还会拿过一面旗帜作为集结点。不过，让逃亡的士兵转身非常困难：遭受的失败让军官深陷悲观，同样的情感可能会让士兵绝望和充满暴力。军事条例允许军官在士兵逃散时使用暴力，纳格尔也称他就是这样做的。将部队重组不仅是对军官勇气的考验,还是对他从操练中所获权威的检测。所以,纳格尔集结的都是同他出生入死数年之久的志愿兵,而溃逃的是几天前才同他们会合的莱茵兰预备部队的士兵,这也就不奇怪了。[4] 接下来,纳格尔和他的小队黑衣志愿兵同波美拉尼亚人共同作战。

燧发枪营同样因为敌人近距离的打击而惊慌失措,第二十五团3个高级军官均中弹。在一个中尉的指挥下,他们发起了一次刺刀冲锋,此举赶走了法军的一个营,不过剩余的法军迫使燧发枪兵撤往勒阿莫,接着又将他们从那里逐出。该部只得依托担任预备队的波美拉尼亚民兵团重组。

本希望能取得决定性战果的侧翼机动被不光彩地粉碎了,这让布吕歇尔怒不可遏。他从左翼召来了1000名枪骑兵和骠骑兵去掩护自己的极右翼,他或许仍期望威灵顿的干预,还向西派出侦察队,以便搜寻从那个方向赶来的军队。下午5点15分左右,施泰因梅茨在圣阿芒仅存的部队弹尽粮绝后撤了出来。[5] 布吕歇尔又向该地补充了卡尔·奥古斯特·冯·克拉夫特旅剩余的生力军(第二十六步兵团和"科尔贝格"步兵团的燧发枪兵营)去支援奥托·冯·皮尔希的士兵。两个营的燧发枪兵攻陷了圣阿芒拉艾,然后向南沿主街道行进,不过在那里他们遭到了法军的顽强抵抗,最终被击退了。此时,掩护炮火已经失去了先前的威力,因为许多炮连的弹药即将告罄。普军骑炮连仍可以返回松布雷夫后方的炮场获得补给,但是普鲁士一方的一些炮连几乎可以说被出局了。

天气依旧酷热难当,而在战场上空乌云正在凝结。拿破仑未能取得一次压倒性的突破,但是归功于法军的训练和经验,他仍在实现吸引牵制占兵力优势的敌军这一目标。在圣阿芒周边区域,2.7万名法军拖住了4.1万名普鲁士人,而在利尼虽然增援抵达的时间不同会破坏平衡,但总体而言在某个时间点上,普军的兵力要比法军多三分之一左右。而在法军右翼,1万名法军正同2.1万名普鲁士人对垒。

而且,在下午的某个时间,布吕歇尔了解到威灵顿不太可能会协助他:根据米夫林男爵的说法,"从风车磨坊返回后我发给侯爵的第一条消息,毋庸置疑表明威灵顿公爵无法前往援助他"。[6] 米夫林向布吕歇尔送出了一系列书面和口头消息,提前告知他威灵顿无法带兵前往,但威灵顿成功地牵制住了一个法国军,如此布吕歇尔的右翼应该安全无虞了。[7]之后,普鲁士第八枪骑兵团的侦察队俘获了一个法军参谋,他告诉他们,德隆军的2万人正抵达战场,会攻击他们的侧翼。[8]威灵顿似乎完全让他失望了。不久,拥有1500名轻骑兵的法军雅基诺骑兵师从德于特树林遥远的南侧现身,普军骑兵在他们面前缓慢后撤。布吕歇尔派遣副官诺斯蒂茨伯爵去辨别这支不断接近的纵队的身份,他担心威灵顿已经被击败了。

通过拿破仑的计算,奈伊亲自带领或者派遣一支部队,于下午6点通过德于特树林北边的那慕尔道路,出现在布里后方。在早先的下午4点左右,拿破仑命令被留下防守主干道的于洛将军的师在松布雷夫至通格尔内勒间的新方向上进行一次诱敌攻势,以便钉住那一侧的普军,为近卫军即将在利尼展开的突破扫清道路。于洛的轻步兵在前带路,3个战列步兵团紧随其后。面对他们的攻击,普军前哨开始后撤,直至第八步兵团的一个营前来迎击,以防止他们接近位于村庄南部边缘、道路之上的松布雷夫墓地和神父宅邸。

库尔马克民兵团在弗勒吕斯路同小溪利涅交叉点的桥梁处防御着这条主干道,而在弗勒吕斯通向日光角中途的斜坡上,部署了一个12磅炮连为他们提供火力支援。法军散兵夺下了通格尔内勒,不过又在敌军的反击中将它丢掉。更多来自普鲁士第三军的士兵卷入了这里的战斗,其中包括库尔马克民兵团的绝大多数士兵,在法军炮兵的高效打击下,他们死伤众多。对松布雷夫的威胁甚至还吸引了利尼后方的普军预备队。施泰因梅茨和亨克尔的残破之师在补给、休整和重组完毕后被召去应对这一紧急局势,直到开始行进后才意识到这一威胁微不足道,无需他们的协助。最终,由库尔马克民兵团的两个燧发枪兵营发起的反击将松布雷夫前方的法军赶过了溪流。双方继续小范围的交战,普军谋求在小溪利涅一线建立防御阵地,却因担心遭到伏击而不愿跨入法军控制的区域。但是于洛出色地完成了自己的任务,成功将普军预备队向北吸引,远离了利尼。

拿破仑派遣第三、第四近卫掷弹兵团和他们的旅属炮连替下于洛师担任热拉尔军的预备队,准备将之作为一次攻击的矛头。这时候,距离奈伊预计的抵达时间还有半小时,是皇帝投入预备队的时候了。他派遣纪尧姆·迪埃姆带领青年近卫军师在克洛德·米歇尔的老近卫军猎兵师*、来自右翼的雅克·叙贝尔维所部轻骑兵师和一个近卫骑炮连的配合下支援左翼。在中路，拿破仑以两路纵队摆下了剩余的老近卫军，第一、第二近卫掷弹兵团在左，第一猎兵团和战斗工兵、水手居右，并由他亲自带领向前进发。在这些部队的后面，近卫重骑兵的掷弹骑兵和皇后龙骑兵以及雅克·德洛尔的胸甲骑兵一右一左地跟随着。不过，在纵队即将抵达普军的火炮射程范围时，他们突然停了下来。[9]

就当拿破仑要掷出近卫军时，一支规模庞大的军队出现在德于特树林南部的地平线上，他们在旺达姆疲惫的士兵中引发了一阵恐慌。在一个被派去辨别真相的军官带着完全不准确的消息返回，警告称这支部队是敌军后，旺达姆向拿破仑报告说，由于一支敌对武装现身于自己的左后方，他将不得不撤退。[10]参谋部本应提醒旺达姆，预计会有法军士兵在他那一翼出现，但似乎这一事件也在参谋部的意料之外。拿破仑本预计奈伊会从不同的方向现身，即德于特树林的北部，虽然这支神秘之师可能是他所需要的德隆军，但它也可能是击穿了奈伊在弗拉讷阵地的一支敌军。他可能已经知道，奈伊觉得自己是在以寡博众。可能是奈伊已被英军击败了吗？旺达姆是正确的吗？被普鲁士第八枪骑兵团新近抓获的法军参谋警告布吕歇尔他的侧翼面临危险，这可能增加了法军的疑惑，因为这个俘虏想必本来是要带着德隆即将抵达的消息上禀拿破仑的。

皇帝需要查明左翼的真实情况。他派遣德·拉贝杜瓦耶将军去主持现场事务，帮助旺达姆集结动摇的士兵，并派另一个军官去辨别这支远方的军队。至于此时老近卫军对利尼的攻击，则被停止和延后了。

---

* 原文如此，就算将第一、第二、第三、第四近卫猎兵团当作一个师看待，他们的师长也应该是近卫猎兵的指挥官莫朗将军，米歇尔将军只是莫朗的副手。

30
德隆的进军

6月16日下午4点至晚上9点,在弗拉讷与布里之间

可以说,1815年的战役形势因德隆军在6月16日下午的行动而扭转。当天早上,拿破仑发布的命令没有预计到会发生激烈的战斗,而在这一整天里,拿破仑和他的参谋部都在为意料之外的偶发事件做出反应。时年49岁的德隆伯爵让-巴蒂斯特·德鲁埃是一个具有优秀革命履历的虔诚波拿巴党人。在旧制度下他是一名下士,不过在1793年经选举火速升为上尉。他指挥的那个师在奥斯特利茨会战中起到了重要的作用。在西班牙战场他成为一名军长,并于埃斯特雷马杜拉打败了希尔将军。拿破仑从厄尔巴岛归来时,他曾因过早在法国北方发动亲波拿巴的士兵起义而被苏尔特囚禁,近来他又提醒政府,在生产劣质弹药的军工厂内察觉到了背叛行为。他可能过于谨慎,却绝非不忠。

经过吃力的晨间行军,他距离前线大约13英里的各团总算在中午于戈斯利小镇或它的后方集结。他们接到的命令是向北前进4英里,到达奈伊位于弗拉讷的司令部,此外分遣出一个骑兵师和一个步兵师,前往位于松布雷夫和四臂村之间的马尔拜。[1] 与此同时,克勒曼则根据奈伊在早上晚些时候的指示在靠近战场后部的弗拉讷部署了一个师,在更往后、靠近布鲁塞尔大道同罗马古道交会处的利贝希安置了另一个。这些被分遣出来的师是让拿破仑在对抗普鲁士人时所用,但除了克勒曼所部骑兵可能例外,剩余各师在之后的命令中并没有被提到,人们或许会认为参谋部忘记了他们的存在。

就餐完毕后,德隆的纵队于下午2点左右向北进发。作为他们的前卫,皮埃尔·迪吕特的师在下午4点前抵达弗拉讷南边的一个酒馆——皇

帝酒馆。德隆将军日后写道，在参谋的陪同下他超前纵队来到了弗拉讷，在那里他找到了近卫轻骑兵的指挥官们。就在指挥官们向他简述前方四臂村的战况时，一个信使带着皇帝的铅笔便条紧随着给奈伊的第二道命令抵达了。[2] 德隆事后称，他看到的那个便条是写给奈伊的。德萨勒将军声称，他也看到了那个便条。这位将军是德隆部炮兵的指挥官，作为德隆参谋部的一员，他大概也跟着德隆来到了弗拉讷。根据德萨勒的回忆，他看到的那个便条是写给德隆的，不过其内容与苏尔特下发给奈伊的第二道命令类似，让他立即前去攻击位于圣阿芒与布里的普军侧翼，因为拿破仑打了他们一个措手不及。而此时，给奈伊的那道命令也在送达的路上。[3] 在他的记忆中便条这样写道：

> 德隆伯爵先生，敌军盲目闯入了我给他们设置的陷阱。立即带领你的 4 个步兵师、你的骑兵师和所有的炮兵，以及我置于你麾下的 2 个重骑兵师，前往利尼高地攻击圣阿芒（或者两个地名对调，我记不清是哪个了）。德隆伯爵先生，你将拯救法兰西，并功成名就。
>
> ——拿破仑[4]

是分别有给德隆和奈伊的两条命令，还是像一些人认为的那样只有一条，其实不重要。根据 1829 年德隆的说法，负责传递命令的参谋军官已经先一步将皇帝的命令展示给了指挥纵队前卫的迪吕特将军，并根据皇帝的意愿，让他们调转方向前往布里。这个参谋官告诉德隆，他能在何方找到自己的军队。在派遣他的参谋长维克托-约瑟夫·德尔康布尔通禀奈伊他采取的行动之前，德隆骑马前去与部队会合。

关键点在于，不知何故，这一消息被成功地送到了德隆那里，但是信使却没能将它传递给奈伊。[5] 如果有两道命令和两个信使，给奈伊传递命令的那个信使可能迷路了或者没能找到他；而负责给德隆传令，并有权限将他的部队转向的将官级副官成功地完成了自己的任务，将命令的内容告知德隆，然后返回罗马古道同布鲁塞尔大道的交会处，去寻找重骑兵师。因为根据德萨勒的回忆，皇帝同样对重骑兵发出了调令，克勒曼的一个骑兵师无疑从场景中消失了。到那时，克勒曼已经亲自带领至少一个旅的重骑兵前去同奈伊会合，他的抵达也给了奈伊释放近卫轻骑兵的信号，根据早前由弗拉奥将军传递的指示，让他们前往马尔拜。[6] 据称奈伊亲自指挥了对博叙树林的攻击，这可能也解释了他身在树丛中难以被找到的原因。

因此，当参谋长德尔康布尔抵达奈伊处，以便解释德隆的行动时，元帅并没有从皇帝那里收到任何关于他们支援自己一侧战斗的指示（已经发送给德隆），只是莫名地察觉到，他的军队开调了。可以预见的是，头脑发热的奈伊怒不可遏地发现，在需要他们去发动致命一击时，自己的预备队不翼而飞了，显然这还是基于他们自己的主动性。这一变故与一条消息的泄露同时发生：在战斗中被抓获的一名俘虏声称，他们属于一支由威灵顿亲自带领、有1.5万人的军队。[7] 此时，面对威灵顿的全军，畏惧自己可能寡不敌众，奈伊派遣德尔康布尔带着一道愤怒且直白的命令，让德隆立即折返。

此刻，德隆的军已经赶去协助皇帝，并且至少有两个师走了在皇帝酒馆之南同布鲁塞尔大道岔开，穿过德于特树林边缘，然后在通向布里的过程中与罗马古道交叉的道路。让后面各师直接沿着罗马古道前进是合乎逻辑的。当德尔康布尔带着奈伊要德隆折返的紧急命令返回时，前锋至少行进了2英里的路程。这一命令让德隆陷入了疑惑，因为他只能假设奈伊知道自己从皇帝那里接到的指示。如果情况如此，奈伊就是在忤逆皇帝的旨意，否则他想必有很好的理由，比如根据一道德隆尚不知晓的新命令。来自直属上司的矛盾指示让他犹豫，并焦虑于执行哪道命令才是恰当的。

德尔康布尔一定是在下午5点30分返回德隆处的，当时该部的先头纵队于距布里不足3英里处现身，这造成了正奋力防守圣阿芒的旺达姆军的恐慌。之后是讨论阶段，甚至有可能先朝一个方向，后又朝另一个方向前进，因为内容相互冲突的命令分别由信使从弗勒吕斯和弗拉讷送来。迪吕特将军回忆说：

> 正在行军时，从奈伊元帅处发出的数道命令被火速送来，它要求第一军迅速停止前进，返回四臂村。传递这些命令的军官们称奈伊元

帅发现四臂村的敌军人多势众，他已经被击退了。第二道命令让德隆将军陷入了深深的烦扰，因为同时他收到了来自右翼的消息，恳求他继续向布里前进。尽管如此，他还是拿定主意向奈伊元帅处折返。不过，当他和迪吕特将军察觉一支敌军纵队可能现身于布里和德于特树林之间的平原时，如此将完全切断皇帝同奈伊元帅军队间的联系。他决定将迪吕特将军留在这一平原上，除了他自己的师，还留下雅基诺将军指挥的3个骑兵团听候他的调遣。

同德隆将军作别时，迪吕特将军明确地问道，他是否应该向布里前进。德隆回答说，在现有情况下自己无法下达任何命令，他需要根据经验见机行事，并保持谨慎。[8]

奈伊让德隆相信，他正面临绝望的局势。而事后德隆声称，他之所以服从了奈伊的命令，因为他从来都没有收到皇帝直接下发给他的命令，只是看到了一封皇帝写给奈伊的命令。[9] 不管他有没有说谎，"来自右翼的恳求"都未能凌驾于奈伊的权威之上，而无论拿破仑派出什么样的特使，都屈服于奈伊的绝望形势。拿破仑的副官德鲁奥将军报告说，在4点至5点之间，皇帝的参谋部了解到奈伊正面对数量可观的英军，急需支援。所以，拿破仑可能因为奈伊的需求大于自己而让步。[10]

在整个过程中，德隆军的表现异常谨慎，并在很长的时间里维持方阵队形。不仅是从四臂村送来的消息让他们不安，他们也能直接听到从德于特树林传来的交战声，这意味着奈伊没有夸大他面对的困难。

当卡尔·冯·阿尔滕将军的师抵达四臂村时，威灵顿命令他们夺取皮洛蒙，并清理出一条道路，以便与布吕歇尔的联络。他向布吕歇尔最新派来的一个信使保证，自己将带着协助普军的目的发起一次攻势。卡尔·冯·雷特贝格的炮连被派往东部去对付那里的18门法军火炮，不过这些火炮中只有5门布置在了开阔区域，其余各门被隐藏了起来，或只露出炮口。担心遭遇挫折，他将自己的火炮尽可能分散开来，每个炮组按照最低标准进行人员配置，并将弹药车送往更靠后的掩体中。但是不久，16门不伦瑞克火炮便同他们会合，这也是第一次在该区域威灵顿的火炮占据数量优势。[11]当汉诺威纵队沿着通向那慕尔的石子道路迫近时，法军放弃了蒂勒村，撤往道路南侧。吕讷堡营将蒂勒作为进攻皮洛蒙的基地，法军在那里同样没有做太多抵抗就放弃了。

之后，英国来复枪兵和不伦瑞克轻步兵营一道进入德于特树林的东部区域，尝试肃清其中的法军。约翰·金凯德重新评价了不伦瑞克士兵，这一次他们"诚挚地加入了我们，并且表现得极为出色。他们由一个勇敢的小伙子在前领路，至于当天早些时候的表现只能归咎于第一次身处这种场面"。[12]除了"着黑色军服的不伦瑞克士兵"，这群人均身着绿色制服，这帮助他们区分敌友，因为他们的对手法军清一色着蓝色制服。树林里的战斗异常激烈。当内德·科斯特洛正瞄准一个法军散兵时，他扣着扳机的手指被打掉了，而第二颗射来的子弹又击穿了他的饭盒。他的中尉腿部中弹，身边的几个来复枪手遭到了击杀。科斯特洛成功返回后方接受治疗，而在蒂勒他发现早前遇到的比利时女孩仍在照看她的屋子，虽然墙体已经击出了6个巨大的弹孔，但她还是没有违逆父亲的命令。冯·达亨豪森带领吕讷堡营前去支援第九十五来复枪团。这3个营将法军向后和向左逐出德于特树林。在树林里，不列颠人、不伦瑞克人和汉诺威人交织在了一起，吕讷堡营的卡尔·雅各比和一个不伦瑞克军官分享了他的干邑白兰地。[13]

然而，之后法军集中兵力发起反击，将他们一窝蜂似地赶出了树林，直到他们依靠皮洛蒙外的后备营重组。在格鲁本哈根营和约克营的支援下，他们再次对树林发起了攻击。但是每个人都很疲倦，攻势进行得异常迟缓。伤亡数继续爬升，直至最后天色变得昏暗，他们无法再瞄准射击。

德隆的部分士兵干预了这一争夺，造成了局势的扭转，将盟军从树林逐出，这在表面上是讲得通的。事实上，根据旅长尼古拉·施米茨的说法，他所属师的炮兵参加了战斗。如果这与对德于特树林的反击无关，很难想象他们是怎么做到的。[14]无论他们是否参与其中，在他们侧翼树林里进行的战斗都会使得德隆的部队于心不安，不再情愿前往布里。从这方面而言，威灵顿的攻势使得普军逃脱了被毁灭的命运。

当德隆决定转身前往四臂村时，他留下了迪吕特的步兵师和雅基诺的骑兵，此举与苏尔特最初的指示一致，即派出一个步兵师和一个骑兵师前去切断道路，还可以协助皇帝。德隆警告迪吕特留意德于特树林，因为如果奈伊后撤，将会有敌人出现在他侧翼的后方。不过，迪吕特仍不清楚他是应该前往马尔拜切断英普两军的交通线，还是攻击布里。雅基诺的骑兵前进到了那慕尔至尼韦勒道路的炮程之内，并同普军炮兵交火，而迪吕特则前进到一个高出瓦涅莱的位置。在那里，迪吕特同他的一个旅长让－路易·布吕就是否应该发起攻击展开了热烈的讨论。迪吕特反对这样做，因为他担忧来自树林里的威胁。最终，雅基诺面前的普军后撤，迪吕特的部队也于日落前后占领了瓦涅莱。但是他们的动作太过迟缓，在阻止普军后撤方面没有发挥任何作用。[15]

在让德尔康布尔碰了一鼻子灰后，奈伊应该收到了3点15分命令的副本，并意识到自己所犯的错误。不过他或许没有看到便条，没读过它的内容，或许仅仅是太过愚蠢、头脑发热、目光短浅，无法领会拿破仑的计划，以及立即改变自己主意的重要性。即使他真的知道拿破仑的意图所在，但他固执己见，拒绝改变路线。虽然他的态度很自私，但即便在战斗的高潮阶段也是可以理解的：他本以为处在取胜的边缘，此刻考虑到威灵顿和一支兵力不断增长的军队的到场，他畏惧自己可能遭受一场后果不堪设想的失败。苏尔特的副官纪尧姆·德·博迪称，他在战斗最激烈的阶段找到了奈伊，奈伊正因自己的计划遭到破坏而怒气冲天。奈伊一口咬定博迪送来的命令是他收到的第一道正式指令。博迪强有力地辩称拿破仑的命令应该被执行，他认为傍晚与奈伊一同离开战场前自己占据上风，并在弗拉讷发现了返回担任预备队的德隆军。[16]

在传递消息所要行进的路程中，时间被浪费，理解出现了脱节，这并不奇怪。这是战争的正常状态："在拿破仑时代，或许也是任何时代，在不完整、迟缓和不准确的情报迷雾中，兵法的精髓主要是细致的计划与快速的即兴调整的结合。"[17]

面对意料之外的突发事件，毫无经验的参谋部未能联络、调动法军的全部资源。除了德隆军，克勒曼的重骑兵、近卫轻骑兵和第一骠骑兵几乎都没有参战。而下发给洛博伯爵乔治·穆顿的命令太过迟缓，因而他的军错过了利尼会战。将注意力聚焦于德隆,是因为他的强大部队把整个下午滑稽地浪费在踌躇于两个战场,在信使送来相互矛盾的命令时不知道要前往何方。事后责任的分配、利己的谎言以及错记的轶事,将事实模糊到了他们无法完全自信将之重建的程度。

种种因素凑在一起实属不幸。虽然在拿破仑的生涯中,这并不是唯一一次杰出的即兴调整没有被实现,但在这种情况下它将酿成灾难性的后果。

31

近卫军参战

6月16日下午5点30分至7点，圣阿芒和利尼

在东边战场，多米尼克·旺达姆的士兵仍在为夺取圣阿芒而战。当看到德隆的军在下午5点30分抵达时，他们为自己的侧翼被包抄而震惊，在普军的强大压力下他们开始仓皇后撤。在圣阿芒的东部区域，第六十四步兵团刚刚失去了他们的团长，勒福尔将军甚至不得不将炮口对准这些人，以阻止他们逃亡。仍掌控圣阿芒教堂的科尔桑将军则重组了其他逃散的士兵。与此同时，吉拉尔的残部正由他手下的一个团长指挥，缓缓地撤往勒阿莫。

布吕歇尔也看到了西侧法军的动摇和后撤，并把它视作全面攻击的时刻，寄希望于此时在这一翼取得他早先计划的突破。经验丰富、意志坚定的卡尔·奥古斯特·冯·克拉夫特命令麾下旅的生力军对圣阿芒展开一场新的突击。村庄主干道的战斗异常激烈，普军沿着东南方向朝教堂推进，不过当他们的指挥官在那里被击杀时，战斗再次陷入了僵局。

在更往西的战线上，普军的攻势更为成功。蒂佩尔斯基希从瓦涅莱出发，在侧翼受到骠骑兵和枪骑兵掩护的情况下，以他的波美拉尼亚民兵团和自由军团的志愿兵对拉艾和勒阿莫的吉拉尔师残部发起了第二次进攻。路德维希·纳格尔已经因疲惫而崩溃，不过在波美拉尼亚团的军医救治下他又恢复了。"'所有珍视荣誉的人，前进！'命令响起。我们开始前进，因为都被绝望驱使。"纳格尔同他的一个老朋友奥古斯特·施密特握了手，后者几分钟之后就战死了，一发子弹穿透了他妹妹送给他的一个用丝绸拼缝的钱包，正中他的心脏。他们在圣阿芒拉艾展开了肉搏，开始时俘虏保住了性命，但"不久就不再留情面，惨痛的损失激怒了他们的战友"，直

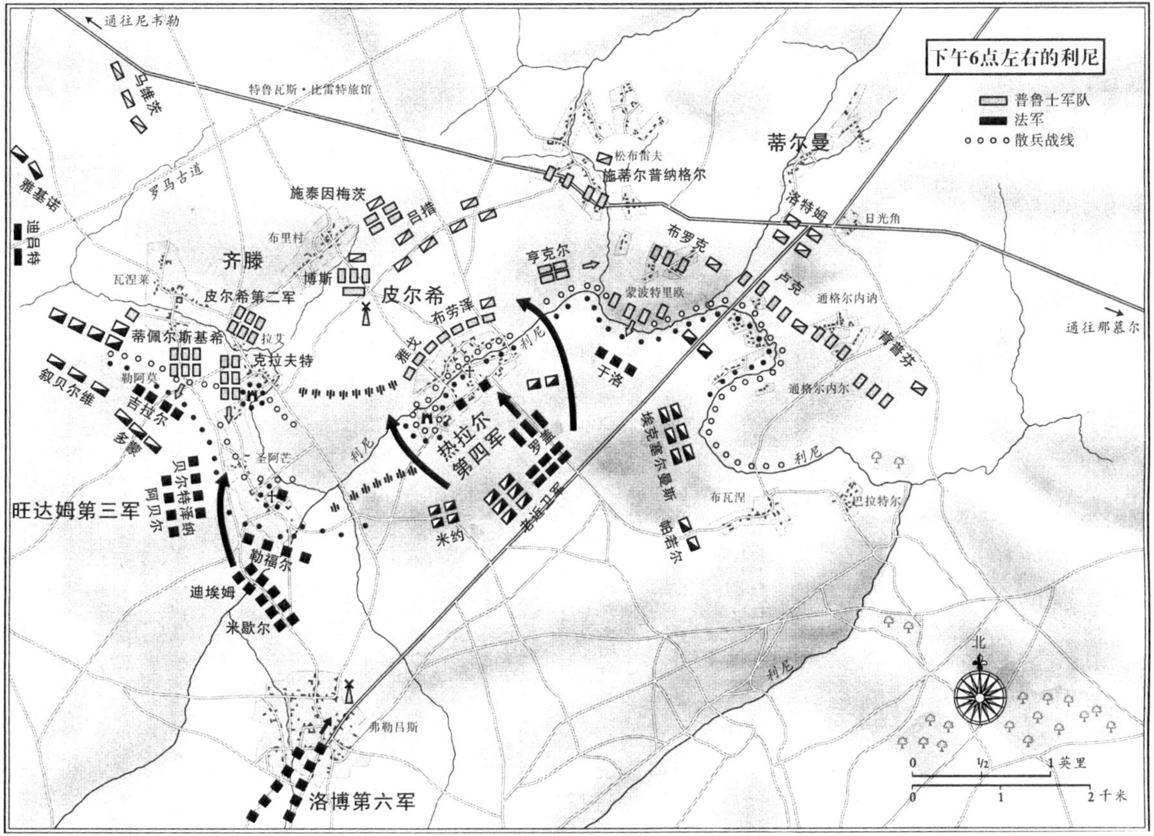
下午6点左右的利尼
普鲁士军队
法军
散兵战线
通往尼韦勒
乌维茨
特鲁瓦斯·比雷特旅馆
雅基诺
罗马古道
迪吕特
施泰因梅茨
吕措
布里村
齐滕
瓦涅莱
博斯
皮尔希
皮尔希第二军
蒂佩尔斯基希
拉艾
克拉夫特
叙贝尔维
勒阿莫
吉拉尔
多蒙
圣阿芒
贝尔特泽纳
阿贝尔
旺达姆第三军
勒福尔
迪埃姆
米歇尔
弗勒吕斯
洛博第六军
布劳泽
雅戈
利尼
热拉尔
第四军
罗盖
老近卫军
米约
亨克尔
于洛
蒙波特里欧
布罗克
松布雷夫
施蒂尔普纳格尔
蒂尔曼
洛特姆
日光角
卢克
通格尔内讷
肯普芬
通格尔内尔
埃克塞尔曼斯
布瓦涅
帕若尔
巴拉特尔
通往那慕尔
北
0
½
1英里
1
2千米

至吉拉尔师的残部最终逃离。"当我们看到他们匆忙逃脱的背影时,我们觉得这真是幸福的一刻。村庄被夺回了,尽管代价高昂。"

这时候,只有圣阿芒和拉艾的城堡式农场仍由法军控制。当吉拉尔师的残部从勒阿莫撤出时,第四战列步兵团陷入了恐慌,直到德·拉贝杜瓦耶将军稳住了他们的秩序:"士兵们,面对在奥斯特利茨、耶拿和弗里德兰屡战屡败,并将武器丢弃到你们脚下乞求宽容的敌人,你们转身而逃不觉得脸红吗?前进吧,你们将看到他们再次溃散,并把你们视作他们的征服者!"[1]新近投入战斗的法军炮连朝普军倾泻了一阵冰雹般的火力,直接削去了他们骑兵指挥官的头颅。

在拉贝杜瓦耶的激励下,法军的攻击纵队进行了重组,再一次杀入了勒阿莫和拉艾。纳格尔的老战友一个个地倒下了。他的梅克伦堡老乡弗里德里希·施内勒也是一个学者,在带着几个疲惫的士兵尝试夺取一面法国军旗时腿部中弹。他们的指挥官在无意识的情况下被抬走了;弗里德里希·施塔尔加特腹部中弹;共和派作家弗里德里希·弗尔斯特膝盖挨了一枪。"这景象几乎让我心碎",纳格尔无言以对、痛苦哽咽,将他流血不止的朋友施内勒扶到马上,并将他带回了瓦涅莱。在那里纳格尔闯入一间正在燃烧的房屋,以便给他找点水。医生说施内勒没有伤到骨头,所以纳格尔乐观地离开了。他们冲入了另一个房间,找到了一些牛奶,从房间出来时正好看到一个波美拉尼亚军官被一发炮弹削去了头颅。勒阿莫频繁易手。布吕歇尔亲自带领波美拉尼亚第二民兵团的燧发枪兵营发起了冲锋,通过强攻将它拿下,虽然法军展开了激烈的反击,但他们还是坚守了下来。[2]

之后,青年近卫军抵达战场。他们的鼓手敲响冲锋的鼓声,而乐队则像勒福尔的第二十八步兵团一样,演奏起了《出征曲》。这首传唱自1794年的老歌,在拿破仑挽救大革命这场新的战争中成为他的赞歌:"颤抖吧!法兰西的敌人,国王们饮下鲜血与自负,前进吧!拥有主权的人民!"他们的出现为精疲力竭、士气低落的左翼部队注入了新的生命。青年近卫军的指挥官纪尧姆·迪埃姆时年49岁,是法军轻步兵条令《轻步兵条令试用说明》的作者。迪埃姆因冷酷和勇敢出名,他绝顶聪明,是一个杰出的领袖，虽然不加掩饰的共和理念在过去阻碍了他的晋升，但此时他却是激励士兵的理想人选。拿破仑事后认为，他应该授予迪埃姆一个军的指挥权。[3]吉拉尔的士兵同青年近卫军腾跃兵一起将蒂佩尔斯基希击退，再次占领了勒阿莫，与此同时，狙击兵也最终夺下了圣阿芒上的高地。波美拉尼亚团和自由军团继续坚守瓦涅莱，而预备军的最后一个旅也开赴拉艾，去稳住那里的局势。手忙脚乱的普鲁士骑兵发起了冲锋，试图阻止法军。

利尼的激战仍在继续。此时该地段普军第二军的临时指挥官是格奥尔格·冯·皮尔希，原指挥官因萨克森人哗变遭到解职。格奥尔格是奥托·冯·皮尔希的哥哥，他性格软弱，在现有职位上经验的缺乏使得他依赖下属，其中占主导地位的是第九"科尔贝格"步兵团的海因里希·冯·察斯特罗上校。"察斯特罗无与伦比的勇气赢得了整个军队的尊重，但是他以自己的勇气为准绳去评估成功的概率。不幸的是，其他人并不总是像他那样勇敢，而若不仔细考察就采纳他的提议，可能会造成差池。"[4]察斯特罗占据村庄的北部和西部，而法国人掌控教堂周边的区域和村庄的东南部。

在半小时的时间里，法军集中了大量的火炮对利尼西部展开轰击。第七步兵团第二营绿黄相间、绣有银线的军旗被射穿，护旗人员更是挨了3弹。[5]之后，热拉尔将军派出了他最后的预备队，再一次击退了普鲁士人。他将两门火炮带入墓地，在它们的帮助下最终拿下河岸另一端的下农场。普鲁士第七步兵团尝试将农场夺回，不过以失败告终，而意图攻入墓地的威斯特法伦狙击兵或是在穿过狭窄的人行桥时被狙杀，或是在墙边被击中、锤砸、戳杀。普军通过迷宫一般的树篱撤回了村庄的北侧。一些法国士兵将第二营褴褛破碎的军旗围起来，正同执旗手舒尔策少尉扭打时，两个火枪兵赶来，他们杀死了攻击者，救下了少尉，重新夺回了军旗。普军仍坚守中世纪古堡，尽管法军的炮击正在摧毁它的石质建筑，那里的守军陷入了孤立。来自军预备队第二十三步兵团的两个营对村庄的一次攻击没有取得任何进展，不过剩余营在易北河民兵的协助下进行的第二次攻击进展良好，普军收复了村庄的西部。

因为无法撼动村庄西部的顽固守军，法军以发射燃烧弹作为回应。下午6点30分，古堡的谷仓燃起了大火，熊熊的火焰使得温度急剧攀升，普军被迫撤出了那里。利尼的大部分区域很快就被火焰点燃：茅草屋顶极易起火，燃烧起来极度炎热。普鲁士人爬出地窖、跃下阁楼，同时尽他们所能拖着伤员。因燃烧产生的烟雾在天空中与更为漆黑、浓烈的夏日紫灰色乌云聚结在一起。令人窒息的闷热即将在一场雷电交加的暴风雨中被驱散。

大约在同一时间，拿破仑最终得知地平线上的那支神秘部队实际上是德隆的军，不过他们正遵从奈伊的命令返回四臂村。为什么他的参谋们没能同迪吕特将军取得联络，这一点仍不明了。迪吕特的参谋在当天一早开了小差，但是4000名步兵继续在距离普军占领的瓦涅莱村不足一英里处袖手旁观。

拿破仑决定重启近卫军对利尼的攻击，以便孤立普军右翼。老近卫军中的精英——第一近卫猎兵团和第一近卫掷弹兵团，将在克洛德－艾蒂安·居约的近卫掷弹兵和近卫龙骑兵的支援下朝村子的东北进攻。弗朗索瓦·罗盖下辖第二、第三、第四掷弹兵团的掷弹兵师将夺下利尼，而雅克·德洛尔的胸甲骑兵师将在利尼和圣阿芒之间发起攻势。刚刚从弗勒吕斯现身的洛博军先头则充当新的预备队。在利尼和圣阿芒之间的山脊上，普军的12磅炮连调转方向朝近卫军开火，随着射击产生的滚滚浓烟，山脊也消失在其中。但是他们的射速比较慢，并且所剩的火炮也少了。烟雾消散后，拿破仑可以看到火炮后方的区域相对空旷。他向热拉尔评论说："他们输定了，他们已经没有预备队可用了！"[6]近卫军在庄严肃穆的氛围中向前推进，鼓声停歇，等待冲锋的号令。罗盖将军叫嚷道："告诉掷弹兵，第一个给我带来俘虏的人将会被枪毙。"

老近卫军是个传奇，并且众所周知的是，他们只有在执行致命一击以赢得胜利时才会参战。因此，他们一露面就引发了敌军内心的恐惧。伊波利特·德·莫迪中士为他所在的第一掷弹兵团绘制出了一幅肖像：他们的平均身高是5英尺10英寸，平均年龄是35岁，许多士官其实已超过40岁，具有15年的作战经验。五分之一的列兵曾是一线部队的军士。他们瘦壮结实、身体健康、皮肤黝黑，在很多情况下显露出灰白色的头发。肥胖从未在近卫军中出现过。他们几乎普遍蓄着胡子，戴着金耳环，绘有大量纹身。英国画家本杰明·罗伯特·海登说："他们看起来像强盗，但是受过严格的训练，久经沙场和严守纪律。"老近卫军穿着他们标准的作战制服：蓝色外套、宽松的裤子、白色腰带、黑色熊皮帽和绑腿，尽管新近组建的团甚至没有配发固有的装备，并且头戴的也是高筒军帽而非熊皮帽。[7]

拿破仑亲自带领这支精英军队，前进到古坟冢利尼墓地，在那里他注视着士兵向冒烟的废墟慢跑前进。在村庄周围，21个普鲁士营的残部正在同热拉尔军的幸存者激烈交锋。

近卫军新近投入战斗的48门12磅火炮开始轰炸比西风车磨坊四周的普军预备队。英军联络官亨利·哈丁手部中弹，被迫离开战场。重炮咆哮时，暴风雨最终也下起来了。隆隆的雷声和火炮的怒吼此起彼伏，温暖的雨水倾盆落下。炮声停歇，弗朗索瓦·罗盖的掷弹兵师顶着突然落下的如注暴雨，以小队冲入被烟雾笼罩、热气腾腾的村落。[8]

撤退的普军命令他们的散兵和来复枪手尽可能拖延敌军，以便给主力部队争取时间在后方重组防御。利伯的指挥官卡尔·冯·巴根斯基在撤退时中弹，不过他的士兵为了他而折返，将他带到了安全区域。卡尔·奥古斯特·冯·克拉夫特将疲惫的普军幸存者在村子的后方组成方阵，但在面对近卫掷弹兵及其老练的炮兵时，他们退了回去。威斯特法伦民兵骑兵团为了给撤退争取时间而向法军步兵发起了冲锋，这让近卫掷弹兵猝不及防。掷弹兵变换为方阵，不过却没有排成棋盘格，这让骑兵未受损失就穿过了各方阵间的空隙。[9]

拿破仑的执勤中队、龙骑兵、掷弹骑兵和精英宪兵跟在掷弹兵的后面绕过了利尼。此时他们逐退了普军骑兵，并击破了普军的一个步兵方阵。[10]以防落入圈套或被俘，瓦涅莱和拉艾的前线普军不得不撤向布里和莱特鲁瓦比雷特。在战斗中，拿破仑的近卫军多次通过决定性的突破带来了辉煌的胜利。

当村子落入法军手里时，参谋部的福尔班-让松上校找到了皇帝，并向他禀报奈伊认为自己面临威灵顿的全军。拿破仑说这是无稽之谈：奈伊仅仅是同一支英军前卫作战。在给了正因中暑和饥饿而感到昏眩的福尔班-让松一匹自己的阿拉伯骏马后,皇帝让他回去告诉奈伊,无论如何也要拿下四臂村。[11]

32
克勒曼的冲锋

6月16日下午6点30分至7点30分，四臂村

7英里之外，沮丧的怒火正在奈伊胸中翻腾，他从未像此刻这样决心赢得自己的战斗。很难知道他脑子里在想什么。如果他收到并理解拿破仑在下午3点15分发出的命令，尤其是他聆听了皇帝特使的解释，他可能就会把握拿破仑的内心所想：奈伊要立足防守，并向右翼分遣部队。不过他似乎在攫取自己的胜利时被愤怒耗尽了精力，因而无视皇帝可能拥有比他更好的可利用机会的可能性。他朝拿破仑的一个副官吼道："皇帝端坐于他的椅子之上，无法看到这里发生了什么。英国人就在我的前方，我要去打败他们。"[1] 奈伊的表现就像狂飙突进运动中的一名自杀式英雄，他将自己置于最激烈的交锋中，鼓舞士气，招致死亡，但是从不稍做停顿冷静思考。通过同时代的文献判断，这种疯狂的指挥和表达风格在当时的军官中颇为流行，尤其是在欧洲大陆。发现自己已经没了步兵预备队，而理应支援他的重骑兵军仅到场了一个师时，奈伊愤怒地咆哮："我是多么希望英国人的这些炮弹能正中我的胸膛啊！"

皇帝若没有把胸甲骑兵召至己处，就允许奈伊使用胸甲骑兵。奈伊一定在某一刻命令克勒曼前进，虽然他只有一个旅在前线，另一个旅正在一段距离外的后方担任预备队*。奈伊仍然希望通过富有侵略性的猛然一击获取会战的胜利：当克勒曼以区区一个旅无法撼动2.5万名步兵作为理由反对时，奈伊坚决要求他冲锋，许诺以剩余的所有骑兵支援他的行动。"将

---

* 著名学者约翰·富兰克林通过大量的一手文献证实，除了到场的第十一骑兵师第二旅的两个胸甲骑兵团，由皮凯男爵指挥的该师第一旅的龙骑兵也到场参战，并击杀了不伦瑞克公爵。见 Franklin, *Waterloo 1815 (1): Quatre Bras*, Osprey Publishing, 2014。

军，事关法国的安危，我们需要一次非比寻常的努力。带着你的骑兵杀入英军阵中吧！碾碎并践踏他们！"

第八和第十一胸甲骑兵团于海米奥库尔农场的南边整队完毕，在克勒曼的亲自带领下他们沿布鲁塞尔大道发起了冲锋。[2] 胸甲骑兵身穿蓝色制服、外覆传言能防弹的闪耀金属胸甲，佩戴长剑，戴着由黑色马鬃尾装饰的头盔，他们是法军骑兵的骄傲。虽然他们不属于近卫军，但依然被视作一支精英部队：强壮的士兵骑在高头大马上，对战场产生较大的冲击力。英军从未在西班牙同胸甲骑兵交过手，不过他们的名声早已誉满天下，是一个令人生畏的未知力量。

接近下午 6 点，科林·霍尔基特的英军旅也像他们的同袍一样穿行于"非常高，甚至高达 7 英尺"的黑麦中。第七十三步兵团的汤姆·莫里斯回忆说，它"让我们无法看到大多数的敌军。虽然我们看不到他们，但他们却在观察我们"，因为借助弗拉讷附近的高地和海米奥库尔农场的屋顶，法军拥有更好的视野。莫里斯记得一个"戈登"高地人团士兵的手臂被一颗炮弹从肩膀处削去："经过我们时，他喊道'第七十三团继续前进，把他们痛扁一顿！我已经得到了我的切尔西委任状'。不幸的家伙！我认为以他的伤情，半小时之内他就会流血致死。"[3] 他们"以连为单位的宽距纵队"行进。这种队形极易变换成方阵，每个连以横队依次排开。

凑巧的是，抵达高地的第三十三步兵团掷弹兵连看到了胸甲骑兵杀过来，他们高声呼喊，使得所属的营及时变换了防御阵形。胸甲骑兵被发现后将目标重新定位为第六十九"南林肯郡"团，他们正处在凹陷处，在 50 码时才看到骑兵的到来。第六十九团由新兵组成，只有少部分人来自林肯郡，却有超过三分之一的人是爱尔兰人。作为英军中最无经验的部队之一，他们的平均年龄只有 21 岁，有四分之一的士兵为 15 到 19 岁。面对法军骑兵，第六十九团在崩溃后逃散。在事后的一个月内，据军官们称是奥兰治亲王命令他们由方阵变换为横队队形，不过他们的一个上尉把这一灾难归结为林赛上尉的一个命令，他让掷弹兵连停下射击，而不是让他们变为方阵。[4] 第八胸甲骑兵团追上了这些溃逃的男孩，但只有很少的人被杀害，绝大多数是被砍伤或刺伤了头部、肩膀、背部和手臂。经过激烈的交战，第八胸甲骑兵团的两个骑兵夺得了该团的王旗——"联合杰克"。乔治·巴洛上尉过去听说这种情况下最好的办法是趴在地上装死，而他也这样做了，实际上这正是条令推荐的做法。被踩踏后，他成功地逃入了第四十二步兵团的方阵。在那里，巴洛抱怨说马匹会躲避地上尸体的传闻是不正确的。[5] 到这时为止，第六十九步兵团已经被驱散到无法重组的地步。[6]

第七十三步兵团似乎没有受到冲击，但是仍有一些人逃到了树林里。他们的营长事后坚持声称他们没有临阵溃逃，不过一个中尉却承认，当维持横队时，"第七十三团为了发挥火力，其左翼稍微向后退却了一些距离，但并不是井然有序，因为时间不允许……一些士兵可能不可避免地进入了树林"。莫里斯中士可能就是和左翼在一起，因为他回忆说，"我们继续前进，刺刀顶端的反光映现出一大批敌军的胸甲骑兵正朝我们袭来。他们的出现是如此意外，让我们陷入了极端的混乱之中。因为没有时间组成方阵，我们被迫后撤或者说逃跑，逃向我们来时经过的树林"。[7] 如果他们真的发生了逃散，不久又恢复了秩序，因为事后他们同第三十步兵团继续向海米奥库尔农场前进。

第三十"剑桥郡"团参加过半岛战争，也是霍尔基特旅中唯一久经沙场的部队。他们一早就看到胸甲骑兵杀过来，因而拥有足够的时间变换方阵，将他们的敌人逐退。托马斯·皮克顿爵士骑马前来祝贺他们。[8] 胸甲骑兵继续向前推进，他们向"黑卫士"发难，不过这次后者也成功转为方阵队形。第三十三步兵团逃过了胸甲骑兵的第一轮冲击，但是他们的麻烦远远没有结束，因为第二个法军骑兵团已经在第一团之后做好了准备。法军的行动是炮骑如何协作的典范：骑兵迫使敌军组成方阵，这使得他们成为炮兵的理想目标。如果方阵因火炮造成的伤亡而动摇，骑兵将彻底消灭他们。一个列兵这样描述他们遭受的法军炮连 12 磅炮火的洗礼：

> 在我们抵达战场前的半个小时里，天气异常炎热。我认为我们连的那个军官是全连第一个阵亡的人。那时，我们的团被敌人一览无遗，他们用火炮朝我们倾泻了冰雹般的火力。一抵达阵地，我们就看到一支大规模的法军骑兵纵队朝我们杀来，这支纵队就是胸甲骑兵，我们

试图立即变换为方阵应对来犯之敌，但是徒劳无功，敌军火炮在我们方阵中击倒的人数远比我们能填补的速度快得多，每一发炮弹能杀死9或10个人。此刻炮弹落入我们阵中，榴弹炸成百余个弹片。我们损失在这里的人无法计算。若右侧300码处没有那个树林，每个人都会被马匹践踏和被骑兵切碎。

第三十三步兵团仍身处"高地"之上，这让他们过于暴露。方阵的正面因最靠近法军火炮而变得混乱，尽管中士们使用交叉戟驱赶后排的士兵向前。约翰·黑格上尉离开他指挥的连，身临险境，举起佩剑呐喊助威，但是一发炮弹正中他的腹部，几乎就把他炸成两半。他的眼睛凸起，嘴唇颤抖，仰面倒下后他的身体还不断抽搐。不远处，他的兄弟泪流满面。芬利森医生不久后写道："黑格上尉在用最冷静、最勇敢的方式激励手下的士兵，教导他们如何做时中弹身亡。他的兄弟黑格中尉就在身旁，看到他倒在地上，肠子也掉了出来，他感叹道'将我和他一起杀掉吧'。我试着安慰他，并说不久这可能就是我们自己的命运。"紧接着，另一发炮弹将阿瑟·戈尔的上颌骨直接撬开，他的副手回忆说："可怜的阿瑟·戈尔，他的脑浆倾洒到了我的军帽和脸上。"芬利森看到了这个从尼韦勒跟随他而来的军官"仰面躺在地上，不过头部的上半边已经被击飞。他脸上其余部位的表情非常愉悦，我从未见过这般情景，他更像是睡着了"。[9]

在他们从暴露的位置匆忙撤出时，有谣言传来：敌军的骑兵就在他们的侧后。这让他们惊慌失措，四处逃散。落在后面的一些人被砍倒俘获，一个胸甲骑兵夺得了他们的营旗并骑马而去。一个和中尉一起躲在黑麦田中的下士看到这个胸甲骑兵驶过来，就击中了这个法国人，夺回了军旗，并将它交予中尉。中尉逃向树林，下士被团团围住，成为俘虏。[10]

逃散的士兵在树林后面平静地集结。就像一个列兵回忆的那样："之后，我们前往树林的另一端。我们从那里走出来，集合并清点人数。但是，集结的人很少。"[11] 他们没有再参加之后的战斗。

这时候，胸甲骑兵向四臂村席卷而去。吕讷堡民兵正占据先前由第九十二团把守的沟渠，面对骑兵，直到30码时他们仍保持预备，随后进行了齐射。他们还得到了库尔曼骑炮连所部两门火炮的霰弹支援。库尔曼骑炮连跑在了近卫师的前面，已经先一步抵达战场并在布鲁塞尔大道上的农舍前及时卸下前车。在他们右侧，不伦瑞克的战列步兵仍稳稳地保持方阵队形。他们的新指挥官约翰·奥尔费曼上校是一个受过训练的双簧管吹奏者，以乐队指挥官的身份加入了英军。在亚历山大战役中负伤并获得了荣誉后，他在半岛成为爱德华·帕克南的副官。在那里奥尔费曼遇到了不伦瑞克公爵，与之成为亲密的朋友。他站在第二营的方阵中，用"干得漂亮，士兵们，好样的，第二战列营！"激励他们。[12]

直面火炮和步枪的近距离毁灭性火力，法军的冲锋走到了尽头。胸甲骑兵沿着他们驶来的道路绝望地溃逃。克勒曼被中弹毙命的坐骑压在了身下，但最终惊险逃脱。他带领的这个总兵力为791人的旅，折损了250人。[13]那些仍骑在马上的士兵狂奔着逃出战场，在他们的后面，丢掉坐骑却没有受伤的胸甲骑兵一边躲避着子弹，一边试图步行逃脱。克勒曼、吉东将军和加拉瓦克上校也在其中。

克勒曼估计，若他们从皮雷的枪骑兵那里得到了事前许诺的协助，他们将取得更大的进展。实际上，多位英军亲历者回忆，枪骑兵援助了胸甲骑兵[14]，无论与否，都没人可以责怪皮雷的骑兵，因为他们在当天的努力已经超乎寻常。当然，克勒曼的冲锋也是如此。如果奈伊仅仅是在某处使用步兵进行另一次全力推进，可能会再一次扭转局势。

在这次冲锋中，最大的"战果"却是在相反的方向实现的。胸甲骑兵的溃败是壮观的。在德隆军的后卫师中，路易·康莱已经停滞在能望见大道的位置数小时之久，他们的辎重被堆放在弗拉讷之南，因为先头纵队的犹豫几乎就没有移动。突然，数量众多的骑兵朝他们全速袭来。康莱的团组成了方阵，不过辎重车的马夫却陷入了惊慌。视吉东的胸甲骑兵为敌人，或认为他们正在被敌军紧随追逐，马夫如流水般溃散，并告诉任何愿意聆听的人英军骑兵就在他们背后。根据富瓦的参谋长让-巴蒂斯特·勒莫尼耶-德拉福斯的说法，"胸甲骑兵师"中作为预备队的余部被吉东的溃兵裹挟而去，如果事实如此，这就解释了他们之后的毫无作为以及其他亲历者关于溃败程度的震惊。胸甲骑兵简直一溃千里，据称他们在沙勒罗瓦造成了一场骚乱。[15]

奈伊已经不能再向他的士兵要求更多了。然而,由于克勒曼麾下骑兵的冲锋失败,以及近卫师从尼韦勒抵达为英军带来更多增援,奈伊被迫采取守势。胜利的希望最终被放弃了。在战役之后6月26日的报告中,奈伊指责皇帝未通知自己就将德隆的军调走,从而让他失去了四臂村的胜利。虽然从某些角度而言,他的沮丧是有道理的,但若他服从了拿破仑的命令,结果可能会更好。[16]

33
布吕歇尔的撤退

6月16日晚上7点至10点，利尼

在另一个战场上，当近卫军越过小溪利涅，向斜坡推进时，战斗局势变成了普军不得不且战且退。

志愿猎兵弗朗茨·利伯近期制作的来复枪子弹此时只剩下一发了，被留作紧急情况下使用。他所属的营遭到掷弹骑兵的冲锋时，利伯第一次感受到了真正的不安。当时"科尔贝格"团的散兵从利尼溃逃，而他们则被命令组成刺刀朝外的蜂巢式阵形。但是，他们抵御住了骑兵的攻击，并成功撤离。在撤退过程中，他遇见了自己的兄弟。后者足部受伤，正倚靠在弹药车上。利伯所属的连从80人减员到30人，不过让他满意的是，他们赢得了该团正规军老兵的尊敬。[1]

为了掩护撤退，第二十一"波美拉尼亚"团的火枪兵组成横队，试图逐退法军步兵。不过该团的一个营遭到了德洛尔将军胸甲骑兵的痛击，后者在无人察觉的情况下，从西侧绕过村子边缘来到了他们的背后。[2] 第二十九团的散兵则同法军激烈交锋，以防他们夺取正在撤离的火炮。

战场上空的暴雨虽然来势汹汹却短暂。当布吕歇尔从右翼骑马返回时，雨势停止，阳光透过正在消逝的乌云射下。此刻，老帅带领勒德尔的骑兵企图阻止法军的推进。冯·吕措上校指挥第六枪骑兵团，冯·勒德尔将军则亲自带领第一"西普鲁士"龙骑兵团，民兵骑兵团在其身后跟随。枪骑兵把第四掷弹兵团视作国民自卫军的民兵，因为他们制服褴褛，头戴筒状军帽，而非惯常的近卫军熊皮帽，所以对他们发起了冲锋。枪骑兵没看到道路前方有一条沟，正当他们来到这一障碍物之前时，掷弹兵们进行了一次齐射。他们射出的火力更像是近卫军而不是民兵，13名军官和70名士兵从马上摔下。[3]当胸甲骑兵反击时枪骑兵逃走,之前因指挥一个游击队旅而获得盛名的吕措失去了坐骑而被俘。对于吕措这个俘虏,拿破仑已经觊觎数年之久。

当第二龙骑兵团开始加速时,他们的左翼受到了胸甲骑兵的冲击。与此同时,逃亡的枪骑兵又急速冲入他们的队列,该团崩溃逃散。其余的冲锋也都失败了,就在他们一片混乱、四处溃逃时,布吕歇尔侯爵胯下那匹由英国摄政王赠予的白马左侧腹中弹。[4]当时布吕歇尔骑着它正试图从胸甲骑兵的追击下逃脱,但是这匹白马越来越虚弱,老帅向他的副官吼了一句"诺斯蒂茨,现在我不行了",接着白马倒地而死,将它的主人重重地压在身下。诺斯蒂茨折返回来,他的坐骑脖子受了伤。下马后他拿着手枪,屈膝蹲伏在布吕歇尔的死马旁。[5]

在左翼,普军发现防御时保护他们的宽阔溪流,此刻反倒成为进攻时的阻碍,他们终于开始前进。大约7点30分,约翰·冯·蒂尔曼展开了一次全线攻势,将由一个骑炮连支援的3个骑兵团赶到了河流的另一岸。[6]两个中队的普鲁士龙骑兵觉得他们只是面对孤立无援的法军炮兵,于是朝大炮发起了冲锋。但这是个陷阱,一个旅的法军龙骑兵向他们的正面杀过去,另外一个从侧翼袭来。败下阵来的普军龙骑兵将剩余的所有骑兵卷入到他们的溃逃中,追击的法军则俘获了普军第十九骑炮连的所有火炮,它们很快就被调转炮口,对准了普鲁士人。库尔马克民兵负责掩护他们溃逃,而当一个中队的法军龙骑兵无视命令展开追击时,结果他们遭受了100人的损失。[7]但是,这起事件平息了普军进攻的雄心。格奈泽瑙和勒德尔都觉得骑兵的表现很糟糕,将原因归结为新团训练不足和老团被稀释,他们损失了经验丰富的中队和军官。

此时,法军通过普军中央的突破口涌入。德洛尔的胸甲骑兵正向高岗之上的风车磨坊司令部疾驰而去,而德鲁奥也将炮口瞄准了那里的普军预备队。格奈泽瑙和他的参谋们已经离开磨坊后撤。没人知道布吕歇尔的下落,不过他似乎已然战死或被俘。在阵线之后,形势更为混乱,一些缺乏经验和积极性的部队丢弃武器,沿着那慕尔大道向东逃离,尽管在第一线经验丰富的部队正坚决守卫阵地。[8]右翼普军以良好的秩序撤了出来,而在布里，奥托·冯·皮尔希的旅在16门火炮和威斯特法伦民兵骑兵团的支援下作为后卫，接应并掩护撤退中的各营。克拉夫特也拼凑出一支后卫掩护中路撤离，他将易北河团和第九"科尔贝格"团的全部兵力部署在从布里通向松布雷夫的道路上，一直坚持到第二天凌晨。在东边，施泰因梅茨麾下被引诱到松布雷夫方向的第二十四步兵团背朝小溪利涅，组成三边方阵对抗法军骑兵，直到施泰因梅茨的其他营以方阵前进，掩护撤退。暴风雨让战场变得湿黏泥泞，普军艰难地将他们的火炮撤出战场。幸亏有步兵帮忙拖运，绝望的骑兵冲锋也争取到了时间，最终他们得以保全几乎所有的火炮。

第一掷弹兵团和第一猎兵团向东前进支援于洛师，他们已经拿下波特里欧农场，但对松布雷夫的威胁却被施泰因梅茨阻断。热拉尔骑兵师的指挥官安托万·莫兰在当天结束时向敌军后卫的一次冲锋中受了重伤。

这便是当天最后的行动。法军在战场上宿营。旺达姆在圣阿芒设立了他的司令部，热拉尔在利尼。第一猎兵团陪着皇帝返回弗勒吕斯，皇帝在该城北部边缘漂亮的和平庄园过夜。而他的参谋则待在该地的市长府邸聚阿拉尔庄园。

普军在利尼的伤亡统计数据，从英国史学家詹姆斯的6000人到第二天曾穿行于战场的伊波利特·德·莫迪中士的2.49万人不等。因为布吕歇尔和格奈泽瑙在第二天写给国王的报告中承认损失是1.2万至1.5万人，所以詹姆斯的数据可以被排除。[9] 像其他一些英国作者一样，他试图削弱这场会战的影响，以免它减损两日后英国人在滑铁卢胜利的重要性。英军骑炮兵指挥官奥古斯塔斯·弗雷泽第二天听闻普军伤亡1.4万人，损失16门火炮，最终的火炮损失数可能是22门。也有传言称法军俘获了普军的全部备用弹药。[10]

实际上，普军的真实伤亡数可能要比格奈泽瑙的估值上限多，在1.8万人左右。[11] 米夫林给出的6月15日与16日的总损失数为2.09万人，阵亡、被俘与受伤的人数均包含在内。[12] 除此之外，还有1万人在夜间趁机逃离，他们几乎全是新近征募的威斯特法伦人和莱茵兰人。*在利尼战役结束时，相对于开战时 8.35 万人的兵力，此时格奈泽瑙麾下仅有 5.55 万人。

法军的伤亡同样难以计算，因为没有关于大多数部队的官方统计数据。在 17 日一早苏尔特致达武的报告中，参谋长觉得他们损失轻微，不多于 3000 人。如果真的这么认为，他不久就会醒悟，因为热拉尔在第二天的正式报表中给出的该部损失就有 3686 人，吉拉尔 3900 人的师也损失了 1900 人。[13] 乌赛将拿破仑 6950 人的数据修正到了 8500 人，但是这仍然太少。查尔斯·奥曼爵士从已知的军官伤亡数推出的数据为 1 万到 1.2 万人。[14] 莫迪估计法军的伤亡数为 1.386 万人，而最细致的现代分析提出的数据是 1.37 万人。[15]

相对于拿破仑的设想，这场会战的代价非常高昂，但是取得的胜利却不太完整。然而，这至少是一场胜利，普鲁士人也被痛扁了一顿。他缺乏经验的参谋部被证明无法就计划的变更同奈伊协调，虽然后者几乎没有参谋可言。若德隆 2 万人的生力军根据最初的命令，沿着布鲁塞尔大道向四臂村一路强攻，或贯彻皇帝的新计划，冲击瓦涅莱以北的平缓斜坡，困住布吕歇尔的普鲁士人，很容易想象，在任何一种情况下他们对会战甚至可能对整个战役的贡献都将是决定性的，尽管到最后都归于徒劳。在这一事件中，德隆一直彷徨到一切都为时过晚，正是由于他部的无所作为，布吕歇尔的军队才未被包围摧毁，法军也没有对威灵顿取得决定性的突破，进而扫清布鲁塞尔大道。皇帝错过了一个千载难逢的机会。

---

* 若是查阅作者此处给出的数据来源，并对照原始文献，便会发现当晚趁机逃离的士兵数实际上是被米夫林包含在他 2.09 万人的 15、16 日两天战损的总值里的。另外，根据 Michael V. Leggiere 的 *Blücher: Scourge of Napoleon*, University of Oklahoma Press, 2014 中的最新研究成果，当夜逃兵总数约为 8000 人，其中占比最高的是贝格人，其次才为威斯特法伦人和莱茵兰人。该书也有关于利尼伤亡数据的讨论，感兴趣的读者不妨一看。

34
威灵顿的攻势

6月16日晚上7点至9点，四臂村

于阿尔滕师后约一小时抵达的近卫师使得威灵顿的理论总兵力增加到了3.3万人和70门火炮。虽然某些营和一些火炮已经出局，但这个数据代表他军队三分之一的兵力。

近卫军尽可能快地从尼韦勒赶来，在他们遇到的伤员中，一个参谋官"催促我们加速行进，因为战事不容乐观"。他们在乌坦勒瓦村稍做停留，以便精疲力竭的掉队士兵快速跟上。在停顿期间师属12门火炮超前纵队，士兵们则在此时检查火石，固定刺刀。[1]爱德华·麦克雷迪少尉所属的第三十团轻步兵连在前一天晚上落在了后方，这时候火速前去同他们的团会合。途经乌坦时，被他们超过的近卫军嘲笑他们匆忙赶路，剑桥郡的轻步兵们则纷纷反讽道："需要我将你们的荣誉放到背包里一同带去吗？""让绅士们的儿子从事这种勾当真是非常耻辱！"

麦克雷迪的手下都是顽强的老兵，但他本人却只有17岁，参军时长也只有一年之久。他是一个陷入困境的剧院经理的儿子，还有一个刚刚在巴斯舞台建立名声的演员哥哥。拿骚人是麦克雷迪接近博叙树林时遇到的第二支部队，"树林上方有浓云般的烟雾，林鸟向各个方向飞翔鸣叫"。一个参谋军官告诉麦克雷迪，他们的团刚刚抵达战场，并指给他们归队的方向。就在他们谈论时，一发实心弹掀起的尘土将他们覆盖。当他们绕过树林时，战斗的狂暴场景便展现出来。他们快步向前，遇到了正因伤撤往后方的营长，营长告诉他们自己的营正在何方。通过了拉贝热里时，麦克雷迪被"戈登"高地人团的尸体绊了一跤，不过他及时抵达，得以看到胸甲骑兵对他所属团组成的方阵的攻击。[2]那时，近卫军轻步兵连正在进入树林,他能听到那里的交火声。

由于法军轻步兵下定决心固守海米奥库尔农场一线以及从附近流过、围有树篱的小溪,中路的战事陷入了死局,威灵顿此时尝试从西侧突破他们的防线。佩里格林·梅特兰的第一近卫团进入了博叙树林,而冷溪近卫团和约翰·宾爵士的旅则继续留在后方担任预备队。

轻步兵连先行跨入树林,其余士兵在一定间隔后跟进。但是进入树林不久,他们就陷入了困惑。一个近卫军士兵写道:"我们的团没有进行丝毫侦察就进入了树林,所以受到了躲藏在树林边缘沟壑中的敌人从各个方向的攻击。"实际上,近卫军是在互相射击或同仍在树林里的小群友军互射,只有很少的一部分是法国人。那里仍有不伦瑞克猎兵、战败并被孤立的拿骚人,以及受惊躲藏在里面的各国逃兵。

直到抵达海米奥库尔农场附近的溪流,他们才遇到了真正的对手。由索尔顿勋爵亚历山大·弗雷泽指挥的轻步兵连开始向后驱逐法军轻步兵。一个军官在他的日记中这样写道:

> 士兵们一阵欢呼,冲入树林逐退了所有的敌军,并一路来到树林的边缘。但是浓密的灌木丛不久就打乱了所有的秩序,而且法军火炮使得该地异常炎热,所以退往离他们射程相对更远的小溪被认为是明智之举。很多人因为被炮弹击倒的树木主干砸到而死亡或受伤。[3]

一个近卫军士兵回忆道,法军"使用布置在半英里开外高地上的火炮射出的猛烈火力让我们所有人都陷入了混乱,一些人朝着不同方向逃去"。

当梅特兰的旅穿过树林前进时,由詹姆斯·麦克唐奈指挥的宾旅轻步兵在不伦瑞克人的协助下,从树林东侧向前推进。他们悄悄前行,击退了法军散兵。近卫军士兵马修·克莱看到拉贝热里附近尸体的数量,明白先前这里有一场异常惨烈的争夺。对这一切感到好奇的他还发现了阿瑟·戈尔的尸体:"我尤为注意到了第三十三步兵团的一位年轻军官的死尸。当从这具无头尸体经过时,他显著的猩红色外套和银色花边吸引了我的注意力。大多数死者是英格兰人、不伦瑞克人和高地人,高地人占多数。"再往前,看到法军骑兵袭来,前进中的英军步兵组成了方阵,但接着就遭到火炮的轰击。克莱形象地描绘了法军经典的炮骑结合的兵种使用方式,以及英军在枪林弹雨下移动方阵的简单对策:

> 通过及时机动以及对指挥官的完全服从,我们的方阵逃脱了敌军精确瞄准的炮弹的毁灭性杀伤力。毋庸置疑,他们也看到了我们在炮火下的频繁逃脱,所以更大胆地使用骑兵威吓我们,阻止我们在被他们的炮弹击中前移动到新的区域。由此我们的逃脱相比之前更为局促,我们被迫长时间待在同一地点抵御骑兵。
>
> 因为处在方阵的外排,我可以算是敌人确切的目标,他们的榴弹落在了地上,并在距我跪下几步远的队列中爆炸。[4]

在麦克唐奈的士兵和梅特兰的各营间前进的不伦瑞克人,"出色地变换成方阵,卓有效率地完成了他们的工作"。[5]

在梅特兰旅从树林中现身后,他们在前方摆下一条散兵线对抗法军步兵。法军的主力纵队正防守从位于海米奥库尔农场东南四分之三英里处的格朗皮埃尔蓬农场到位于海米奥库尔农场之后、皮洛蒙上方的高地一线。梅特兰第一近卫步兵团的两个营进入了谷地。"穿过树林时,整个队伍一片混乱,所以从树林出来后,士兵们开始整队,并把队列一直延伸到了尚未收割的谷地里。其他团的许多人在我们抵达之前就已经同敌人交火,此时他们勇敢地离开树林,同我们的士兵会合。"当法军骑兵伺机攻击时,一场激烈的交锋随之展开。就在一个不伦瑞克营在近卫军左侧布阵时,法军骑兵将此视作对第二营侧翼冲锋的机会。他们不得不逃往树林,在凹路中避难。从那里他们用火力驱散了骑兵,不过他们也在田地和小路间的斜坡上留下了许多尸体。3天前刚于格拉蒙的赌金全赢制赛马中获胜的海勋爵,此刻则在催马穿过树篱时被法军骑兵击杀。法军步兵随后跟进,3天后一个中尉写道:"前进中的敌方轻步兵数量是如此之多,使我们不得不在10点撤出树林。"[6]散兵战一直持续到入夜才结束,而在这场两小时的战斗中,第一近卫步兵团的两个营损失超过500人。

在这天结束时，威灵顿决定夺下海米奥库尔农场，皮克顿也再次带领第二十八团和第三十二团发起攻击。这个顽强的威尔士人被子弹击中，折断了两条肋骨，不过他选择无视伤痛。法军无精打采，放弃了农场，因为它距离他们的前线太过遥远，于是第三十步兵团成功夺取了农场的建筑物。之后，他们发现法军使用该地作为医疗站，从中找到了140名伤员和"一些上等的啤酒"。[7]

战斗结束时，克鲁泽将军带领2834人的拿骚第一团抵达战场："一些炮弹从我们头顶划过，不过没人受伤。"他们于早上9点从布鲁塞尔东门出发，作为其中一员，海因里希·冯·加格恩感觉烈日下25英里的艰苦路程令人兴奋，但也使人疲惫。加格恩即将年满16岁，是尼德兰首相的儿子。他曾就读于慕尼黑军校，不过这是他第一次参加实战。该团先是沿着布鲁塞尔绕行，然后走上通向沙勒罗瓦的大道，中途在苏瓦涅森林的树荫下和蒙圣让停顿休息。从那里他们发现前方道路被庞大的英军辎重车队堵塞，车队跟随皮克顿的第五师行进，一路绵延到热纳普，之后又折返布鲁塞尔。拿骚人不得不从道路旁的田野穿过，直到他们超过这一障碍。之后他们发现自己在两列伤兵中间行进，其中还有他们的拿骚同胞，而来自这些人的消息非常令人沮丧："一切都完了，他们的整个团被完全驱散，等等。这些伤兵的面色并不让人振奋，不过可以想象，他们的言辞给我们年轻士兵留下的印象更为糟糕。"[8]但毕竟一切还远远没有结束，加格恩虽然很累，但是依然精神抖擞，就连在星空下扎营对他来说都是新鲜的。"这是我第一次在露天过夜。我躺在我们团的后方，靠近四臂村最后一间屋舍的墙，忍受着一天操劳带来的饥饿，裹着外套睡着了。"[9]

黄昏时分，英军骑兵抵达。一些部队骑行了很长的距离，骠骑兵旅行进了45英里，不过所有的英军骑兵和骑炮兵都错过了这场会战。当天凌晨，骑炮兵迷路了，而且还要面对如何拖走或者推动深陷于淤泥中的大炮这一问题，因为数周的阴雨天，道路格外泥泞。所有骑兵均在距离战场25英里的昂吉安延迟了数个小时，因为他们没有收到进军的命令，甚至还有一个旅停留在那里过夜。其他一些团发现他们前进的道路被行进的步兵堵塞，或者被辎重马车所封闭。虽然骑兵能够绕过这些障碍，但是炮兵却要跟随在缓慢移动的辎重车后面等待通行。[10]

助理军医约翰·哈迪·詹姆斯因为他的坐骑丢了一块蹄铁而落在了后面。当超过一个汉诺威民兵旅时，他发现该部"已经疲倦行军一天之久，还不断被迫停下，以便士兵于阴凉处躺在硕大的背包上获得一些休息。虽说如此，但他们还是勇敢地踏上征程，一边前进一边哼唱着类似赞歌的曲子"。在他前面，当他所在的团通过尼韦勒时，士兵们看到"一些女人坐在小屋门前，将旧亚麻布刮成皮棉，这向我们表明她们预计会有大批伤兵抵达"。[11]

伤员数量众多。爱德华·巴恩斯爵士告诉奥古斯塔斯·弗雷泽爵士总数有 5000 人之众，这比大多数历史学家给出的数据都要多。总体来说，盟军伤亡总数大概是这样。此外，还有约 1000 人被俘，其中大多数为尼德兰人。[12] 不过除了第二十七猎兵营和第五民兵营就军事价值而言几乎全军覆没，尼德兰人的伤亡相对较轻。英军中的一些精英部队伤亡惨重，虽然在两天后的战斗中他们的表现依旧顽强。第九十二、第七十九和第四十二高地人团都只剩下初始兵力的一半多，第一近卫步兵团、第六十九团和不伦瑞克第二战列营的减员也接近总兵力的三分之一。法军的损失在 4200 人左右，盟军也抓获了大约 100 个俘虏。[13]

夜幕降临时，来复枪手内德·科斯特洛躲入了桑斯树林北边的上桑斯农舍。第五师的伤员聚集在那里，他们被不断地带入，直至将外屋和谷仓挤满。他们将秸秆和干草铺在地上以便休息，不过科斯特洛却因为"手部伤势的煎熬和战友们的痛苦呻吟"未能入睡。当他第二天一早出发时，他的胳膊被系上吊带，但是伤口依旧没有被包扎，直到抵达布鲁塞尔一段时间后他才得到治疗。[14]

实际上，四臂村的医疗系统可以说是失败的。因为各部队抵达战场的速度飞快，医疗系统超负荷运作。仅仅在两天前，即 6 月 14 日，陆军部任命曾在威灵顿的半岛团队中拥有令人侧目效率的詹姆斯·麦格里戈爵士担任这支即将入侵法国的军队的医疗系统负责人。因此，他没有机会让他的部门为这场发生在 16 日的意料之外的战斗做准备。由医用马车装载的医疗用品被急速行进的各营抛在后面数英里之远，虽然一些医生至少随身携带小医用箱,助理军医詹姆斯不得不承认"面对他们的伤势我无能为力,因为我一点医疗用品都没有"。这是普遍情况,他暗示"医疗用品前一天还没有准备好"。[15]

在理论上而言,每个步兵营和骑兵团都会有1个军医和2个助理医生,尽管实际上几乎不存在同时有3个医生的情况,此外,英军还雇用了15个参谋部军医和1个内科医生。但是相对于四臂村的5000名伤员,这是一个可怜的小团队,更不用说他们两天后要遇到的情况了。通常,1个军医会在战场提供急救,其他医生则待在专门为一个师或者旅搭建、位于前线之后很短一段距离的适当建筑物内的医疗站里。军医由乐队成员负责协助,后者在战斗正式开打后便不再演奏音乐了。他们或者伤员的战友帮助无法行走的伤员从初步急救点前往医疗站,由医生进行截肢手术。

四臂村的医疗站被建在了农场里。第三十三步兵团的助理军医唐纳德·芬利森说,他被命令前往尼韦勒负责筹备战地医院,相对于绝望的战场,在那里医生可以在更干净、更安全的环境里救治伤员。但也有可能他仅仅是去求助的。晚上,一些医生出去寻找并带回伤员。这被证明是危险的活动,不仅是因为不伦瑞克的医生被俘,也是因为零星的交火一直没结束过,就像芬利森记录的那样:

> 行动在晚上9点结束,不过零星的交火在多个方向随着夜色的深入一直持续着。这使得搜寻伤员的医护人员和士兵变得有些冒险。最让人不快的就是被自己人或流弹击杀,或是在未被注意的情况下倒在5到6英尺高的庄稼地里,如此还不如死在和团队一起履行职责时。[16]

大约在同一时间,威灵顿离开战场,向北骑行两英里前往热纳普。在那里的西班牙国王旅馆,晚餐已被点好。最后一个自布吕歇尔处来到威灵顿处的信使说,当他离开布里时,普军仍守卫小溪利涅沿岸的所有村落,不过他们损失惨重,所能做的最多就是坚持到夜幕降临。自那以后威灵顿便没有收到消息,他告诉自己的秘书菲茨罗伊·萨默塞特,普鲁士人"是一个非常难得的老战友"。他打算向侯爵提出,于第二天一早联手攻击法军。晚饭时哈丁上尉走了进来，他正在寻找军医，因为他的联络官兄弟想让一个英国医生为他的伤手截肢。哈丁证实，当他离开利尼时普军仍坚守阵地。[17]

当参谋们书写让部队前往四臂村集结的命令时，威灵顿上床休息。他们仍然认为，就像萨默塞特写给他妻子的信那样，普鲁士人顶住了法军的攻击。然而，也有未经证实的暗地传闻。威灵顿的另一个亲密助手费尔顿·赫维在7月写道，虽然没有确认，但有谣言称普军在遭受惨重损失后被击败了，正在混乱撤退。[18]

盟军逃过了一劫。威灵顿9.5万人的兵力中，有6.2万人没能抵达战场，这意味着他无法援助布吕歇尔，也就错过了击败拿破仑的机会。此外，布吕歇尔的军队中也有3万人未能现身，这也是他战败的原因。另一方面，拿破仑军队中有3万人也没能参战，这使得他错过了摧毁两个对手之一的机会。

拿破仑失去了奇袭带来的优势，但是他成功地使得他的两个对手分散，并痛击了其中一支。他不知道的是威灵顿对布吕歇尔的遭遇毫不知情，威灵顿已进入梦乡的军队因为普军的撤退完全暴露在法军面前，任由皇帝宰割：威灵顿正面有4万法军，侧翼还有6万人。

35

灯下计议

6月16日晚上10点至6月17日下午2点，利尼和梅勒里

晚上10点左右，普军参谋们于月色之下在布里以北的石子路大道上紧密地聚集在一起，并且摊开了他们的地图。由于失踪的布吕歇尔被推断为死亡，格奈泽瑙接过了普军的指挥权，并反思局势。法军在布里周边的齐滕和皮尔希，与松布雷夫另一侧的蒂尔曼军之间打入了一个楔子。不过黑夜将他们从灾难中拯救出来，而他们的后卫仍守卫布里和松布雷夫两地。许多军队已经撤出战场，方向各异。溃败的部队和开小差者向东朝那慕尔逃去，亨克尔的部队则经松布雷夫撤出前往让布卢。弗里德里希·冯·雅戈带着5个步兵营和2个骑兵团也赶往让布卢。这位将军在失去坐骑后将自己包裹在一名胸甲骑兵的斗篷里，步行带队前进。他们先是来到了一个僻静农场，然后又向东北行进，踏上了罗马古道。

格奈泽瑙决心不与威灵顿分隔开来，但普军所处的位置能否像他们都希望的那样，在第二天，甚至将来的一段时间里，同威灵顿会合再打一场远不清楚。格奈泽瑙知道己方伤亡惨重，尤为焦虑炮队阵地的命运，携带后备弹药的他们此时消失得无影无踪。这时候，仍由他掌控的部队也不能简单地前去同威灵顿会合，因为法军将他们同四臂村隔绝开来，并且也不可能让蒂尔曼跟进。但是，军队至少有弗里德里希·冯·比洛的坚实支援，后者正沿罗马古道从列日开来。实际上，大约此时，该部前卫正在让布卢以北停下扎营，余部则在前卫之后绵延了7.5英里。

根据齐滕的参谋长路德维希·冯·赖歇的说法，格奈泽瑙建议撤往约两英里以北的蒂伊村，因为军队右翼的大部已经被迫朝那个方向撤离。不过，赖歇发现蒂伊没有被标注在他的地图上，于是建议称许多军官可能会

因为同样的原因而无法找到这个地点。作为分散的部队的会合地，他们需要一个被标注在所有人地图上的城镇，所以决定将撤往瓦夫尔的消息传播开来。朝着布鲁塞尔的方向，他们需要行军 15 英里才能到达该地。[1]

实际上，赖歇关于撤往瓦夫尔的解释是不诚实的。普军并不处在撤往蒂伊并于第二天重启战事的状态。他们一定觉得己方需要尽量拖延时间以便在更靠后的位置武装士兵、重组军队。此外，在瓦夫尔有一条通向布鲁塞尔和德意志的完美交通线。向北撤退以便保持同威灵顿的联系，而不是沿着交通线向东撤离的决定非常重要，虽然以防战败，但他们很可能在事前就同意如此。

但是，若他们不在蒂伊停顿，而是继续向瓦夫尔前进，他们的撤退就会让威灵顿的侧翼在第二天早晨暴露于拿破仑的面前。因此，将这一决定提前告知威灵顿成了当务之急，以便他也撤退。然而，严酷的是，格奈泽瑙派遣的最后一位信使在传递这一沮丧的消息前往威灵顿那里时被法军射杀了。所以，威灵顿对利尼的结果和普军的决定一无所知。[2]

位于布里后方莱特鲁瓦比雷特的交叉路口，一个参谋官指挥部队前往通向让布卢的罗马古道，之后另一个参谋让他们左转到通向蒂伊的小道，然后再前往瓦夫尔。赖歇记录道："已经沿着罗马古道或那慕尔道路前进的分遣队自然无法召回，从他们本身来看这是件坏事，不过却可以使我们的撤退路线起到蒙骗敌人的作用。"[3] 比洛所处位置的一个优点是错过了蒂伊会合处的部队会沿着罗马古道最终进入他的宿营地。午夜时分，在战场上留下后卫后，齐滕和皮尔希两军最后的部队也开始向蒂伊前进。"夜刚过半，我们拔营"时路德维希·纳格尔正在布里附近，"似乎敌军正在接近。在蒂伊村，我们遇到了围着旺盛火焰的军队。我们也在那附近扎营。这让我们感觉很舒适，很快我就躺下睡着了"。[4]

约翰·冯·蒂尔曼接到命令，尽可能沿着平行于右翼撤退路线的道路撤退，如不能就前往让布卢。他做出了较为保险的选择，沿着一条从松布雷夫出发的畅通道路，撤向东北 4 英里开外的让布卢。各团在黑暗中集结，前卫于凌晨 1 点出发，后卫则在 4 点悄悄溜走。

几个小时之前，布吕歇尔忠诚的副官费迪南德·冯·诺斯蒂茨带领身受挫伤并处于半昏迷状态的元帅离开战场，他希望自己可以让这位老人活下来。他们能逃脱，运气实在是很好：在苍茫的暮色中，法军胸甲骑兵两次经过俯卧于地的将军和他的副官，但是都没有注意到他们。一次反冲锋将法军赶回了他们的阵线。而追击的普军枪骑兵接近这两人时，诺斯蒂茨跳起身来，挥舞手臂呼救。吕措麾下一群黑色枪骑兵勒马停下，他们帮忙把压在布吕歇尔身上的死马拖走。他仍然活着，于是一个中士将自己的马匹给了他们，并一起将 73 岁高龄的老帅固定在了马上。之后，诺斯蒂茨带他离开战场，在尘土飞扬中前往蒂伊。

诺斯蒂茨跋涉于因暴风雨而泥泞的路面上，穿行在逃兵和伤员之间。他们穿过了蒂伊，但在抵达梅勒里时，布吕歇尔认为他走不下去了。诺斯蒂茨开始为他寻找一处暂时的栖身之所，不过村庄的居民早已逃离，他看不到有灯光的房间。最终，他在一扇百叶窗之后发现了一缕微光，便把布吕歇尔引入了那间农舍。室内空无一人，于是诺斯蒂茨站在门旁守卫着，直到一些骑兵抵达。诺斯蒂茨命令他们保护元帅，他出去寻求帮助。

在蒂伊附近，诺斯蒂茨找到了施泰因梅茨，他告诉这位将军布吕歇尔所在的位置，并且要求元帅的安全必须得到保证。之后诺斯蒂茨返回梅勒里，他发现老帅正坐在凳子上，抱怨着剧烈的疼痛和极度的口渴。农舍里此时挤满了呻吟求助的伤员，不过它的主人回来了，他取来一锅牛奶，并在地板上用稻草铺了一张床。布吕歇尔解渴后就睡了。巧合的是，格奈泽瑙也在该村某处建立了自己的司令部，他与身材高大魁梧的格罗尔曼于午夜后同元帅会合。[5]

在一盏油灯的微光之下，他们举行了一次军事会议。当时，身受重创的老帅躺在稻草堆上，他的瘀伤已用大蒜和烈酒推拿过。他的医生禁止他喝烈酒，不过却允许他喝一大瓶香槟。[6] 形势看起来让人绝望。坐在酸菜桶上的格奈泽瑙道出了他们遇到的困难，以及撤往东方的理由：这并非他想要的，但是军队的状态不适合继续战斗。"我们的弹药已消耗殆尽，而我们的储备弹药却无处可寻，"6 天后，他在给普鲁士首相的信中如此写道，"局势相当糟糕，我们差点儿就不能去协助威灵顿公爵了。你可以想象我的感受。"⁷他们不知道军队的大部位于何处,而且有相当的可能他们的弹药已经落入法军手中。士兵没有弹药则很难发挥作用。尽管如此,布吕歇尔仍然坚持他们必须战斗下去,他说道:"我们受到了些许磕碰,需要把这些凹痕敲平!"到了凌晨2点,他们敲定了如何在瓦夫尔集结军队的方案。格罗尔曼也向齐滕与格奥尔格·冯·皮尔希下令,让他们立即行军。

即便一万名缺乏热情的新征入伍者在夜间抓住机会逃离,普鲁士军队的硬核依然如他们的指挥官一样坚决。"临近拂晓,一切又开始移动,在走了数英里的路程后,所有的部队在瓦夫尔镇附近扎营,那里是布吕歇尔的总司令部,"自由军团的路德维希·纳格尔写道,"我们被打败了,我们知道,不过表现出来的却远非遭遇失败的样子。我们所有的人都充满矢志不渝的精神,对自己和未来不可动摇的信心,并且还相互鼓励。"⁸布吕歇尔在下雨前抵达瓦夫尔,一整个下午他都躺在司令部的沙发上休息,司令部建在瓦夫尔市场上的一座旅馆里。在路上,他骑着从枪骑兵那里借来的马匹与士兵们一同前进,他问道:"你们累吗?""不累!"他接着问:"你们愿意明天与法国人一战吗?"士兵们大声回答:"愿意,万岁!"⁹齐滕军的伤亡尤为惨重,有超过三分之一的人战死、受伤或失踪,一些莱茵兰民兵则失踪了。但是,存留下来的士兵却异常坚定。¹⁰

2个团的骠骑兵和1个骑炮连留下作为后卫,他们占据了战场以北3英里、梅勒里村东边的位置,并朝各个方向派出了侦察队。一名值得信赖的总参谋部成员和他们留在了一起,凭借望远镜,他将观察到的法军动向频繁报告给司令部,不过令他惊讶的是,他们没有受到追击。¹¹

17日早上,蒂尔曼将军接到格奈泽瑙的命令,他被要求撤往瓦夫尔以北不远处的一个村落。蒂尔曼让人安心,至少他的炮队和弹药依然为自己所有,并且军队也处于可以一战的状态。蒂尔曼协同了他与比洛的行动,于10点左右离开让布卢,前往东北方向一个较好的防御阵地。该地位于奥尔诺河北岸,就在罗马古道上比洛营地的南面。他于下午1点跟随比洛向北前进,之后又通过不同路线分开行军。借此,第三军超过了第四军,让后者成为后卫。普鲁士人完成了一次有组织的撤离,这使他们得以再次介入战事。

尽管如此，炮队的失踪仍是一个严重的问题。每个旅都拥有一个由 20 至 30 辆马车组成，不仅携带炮兵弹药，还携带步兵和骑兵弹药的运输车队。满编情况下，一个步兵旅共有 6 辆弹药车载的 6 磅炮弹药、6 辆弹药车载的 7 磅榴弹炮弹药、12 辆弹药车的小型武器弹药、2 辆车的补给和 1 辆车的工具与配件。每个军约有 200 辆弹药车，因此这是一个异常庞大的数据。然而，他们由缺乏经验、很可能会惊慌失措的下级军官指挥。在会战期间，辎重车辆被聚集在松布雷夫和马济以北的大型停放区域，不过他们一早就开拔了，没人知道他们去了哪里。如果他们均被法军俘获，普鲁士的 4 个军将有 2 个无法战斗。

36
时不我待

6月17日上午8点至下午1点，法军左右翼

夜幕降临，奈伊给拿破仑写了一份简要的报告。他告诉皇帝，德隆军的调离抢走了自己的胜利，不过却对自己同多少敌人战斗，以及此时的形势如何透露甚少。之后，他安顿下来吃晚餐。苏尔特参谋部的夏尔·德·福尔班-让松被邀请同奈伊、热罗姆亲王以及他的副官一起围坐在垫于空桶上的木板餐桌周围，借着瓶颈里蜡烛的光芒，尽情享用黑面包和粗红肠。[1]

奈伊的士兵同样处于饥饿中，因为他们的粮草马车由于克勒曼胸甲骑兵溃败造成的恐慌而逃逸，补给很晚才被送来。所以，士兵出去劫掠，有些人像雅克·马丁中尉那样取得了不错的"战果"。第四十五步兵团在靠近一个村子的位置扎营，它的掷弹兵带来了绵羊、猪、小牛，甚至公牛，"到后来它更像是一个露天市场，而不是宿营地。最后我们让他们把大多数牲畜都赶回去"。未来的警务首脑路易·康莱就没那么幸运了，他的小队发现每一个房间、每一座谷仓都已被洗劫一空。[2] 之后，占据弗拉讷房屋、谷仓和德于特树林的法国军队去休息，德隆的生力军则为他们充当前哨和卫兵。

拿破仑事后抱怨他对四臂村的情况知之甚少，直至17日清晨弗拉奥伯爵向他做了相关报告，但他可能是在说谎。当然，无论是奈伊的报告，还是奈伊转发的雷耶的报告，都相当粗心，没有道明威灵顿的兵力多寡以及所做的部署。不过，苏尔特似乎没有完全忽视奈伊面对的困境：福尔班-让松声称他于凌晨3点报告说，奈伊正面对威灵顿的整支军队，将于当天一早遭到他们的攻击。更重要的是，苏尔特于早上8点写给奈伊的信

件证实，他确实留意了这份报告。之所以没有立即做出反应，是因为不管是他还是拿破仑，都没有对报告的内容信以为真。

拿破仑仍然认为奈伊是在夸大他在四臂村面临的威胁，如果威灵顿真的在那里，他在听到布吕歇尔的战败后就会在夜间撤离了。他从来没有想过威灵顿同普军间的通信可能出了差池，并且普军的撤退可能会暴露其他盟军。

奈伊也抱怨他对利尼的情况毫不知情。17日早上8点，已经是这天非常晚的时候了，苏尔特写信给奈伊，他相信自己已经告诉这位元帅皇帝打败了普鲁士人。苏尔特宣称英军不可能攻击奈伊，因为皇帝正处在那慕尔到四臂村的道路上。如果奈伊面前真的有一支英国军队，他需要立即告诉拿破仑。这样一来，拿破仑将从他们的东侧攻击，而奈伊则从正面发难。如果他只是面对一个英军后卫，他应该立即进攻并夺下四臂村。如果那里空无一人，他应占据四臂村，补充弹药，重组并休整部队。[3]

拿破仑因为在17日早上浪费时间而招致大量的批评，而他的参谋部也确实花费了太长时间来确定形势的进展。然而，他的绝大多数部队都不在可以立即作战的状态。像普鲁士人一样，他们用尽了自己的弹药，而炮兵辎重前一天还在沙勒罗瓦。旺达姆和热拉尔的步、炮兵没有弹药就无所作为，这句话对雷耶军同样适用，因为他的辎重马夫先前已经逃逸。

等待消息送来和弹药车抵达时，拿破仑骑马巡视战场，却把苏尔特留在司令部里。利尼的战场让人震惊。在村庄冒烟的废墟上，尸体堆得很高，受伤的人也被困其中，一些被烧伤，一些被火炮的车轮碾断胳膊或腿。拿破仑需要等待一刻钟的时间，以便人们搬离足够多的尸体清理出一条通向圣阿芒的小路。陪伴在拿破仑身边的福尔班-让松写道，在这条狭窄的小径上，他们的马匹不得不践踏着尸体前行。拿破仑被在圣阿芒看到的这场屠杀深深触动。他是一个易动感情的人，发自内心地怜悯那些倒在追逐荣耀过程中的士兵。这也是他喜欢被记录下来的东西。1807年埃劳的雪中血战后，他在战场上表现出的恻隐之心便成了安托万·格罗笔下一幅名画的主题，而且他认为对麾下勇敢的军队做出的牺牲表现出感激是很重要的。

老近卫军中的伊波利特·莫迪在阳光穿透薄雾笼罩的清晨勘察了战场。在利尼聚集着大量的部队，他们正于死尸堆中扎营，他们的面庞仍然是黑色的，那是被火药染成的。因害怕而躲进地窖里的村民开始从里面爬出来。4000具尸体推挤在一块区域里，其面积稍大于拿破仑在杜伊勒里宫的那处著名花园。古堡及其周边的房屋成了冒烟的废墟，任何一所保存完整的屋子都堆满了来自双方的伤员。圣阿芒和拉艾的情况也好不到哪里去，墓地到处都是死尸，第八十二团几乎全军覆没。莫迪注意到一个村子里的农民帮忙将伤员带到救护车上，随军商贩则给极端口渴的人送水。[4]

法军的医疗系统要比其他军队组织得更为有序，但他们的装备也不足以应对这种情况。军务总监、首席行政官和采购官埃克托尔·多尔向陆军大臣达武报告说，能行走的伤员正越过边境，前往法国的医院，不过现有的医疗设施是不够的，而更多的战斗又迫在眉睫。如果潮湿的天气持续下去，会有发烧的情况发生，他们需要最近的军区医院立即扩大规模，并引入更多的医生。在司令部，总共只有15名军医，因此许多伤员没有被包扎。他希望尽快获得100名军医和更多的医护人员。他告诉苏尔特，他尚不清楚伤员的数量，不过有1600人已经在司令部得到医治，800人被送往沙勒罗瓦，那里的伤员已经治疗完毕，可以接收更多的伤者。700到800名伤员正在司令部等待医治，不过更多的伤员络绎不绝地抵达，救护马车则在战场上从死尸堆里搜寻生者。[5]

一些救护马车是多米尼克·拉雷的著名的"飞翔"救护车，它们实用、装饰简单，拥有一层可拆卸的底面作为担架。"ambulance"一词直到那时还是指一个野战医院。正是拉雷革命性地改变了它的含义，让"ambulance"成为现代意义上可以高速移动、装备有可在战场上急救的器械并可运送伤员的交通工具。拉雷认识到快速救治在医疗上的重要性，尤其是需要截肢时："当肢体被炮弹、榴弹或炸弹的爆炸削去时，最及时的截肢是必要的。最小的延迟也会危及伤员的生命。"他的"飞翔"救护车有助于快速救治，而拉雷也尝试引入一个标准，借此截肢手术可以在伤者受伤24小时内进行。[6]

拿破仑发现了拉雷的才能，并于1797年让他为自己的军队服务。

1801年，他任命拉雷为执政卫队的总军医，而该卫队不久就变成了近卫军，拉雷从那时起就一直留在了皇帝身边。1812年，他负责整支军队的医疗体系，不过到了1815年，拿破仑将这一职位给了另一个杰出的军医——皮埃尔-弗朗索瓦·佩尔西，这让拉雷觉得受到了冷落。"我必须把拉雷留给近卫军和总司令部，"皇帝解释道，"他因为被佩尔西取代而生闷气，找到并告诉他，他是不可缺少的，我还指望他呢。"[7]拉雷的医护人员和"飞翔"救护车归属近卫军，总军医佩尔西则为余下的军队殚精竭虑，直到他在利尼因为心脏病倒下来。军、师级别的部队均拥有救护车，每个团也都有一个装着医疗用品的急救箱。5个战地医院在弗勒吕斯周围建立起来，它们都在高速运转。

与此同时，监军艾蒂安·拉代将军整夜都在尝试阻止劫掠，他曾经是一名警察，在1809年还拘捕过教皇。他报告说，不断的劫掠由自行其是的近卫军带头。门和窗子被破坏，屋子里的物品被掠夺一空，无论屋子的主人是留下照料伤员、慷慨给予食物并帮助法国士兵，还是已经逃离。拉代的宪兵承受巨大的压力，整夜都在外面巡逻，抓获了大量的近卫军，后来他们又都因为权势被释放。他的宪兵遭受侮辱、威胁和殴打，他们还被偷了两匹马。尽管如此，6个宪兵巡逻队来到战场上从事他们的另一项工作：聚拢伤员、俘虏、丢弃的武器，并埋葬死者。[8]

当晨雾散去时，普鲁士人已无影无踪。在医护人员和宪兵开始清理战场时，法军参谋部则在思考他们下一步的行动。帕若尔将军正向东追击一部普军，并俘获了一个炮连，通过他的报告，拿破仑得到的印象是正如自己希望的，普军正朝那慕尔撤退。[9]之后奈伊的另一份消息抵达，它正好和苏尔特传递给奈伊的命令相矛盾：

> 有几个敌军步兵和骑兵纵队出现，他们似乎要采取攻势。我将使用德隆伯爵的步兵和鲁塞尔将军的骑兵坚持到最后一刻，希望在陛下告知我他的意图前能抵挡住敌军。我将把雷耶伯爵的军队布置在左右两翼之间。[10]

威灵顿真的仍在四臂村,他的军队可以被彻底粉碎了,时不我待!

这份消息是被送往位于弗勒吕斯的司令部的,所以在它被送到正巡视战场的拿破仑那里时更多的时间已经流逝。不过,皇帝一收到它,就立即着手准备攻击威灵顿。悔于未能及早行动,他命令格鲁希让旺达姆麾下由多蒙指挥的骑兵师,以及帕若尔麾下叙贝尔维的师加入第六军,并将米约的胸甲骑兵派往马尔拜。他指示这些部队,以及洛博麾下两个新锐步兵师和近卫军立即朝四臂村前进。

收到普军正在让布卢周围以及那慕尔路的报告后,拿破仑向格鲁希元帅发布了他的行军命令。除了将重伤的吉拉尔将军所剩无几的士兵留下帮助医护人员和宪兵清理战场,他将带领剩下的3万名由旺达姆、热拉尔、埃克塞尔曼斯和帕若尔指挥的士兵前往让布卢。从那里,他将向东前往那慕尔,向东北朝马斯特里赫特侦察,并追逐敌军,以探明布吕歇尔真正的撤退方向,从而让皇帝推断出普鲁士的意图。拿破仑强调他想知道普军是否正和英军分离,或是否意图与之会合并展开另一场战斗。他告诉格鲁希集中使用步兵,并向自己的方向派出骑兵分遣队,以便保证通信畅通无阻。[11]

根据夏尔·德·弗拉奥的说法,拿破仑给格鲁希的最后指示铭刻在了他的脑中:"格鲁希,跟上那些普鲁士人,让他们如芒刺在背,但得确保和位于你左翼的我部保持联络。"另一个目击者热罗姆亲王说,格鲁希拒绝接受这一任务,直到拿破仑愤怒地结束了对话:"够了!服从我的命令,作为我的护盾防备普军,你无须担心英国人。"[12]

通过调走格鲁希的大量骑兵,皇帝削减了这位元帅定位、追逐和骚扰普军的能力。据推测,他是赌能在普军恢复到足以帮助他们的盟友之前将英军摧毁。至于格鲁希主要由步兵组成的军队,则仅被用作在他摧毁英军时保护自己免受普军的侵扰。这一命令基本依照拿破仑的初始计划,即在让布卢和松布雷夫布置一支执行封锁任务的军队,不过却有巨大的缺陷,因为实际上普军是向北撤退,而不是向东。需要注意的是,拿破仑是将普军可能试图同威灵顿会合的巨大可能性计算在内的,他并不是一门心思地醉心于普军正全线撤退这一过于乐观的假象,但他希望情况就是如此,并且显然没有预料到他们不久便可与自己再决雌雄。

当拿破仑不耐烦地等待从四臂村方向传来的炮声时，气温也升到了30摄氏度，这一天的天气变得更加潮湿、酷热和窒闷。中午时分，拿破仑的前卫已经前进到了距离四臂村3英里的位置。苏尔特再次向奈伊重申攻击威灵顿的命令，并且告诉他皇帝已经准备妥当，会带领一个步兵军和近卫军支援他：

> 元帅阁下，皇帝刚刚将一个步兵军和帝国近卫军部署到你近旁的马尔拜。陛下吩咐我告知阁下，他打算由你攻击四臂村的敌人，以便将他们从现有的位置引诱出来，而位于马尔拜的军队也将协助你的行动。陛下正在前往马尔拜的路上，并不耐烦地等待着你的报告。[13]

皇帝派遣福尔班－让松去传递这一消息，还开玩笑说他此时一定非常熟悉路径。当福尔班－让松抵达相距只有4英里的弗拉讷时，被想听他讲述皇帝大胜仗的人团团围住。他回忆称奈伊的军官突然变得兴高采烈起来，认为对比利时的征服有了保证。但是奈伊依然没有展开攻击，他的火炮继续保持沉寂。第四十五步兵团的雅克·马丁中尉写道，整个早上他们都在威灵顿军队的注视下度过，但是后者却没有对他们开哪怕一炮，只有散兵偶尔交换些火力。马丁继续等待前进的命令，不过什么也没有发生。[14]

在马尔拜周围，拿破仑的巡逻兵与英军和普军的前哨部队都发生了小规模的战斗，还发生了一个不幸的事故，近卫军的红色枪骑兵和德隆的第七骠骑兵团互相把对方视作敌人。拿破仑正不耐烦地等待奈伊的行动，以便展开自己的攻击。[15]一个小时过去了，还是没有听到任何信号，无疑暴怒的拿破仑再次给奈伊写信："我非常吃惊于你长时间拖延执行我的命令。时不我待。以最猛烈的方式攻击你面前的所有敌人。祖国的安危系于你手。"不再等待奈伊的行动，皇帝一马当先，带领1万名骑兵前往四臂村，步兵则紧随其后。

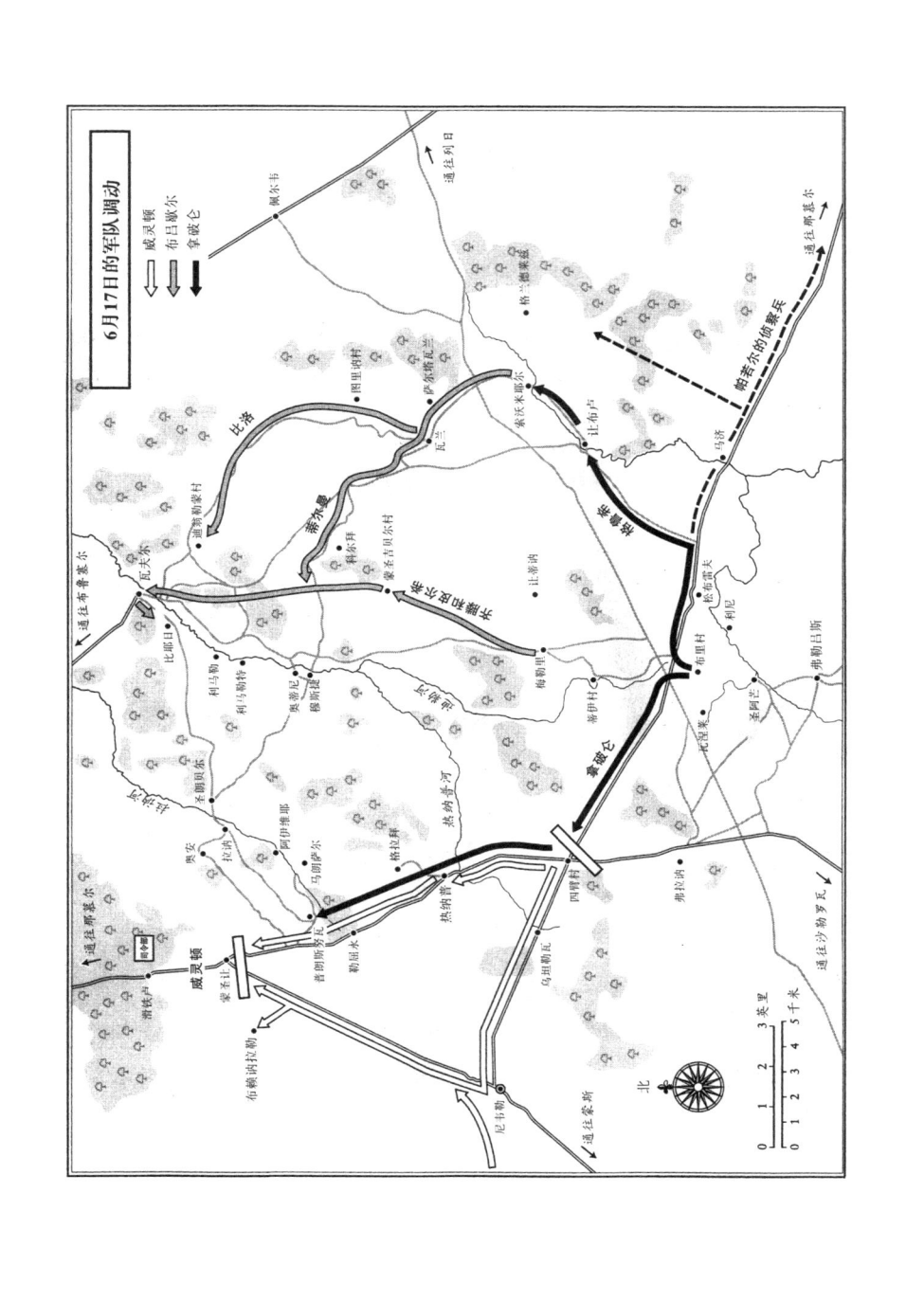

6月17日的军队调动

威灵顿
布吕歇尔
拿破仑

37

失去线索

6月17日凌晨3点至晚上10点，格鲁希一翼

蒂尔曼的普鲁士士兵离开帕若尔位于松布雷夫以东前哨前的阵线不久，帕若尔中将就开始了追击。他似乎是唯一一个保持清醒、警觉，意识到凌晨3点需要做什么的法军骑兵。而在西侧，由齐滕和皮尔希指挥的普军已于未被察觉的情况下离开了旺达姆驻守的地段。旺达姆本应该命令自己的骑兵跟随他们的后卫，但是他没有表现出一丝的主动性，至于热拉尔，他的骑兵也应该前去追击，更不用说总负责人格鲁希元帅了。他事后声称是因为皇帝离开战场时没有留给他命令，而他前往弗勒吕斯找到拿破仑时，又被告知他将于17日早晨接到指示。[1]

根据几个目击者的说法，拿破仑当晚有疾在身，虽然这不属于他日后在圣赫勒拿岛上就这一天的失望表现说给古尔戈的众多借口之一。也许，他只是经历了漫长而又紧张的一天，感到太过劳累，并不像过往那般健康。[2] 这确实是他日后所承认的："如果不是那么疲惫不堪，当晚我会一直坐在马鞍上！"他感叹道："看似很小的事经常会造成很大的后果。"[3] 他或许预计到普鲁士人会留在战场上，以便在第二天同威灵顿会合，而没有想到他们会撤退，但是他变得更为依赖他人：格鲁希理应是一个天赋过人的骑兵将领，他应该能领会到追击普军的重要性，不管有没有命令。

近卫军的伊波利特·德·莫迪事后把它归结于旺达姆对格鲁希的惯性嫉妒，并且有证据表明他们之间的敌意和不信任，不过大多数的混乱可能来自指挥系统的不确定性。[4] 格鲁希有可能不再确信自己是否还负责整个右翼，并对旺达姆和热拉尔拥有直接权威，因为前一天皇帝实际上已经取代了他的角色。他不了解手下的军官，也不确定自己拥有的军队，更没有

足够的参谋人员帮助他进行控制，并同总司令部联络。

他本应发现旺达姆和热拉尔军的轻骑兵师暂时都是群龙无首，并为之做出补充：热拉尔的轻骑兵指挥官安托万·莫兰在 16 日白天快要结束时因胸部中弹而受了重伤，旺达姆麾下的让－西梅翁·多蒙同样受伤了。若这两人都健康，他们中的任意一人可能就会效仿帕若尔。在这种关键时刻，正是因为他们无法待在岗位上，才导致法军骑兵当晚的行动异常无精打采，而这将证明会是一场灾难。[5]

不管出自什么原因，唯一拥有主动性的人是帕若尔，不过他仅有两个团的骑兵。因为叙贝尔维的师已经被皇帝抽调走，于 15 日分遣出去的第一骠骑兵团还没有从弗拉讷返回。帕若尔朝东向那慕尔追击。人们仍不清楚他是接到命令，然后前往那个方向，还是跟随撤往那个方向的敌军，或是单纯因为每个人都希望并预期敌军会向东撤离，根据他的副官于贝尔－弗朗索瓦·比奥的说法，他试着获取命令，不过却失败了。但实际上，他派了一名副官告诉格鲁希他采取的行动，而这暗示他是主动前往那个方向的。

在比奥的陪同下，第五骠骑兵团于前方开路，帕若尔则同第四骠骑兵团紧随其后。[6] 快到马济时，他们追上了一个因为逃兵而被堵塞在那里的普军骑炮连。一个普军枪骑兵中队试图保卫炮连，不过被驱逐到一旁。在杀死和赶跑了炮手后，法军俘获了普军所有的 8 门火炮以及辎重车队装载的大量粮草，车队的挽马已经被逃兵偷走。

送回一份报告后，帕若尔继续向东骑行了 7 英里，对前方没有出现普军大部队越发不安，随后他停了下来，并派出巡逻队进行侦察。拿破仑派遣洛博军的一个步兵师前去支援，但在中午时分，帕若尔向格鲁希报告，普军正在将补给从那慕尔朝西北方向的勒芬转移，敌军部队也向北转向让布卢，这均表明普军是向北而不是向东撤退。[7] 帕若尔意图在夜间向北疾驰，以切断那慕尔通向勒芬的道路，不过这需要命令。

比奥和第五骠骑兵团已经向北驶去，在让布卢南边的一个树林里撞上了普军的前哨。在树林北面，比奥说他的侦察队看到一个庞大的敌军炮队在平原上绵延。这是极其诱人的猎物，不过他们认为在没有步兵的协助下穿过树林是不明智的,所以比奥返回去引领马济的步兵。[8]而等他再次归来,一切都已为时过晚,辎重不久就离开了。这是又一个错过的好机会,它表明若法军展开凶猛的追击,他们将取得格奈泽瑙畏惧的成就。下午,帕若尔失去了信心。他没有收到任何指示,又知道让布卢的敌军就位于自己的后方,便返回了马济。然而,格鲁希假定他正横穿那慕尔通向勒芬的道路,因为他曾说过自己会这么做。这又是另一个致命误解。

在17日黎明之前,格鲁希拖延了一段时间才命令他的一些师派出侦察队。龙骑兵的巡逻兵同样发现了敌军出现在让布卢周边,他们于9点左右抵近城镇,及时看到了大批普军向北进发。同自己的巡逻兵会合后,埃克塞尔曼斯将军写信给格鲁希,敌军就在让布卢。[9]不过格鲁希仍然没有命令旺达姆派出侦察队,而旺达姆更是没有主动这么做。法军错误地估计所有的普军都位于一处,实际上似乎并不知道西侧战场的普军前往何处。这是一个严重的错误,它导致拿破仑完全没有注意到由格奈泽瑙和布吕歇尔亲自率领的纵队的存在,也让他向格鲁希下达跟随普鲁士人,以便掩护自己避开他们的命令时,弄错了普军的撤退方向。

当拿破仑派遣他前往让布卢时,格鲁希就应该意识到,由于多蒙和叙贝尔维两个师被抽调,他缺少轻骑兵去执行追踪任务。他应该命令帕若尔同自己在让布卢会合,但是直到晚上,他才发现帕若尔并没有在他东北向的前方,而是在他后方的马济。雷米·埃克塞尔曼斯则在不停抱怨,他的龙骑兵精疲力竭,不适合从事轻骑兵的工作。[10]格鲁希麾下仅剩的轻骑兵便是莫兰师的两个轻骑兵团了,不过他们正在掩护军队的右翼,虽然实际上绝大多数的普军不在他们的东部,而是在西部。但格鲁希没能在那一方向布置任何骑兵执行侦察任务,或是像皇帝要求的那样,向西同拿破仑所率军队建立一连串的交通线。

另一方面,旺达姆花费了一些时间才开始行动,这可能是因为他需要等待弹药送达,不过这部分晚出发的法军需要在最糟糕的天气中行进。驻扎在利尼的热拉尔距离更近,本可以先行一步,却选择跟在旺达姆后面,因为后者的资历更高。旺达姆从圣阿芒出发,经过布里、松布雷夫,于下午3点左右抵达位于让布卢西南4英里多的交叉路口日光角。那时,天降大雨。通向让布卢的道路路况糟糕，而在潮湿泥泞的区域，背负厚重行囊的士兵很快就陷入了齐膝深的淤泥里。旺达姆于下午5点30分到达该城，而由于天气更加恶劣和道路越发泥泞，热拉尔直到晚上10点才抵达。

傍晚，格鲁希从让布卢写信给埃克塞尔曼斯，他当时位于索沃尼耶尔，这也是蒂尔曼早上晚些时候的落脚点，格鲁希让埃克塞尔曼斯向北方的萨尔塔瓦兰派遣侦察兵，搜索瓦夫尔和布鲁塞尔方向；向东北的佩尔韦派遣侦察兵，搜索马斯特里赫特方向。不过在当晚写给拿破仑的报告中，他仍然不确定事情的进展：

> 所有的报告似乎都表明，普军在经过索沃尼耶尔后分成了两个纵队：一队经萨尔塔瓦兰撤往瓦夫尔，另一队似乎前往佩尔韦。
>
> 或许可以推断，其一部是想同威灵顿会合，而布吕歇尔指挥的余部则撤往列日，另一个包含炮兵的纵队，则通过那慕尔撤退。
>
> 埃克塞尔曼斯将军已经得到命令，于今晚向萨尔塔瓦兰派遣6个中队，向佩尔韦派遣3个中队。当我收到他的报告时，如果普军主力是向瓦夫尔撤退，我会沿着那个方向跟踪他们，以便让他们无法抵达布鲁塞尔，从而将他们与威灵顿隔开。

他还报告称，蒂尔曼和比洛于上午10点离开让布卢（因此，领先了他们大约12个小时）。当地的居民告诉他，普军承认他们在前一天损失了2万人。普鲁士军官还向他们询问到瓦夫尔、佩尔韦和阿尼的距离（意图巧妙地迷惑追击者，因为这些地点位于不同的方向）。

然而，尚不清楚他为什么会认为一个普军纵队撤向东北：可能是他误读了帕若尔早前的报告，也可能是居民欺骗了他。不过他却调用骑兵追击这支"幻影纵队"，莫兰和帕若尔的师都被命令于第二天前往这一方向。[11] 在将报告送呈拿破仑的同时，他下达了这些命令。另一方面，他命令自己行动缓慢一些的部队，即步兵和炮兵的主力，在龙骑兵的引导下前往萨尔塔瓦兰，追踪更靠西的普鲁士人。在当晚早些时候，格鲁希向埃克塞尔曼斯承诺，他会让旺达姆天一亮就从"小日光角"开始前进，但实际上他命令旺达姆于早上6点缓缓出发，而热拉尔则是在8点。

这时，格鲁希了解到普鲁士并没有像皇帝希望的那样向东撤退，而是撤向了西北。但是，他是缓慢地认识到这一点的。他跟从指示向东搜寻，却没有向西查探，而在那个方向，他不久就听到传闻有大量的普鲁士人。

格鲁希的参谋长声称，他们没有接到阻止普军干扰拿破仑行动的命令。但是格鲁希自己写于晚上10点的报告表明，他意识到自己需要防止普军前去同威灵顿会合。[12]一旦普军前往瓦夫尔的举动变得清晰，出于常识他应该在瓦夫尔和皇帝之间的位置布置一些骑兵。同样明确的是，为了做到这一点，他要即刻采取行动。"热情"是当时英国皇家海军的特质，但它在格鲁希那里却是稀缺的。

以事后诸葛亮的角度回看战役，拿破仑后悔于他的人事任命，而他有理由如此。[13]如果他在4月擢升热拉尔为元帅，而不是格鲁希，或是像日后认为的那样，如果他把格鲁希的工作交给絮歇，事情的进展将会完全不同：

> 当看到结果时，人们会普遍感到他当初应该怎么做……我不应该启用旺达姆，应该把格鲁希承担的角色留给絮歇。作为一个统帅，必须要更富有活力与机敏，但是格鲁希不具有这些品质。他仅擅长指挥壮观的骑兵冲锋，而絮歇则拥有更多热情，并且清楚我的作战方式。

最终，这场战役因为关键副手们表现出的干劲和主动性发生了转折。而在选择他们时，皇帝失望于自己对人物个性品质的评判。

38
四臂村的早晨

6月17日黎明到下午2点

威灵顿的军队紧挨着他们在战场上的最终位置扎营,新抵达的部队则以团为单位睡在了他们来时道路的旁边,这些军队都准备好在第二天重启战事。这个夜晚不时地被各种风波打断。列兵克莱和一个近卫军战友当晚在前哨执勤,他们被讨要水喝的伤员包围。由于极度口渴,克莱的战友建议他自己留下放哨,克莱前去找水:

> 我在伤者堆里摸索道路,尽我所能把他们安置在舒适的位置上。很多人倒下时的姿势不自在,而无助地堆集在一起又增加了他们的痛苦。一些人倒下时,他们的腿还屈弯在身下,一些人还要承担死尸的重量。在尽力帮他们调整躺姿,并且周围一片安静后,我从一个死者背包里取出一个军用水壶,行走一小段距离来到我们前哨的后方,因为前一天下午在追逐敌军时,我观察到那里有水。我在一条沟渠里发现了一股涓涓细流,顺着它我走进了树林,而这就是第一近卫步兵团的勇敢战友们在夜晚击退敌军的地方。那里有一个池塘,我灌满了水壶并痛饮了一番,其滋味妙不可言。在黑夜中,我摸索着找到了回去的路。在我将水带回前哨后,我的战友以及不幸的伤者也能共享水的甘甜。

之后不久,一些行动酿成了双方哨兵间的突然交火,而克莱的一个同伴还为此阵亡了。黎明之前,一切复归平静后,他再次出发去取水:

抵达池塘后，晨曦的微光使我得以看到前一天晚上战斗时倒在池塘里和周边的尸体，他们的血液已经混入了我汲取的水中。我不记得是否再次回来取水，不过相当清楚我不再享受其中的任何滋味。[1]

凌晨3点左右，威灵顿从热纳普的西班牙国王旅馆骑马返回四臂村。他仍然对布吕歇尔在利尼的情况一无所知。当晚在前哨执勤的赫西·维维安爵士的骠骑兵没有看到普鲁士人的任何踪迹，所以威灵顿派遣他的副官亚历山大·戈登爵士在骠骑兵的护送下再向前一段距离，查看他们身在何处。与此同时，"戈登"高地人团的一些士兵为威灵顿在一个棚屋里生起了火，而在命令对敌军前哨进行一次试探性的攻击后，他小憩了片刻。[2]戈登发现了位于马尔拜上方高地上的法军哨兵，这表明通向松布雷夫的道路此时已落入敌军之手。不过，一个农民为他们指了一条他自称普军使用的道路。在梅勒里附近，他们受到了普军骑兵后卫的一个前哨的挑战。[3]

黎明时分，战斗在皮洛蒙周围敌对双方的哨兵间爆发。在一次激烈的前哨战中，老上尉安德烈·拉瓦尔所属的第十三轻步兵团和作为后援的第十七步兵团5人阵亡，120人受伤，而与他们交锋的德意志轻步兵和英军的来复枪兵则11人阵亡，117人受伤，另有23人被俘。这向威灵顿证实，法军仍然在场，并且还决心守住他们的阵地，而他则等待戈登带回布吕歇尔境况的消息，然后再做进一步的打算。[4]

和伤员们共同待在上桑斯农舍的科斯特洛发现，"当我们躺在那里时，子弹不断地穿过房门和窗户发出拍打声。一些能走路的人不久就出发前往布鲁塞尔，不过许多重症伤员则因为需要运输被迫留下来"。那些可以独自走向布鲁塞尔的人由一个树篱半遮掩着，免受前哨战火力的侵袭，直到他们中的一个"听到另一侧一个孩子的哭声，上前走去他发现了一个健康的男孩，大约2到3岁，正坐在他死去的母亲身旁，鲜血仍不断地从她头部的伤口大量流出，最有可能的是敌军的流弹所致"。他们轮流带着这个孩子前往热纳普，"在那里我们发现了我们师的一些女性，其中一个认出了这个小家伙，我记得她说这是第一皇家龙骑兵团某个士兵的孩子"。

确实，多份记述表明许多妇女跟随军队前往四臂村。一个来复枪手的妻子在那里因为弹药车爆炸而严重烧伤。同时，虽然近卫军大概在尼韦勒就同他们的家属分开了，但是当天一早马修·克莱赞叹道："冷溪近卫团一个轻步兵的英勇妻子，无畏地穿过死尸，为她正防守树林的丈夫及其同伴带来了食物补给。"而在这一天稍晚的时候，第六十九团运送行李的马车被法军俘获，该部队的女性遭到劫掠后才被释放。[5]

天亮了之后，搜寻小队试着从军官开始寻找死者。清晨，"人们一边忙着埋葬阵亡的军官，一边充分利用时间，通过搜刮死者挑选适合自己的装备"。[6]毋庸置疑，一些妇女充分利用胆怯的比利时农民赶来前的时间，加入了类似的任务中。

战场上飘散着一种独特的味道，"令人作呕到几乎无法想象的地步。这是由尸体的恶臭和草被割断时释放的气味混合而成的"。而战场上的场景同样让人反胃："许多尸体损坏的程度令人震惊，他们的一些内脏被掏了出来，散落在地上，另一些人的头颅被从身体上切下，滚落于地，毫无形状可言，只是一堆裹有鲜血和脑浆的事物。"在四臂村附近，死尸被成堆摆放，而成车的伤者被送往布鲁塞尔和尼韦勒。一个荷兰民兵看到其中一辆只装着一个失去双腿的不伦瑞克人，他躺在上面，唱着"我们的老城守卫者"。在回到自己营地的途中，这个民兵因踩到另一个不伦瑞克人的尸体从胃部伤口渗出的肠子而滑倒。[7]

一些英国伤员非常幸运，他们搭乘皇家货运马车队的48辆弹簧马车离开四臂村前往布鲁塞尔，而车队的指挥官因身材魁梧，在军中有"大宪章"之称。但是这些弹簧马车只能装载400名伤员，大部分伤员还是被安置在了二轮马车里，由于超载这种车辆频频抛锚。皇家龙骑兵团的一小队人马同其他骑兵部队一起被"命令前往四臂村旅馆，协助将所有能经受住马匹颠簸的伤员运送到后方，相当数量的伤员就是以这种方式被送往滑铁卢阵地的后方，虽然几个重症伤员有必要被留在原地"。对受伤俘虏的救治通常慷慨且人道，至少英法之间是这样。双方都认为重症伤员留下来由敌人的军医医治要比乘坐马车颠簸20英里存活下来的概率更高。[8]

临近9点，亚历山大·戈登爵士返回四臂村，带来了普军正撤往瓦夫尔的消息。威灵顿的随从均认为瓦夫尔就是位于利尼后面的一个小村落，直到他们将这个消息告知联络官米夫林,他惊呼道:"上帝啊,这要走很长的路啊!"又对照了一张地图,他们才意识到普军撤退的距离:瓦夫尔位于布里以北 15 英里处。[9]

形势非常紧急,如果布吕歇尔撤退如此远的距离,在四臂村有 4.5 万人,在尼韦勒附近有 2 万人的威灵顿此时暴露在拿破仑全军 10 万人的矛头之下。他需要撤退,而且要快速撤退。他立即下发了撤往蒙圣让的命令。

春季,威灵顿曾在各条通向布鲁塞尔的道路上挑选了打一场防御战的最佳地点,并让他的工兵制作出这些"阵地"的大比例地图。如若法军从沙勒罗瓦方向发起攻击,该地点将是蒙圣让上方的山脊。幸运的是,前一天上午,工兵司令卡迈克尔·史密斯上校觉得,谨慎起见需要将他们部门的这一勘测结果送往布鲁塞尔。呈给威灵顿的简洁副本尚未做好,工兵们就送了最原始的图纸。负责保管它的一个中尉将地图塞在马鞍里,带到了四臂村。

在这个危急关头,威灵顿的参谋被法军骠骑兵冲散。肉搏中,这个中尉从马上被击落并遭到了踩踏,当他回过神时,他的坐骑已经不见了。他丢了威灵顿的地图!然而,经过几分钟足以致病的忧愁后,他发现自己的马正在花园里吃草,于是取回了地图,并将它第一时间交给了卡迈克尔·史密斯。所以,当威灵顿叫来史密斯,问他要蒙圣让的勘测结果时,让史密斯非常满意的是,他可以亲手将它交给公爵。[10]

之后,威灵顿和军需总监威廉·德兰西爵士一起返回棚屋,他们坐在地上,研究着将战场轮廓、地貌和建筑物都反映出来的勘测成果,以便得出如何最好地部署他们部队的方案。[11] 在战斗开始前就对战场了如指掌是一个独特优势,不过这却是威灵顿典型的充分筹备的风格。他还让参谋队调查了麾下部队可能会使用的所有道路,辨别瓶颈之处和潜在的防御位置,并通过地图和轮廓手绘图纸把它们描画出来。巴兹尔·杰克逊准备的迪勒河与让布卢至瓦夫尔道路的那份图纸便被普鲁士参谋部在撤退时使用。[12] 由于部署被提前勾勒出,一旦部队抵达,德兰西的参谋大约就可以引领他们进入正确的位置。

步兵的行进命令很快就下达了，但是一则流言不可避免地为军队蒙上了一层愁云：他们是因为普军战败才撤退的。形势似乎非常暗淡，考虑到无敌的拿破仑可能会跟着他们的脚跟追逐，英国军官也很好地意识到了他们面临的挑战，因为撤退中的军队士气总会变得更加低沉，而糟糕的部队还可能会解散。菲茨罗伊·萨默塞特回忆说："他派最差的部队先行出发。"在他眼里这是指两个尼德兰师。威灵顿让没有立即出发的部队生火做饭，米夫林则提出了他的观点：在德意志，如果宿营较晚，拿破仑总会让他的部队在早上做饭，所以他们可能不会立即进攻。

为了减少拥堵，尼德兰骑兵被命令经过尼韦勒撤离，不过在那里他们却撞上了刚刚从布赖讷勒孔特赶来的英国师。托马斯·杰里迈亚和韦尔奇燧发枪兵（即第二十三步兵团）刚刚超前了第五十二步兵团，第五十二步兵团于前一天行军30英里抵达布赖讷勒孔特，夜间又被暴风雨淋成了落汤鸡，之后又于黎明继续前进，极具服役精神。前一天早上开始行军后，燧发枪兵就没有获得过食物补给。杰里迈亚回忆说："行军超过他们时，我们暗自咒骂自己的军需官没有为我们提供像他们一样的配给。"

第五十一步兵团在尼韦勒等待大卫·沙塞的步兵和尼德兰重骑兵通过。对惠勒中士来说，"帅气"的比利时骑兵提供了一笔意外之财："其中一个不幸的混蛋在驱使他的坐骑穿过大门时，因为一些原因激怒了马匹，从马上摔下来，并丢了钱包。这笔财富被我们排的一个士兵拾获。这个排有一些老兵，我们商定不管发生什么都要互相忠诚，并且所有搜刮得来的东西都会平分。这个天赐之物不是个坏开头。"[13]

上午9点左右，一名来自格奈泽瑙司令部的信使找到了米夫林，当时他正和威灵顿一起坐在地上。信使用法语描述了普军面临的形势，解释了格奈泽瑙对后备弹药可能丢失的焦虑，这一结果就是只有一个普鲁士军可以在肯定配有装备的情况下一战。威灵顿"提出了一些问题"，"得到了明智和满意的答复"。之后，公爵告诉他们："如果元帅有意前来支援，哪怕只有一个军，自己将在蒙圣让接受一战。"米夫林写了一封大意如此的信给了布吕歇尔。[14]

参谋队的军官骑马前往蒙圣让，以便指引抵达那里的部队进入战斗位置，不过在前往的路上，他们发现热纳普一片混乱。在受伤的来复枪兵内德·科斯特洛步行前往布鲁塞尔的途中，他也发现这一处于战场后方区域的混乱和骚动。士兵的妻子和其他随军平民"大量地聚集在一起，打探丈夫和朋友的消息，他们通常还为士兵准备了酒水和其他饮料……拥挤的货车、马匹等塞满了道路，迎接他们的是两侧焦急的面庞和热切的询问"。靠近四臂村一侧的道路充斥着"倾覆的弹药车，损坏和卡在一起的枪支。路上行驶着运送伤员的救护车，以及无数辆载有苏格兰部队的随军平民的辎重马车"。在热纳普的狭窄街道上，这一向北跃进的纵队撞上了从布鲁塞尔而来、前往四臂村的炮兵辎重和食物补给。[15]

威廉·德兰西爵士发现巴兹尔·杰克逊正在那里试图指挥交通，他命令 KGL 第五营的掷弹兵连"扫清从此地至布鲁塞尔大道上的货车和马车，并且只让炮兵通行"。该连的上尉命令埃德蒙·惠特利中尉和 13 个掷弹兵清理热纳普，而他则带领余下的士兵前往布鲁塞尔。惠特利非常不喜欢自己的连长，预计他会以此为借口将第二天花在布鲁塞尔，而他的确这样做了。他将供应军粮的货车里的杜松子酒和牛肉倾倒到了沟渠里，并将它们塞满伤员，派回布鲁塞尔，从而解决了交通问题。[16] 与此同时，尼德兰步兵在田野间"艰难地穿过一些可怕的泥沼"，绕过了城镇。一些士兵一度拒绝涉过深及臀部的水域，克鲁泽将军叫来了一个连的苏格兰灰骑兵强迫他们渡过去。[17]

拿骚第一团的两个轻步兵连早先被派往博叙树林执行警戒任务，然而，他们却被大部队抛诸脑后，被遗留在了后方，年轻的海因里希·加格恩便是其中一员。当不伦瑞克前卫营被命令撤离时，他们意识到每个人似乎都要离开了："事情正变得越来越可怕，法军已经占领四臂村，而我们需要在来复枪射程的距离内穿过他们。幸运的是，他们似乎太忙于劫掠而没有注意周围的情况。"拿骚人匆忙撤离，还抓获了两名掉队的法军俘虏。[18]

随着最后的步兵离开四臂村，组成 3 条阵线的英军骑兵独自留下等待。天气异常闷热。就像前一天一样，乌云不断聚集，可以听到雷鸣声从远方传来。之后，在下午 2 点，轻龙骑兵威廉·海看到，"在树林远处，道路两侧，滚滚尘埃在树林上方蔓延。烟尘挨得越近，变得也越来越厚重。

死一般的沉寂在我们队列中弥漫，我认为连马都比平常更为平静，没有大声的咬嚼声，没有呛啷的刀剑碰撞声。每个人都向前望去，焦急万分，想知道前方是什么在移动"。[19] 这是一个不祥的征兆，有什么事要发生了。

39

通向蒙圣让之路

6月17日下午2点至晚上10点

最终，拿破仑命令军队猛扑上去，但为时已晚。此时，距离最近的威灵顿所部步兵和炮兵也位于3英里外热纳普以北的位置，被留下面对法军的只有骑兵后卫。然而，尽管他抵达得太晚，无法迫使威灵顿在四臂村一战，拿破仑仍然可能通过一场有力的追击，给敌人造成可观的损失。

第十二轻龙骑兵团的指挥官弗雷德里克·庞森比陪伴骑兵参谋们与威灵顿公爵，"观察我们面前数量巨大的部队的准备和行进。他正忙于读报纸，发现什么时便用自己的望远镜查看，然后评论和嘲笑伦敦传来的新奇消息"。[1] 当法军的榴弹开始从头顶划过时，"公爵告诉阿克斯布里奇伯爵没有必要再等下去了，他越快脱身越好，这意味着立即撤退"。[2] 之后，公爵和他的参谋们一起骑马快速前往蒙圣让。

希望对法军骑兵进行一次打击的阿克斯布里奇伯爵不忍离去，而其背后排成3条阵线的9000名英军骑兵正求战心切。不过，随着拿破仑集结起来迂回威灵顿军队的1万名骑兵从一侧的树林中现身，奈伊的6000名骑兵从另一侧出现时，就算是最大胆的骠骑兵也开始觉得撤退是明智的。阿克斯布里奇下达了撤退的命令，英军骑兵快速开始行动："几分钟之前，我们排成3条阵线、马刀在手的骑兵屏息静观法军骑兵的抵达，所有人，除了高级军官，毋庸置疑都将会亲临战斗，而现在却以3个单独的纵队通过不同的道路急速撤退。"[3]

为了保护部队有秩序地撤退，一支骑兵部队将同追兵进行小规模交战，以拖延敌人到最后一刻，然后在另一支接替他们责任的骑兵掩护下进行撤退，如此反复。阿克斯布里奇兵分三路纵队的撤退方式进行得很顺利,直到接近迪勒河,法军逼近掩护威灵顿东侧纵队的骠骑兵后卫时。赫西·维维安爵士预计在其后方的约翰·奥姆斯比·范德勒爵士的轻龙骑兵旅会等待掩护自己穿过他们的队列。范德勒比维维安年长12岁,因此资历比他更深。但是范德勒被普遍认为是个蠢材,没有能力指挥骑兵,与通常做法相反,他的旅在维维安接近时驱马慢跑离开了。一个龙骑兵说:"没有时间让骠骑兵穿过我们的旅,敌人距离他们很近,如果稍微耽误一会儿,我们就没有办法离开了,骠骑兵和我们的旅将会混乱地堆聚在一起。"[4]

若非天气剧烈变化,范德勒的过早撤退对维维安的骑兵来说将是灾难性的:

>敌军的战线开始迫近我们的战线,当双方仅间隔很短的距离时,天空好像打开了水闸,大雨倾盆而下。从我们自己的角度来看,大雨也很不利于我们的前进。在我们冒险前行的过程中,猛烈的雨势一直持续,我们似乎无法维持阵形;而即便被两侧的马刺刺痛,我们的坐骑也无法迎着暴风雨前进。[5]

在倾泻而下的雨水中,维维安的骑兵于热纳普以东一英里处渡河,第十骠骑兵团一些装备了来复枪的散兵在河流的另一端下马,在掩体中为他们提供保护。一个中队的骑兵被切断了退路,不得不在河流的下游渡河,但是他们几乎都逃脱了,尽管之后他们发现自己正沿着"一条穿过田野的狭窄道路撤退,路面千疮百孔,车轮留下的凹痕积满了新近的雨水。考虑到这里的土地状况——坚硬又光滑的黏土,在这条道路上骑行是恐怖的,因此,来自后方的拥挤使得许多骑手和他们的马匹陷入了道路侧面的深水沟里"。[6]

就天气而言,拿破仑很不走运。狂风暴雨让这一天就这么结束了,糟糕的天气对他造成的损害显然要多于盟军,因为在下雨之前他占据优势。依仗拿破仑集中起来的所有骑兵,如果没有下雨,许多盟军部队可能会被切断退路和俘获。的确,就像近卫骑兵的助理军医詹姆斯承认的那样,如果前一天也像这般下起了雨,威灵顿的炮兵可能永远也无法抵达军中:

"大部分的骑兵与炮兵距离前线步兵接近 56 英里，如果 17 日的雨在 16 日我们被命令前进时落下来，在某些地方通向那里的道路就算不是近乎无法通行，也是异常难行的。"[7]

然而，皇帝非常失望，当他沮丧地招呼德隆时似乎又有些阴郁："未能拯救法兰西。没关系，我亲爱的将军，将你自己置于那批骑兵的最前端，尽你所能猛烈追击英军后卫吧。"拿破仑接受了这个现实，因为他一直都不相信奈伊的说法，即他面对一支军队，最近这次机会的失去主要是他本人的过失所致。由于通信失败以及奈伊与拿破仑之间由于前一天下午的误解而引发的紧张关系，迫使威灵顿在孤立无援的情况下进行战斗的机会已经失去了。

波拿巴召来了雅克·叙贝尔维麾下两个团的枪骑兵，命令他们通过热纳普追击威灵顿的中央纵队。如果法军尽快攻击或是暴雨没有加大迂回这座城镇后方部队的难度，英军可能会被困在这一险隘的瓶颈处。为了掩护枪骑兵，拿破仑亲自在河岸处布置了一个由 24 门火炮组成的炮阵，开始轰击英军位于村子后方的阵地。他带着一个近卫骑炮连跟随执勤中队一同行动，并用明显的仇恨语调向年轻的军官大声说："开火！开火！他们是英国人！"[8]

威灵顿的步兵后卫第九十五来复枪团和 KGL 第二轻步兵营组成方阵，他们拖着沉重的脚步穿过田野，留下数个骑兵队列面对法军。[9]在热纳普以北的山坡上，第一近卫骑兵团横跨布鲁塞尔大道展开，他们全身泥污的黑马在如注的大雨中冒着热气，打着响鼻。军医詹姆斯回忆道："指挥后卫连的凯利上尉骑马过来问我，在我的箱子里是否有些杜松子酒。他啜了一小口后对我说'如果在这里进行一些战斗，我并不感到奇怪。我相信公爵反而会对在这之前我们没有被法军更大力地催逼感到惊奇'。"

在他们下方，靠近热纳普，阿克斯布里奇指挥由第二十三轻龙骑兵团和第七骠骑兵团组成的两条战线。第七骠骑兵团是阿克斯布里奇所属的团，因此获得了殿后的光荣使命。在热纳普，他们与近卫骑兵团进行了一场能被载入史册的辉煌后卫战，虽然并不是每个人都这么认为。此后不久，阿克斯布里奇觉得有必要打压"由第七骠骑兵团的对头散布，像诽谤一般虚假的传闻"。6 月 28 日，以防有人质疑事情的真实原委，他给军官们写信，讲述了最终被写入历史的"绝对诚实的真相"。[10] 根据阿克斯布里奇的说法，第七骠骑兵团对排着密集队形的枪骑兵进行了英勇冲锋，虽然被击退了，但为第一近卫骑兵团击溃法军的决定性冲锋开拓了道路。

詹姆斯的朋友凯利上尉以相对来说不太华丽的用语向另一个骑兵军官描述了这次行动：

> 一队枪骑兵从镇子里冲出来，阿克斯布里奇伯爵命令第七骠骑兵团对他们发起冲锋，但是冲锋没有成功，该部指挥官和其他一些骑兵被敌军刺穿，被俘或阵亡，其余的人在混乱中撤退。第一近卫骑兵团的后卫向前支援，不过在敌军追击时他们也奉命掉头了。阿克斯布里奇伯爵向他们叫道："你们也要背离我吗？"先前他集结了第七骠骑兵团，但是他们不愿抵抗或去应对追击的枪骑兵，当时不属于近卫军后卫中队的凯利让骑兵转向，以半个中队发起了冲锋，并且很幸运地取得了成功，追赶和击杀了许多敌军。在发现自己身处敌人援军的炮火之下后，他撤了回来。他们重整队列再次冲锋，取得了同样的成功……从其他的资料来看，我认为这是真的。[11]

根据凯利的说法，不仅是第七骠骑兵团的先头中队溃败，距离最近的近卫骑兵中队也在法军的猛攻下逃遁，并且第七骠骑兵团的余部也掉头逃走，拒绝服从阿克斯布里奇让他们停下迎战法军的命令。

詹姆斯给出了相似的描述。与骑乘近卫团的一个朋友交谈后，他同自己的团会合时，"第七骠骑兵团和第二十三轻龙骑兵团的一部在更多的法军骑兵的追击下，从山坡顶端的房屋两侧如奔流似地冲下，混乱至极。他们的溃败是如此彻底，以至于骑手和战马滚入了道路两侧的沟渠中，匆忙到了这种程度。法军猛烈追击，他们的一些龙骑兵同我们的士兵混在了一起，其中一个还在我的身旁被击杀"。[12]

此时，凯利命令半个中队的近卫骑兵掉头发起冲锋。就像詹姆斯意识到的那样，这次介入很关键。"假如近卫骑兵团也和其他团一起撤退，很难说混乱会在何处结束，如果没有战斗经验的年轻士兵看到两个英国精锐团全速逃跑，这种情况完全有可能发生。"凯利砍翻了一个上校，下马割下他的肩章作为战利品，同时俘获了他的骏马。不过在这一过程中，他遭到了几个法军骑兵的攻击，正如他事后对妻子承认的那样，如果不是一个下士前来与他并肩作战，直至他将敌军致残或逐退，他就一命呜呼了。[13]与凯利交战的可能是法军的大英雄让-巴蒂斯特·苏尔，他是法军第二枪骑兵团的团长，他在身中6处刀伤后倒下，之后接受了拉雷的手臂截肢手术。[14]没有凯利的介入，英军向蒙圣让的撤退可能会转变为一次壮观的溃败。多亏了他，秩序得到了恢复。

伴随若干次混乱的冲锋和反冲锋，战斗仍然在持续。在潮湿的石子路上，马匹跌跌撞撞地滑进道路两侧注满雨水的沟渠内，不过只有英军第七骠骑兵团和法军的第二枪骑兵团遭受了显著的伤亡。[15]据阿克斯布里奇未来的女婿承认，第七骠骑兵团第一个发起冲锋的中队仅有约19人回来，他便是其中之一。法军的一个参谋军官声称，他的兄弟押送11个被俘的军官前往帝国司令部，他们的战利品还包括骑兵军官逃跑时丢弃的60把雨伞。[16]拿破仑审问了其中一个军官，并让会说英语的弗拉奥翻译，随后指示拉雷给这个骠骑兵医治伤口。[17]

约5英里外的普军前哨听到了热纳普的炮击声，特雷斯科将军在吕措于利尼被俘后接手了黑色枪骑兵团的指挥权，他派出一个上尉前去调查。普鲁士人发现威灵顿的军队没有被波拿巴困住，或是为了逃命从另一条道路撤退，于是他们感到很安心，使用与他们的撤退路线并排的路线撤退，因此两支军队仍能协同作战：

> 我带着3个挑选出来的枪骑兵，由一个法国人指路，在可怕的暴风雨中朝火炮咆哮的方向骑行。我幸运地抵达了终点。在一个前哨询问了一个英国军官战况如何后，他告诉我英军正被迫撤退。这对我们来说是个好消息。又过了几个小时，我安全返回了我方营地，并向老将军做了汇报，听到这一消息，他也很高兴。[18]

詹姆斯军医被派到前面准备医治伤员，他焦急地等待近卫骑兵出现在路面上。"我不久就看到近卫骑兵团驰来，他们身上溅到了很多黑色泥浆，使得脸部几乎无法辨认，猩红色的军服颜色也无法看清。地面就是一个泥潭，如果任何人从马上跌下，他爬起时全身都会附上一件泥浆做的外套。马匹的情况同样糟糕。"在他的侍者带着他的医疗器械出现后，他便为一个上尉治疗背部被长枪刺出的一处很深的伤口。[19] 法军华丽的制服情况同样如此，因为道路经常用于煤炭运输，意味着它"覆有浑如墨水的黑色泥浆，这使得我们的骑兵面目全非。制服、骑手和坐骑被上下涂抹了一遍，变成了黑色的泥水团状物"。[20]

威灵顿担心，拿破仑可能向蒙圣让的西侧进军，迂回他位于该地的防御阵地，以迫使他远离普鲁士人。然而，波拿巴那时不知道普军是向北撤退，也没有意识到威灵顿要在预先挑选好的阵地同他一战。他仅仅是向布鲁塞尔猛攻，驱逐正面的英军。拿破仑事后声称，在前进的过程中，他派出了2000名骑兵杀向阿尔——一座位于布鲁塞尔西南10英里，从蒙斯和里尔而来的主干道交叉处的小镇，威胁迂回威灵顿的右翼，迫使他向那里调派部队。考虑到前哨战的报告，波拿巴可能向那个方向派出了骑兵，不过威灵顿没有调派部队回应他的佯攻，因为他经过深思熟虑，已在阿尔部署了1.65万人和30门火炮。面对一次向布鲁塞尔的攻势，该地一直是威灵顿首选的防御阵地。实际上，如果有任何类似的进攻，他也预计来自那一方向。被留在那里的部队是为了防止更多的法国军队从里尔或莫伯日入侵，就如威灵顿一贯预计的那样，或者像他事后坚持声称的那样，因为他料想拿破仑会迂回他的西侧。[21] 可能阿尔的部队阻止了拿破仑的迂回机动，但是考虑到此时的天气状况下从乡间搬移火炮的困难，他或许从未认真考虑过这一情况，就像没有料想到威灵顿会停下展开一战一样。阿尔的部队就素质而言并不出类拔萃，威灵顿甚至可能觉得他的野战军没有他们会更好。[22]

在热纳普以北，近卫骑兵同法军的前哨战还在持续，直到最后3英里左右他们掩护撤退的任务由联合旅替下。拿破仑命令德隆的炮兵指挥官维克托·阿尔贝·德萨勒带领两个骑炮连压迫敌军。在皇帝的催促下，他依令而行。[23] 雨势惊人，倾盆大雨浇在已经因先前降雨而水分饱和的土地上，沟渠已经被雨水注满并向外溢出。马匹每前进一步都会陷到膝盖处，离开石子路，便无法快速前进。能见度很低，威灵顿正在撤退的军队士气也变得低落。双方骑兵侦察队之间爆发冲突，法军骑兵俘获了几辆辎重马车、成群的牛和众多掉队者。[24] 傍晚，从尼韦勒撤退的部队抵达布赖讷拉勒，在追击的法军出现后双方陷入了僵局：因为武器均不能开火，他们无法战斗。[25]

7点左右，詹姆斯军医登上了屋宇零散的蒙圣让村以南的斜坡，环视四周：

> 蒙圣让山脊顶端的视野最为开阔，站在上面能够俯瞰滑铁卢的原野和一大片乡间土地，树林部分颜色转深，夹杂其间的英法两军纵队又使它们看起来染上了其他颜色。暴风雨也暂时停歇了，在不同地方留下小块的明亮区域和灰暗孤立的阵雨区。在间隔区，幽灵似的水蒸气正在聚集。
>
> 沿地势下降径直通向蒙圣让村的大道被撤退的步、骑、炮兵的3个纵队覆盖和阻塞。道路两侧的区域异常开阔，这给敌军部队攻击我方侧翼提供了便利。假如地面是干燥的，敌人很可能已经这么做了。

毫无疑问，如果天气晴朗，威灵顿大致没有损失的撤退，总的看来将会更加艰难。然而，詹姆斯从山脊观察到的四周区域，实际上将会成为威灵顿的前线。为了保护它，步兵和炮兵已经就位，而在该地以北，他撤退中的部队是相对安全的。汉诺威吕讷堡营的卡尔·雅各比上尉用他的望远镜从山脊的最高处查看周围正发生什么。雨势暂时停歇。当骑兵在步兵之后慢慢撤退时，前哨战在小分遣队间仍在持续，他看到越来越多的部队部署在了自己的两侧，从而意识到威灵顿打算坚守此地。

在威灵顿所在的前线以南四分之三英里处有一座酒馆——佳姻酒馆，拿破仑与德隆正在这个酒馆研究如何撤退。拿破仑认为敌军仍在后撤，于是命令德隆"继续跟随他们"。不过当德萨勒的一个骑炮连开火时，威灵顿的15门火炮以令人生畏的精度进行了回击，其中一发炮弹离得很近，吓得德萨勒的坐骑脱缰逃离。[26]

拿破仑认为英军后卫一定是停下抵抗，以便掩护苏瓦涅大森林（该地将通向布鲁塞尔的道路阻滞了）中的通道，拿破仑将米约的胸甲骑兵和叙贝尔维的枪骑兵部署在布鲁塞尔大道的东侧，在佳姻附近的高地部署了更多的炮连。利用这些兵力，他佯装攻击。威灵顿的许多炮连对法军的轰击进行了回击，因而拿破仑开始相信或许敌人全军停在了森林之前。[27]然而，法军参谋部得出的结论是威灵顿的军队只是为他的炮兵辎重和行李通过这个由树林造成的瓶颈处争取时间，然后于第二天早上沿着这个瓶颈处前往布鲁塞尔。[28]拿破仑想要强行攻击，但是他的将领们坚持认为为时已晚，且环境过于黑暗与潮湿，而且部队需要进食与休息。

炮声渐渐停歇。英军炮兵和骑兵撤向后方，在盟军阵线的前方，骑兵留下了一条松弛的前哨线。威灵顿抵达了他选择的战场：他刚刚在滑铁卢的一家旅馆建立了司令部，不过距离前线超过两英里，他的参谋人员仍感到十分焦急。他们做好了第二天战斗的准备，但是为了获得更大的成功机会，他们需要普鲁士人的协助，而他们仍没有关于布吕歇尔行踪的消息。他成功地将自己的部队安全撤退了吗？他找到自己的弹药了吗？他能前来支援他们吗？

事后将会被册封为安格尔西侯爵的阿克斯布里奇伯爵还有其他事要担心：如果明天有一场大战，作为威灵顿的副手，他敏锐地察觉到若公爵遇到了什么意外，他将不得不接过指挥权，不过他对公爵的打算全然不知。他鼓足勇气向公爵说明了自己的顾虑，而公爵耐心地听完后平静地说道：

"明天谁会第一个发起攻击，我还是波拿巴？"安格尔西侯爵回答："波拿巴。""不错，"公爵以相同的语气接着说，"波拿巴没有告诉我他的任何计划，而我的机会又取决于他的，你怎么能指望我告诉你我的计划是什么呢？"安格尔西侯爵鞠了一躬，没有进行回应。

接着，公爵举起手，以友好的方式拍了拍他的肩膀说道："有一件事是肯定的，阿克斯布里奇，那就是无论发生什么，你和我都会尽忠职守。"

然后，公爵热情地握了握他的手，安格尔西侯爵鞠躬后离去。[29]

德隆的各师在面对威灵顿所处战线的一条山脊上和其背后扎营，在蒙普莱西尔庄园与普朗斯努瓦之间。蒙普莱西尔庄园位于尼韦勒大路上，距离由英军占据的乌古蒙庄园不足一英里，它是一个大型据点，由一座老庄园、相邻的农场与有墙的花园组成。普朗斯努瓦在乌古蒙庄园以东两英里处，是布鲁塞尔大道东侧不远处的一座坚固村落。雅基诺将军在前方和侧翼布置了骑兵哨所。东泽洛的一些士兵在普朗斯努瓦的屋舍与谷仓找到了躲藏之处，而其他人在附近的树林里砍下树枝搭建牢固的棚屋。[30]骑兵在更靠后的位置扎营，而雷耶、洛博与克勒曼的军仍停留在热纳普周边，在那里一些士兵再次在建筑物中找到了藏身处。巴舍吕将军同他的参谋长特雷夫孔上校在热纳普附近的一个谷仓里工作到很晚，接收团长和将军的报告，并且了解到了各团在四臂村之战后的有生力量。然后，他们躺在稻草上开始睡觉。[31]

富瓦将军和热罗姆将军及其老练的助手吉耶米诺将军在热纳普的西班牙国王旅馆共进晚餐。上床之前，富瓦在他的日记中辛酸地记录道，此次他下榻的旅馆与22年前低地战役中他下榻的旅馆是同一家。席间，"一位负责端菜上饭的能干侍者说，威灵顿公爵于前一天晚上在这家旅馆中就餐，他的一个副官在餐桌上宣称英军将会在苏瓦涅森林的入口处等待法军，正在撤向瓦夫尔的普鲁士军队也将前往那里与他们会合"。

这个有趣的旅馆间谍故事是很容易被反驳的，因为6月16日晚威灵顿在那里就餐时不知道布吕歇尔已经被击败了。然而，这样的谣言传到了威灵顿的参谋部，而他无疑已经打算将蒙圣让作为阵地。此外，这些骇人听闻且不太谨慎的言论可能不是在16日晚做出的，而是在17日白天，当时威灵顿或者他的一些参谋相当有可能在西班牙国王旅馆吃饭。总体上来看，这些将军从西班牙国王旅馆的侍者那里听到了盟军计划的可能性是很大的。虽然法军担心威灵顿仍试图逃离他们的手掌，但是威灵顿在将己部投入战斗前仍然等待普军确认参战的消息，实际上，次日一战的舞台已然设下。[32]

40

阵线后的恐慌

6月17日夜至18日，滑铁卢与布鲁塞尔

在布鲁塞尔，人们焦急地等待消息。6月16日，政治家托马斯·克里维在公园里与一个熟人吃饭，在回家的路上他听到了枪炮声。成群的人在城墙上辨听类似的声音，还使用望远镜观察远处。同一天晚上，克里维继女的男朋友安德鲁·汉密尔顿少校骑马来取新的马匹，他是巴恩斯将军的一名副官，"他的面庞被烟雾和火药染成了黑色"。根据他带来的消息，在威灵顿抵达时，不仅只有不足半数的部队在那里，还没有骑兵，而且法国人已经开始攻击他们，"许多英国团，尤其是苏格兰团，几乎被粉碎"。汉密尔顿满心夸赞英国军队，不过他同样称赞波拿巴楔入英普两军之间的勇敢尝试。然而，克里维没有太多担忧就度过了6月17日，直到一个比利时贵族告诉他："你们的军队正撤向布鲁塞尔，法国人正在追击他们。"[1]这一传闻被抵达的辎重货车与涌入的伤员证实。

这时候，大量的人决定离开布鲁塞尔。马匹迅速变得稀缺且昂贵，许多人步行或乘坐运河驳船出发了。当晚，汉密尔顿少校返回了托马斯·克里维的居所，他说波拿巴的行动非常巧妙，当他离开时威灵顿尚不知晓普鲁士人身在何处，因此被迫撤退到距离布鲁塞尔12英里的一个阵地。他补充说，法军"兵力极多"，不过如果人们忠于职守，他毫不怀疑法国人将会被"痛殴一顿"。汉密尔顿的女朋友安的姐妹伊丽莎白·奥德记录道："这绝对不是让人舒服的描述。"[2]乔治·斯科韦尔爵士同样于16日夜晚骑马返回布鲁塞尔以更换马匹，因为他的黑色公马已经"完全精疲力竭"。他吩咐下人在凌晨2点准备好棕色母马，第二天备好那匹公马，然后吃了一顿丰盛的晚餐。当他再次返回布鲁塞尔更换马匹时，他告诉马夫，威灵顿将会在自己中意的阵地打上一仗。斯科韦尔为行李做了安排，以防他们不得不撤退，并将写下的最终指示锁在了他的桌子里，还下达了如果他阵亡就砸开它的命令。随后他"驱动马匹以非常和蔼的态度离开了我们，预计不会再见"。[3]

6月15日，玛格达莱妮·德兰西被她的丈夫（代理军需总监）送往安特卫普。在英军从四臂村撤退的那一天，她的仆人玛丽亚"在好奇心的驱使下，站在街道上听到各种可怕的消息，看着伤员不断被带入，满载着妇女与儿童的马车从布鲁塞尔逃来，直到她被完全吓坏。她过来告诉我，所有的女士都在匆忙坐船前往英国，因为法国人拿下了布鲁塞尔"。玛格达莱妮在深夜收到了一封德兰西的信："他说他是安全的，并且精神饱满，他们给了法国人重重一击。"[4]

与此同时，滑铁卢以北的盟军辎重堆积在了道路上，这条道路穿过树林通向布鲁塞尔。17日深夜，拿破仑的佯攻与接下来的炮兵对决在那里触发了极大的恐慌。至少在这一部分，他最终实现了自撤退开始时就努力在威灵顿全军中引起一场不受控制的溃败：

> 恐慌支配了被留在军队的后方负责看守行李的人，他们急速逃跑，就算是法国人也无法超过他们。滑铁卢与布鲁塞尔之间穿过苏瓦涅森林的道路因两侧的树木而显得有些局促，不久道路就被堵塞了。落在后面的人试图穿过前面的人，军官的侍从则努力保护他们主人的行李，而极度受惊的人在恐惧的绝望中强行翻过每一道障碍，随之而来的一场全面扭打真的可以被称为会战的滑稽副本，其中许多马匹被杀，一些人丢掉了性命，还没提在这一场合下被打破的脑袋和遭受的青紫瘀伤。
>
> 路上有许多毁坏和掀翻的货车、死马和被吓坏的人，被丢弃的行李堆积如山。在一些地方，为了清理通道，马匹、货车以及所有的一切都被堆到了道路一侧，甚至越过了高高的路堤。[5]

被委托去守卫部队辎重的军官和士兵通常是年轻且没有经验的，或者被知晓在战场上是不可靠的。一些宽厚的高级军官将这份工作给予那些丧失了勇气或有时宣称自己不舒服的军人,但是大多数年轻军人不想要这份工作。在战线后方同样还有大量被委任为军官仆人的士兵,他们负责看管军官的财产和备用马匹。炮兵辎重的马夫一般而言不具备出众的勇气,公平来说,如果被敌军赶上,他们近乎不堪一击,而在战线后方驾驭车辆的是平民承包商,这些人不愿意冒太大的风险。几乎可以肯定,拿破仑派出了强大的骑兵巡逻队,因为他试图查明威灵顿是否正穿过森林后撤,但当传出无情的法国骑兵正穷追不舍的谣言时,情况极端混乱。

第二师的助理补给官塔珀·凯里正身处纵队中间,试图为他的各营获得补给:

> 仆人将行李丢在地上,随后跃上马背,向后方疾驰。其他人消失在了树林的各个方向。用乡间货车运送军粮的农民割断了挽具的挽绳,将货车抛弃,骑马逃脱。骚乱随着黑夜的临近沿着道路扩展开来,对危险的顾虑变得那么普遍,随军平民、正在前往同他们所属的部队会合的军官与分遣队成为一个整体向布鲁塞尔逃去,就像一股突然涌来的水流,并且水位随着它的前进还在不断升高。

凯里被这群乌合之众裹挟到了布鲁塞尔。在那里他睡了一会儿,之后被补给官告知所有的补给都在路上,但是没人知道它们的具体位置,虽然两手空空,但他最后还是回到了自己的师。[6]

这场混乱中最显著的损失是尼德兰军队的炮队。在四臂村会战期间,尼德兰炮兵的指挥官卡尔·范·冈克尔将军在尼韦勒病倒,他派出自己的一名参谋让-巴蒂斯特·奥斯滕上尉去滑铁卢安排他们在6月17日晚上的住处。当奥斯滕到那里时,一个预备弹药车队出现了,因为不知道炮队将坐落在何处,奥斯滕寻找冈克尔以便获知他的计划。事后,奥斯滕的叙述有些含蓄,但是他承认6月18日尼德兰炮兵的全体参谋人员都在布鲁塞尔。冈克尔很有可能又病倒了。

6月18日晚，冈克尔派遣奥斯滕去寻找炮队，据冈克尔所称那时炮队位于该城以北几英里处的维尔福德。在维尔福德与梅赫伦之间，奥斯滕发现了56辆被抛弃的弹药车，并被告知相关的负责人员在受到惊吓后逃离。其余的车辆在会战的前一天晚上向北溃退25英里，逃到了安特卫普，包括两个完整的12磅炮连。[7]另一个军官发现预定给阿德里安·比勒费尔德的炮连补充弹药的预备弹药车被抛弃在布鲁塞尔大道上，而军官和马匹不知所踪。[8]除了损失了两个12磅炮连，它们在战斗中能证明是无价的，这一灾难使得整个尼德兰军队除去他们本身携带的，没有额外的弹药。

汉诺威预备弹药至少有一部分似乎也消失了，因为由雷特贝格上尉的炮连派出的一名军官无法找到它，而汉诺威炮连最后只得向英军借弹药。[9]近卫骑兵团的詹姆斯军医写道：

> 部署在阵地最重要位置的一些火炮几乎没有弹药存量，有时甚至完全没有。正因为从一开始弹药就如此稀缺，公爵下达了最明确的命令，他们不应当射击敌军的火炮，而只是向他们前进的纵队开火。这一问题源自大量弹药被错送往根特，而通向布鲁塞尔的道路又被数量庞大的比利时逃难者与其他炮、骑兵以及他们的车辆堵塞。[10]

许多运送英国辎重的人员和车辆无疑也逃遁了，一些弹药可能与他们一道丢失了。

一个炮队最终在蒙圣让的后方建立起来。然而，当时詹姆斯认为从战斗伊始炮弹就不充足，他的感觉也许是对的：数个炮连被迫使用未参战炮连的储备补充库存。他察觉到弹药不足是第二天上午威灵顿下达"不容许反击敌军炮兵火力，而只是向攻击的部队开火"这一命令的原因，这可能也是正确的。

不久，盟军后方的大路与小道都被丢弃的车辆完全堵塞，这使得在夜间获得食物与弹药非常困难。用来运送伤员的弹簧马车在19日之前无法从布鲁塞尔前往蒙圣让。混乱仍在加剧，因为除了在天一亮就同营部会合的惠特利中尉所部分遣队，被派去维持大道治安的KGL第五战列营掷弹兵连也逃往布鲁塞尔。[11]伊丽莎白·奥德注意到,"周六与周日间的整个夜里,辎重被倾泻到那慕尔街,该城这一区域因为拥挤的货车、马匹和人而几乎无法通行"。虽然她被说服这是正常的,部分辎重应被移送到后方是正确的做法,但这般迅速的惊恐逃窜却不是标准程序。[12]

到达布鲁塞尔并不意味着溃逃就结束了。托马斯·克里维从一个朋友那里收到一封信,信中说"他正在离开布鲁塞尔,因为形势看起来非常糟糕,在撤退期间第七骠骑兵团被完全摧毁,阿克斯布里奇伯爵无疑阵亡了"。[13]还有其他人对混乱的见证,第三十二步兵团的一个军官在四臂村因膝盖中弹而受伤,"我的腿肿胀得很厉害,需要妥善包扎,他们却不清楚子弹是否还在体内",于是他被带到了布鲁塞尔:

> 当一则关于我军被击败且快速撤退的流言传播开来时,服用了30滴鸦片酊的我刚刚躺到床上。我们预计法国人会在第二天进入布鲁塞尔。
>
> 我因为鸦片酊变得意识不清,以至于不知道自己正在做什么,直到第二天早上,我发现自己和仆人与一些伤员在一艘船上,前往安特卫普。从布鲁塞尔通往安特卫普的重要途径是运河,除了这一天,我从未在人群中看到这么多的混乱景况:路上到处都是倾覆的马车,主要是英国人的,以及军队的辎重。[14]

随着外国人和富有居住者的离开,来自四臂村和利尼两战的伤员和逃亡者涌入了布鲁塞尔。城内还没有准备好医院,而会战发生得又是如此突然,市政府甚至没有时间安排临时的住处,于是伤员们坐在街道上,除非心地善良者为他们提供避身之所。但是从各种暖心的礼物我们可以看出,布鲁塞尔的居民照料他们在门阶上发现的陌生人时即时表露出来的慷慨和恻隐之心。[15]此时此刻,就像战斗结束后一样,布鲁塞尔的居民挺身而出。

41
天空打开了水闸

6月17日晚上9点至18日凌晨2点，蒙圣让

苏格兰灰骑兵团的一个中士在给妻子的一封信中写道："在我经历过的下雨天中，这一次要比其他所有的更糟糕。"[1]

暴风雨在17日傍晚停歇了一段时间，不过这种情况没有持续多久，在前线，吕讷堡营的汉诺威上尉卡尔·雅各比很快就开始忍受"我生命中最糟糕的一天"。当天黑后再次下起大雨时，他们的营地已经混合被踩踏的谷物秸秆化为一摊烂泥。他们没有木材生火，整整3天没有拿到食物补给了。没人能找到任何水。"精疲力竭的士兵们的感觉已经迟钝，他们躺在潮湿的土地上，包裹在他们的毛毯里。持续不断的雨水流到他们身上，使得他们对休息地的潮湿变得麻木。"雅各比将他的马匹、外套和食物留在了勤务兵那里，不过此人已经无处可寻。事后，他才得知他的仆人与许多人一道在第一声炮击后逃入了树林，在阵线后方的恐慌中被裹挟着骑马窜去了安特卫普。

雅各比只穿着他的制服和短夹克，全身湿透。几个人站在用潮湿的稻草生起的火堆旁，不过它没给他们带来多少温暖。他的脚已经肿了，所以无法将靴子脱下来。另一个军官给了他属于自己仆人的毯子，于是雅各比瘫躺在了地上。"我已经衰弱到一种完全漠视生死的状态，我的肢体因为疲惫与寒冷而虚脱，我的灵魂似乎不再栖息于我的体内。全身的疲倦最终征服了一切，虽然身体僵硬，但我还是睡着了。"[2]

此时，大多数士兵正遭受类似的苦楚。几百码开外的"戈登"高地人团的大卫·罗伯逊中士在四臂村的惨痛经历中失去了近乎一半的战友，他尽己所能改善境况，以便更舒适些：

我们无法在这里获得燃料用于生火,因为每一件东西都被雨水淋湿了。在我们的后方是一片长有绿色三叶草的区域,我们从那里割来许多草,再加上一些从树篱得来的枝条,在地上做成简易床铺,以免我们沾到泥土。我们躺下的地方就像是一块沼泽,而且因为季节的缘故,雨水非常凉。[3]

在野外同一片暴露区域,第九十五来复枪团的5个军官聚在一起,"正以能够想象到的最可悲的面孔看着彼此",当"其中一个人为我们带来他抢到的一只家禽和少量饼干时,虽然数量很少,但是配着我们用野营水壶煮的茶水,我们感觉舒服了些。我们胡乱地拥挤在一起,用稻草盖在身上,就像休息在绒毛床上一样,很快就完全睡着了"。来复枪手"离天亮还要很久时醒了过来,发现自己总的来说处于一个坏透了的状态,身体完全湿透,更不要说各种其他病痛了。幸运的是,之后不久我就找到了一个棚屋,那里由我们的指挥官安德鲁·巴纳德爵士占据,并生了火。和三四个其他军官一起,我一直在那里待到雨势减弱"。[4]

作为后卫,曾于白天协同第九十五来复枪团的KGL第二轻步兵营的状况较好。他们发现自己正身处拉艾圣农场,那里正在举行某种聚会。他们的指挥官乔治·巴林少校屠杀了农场的牲畜,将切成块状的肉分发了下去,尽管许多士兵由于太过劳累、忧郁与冷淡而没有在瓢泼的大雨中试着生火。1809年,鞋匠学徒弗里德里希·林道出走加入KGL,他成为一名来复枪手,此时他离开位于菜园的岗位去尝试找到一些稻草坐下。金发碧眼的林道身高5英尺9英寸,长有一副好身板,已是轻步兵营里一名拥有5年作战经验的老兵了,虽有几分无赖,但他是一个非常顽强的战士。在酒窖里发现一桶酒时,林道遇到了自己的弟弟克里斯蒂安,他正在为附近所属的炮连拿取稻草。林道将自己的水壶灌满酒,不过很快就被他在门前遇到的一些来自第一轻步兵营的士兵喝完了。第二壶被带给了一个在不来梅营里正充当前哨的朋友,之后他们又返回灌了两壶。林道又前往地窖搜寻数次,为他在花园执行警戒任务的战友取酒。午夜,这位可靠的老兵来到花园边缘充当哨兵，此处正对着敌人，他们的前哨就在半英里开外的位置。林道坐在他的背包上，然后睡着了。[5]

早些时候被遗忘在四臂村博叙树林里的两个拿骚连，在傍晚抵达了拉艾圣上方的山脊，宽慰于同他们的团会合而不是成为法国人的俘虏。这是年轻又娇弱的海因里希·冯·加格恩少尉第一次徒步行军一整天之久，他通常会骑一匹黑色小马。他已经吃了两天的干面包，在早上突发了一阵恶心，接着又受到阳光的烤灼与之后雨水的浸泡。当他的外套由于浸水变得太重无法穿着时，一个士兵帮他脱了下来，他们穿过污泥吃力地走着。加格恩在地上堆放了一些稻草，在雨中睡着了，不过仅睡了3个小时。他此刻站在篝火旁，试图变得暖和些。他的旅行皮箱与辎重在一起，但是辎重货车已经消失不见，所以他无法更换衣物。[6]

17岁的少尉杰克·巴尼特的处境更为严酷。他所属的高地轻步兵于晚上10点才抵达他们的营地，"累得都快死了，而搭建小屋或生火已为时过晚。我和一伙人被派去寻找木材和水，12点才找到它们。我进入所属团的营地，瘫倒在了来到的第一处地方，虽然连外套都没有，雨还下得很大，但我还是马上睡着了"。[7]

即便是骑兵精英也苦不堪言。这时候，近卫骑兵的詹姆斯军医正好在滑铁卢以北的森林里扎营。"这里黑得伸手不见五指，不过士兵在树林里升起了一些营火。当我觉得自己发冷、打寒颤、全身湿透，但最后一滴杜松子酒给了凯利（此刻我感到后悔）时，我觉得避免完全失去知觉的唯一机会是脱掉所有衣服，换上手提箱里的法兰绒夹克和一双精纺毛袜。[8]第十五骠骑兵团的军医威廉·吉布尼回忆道：

> 军官、士兵和马匹因为前一天漫长的行军和这一天的持续行进，以及整个过程中可吃的食物少之又少而精疲力尽。泥浆和臭水没到我们的膝盖，却无法在村庄里找到一滴水或一粒米。我们处于半饿死状态。我们从村子里的营地出发，在饥饿中前往四臂村，此时除了行军与饥饿，又增加了一点战斗。

他们找到了一些稻草和树枝，"用来制作遮挡整晚都不见停歇的倾盆大雨的简陋栖身之所。我们躺在淤泥里，用斗篷包裹住自己，紧紧拥挤在一起……尽管面临磅礴的大雨、淤泥，以及积水、寒冷与接近的敌人，但是大多数人仍旧成功入睡"。[9]

在战场边缘的村落里，混乱更为普遍。位于拉艾圣以西接近两英里处的布赖讷拉勒，大雨瓢泼，尼德兰军队同出自他们自身的劫掠者作战，有人被当场处决。一个上尉为了给他的士兵获取食物而强迫面包师烤面包，此外还把守住建筑物，以防止英国士兵闯入。[10]

跟随尼德兰人从尼韦勒撤退的英国各师在布赖讷拉勒停歇后，于梅尔布布赖讷附近扎营。[11]韦尔奇燧发枪兵团的托马斯·杰里迈亚

> 在饿着肚子的情况下艰苦行军，加上睡得极少，感到身体很不舒服，体内好像有狼在咬噬。到了 17 日夜间，我们因为这一天极端恶劣的天气，以及从早上 6 点开始就在我所经历过的最大雨势中接近行军 8 法里而精疲力竭，天上的水闸门突然打开了……我们完全湿透了……后面背包里的毛毯也完全浸湿了。

踏着"没入我们膝盖的淤泥"进入战场，与此同时"狂暴的雨势一如既往"，他们"搭起毯子为我们挡雨"，并派出一伙人去布赖讷拉勒寻找食物。但是镇子上已经满是士兵，"都在忙着获取口粮，不是通过正常的配发，而是通过劫掠，完全无法用爱或钱换来任何东西"。

在某一时刻，杰里迈亚抢劫了尼韦勒大道上的蒙普莱西尔庄园。让他"感到非常屈辱的是，那里已经经历了一次完整的扫荡，可携带的物品被洗劫一空"，无法带走的也被砸坏了。就像游客一样，他欣赏了雕像、方尖石碑、喷泉和小瀑布，然后想到了酒窖，走下去后，他发现了两个似乎酗酒致死的德意志人。杰里迈亚和他的战友没有因此而气馁，他们将水壶灌满了葡萄酒和白兰地，然后开始找钱。从护卫犬的笼子里找到了 130 个银币后，他们返回自己的部队，因为肚子空空如也，那里的烈酒让一些人

醉得很厉害。[12]

威廉·惠勒和"西约克郡"轻步兵团较为幸运。他们发现"村里有个人正在售卖白兰地与杜松子酒，我们用几个小时前捡来的钱购买了大量的酒"。他们用这种方式也获得了面包和奶酪，食物令他们"非常满意，因为我们中的大多数人在打包收拾时忘记为自己携带食物。这种疏忽对年轻士兵来说很自然，但是对我们这些老兵来讲就不可原谅"。足量的酒下肚让惠勒"喉咙湿润，身体舒畅"，他们坐在背包上熬到天亮，"没有篝火，没有遮风挡雨的栖身之所，雨水从我们的夹克袖口流出，总之我们就像跳进没过头顶的河里一样全身湿透了。让人感到安慰的是，我们知道敌人也身处同样的困境"。[13]

实际上，许多法军步兵天黑后仍在行军。他们在膝盖深的泥浆里挣扎前行，在漆黑的夜里无法看到彼此，而天空再次下起了瓢泼大雨。各营混杂在一起，士兵们尽他们所能向前迈进。雅克·马丁中尉的师变成了一群没有队形的乌合之众。他们在佳姻附近扎营，经过的屋舍很快就被将军及其仆人、坐骑、副官与秘书征用，更不用说军需官了，如果情况允许，他们没人喜欢露营。为了摆脱不速之客，他们喊道："这是某某将军或元帅的寄宿处。"被剥夺了寄身之所，马丁所属的团继续在淤泥中移动，直至找到了他们被分配的位置。他们在冰冷的雨水与严寒刺骨的东风中坐下，身下的土地早已因数千人的行进被搅成了烂泥，还被炮兵的车辙深深碾过，车辙处积满了雨水。

他们认为威灵顿仍需要时间集结他的军队，因而预计几天之内不会再战一场。没有稻草、木材、食物，也没有得到它们的任何希望，他们发现自己坐在耕地上浑身湿透，身子很容易就陷了进去。他们仍缺乏配给，因为辎重车辆在四臂村的溃逃，储备的面包、米与白兰地在混乱中被掳掠或腐坏。他们呻吟了很久，诅咒那些派他们来这里的人，然后睡着了。路易·康莱下士所属的第二十八步兵团在马丁的第四十五步兵团附近露营。他不是那么容易就能从劫掠中被劝阻回来，尽管这一次只发现一些木材和一只小绵羊。他们决定把羊留在第二天吃，不过用木材生了火，随后他们在火堆旁睡着了。[14]

帝国近卫军的情况较好。穿过热纳普后，他们离开了石子大道，以便为炮兵保持路面通畅，但是他们发现小路几乎无法通行，在原野中挑选路径时也变得杂乱无章。他们挤过的最矮的直立农作物也有三四英尺高，并且均覆有雨水。伊波利特·莫迪所属的掷弹兵艰苦挣扎了两英里左右的路程后，在距离帝国司令部不远处的一个农场果园里扎营。他们中的许多人遗失了自己的鞋子，其余人的鞋子上大约粘了3磅重的泥土。午夜时分，两三个完整的近卫团抵达了热纳普以北一英里的格拉拜。余下的人则失去了所有的凝聚力，分散在乡间劫掠。[15]

拿破仑沿着石子路从佳姻向南骑行两英里，来到一处叫作勒屈永的漂亮建筑物。该处被宫廷司书皮埃尔·巴永与宿营总管弗雷德里克·德·盖尔希选中，作为他当晚的行宫。这是一座殷实的农场，在被不伦瑞克人劫掠与破坏后被它的主人抛弃。那里的人正四处奔忙，不过他的房间还没有准备好，于是拿破仑躺在一处营火旁的稻草堆上，并叫了晚餐。近卫辎重队的夸涅上尉正在监督司令部的马车与货车的停放。首席军医拉雷索要了一间谷仓，如果有需要，将在第二天作为他的医院，在御马倌搜寻外屋为马匹寻找草料时，他手下的医生正在检查他们的仪器。第一近卫猎兵团赶来守卫行宫，并在果园中扎营。厨师们在厨房开始工作，他们为载有皇帝餐具的马车在黑夜里走失而忧愁。皇帝的房间被清理干净，他自己的旅行家具取代了屋里原有的物品。他们布置好了他的折叠床、银质脸盆与折叠皮革扶手椅，在他伸手够得到的位置放了公事包，还在桌子上铺了地图。[16]

一等他的房间准备好，男仆就帮他脱掉了湿透的外套和潮湿的靴子，并为坐在火旁折叠皮革扶手椅上的皇帝换上了干衣服。他在该地为第二天早上的战斗制订了一份计划和部署方案，希望威灵顿仍停留在那里打一场。这一计划设想部队在早上尽可能快地集结，以便利用最早的时机发起攻击。他的当值副官朱韦纳尔·科尔比诺、夏尔·德·拉贝杜瓦耶与夏尔·德·弗拉奥骑马前往各个军发布皇帝的部署命令，并确定己方军队的真实状况。[17]

同时，米约将军发来了情报，他的骑兵侦察队报告称，数量众多的普鲁士人通过迪勒河谷向北朝着瓦夫尔撤退。[18] 在他的回忆录中，拿破仑声称这致使他命令格鲁希派 7000 人前往圣朗贝尔，这个村庄正好坐落在威灵顿阵地以东的高地上，但实情并非如此，因为第二天早上苏尔特在给格鲁希的信件中没有提及这一地点。

拿破仑自信于普鲁士人还不能再战一场。关于他们，如果他的回忆录还有什么可信的话，他预计普鲁士人会前往布鲁塞尔，并畏惧威灵顿在当晚穿过树林溜走同他们会合。在这种情况下，他的难题是对付两支联合起来的军队，不过第二天也就不用战斗了。

他的侍者马穆鲁克阿里回忆说，在他成功褪去拿破仑被雨水浸湿的靴子后，皇帝就进餐然后睡觉去了，而阿里则躺在他一贯的位置（波拿巴房门外的地板上）上睡觉。拿破仑的侍从、副官与他分享了一楼，像苏尔特一样的高级军官睡在了楼上的稻草上，下级军官则占据了马厩与车棚。拿破仑的首席男仆路易·马尔尚因为他的马车翻倒在雨水中而被滞留在了后面，在皇帝上床一小时后才来到勒屈永。两个小时后，皇帝把他叫去询问天气状况，被告知雨势仍然很大。[19]

可能是因为格鲁希夜晚报告的送抵，拿破仑于 2 点再次起床。格鲁希在报告中说，一些普鲁士人正向东北撤退，不过其他人正向西北前进以便同威灵顿会合，他向拿破仑保证，如果发现其主力撤向瓦夫尔，他将设法确保将普鲁士人同威灵顿隔绝开来。实际上，在弄清应该沿哪个方向追击这个问题上，格鲁希浪费了太多时间。而更具精力与决心的普鲁士人早已领先他数个小时和几英里的路程了。

拿破仑花了一些时间向他的内阁秘书口述信件，信件的内容同巴黎正在出现的政治问题相关。凌晨 3 点，他派出首席传令官加斯帕尔·古尔戈去确定地面的状况，并勘察火炮是否可以移动。马尔尚回忆道："你可以说他急不可耐地想进攻。"拿破仑命令他的当值掌马官将他的坐骑在 7 点前准备好。[20]

大约在格鲁希关于一些普鲁士人可能正向瓦夫尔前进的看法送达拿破仑那里的同时，威灵顿也从布吕歇尔那里得到了比洛军将于拂晓进军同他会合、余部跟进的坚定承诺。布吕歇尔的承诺巩固了威灵顿停下一战的决心。凌晨，他给贝里公爵写信，准确描述了当时的形势，警告称拿破仑可能经由阿尔避开他在蒙圣让的防御阵地，并摧毁他留在前一地点的部队。如果真的发生这一情况，他请求贝里带领他的法国保王党部队向北前往修筑了防御工事的安特卫普港口，并说服路易国王也前往那里。他还向安特卫普总督以及他的舞伴与亲密朋友弗朗西丝·韦伯斯特夫人写信，提醒她做好立即前往安特卫普的准备。[21] 如果他被击败，他自己显然打算撤往安特卫普。

当晚，威灵顿的参谋和高级军官在靠近公爵的滑铁卢司令部的屋舍里度过，他们每个人的名字都用粉笔写在各自营房的门上。在托马斯·皮克顿的小屋里，由于在四臂村被步枪子弹折断了两根肋骨，这位将军在断断续续的剧烈疼痛中睡下。他没有让军医查看伤口，决心继续指挥他的师，因为他们可能会强迫他住进医院，他只让一个老仆人给他包扎了一下，此时伤口又黑又肿。[22]

约翰·兰伯特爵士准将旅的3个老兵营于夜间抵达滑铁卢，"悄悄潜入了我们能够发现的任何孔洞"。这个旅刚从新奥尔良归来，才在比利时集合一周之久，刚刚急行军40英里从根特来到此地。他们要比已经在战场上的部队幸运，因为他们找到了"牛棚、车库以及农庄遮风挡雨"。24岁的掷弹兵威廉·劳伦斯中士是多塞特郡布里亚茨皮德尔一个小农场主的儿子。在困难时期，他的父亲丢失田地成为一名劳工，而目不识丁的劳伦斯则逃离残酷的建筑工学徒生涯加入了军队。他先是乘船去了南美洲，后去了葡萄牙，之后是北美洲，获得了两次晋升到达此时的军阶。然而，即便是在劳伦斯漫长的经历中，这种苦楚也是难以忍受的："我无法记起整个半岛战争中有比这更糟糕的夜晚，大雨倾盆而下，还伴随可怕的闪电与雷鸣。"[23]

劳伦斯的指挥官阿瑟·海兰同样也在村子里，这位少校在西班牙表现出色：在1811年的巴达霍斯围城战和1813年的龙塞斯瓦列斯战役中两度受伤。他正在给妻子写信——一封只会在他阵亡的情况下才寄出的信：

我的玛丽，让这些回忆慰藉你，我生命中最幸福的时光来自你的爱与感情，我至死只爱你一人，并且热切希望我们的灵魂此后可以团聚，永不分离。

我把我亲爱的孩子托付给你，我的玛丽。我的玛丽安娜，最温柔的女孩，愿上帝保佑你。我的安妮、我的约翰，愿上帝保佑你们。我的孩子们，愿你们都幸福，你们的父亲从没有在他的生命中偏离真理，总是遵从他的良心行事，愿这一回忆保护你们的纯洁与快乐，因为没有道德就没有幸福。

我亲爱的玛丽，我必须再次告诉你，如果命当如此，我会宁静地死去，我的爱人，我们无法一同赴死，其中一个必须见证我们最爱的人的离去。让我的孩子安慰你，我的爱人，我的玛丽。[24]

作为战前习俗，许多类似的信在那一晚写下，但或许没有哪一封如这一封般哀婉动人。

42

普鲁士人的进军

6月17日下午5点至6月18日上午11点，瓦夫尔至圣朗贝尔

多亏了早些启程，以及有幸遇到干燥天气，普鲁士军队至少领先格鲁希10英里的路程，而在6月17日下午，这位元帅完全没能侦察到的两个军*中的一个已经渡过迪勒河，并在瓦夫尔的西侧扎营。

6月17日下午2点，格奈泽瑙在瓦夫尔向普鲁士国王报告了前一天的败仗，还说由于军队集结缓慢，威灵顿无法对他们的协同作战做出积极贡献，对此他表示失望。他报告称，如果他们可以给予公爵一两个军的支援，威灵顿还是想在第二天一战的。格奈泽瑙写道，如果他们拥有弹药，他们乐意为之，但是他两个军的弹药补给此时不知在何处。[1]

考虑到他们军队的状况，格奈泽瑙对布吕歇尔勇敢果断地要支援威灵顿明智与否持保留意见，因为两个军在继续作战的同时还要保护另外4万"手无寸铁"的士兵是有很高的风险的。虽然深知先前与比洛间的误解对普军来说是灾难性的，但他还是因为公爵无法协助他们而感到懊恼：毕竟，威灵顿前一天向他们保证，他的军队可以在第一声炮响后的22个小时内完成集结，而那时据他所知，在四臂村仅有一小撮法军分遣队需要对付。几天后，他甚至还向首相哈登贝格表达他的沮丧之情："威灵顿公爵曾保证打击敌军后方，他没能赶到，天知道为什么他的军队没能及时集结。"[2] 毫无疑问，这增加了格奈泽瑙对威灵顿的不信任，他认为威灵顿傲慢又自私，但是他仍然全身心致力于他们共同的事业，并决意支援威灵

---

* 指普鲁士的第一军与第二军。除了逃兵，唯一同格鲁希接触的普军是担任后卫的普军第三军。

顿，如果这么做是安全的。

6月17日下午晚些时候，让格奈泽瑙的紧张情绪得以舒缓的是，他收到消息，大多数弹药不但逃脱了法军的追击，而且正在接近瓦夫尔。格奥尔格·冯·皮尔希的炮兵指挥官在法军到达之前在那慕尔大道上找到了这个车队，然后向北转向，把他们带到了安全地带。格奈泽瑙不情愿地承认，此时他们弹药充足到可以一战，即便只有三分之二的效力，就像他几天后写的那样："欧洲的命运处于危难之中，所以我们背水一战。"[3] 正如布吕歇尔所愿，他宣布他们此时弹药充足，可以前去同威灵顿会合，并在第二天与法军一战。

布吕歇尔得意洋洋地向受伤的联络官亨利·哈丁宣布："格奈泽瑙让步了！我们将前去同公爵会合。"他还拥抱了这个受伤的英国人，不过后者退缩了，因为布吕歇尔涂了以大蒜为主、用来治疗瘀伤的药膏，它的味道令人不快。元帅抱歉道："我有一点臭！"

傍晚，第一军和第二军的弹药车终于开始缓缓穿过迪勒河上的桥梁进入城镇，3个小时之后，蒂尔曼的前卫也跟随而来。在下倾盆大雨之前，行军很容易，不过之后变得越来越慢，路也越来越泥泞难行，到了深夜，比洛疲惫的士兵才在迪翁勒蒙村的东南角扎营，刚好位于瓦夫尔以东3英里处。

午夜之前，布吕歇尔收到一封来自普鲁士联络官米夫林的急件，确认了威灵顿的军队已经抵达蒙圣让，如果普鲁士人能够以一个军支援他们，他们准备好第二天开战。冯·格罗尔曼回复说，布吕歇尔将带全军前往，比洛军会在拂晓时分从迪翁勒蒙出发，皮尔希军则紧随其后，齐膝军和蒂尔曼军已做好跟随他们的准备，并说由于军队精疲力竭，一些部队还未抵达，他无法更早出发同威灵顿会合，为此他表示歉意。

此后不久，布吕歇尔发布命令，将他刚刚做的承诺下达给将领们，并让他们清理道路上的辎重[4]，而在夜晚和凌晨，第一军与第二军的步、炮兵收到了新的弹药补充。决定派比洛军先行是因为该军装备充足，仍未参战，不幸的是天气减缓了他们的行军速度，因此他们仍距离瓦夫尔3英里。但是除了动用比洛掩护撤退外没有其他选择，因为只有他的部队能在遭到攻击时予以还击。

凌晨2点，比洛发布了行军命令，告诫他的部队（为了防止劫掠）尽可能多地携带食物，因为在附近的村落通过抢劫并不会收获多少。日出前后，他的前卫渡过迪勒河进入瓦夫尔。7点之前，普鲁士侦察队探查了距离比洛营地10英里、格鲁希位于索沃尼耶尔的营地，让他们满意的是，格鲁希的步兵还没有出发。普鲁士参谋部计算，一个军足以守住迪勒河一线防御格鲁希，而蒂尔曼获命负责这一任务。

威灵顿的KGL第一骠骑兵团被选去"向普鲁士将领传送讯息，并获取关于他们前进纵队的情报"，而他们的巡逻队已经于前一天晚上同普鲁士人进行了接触，当天早上，该部的两个军官为威灵顿带来了比洛接近的第一条消息。[5]在上午8点与9点之间，一个普军巡逻队抵达奥安——位于威灵顿东侧防线末端、斯莫安东北1.5英里处的一个村子，并被指引到第十骠骑兵团的泰勒少校那里。第十骠骑兵团被称为"亲王的玩偶"，因为他们的荣誉团长摄政王喜欢根据他们的娇贵外观而改进装束。泰勒负责指挥一连串保护威灵顿东翼的瞭望哨（被称为骑马哨兵）。巡视战线时，他已经察觉两队法国骑兵令人不快地身处附近，并看到一支法军骑兵侦察队向东奔去。普军巡逻队带来了比洛与2.5万名士兵正在四分之三里格之外的消息。[6]

米夫林将这一天的清晨花在了为普军制定应急事件的处理说明上，以防备拿破仑的各种进攻。如果皇帝攻击威灵顿的右翼，他建议普军应当从瓦夫尔出发，通过最快的道路前往8英里外的奥安，充当威灵顿的预备队。如果他攻击威灵顿的中路或左翼，普鲁士的一个军应当行军7英里抵达圣朗贝尔与拉讷攻击法军的右翼，与此同时另一个军应当通过奥安进军支援威灵顿。如果敌军向圣朗贝尔前进以便将两支军队分隔开来，普鲁士人应当在那里坚守，而威灵顿将攻击法军的侧翼与后方。[7]他将建议拿给威灵顿过目，公爵说："我非常同意这个方案。"就在这时，一个骠骑兵军官送来了比洛军的先锋正在逼近的消息。虽然没有人能在地图上找出普军应该已经抵达的位置，米夫林告诉副官，如果他在前往瓦夫尔的路上碰到比洛，将自己的建议转述给比洛。

然而，普军的来援并没有像布吕歇尔和威灵顿希冀的那样一帆风顺。比洛的前卫离开瓦夫尔不久，一场大火从一家面包店蔓延到了邻近的屋舍，造成了恐慌，因为有弹药车在附近。步兵通过翻越邻近的花园绕了过去，但是骑兵和炮兵不得不等待轻工兵将火扑灭。结果，比洛军的大部被延误了两个小时，皮尔希军与齐滕军又依次排在他的后方等待通过，因而也被耽误了。[8] 即便在好天气下，道路也不过是沙砾小道，大雨之后路况更是惨不忍睹，尤其是对车轴频繁陷入淤泥，需要使用绳索拖拽才能出来的火炮来说。比洛由骠骑兵和燧发枪兵组成的前卫于上午10点30分抵达圣朗贝尔，它位于威灵顿左翼所在的斯莫安以东2.5英里处，不过米夏埃尔·冯·罗斯廷将军先头旅第十五旅的余部到了中午才聚拢，而其他旅下午才缓慢抵达。[9]

收到了米夫林的建议后，比洛向他发出了一个警告。问题在于他手上仅有两个旅，而余下的预计在几个小时之内都不会抵达：

> 如果结果是威灵顿的中路或左翼遭到了攻击，比洛将军愿意带领他的军在拉讷穿过拉讷河，接着在拉艾与阿伊维耶之间的高地列队，从而攻击敌人的后方与右翼。
>
> 我的建议是另一个普鲁士军应当通过奥安前进，以便它可以视情况支援英军阵地最受威胁的地点。第三个普鲁士军可以经由马朗萨尔与索瓦日蒙进军，从而掩护第四军的侧翼与后方。剩下的第四个军将在库蒂尔作为预备队。[10]

比洛一抵达圣朗贝尔就派出了侦察兵。安德烈亚斯·冯·维托夫斯基少校指挥一个强大的西里西亚骠骑兵分遣队探查了通向马朗萨尔村的道路，此地位于前方3.5英里处的拉讷谷地内，距离周边有大量法军扎营的普朗斯努瓦以东不足一英里。维托夫斯基在接近马朗萨尔之前没有看到一个法国人。

同时，比洛派出法尔肯豪森少校与100名西里西亚骑兵朝着东南方向建立了一连串的哨所，将比洛部同前一天被他部署在 8 英里以东、迪勒河另一侧村落蒙圣吉贝尔的一支侦察部队连接起来。在这片区域，他们可能预计遭遇格鲁希所部侦察兵，同时伏击格鲁希与拿破仑间的信使，而事实上，3 英里后，法尔肯豪森就撞上了一支法军骑兵分遣队，卷入了与他们的一场激烈前哨战中。被普鲁士人抓获的俘虏声称，他们由格鲁希派出，去建立同拿破仑所部军队的联系。同时，从蒙圣吉贝尔而来的侦察队与正在检查迪勒河上桥梁的埃克塞尔曼斯所部龙骑兵爆发了冲突。

阻止拿破仑与格鲁希之间沟通的努力已经被证明成功了，而普军骑兵前哨更进一步，加强了这种努力。与此同时，比洛的参谋长冯·瓦伦蒂尼少将动身去查探圣朗贝尔以西的地形。带着一个当地农民作为向导，一行人首次确认了另一个问题：由于天降大雨，他们向西的道路被一个河水泛滥的谷地所阻，穿过它仅有 3 条可用的道路。不过，谷底的另一侧有一个树林，迄今为止它显然还没有被占据，可以作为一个桥头堡。

骑马穿过树林，他们来到了可以看到菲谢尔蒙的位置，该地是一个庄园和小村落，也是威灵顿最东侧的步兵哨所。他们可以看到法国的巡逻队，不过他们的接近好像完全没有被敌人察觉。[11] 法国人似乎没有料到，他们的右翼不久就面临普军攻击的危险。

43

寻觅早餐

6月18日凌晨4点至上午10点，蒙圣让

詹姆斯军医写道："这一年6月18日最初的几个小时萧瑟且寒冷，刮着一股潮湿冷冽的风。""从酷暑到严寒的转变"使得医疗人员不安，尤其是因为第一近卫骑兵团"没有食物可食用，也没有酒水可饮用"。雨在黎明前停歇，但是在他们位于森林边缘树下的营地一切都湿透了，"每个人都覆有淤泥，士兵们克服最大的困难点着了火，有些还烧了早饭，清理了武器并烘干了弹药"。[1]

参谋军官乔治·斯科韦尔被命令去清理滑铁卢村附近道路上被丢弃的货车，他在那里发现了兰伯特将军新近抵达的步兵旅，后者希望进入战场前先做早餐。斯科韦尔同该旅的军官达成了交易，如果他们保证清理道路，他们可以使用马车生火，他们这么做了，虽然花费了数个小时。与此同时，兰伯特派出了来复枪兵出身的旅勤务官哈里·史密斯，去寻找威灵顿请求命令。在这位老兵在乌古蒙庄园的农场发现总指挥官后，威灵顿告诉他，让这支新锐之旅在尼韦勒路同布鲁塞尔大道的交会处整队，然后侦察最快的路线前去与同属兰伯特麾下、当时位于皮克顿师以东的贝斯特所部汉诺威旅会合。威灵顿为有机会增强他虚弱的左翼而欣喜。[2]

在蒙圣让村后面的区域，第十五骠骑兵团正在准备行动。"我们在黑暗、潮湿和不适中进行了这些准备，"他们的军医回忆道，"不过在瓢泼大雨中度过一夜，坐在没到臀部的泥水中，外加几根稻草附着在身上，在太阳升起时确实让人感到奇怪，看着也很奇怪。确实，我们军官的各种面容看起来几乎可以说滑稽，我们围着一处营火抽雪茄，偶尔打着哆嗦，因为相对于热量，火堆发出的烟雾更多。"他们等待命令，急不可耐地想要行动,"因为人和马都因寒冷而发抖"。被告知在西南一英里处的乌古蒙北面的高地整队,他们前往乌古蒙农场为马匹寻找草料,并在同接到命令拒绝所有人进入的近卫军哨兵进行了很长时间的争吵后,成功地获取了一些谷物与饮用水。

近卫轻步兵马修·克莱于前天下午抵达了乌古蒙以北的高地,并用5把步枪和两条毯子制作了一顶"葡萄牙帐篷"用来挡雨。然而,他却没有机会使用它:在波拿巴深夜佯攻的炮兵对决中,他的连接到了战斗的号令,而在他们前进的过程中,他摔了一跤;在这个夜晚余下的时间里,他全身浸在靠近法军那侧的庄园果园的沟渠里执行警卫任务。不仅如此,他连喘息的机会都没有。早上,克莱的连从乌古蒙的一个谷仓里获得了生火的燃料和铺地用的稻草,还分享了一些面包和一块新鲜猪肉。克莱脱掉了内衣,换上了他从四臂村一个死去的德意志人背包里捡来的亚麻布衣物,而后开始切掉碍事的枝条,挖凿孔洞,以便通过果园树篱射击。在付出了很大努力准备果园的防御工作后,他们迅速地穿过修剪的花园和庄园的南部庭院,到达西侧毗邻建筑物的菜园。

其他人也同样默默忍受这种不舒适的境况,不过试着去寻找些慰藉。年轻的杰克·巴尼特"在集合号令之前一直都没有醒,起来发现一侧身体浸在了一个水坑中"。他所属的高地轻步兵部队同样身处一片开阔区域,位于乌古蒙后方四分之三英里处的小村落梅尔布布赖讷附近。"我在牙齿咔嗒作响的情况下起了身,不过我从同连的一个有点烟草的人那里讨来了一口烟,借助他的脏旧烟斗,我的身体暖和起来,使我能够再次行军。"在一次侦察中,希尔将军带领他们中的几个人作为自己的护卫。法军就位于半英里之外,德隆军的营地遍布在谷地对面的高地上。那些留在后面的被给予半份杜松子酒的补偿,其中一人写道:"这是我收到的最受欢迎的东西。"[3] 夜间,来自同一旅的一个来复枪兵军官在外同敌人进行了小规模的交锋,这个夜晚余下的时间用在了前哨任务上,因而无法输送伤员:

> 我们的伤兵正处于绝望的境地,而那些没有受伤的又极像即将淹死和饿死的老鼠。然而,大约在7点,让我们非常满意的是,前卫散

兵被召了回来，作为我们夜间劳作的酬劳，我们从指挥官亚当将军那里得到许可，可以劫掠附近的3座农场！点火的主意最让人宽慰！椅子、桌子、沙发、摇篮、搅乳器与桶，以及各种易燃物质很快就在火焰中爆裂开来。之后，我们的战友宰掉了院落里所有活着的家畜，不到半个小时，我们就吃到了牛肉、猪肉、小牛肉、鸭肉、鸡肉、土豆以及其他美味。这是我劫掠到的最可口的早餐。[4]

这种得到许可的劫掠在梅尔布布赖讷附近似乎十分普遍。托马斯·杰里迈亚和一个朋友在细雨中拿着棍棒和干粮袋出发寻找食物。就在韦尔奇燧发枪兵营地的下方，他们看到"一头猪和一头小牛被四五个拿着刀子或刺刀的德意志士兵追赶"，要不是担心被不伦瑞克人杀掉，他们会要求分一杯羹。在梅尔布布赖讷，他们为了一些面粉而和更多的不伦瑞克人扭打在了一起，并从一处农舍取得了一大锅奶。威廉·惠勒中士在给家人的信里写道：

> 在6月18日的早晨到来时，我们因为雨水全身湿透，因寒冷而僵硬、发抖。我们拿起武器，去一个新的地方清理掉身上的泥渍。上一年我在家时你总是责备我抽烟，但是我必须告诉你要不是存有一定量的烟草，前一晚我就见鬼去了。在我们新抵达的地方附近有一些屋子，它们很快就被我们毁坏一空，借助拆下的门、窗、百叶窗和家具，我们不久就生起了几堆很旺的火。[5]

在距离梅尔布布赖讷两英里的威灵顿军队极东侧，奥兰治-拿骚团的士兵被突然爆发的交火吵醒，"法国人已经成功击穿了我军右翼，并全力向我们杀来"的传言接踵而至。谣言很快就不攻自破，不过约翰·德林中士（一个来自黑森迪伦堡以南黑博恩的皮匠）写道："只有经历过这一切，在持续降雨甚至雷暴的漆黑夜晚宿营的人才能理解这对我们士气的影响。"他的朋友阿亨巴赫中士是一个经历过半岛战争的老兵，同时也是个壮汉，他发现自己深陷在泥浆中而无法起身，于是"吐出一连串最激烈的诅咒"。

之后，他们前去掠取食物：

> 坐落在两军阵线之间的农场、磨坊等地的牛、猪、鹅、鸭、鸡、土豆与其他食物被敌我双方洗劫。一些建筑物被烧毁。为了节省时间，所有食物一半煮食、一半烤制，士兵们迅速吃掉了它们，几日颗粒未进后这也难怪……在所有这些劫掠中，我们的士兵和敌人的士兵是最好的朋友，还没人想过这一景象：几个小时之内他们就会在你死我亡的战斗中相见。[6]

往西一英里，在黎明时分苏醒的"戈登"高地人团中士罗伯逊被命令准备战斗："我这辈子还从未这么冷过，我们每一个人都抖得像一片白杨树叶子。之后，我们每个人都获得了一份杜松子酒，酒为我们几乎僵掉的躯体注入了热量，因为在得到它之前我们似乎都冷得发颤。"再往西半英里，位于拉艾圣的另一侧，卡尔·雅各比醒来发现他正躺在一摊水中，任何微小的凹洼处都积满了雨水。围绕冒着烟的营火的灰色身影，"看起来就像石碑，麻木地向下凝视，对外面的世界毫无知觉……无法从士兵中的乐天派那里听到一句振奋之词"。他们在阴暗的光线中醒来，"一个个从潮湿的铺盖起身""疲倦、苍白的脸孔和呻吟"证明他们未能恢复精神。[7]

6点结束站岗后，罗伯逊的高地兵被"命令清理身体，弄干步枪，尽量前进，并开始做饭"。[8]一些在四臂村受伤不过拒绝离开队列的士兵此时被说服前往布鲁塞尔，而大多数健康的军官抓住机会，在小块纸张上潦草地写下遗嘱与自白，或是最后一封家书，将它们交予那些前往安全地方的人。"肯普特与帕克的旅在16日遭受了一番虐打，这使得他们认为还是坦诚一些比较好。受伤的军官挥手，出发前往布鲁塞尔。"[9]在某一时刻，里士满公爵与赛马中摔断手臂的儿子威廉·皮特-伦诺克斯加入了他们。通过告诉他们从威灵顿处了解到的消息——普鲁士人正在支援他们的路上，里士满鼓舞了军官们，因为他的妻子就是一个戈登人，高地人团是最受他喜欢的一个团。[10]

当风开始吹走雨云时，几束光线断断续续地射了进来。黎明时分，位于高地兵右侧半英里处的汉诺威指挥官基尔曼斯埃格伯爵少将派出雅各比的兄弟去辎重货车中寻找硬饼干，但是他发现布鲁塞尔大道被丢弃的车辆完全堵塞，因此空手而归。对早餐绝望后，军官们开始监督从士兵的步枪中移除受潮弹药的工作，这时该营的随军小贩奇迹般地驾驶来一辆装满食物的货车。这个有事业心的犹太人从 1813 年起就跟随在他们身边，军官们蜂拥到他身旁，对他售卖的价格倒抽一口气后，由于承受良心的责备——没有足够的食物给任何士兵，他们买光了他拥有的一切。此时，随着太阳不时地照射出更为强烈的光芒，雅各比找到了一小片干地，再次睡着了。[11]

不远处，汤姆·莫里斯与他的朋友伯顿中士坐在一起，分享昨晚炮击中阵亡士兵剩余的杜松子酒。伯顿中士告诉莫里斯，留一些战斗之后喝，而莫里斯回答说，他认为"几乎没有人能活着看到这一天的结束。然而，当时伯顿还是说'汤姆，我会告诉你事实真相，那就是击中你我的子弹还没有生产出来'"。[12]

尼德兰军队的参谋长让-维克托·康斯坦和骑着一匹名叫瓦克西的马的奥兰治亲王正在视察比兰特将军的旅，当时该部正位于布鲁塞尔大道以东、高地兵前方山脊的南侧坡面上。他们的右侧是一个高出拉艾圣农场的采砂场。比兰特的各营缺乏弹药，因为他们在四臂村用光了随身带的大多数弹药，而没有人能找到携带备用弹药的炮队所在。当康斯坦派出 30 名骑兵清理道路并尝试寻找一些弹药车时，奥兰治亲王就水和食物向士兵们做出了许诺，且设法找到了一些，并留在那里和他们一起吃了早餐。一个民兵（奥兰治亲王的崇拜者）回忆说："他和我们坐在一起进食，就像我们一样饿。"[13]

参谋军官骑着马四处快步跑动，以确保部队处于正确的位置。与此同时，参加过半岛战争的老兵们找到了无数琐碎的工作以消磨时间。这些经验是他们从过往的经历中学到的，可以最大化他们在战斗中的舒适程度和存活下来的概率。在比兰特所部尼德兰人的北面，一个苏格兰少尉记述了从山脊向北朝盟军主力看去的场景：

> 一个移动中的巨型人群：士兵们清理着他们的武器，检查着枪

机，许多人从蒙圣让村与蒙圣让农场带来木材、水与稻草；其他人生起大堆篝火烘干他们的衣物，或是将小片的肉挑在棍子与推弹杆的末端插入余烬烘烤。我们的军官坐在弄到的几捆稻草上。虽然淤泥没到脚踝，但他们大体上是欢快的，完全没有想即将到来的战斗……[14]

从山脊向南望去，这个苏格兰少尉当时观察到在很远的前方监视敌军活动的盟军骑马哨兵正东跑西颠。"通过他们马匹的踩踏，眼下我们可以看到，他们变得拘束起来，一个接着一个使用卡宾枪开火、后撤、装填、前进，再次开火。"盟军的瞭望哨从视野中消失，之后，他看到延展队形的敌军散兵一边前进一边开火，以及最后面的敌军纵队。[15]

大约往西600码，埃德蒙·惠特利正从阿尔滕师的KGL第二旅所在的拉艾圣上方的位置向前望去。惠特利前一天被分遣去清理热纳普的道路，当晚他在苏瓦涅森林中度过。但是他决定不错过这场战斗，于是与手下的13名掷弹兵返回了所属的营。像许多其他人一样，他被敌军不断接近的场面迷住了：

在对面的高地上我们能观察到庞大、黑色的移动人群，但无法分辨出其中每个人的样子。在远方的地平线上，这些阴森的人群向下冲过来，解体然后收缩，就像一块有生命的泥块横扫战场，又像是火山喷发出的熔岩，向胆敢妨碍它进程的任何事物预示被毁灭的命运。这就像神话一般，就外观来看近乎超自然。当我把眼睛睁到最大凝视他们时，军医小格尔松拍了下我的肩膀说："这是一场战斗，我的孩子！这就像是准备。你最好是和诺廷（他所属的掷弹兵连的连长）留在布鲁塞尔。我必须离开这里去医院了，希望能在那里看到你。

握手之后，助理军医格尔松前往建立在蒙圣让的野战医院。因为朋友的黑色幽默而不安的惠特利

来回踱了一会儿步，并为没有留下记忆的文字而心神不安。

> 我空想着在家中的所有日常事务。现在时间约 6 点。就在这时(一个多云且下着蒙蒙细雨的早上),我想到的是我的兄弟正漫不经心地打包订单或者平静地阅读一些新的出版物。而我能肯定你正安详地睡着,我最亲爱的伊丽莎。支撑你的枕头不知道它的负担的可爱。[16]

惠特利在比利牛斯山和法国人经历过艰苦的战斗,但是他从未像军医那样卷入到一场真正的大战之中,而他们的对话突然让他确信,很可能他再也无法回家或见到他深爱的伊丽莎了。

44
颤抖吧，暴君！

6月18日凌晨4点至上午10点，拿破仑的阵线

前一天晚上，拿破仑命令他的士兵在黎明时分前进，以便尽早发起进攻。此时，因为了解到自己的部队是多么的分散，又有多少人外出劫掠，较小的道路很泥泞而无法使用，于是他不情愿地推迟了进攻。不过，他命令将领确保他们的士兵准备好武器并烹饪食物，之后进入前一天晚上为他们划定的位置，以便在9点彻底做好进攻准备。[1]

他躺在床上休息，然后起身，剃须、剪指甲，同时思考即将到来的战斗，频频望出窗外查看天气。穿好衣服后，他来回踱步，向古尔戈将军口授命令，并仍旧注意外面的天气。当蒙蒙细雨停止，又起了风时，他兴奋起来。[2]

皇帝急不可待地想要开战，不过即便是他修改后更为轻松的时间表也被证明难以实现。宿营在热纳普周围的雷耶军于黎明拿起武器，在5点出发，但是之后被命令停下做饭并准备好武器。这一停顿导致他们大约在上午9点才抵达皇帝位于勒屈永的司令部，而此时拿破仑被雷耶告知了他的延迟，同时被德鲁奥告知需要一段时间才能将近卫军集结，因而再次推迟了攻击。

此外，德鲁奥还给出了他的见解，需要数小时才能等到地面干燥以便炮兵调动。同拿破仑一样，他是军队里顶尖的炮兵专家，拿破仑也尊重他的判断。因为炮兵的数量和质量是法军最大的资产，所以火炮的表现是至关重要的。虽然法军炮兵一贯比其他国家的炮兵更出色，但在这场战役中他们的数量优势也比平常更明显。

同时，德隆的军有时间可以消磨：他们将武器弄干、涂油、准备妥当，然后烹饪食物。康莱下士的连将前一晚得到的羊与他在弗拉讷附近找到的一些面粉混合炖汤，但是他们没有盐，就用硝石代替，结果破坏了它的味道。马丁中尉的士兵烹制了前一天取得的小牛肉，他们一边大量饮酒一边等待命令。[3]

皇帝和他的弟弟热罗姆、雷耶将军、宫廷大总管贝特朗、参谋长苏尔特、他的首席秘书巴萨诺公爵于格-贝尔纳·马雷，以及值得信赖的德鲁奥将军与奈伊元帅等人一起共进早餐。奈伊催促尽早进攻以防止威灵顿逃脱，不过拿破仑辩称此时威灵顿已经别无选择只能一战。热罗姆以在西班牙国王旅馆同侍者的对话和英军期望普军的干预提醒他的哥哥。皇帝回答，在普鲁士人遭受了利尼的惨败，并受到可观兵力追击的情况下，布吕歇尔不可能在两天内同威灵顿连成一片。[4]

相对于其他人，苏尔特更为警惕普军的干预，并对格鲁希麾下部队的缺席感到惋惜。他了解这片土地，21年前，即1794年，作为勒菲弗将军的参谋长，他将一支荷兰-奥地利军队赶出了蒙圣让高地。他同样谈及了英国步兵顽强防御的特质，但是拿破仑对他的疑虑不予理睬。[5]

当拿破仑问及雷耶关于英军的观点时，雷耶强调了英国士兵的火力与韧性，建议相对于直接进攻以谋略取胜。拿破仑说他们很幸运，因为英军停下一战，而这将成为一场挽救法国命运的著名会战。他会充分利用自己充裕的炮兵，他会用自己的骑兵对盟军阵线发起冲锋以让他们现身，而当他确定英军所在时，他会带领老近卫军向他们杀去。[6]像拿破仑当天上午所说的一切一样，这种半玩笑似的讲话意欲提高士气。尤其是当他的将军们指出困难的时候，他表现出了乐观的情绪，并以如果他的命令被很好地执行，他们将会在布鲁塞尔过夜结束了对话。

7点左右，天色开始明亮起来。云朵浮出，断断续续的日照和风的快速吹拂预示着地面很快就会干燥，因为这里用于耕作的肥沃土壤排水良好。大约9点30分，拿破仑决定带着让-巴蒂斯特·德科斯泰查探敌军的阵地，此人被说服离开他位于布鲁塞尔大道上的旅馆，担任拿破仑的向导。皇帝想要骑上从7点就等待它的坐骑，但是当值掌马官去吃早饭了，于是他的侍从塞萨尔·居丹帮助拿破仑登上马鞍，但是他使用的托力太大，几乎让拿破仑翻到了另一侧，他的父亲是拿破仑在布列讷军校的校友，在 1812 年俄罗斯战役期间离世。"小傻瓜，"拿破仑大声说，"见鬼去吧。"他骑马离开，留下懊恼的居丹一瘸一拐地上马骑行在后面跟随。几百码后，参谋人员分开，这个男孩看到了皇帝的归来。"我的孩子，"他和蔼地说，"当你帮助像我这种体型的人上马时，力道要轻柔一些。"

波拿巴派出他的首席工兵阿克索将军骑马到敌军阵线的近处查看是否有防御工事。[7]

上午 10 点，留在勒屈永的苏尔特元帅给格鲁希元帅发布命令，通知他一支可观的普军纵队被米约在前一天发现经过让蒂讷前往瓦夫尔，因为格鲁希似乎没有意识到它，并告知他皇帝即将同威灵顿在滑铁卢一决雌雄：

> ……所以，陛下希望你挥师瓦夫尔，尽早前往那里，以便同我部靠拢，同我方的行动联系，建立通信，驱逐你面前采用了那条路线并可能停顿在瓦夫尔的普鲁士军。你要使用少量的轻型部队追击可能在你右侧的敌军纵队，观察他们的行动，并带回他们的掉队者。
>
> 立即通知我你的位置和进军行程，以及关于敌军的消息，务必同我方保持联系。皇帝想非常频繁地收到你的消息。[8]

苏尔特并没有发布任何让格鲁希前往战场的命令，也没有暗示拿破仑于前一天晚上这么做了，就像他事后坚称的那样。苏尔特确实斥责了格鲁希，因为到这时为止他仍然没有按照拿破仑的命令，在两支军队间建立一连串的轻骑兵通信前哨。有证据表明，格鲁希最终努力将他的骑兵侦察队同拿破仑的联系起来，不过他开始得太晚，普鲁士人已经进行阻碍。

为了促成他的骑兵侦察队同格鲁希的相遇，苏尔特增强了己方位于战场东侧的前哨。他向著名的轻骑兵老将马尔博上校下令，让他带领一个营的轻步兵和自己的第七骠骑兵团，前往菲谢尔蒙庄园后方、法军阵线极右翼往东 1.5 英里处，再向东半英里，在菲谢尔蒙以东的巴黎树林内部署 200 名步兵，在距离树林另一侧一英里，正好位于圣朗贝尔下方小溪旁的拉讷村部署一个中队的骠骑兵；他将持续监视再向东两英里的穆斯捷与奥蒂尼的迪勒河桥梁。每个分遣队将建立一连串的哨所，以便消息能疾速传往战场。他们的目的是同格鲁希的部队建立联系,而马尔博将直接把所有的报告传递给皇帝。他的部队同样用于提供任何普军介入的预警,尽管拿破仑没有告诉马尔博。[9]

当将领们调查敌军时,法军进行了一场开进战线的表演秀。就像拿破仑描述的那样,法军以 11 个纵队前进。雷耶第二军的轻骑兵横跨尼韦勒主干道展开为 3 列,第二军部署为两列,占据尼韦勒路与布鲁塞尔大道之间 1.25 英里的区域,热罗姆师在左,富瓦师居中,巴舍吕师在右。德隆的第一军前进到其左翼在佳姻附近、右翼面对拉艾的位置,他们的大多数在盟军视线之外,位于一条山脊的后方,而在山脊之上,炮兵开始拖运货车与火炮。雅基诺的枪骑兵正对着斯莫安和菲谢尔蒙的位置部署为 3 列。而克勒曼的重骑兵部署在雷耶军的后方,他的炮连分列两侧。洛博的第六军和多蒙与叙贝尔维的轻骑兵师仍维持纵队,位于布鲁塞尔大道的两侧。米约的胸甲骑兵部署在德隆步兵的后方。近卫骑兵开进战线,居约的重骑兵在克勒曼的后方,而勒菲弗-德努埃特的轻骑兵位于米约的后方。他们之间的是赶来的近卫步兵。他们以 6 列停在罗索姆前方的布鲁塞尔大道两侧。近卫炮兵预备队仍停留在后方,由于他们前方的石子道路畅通,他们可以快速部署。

事实远不如舞蹈编排般精确:实际上,10 点近卫军才从格拉拜出发,所以当抵达他们位于勒屈永的阵地时,战斗已经开始了,而其他满身湿透的纵队仍在进场。[10] 尽管如此,除了有些惶恐,前线部队的精确调动被对方军队心怀钦佩地看在眼里。三色旗、骑兵的队旗、马枪上的小旗子在清新的微风中荡漾。战鼓轰鸣,小号吹响,军乐队开始演奏旧时的革命歌曲《让我们守望帝国的安全》(*Veillons au salut de l'Empire*)。这首歌后来成为帝国的国歌*,它号召所有的欧洲人加入法国人的行列推翻暴政。它上

---

* 实际上,第一帝国并没有"官方意义上"的国歌,一些军乐在公共场合演奏用作向皇帝致敬,而 *Veillons au salut de l'Empire* 不过是其中被演奏较多的,此外经常被演奏的歌曲还有 *Chant du départ*。需要注意的是,*Veillons au salut de l'Empire* 的名称中虽然有帝国一词,但它确实来自革命时期。

扬的高潮部分如下：

>自由！自由！让每个凡人都向你致敬。
>颤抖吧，暴君！你会偿还你的恶行。
>宁为玉碎也不要被束缚！

它是一个主要面向其他军队中昔日朋友的号召，面向那些曾经被解放但再一次被束缚在国王桎梏下的比利时人与德意志人。

此时，拿破仑骑马检阅他的部队。他热爱他的军队，而他的军队也爱戴他。他们是共同经历过众多考验与胜利的老战友，他们此刻正为了自由和革除暴政、入侵与压迫进行一场必要的战争。"'皇帝万岁！'的热情高呼胜过了以往任何时候，绝对的忠诚从未像此时这般显现在士兵的面孔、手势和声音中。他们极度兴奋。"在向皇帝欢呼时，他们用马刀和刺刀将头盔与高筒军帽举到空中。[11]部队没有因为金色的穗带而闪闪发光*，因为这主要是由单调的灰色与蓝色的外套与斗篷组成的场景，大多数外套还被涂上了一层污泥，虽然如此，他们的献身精神与职业水准令人印象深刻。

拿破仑从佳姻往回骑行半英里，经过了他忠实的副官乔治·穆顿的纵队，后者的步兵与借调的多蒙与叙贝尔维两位将军的骑兵，分别在大道的左右两侧向前进发。之后皇帝下马，爬上了罗索姆农场附近的一座小丘，他的参谋从农场借来了一张可放置他地图的桌子和一把椅子。这里是战场的制高点。穿戴着标志性的灰外套与黑帽子的拿破仑钻研起了地图。不包括参谋人员和支援服务人员，他有大约7.45万人：5.3万名步兵、1.5万名骑兵和6500名炮兵，以及254门火炮。拿破仑认为威灵顿的军队更强大，但是公爵只有7.43万人和相比之下少得多的火炮，仅有156门。[12]皇帝思考了一刻钟，然后口述他的命令。

---

* 此处暗指亨利·乌赛在《1815：滑铁卢》中的描述"肩章、穗带、条纹和军官的绒丝带如金银般交相辉映"。

45

阵　地

6月18日上午10点至11点，威灵顿的阵线

威灵顿的前线沿着布鲁塞尔大道大致向两侧各延展一英里。大约上午10点，公爵在参谋人员的陪同下沿着战线骑行，他们"看起来无忧无虑，就像是在潇洒地兜风"。他和平时一样穿着一件蓝色外套，上面"套了一件灰色大衣与一个雨披，还戴了白色的领巾和一顶向上翘起的俄式大帽子，穿了皮裤子、黑森靴"。[1]他胯下的暗栗色坐骑是一匹名叫"哥本哈根"的前赛马，它是传奇赛马"日蚀"*的孙子。

威灵顿的随行参谋人员通常至少有40人之众，虽然他的个人参谋只包括他的军事秘书菲茨罗伊·萨默塞特和大约8个副官，这些人几乎都是权贵子嗣。副官长和军需总监各自有半打军官随员，以及炮兵、骑炮兵与工兵的指挥官和他们的助手。有时，身着蓝、红、金相间的时髦骠骑兵制服的阿克斯布里奇会与他的参谋人员一同出现，而普鲁士联络官米夫林和他的传令官们通常会被发现离公爵不远。最后，还有同盟各国的代表：代表西班牙的米格尔·德·阿拉瓦，他是拿破仑的科西嘉宿敌；代表俄罗斯的卡洛·波佐·迪博尔戈；代表奥地利的文森特男爵夏尔，以及其他代表，均由他们的副官们陪同出席。在这次巡视中，威灵顿还由奥兰治亲王及其人数可观的参谋人员陪同。

威灵顿之下的指挥体系反常而柔韧。罗兰·希尔爵士中将名义上指挥第二军，不过在战场上他实际指挥右翼部队，包括尼德兰第三师。阿克斯布里奇伯爵亨利·佩吉特指挥所有的骑兵，包括尼德兰骑兵，而威灵顿大

---

* "日蚀"是一匹著名赛马，在赛马生涯中有着26战全胜的战绩。

体上让炮兵指挥官指挥他们自己的部队。托马斯·皮克顿爵士指挥左翼部队，包括尼德兰第二师。年轻的奥兰治亲王名义上指挥第一军，掌控两条石子路间的中路阵地，并由康斯坦和卡尔·冯·阿尔滕提供建议，康斯坦指出："尽管事实上公爵直接向右侧部队下达命令，即近卫师和不伦瑞克人。"奥兰治亲王选择位于第三师中央的高地制高点作为他的指挥所。[2] 威灵顿则占据近卫师中央前面的位置，并在他认为合适时向特定部队下达命令。

威灵顿 7.43 万人的军队质量非常参差不齐，他对其中的大部分没有信心。仅有 2.6 万多人是英国人，其中一些又是无经验的，但是有一个可靠且久经沙场的步兵核心。3.1 万人是德意志人：其中 5100 人构成了 KGL，均训练有素、经验丰富，包括最可靠的骑兵；来自汉诺威王国国王乔治三世的 1.21 万人质量不明，其中一些年轻民兵只经过初级训练；5450 名幸存下来的不伦瑞克人虽然经验有限，但是已经在四臂村证明了他们的献身精神和决心，而威灵顿对来自莱茵兰的 7200 名拿骚人就不那么有把握了。威灵顿和他的参谋对 1.52 万名荷兰和比利时的士兵期望甚少。他总共有 5.6 万名步兵、1.3 万名骑兵和 5000 名炮兵。[3] 不过，7.4 万人的数据只是纸面总数，绝大多数部队在战场上的士兵数量要少得多，因为有许多人充当侍从和辎重守卫，而这些人中的大多数又于夜间逃向布鲁塞尔。

威灵顿极右侧的部队占据布赖讷拉勒，虽然这一驻地是独立的，位于连续的部队战线以东 0.75 英里处。大卫·沙塞将军有 6700 兵力和 16 门火炮的尼德兰第三师在城镇内和周边驻扎。该地应当被加固，为了这一目的，军中唯一的战斗工兵与布雷工兵连从阿尔被召来，但是他们在夜间迷路了，于 18 日上午 9 点才抵达滑铁卢，发现该地已经被尼德兰人设置了防御工事。威灵顿预计敌军会迂回他西侧的部队，因而在布赖讷的这个师正是阻止这一企图的一连串哨所的第一环。再向西 8 英里，位于蒙斯至布鲁塞尔途中蒂比兹的是被分遣的查尔斯·科尔维尔爵士麾下约 6000 人的两个旅，而弗雷德里克亲王约 1.05 万兵力的尼德兰师，则位于更靠近布鲁塞尔的阿尔。这些部署是为了防止拿破仑通过蒙斯至布鲁塞尔路前进，从而让威灵顿更加远离普鲁士人，或是有额外的法军从那个方向朝布鲁塞尔前进。[4]

威灵顿的前线大致从奥安到布赖讷拉勒顺着一条山脊小路延绵了 5 英里长，在乌古蒙以北，道路继续向布赖讷拉勒延伸，但他部署部队的山脊先前与之齐平，向北却随着一个非常陡峭的谷地朝梅尔布布赖讷急转。如果拿破仑企图迂回威灵顿的西侧部队，谷地上方的高地就是一个坚固的防御阵地，它此时也被密集的军队占据着：休·米切尔的旅在乌古蒙后面 400 码的位置。在他们的后面，亨利·克林顿爵士的师兵力近 7000 人的 3 个旅被部署在尼韦勒路西侧，在梅尔布布赖讷与乌古蒙之间呈三角形的高地上作为预备队。卡尔·迪普拉特的 KGL 旅位于最前方；弗雷德里克·亚当的轻步兵旅居中；休·霍尔基特的汉诺威民兵旅位于最后，紧靠着梅尔布布赖讷。休·霍尔基特是科林·霍尔基特爵士的弟弟，他的一个战友说："他是一个聪明、积极、爽快的人，不过说一口糟糕的德语。"他在兄长的 KGL 第二轻步兵营作为一名上尉起步，升任这个精锐营的指挥官，之后又负责指挥一个汉诺威新兵旅。该师的师属炮兵陪同他们，即奥古斯图斯·西姆弗的 KGL 骑炮连和塞缪尔·博尔顿的步炮连，他们分别拥有 5 门 9 磅火炮和 1 门榴弹炮。同样在右侧作为预备队的是位于霍尔基特旅与尼韦勒路之间的不伦瑞克军团，他们已减员到 5450 人，还剩下 16 门火炮。

位于第一线之前 300 码的乌古蒙庄园农场构成了一种前置棱堡，又似一段阻滞法军攻击威灵顿右翼的防波堤。上文述及威灵顿军队所在的山脊，在自奥安而来的泥泞小路同布鲁塞尔至尼韦勒石子路的交会处向北转去。之后，它通过一处路堑向西南朝法军阵线延伸，经一个拱桥越过另一条通向布赖讷拉勒的凹路后，通过另一处路堑继续延展。在拱形桥那里，道路被采伐的树木封锁，并由第十五骠骑兵团的一个连把守。从拱桥开始，一条两侧长有树木的林荫道向东南通往 300 码外的乌古蒙。

前一天晚上，公爵的参谋部明确表示，要"不惜一切代价防守"乌古蒙。供给的备用弹药被放置在建筑物里，来自拉艾圣的 KGL 第二轻步兵营的轻工兵被派到那里协助近卫军的轻步兵连在墙上与搭建的射击平台上开凿射击孔。[5]早上，索尔顿勋爵的两个轻步兵连同农场后方山脊上的第一近卫步兵团会合，他们的接替者是由莫里茨·比斯根上尉指挥的拿骚第二轻步兵团第一营的800名士兵，他们在一个副官的带领下从极左翼而来。他们发现农场虽然被废弃，但已经做好防御的准备。列兵约翰·彼得·莱昂哈德挑了一间张望了一下，断定这个地方是一个危险场所，然后向世界做了一个快速的告别。[6]

在庄园的建筑物和有围墙环绕的花园以南是一个树林，这片树林大致呈正方形，长300码，宽约300码。在稍早的时候它由330名汉诺威来复枪兵占据，他们包括一个精锐志愿猎兵连、一个吕讷堡连和一个格鲁本哈根连。[7]比斯根连用他的腾跃兵和预备连增援了树林里的来复枪兵。他将掷弹兵连部署在建筑物里，两个连在有围墙环绕的花园里，一个连沿着树篱部署在果园里。后一个连从花园向东延伸了250码。詹姆斯·麦克唐奈的轻步兵仍然留在建筑物以西的菜园内，所以一开始整个庄园由1330名职业轻步兵驻守。

在乌古蒙以北的高地上是兵力仍超过3000人的近卫步兵，约翰·宾爵士的旅在庄园的后方，而佩里格林·梅特兰的旅则在更靠东的位置。位于梅特兰前方的是屈尔曼少校的汉诺威骑炮连和桑达姆上尉的步炮连，他们均拥有5门9磅加农炮和1门榴弹炮。前线步兵由科洪·格兰特*和威廉·冯·德恩贝格总共2400人的两个轻骑兵旅支撑。

位于近卫步兵师东面的是卡尔·冯·阿尔滕的师和支援他们的拿骚第一团。阿尔滕麾下的部队自西向东分别为科林·霍尔基特麾下1780名经受四臂村战火洗礼幸存下来的英国士兵、弗里德里希·冯·基尔曼斯埃格的3000名汉诺威正规军和克里斯蒂安·冯·翁普特达1530人的KGL第二旅。阿尔滕的士兵由助理军需总监詹姆斯·肖布置为横队，不过在遇到任何骑兵威胁时可以组成棋盘格矩阵。肖虽然时年仅27岁，但是具有极为丰富的经验。在1808年向科伦纳撤退时作为后卫大放异彩后，肖加入

---

* 此处指挥第五骑兵旅的约翰·科洪·格兰特爵士少将（John Colquhoun Grant）同威灵顿的情报部门负责人科洪·格兰特中校并不是同一人。

了轻步兵旅的参谋部。他在半岛期间的表现英勇且理智，赢得了阿尔滕的信任。

在阿尔滕部属各营附近，高地变宽，所以他们不能很便利地躲在山脊的后面，除非他们前进到靠近拉艾圣的位置，才能像近卫军一样，享有面对任何敌人的高度优势。预料到来自骑兵的麻烦，肖指示他们组成正面与背面各4个连、侧面各1个连的"矩阵"，相对于方阵来说，这种阵形更容易变换。[8] 在他们前面的是安德烈亚斯·克利夫斯和威廉·劳埃德少校的步炮连，劳埃德的火炮隐藏在头顶高的黑麦中。[9] 在清晨的巡视中，骑炮兵的指挥官奥古斯塔斯·弗雷泽爵士发现，奥兰治亲王将劳埃德的炮连移至交叉路口。他又将该炮连调回其原始位置，将炮兵预备队的休·罗斯爵士的9磅炮连部署到亲王需要火炮的地方，其中两门在布鲁塞尔大道上，4门在山脊凹路的前方。

在这些部队后面的是王室旅的重骑兵，该旅理论上有1226骑，尽管他们的军官事后估计出现在战场上的要少得多。位于他们右侧的是杰出的KGL第三骠骑兵团，纸面兵力622人，由59岁的弗雷德里克·冯·阿伦席尔德指挥。此人是"威灵顿最喜欢的老骠骑兵"，他经历过威灵顿所有的重大胜利，还是轻骑兵前哨勤务手册的作者。[10] 再往后是3个尼德兰骑兵旅，总数是3500骑。大道另一边的蒙圣让农场在他们东侧，位于沙勒罗瓦至布鲁塞尔大道与奥安至布赖讷拉勒路的交叉路口以北500码处。

十字路口向南约200码处是位于拉艾圣农场的第二个前哨所，由KGL第二轻步兵营占据。他们于前一天晚上就驻扎在那里，不过他们的指挥官乔治·巴林接到命令将他们的轻工兵分遣队派去加固乌古蒙，于是他很自然地假定在工兵离开后，他应该不会防守这个农场。驻扎在拉艾圣附近的每个营都前往拉艾圣攫取稻草、木柴和食物，而在农场南侧，朝西的巨大谷仓门被取下生火，留下了一个巨大的缺口。助理军需总监詹姆斯·肖抱怨称："夜间没有做任何防御的准备。在该地搭脚手架、开凿射击孔、加固大门与房门、局部去除屋顶、移除干草与确保弹药储备的工作理应连夜准备的。"但是，在早上他关于加强农场和在该地部署一个英国营的建议遭到了司令部参谋的拒绝。[11]

实际上，驻扎在那里的 KGL 的营是军队中最优秀的部队之一，但是不幸的是，他们只有不到 400 人，然而肖主张那里本应该驻守 1000 人。作为第九十五来复枪团的"犯罪同伙"，巴林的绿衣来复枪兵在半岛战争中承担了大多数最没有吸引力的任务，而作为阿尔滕的副官，巴林从一开始就与他们并肩作战。当一项生存概率近乎为零的任务突然出现时，它通常被分配给 KGL 的轻步兵，所以他们被告知要坚守拉艾圣到最后一人，没有人为此吃惊。"6 月 18 日破晓，我们使用每一个可能的手段让该地处于防御状态，但是谷仓被烧毁的大门是最大的困难。不幸的是，运送挖壕工具的驴子在当天走丢了。"在弗里德里希·林道的帮助下，一道由马车和农具构成的路障在靠近果园顶端的路面上搭设了起来。他们克服了巨大的困难，在墙上敲开了 3 个缺口作为射击孔，以便向路面上射击，却没有在建筑物里放置来复枪的后备弹药。

拉艾圣糟糕的防御状态是谁的过错？可能的罪魁祸首詹姆斯·肖（他可能也需承担一部分责任）激烈地指责威灵顿的参谋部，而似乎确有其事：他们缺乏远见，只关注乌古蒙，而忽视其他需要优先考虑的事项。肖替他的朋友巴林开脱，然而，对巴林来说，显而易见的是在战斗开始之前很长的一段时间里他就处在缺乏弹药的状态，而从他处找到补给应该是可能的，即使在战斗当天早上有严重的后勤问题，但就像尼德兰人一样，汉诺威部队的储备弹药也有迹象表明消失不见了。

即便拉艾圣本身没有充分的准备和驻兵，但它得到了来自背后的很好的支援。两支装备来复枪的部队均驻扎在紧靠农场的后方，即第九十五来复枪团第一营（英军中的一流散兵）和 KGL 第一轻步兵营的杰出来复枪兵，他们意图狙杀攻击农场的进攻者。休·罗斯的炮连同样是一支极为优秀的部队，尽管他们靠近石子路和在石子路上的两处阵地太过暴露。

在布鲁塞尔大道东侧，威灵顿与德兰西部署了在四臂村损失最为惨重的部队。皮克顿的第五师曾经是威灵顿步兵中的精英，但此时兵力已经减员到原先的半数。沿着通向奥安的凹路后方的树篱部署的是第九十五来复枪团的两个连，另外 3 个连被安置在其前方 120 码的位置，那里的一座小山丘和山丘下方的采砂场为他们提供了很好的掩护。[12] 位于第九十五团东面的是托马斯·罗杰斯少校的步炮连和阿德里安·比勒费尔德拥有6门火炮的骑炮连。在更靠东位置的是比兰特尼德兰旅的各营,他们在四臂村的损失也十分惨重。他们将腾跃兵与狙击兵派到前方作为散兵。比兰特的兵力约为2400人。

在火炮与比利时人的背后,完全处于第二线的是詹姆斯·肯普特爵士旅(减员到不足2000人)的各个英国老兵营。距离大道最近的是第三十二"康沃尔郡"团。第七十九"卡梅伦"团位于他们左侧,而第二十八"格洛斯特郡"团又位于"卡梅伦"团的左侧。一个军官估计,第三十二团只有300人出现在战场上,如果实情如此,它使得许多营的纸面兵力要远多于上战场士兵数目的说法更具说服力,出战的军官数也与之吻合。[13] 在这次战役中尚未参战的联合旅重骑兵位于肯普特士兵的后面。它的指挥官是威廉·庞森比爵士,他已故的父亲"拥有爱尔兰最好的狩猎场所",他的叔叔是议会反对派辉格党的领袖——一个非常崇拜拿破仑的人。相对于手下的士兵,威廉爵士更富有经验,他同堂弟弗雷德里克在1812年半岛的列雷纳骑兵战中表现出色。

在这一位置,布鲁塞尔的大道深切入坡地内,所以第三十二团的右翼由一个陡峭的路堤保护。丹尼斯·帕克爵士被严重消耗的旅位于他们(肯普特旅)的左侧,其兵力更为虚弱,仅有约1700人从四臂村幸存下来。"皇家苏格兰"团、第四十二"黑卫士"团、第四十四"东埃塞克斯郡"团和第九十二"戈登"高地人团的军官仅有12人,他们指挥大约330人。该师令人敬畏的指挥官托马斯·皮克顿仍在隐瞒他中的步枪伤口,而帕克4个团中的3个是由少校们在指挥,还有两个营长阵亡。

虽然树篱前方比兰特旅所处区域的土地是休耕地,但是皮克顿师所在的位置确实是新近被犁过的,就像是拉艾圣以西德意志步兵下方的那块土地一样。在部队行军穿过它之后,就像"戈登"团的罗伯逊中士描述的那样,耕过的土地呈现出了"砂浆似的黏稠度"。许多士兵曾睡在浸没他们的泥浆里,这时候又站立在没过膝盖的泥浆中。

卡尔·冯·雷特贝格少校的炮连就位于比兰特士兵的东侧——那条通往奥安的凹路上的一个绝佳位置。他们被高路堤保护,并且部分隐藏在树篱后，树篱上面则被他们切出了用于射击的缺口。从这个位置，雷特贝格可以纵向穿过斜坡，朝西侧英军防线的下方开火。但是他在四臂村用掉了超过半数的弹药，此时无法获取更多补充。在火炮后方、同时向东延伸的是曾在四臂村出场并赢得赞誉的夏尔·贝斯特所部汉诺威后备军和恩斯特·冯·芬克的2366名未经考验的汉诺威民兵。伯恩哈德亲王的旅主要部署在他们的前方。因为他们当时使用的法国步枪弹药少得可怜，奥兰治-拿骚团的第二营被继续留在预备队中。伯恩哈德的轻步兵被从帕佩洛特和拉艾农场，以及斯莫安村和菲谢尔蒙庄园派出充当散兵。前两者位于拉艾圣以东一英里处———一个沼泽谷地，后两者处于更靠东的位置，在溪流的南面。同他们在一起的是半个炮连的3门火炮。约翰·奥姆斯比·范德勒爵士拥有1012骑的骑兵旅，为他们提供支援。

5个骑炮连作为主预备队被配属给了阿克斯布里奇指挥的骑兵，此外还有一个炮兵预备队，它包含3个步炮连。

英军步兵被尽可能地部署在敌军视野范围之外的山脊背坡，一旦敌方炮兵开火，他们可以躺下来。仅有少数暴露在敌军视线之内。只有在山脊前坡的一线炮兵是清楚可见的，即便如此，一些火炮还是在一定程度上受到奥安路路堤的遮蔽和保护或是隐匿在黑麦里。如果散兵无法将自己隐藏在高高的庄稼中，他们同样暴露在外，并且还是可见的，但是深处松散的队列，不值得法军炮兵浪费一发炮弹。

赫西·维维安爵士1240骑骠骑兵的旅，仍由罗伯特·加德纳的6磅骑炮连陪同，掩护着左翼。阵地的东侧区域开阔，并且没有自然屏障，不过威灵顿认为他的东翼将会被普鲁士人掩护，而他们很快就会同自己会合，将极大地增强他较为虚弱的东部阵线。加德纳炮连的一个军官注视着维维安接受命令：

威廉·德兰西爵士指向了我们左侧普鲁士人将会到来的方向，而赫西·维维安爵士绝不能从指派的阵地离开，直到他同普鲁士人取得联络并且普鲁士人同他会合，或是抵达他的左侧。威廉·德兰西爵士指出了一座山冈上种植园旁的暗点说，如果它们是军队，它们一定是普鲁士步哨。我附注下,它们的确是军队。[14]

埃德蒙·惠特利的怀表明显是慢的,他回忆称:"一枚炮弹从空中呼啸而过,我们同时惊跳起来。我看了下我的表,它显示刚刚 11 点,星期日上午(伊丽莎此时在沃灵福德或阿宾登的教堂里)。5 分钟之内,骇人的噪声与浩劫开始了。"[15]这是战斗的第一个瞬间。滑铁卢之战拉开了序幕。

第三部分

滑铁卢之战

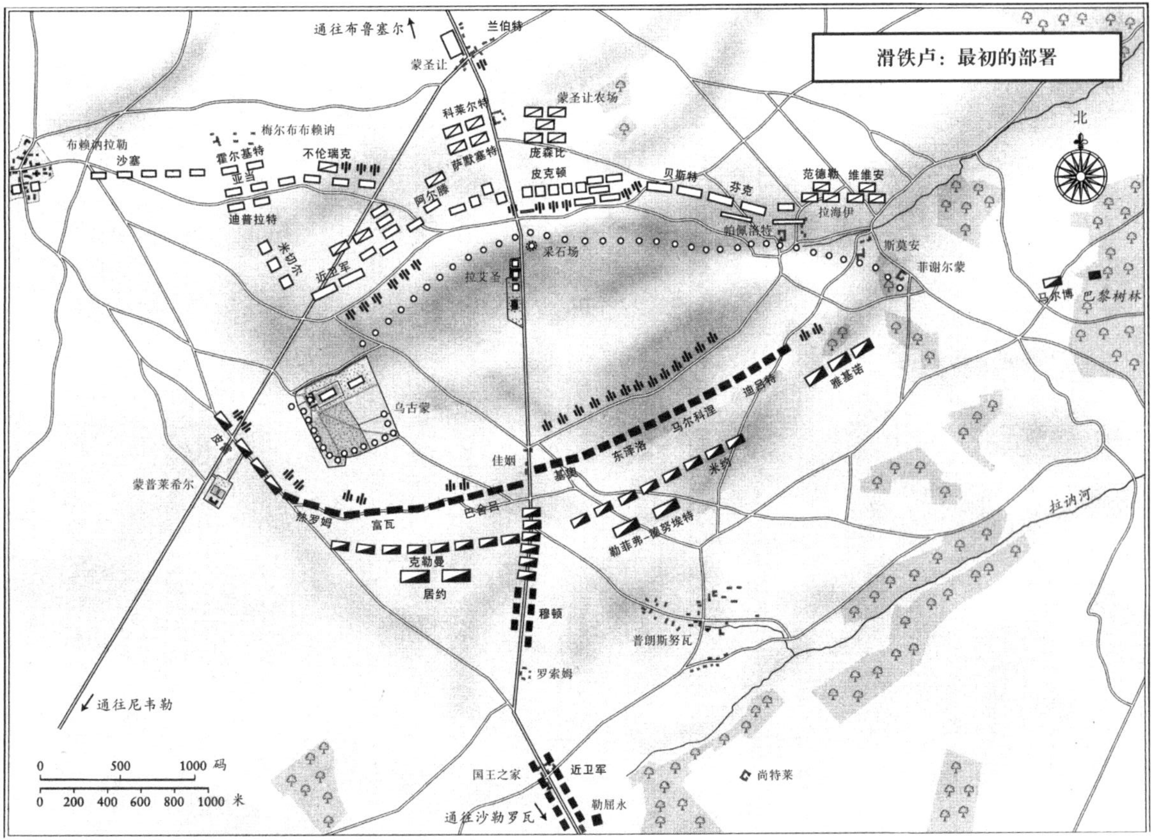
滑铁卢：最初的部署
北
通往布鲁塞尔
兰伯特
蒙圣让
蒙圣让农场
科莱尔特
萨默塞特
庞森比
皮克顿
梅尔布布赖纳
布赖讷拉勒
沙塞
霍尔基特
亚当
不伦瑞克
阿尔滕
迪普拉特
米切尔
近卫军
贝斯特
芬克
范德勒
维维安
拉海伊
帕佩洛特
斯莫安
菲谢尔蒙
采石场
拉艾圣
马尔博
巴黎树林
乌古蒙
皮雷
蒙普莱希尔
热罗姆
富瓦
巴舍吕
佳姻
基奥
东泽洛
马尔科涅
迪吕特
雅基诺
米约
勒菲弗-德努埃特
克勒曼
居约
穆顿
普朗斯努瓦
罗索姆
拉讷河
通往尼韦勒
国王之家
近卫军
勒屈水
尚特莱
通往沙勒罗瓦
0 500 1000 码
0 200 400 600 800 1000 米

46

法军的计划

6月18日上午11点，罗索姆

"一场会战就是一场戏剧化的行动，它有着自身的开端、中段和落幕。而这两支军队采用的战斗序列和导致交战的第一批行动构成了序章。被攻击军队的应对构成了情节。这促成了新的部署，引发了危机，由此迅速得出了结果。"拿破仑以这种方式开始了对滑铁卢会战的描述。

对于这一场已被讨论得十分彻底的战斗来说，关于这些戏剧化的行动是如何展开的，仍存在相当多未知和争议的内容。第一个不确定与法军的计划有关，关于它有两个来源，均声称衍生自拿破仑的说法，却给出了两个完全不同的版本。

第一个说法来自拿破仑的首席传令官加斯帕尔·古尔戈。根据1817年他从圣赫勒拿岛归来后写下的内容，法国军队的部署表明，拿破仑的计划是直接突破盟军的中路，沿着大道将它驱向森林，并切断其左右两翼的退路。另一个说法来自拿破仑在圣赫勒拿岛上"口述"给其他同伴的回忆录。它表明拿破仑的意图是从自己的右翼突破，而左翼防御。德隆军的两个师在洛博的两个师的协助下将进攻拉艾圣，德隆军的另外两个师则在两个骑兵军的支援下在更靠东的位置发起攻击，突破那里的防线，从而"包抄敌军的整个左翼"。与此同时，威灵顿强大的右翼受到雷耶的牵制，将被切断通往布鲁塞尔的去路。拿破仑选择包抄敌军左翼，从而将威灵顿同瓦夫尔的普鲁士人隔离开来，是因为威灵顿的左翼显得虚弱得多，也是因为如果格鲁希出现，他将会在东侧现身，皇帝不想与他隔绝开来。[1]

拿破仑关于自己行为的说法是非常不可靠的：他说给后人的是他做了什么，还是他应该做什么，这一问题需要加以重视。但在这一问题上，没有特别的理由去怀疑他的说法，而赞扬古尔戈。就像古尔戈表述的那样，部署泄露了拿破仑的意图，但为什么说聚集在大道上的预备队没有揭示拿破仑的想法，反而是将3个前线军的军属预备炮兵部署在一线，让它的左翼倚靠在越过佳姻的石子路上，从而支援拿破仑的右翼，而不仅仅是中路，揭露了他的想法呢？上文提到的在拉艾圣以东、面对翁普特达上校的旅和托马斯·皮克顿爵士师的大炮阵部署，证明拿破仑打算向威灵顿那一段的防线施加最大的兵力，因为强大的炮兵支援是攻击的基调。拿破仑指示德隆的炮兵指挥官德萨勒将军使用3个军总计24门的12磅预备火炮和属于第一军4个步兵师的整整32门火炮构建一条火炮阵线，并且在可以同时开火前不要射击，以便震慑并威吓敌人。[2]拿破仑后来声称，这一炮阵包含80门火炮，虽然德萨勒指出他指挥的仅有54门，但有可能是拿破仑在一开始部署了额外由他人指挥的近卫军火炮，就像一些权威认为的那样。[3]

拖着重型火炮穿过厚厚的淤泥进入阵地，并在它们的背后排列好弹药箱和补给马车是一项耗时的工作，所以攻击需要等到炮兵就位。与此同时，近卫军与其他部队仍在从后方挺进。

奈伊元帅被委以执行攻击的命令，此时他已经有了更多的参谋人员。16日晚上，第二个副官加入了皮埃尔·埃梅斯的行列，而在17日的四臂村，第三人奥克塔夫·勒瓦瓦瑟尔出现，此人还带来了元帅的马匹与军事装备。之后，苏尔特至少从自己的参谋中调配了一人给奈伊：让-路易·克拉贝上校，一名久经沙场的比利时骑兵，在大军团的早年曾担任奈伊的副官。因此，在抵达滑铁卢的那天早上，奈伊拥有了一个经验丰富的小型团队以帮助他指挥军队。[4]不过，拿破仑留了一个巨大的预备队在他自己的掌控之下，以便能够利用由威灵顿的反应展现出来的机会。

作为一个正式程序，11点拿破仑向奈伊下达了书面命令，简单说明了他第一次攻击的目标是石子路交会处的蒙圣让村，这次攻击将会受到3个军集结起来的重型火炮的支援，它们将朝山脊另一侧隐藏在视野范围外的部队开火：

1点左右，全军就位，皇帝向奈伊元帅下令，攻击将以夺取位于主干道交会处的蒙圣让村为开端。出于这个目的，第二军和第六军的12磅预备炮连将和第一军预备炮连集中使用。这24门火炮会向据守蒙圣让的敌军开火，德隆伯爵将会以左翼师为先导发起攻势，余下的师见机辅助。

第二军将与德隆伯爵齐头并进。配属于第一军的战斗工兵将做好即刻在蒙圣让设立防御工事的准备。

在他写给德隆的这个命令的副本中，奈伊增加了一条隐晦的注解："德隆伯爵会明白攻击将从左侧开始，而不是右侧。将这一新部署传达给雷耶中将。"[5]

有人可能认为，研究这些命令将会让我们更好地理解拿破仑对于会战进程的意图。但是，命令本身是非常含糊的，从奈伊的附笔明显可知，拿破仑已经将他的意图详细地解释给了奈伊、德隆与雷耶，可能是通过口头。一方面，计划已经改变，但它是如何改变的就不得而知了："攻击将从左侧开始"没有什么意义，除非知道"攻击"是指什么方面。它可能意味着极右翼的牵制性攻击被放弃了，相反转向左翼的乌古蒙。或者它可能是说德隆左手位置的师先发动进攻，而不是右手位置的。雷耶需要知道这点，以便他右手位置的师相比初始预期更早地做好前进的准备。这两个改变均拥有在西侧吸引威灵顿预备队的潜在效果，从而为拿破仑右翼的决定性一击做准备。

考虑到德隆的"左侧"师可能不是意味着地理上的左，而是他排名较后的师——迪吕特的第四师，对于这个命令的理解将进一步复杂化。和英国人一样，法国人往往是以"左侧在先"行军，由排名靠后的部队在前带路。结合所有这些相互冲突的可能性，使用下达给奈伊的命令与他的附笔去推测攻击的细节就显得无意义了，因为在不知晓先前发布的口头指示的情况下，命令本身是模棱两可的。

然而，很明显，雷耶军的角色是防御性质的：他的军官明白，他们将要夺取并守住乌古蒙树林，并防止盟军在法军左翼的任何突破。他们的任务是牵制威灵顿强大的右翼，不惜一切代价坚守阵地，与此同时，剩下的法国军队将以他们为中心打出一记右勾拳。[6]他们只会前进到可以支援德隆对拉艾圣攻击的位置，而在德隆成功夺取蒙圣让后，他们将组成斜线阵式，将德隆的左翼与树林连接起来。

当大炮阵在面对着英军右翼的高地上进入阵地，并且德隆准备进攻时，为了转移敌人的注意力，法军开始发动试探性的攻击，进而评估战场上各个部位敌军的响应兵力。虽然不用花费太多侦察就知道威灵顿军队的主力位于他的右翼，但是他的大多数士兵都在视野范围之外。

当天的第一次交火伴随着东侧法军骑兵与步兵散兵的一次示威而来。泰勒少校的瞭望哨用他们的卡宾枪开火发出警报，而且泰勒看到3个中队的法军骑兵正在接近。他自己的一个骠骑兵中队跨上马，被部署于奥安以西的位置。从那里，他可以看到法军散兵正在同位于分散的农场建筑物周边、借助谷地里树篱与沟渠掩护的拿骚人进行前哨战。之后，法军的骑炮连开火，他们的第一发炮弹就命中了目标，幸运地击杀了拿骚第三营的指挥官。维维安骠骑兵旅剩余的9个中队从他们的宿营地骑马向前支援泰勒，并在小村斯莫安上方的高地排成一线，此后他们前方的小规模交锋逐渐减弱。但是与此同时，他开始从阵地听到，一次更加难以应付的进攻的噪声由更远的右侧传来。

47

对乌古蒙的第一次进攻

6月18日上午11点30分至下午1点，乌古蒙

新地形图的缺点之一便是在几个地貌特征重合的位置使用了容易造成困惑的图标。在拿破仑的地图上，乌古蒙被标注的符号是一个教堂、一个农场和一座庄园，实际上它们是一座宏大的建筑物的组成部分，它们被园子里的高大树木遮挡，隐藏在法军的视线之外。测量员甚至把它的名字都搞错了：这座16世纪建筑物的正确名字是古蒙庄园。[1] 它是86岁的骑士德·卢维尔的乡间宅第，这座气派的庄园也曾经历美好的时光。榆木树林右侧的几何状矮林被砍伐缩减为一块草坪，因为骑士将他的产业租给了一个农民，尽管他仍然雇用一个园丁养护他那片经过整形的珍爱花圃。原矮林西侧的树林仍起着装饰作用，虽然有少量灌木丛，但很容易就能穿过。两条马车道从南面和东南而来，在突出的花园墙体一角会聚。在这里，客人可以从南门进入庄园，或是继续绕过农场的拐角来到马厩的西侧，从北门进入。在北门前，马车道同沿着农场北侧通过的凹陷小路以及两侧长有白杨的林荫道交会，这条林荫道将屋舍和尼韦勒路与通向布赖讷拉勒的小路连接在一起。

庄园的南部入口嵌在供园丁居住的高大门房里，侧面则由花园的围墙保护。其上方的窗户用砖围砌，不过开出的枪眼为防御方提供了击杀进攻者的机会。当天早上，园丁与他5岁的女儿仍在他们的屋子里，士兵们还给了小女孩饼干，但是在战斗开始后，一个中士带着她离开了战场。南门通向一个庭院，其尽头便是庄园本身，它是一座高耸的砖砌建筑物，附有一间突出的小礼拜堂，右侧还有一个架设了螺旋楼梯的塔楼。在西侧的一道短墙上有一面狭窄的门，出了门穿过马车道便是马修·克莱所属的第三

近卫步兵团轻步兵连占据的菜园。该地由树篱环绕，之外是高大的农作物。同样位于南部庭院西侧的还有一个贮藏室，其东侧以高墙为界，墙上有一道通向规则式庭园的大门。

在庄园东侧是附属的一座矮小农舍。在庭院中央，一口被废弃的水井被鸽舍覆盖。西侧则是一个大谷仓和一个较小的棚屋，其东面是一个狭长的L形马厩。庄园北门位于通往布赖讷拉勒的正规道路与一条从果园北侧边缘驶过的凹路的交会处，凹路之外隆起的土地则被树木覆盖。位于建筑物以东的是令主人骄傲与愉悦的规模庞大的花园，里面种植着规则的蔬植与园艺花圃，绵延了200码。"环绕花园的一条林荫道或者说回廊被蔓延的植物遮蔽，其中金银花与茉莉花在棚架上交织在一起。"[2] 花园的南面与东面被墙体隔绝，在北面它被一道树篱同一个狭窄的果园分开。位于花园以东的是一个大果园，它向东又延展了200码，在南部以浓密的树篱为界。

法军的目标是位于庄园南边的树林。他们接到的命令仅仅是夺取并守住它。法军的步兵纵队开始在散兵的掩护下登上通向乌古蒙的起伏地面，与此同时在北部的山脊上，盟军炮兵向他们开火。在这一阶段的后期，阿克斯布里奇伯爵将骑炮兵的指挥权移交给了奥古斯塔斯·弗雷泽爵士，后者立即从预备队召来了罗伯特·布尔的重型榴弹炮。在10分钟的时间里，两个盟军炮连在没有回击的情况下开火。9磅火炮是一种让人不愉快的新鲜事物，要比英军炮兵先前的6磅标准火炮更为强力，而他们的第一次射击就击伤了3个轻步兵。[3] 不久，法军纵队就受到了他们雨点般的榴霰弹打击。

在老练的阿尔芒·吉耶米诺将军的协助下，对乌古蒙的攻击由拿破仑的弟弟热罗姆亲王指挥。其麾下皮埃尔·博迪安旅的第一轻步兵团腾跃兵发起了第一次攻势。在"一阵猛烈的榴弹与霰弹射击"后，博迪安的轻步兵蜂拥而进南边的建筑物和花园，与此同时法军炮兵将目标转向了山脊上的英军火炮。[4] 在树林里，600名左右的法国腾跃兵同数量相近的德意志人决斗：来自阿尔滕师的130名装备来复枪的林地猎兵神枪手，200名汉诺威来复枪兵和担任支援的一个拿骚腾跃兵连。一段时间里，面对法军的精锐，德意志人成功守住了树林。一个来复枪手还射杀了博迪安将军，让第一轻步兵团的屈比埃上校成为该旅的指挥官。

庄园西侧的法军也在向前推进。皮雷伯爵的一些枪骑兵沿着一条通往布赖讷拉勒的凹路向西骑行，缓慢地向英军的右翼迂回，同时他们的半个炮连找到了一处沿着尼韦勒路向东北射击的上佳阵地。这些炮兵巧妙地从纵向朝乌古蒙上方的英军炮兵开火，他们扰乱了英军炮手，却掩护了在乌古蒙南面树林西侧农田作物中悄悄移动的法军散兵。

在这一侧的庄园院子里，英国近卫军的两个职业轻步兵连正防御着菜园的外部树篱，他们的指挥官詹姆斯·麦克唐奈刚刚抓到正闲逛摘樱桃的马修·克莱和他的战友。"你们这群恶棍，"他吼道，"如果我今天生还，我会惩治你们所有人！"[5]然而，不久克莱与他的同伴们便要更为紧迫地忧虑另一个问题：在附近谷地穿行的法军散兵开始在完全隐匿的情况下向他们开火。克莱跪在树篱的后面，感觉到自己的背包和足跟偶尔被从树林中射出来、不过已经减速的交叉火力击中。最终，法军散兵的数量越来越多，他们迫使近卫军朝农场北部的凹路急速退去。

为了减轻他们的压力，希尔将军从米切尔营中派出了3个轻步兵连，向前穿过高大的谷物攻击法军散兵。他们突然出现在高低起伏的地面上，使得法军惊慌失措，他们开火、欢呼、冲锋，一路向南将散兵驱赶过乌古蒙，同时麦克唐奈的轻步兵也发动了一次反击，将法军赶过了菜园的南端。在那里，克莱躲在一个圆形干草堆后面作为掩护。为了将盟军的散兵逐退，法军枪骑兵赶来。见状，前者被命令火速后撤，避免被俘。他们的撤退得到了英军骠骑兵的掩护，而希尔也从第五十一步兵团再派出4个连前来解救，惠勒中士所属的连也在其中。[6]面对炮兵的霰弹射击，他们躲入了连接布赖讷拉勒与乌古蒙的凹路里。

在法军散兵线的后方，屈比埃指挥更为强大的法军轻步兵纵队向前。屈比埃上校是《海贝史》(*Histoire des coquillages de mer*)一书的作者路易-菲利普·德·屈比埃侯爵的私生子。还是一名婴孩时，他在其父母在凡尔赛修道院为玛丽·安托瓦妮特举办的聚会中扮演丘比特，6岁时，当人民攻陷宫殿时他被囚禁了起来。他以一名自由之子的身份由国家养大，

1803年以列兵身份加入军队，参加了大军团所有的重大会战，1807年在埃劳获得了荣誉军团十字勋章。在这场雪中的血腥战斗中，他的胃部被刺刀刺中。1813年他同小说家阿格莱·比福结婚，并在同一年晋升为上校。而在1815年4月，他是拿破仑的上校中唯一投票反对皇帝新宪法的人，因为虽然它相对来说更为开明，但是多数共和主义者认为它开明的程度还不够。

屈比埃策马向前，他的额头因四臂村受的刀伤而裹着绷带，手臂也因为肩膀中弹而挂着吊带。他带领纵队向西绕过树林，迂回正在树林里战斗的德意志人，威胁切断他们的后路。这最终使得汉诺威来复枪兵气馁，在同受到第一轻步兵团越来越多连支援的腾跃兵进行了一个小时的鏖战后急速撤退。来复枪兵向北疾驰冲过建筑物，一些人向西进入菜园，一些人在树篱边的拿骚连的掩护下通过大门逃入了果园。

面对不可见的攻击者射出的凶猛火力，法军的追击戛然而止。烟雾很浓，以至于一些人称他们将红砖砌起的花园墙看成身着红外套的英军步兵组成的横队。[7] 普通的法国士兵之前并不知道被树林遮挡的建筑物的存在，但是比斯根上尉的拿骚掷弹兵正从南部门房开火，另外两个连的拿骚士兵正在花园围墙的枪眼处射击，还有一个连沿着马修·克莱和他的连早前开出射击孔的果园树篱排成一列。[8] 和他们的指挥官一样，这800名拿骚人中的大多数是曾代表法军在西班牙征战5年的老兵，而比斯根本人先后于麦德林与奥康纳这两次战胜西班牙人的战斗中受伤。相对于背后山脊上的英国近卫军，身为轻步兵的他们在执行保卫建筑物的任务时更为训练有素。

在花园围墙的一个枪眼处，列兵约翰·彼得·莱昂哈德兴高采烈地看着雨点般的铅弹将惊慌失措的法国人打得人仰马翻，那些对着他的法军急速后撤。但是在更靠东的位置，他们的防御阵线却在人数更为众多的追击者面前崩溃了，莱昂哈德的战友放弃树篱，穿过果园逃走了。

后方山脊上，在近卫军前方的指挥所，威灵顿嫌恶地看着他们逃脱。"你看到那些家伙逃跑了吗？"他向紧挨着自己的外国随员评论道，"我必须靠这些人赢得会战的胜利。"[9] 此时，罗伯特·布尔的榴弹炮连和一个尼德兰骑炮连抵达庄园后方的英军前线，使得那里的火炮数达到了26门。弗雷泽将布尔的榴弹炮部署在俯瞰乌古蒙树林的位置。他向威灵顿保证自己对它们的准度完全有信心，之后对长有胡须的布尔及其麾下军官仔细解释了当下的情况：他们下方的院子一部由敌军把持，一部由盟军占有。接着，弗雷泽策马向右翼更远处驶去，并部署了一个骑炮连，以便可以沿着尼韦勒道路向下朝着皮雷的炮兵开火，不久又召来诺曼·拉姆齐与卡瓦利耶·梅塞的骑炮连，掩护正受到皮雷所部枪骑兵迂回威胁的米切尔旅右翼。[10] 因此，拿破仑成功地吸引了5个预备炮连（32门火炮）前往乌古蒙区域迎击他的牵制性进攻，正如他所希望的那样。

拿破仑命令克勒曼将军的骑炮兵增援雷耶所部炮兵，因此共有42门法军火炮向乌古蒙上方山脊后的英军开火。时年17岁的第三近卫步兵团的少尉托马斯·韦奇伍德是著名陶艺家乔赛亚·韦奇伍德的孙子，也是进化论的提出者查尔斯·达尔文的表兄。他正烦恼于自己是否会被证明是英勇的。在四臂村，他"最初相当忐忑"，不过那时他所属的营留在了预备队中。此时将昂贵的制服浸入5英寸深的污泥中，他感到自己已经做了更好的准备，相信上帝会放他一马。但是，这种经历是令人煎熬的。他已经两天没有吃东西了，靴子粘在了浮肿的脚上，过些时候，他发现自己的脸庞在一侧收缩，所以在微笑时他的嘴巴偏到了左侧，而他也无法在睁开一只眼睛的情况下闭上另一只。因为没有镜子，他没能注意到因为暴露而造成的局部瘫痪。像其他许多人一样，他只是觉得在炮火下的等待相当紧张："最讨厌的部分在于，当我们身处阵地的顶端，躺在地上无所事事的时候，榴弹与实心弹就像冰雹一样从远处而来，偶尔有一两个人被击杀。"[11] 但仅有两个军官被击中，他不在其中。

在更为靠后和西边的位置，第十四"白金汉郡"团的士兵正在进行一场热烈的辩论。该团在家乡的绰号为"雄鹿"，不过为佛兰德老兵所知的却是"农民"。在那里，军需官的妻子罗斯夫人正拒绝离开战场。与许多直到近来还是乡下民兵的"农民"不同，她是战场上的老手，并在布宜诺斯艾利斯负过伤，当时她的丈夫是第九十五来复枪团的一名中士。这时候，她坚称

"可能会发生不测……这将使得她的帮助变得有用。"最后有人提示她,作为一个中士的妻子,如何正确与恰当地行事,而成为一名军官的妻子后就不是如此了。在听到这一提示后,她退出了战场,在附近的一座教堂里度过了周日剩下的时间。但她不是在侧廊里参加礼拜,而是待在钟楼里,因为在那里她可以拥有一个比两支军队的指挥官还要好的观战视野。[12]

几百码开外,另一个时年17岁的年轻人两日后在给他父亲的信中写道:"在加入激烈的战斗前,我有一种非常好奇的感觉,无论我做什么都无法抑制自己的摆动,虽然炮弹在我头顶100码的距离飞过,不过这只持续了一小会儿,很快我就习惯了。""摆动"是指炮弹通过时低身躲过,对那些需要以身作则的人来说这种行为是严令禁止的。然而,它是当弹跳、呼啸的炮弹制造出它们扑面而来的错觉时人的一种本能反应。[13]

在这些营下方的乌古蒙,激烈的战斗仍旧持续着。在果园以北的凹路(或者说凹陷小道)里,汉诺威人和拿骚人逃向了筑有围墙的花园以东的区域,依靠走下斜坡的第一近卫步兵团轻步兵连重组。他们由索尔顿勋爵指挥,受命前来支援。会师后的部队将追击的法军从果园赶入树林,直至法国人的援军进行另一次进攻,迫使索尔顿的轻步兵一棵树接着一棵树地从果园撤入凹路里。法军将一门榴弹炮拖到了树篱那里,不过冷溪近卫步兵团另外4个连增援了索尔顿,他们一起再一次将法军逐退到南部的树篱。虽然进行了尝试,但是索尔顿未能在那里俘获法军的火炮。

当庄园花园和它东面果园里的战斗此消彼长时,在西面屈比埃上校击退了米切尔旅的轻步兵各连,他们正防守200码长的乌古蒙林荫道与向西通往布赖讷拉勒的凹陷车道。惠勒及其所属的约克郡轻步兵退回到了他们的初始阵线,而麦克唐奈的近卫军则通过北门逃入了庭院。躲在干草堆后面并专注于敌人的克莱没有看到他们离开,他和一个战友被抛在了脑后,隔绝在了外面。克莱想到在靠近农场围墙的路堤那里或许能更好地观察法军,但他先是发现这只会使他更为显眼,又察觉在潮湿的环境下武器并不是总能击发。一般而言，一把枪（每次射击）有九分之一的可能哑火，而在潮湿的天气下这种概率上升到了五分之一或者六分之一，受潮的火药不是唯一的问题。克莱知道"由于潮气的影响，枪机的弹簧会不受控地反弹，以致不能正确运作，而在战斗中笨重的火石变得毫无用处"。就在此时，法军的子弹咯咯作响地击中背后的墙体，而克莱的滑膛枪却不能击发。幸运的是，他也知道"修理这些故障的最快方法是与躺在地上被残杀的那些人更换枪支"。他向南朝一个草堆冲去，在地上发现了一把更为精良的滑膛枪，尚留着使用过的余温。[14]

在西北300码开外的地方，法军的神射手缓慢接近到足够击杀向尼韦勒道路下方开火的英军炮手的距离，从而迫使他们后撤。[15]威灵顿以命令不伦瑞克营和一个汉诺威旅前进到尼韦勒道路上方的高地上做出回应，并派遣不伦瑞克轻步兵进一步向前支援米切尔的散兵。

在已经顺利推进到乌古蒙及其院子以北的散兵线的掩护下，屈比埃对庄园的北大门发起了一次攻击。他派出了由身材高大的勒格罗少尉指挥的攻击小队。此人手持一柄巨斧，以"粉碎者"的外号在士兵间闻名。作为一名前工兵中士，勒格罗于1814年退役，不过拿破仑归来后，他向屈比埃请求自己是否可以重回他先前的团。[16]此刻，他们冒着防守庭院的英国近卫军的火力冲了上去。屈比埃的马匹被射杀，他发现自己被困在死去的坐骑下，且完全处于英军的众目睽睽之下。他不敢相信没有一个防御者选择将他终结，于是断定军官们曾命令手下的士兵不要向他开火。他自己的士兵火速向前，但是麦克唐奈和手下将大门砰地关闭，并用原木将门闩上。克莱的上尉在携带一根原木前往大门处时被击中，他手臂骨折，倒在了地上，随后被手下的士兵抬入了农舍。尽管有原木门闩，"粉碎者"还是破门而入，冲入了院落，不过却在那里激烈的混战中被射杀。近卫军再一次强行将大门紧闭，之后杀死了被困在里面的每一个法国人。[17]

与此同时，冷溪近卫团的3个连试图从北面杀出一条血路进入庄园。"我在这一行动中受伤，"他们的指挥官回忆说，"一匹漂亮的灰马也被射杀了。但是我尽己所能成功击退了他们，直到被所属的营解围。之后，所有人不得不加固我们被命令防守的这个庭院。"[18]在有1200人的不伦瑞克前卫营、近卫营以及第一轻步兵营干预后，乌古蒙西部的局势才被稳定下来，最终逐退了屈比埃的士兵。[19] 法军撤退后，宾旅下辖的冷溪近卫团的400名士兵增援了庭院中麦克唐奈的轻步兵余部；冷溪近卫团的两个连继续同营旗留在山脊的后面。不伦瑞克近卫军与轻步兵营退回到宾旅先前占据的空间，留下他们的前卫营防御林荫道。步行回到树林的屈比埃惊叹于他自己仍然活着。

马修·克莱与他的同伴抓住机会，在涌入庭院增援的冷溪近卫团的后面冲了进去。克莱注意到

> 大门被子弹打成了筛子，而且非常潮湿、肮脏。在入口处躺着许多敌人的死尸。我特别注意到有一具似乎是一个法国军官，但是他们几乎没有区别，看起来像是被多次踩踏过，满身是泥。进入农场内部时，我看到麦克唐奈中校将一大块木头或者说树干抱在手中，他一侧的脸颊留下了血迹，而他的坐骑正躺在不远处流血。他抱着这块木头慌忙闩上大门，以便应对敌军新一轮的攻击。[20]

越来越多的部队卷入乌古蒙院内的这场激烈战斗。滑铁卢战役之后，英国有流言称，英国近卫军面对雷耶的整个军独自坚守住了乌古蒙，而威灵顿也一度宣称："滑铁卢会战的胜利取决于乌古蒙大门的关闭。"无疑，近卫军与他们的德意志战友承担了对等的角色，这些人在防御涉及的区域内对抗热罗姆·波拿巴的师，该师在四臂村遭受惨重损失后约有5900人，而最后富瓦的一些营扮演了支援角色。同雷耶的命令相反，因为他的士兵只要固守他们在树林中的阵地。于是，一连串对乌古蒙的猛烈攻击展开了。

然而，当法军投入越来越多的部队进攻时，威灵顿从没有增援主要由德意志人构成的初始守军也不是事实。1000名英国近卫军本身近乎都是援军，他们被遣去援助800名拿骚兵和330名汉诺威士兵防守乌古蒙，减少人员伤亡，与此同时，另外2000名不伦瑞克士兵和英国轻步兵正保护林荫道与更靠西的凹路一线。如果英军丢失了这座庄园，对威灵顿来说这将是一个重大打击，因而他强有力地捍卫它，他确实也应该那样做。[21]

48
察觉普军的踪迹

6月18日下午12点30分至2点，罗索姆

在对乌古蒙大举进攻时，苏尔特向格鲁希元帅发布了第二道命令。他新近收到了一份格鲁希在早上6点写的报告，报告中格鲁希称普鲁士人意图前往布鲁塞尔同威灵顿会合，而苏尔特的回复如下：

> 元帅阁下，早上6点您写信告知皇帝：您计划从萨尔塔瓦兰出发，前往科尔拜与瓦夫尔。此举与陛下传达给您的想法相契合。然而，皇帝现在要求我告知阁下，您必须继续朝我方机动，并且力图向我部靠拢，以便能在任何敌军出现在你我之间前与我部会合。我对阁下的路线没有任何指示，因为这取决于您探明我部之所在，以及如何最好地指引部队连接两部的通信，并时刻准备攻击和消灭任何试图侵扰我部右翼之敌。当下战斗正在滑铁卢一线展开。
>
> 6月18日下午1点，达尔马蒂公爵

实际上，格鲁希谎报了普鲁士人领先他的距离，以及他出发追击他们的时间，这却误导了拿破仑之后的军事估算。[1]但是最终，法军参谋部开始担心普鲁士人的干预。

苏尔特安慰格鲁希，他向瓦夫尔的进军同皇帝的指示相符，但是特别强调，格鲁希必须此时立刻行动，要赶在任何普鲁士军队出现在他们两者之间前同拿破仑会合。他增加了一句非常急迫的话，将他们所处的位置非常明确地表述了出来："在苏瓦涅森林前方，敌军的中央位于蒙圣让，所以挥师加入我方右翼。"这一戏剧性的语气变化由一条附笔加以解释："一

封刚刚被截获的信件表明，比洛将军将会攻击我部右翼。我们认为，我们可以在圣朗贝尔的高地上察觉这个军的踪迹，因此请勿浪费时间，立刻赶往那里，并当场粉碎比洛部。"[2]

右翼的轻骑兵刚刚抓获了一个负责递送比洛写给威灵顿信件的普鲁士参谋军官。这封信肯定使拿破仑感到非常震惊，因为他发现多达 2.5 万的普鲁士人近在眼前，正要展开攻击他的右翼。如果他早前认为运气已经不像往常一样偏爱他了，这就是一个明确的证明。他们的行动怎么可能如此迅速与大胆呢？他们是怎么避开格鲁希的？拿破仑的参谋人员将他们的望远镜对准东方的地平线搜寻。沙佩勒－圣朗贝尔村在 4 英里开外的位置，透过薄雾与细雨，很值得怀疑他们能看清楚什么，不过他们认为他们可以看到军队。

拿破仑派遣他的副官、首席测绘工兵西蒙·贝尔纳前去探明情况。作为军事地形学方面的专家，没有人比贝尔纳更能领会观察到的情况的含义。他向东骑行两英里或更多的距离，来到极右翼的巴黎树林，在那里马尔博的散兵军官告诉他，他们可以看到纵队正在散兵的引领下不断接近。[3]

格鲁希不仅让普鲁士人溜走，还犯下了一个更大的错误：他让普鲁士人来到了他与拿破仑之间的位置，而根据拿破仑最新的信件，这正是皇帝所担心的。确定格鲁希的位置并将他指引到战场上，突然变得必要起来。如果格鲁希如命令那样攻击瓦夫尔的普军，当时这会起到将他们驱逐到拿破仑右翼的效果，所以此时格鲁希必须改为在瓦夫尔之南抄近路同拿破仑会合，前往普朗斯努瓦村。

与此同时，在大约 14 英里开外的位置，格鲁希元帅仍在按照完全适合 24 小时前局势的悠闲时间表行事。夜间，他从埃克塞尔曼斯处收到报告，称该部的侦察部队发现普军于晚上 8 点 30 分离开图里讷村，踏上了前往瓦夫尔的道路。被派往佩尔韦的军官虽然没有在那里发现普军的踪迹，但也报告说他们正前往瓦夫尔。此外，一份来自瓦兰的报告声称，有 3 个普军纵队从那里经过，而士兵说他们正集结军队去布鲁塞尔附近作战。[4]这个迟迟才泄露出来的消息，让格鲁希在 18 日早上 6 点写了一份新的报告（上文已经描述过苏尔特收到了这份报告），陈述了普鲁士人正向西北前往布鲁塞尔方向的瓦夫尔这一确实无误的新消息。

格鲁希似乎没有想过，普鲁士人可能从瓦夫尔直接向威灵顿此刻的位置前进，而不是向布鲁塞尔，如果事实如此，他最好采取一个更偏西的行军路线。但是，他甚至没有改变他的轻骑兵部署，向他们重申了在军队东侧执行搜索的任务，而当时的情况已经很清楚，最好将他们部署在西侧。这时候毫无疑问的是他需要快速的行动，但是因为他的步兵外出劫掠，此外他们的配给到得比较晚，他们甚至要比计划晚出发一个半小时，18日早上6点他们才开始缓步出发。7点一个龙骑兵旅抵达瓦兰，而格鲁希直到11点才抵达那里。[5] 他确定在利尼参战的3个普鲁士军正前往布鲁塞尔，另一个军也同他们会合，不过一个退役军官给了他错误的消息，称普鲁士人正在瓦夫尔东北集结，这个宽慰的消息让他消除了当下的所有压力。他向苏尔特报告说："他们似乎意图在那里集结，同追军作战或者前去同威灵顿会合，这一计划由他们一贯吹嘘的军官宣布，妄言他们离开16日的战场是为了同布鲁塞尔附近的英军会师。"[6]

格鲁希准确地猜到了普鲁士人的意图，却没有猜到他们付诸实施的速度，他还停下就餐。当莫里斯·热拉尔的参谋长进来说他可以从花园听到炮声时，格鲁希正在吃草莓。而在屋外，参谋人员都在专心听着，一些人甚至将耳朵贴在地面上以判断声音来自何方。当地人估计枪炮声的源头在苏瓦涅森林的边缘。热拉尔将军要求他们应当朝炮声前进，因为他们的当地向导声称，他们可以在四五个小时后抵达那里。他的副手大声吵闹，公然向他提出意见，格鲁希感到被冒犯，他坚持称自己早就知道皇帝意图攻击威灵顿，而拿破仑如果需要他们同其部一道行动，便不会将他们派出去了。尽管如此，考虑到新近才减缓的惊人雨势，热拉尔和其他军官开始讨论炮兵穿过田间小路的可行性。格鲁希通过宣布他的职责是服从皇帝的指示——追击普鲁士人，结束了这一热烈的讨论。

就在那时候，雷米·埃克塞尔曼斯的一个副官带来了瓦夫尔前方有一支强大的普军后卫的消息，并称所有的报告均表明普鲁士人于前天晚上和当天早上穿过桥梁以便同威灵顿联合起来。埃克塞尔曼斯提议在瓦夫尔以南距离他最近的桥梁奥蒂尼渡过迪勒河,以便防止盟军会合。预计到格鲁希会赞同他的想法,埃克塞尔曼斯实际上已经派遣了一个龙骑兵旅带着这一目的,前往距离奥蒂尼一英里以内的位置。从奥蒂尼距离圣朗贝尔下方的拉讷河渡口不足 5 英里,如果埃克塞尔曼斯在那里渡过迪勒河,他可以泰然自若地干扰普鲁士人的进程,让后者处于非常危险的境地。但是格鲁希被将领们未经许可的行为所触怒,他说他会亲自向埃克塞尔曼斯下令,要求他的骑兵协助。当热拉尔请求让他带着自己的步兵和一个旅的骑兵朝着炮火方向前进时,格鲁希拒绝了。他毕竟曾向拿破仑允诺,他会集中使用自己的步兵。[7]

法军加速向瓦夫尔前进。下午 2 点,埃克塞尔曼斯与旺达姆同一支普鲁士人的后卫遭遇,而这证明是格奥尔格·冯·皮尔希军的后卫。格鲁希觉得他实现了自己的目标:赶上了他一直在追击的普鲁士人。于是,他催促部队朝着镇子快马加鞭,以便参加将会以瓦夫尔会战之名为人所知的战斗。

49

大炮阵

6月18日中午12点至下午1点30分，佳姻东侧的山脊

对拿破仑来说，投入战斗突然变得极其紧急。乔纳森·利奇上尉与约翰·金凯德中尉是驻扎在拉艾圣以北采砂场的英军来复枪兵的指挥官。在他们正聆听右侧将近一英里开外乌古蒙的战斗时，一发流弹打烂了一个来复枪兵的脑袋。他们朝着对面的空间望去，试图找出炮弹的来处，但是并没有暴露位置的烟雾喷出。"到此时为止人们只是以茫然的表情怀疑地看着，几乎一个人也无法辨别，"金凯德回忆道，"但是，不久就可以看到无数的小黑点在前方以固定的距离各就各位，我从经验得知它们是数量众多的火炮，虽然除此之外什么也看不到，但它们正毫无疑问地预示着我们注定不会成为空闲的旁观者。"利奇上尉计算出至少有50门火炮正瞄准阿尔滕师和皮克顿师。[1]

拿破仑钟爱火炮。他称呼自己的12磅炮是他的"漂亮女儿"（belles filles），喜欢把它们集中起来，然后用压倒性的火力向他意图发起决定性攻击的地点开火。1806年在耶拿击败普鲁士人时，他集中了25门火炮；第二年在弗里德兰对抗俄国人时是36门；1809年在瓦格拉姆迎战奥地利人时超过了100门；1813年在吕岑是58门；在莱比锡是80门；在哈瑙是56门；1814年在克拉奥讷击败布吕歇尔时是72门。这是一个令人生畏的特点。急速推进的众多骑炮以霰弹轰击俄军阵线赢得了弗里德兰会战，而在吕岑，据称近卫炮兵的每门火炮以每小时50发炮弹的射速射击了两个小时（总数是5800发），从而在敌军战线中轰出一个缺口。这种炮阵的效应并不仅仅是它造成的伤亡，精神影响也同样重大。炮口下，士兵的士气会因为持续不断的掩护炮火，以及意识到己方火炮无法以同样的方式回

击而不断衰减。一个由 80 门火炮组成的炮阵，可以向对面的敌人阵地每小时射击 2000 发炮弹，并且仍可以在攻击展开前的数分钟里增加射速。[2] 在西班牙败于英国人之手时，他严厉斥责兄长约瑟夫："纵队无法击溃横队，除非他们由优势的炮兵火力支援。"[3] 炮兵是拿破仑占据明显优势的兵种——254 门对 156 门，而他正是意图使用这一兵种征服盟军。

当盟军左翼中心对面的一支庞大炮兵正逐渐清晰地形成时，米夫林将军给布吕歇尔与格奈泽瑙写信，告诉他们三个可能事件中的第二个——一次指向威灵顿中路的进攻，确切地说正在发生。[4]

最初，德萨勒将他的 56 门火炮部署在了佳姻（一座位于布鲁塞尔大道上的酒馆）以东的山脊上，位于一条通向帕佩洛特农场的小路后面，或者说与它平行。[5] 山脊在一条向东部突出的斜线上，大致与威灵顿的前线平行。火炮距离盟军的火炮与散兵大致半英里，相较于山脊后方的步兵则更远，不过即便是他们背后的骑兵也在炮弹第一次弹起的长射程之内。炮兵总指挥官吕蒂将军命令德萨勒挑选一个前沿阵地，一旦德隆的步兵击退了威灵顿的前线部队，炮兵就可以推进到那里。再向前 500 码有一条稍微低矮一些的山脊，它位于一个更为主导的位置——在拉艾圣后面大约 250 码处，距离盟军所在的山脊约 600 码，对炮兵来说这是理想的有效射程，因而吕蒂命令炮阵尽快前移至这一位置。[6] 移动将在德隆的步兵同盟军阵线接近之后进行，在那一阶段炮兵将不得不停止射击，以避免射杀己方士兵。

一个拥有 8 门火炮的炮连将在正前方排开 100 码长，考虑到炮连间的间隙，所以德萨勒的战线将会从佳姻以东的一个位置延长八九百码，越过拉艾圣指向阿尔滕与皮克顿的师，以及他们后方的蒙圣让。如果拿破仑已经从近卫军中抽调火炮进行增强，之后他也确实这样做了，那时阵线将会更长。大约 630 人为德萨勒的火炮服务。在后面约 30 码的位置是前车，6 磅炮的前车由 6 匹马拖运，12 磅炮的是 8 匹，每两匹马又有一个骑手掌控。更往后是第一批装载弹药的弹药车，每辆车由 4 匹马拖运。每门 6 磅炮拥有两辆弹药车，每门 12 磅炮则有 3 辆。因此，山脊上有至少 1400 人、1000 多匹马和至少 136 辆弹药车。

当大炮阵开火时，山顶上阿尔滕步兵前方的盟军炮兵"损失惨重"，一些弹药车被炸毁。[7]劳埃德、克利夫斯与罗斯的炮连因最为暴露而首当其冲，卡瓦利耶·梅塞回忆起遇到骑马返回后方寻求支援的劳埃德的场景，称后者请求他："看在上帝的分上帮我一把吧，否则我将被毁灭。我的炮连被炸得粉碎，弹药也耗尽了，除非获得支援，我们将被彻底毁灭。"[8]在东面不远处，罗斯的3门火炮在开局的掩护炮火中被摧毁。他的一个炮手写道："所有未曾发射一枚子弹的人都会有一个想法，那就是世界正在走向毁灭。"[9]

大多数英国军队仍然隐藏在山脊的背坡，他们以横队躺在淤泥里，为了避免武器受潮将它们堆叠在一起。在步兵的后面，牵着马匹的骑兵同样躺了下来。他们在山脊的顶端布置了警戒哨以便观察战事的进展，但是几乎什么也看不清楚。天气再次转晴，但闷热又潮湿，烟雾缭绕在每一个交战之地。偶尔当风力变强时，人们可以看到一些情况，但是大多数时间都烟雾弥漫，因此在任意距离都无法看清目标。

发射炮弹的技艺是让它们在低弹道弹射，就像石块在海面上打出水漂一样，因为在完整的飞行过程中这能提供最大的击杀机会。在此次战斗中，柔软的地面减弱了发射技术的影响，但是地面也没有松软到炮弹在第一次撞击时就伴随巨大的嘎吱声干脆地停下。实心弹在烂泥中继续弹起，大部分榴弹在潮湿的土地上仍然爆炸开来，即使它们并不像期望的那样在空中爆炸。结果，对双方来说，火炮无疑仍是效率最高的杀手。

56门火炮以每小时1400发实心弹和榴弹的均速向威灵顿的战线倾泻火力（而这只是最小值，因为拿破仑可能部署了更多的火炮）。当炮手在一次进攻前或者为了让敌军恐惧而增加到最高射速时，他们可以在短时间内每分钟发射同样数量的炮弹。[10]

因为山脊在他们所处的位置变宽，基尔曼斯埃格的汉诺威人与附近的拿骚人无法像其他旅那样有效地隐藏在山脊背后，只能暴露在大炮阵的直接火力之下。就像拿破仑想的那样，基尔曼斯埃格麾下吕讷堡营的卡尔·雅各比上尉便是那些感受到轰击产生的震撼与恐怖的人之一，但是这并没有使他感到畏惧：

> 一种奇妙的崇高感笼罩了我们所有人。我们曾在许多战斗中奋勇作战，但是之前从未像这次一样作为一支庞大军队的一部分。先前，我们也从未参加过一场能够决定远近国家命运的战斗。当炮击变得愈加猛烈，当我们注意到敌军的攻击纵队深入战场，当最前面的法军各营开始展开……夜间和早上的所有苦难都被忘却了。

KGL第五战列营的埃德蒙·惠特利中尉写道："几乎可以感到空气因为大量炮击而产生的波动。第一个被击中的人位于我左侧第五列。他极度扭曲地侧躺在地上，身上的每一块肌肉都皱缩起来，他在剧烈的疼痛中不停转动着手肘，然后彻底倒下荣耀地死去了，将他的最后一息留在了这块著名的战地。上帝保佑我！"

虽然阿尔滕的士兵遭受了一些伤亡，但是绝大多数的炮弹从他们的头顶呼啸而过，跳飞到预备队所在的空间，比如拿骚人报告称在这一阶段遭受了约80人的伤亡。在他们的后面，冯·阿伦席尔德少将的骠骑兵损失了数个士兵和20匹战马，尽管他们移动了位置以避开火线。KGL第三骠骑兵团团长的一条腿被一颗炮弹粉碎，之后他在布鲁塞尔去世。近卫骑兵躺在斜坡坡顶的背面，让他们惊奇的是，身后的坎伯兰骠骑兵团没有效仿他们，相反，他们的团长策马前往翁普特达处，请求后撤以躲避炮兵火力。向北走下斜坡的许多伤员在穿过骑兵时被击中，因为大量的炮弹在那里落地。国王龙骑近卫团的列兵托马斯·哈斯克尔在参军之前曾是一名长袜针织工或织袜机工，他承认自己"从小就是一个恶棍，虽然从事过许多事，但是从来没有干长过任何一件事"。尽管如此，他仍怀有强烈的宗教信仰，并由"炮弹呼啸地划过斜坡，偶尔击中我们的士兵或马匹"讽刺地想起，这是星期天的上午，在家乡"成千上万的同胞在这一刻聚集起来敬拜上帝"。攻击还在持续，阿克斯布里奇伯爵驱马来到高坡的顶端，以便尽可能一览战事的进展。[11]

当大炮阵开火时，皇帝发出了开始朝蒙圣让展开第一次主攻的信号。德隆的2万名步兵从距离盟军所在山脊3000步的位置进军。一般说来，他们均会从法军火炮阵线挑选一条道路前进，不过这意味着他们要分散成狭窄的纵列,穿过一波又一波的车辆和弹药供给。步兵一列列通过,造成火炮在很长一段时间里熄火,并在步兵中引发不少混乱。卡尔·冯·雷特贝格指挥的盟军炮连位于观测这一行动的最佳位置,他事后制作的一张地图草图表明,大多数法军步兵并不是穿过火炮,而是绕过它们的东侧前进的,因为法军火炮处于高地,所以他们的大部分接敌行军被隐匿在视线范围之外。1815年登载在《一个英国参谋军官的滑铁卢会战记述》(*An Account of the Battle of Waterloo ... by a British Officer on the Staff*)中的地图同样显示,法军步兵绕过而不是穿过火炮所处的山脊。其中一个旅将军写道:"中午,德隆伯爵的军从极右翼朝着拉艾圣前进,攻击敌军左翼。"普鲁士的联络官米夫林也指出,德隆军的初始位置相当靠东:"大约2点,突然出现了4支规模庞大的步兵,他们在佳姻高地背后朝着帕佩洛特完成部署,以左翼在先呈梯队前进,左翼直指拉艾圣。"位于英军阵线极左翼的一个炮兵军官评论了法军是如何在几乎没有注意他们背后的英军骑兵的情况下,通过他们侧翼的。[12]1797年在拿破仑的里沃利大捷中失去了一条手臂的若阿基姆·基奥是一名拥有诸多荣誉,且有着非凡战绩的战士。有可能他的师从大炮阵的西侧进军,一个旅穿过布鲁塞尔大道前往拉艾圣以西的区域,另一个向东转向进入谷地。[13]

第一师夏尔-弗朗索瓦·布儒瓦将军旅的路易·康莱下士回忆说,在谷地底端时,他们避开了盟军炮连的火力侵袭,双方的实心弹与榴弹从他们的头顶呼啸而过。展开之后,他们在所处的位置停留了半个小时才开始前进。[14]如果他们穿过火炮持续前进,这一停顿就无法解释,但他们也可能是不得不等待其他从更远处出发的师。来自"卡梅伦"团轻步兵连的散兵在一支敌军纵队进入他们前方的视野后从谷地撤出,而另一个纵队被看到"沿着谷地来到我们的左侧"。[15]以这种方式前进部署的优势是,法军火炮可以继续射击,直到步兵离开谷地朝着盟军火炮进行最后的攀登。

在右翼,迪吕特将军派出了一列散兵,前往帕佩洛特和拉艾农场布置佯攻。在一段时间里法军腾跃兵还同守军争夺帕佩洛特的控制权,但是他们的人数不可能太多,因为一个拿骚连就足以将他们逐退。迪吕特将兵力不多的第八十五步兵团分遣出来,守卫己方左侧的12门火炮,然后将他剩余的 3 个团面对帕佩洛特和拉艾停下，而马尔科涅与东泽洛的师左转继续沿着谷底向西前进。[16] 当抵达攻击位置时，他们就迅速展开。

关于法军步兵使用的阵形，分歧很大。法军通常的攻击队形是以两个连为正面，宽 48 人、纵深 9 人的营纵队，腾跃兵连在前充当散兵。这一紧凑队形的优点是容易越过障碍物。步兵营将以这种队形逼近敌军，然后扩展其正面组成一条 3 列的横队，再同敌人短兵相接。然而，组成两列横队的英军会保留火力直到法军展开，接着从近距离发出毁灭性的齐射，再发起冲锋。凭借这一习惯，他们多次打败这种阵形。

滑铁卢的许多法军将领在半岛多次体会过打败英军步兵的困难，让-巴蒂斯特·德鲁奥·德隆便是其中之一。他认识到士兵们攻击敌军的疯狂热情难以抑制，以井然有序的方式在最后一刻将他们展开的前景并不美好。因此，据称他采用了一种简陋阵形，18 世纪 90 年代革命军队在其早期获胜的战役中也曾使用过这种阵形。这是一种以一个展开为横队的营为正面，各营一个接着一个紧密地堆叠在一起的阵形，相互之间没有 150 步的间距。在这一阵形中，数量众多的士兵将进行编队，于是每个营都有大约 140 人的正面和 3 人的纵深，这意味着他们已经处在横队中。位于左侧的布儒瓦男爵的旅由 4 个营组成，因而他的纵深为 12 人，各营间只有几码的距离。德隆希望利用手下士兵由焕然一新的革命热情鼓舞出的冲击力与满腔热忱，击穿英军的单薄横队。

但是，这种阵形也有缺点：相对于纵队，横队更容易因崎岖的地形而失去秩序，各营间也没有足够的空间从容地改变队形与方向，虽然在紧急的情况下，可以很容易通过各横队末端的排朝外转向拼凑出一个简陋的方阵。如果侧翼被骑兵攻击，密集纵队可能会进行这种变换，不过德隆最不会想到的就是一次由英国骑兵发起的攻击。在西班牙，很少能在战场上看到英国骑兵。

在 19 世纪 40 年代，整个师采用笨拙队形的故事从伊波利特·德·莫迪的波拿巴党人圈子流传开来。政府的官方报纸《箴言报》在它对德隆攻击的描述中提到的是"旅"而不是"师"，而包括拿破仑在内，没有一个高级指挥官在他们的报告中解释德隆使用的队形。1815 年 8 月，马尔科涅师的马丁中尉写道，当部队在谷地里列队时，他们"以旅为单位的密集队形"与"以营为单位的密集纵队"部署。指挥东泽洛师一个旅的尼古拉·施米茨于 1815 年 6 月写道，他所属的师"在第三师（马尔科涅师）的后方成梯队组成以营为单位的纵队"。这些早期的记述表明他们使用了一种密集的队形，不过就像《箴言报》一样，马丁是说旅，而不是整个师。[17]

在德隆的部队进行了他们的接敌行军后，雅克·叙贝尔维麾下 11 个中队的枪骑兵与猎骑兵以及洛博伯爵麾下的两个步兵师向右侧前进，来到了德隆麾下士兵先前占据的谷地，准备前去支援他们，或是扩张他们的战果。而近卫军则以师为单位的密集纵队从罗索姆出发，前去填补洛博离开后，布鲁塞尔大道左侧空下的区域。一个从厄尔巴岛跟随爱人而来的随军商贩，在近卫军纵队的后方走在爱人背后时被一发炮弹击中，她的鲜血染透了他的背包和熊皮帽。他们将她埋葬在路旁，用从一面树篱上砍下的枝条制作的一个十字架在她坟墓上做了标记，并在上面固定了一则墓志铭："这里躺着的是玛丽，帝国老近卫军第一近卫掷弹步兵团的随军商贩，于 1815 年 6 月 18 日下午 2 点在战场阵亡。"[18] 她是他们在这场战斗中的第一个伤亡人员。

50
德隆的攻击

6月18日下午1点30分至2点，威灵顿的左翼

在前哨战、牵制性进攻与炮击后，真正的攻击即将展开。对于威灵顿一侧谷地有经验的士兵来说，从法军炮手将他们的射速加快到每分钟两到三发，而且实心弹和榴弹不再是偶尔而是不断呼啸而过来看，这种趋势可能是明显的。但是，即便如此，想要知道主攻将从何而来也是困难的。对于正位于山脊上近卫军附近威灵顿的参谋们来说，从左侧法军大炮阵扬起的烟雾墙，与他们右侧几乎一样多的法军火炮产生的烟雾相当。

在德隆展开进攻前，奈伊元帅命令对乌古蒙进行第二次牵制进攻，以转移注意力。来自雷耶第二军的热罗姆所部精锐战列步兵团，在四臂村的艰苦战斗后仍有3000人之众。他们攻击了建筑物、花园与果园。让－路易·博少校指挥第一战列步兵团发起了两次突击。经过激烈的交锋，许多军官被德意志来复枪兵的精准火力击毙，在之后的报告中他对后者表示了赞赏。他们被击退，于是他将前两个营的余部派去迂回侧翼。他还亲自率领第三营，这一次他自己也被击中，手臂被一发子弹折断。[1]

站在庄园稍高的楼层，拿骚军团的比斯根上尉看到法军匆忙赶来。他们试图爬上花园围墙并将菜园里的干草堆点燃，希望火势蔓延到建筑物。法军的一个营长事后写道，他理解自己收到的命令，没有必要攻击庄园，但是士兵们不断地向围墙猛冲过去，然后逃离，由于深知守住树林的必要性，他需要不断地将他们带回其中，因为军队将以此地为枢轴。一次，当他靠在树林边缘的一个路堤上时，听到有什么东西在他的背后移动，他转身后看到一发榴弹正沿着右侧的斜坡滚下。他立刻扑倒在地上，因而榴弹爆炸没有伤到他。[2]

法军第二战列步兵团针对果园展开了他们的进攻。果园里的索尔顿勋爵所部近卫军、拿骚与汉诺威士兵，同样身处树林里的轻步兵以及躺在其左侧田地高大谷物里大量散兵的火力之下。法军的攻击纵队将索尔顿的士兵逐退进果园，但是他们成功地依靠北部凹路里的两个德意志连重整旗鼓。得到了苏格兰近卫团的增援后，德意志人发起了反击，果园几度易手。为了应对法军的下一次进攻，苏格兰近卫团的剩余各连从斜坡下来进入果园。冷溪近卫团防守有墙体环绕的庞大花园，除了增援南侧围墙枪眼处的拿骚人，还向正对果园的东侧围墙分配了人手。除了看护冷溪近卫团军旗的两个连，宾的整个旅此时都进入了乌古蒙，使得围墙内的守军，包括伤亡人员，达到了大约3000人。[3]

近卫轻步兵马修·克莱被"部署在庄园上层的一间房屋里"，他能够俯瞰余下所有的建筑物，而他所在房间的窗户是"骚扰"敌军散兵的绝佳位置。[4] 与此同时，热罗姆的士兵重启了对农场西侧的攻势，他们以强大的散兵线向前穿过高大的谷物，攻击部署在通向布赖讷拉勒的林荫道和凹路一线的不伦瑞克与"约克郡"轻步兵。由于皮雷的法军枪骑兵似乎要迂回这些轻步兵的侧翼，阿克斯布里奇伯爵命令格兰特将军的骑兵前往极右翼同他们对垒；德恩贝格的骑兵则向西骑去，代替格兰特的骑兵支援近卫步兵，从而削弱中路的兵力。

在他们的对面，吉尔伯特·巴舍吕男爵的师向前进发，守住了正好位于乌古蒙与拉艾圣以南的一线，以便协助若阿基姆·基奥的士兵对拉艾圣农场的进攻。在罗索姆附近的小丘上，拿破仑观察着战况。"当战况如他所料时，"他的车夫回忆说，"他会吸食大量的鼻烟。而若有任何推进，他则会急不可耐地抖掉手指上残留的鼻烟。在滑铁卢会战期间，针对军队的各个动作，他将这一习惯表现得淋漓尽致，以至于引人注目。"[5]

虽然几乎没有做防御的准备，但以白色涂料粉刷的拉艾圣砖砌农家场院本身就很坚固。农场坐落在通向布鲁塞尔的石子路与通向奥安的小路的交叉路口下方200码处，在这一地点两条道路都深陷于地下。一座覆有灰瓦的白色农舍与毗连的装有大量家鸽饲料的L形马厩，围住了铺有鹅卵石的农家庭院的北面和西面。南侧则是一个大型谷仓和一面高大的围墙，这面墙还围住庭院的东面，从而将农舍与谷仓连起来，虽然仅有的可供守军在上方射击的平台是一个被他们称为"猪舍"的坡棚。建筑物占地大约为50平方米，有一个池塘位于其东南角。位于农场南面的是一个果园，它有80码宽、200码长，由一面与道路挨着的树篱围绕。农场以北是一个非常泥泞的菜园，70码宽、40码长，朝向道路的那一侧由围墙封闭，其他侧由树篱环绕。

建筑物缺少用于朝外射击的窗户，不过除了从道路通向院子的主大门，还有5扇门通向庭院和1扇门通往谷仓西侧。因为谷仓的门在前一天晚上被用作柴火，这一不幸事件此时造成了一个大大的空洞。巴林少校将他6个连中的3个部署在果园中，2个在建筑物里，1个在菜园中。巴林少校自己也骑马前往果园。除此之外，来自KGL第一轻步兵营的170名来复枪手听从命令向前去往菜园附近充当散兵；140名英国来复枪手位于农场以北仅50码的采砂场。拉艾圣内部与附近的初始总防御兵力大约有700名绿衣来复枪手。

在果园里，士兵们躺在树篱后农场所在山谷的潮湿草地上，直到法军散兵突然出现在他们前面的斜坡上，并蹲伏到谷地里。来复枪手们接到命令，要等到法军主纵队出现才开火，但是法军腾跃兵却开始了他们狙杀军官的任务。他们的第一发子弹打断了巴林马匹的缰绳，因为巴林骑在马上很显眼，他们的下一发子弹击毙了他的副手伯泽维尔少校胯下的坐骑。散兵之后，成队列的步兵赶来，他们迈着鼓手敲击的冲锋步伐，行进速度很快。直到此时，来复枪手才开火。他们的第一轮齐射击杀了许多排列比较紧密的法国人，但这并没有阻止他们的前进。来复枪手林道的朋友被击中身亡，尸体就躺在他旁边，而他的兄弟在法军向树篱猛攻时将其部濒死的上尉带入了农场，与此同时，另一支法军营纵队穿过果园向建筑物杀去，途中危及果林中200名来复枪手的性命。他们向敞开的谷仓跑去，期间伯泽维尔少校中弹。他站了起来，不过之后面朝下倒在泥浆里死掉了。巴林的坐骑因一条腿折断而倒在地上。激烈的混战中，来复枪手在谷仓的入口处用力挤过法军，然后在谷仓的尽头进行抵抗。多亏了院落里的来复枪手向谷仓传递装填好的贝克来复枪，他们才得以不间断地射击，这使得法国人不敢进入。[6]

乔治·格雷姆中尉的连从道路上路障的后面开火，直到法军逼近。之后，他们逃入农场，爬上"猪舍"射杀路面上的法军。因为海拔高于大道，采砂场的来复枪手处在狙杀攻击农场入口与菜园的法军军官的绝佳位置。

这时候，在东部，在布儒瓦男爵的旅抵达位于布鲁塞尔大道附近的初始位置半小时后，奈伊下达了攻击的命令。3个旅纵队（每个都约为2000人）朝着托马斯·皮克顿爵士所部杀去。他们分别由布儒瓦、诺盖斯和格勒尼耶指挥，而东泽洛师两个更强大的旅在后跟随作为预备队。他们以左翼在先的梯队前进，因此由第二十八步兵团引领进攻。对于康莱来说，其久经战阵的参谋尉官组织了他们紧密堆叠的营纵队，此人看起来脸色苍白且全神贯注：从1809年的塔拉韦拉开始，第二十八步兵团同英国人一路战斗到1813年的维多利亚，于博上尉知道从防守山脊的英国士兵那里会遭遇什么。

当组成纵队时，德隆伯爵向他们致辞，告诉他们这就是不成功便成仁之日。前进的信号一发出，士兵们就发出震耳欲聋般的欢呼声"皇帝万岁！"。鼓手敲起了冲锋曲，笨重的纵队开始朝着来复枪手与盟军的12门火炮登上斜坡。待他们进入视野后，盟军火炮就将炮口转向纵队。"因为霰弹，整排的士兵不见了，"雅克·马丁写道，"但是没有什么能阻止我们前进。队伍继续维持同样的秩序和精准度。"军官再次遭到来复枪手的狙杀，康莱回忆道："我们走了还没有100步，我们第二营的指挥官马朗斯便受了致命伤。"

我们连的连长杜泽尔身中两弹；参谋尉官于博和旗手科斯阵亡。然而，在整个过程中，我们的军官以平静、严肃的声音使得唯一的命令"收紧队形！"被执行。在英军炮连第二次开火时，掷弹兵鼓手勒库安特的手臂被弹片截断，不过这个勇敢的人继续在前排行进，用左手击打着冲锋的鼓点，直到因失血过多而昏厥。

第三次开火击垮了纵队的第一列，"收紧队形！"这一可怕的呼喊声再次响起，但它并未让他们充满恐惧，相反，他们的损失强化了士兵对于取胜和为他们的同袍复仇的意志。

布儒瓦的一个副官是一位头发斑白的老将，他认为士兵的狂热是危险的。士兵因为试图尽快穿过让人腻烦的泥地而精疲力竭，他们脚下稠密黏腻的泥浆正不断扯掉他们的鞋子，所以到达炮火下时，他们的队列存在不少混乱。在他们后方不远处，即在马尔科涅纵队的前面，雅克·马丁中尉估算他们通常只需花费五六分钟就能完成接下来要行进的路程，但是他们正在穿过的柔软、潮湿的黏土地以及高大的黑麦田极大地减缓了他们的进度，以至于敌军炮兵拥有足够的时间消灭他们。[7]

但是，对于法国人来说幸运的是，他们遭遇的火炮很少。威灵顿的大多数火炮此时被部署在乌古蒙周围，而被派去阻止这一大规模进攻的仅有正面托马斯·罗杰斯与阿德里安·比勒费尔德的12门火炮，以及侧翼雷特贝格的6门火炮。和炮兵同在第一线的是大约250名来复枪手与四臂村一役后比兰特旅2400名左右的幸存者。在他们后方的是皮克顿英国师的生还者，大约有3000人。

罗杰斯与比勒费尔德均在四臂村遭遇重创，而不久他们就遭遇了另一个重创：罗杰斯在滑铁卢没有使用榴弹，所以他那些曾在前一天撤退时开火的榴弹炮想必在早些时候就被法军炮兵摧毁了，而他的火炮全天仅发射了259发实心弹。雷特贝格的炮连处在向法军施加纵向火力的绝佳位置，而在他们前进、展开以及攻击的大部分过程中他也一直是这样做的。不幸的是，他在6月16日使用了大量的弹药，而又无法找到更多弹药。在德隆的攻击后，他几乎弹尽粮绝，所以他的炮连在滑铁卢消耗的477发炮弹（平均每门80发）一定是在第一次进攻中就几乎被打光了。[8]

"我们会凭借自己的英勇摘得桂冠，"马丁写道，"英国人开始溜走，他们的火炮也在疾速而退。"当法军接近时，比勒费尔德决心不再损失更多火炮，他将6磅火炮装上前车并离开。对于穿过冰雹般火力杀来的法军，荷兰第七民兵团的资深上尉肃然起敬。"他们外形齐整，"他在7月写给姐姐的信中写道，"这些密集队形没有一个瓦解的。不久，我们看到他们以攻击步伐穿过阵地，而我们旅所在的高地就在第一线。我们不可能抵御他们的第一次冲击。我们收到了撤退到身处第二线的英国部队后方的命令。到这个时候，我们伤亡惨重。"佩尔蓬谢将军已经失去了两匹坐骑，而他的参谋长在士兵后撤之前就已经受伤。他们中的一些人在英军的第二条战线后重整旗鼓。[9]

法军散兵接近采砂场，他们跪在黑麦中同来复枪手对决，此时鼓声依旧，呐喊声依旧，他们的主纵队则继续前进。他们不得不向右移动以避开采砂场，此举造成的延迟与混乱意味着他们被右侧的旅几乎赶上。同时，正经过拉艾圣的各营从另一侧迂回采砂场中的来复枪手。当法军就要切断他们的退路时，来复枪手们徒步行走，寻求奥安凹路里他们后援连的保护，而一些来复枪兵军官不得不迅速脱离同他们法国同行的决斗。金凯德骑着他的马穿过树篱，并在察觉援军也开始撤退时，将士兵重组到树篱几码后的一条新的阵线。

似乎过了很长时间，康莱抵达了小路，并爬上了另一侧的高路埂。敌军火炮一直从它的后面开火。爬过树篱后，他发现可以移动的火炮不见了，并看到指挥着一门因炮架受损而无法移动的火炮的英国中士将一枚金属钉敲入点火孔，以防止它被法军使用。[10]

爬上泥泞的路埂时，康莱滑了一下，绑腿的带子断了，脚后跟从鞋子里露出来。当他弯腰将鞋子重新穿好时，有什么东西将他的高筒军帽向后撞去：一发子弹将帽子饰板上的数字"28"变成了一个"0"，并在穿透饰板时擦过了他的脑袋。他侥幸逃过一劫。

51
克拉贝的冲锋

6月18日下午1点50分，中路

对于坐镇盟军阵线中路的奥兰治亲王以及他的顾问来说，很明显法军的一次主攻指向了他们所处的区域，守住拉艾圣就显得尤为重要。为了支援这一正遭受大量散兵攻击的农场，冯·阿尔滕将军派出了身着绿外套的吕讷堡轻步兵营和KGL第一轻步兵营的余部。而随着法军的后撤，汉诺威人重新夺取了农场南面的果园。巴林的一些来复枪手从院落夺门而出，与友军一道展开为一条强大的散兵线同法军散兵对抗。雅各比上尉的连则进入果园，防守树篱。

巴林少校与他们在果园时，一个军官骑马赶来告诉他法国人包围了他们身后的菜园，他的士兵已经无法再支撑下去。巴林命令他放弃菜园，并将士兵撤入农场。正当巴林意识到法军向东迁回他们时，一个法军纵队再次从正面冲了上来。雅各比的士兵从果园方向逃过来，即便在逃跑途中，他们也仍旧听到了"胸甲骑兵！胸甲骑兵！"的呼喊声。巴林设法将手下的士兵召集到他的身边并撤入农场，不过他们同吕讷堡人混杂在了一起：

> 来援助的那个营人数比我的士兵要多很多。与此同时，敌军步兵占据了花园，部署在那里的散兵遭到一支纵队的攻击后被逐出，来支援的士兵看到了开阔地带的胸甲骑兵，因而能想象到他们唯一逃生的机会就是奔向军队的主阵地。我的声音无法大到让他们听到，同样，纵使我万般努力也无法让我的士兵停下并聚集到一起。在被骑兵追上后，我们又受到了敌军步兵的攻击，这些人包围了花园，并让逃回主阵地的士兵陷入了他们的火力之下。这一努力只取得了部分成功。[1]

这些胸甲骑兵据称属于一支由奈伊临时拼凑的特殊部队，他要求他的团长各贡献一个中队。如果这是真的，这是一支规模颇为可观并且实力较为均衡的骑兵力量。奈伊从中派出一些胸甲骑兵中队去掩护他的步兵攻击，并将他们交由自己旧时的副官让-路易·德·克拉贝指挥。总参谋部看到奈伊元帅需要协助，于是将这位比利时老兵派遣给他。据一位团长回忆，他们的目标是拉艾圣上方盟军的24门英式火炮。[2]

克拉贝的一些胸甲骑兵冲入了吕讷堡人之中，后者因为延展的散兵队形而无法抵抗，轻步兵则四散逃亡。他们的指挥官受伤了，少校被俘，一面军旗也被夺走。[3]该营阵亡、负伤、被俘、逃散的总损失人数是如此之多，以至于它几乎不复存在，并且也没有再作为一支部队参加之后的战斗，尽管那些逃脱的人躲进了凹路的树篱与路堤之间以及斜坡上的方阵里。卡尔·雅各比逃入了一个方阵，在其后方他发现了受伤并且失去坐骑的营长。"我们当中没人知道他是怎么逃过战马的铁蹄或骑士的利刃的，"雅各比写道，"有阵子，我们的视觉和听觉确切地说都不管用了。"某人借给他一匹马，以便将营长载往布鲁塞尔，雅各比和其他大多数幸存者也跟随他们的指挥官前往那里。[4]

米歇尔·奥德内上校声称是他的中队驱散了散兵，然后继续前进攻击炮手，最终又同一个步兵方阵较量。此时奥德内的坐骑被击毙，他本人的脖子也被击伤。他可能指挥了登上山脊并朝基尔曼斯埃格的汉诺威旅发动冲锋的部队。然而，至关重要的是，汉诺威人及时组成两个方阵稳住了阵脚，并且等到法军距离40步时才进行射击。德意志人俘获了一名参谋军官和一名团长，他们的坐骑被射杀，而胸甲骑兵则转向离开，前往被丢弃的盟军火炮附近重组。[5]

再往东，胸甲骑兵发现了另一个有希望的目标，因为克里斯蒂安·冯·翁普特达被命令派出KGL第八战列营迎战从拉艾圣莱园向北进发的法军。翁普特达的旅虽然兵微将寡，却由4支非常优秀且久经沙场的部队组成，而翁普特达本人也是KGL最杰出的军官之一，他凭借自己的勇气和超强的判断力而备受推崇。从不懈怠于批评自己长官的埃德蒙·惠特利对他充满了敬意，这股敬意最早是于西班牙的一个下午同翁普特达及其两个侄子（克里斯蒂安和路易）坐下观战时赢得的。* 此时，17 岁的克里斯蒂安与 15 岁的路易再次同他一起出现在战场上。

第八战列营向法军营发起了冲锋，却在看到敌人转向离去时，遭到了胸甲骑兵的冲击。胸甲骑兵攻击了他们的右翼，在他们惊慌失措之际大肆砍杀。拿着军旗的少尉受了 3 处刀伤，倒在了地上；一个中士拾起了军旗，但是一个胸甲骑兵将他的手臂砍下，夺得旗帜后策马而去。他们的指挥官受了重伤，手下的士兵则向山顶溃逃，在那里他们的少校将残部重组为一个小方阵。[6]

翁普特达的第五营向前支援第八营。虽然他们是经验丰富的部队，但是他们在西班牙从来没有面对过胸甲骑兵，自然畏惧拿破仑手下身负铠甲的精英。此刻，雷鸣般的铁蹄声与钢铁胸甲反射出来的太阳光芒预示这支著名重骑兵的到来，惠特利中尉看到"一股黑色的旋风"杀过来。他与他的士兵刚好组成方阵：

> "稳住！""坚持住！"的呼喊声从附近的小方阵传来，很快这支庞大的队伍就冲向了我们。这些身着重甲的骑兵在空中挥舞着马刀，并用刀柄击打着他们的盔甲，阳光照射在他们的战甲上闪闪发亮。在看到这样一支队伍急速杀过来时，没有语言能够表述我们的感受。风中凌乱的长马鬃则使我们惊怖到混乱不堪的地步。

不过，第五营寸步不让，披甲骑士从他们身旁疾驰而过。[7]

就在奥安凹路的前方，部署有休·罗斯爵士 9 磅炮连的 4 门火炮，还有两门火炮位于下方的大道上。他们进行了一轮霰弹齐射，迫使朝他们冲锋的胸甲骑兵改变方向离开道路，而炮手则力图将火炮装上前车，"但是在我们能移动一码之前，法国人便都出现在了我们身边"。[8] 在他们逃跑时，胸甲骑兵收割炮手，宰杀马匹，割断皮质挽绳。在布鲁塞尔大道穿过的路

---

* 当天的战斗过程中炮弹横飞，不过翁普特达却面不改色，还同他的两个侄子开玩笑。

堑的另一侧，参谋军士金凯德向其右侧俯瞰下去，继而恐怖地意识到那一侧的战场挤满了胸甲骑兵。再往后，侵入到高地上的法军骑兵使得所有身处第二线与第三线的英军步兵变换为方阵队形。[9]

克利夫斯的炮兵看到法军骑兵扫过他们左翼后方的战场并驰出。克利夫斯的一个驭手及时把他的前车赶来，将火炮拉下高地，正好位于拿骚第一团之前的新阵地。极右侧榴弹炮的指挥官正专注于一个目标，丝毫没有察觉到骑兵的到来。他的驭手驾驶着前车驶来，向军官大叫敌军已经抵达炮连的左侧。"因为地面柔软泥泞，火炮无法快速装上前车。几个炮手带着装药棒跳上前车，匆忙向方阵驶去。"军官"射出了已经装填的弹药，然后藏在了火炮下面"。在法军骑兵撤退后，驭手驶回了他的前车，他们带着榴弹炮加入了其他位于拿骚方阵前的火炮。[10]

看到骑兵与步兵得胜，法军大炮阵左侧的 12 磅炮连指挥官命令他的炮手将火炮装上前车，来到先前由第一军的炮兵指挥官德萨勒将军挑选的前沿阵地。德萨勒焦急地注视着他们，因为他还没有将阵地前移这么快的打算，但是不久他就看到他们抵达新的阵地，卸下前车并开始射击。[11] 受到鼓励的他命令自己的炮连跟随他们。法军的进攻开局顺利。

52
王室旅的冲锋

6月18日下午2点10分,中路

德萨勒将军看不到的是隐藏在高地另一侧、组成方阵的卡尔·冯·阿尔滕师和朝他们奔涌而去的克拉贝上校麾下的胸甲骑兵,以及1000名左右正在等待时机的英国王室旅的重龙骑兵。近卫骑兵团和骑乘近卫团的士兵躺在或者站在他们的高头大马旁(它们是清一色的黑马),他们正等待军官发出行动的讯号,急不可耐地想要出击。就像约克郡人托马斯·普莱福德回忆的那样:

> 过了一段时间,我看到在前线观察战事进展的阿克斯布里奇伯爵朝我们疾驰而来,那时轻微的欢笑私语沿着队列传播开来。"上马"的命令下达,号手吹响"拔剑"的号令,接着是"跟随第二近卫骑兵团先头中队组成横队"。这一系列动作完成后,"前进"的命令下达,号手吹响"慢步"的号令。不过,我们看不到敌人。但是,从我们前方隆起的土地另一面传来了一首由呼喊声、步枪射击声与火炮轰鸣声组成的奇怪集成曲。

骑兵通过预先设定好的号声接收指示,这时候他们等待从慢步到快步的加速命令。普莱福德回想起他的团里身形高大的金发英雄约翰·肖位于他的左侧3列处,据说他曾在职业拳击比赛中打败过奴隶出身的重量级拳击手汤姆·莫利纽克斯。像法军的胸甲骑兵一样,这些重骑兵是骑着高头大马的强壮战士,他们被教导以两列横队的密集队形骑行作战。[1]

像飞蛾趋火一样,阿克斯布里奇伯爵是众多被吸引到右翼的高级军官之一，他前去那里检视骑兵是否被妥善部署，以便保卫乌古蒙这一重要据点。待从右翼向东折返时，他突然意识到拉艾圣周围逐步恶化的严峻形势。于是，他骑马来到王室旅的指挥官爱德华·萨默塞特勋爵身边，命令他组成横队，之后阿克斯布里奇又前去同更靠东高岗处观察攻势进展的威廉·庞森比爵士会合，指示他跟随王室旅将联合旅转换为横队。最后，他返回第二近卫骑兵团，以便亲自带领他们前进。[2]

王室旅慢步向前，第二近卫骑兵团居东在最靠近布鲁塞尔大道的位置，国王龙骑近卫团居中，第一近卫骑兵团在右。骑乘近卫团留在后方作为预备队，他们也这么做了：就算他们真的发动了冲锋，也不会前进很远，罗伯特·希尔牢牢掌控着他的士兵。

一次骑兵冲锋通常从慢步加快步伐到快步，再到慢跑，不过在当时的情况下一些障碍延误了进程。他们的右翼首先接敌，遭遇了"高地山脊上"（即盟军一侧的奥安路）冲锋汉诺威旅失败的胸甲骑兵，那时还没有大的阻碍。[3] 根据爱德华·凯利上尉的说法，对阵双方加速到类似于一次冲锋的速度，在他们接触后法军退却，不过凯利素喜夸张，事实很可能是此时法军已经处在撤退中了。近卫骑兵将他们追赶到拉艾圣果园的西侧，一些战斗在大道穿过路堑向佳姻爬升处爆发，那里的地形导致马匹行进困难，并与农场南面道路形成瓶颈。凯利本人腿部中弹，不得不离开战场。

国王龙骑近卫团位于英军阵线中路，其右侧中队由他们的少校与富勒团长带领，他们因最初几乎没有遇到对手而朝法军战线慢跑冲去；其左侧中队在穿过奥安小路的时候遇到了更多的困难，因为越接近大道，道路的凹陷程度就越深。在大道附近，他们遭遇了胸甲骑兵，并将其中一些困在了一块田地的角落里。阿克斯布里奇伯爵正在那里战斗，而爱德华·萨默塞特勋爵则在那些坐骑可以应付打滑路面的骑兵的跟随下，越过路堤，继续冲锋。[4]

在这个位置，法军无疑已经在撤出了。他们通过让盟军火炮哑火实现了自己的目标，并在高地上等待支援，但是他们知道在面对新锐骑兵的情况下无法守住阵地。他们中的一些向东快步走下奥安小路，还被英军龙骑兵追逐到大道上；一些据称从距离石子大道至少 20 英尺高的绝壁跳下摔死了。[5]之后，双方向南朝着路堑冲去，穿过那里的大道海拔高于拉艾圣，低于佳姻。撤退的法军在该处同自己的援军碰撞在了一起，在这个瓶颈处，追击的英军龙骑兵赶上并困住了法国人。在激烈、拥挤的肉搏战中，英军尽其所能屠杀了许多无助的胸甲骑兵，直到科尔贝将军带着援军的后方中队绕过这一隘路，朝英国追击者的后方与侧翼发动冲锋。此时形势扭转，英军发现他们自己陷入了包围，在人数上也被敌人压倒。[6]

同胸甲骑兵交战时，英军骑兵觉得自己被法国人使用的长直剑控制在一定的距离外，难于靠近使用他们的弯马刀，但是他们的坐骑要比法军的高大精良，这往往给他们带来高度上的优势。[7]英军与法军重骑兵采用了两种不同风格的骑术：法军遵循的是老式驯马术，训练时讲究缓速下的纪律、移动与服从，而英国马匹被培育用于狩猎与赛马，因其速度与耐力具有价值。英国马的优势源自法国良种畜受到战争需求的侵蚀，以及英国相对充足的大型强壮良马。大多数外国人羡慕英国人仍可以得到良驹。

龙骑兵托马斯·哈斯克尔来到山脊看到胸甲骑兵正在砍杀步兵。然而，当龙骑近卫团冲锋时，胸甲骑兵转身逃走了，龙骑兵投入了追击，劈砍那些被他们追上的胸甲骑兵。一名军士长回忆说："他们的利刃只对我们造成了很小的损失，反而是霰弹与步枪在我们冲入他们之前就将我们击倒了。我们要在泥泞难走的地面上冲锋很远的距离追上他们，以致我们的许多马匹深陷到泥浆里。骑手被迫从马上跳下，丢下它们，远离炮火寻求安全之地。"

在哈斯克尔的回忆中，"许多位于我们右翼的敌人来到了我们的后方，于是我们既在追逐又在被追逐"，而这个位置可能是指石子路的瓶颈处，在那里可能有许多小股的龙骑兵遭到法军预备队的反击。哈斯克尔向左转向了拉艾圣，然后发现自己同一个胸甲骑兵狭路相逢。他们"骑着马来回较量了数次，彼此都没有占着对方的便宜"，之后法国人挥舞长剑，还嘀咕了几句，但是哈斯克尔听不懂他的话。"我觉得必须说点什么作为回应，因而在轮到我时低声说'上帝与基甸之剑！'。"听到这个，法国人"很明智地调转马头离开了，而我同样将马头转向另一侧驰去"。[8]

在左侧，第二近卫骑兵团被逃窜的部队所耽搁，就像普莱福德描述的那样:"不久,我们遇到了一些逃亡的英国步兵。他们从我们的马匹间穿过,或者通过中队的间隙,在我们身后组队并跟随我们前进。继而,混杂在一起的炮兵与来复枪兵匆忙离开我们行进的道路,在我们背后编队。"KGL 的士兵穿着英军的制服,对普莱福德来说他们看起来像英国人,而吕讷堡逃兵和 KGL 第一、第二轻步兵看起来则像来复枪兵。一个骑兵列兵事后告诉他的妻子:"英国步兵被击溃并驱散,实心弹与轻重型霰弹像冰雹般横飞,虽然我们的步兵尽量前往后方,但是每一刻都仍然有人因为敌军的火力而倒下,我们被迫逃离出来,甚至是向己方混乱的步兵冲去。""冲"字在这里有些使用不当,因为骑马慢步穿过逃亡的士兵,第二近卫骑兵团需要找到一条路线穿过山脊上的奥安小路,在小路下降同布鲁塞尔大道交会的过程中,两侧共有 400 码的路段筑有陡急的路埂。[9] 最初的 100 码有 10 到 15 英尺深,唯一的一条小径又非常湿滑,从拉艾圣后方的区域以大约 45 度的角度驶入凹路,并以一个类似的小径通向北侧区域。[10] 中队的大多数士兵大概挤入了布鲁塞尔大道穿过拉艾圣以北山脊的路堑。

在大道与奥安路交叉处以南的位置,冲锋的号角响起,"在那个时刻,穿戴明亮盔甲的一条法军胸甲骑兵战列出现在我们面前。他们正大声叫喊,挥舞着利刃,砍杀着没能从我们的路线上逃开的英国步兵和炮兵。我方的咆哮声吸引了他们的注意力,他们抬头看到令人生畏的成列红衣骑兵疾驰向前,怒吼并挥舞着武器"。接下来发生了什么一片模糊,因为近卫骑兵将他们的马匹驱使到冰雹般的火力中。普莱福德回想起曾目睹肖下士中弹,之后看到他那匹无人驾驭的坐骑。约翰·肖同他的诺丁汉郡乡间好友理查德·韦普林顿一同加入了近卫骑兵,这两人以外号"科萨尔巨人"闻名。当肖未能从冲锋中归来时,关于他杀死了多少胸甲骑兵然后被他们杀掉,以及韦普林顿如何被看到最后拿着一面法国鹰旗的传说很快出现。普莱福德认为肖可能从自己亲眼所见的那次受伤和坠马中幸存了下来,并找到了另一匹马,不过他怀疑之死的实情要比传说平淡得多。[11]

近卫骑兵回想起穿过了一条法军胸甲骑兵战列,越过道路,接着冲入一群无秩序的法军步兵之中,他们扑倒在地,等近卫骑兵经过后又起身开火。众多近卫骑兵团和龙骑近卫团的骑兵调转马头来到拉艾圣的东面,赶走了所有的胸甲骑兵,并在之后砍杀他们遇到的步兵。攻击农场的法军部队的散兵在大溃败中被冲走。到那时,在农场两侧,英军各中队混在了一起,并承受稳固方阵里训练有素的步兵射出的火力。[12]

  阿克斯布里奇吹响了集结号,试图终止手下士兵的追击,"不过无论号令还是呼声均无法奏效"。英军骑兵正享受追逐的快感。没人听到他的号令,因而没有人停下。于是,他返回"寻求身处第二线的部队的援助,后者还在为没能跟随重骑兵行动而不太愉快"。他已经后悔自己任性妄为,以致亲自带领这次冲锋,意识到他本应该组织一支预备队,因为那一区域的轻骑兵从未收到任何支援重骑兵的清晰命令,他只是告诉他们的指挥官要发挥主动性。

  不过,到这时为止,阿克斯布里奇另一个旅的重骑兵冲锋效果变得明显,法军步兵在彻底的崩溃中从高地上朝着他们自己的阵线奔涌而下。就像阿克斯布里奇日后描述的那样,他在回去的路上遇到了威灵顿及其参谋和外交随员,"这些人十分愉悦,他再未看到比他们更为高兴的人群了。他们认为战斗结束了"。[13]

53

联合旅的冲锋

6月18日下午2点15分,威灵顿阵线的左翼中路

当时,威灵顿和他的参谋一直观察着石子路东侧的山脊。在那里,向前推进的法军散兵已经抵达了阵地顶点,并击退了他们前面的来复枪散兵与崩溃的尼德兰人。而当法国神射手们抵达树篱时,英军军官成为他们新的靶子。令人敬畏的托马斯·皮克顿爵士是四臂村的英雄,他正向霍勒斯·西摩怒吼(阿克斯布里奇的一名副官),让他去重组正在溃逃的士兵,但就在这时皮克顿的太阳穴中弹,他从马上摔了下来。几秒钟之后,西摩的马也被击中,他同样跌倒在地。当西摩爬起来时,他看到一个掷弹兵正从皮克顿的裤子口袋中劫走他的眼镜和钱包。西摩跑到了这位将军的身边,将掷弹兵赶跑,此时皮克顿的一名副官抵达,但皮克顿已经牺牲了,"失去这样一位深受士兵信任且具有丰富经验和学识的人,使军队遭受重创"。[1]

年资较高的旅长詹姆斯·肯普特爵士立即接过指挥权,带领自己旅的3个营对抗众多的法军。他们组成了横队并发起冲锋,抑制了布儒瓦旅的攻势。一名法国军官夺走了第三十二"康沃尔郡"团的一面军旗,不过他立即被执旗中士的长矛和掌旗官的佩剑刺中。当掌旗官受伤倒地时,一名中尉拿起了军旗,勇敢地守卫它。[2] 目击这个情况的英国步兵声称他们击溃了法军,尽管其他人说英军开始退却。[3]

布儒瓦纵队的先头(即康莱所属的第二十八步兵团)抵达奥安路后不久,第二个攻击纵队开始了攻击,在布儒瓦的士兵不得不绕过采砂场时几乎赶上了他们。雅克·马丁中尉与他所属的第四十五步兵团在纵队前列:"此时,一条两侧围有树篱的凹路是将我们与他们间隔开来的唯一障碍。"事后不久,他向住在日内瓦的母亲写道:"我们的士兵并没有等待穿过它

的命令。他们冲上去，越过树篱，不顾队形散乱，急切地杀向敌人。"由于比兰特的尼德兰人从各营间的空隙涌入，丹尼斯·帕克的高地旅仍然维持纵队队形。他们因为荷兰人的溃败以及法国人信心满满的攻击而动摇退却，法国人此刻正在山脊顶端重组。[4]

然而，在两个英国旅的后方，大约900名联合旅重龙骑兵正走上斜坡。[5]他们的指挥官威廉·庞森比爵士在同他的副官骑马到达山脊前告诉年资较高的团长，如果他想要重骑兵旅冲锋，他将挥舞自己的帽子作为信号。在这一关键时刻，庞森比的帽子从他的手中被吹飞，当他下马拾取帽子时，他的副官挥舞了自己的帽子，于是一名号手吹号示意骑兵上马前进。直到他们相距至多90码，周围地形还一直将他们隐藏在法国步兵的视线之外，在那一刻龙骑兵用马刺驱马疾驰。位于他们战线右侧的是英格兰皇家龙骑兵团，他们骑马穿过正面对峙布儒瓦纵队的肯普特旅各部队。在法军前列的士兵开火击倒了大约20名骑兵后，皇家龙骑兵的两个中队便撞上了他们，而几乎同时，布儒瓦纵队的末端因近卫骑兵的席卷而分崩离析，近卫骑兵正在追击胸甲骑兵并砍杀距离最近的法国步兵。

皇家龙骑兵继续将法军逼下高地。在这个过程中，根据中央中队的指挥官亚历山大·克拉克上尉的说法，他发现了一面鹰旗并命令他的士兵"攻击旗帜"。与英军旗帜广受法军追逐一样，对英国军队而言，夺取一面鹰旗是个人或团队能够渴求的最大荣耀，正如英国人机敏指出的那样，这尤其是因为尽管他们的营有两面旗帜*，但是拥有3~4个营的法军团仅有一面鹰旗。克拉克解释了他是如何追上鹰旗手并用利刃刺入其身体右侧的，不过鹰旗正好掉出克拉克可触及的范围，落在了后面一匹马的脖子上，正好被守护在克拉克身后的弗朗西斯·斯泰尔斯中士拿到。克拉克喊道："保护鹰旗，保护鹰旗，它属于我！"于是，斯泰尔斯将鹰旗交给了他。在克拉克试图将金鹰从旗杆的顶端折下时，斯泰尔斯抱怨说："请长官不要折断它。"克拉克命令他："好吧，尽可能快地将它带到后方，它属于我。"斯泰尔斯和几个同伴遂带着它骑马离开了。根据斯泰尔斯的描述，

---

* 一面团旗（Regimental Colour），一面王旗（Royal Colour）。

他听从一名年资较低的中尉的命令，亲自夺得了鹰旗。这个版本虽然不那么生动，但可能更为真实。[6]

皇家龙骑兵向前骑行了很远的距离，以至于受到了东泽洛所部士兵的射击，他们作为预备师跟进，那时已组成矩形方阵，抵抗骑兵的攻击。这时，包括克拉克在内的一些龙骑兵调转马头，开始尽可能多地聚集法军俘虏赶回斜坡。

从康莱下士的视角看来，法国步兵刚刚登上高地就受到了粗野叫嚣的龙骑兵的攻击。他们没有时间组成方阵：龙骑兵击穿了他们的队列，而且从那时开始就是一场屠杀，每个人只能各顾保命，马刀与刺刀割刺着肉体，他们互相推挤，因而没有空间击发武器。对于同奈伊元帅一起从法军炮兵中央观察的德萨勒将军来说，这看起来就像是布儒瓦旅的后方遭到来自西面的近卫骑兵的冲锋而从背部瓦解。实际上，他们很可能是首尾两端大致同时遭到攻击。突然，奈伊向德萨勒吼道："敌人正在朝你冲锋！"近卫骑兵团和龙骑近卫团正从拉艾向各个方向扩散。一些正在攻击谷地里法军步兵的方阵，另一些朝着正从佳姻山脊被拖到新的前沿阵地的火炮杀去。一些火炮抵达了这一海拔高于拉艾圣的前沿阵地，正在卸下前车，不过大多数因为害怕杀伤正朝他们跑来的溃败法军而没有开火。[7]

在更靠东的位置，马丁中尉正试图阻止他的士兵追击撤退的盟军步兵，并将他们带回队列：

> 正当我成功迫使一个人回到队列时，我看到他被马刀砍倒在我的脚下。我快速转过身去。英军骑兵从各个方向冲入我们的队列，正大肆砍杀我们。我仅仅有时间冲入人群才避免同样的命运。这时候，噪声、烟雾与混乱必然妨碍我们注意到，在我们右侧几个中队的英国龙骑兵从一种类似凹地的地方出来，在我们的后方列队，从背后向我们冲锋。

第四十五步兵团被爱尔兰恩尼斯基伦龙骑兵团迎面攻击。马丁说那些冲击了他们右翼与后方的可能是苏格兰灰骑兵。骑兵可以安然无恙地屠杀混乱的步兵，无论步兵有多英勇。士兵无疑会倾注全力，试图用刺刀刺杀高坐于马背之上的骑兵，但是他们几乎总是失败，而混乱人群中的任何射击，在杀伤敌人的同时也很可能击中友军。此刻，马丁发现自己陷入了这股混乱汹涌的人流并被裹挟走。法军炮兵向混乱的人群开火，而英国人则放纵他们的杀戮欲，

> 无情地屠杀每个人，甚至不放过团里为我们充当横笛手与鼓手的孩子，以及祈求怜悯但徒劳的人。就是在那里，我无限接近死神：我最好的朋友们正在我身旁倒下，等待着我的想必是同样的命运。除此之外，我不再有清晰的思维，我只是机械地战斗，就像是等待致命的一击。[8]

一些皇家龙骑兵与恩尼斯基伦龙骑兵发现前方没有任何攻击的对象，于是他们沿着高地冲下直达谷地，在那里东泽洛师正作为预备队前进。东泽洛的士兵有时间通过回折每个营的侧翼排，以填充各营之间狭小的间距，从而临时拼凑成一个巨大的矩形方阵，这个密集队形虽然挤满了人，却足以应对当前的紧急状况。龙骑兵未能突破方阵，在因步枪火力造成了一些伤亡后他们朝着法军的火炮飞奔而去，其中一些火炮被装上前车并移动时被他们赶上。虽然英军骑兵无法将火炮钉上或将它们拖走，但是他们杀死了挽马，切断了缰绳，赶跑了驭手，使得火炮无法移动。对于他们到底进行了多少破坏，我们尚不清楚，不过法军无疑在一段比较长的时间里无法使用一些火炮，或许是永久无法使用。威廉·庞森比爵士正处于这一中心地带，他与他的参谋们正竭尽全力试图停止冲锋，"但敌人的无助带给龙骑兵极大的诱惑，以至他们无法抗拒"。[9]

苏格兰灰骑兵无权冲锋，因为他们接到的命令是援助其他两个团，但是他们的团长并没有错过这一光荣"盛宴"的打算。于是，他紧跟在左后方冲锋支援。灰骑兵从第九十二团穿过，他们"似乎正在退却"或者说正在"有些慌乱地后撤"。[10]戈登人越过了马丁所属的第四十五团的战线，并以"苏格兰万岁！"的呼喊迎接驾驭独特的灰色坐骑、戴着熊皮帽的同胞。一些灰骑兵从侧翼攻击法军先头旅。查尔斯·尤尔特中士虽然时年已

46 岁，却是一个身高达 6 英尺 4 英寸的巨人，他头戴破旧的熊皮帽，杀出一条血路来到第四十五团的鹰旗处，挡开了鹰旗手朝他腹股沟袭来的突刺，之后将后者的头骨劈开，夺取了旗帜。他遭到了几个法国人的攻击，不过在诗人罗比·伯恩斯妻子琼的一个亲戚（即驯马人詹姆斯·阿穆尔）的帮助下将他们击倒。尤尔特被命令带着鹰旗骑马离开战场，前往布鲁塞尔，以确保团的荣誉，不让这一无价的战利品丢失。[11]

灰骑兵由戈登团的士兵跟随，后者转身跑在他们的后面，并攻击了法军纵队的侧翼，将不顾一切想要逃避灰骑兵马刀劈砍的法军抓为俘虏。被赶拢在一起的那些人中，有许多在随之而来的混乱中逃脱，但仍有数百人被龙骑兵或尼德兰步兵从战场押出。[12]

大多数的灰骑兵继续向前冲锋。沿着下坡加速，在 300 码或 400 码后撞上并迂回扫荡了另一个纵队的侧翼时，他们实际上有了一次真正的骑兵冲锋的势头。这支部队可能是诺盖斯旅。对法军来说，眼见龙骑兵突然出现在陡坡上，他们没有时间组成方阵，虽然第二十一步兵团尝试这样做。在侧翼与后方被攻击后，纵队土崩瓦解。在相关建议下，一些士兵试图组成环状，即面向外面，刺刀林立的英式"蜂房"；一些试图保命，将步枪举过头顶挡开马刀的劈砍。另一些人扑倒在地上装死，直到骑兵通过。安托万·诺盖斯本人手部中弹，不过在他们的起始位置聚拢了一些手下的士兵。

从英军的角度来看，这是一个非常幸运的事件，庞森比冲锋的时机是完美的。当法国步兵刚刚抵达山脊的顶端时，英军骑兵就攻击了他们，所以突然出现的骑兵让他们猝不及防。克拉克上尉日后写道，"如果冲锋被推迟两三分钟，我确信它可能会失败"，并且因为"阵地的那一部分没有充当预备队的步兵"，法军步兵将在之后夺取蒙圣让。[13]

克拉克可能是对的：如果庞森比的冲锋失败，法军步兵可能取得决定性的突破。如果皮克顿虚弱的各营未能成功抑制他们，汉诺威民兵的士气是否能支撑住是值得怀疑的，而整个左翼防线可能轻易就崩溃了。但是，无论如何，久经沙场的步兵与进行了第一次真正冲锋的菜鸟骑兵克敌制胜，霎时他们看起来好像可以打赢此战。

54
法军的反击

6月18日下午2点30分

当德隆的骑兵指挥官夏尔-克洛德·雅基诺将军看到大炮阵处于危势时，他派出了一个旅的枪骑兵。同时，在西面，一个旅的胸甲骑兵和另外一支数量可观的枪骑兵前去解救克拉贝的胸甲骑兵，并将英国重龙骑兵击退，他们此时已分散成小股，马匹则精疲力竭，跑得上气不接下气，在泥泞的地面上费力行走。

爱德华·萨默塞特勋爵"听到国王龙骑近卫团的大部分散了开来，在没有接到命令的情况下进入敌军的阵线后，命令一名上尉前去集结和阻止尽可能多的人，不过太迟了，因为似乎没人知道右手位置的中队以及其他分散开来的士兵发生了什么，而他们在平原上经过的区域正被巨大的敌军纵队覆盖"。就像国王龙骑近卫团的一名中尉承认的那样：

> 我们从未实战过的旅几乎不知道如何行动。他们知道将要冲锋，但未曾想过在一个适当的时间停下……结果就是他们冲入法军的步兵与炮兵之中，被悲惨地消灭。他们认识到自己的错误时已经太迟了，一小部分（大约半个团）转身再次骑马返回，但他们刚来到距离法军步兵500码处时就遭遇了数量庞大的枪骑兵。

刹那间，近卫骑兵意识到了他们所处困境的严峻程度。法军枪骑兵身穿绿色军装，头戴黄铜头盔，其9尺长枪的末端饰有显眼的红白相间细长三角旗，他们正驾驭着精力充沛的坐骑，可以更快速地移动。而近卫骑兵在指挥官威廉·富勒团长的指挥下下定决心要么从困境中突围，要么战死，而不是被俘，于是他们攻击了枪骑兵，有3个连杀出了一条血路，大约一个连阵亡或被俘。在这个事件中，不幸的富勒命殒沙场，他的马也被骑枪杀死。他最后一次被看到时虽然没有受伤但是没有了坐骑。当然，枪骑兵追上并杀害了他，因为我们的士兵正全力忙于撤退，而他则犯下了追击胸甲骑兵太远的可悲错误。

富勒在拉艾圣以南某处被杀。在法军阵地的斜坡上，指挥右边中队的少校被骑枪或剑从侧面刺中后同样阵亡。他指挥的中队几乎没有人返回，差不多都阵亡、受伤或被俘了。[1]

同胸甲骑兵的决斗结束后，列兵哈斯克尔意识到他被自己团的大部队抛在了后面。他试图追赶上他们，"不过在穿过一块糟糕且凹陷的地面时"，他的马跌倒在地，而当他刚刚站起来时，另一个胸甲骑兵骑马而来。法国人

开始砍我的头部，敲落了我的头盔，在我的头部与脸上造成了几处伤口。我抬头看向他，他正要朝我的头砍另一刀，我就立即举起右手保护脑袋，他砍掉了我的小手指，并将余下的砍倒了半截。之后，我面朝下扑倒在地。一个枪骑兵骑马经过，用他的骑枪刺了我的后背。然后我转过身来，面部朝上，一个步兵在经过时用他的佩剑捅了我。紧接着，另一个步兵使用他的步枪和刺刀给了我重重的一击，还在他用尽全力刺下时大声叫道："见上帝去吧！"如果不是刺刀绊在了我外套的一个铜孔上，外套被挂钩和孔扣在一起，因而阻止了刺刀深入，否则这将会是致命的。我以当时情况所能允许的最舒适的方式躺在了那里，英军的子弹在我身边落下，其中一个落在了我的腿上，让我覆满了污垢，因此由于沾满了鲜血、污泥与这样那样的东西，我很容易会被误以为是一个死人。[2]

近卫骑兵团的托马斯·普莱福德甚至没有同敌人交手就成功地撤了回

去。他有机会处决一个坠马的胸甲骑兵，但是没有狠下心来砍下致命一击，然而，普莱福德确实救下了一个战友，当时他的马匹被杀，正独自奔跑着试图抓住一匹法国马。他所属中队的残部发现他们撤回阵地的道路被法国步兵阻塞，但是阿伦席尔德的KGL骠骑兵"胁迫他们变为方阵"。普莱福德则从法军方阵之间骑过逃脱，没有被他们的火力击中。

王室旅中那些冲锋在前的骑兵，很少返回继续交锋。国王龙骑近卫团仅有30人左右在一名上尉的带领下同他们的旅重新会合，余下的不见踪迹，即便他们能存活下来，也散落在各处。

法军步兵一投降，绝大多数龙骑兵就继续向前，仅有少数一些留下将俘虏押送出战场。雅克·马丁正好被一个急速驶过的龙骑兵撞倒在地，他发现自己躺在一些人之中，有些已死，有些受了伤，有些只是被击倒。英军将尚且能站立的俘虏带走，没有操心躺在地上的那些。在他们离开后，他得以逃走，跨过布满尸体的泥浆地，一摇一摆地在烟雾中穿过谷地走回去，双脚还被倒伏的小麦绊到。在他的周边是成群的龙骑兵，不过他们正专心于到达法军火炮那里，而对马丁来说，更大的危险来自法军的炮兵。当龙骑兵将炮手赶走时，他溜过了火炮战线，并找到了安身之地。[3]

法军的反击使得许多法军俘虏得以逃脱，其中便包括被龙骑兵俘获并缴械的第二十八步兵团下士路易·康莱。突然，他听到了熟悉的命令——"快步"。法国枪骑兵与胸甲骑兵正在朝抓捕他的人冲锋，而他发现自己遭到了遗弃，因为龙骑兵试图击退法军骑兵。他躺在附近的小麦地里，从那里观看了法军骑兵的猛烈进攻和一场以龙骑兵的溃逃为结尾的混战。康莱开始穿过小麦向己方战线缓慢行进，但是他首先遇到了他刚看到被击倒的龙骑兵军官的尸体。他的头骨被剑劈开，脑浆正在渗出，不过从他的表袋吊垂下一条上等的金链。康莱将它以及连在上面的金表攫取放入口袋中。再往前走了一段，他发现了一个盖子上拥有铜质名牌的肩包，上面刻着"拉比涅，第五十五战列步兵团少尉"的字样。包里有一个文具盒与一些亚麻布，这很珍贵，因为康莱眼下只拥有他身上穿戴的那些。向南走去，他发现自己的团长与少数军官正绝望地试图聚拢所属团的士兵。不过这时，第一零五团的一名伤员恳请康莱帮助他前往野战医院，康莱就带他去了。[4]

再向东不远处，庞森比和联合旅的参谋们同样意识到了他们的危机，并设法逃离。停留在低洼处或是在最近山脊上的许多人，试图向东骑行返回英军战线，而在这个过程中，他们遭遇了前进中的法国炮兵。这些人被他们砍杀和驱散。当看到法军枪骑兵时，他们正在骑马穿过德萨勒麾下炮兵正赶往的山脊。庞森比试图骑马绕到东边，但他不幸被孤立且被杀害。根据事后不久流传的一个故事，他当时骑着自己的备用马——一匹矮小的栗色驽马。马匹因冲锋而精疲力尽，还在一块被耕作过的田地上受困挣扎。庞森比可以看到枪骑兵的接近，他将自己的表和一幅妻子的微型肖像交予他的副官，不过枪骑兵将他们都杀害了。第二天，他的尸体被发现：在他的坐骑旁边，他被骑枪刺中 7 处。一份法军的记述称，一位名叫于尔邦的枪骑兵中士不情愿地杀死了庞森比，以防止他的猎物丢失，因为当时一些英军龙骑兵正试图解救庞森比。[5]

威灵顿片刻的任性乐观此时被他的骑兵打击力量的近乎覆灭所抑制。联合旅的一名军官写道："如此一来，兵力损失不少，另一些则前往后方照料伤员，还有许多士兵因不知道在何地集结而缺席，以及其他原因，有生力量不多于一个中队。"虽然骑乘近卫团仍维持良好的秩序，但是王室旅的剩余部分也处于类似的困境。"事实是士兵不知道冲锋后在哪里集合，而这是他们的第一次实战，我猜测他们会认为这次攻击后，也不会剩下什么让他们参与了，结果许多人前往后方。"这一问题始自他们的训练：

> 我们从未教导我们的士兵分散并再次重组，这在面对敌人时是最为至关重要的……在最混乱的情况下，他们应该被教导分散开来，比如在追击溃败的敌人时，越混乱越好，但在听到号声时就应该立即重整队伍，或者听到号声时宁可撤退，并且以防号手出意外，听到命令后应该返回。[6]

如果这些人从未被教导分散之后重组，而且他们中的大多数还是第一次参战，他们未能这么做也就不足为怪。这是一个只有久经沙场的老兵才会学到的教训，通常是从他们训练更为有素的德意志战友处习得。

相反，在枪骑兵手下幸存下来的一些骑兵，加入了越来越多的逃亡人群，他们沿着布鲁塞尔大道奔跑或骑行，在战线的后方散播恐惧与沮丧。这次的损失十分惨重。对于灰骑兵来说，他们的24名军官有8名阵亡，8名受伤。一名因大约120人消失不见而震惊的骑兵军官记录道："第一龙骑近卫团*的一个中队几乎被完全消灭，他们彻底驰入了敌军的预备队中，几乎被杀光。"[7]威灵顿在半岛曾指责他的骑兵"不顾一切地冲锋"，而这一次相对于纪律，他们再次展现出了更多的激情。

尽管如此，公爵还是赢得了第一回合的胜利。拿破仑意在取得决定性战果的第一次攻击被成功击退。对皇帝来说，这是一个严重的挫折。

---

* 即国王龙骑近卫团。

55

约翰·范德勒爵士旅的冲锋

6月18日下午3点，威灵顿的左翼

在乌古蒙周边区域的小范围交锋与炮击持续时，拉艾圣以东的地区则一片混乱。对于第一个攻击农场及其上方斜坡的基奥师来说，一些营仍然完整地处在方阵中，而另一些正在溃逃，或是向他们位于佳姻附近高地上的军官集结。东泽洛的后援师正以一个巨型方阵队形处于谷地中，他们被逃窜的英国龙骑兵和追击的胸甲骑兵、枪骑兵所环绕。在其东面，马尔科涅的整个师正在逃亡，或是在其出发位置附近集结，与此同时受伤的士兵和其他人正沿着大道向南涌动。在英军一侧的谷地，由于皮克顿已死，隶属于肯普特麾下的士兵正返回他们的战线，在一个巨大的汉诺威方阵的右侧重组，同时伤员与俘虏在通向英军后方的石子路上前进。在更往东的位置，迪吕特部和拿骚人的前哨战在农场和潮湿的谷地中持续着。

约翰·范德勒爵士的轻龙骑兵旅得到酌情发动冲锋的许可，正从左翼向西骑行，支援肯普特所处的区域。在他们的前方，迪吕特师的各营仍是完整的，同时联合旅残存下来的生还者正在无情的法军枪骑兵的不断骚扰下，二三十人一组，驾驭着精疲力竭的马匹返回。许多龙骑兵正试图抵达英军左侧战线的低地，范德勒的骑兵或许能救下他们。

范德勒前方的佩戈旅法军步兵，正踌躇是否继续攻击由贝斯特与冯·芬克的汉诺威民兵共同组成的巨型方阵。虽然这些年轻且毫无经验的德意志人战斗的决心足够坚决，但当法军攻击到他们右侧250码时，他们表现出了动摇，当雅基诺一个旅的轻骑兵骑马前来协助法军步兵，似乎要向他们发起冲锋时，他们仍旧显得犹豫不定。[1]

范德勒将第十一轻龙骑兵团留作后备，还命令第十二和第十六轻龙骑兵团冲锋。每个团均包含3个中队，每个中队的人数约为140人，因而总数大致为800人。第十二轻龙骑兵团的团长弗雷德里克·庞森比是已故的联合旅指挥官的远房堂亲，他盯上了一支估计有50人宽、20人纵深的法军，这支法军很可能是一个团，于是他命令号手吹响冲锋的号令。

身着蓝色外套的第十二轻龙骑兵团戴着法式的钟形顶有檐桶状军帽，当他们奔涌向前时，却发现自己受到了身后的火力射击。他们事后称，相对于法军的火力，"友军误伤"给他们造成了更大的损失。法军早已因为他们左侧步兵遭遇的惨状而严重动摇，因而在进行了一次松散的齐射后就转身逃离了。庞森比的骑兵向该团的侧翼冲锋，不久就斩杀起这批溃退的步兵。轻龙骑兵"大肆屠戮"，但在他们到达步兵的另一侧时，他们又反过来受到了一个猎骑兵团的冲锋，这为他们的指挥官带来了可怕的后果：

> 当我们成功将敌军步兵摧毁并使他们陷入溃逃时，这次混战变得混乱至极。我急切地想要撤出我的团，但是几乎同时我双臂受伤，我的马向前跨去，将我载到了法军阵地右侧隆起的土地上，在那里我因为头部受到一击而落马。[2]

同时，庞森比的帮手第十六轻龙骑兵团在穿过奥安路时被延误，当他们的指挥官被"友军"步兵从身后击中并严重受伤时，他们被进一步耽搁。到了他们冲锋法军猎骑兵的时候，第十二轻龙骑兵团的士兵要么为保命而逃逸，要么奔驰向前追击法军步兵，将他们不能动弹的团长丢弃在了法军的火炮战线与预备队附近。整个第十二轻龙骑兵团中，只有大约100人在他们第一次冲锋后重新集结。[3]

安德烈·马松的第八十五战列步兵团于1814年招募自诺曼底的沿海城镇，它主要由在半岛被抓后从英国返回的俘虏组成。他们经验丰富，意志坚决，并共同仇恨英国人。这个兵力仅有631人的团被留下来保卫大炮阵右翼的12门火炮。在遭遇庞森比的龙骑兵与从西侧沿着法军火炮战线行进掳掠的重龙骑兵攻击很久之前，马松就将该团组成了一个两列纵深的小方阵。他的士兵以猛烈的齐射迎接他们；轻龙骑兵围绕方阵盘旋，随后遭到了法军枪骑兵的冲锋。

45岁的马松是勃艮第人,拥有丰富的作战经验,在大军团的光辉岁月中,他曾是近卫掷弹兵部队的一名上尉。他将手下的士兵团结在一起,而要是换成一个经验略少一些的人,他们可能就四散而去了。当骑兵在他们的周围上演混战时,该团以严明的纪律保持他们的火力,最终迪吕特的其他营在他们方阵后方重新集结。[4]

与此同时,当英国龙骑兵试图逃离朝着英军阵线追击的无情枪骑兵时,弗雷德里克·庞森比从一阵短暂的昏迷中苏醒过来,他发现自己仅有双臂受伤。他看到自己团的一部分正在山脚下,就摇摇晃晃地爬了起来,不过一个法军枪骑兵发现了他,骑马赶来,一边咆哮着"混蛋,你不是死了吗",一边用枪刺向了庞森比的背部。这位口中溢满鲜血的团长迎面倒下,因长枪刺穿了他的肺部而感到呼吸困难。但是,他仍有意识。不久,法军散兵重新占据了庞森比躺着的这块隆起的土地顶端的基地。第一个发现他的人抢劫了他,虽然后来一名军官给了他一些白兰地。庞森比恳求对方送他去后方,不过这个法国人只是将一个背包枕在了他的头下,说会战结束后他将得到医治。他向庞森比保证不需要等待太久,因为威灵顿公爵已经阵亡,并且右翼的数个英军部队也已经投降。散兵的交火一直持续着,而一个使用庞森比的身体作为掩护的年轻散兵不停地在进行实况报道,"总是看到他枪枪致命"。[5]

在谷地另一侧并且更靠西的位置,奥兰治亲王的参谋长康斯坦骑着黑色母马前往左翼,以便重新集结溃散的尼德兰步兵。他还带领夏尔-艾蒂安·德·吉尼男爵约1000人的尼德兰轻骑兵,前去封锁离开战场的道路。简单地通过排列出一条威严、稳固和近乎不可穿越的"友军"屏障,并让撤退的步兵因蒙羞而转向,足够数量且干劲十足的骑兵可以迫使他们重组。集结了比兰特旅的一部分后,康斯坦看到范德勒的骑兵正在东边移动,冲击正在撤退的法军步兵,同时在前方,攻破东泽洛师组成的巨型方阵的努力仍在继续。吉尼的尼德兰轻龙骑兵发起冲锋以支援范德勒,并使得庞森比先前冲击的法军步兵彻底溃败,而他的比利时骠骑兵则把注意力转向东泽洛的士兵。尼德兰重骑兵也发起了对法军胸甲骑兵的冲锋,以便掩护王室旅骑兵的撤退。

此时，英军骑炮兵的指挥官奥古斯塔斯·弗雷泽开起了玩笑。当重骑兵前进时，温耶茨上尉的火箭炮连同样向前驶去。

火箭由连接在普通前车上的特殊马车装载。一辆"火箭车"装载两个炮手和放置在盒子里的 60 发火箭。它们用一根杆子固定，再加上纸质引线，看起来很像人们熟悉的普通烟花。火箭可以从一个三角形的铁质支架发射，发射角度从与地面平行到 45 度均可任意调整，或是放置在任何可以将它固定住的地方发射，比如灌木丛。其炮弹可能是实心弹、榴弹、霰弹或燃烧弹，但在滑铁卢发射的少数火箭还带有爆炸榴弹。温耶茨将他的火炮部署在尼德兰火炮先前废弃的区域，大约距离布鲁塞尔大道 200 码，之后来自炮兵参谋部的一名上校命令他向东泽洛未崩溃的师发射火箭。[6]

一名中尉带着两个炮手被温耶茨派往拉艾圣上方由来复枪手搭建的路障处，这名中尉在途中受伤，不过他的两个手下将火箭安放在路障所在的灌木丛中，并沿着石子路向下发射。另外 4 个炮手在更靠左的位置从庄稼田向外发射。留下两个前车炮手看守每门火炮后，他的骑炮兵沿着斜坡向下行进了 100 码的距离，每个人身体一侧的桶中装有 4 发火箭，更多的火箭则装在皮套里。每 3 个人中，第三位炮手携带火箭发射用的支架。小队在高耸的黑麦中下马，他们发射了一连串的地表火箭。它们被紧贴着地面平射，有时甚至从地上弹起。他们无法看到目标，但是东泽洛密集的方阵正聚集在他们的前方。当德·吉尼将军看到这一幕上演时，他派出自己的第八比利时骠骑兵团前进去往谷地，同东泽洛的方阵对垒，在这段时间里火箭制造了相当的惊慌、恐惧和混乱。实际上，温耶茨在当天仅发射了 52 发火箭，可能均使用在了这一段时间，不过奈伊的副官埃梅斯称有 300 发，而它们通常被着重表现在有关战斗的绘画作品中。

然而，骠骑兵未能成功冲锋。他们不是军中最富有热情的骑兵团，实际上，当天他们中的 33 人抓住机会改变立场，加入了法军一方。尼古拉·施米茨少将发现火箭从一个小丘后面射来，他假定有机器隐藏在它的后面，于是派出第十三轻步兵团的两个腾跃兵连驱逐他们。可能是在这场指挥逐退火箭兵的攻击中，曾在俄罗斯负伤 3 次的可敬老兵安德烈·拉瓦尔上尉被盟军的一名神枪手（可能是来复枪兵）击中。"我右臂被一发子弹击中，它在我的胳膊上造成了 3 个小孔，还从肩胛骨下面穿过，停在我的肩胛骨之间紧靠脊椎的位置。"他花费了 5 个小时才回到勒屈永，在那里近卫军的一名军医在经过许多困难，并造成很多痛苦后将子弹取了出来。[7] 不过，腾跃兵成功逐退了火箭兵，而骠骑兵也和他们一起撤退。之后，战斗暂时停歇了一段时间。

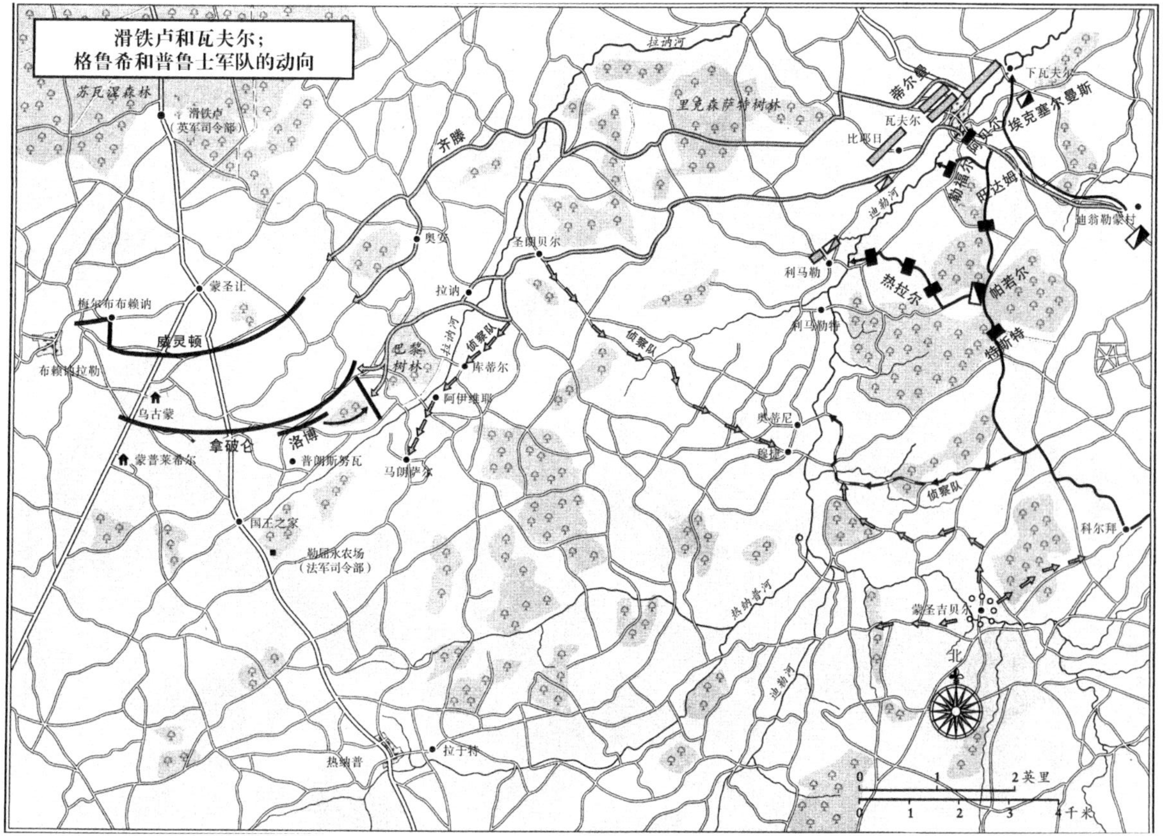
滑铁卢和瓦夫尔；
格鲁希和普鲁士军队的动向
苏瓦涅森林
滑铁卢
（英军司令部）
拉纳河
里克森萨特树林
蒂尔曼
下瓦夫尔
埃克塞尔曼斯
瓦夫尔
比耶日
齐滕
迪勒河
迪翁勒蒙村
奥安
圣朗贝尔
蒙圣让
拉纳
利马勒
利马勒特
梅尔布布赖讷
威灵顿
热拉尔
帕若尔
特斯特
巴黎树林
侦察队
库蒂尔
布赖讷拉勒
阿伊维耶
乌古蒙
洛博
拿破仑
蒙普莱希尔
普朗斯努瓦
马朗萨尔
奥蒂尼
穆捷
侦察队
侦察队
科尔拜
国王之家
勒屈永农场
（法军司令部）
蒙圣吉贝尔
热纳普河
迪勒河
北
热纳普
拉于特
0 1 2英里
0 1 2 3 4千米

56

普鲁士人在哪？

6月18日下午2点到4点15分，瓦夫尔至圣朗贝尔

威灵顿越来越忧虑。他的部队挫败了法军的一次大规模攻击，但他们也为此付出了巨大的代价：皮克顿师被进一步削弱，他们的指挥官阵亡，他最好的重骑兵也被消耗殆尽。他在滑铁卢接受会战是因为确信普鲁士军队会支援他，基于这个原因，他的左翼（即法军攻击的那一翼）由普鲁士的德意志战友虚弱把守着，为普鲁士军队留出了空间。但是，普鲁士人迟到了。他先前希望能在2点之前看到他们出现在战场上的迹象，然而，他们仍没有踪影。他派出皇家参谋队的威廉·斯特夫利上尉设法找到布吕歇尔并说服他，英国军队此时需要他的帮助。

与此同时，普鲁士军队正困于泥浆中：

> 地面因为16个小时没有中断的降雨而被雨水完全浸透了。小溪泛滥为洪流；每一个低洼处都注满了雨水；一些林中小道实际上类似于水道，穿过它们，士兵需要一起涉水数百码；深水池到处都是，不断迫使部队打散纵列。[1]

在这种情况下，普军的各个纵队基本绵延在瓦夫尔与拉讷之间8英里的路程上。林间小道的路况不管怎样都是简陋与多陡坡的，但是从圣朗贝尔到拉讷最后一段的路程着实难行。起先，从山丘上的村庄到一条溪流支流的落差很大，而要到达河流另一侧的山坡还需爬升。接着，行军的路线进入了一条高路埂之间的狭窄小道，地势陡然落入河谷，穿过狭小的桥梁，再险峻爬升进拉讷村。这对步兵来说还可以接受，但对火炮和马车来说几乎不可能通过。

威灵顿第三师的助理军需总监詹姆斯·肖理解普鲁士军队抵达战场的困难。前一天，他自己所属的师因得到命令沿着同布鲁塞尔大道平行的小路撤退而经一座小桥越过迪勒河，但是在泥沼中丢失了部分辎重后，他们不得不违反命令返回石子大道，因为只有在上面才能通行。因此，他觉得冯·比洛将军花费8小时才前进了8英里的事非常容易理解。[2]

在派出了侦察队并发现拉讷谷地里没有法国人后，比洛决定通过占据另一侧的高地来掩护这条洪流的渡口。刚过正午，他派出西里西亚骠骑兵和两个营的燧发枪兵向前进发充当先锋，而在这一"屏障"的后面，两个旅的步兵与他的骑兵谨慎前行，走下陡峭泥泞的斜坡，涉过谷地。

由于在暴雨之后小溪涨到2至3英尺深，且水流湍急，并且谷地深陷于污泥中，穿过这一地带花费了比任何人预期的都要长的时间，而他们能让火炮通过几乎更加是一个奇迹。火炮需要使用马匹在它们背后易滑脱的泥浆里作为制动器，于陡峭谷地的一侧降下。之后，需要将牲畜套在挽具上，在火炮的前面拖着，与此同时士兵推动或者用肩膀尽力顶住轮子。这是一项辛苦的工作。比洛的士兵从黎明就开始前进，他们已经行军数天没有停顿，并且自前一天晚上起就没有进食。布吕歇尔驱马返回激励纵队，并说尽了甜言蜜语才哄骗他们继续前进。当麾下疲劳、饥饿的炮手费力地搬运陷入让人厌烦的稀稠泥浆中的火炮车轴时，他呼吁道："你们不想让我失信于人吧。"[3]

吃过饭并收到弹药后，齐滕的士兵在下午早些时候离开了比耶日，它就位于瓦夫尔之南。与其他军不同，他们沿着一条更靠北，通向奥安的林间小路前进，它位于威灵顿前线最东端东北1.5英里处。卡尔·冯·施泰因梅茨的旅及两个炮连，同弗里德里希·冯·勒德尔的骑兵一道组成齐滕的前卫，其余3个旅和预备炮兵在他们身后跟随。参谋部的一名少校充当向导，轻骑兵在前侦察并同位于南路的军保持联络。

当旺达姆的法军先锋在最后一个普军旅启程前出现在比耶日附近时，齐滕将军召回了第十九步兵团和一些骑兵充当后卫。[4]这时候，在普鲁士军队的前卫于泥浆中艰难前行时，他们的后卫正同格鲁希的前卫进行小规模交锋。期间，弗里德里希·冯·雅戈对处在齐滕前进纵队后方自己旅的士兵慷慨激昂地说："快点走，小伙子们！就像你们前天那般勇敢！记住库尔姆与莱比锡！"在他们跋涉时，军乐队演奏起了传统歌曲《老普鲁士皇室万岁》(Long Live the Old Prussian House)。每当侦察部队经过时，他们都会热切焦虑地询问："伙计们，前方进展如何？"[5]

齐滕的部队沿着"穿过深谷的凹路"行军。道路两侧的树木非常密集，"所以并没有离开道路的问题，只是进展非常缓慢，尤其是因为在许多地方人和马匹只能一次一个地通行"。位于纵队先头的部队需要不断停下等待那些更靠后的赶上。[6]

在天黑后的瓢泼大雨中跋涉了一段时间后，格奥尔格·冯·皮尔希的第二军于瓦夫尔的东面扎营。次日拂晓，他们做好了行军的准备，不过集市附近的大火使得他们直到中午都无法穿过桥梁进入城镇。他们只好进行重组。科尔贝格团的来复枪兵弗朗茨·利伯回忆道："18日一早，我们找到了我们团失散的一部分士兵。当时的场景十分感人，士兵们冲向彼此，找到被他们认为已经死去或失踪的战友。"皮尔希在留下他的两个旅在瓦夫尔周边作为后卫后，与他的第五旅和第六旅再次出发。弗朗茨·利伯回忆说：

> 当我们经过包裹在斗篷里，倚靠一座小丘的元帅时，士兵开始欢呼，因为对他们来说见到被称为"老爹"的元帅总是欣喜的。"安静，我的小伙子们，"他说，"先住嘴，得胜之后有的是时间欢呼。"元帅在早上下达了他的著名命令，它以向军队保证，他将证明在一次撤退后仅需过两天，且在兵力处于劣势的情况下获胜的可能收尾，它以"我们会战胜，因为我们必须战胜"的话语结束。[7]

大约下午2点，皮尔希的后卫同距离瓦夫尔以南两英里的格鲁希所部第一次接触。被留在蒙圣吉贝尔监视法军的分遣队几乎就要被埃克塞尔曼斯的龙骑兵切断后路，不过他们成功同皮尔希的后卫会合了，掩护他们派出的众多侦察队尽其所能逃脱。半小时后，后卫在比耶日渡过迪勒河，并将木桥摧毁，他们向前推进追赶主力，仅留下一个团的骠骑兵和两个营的步兵拖延法军的追击。[8]

约翰·冯·蒂尔曼接到的命令是如果遭到攻击就保卫瓦夫尔，如果没有就跟随其他普军行进。到了下午 3 点 30 分，其余各军已经开拔，虽然看到了法军的侦察兵，但是并没有发现他们的大部队。于是，蒂尔曼命令他的 4 个旅跟随军团的其余部分行动。卡尔·冯·博尔克旅正在法军一侧的迪勒河充当蒂尔曼的后卫，就在他收到这些命令前，旺达姆纵队的先头同该部的前哨已经有过接触。博尔克匆忙依照命令返回瓦夫尔，在那里他发现为了对抗法军，该镇的两座石桥均已被自己旅的两个燧发枪兵营阻塞封锁。他向河流下游急行军到达下瓦夫尔，通过木桥渡河后将桥摧毁，并在河堤一线部署了最好的神枪手。然后，他分遣另一个营和一些骑兵协助燧发枪兵防守瓦夫尔的桥梁，之后继续朝滑铁卢进军。与此同时，蒂尔曼已经决定掉头防守瓦夫尔。

平常不起眼的迪勒河因为大雨而泛滥，它对法军的任何前进都是一个严重的阻碍。在瓦夫尔有两座石桥，其中一座还处于通向布鲁塞尔的主干道必经之路上。在上游 0.75 英里处，一座狭窄木桥坐落在比耶日磨坊，它连接着一条乡间小路。普鲁士人已经开始拆除这座桥梁。在距离瓦夫尔 2.25 英里的上游，在利马勒以及更远一些的利马勒特则有更多的木桥。蒂尔曼在比耶日部署了一个旅，在瓦夫尔后方部署了第二个，第三个旅在它右侧的拉巴韦特充当预备队。博尔克的旅选择了一条从下瓦夫尔到布鲁塞尔大道的捷径，他带着 6 个营出发而没有接到返回的命令。齐滕留下的部队则被派去防守利马勒。

当旺达姆在大约 4 点抵达瓦夫尔时，埃克塞尔曼斯与 3000 名左右的龙骑兵位于迪翁勒蒙。热拉尔与他的军在大约 4 英里开外的地方，而帕若尔的骑兵更是靠后数英里，特斯特的步兵师则在拼命赶上来。旺达姆没有等待格鲁希，就立即命令阿贝尔的师攻击瓦夫尔的桥梁。阿贝尔的部队遭遇开凿了枪眼的建筑内的普军神枪手以及部署在河流另一侧高地上炮兵的猛烈火力，他们的数次攻击均以失败告终。

大约也是在此时，由威灵顿派出寻找普军的皇家参谋队威廉·斯特夫利上尉同布吕歇尔进行联络。[9]斯特夫利穿过了比洛的步兵与骑兵，在过去的一个小时里，后者正在巴黎树林的东边集结，与此同时他们的后卫仍在涉水渡过圣朗贝尔与拉讷之间的谷地。根据斯特夫利告诉他的情况，以及布吕歇尔自己的侦察兵的报告，元帅断定威灵顿急需支援。他决定立即以手头仅有的两个旅与骑兵发起攻击，因为任何钳制都将是有用的。尽管如此，他坚持自己同手下将领及米夫林约定的计划：他不会前去增援威灵顿脆弱的左翼，但将着手一次指向西南约两英里开外普朗斯努瓦村的迂回行动，以便切断法军的退路。

此时，这场会战变成了一场同时间的赛跑，而且是在3个不同的地点。拿破仑能在布吕歇尔干预前打垮威灵顿的军队吗？布吕歇尔能在威灵顿的防线垮掉前将足够的军队带到战场，对拿破仑的侧翼发起一次决定性的攻击吗？蒂尔曼能挡住格鲁希，或者法军会渡过迪勒河并席卷前进的普军吗？

57

大炮阵的重建

6月18日下午3点至3点45分，蒙圣让

在英军骑兵冲锋后的战斗间隙，斯特夫利上尉出发寻找布吕歇尔。相较之前，炮击的频率明显低了一些，但炮击声仍不时隆隆作响，双方之间的前哨战也是如此，尤其是在乌古蒙与拉艾圣周边。然而，就像隶属阿尔滕师的助理军需总监詹姆斯·肖写的那样："这一次与下一次攻击之间的间隔时间很长，在英国与盟军的阵线中没人能想到下一个行动会是什么。"[1]

原属皮克顿麾下的士兵抓住机会寻找并疏散受伤的士兵，维护或掠取死伤者的财产，以便重组。"皇家苏格兰"团的一名少尉看到"有比我预想得多的大批己方士兵正忙于劫掠死者的口袋，或许还有伤者的"。之后，他所属的旅被命令撤退到高地坡顶的后方，这名少尉阅读从俘虏那里夺来的书信，躺在地上躲避炮弹。在冲下坡追击法军后，大卫·罗伯逊中士发现失去了自己"尤为爱戴的战友"军士长，于是前去寻找他的尸体。"因为我知道他身上有一块珍贵的表，我穿行在两军的火力之间，为了他的遗孀将它与其他物品从他身上取下。"罗伯逊还发现他的上尉受伤并下落不明，因为所有的中尉、少尉均于16日受伤或者阵亡，他此时成为"戈登"高地人团两个连残部的指挥官。[2]

在前线后方，到处都是流离失所者。时年22岁的查尔斯·奥尼尔来自邓多克，他是威灵顿所言"渣滓"的一个很好的例子。他以一名赏金骗子的身份进入成年生活：一些人靠参军领取多达18几尼的国王奖金，然后立即开小差，之后在其他团重复这一把戏。这一获利颇丰的职业重复了4次后中断，当时在可以逃跑前，他突然被运去了葡萄牙。在滑铁卢之前，他没有受过伤，不过在皮克顿中弹后不久，一发子弹击中了他的左手臂，于是他开始向野战医院走去。因为失血而眩晕,在缓慢前行时他又被第二发子弹击中了大腿。他可能是最不可靠的见证者,却谈及一个女子带着一个孩子在附近逛来逛去。在她弯腰从一个阵亡军官身上拿到一块表时,一发榴弹正好爆炸,将她击倒在地,还将孩子切成了两半。她看了一会儿,然后继续搜刮的工作。尽管这个前线劫掠者冷血无情,但她帮着这位受伤的爱尔兰人前往一座小丘的背风处,以便躲避冰雹般的子弹。[3]

受伤后离开队列并在战线的后方寻求帮助是完全允许的,尽管受了非常轻微的伤就离开会招致战友们的轻视。前一天,热纳普的英雄,即近卫骑兵爱德华·凯利上尉,带着一条断腿离开了战场,随后他充满信心地写信给妻子:"有一些因为毫无根据的借口或者其他状况而缺席的军官,眼红我获得的赞扬。在上一封信中你提到的那个人或许可以在星期天出现在战场上,但他报告说自己被划伤了,而听到费里奥尔阵亡后,他赶紧出发接过那个团的指挥权。不要告诉其他人。"[4]

帮助一个伤员离开战场通常也是被许可的。乐队成员与其他编外人员理应帮助伤员,但是乐队成员很少,所以他们很快就被用光了。奈伊允许两个士兵帮助一个骨折的战友,其他伤势则允许一个士兵帮忙,而拿破仑则通过提供救护车从前线接送伤员,试图减少后续的人力浪费。但是,在滑铁卢救护车服务是不够的。热罗姆亲王的一个副官写道,士兵将伤员带去后方回来后,抱怨救护车的马夫将车辆抛弃作鸟兽散。他继续写道,这不足为奇,因为救护车辆由来自民用邮驿服务的左马驭者驾驶,他们被迫加入军队且从没有经过战火的洗礼。[5]

帮助受伤的战友前往最近的前沿救护站后,士兵们应当返回,但是许多人迷了路,或者抓住这一机会在安全地带逗留。一个经验丰富的英国轻龙骑兵上尉在战斗结束时为他的连中"协助伤员离开的人员少于伤员总数"而骄傲,即便如此,这也使得他的实际损失几乎翻倍。这一做法对战场的人员耗损有严重的影响,并且解释了在许多情况下经过数小时的战斗,为何只有很少的士兵仍留在军旗之下。骑炮兵的默瑟上尉带着典型的战后英国对比利时盟友的鄙夷声称,他看到比利时伤员"有6个、8个、10个,甚至更多的陪护",但不只是比利时军官需要这种护理。一名苏格兰灰骑兵回忆，在战斗早期他看到一个受伤的高地人团军官被"他团里的 5 至 6 个士兵用毯子"带下高地。"当时一发榴弹袭来并落在附近，几乎将他们全部消灭。"每次一个军官受伤，就会有 5 至 6 个人从营里离开，它的兵力被快速削弱。[6]

当重整了旗鼓时，德隆军的步兵在谷地里组成了方阵，各连依次向前同已经减员的英军第五师决斗，这场战斗已演变为一场持续了很久的小规模交锋。马丁中尉的脚被一匹马踩踏，他的膝盖上方还有一处轻微的刺刀伤，但是他继续指挥第四十五步兵团的一支残部。

虽然德隆进攻的失败是一个重大挫折，但是这场攻击以获得领土上的净利而收场。当大炮阵的火炮线被重建时，它坐落在距拉艾圣 250 码，距山脊顶端 600 码的前沿阵地，法军方阵位于它下方的斜坡，他们的散兵线间或沿着奥安路的树篱排列。[7] 英军重骑兵的冲锋使得拿破仑在他参谋的簇拥下，骑马向前疾驰来到战场。为了修复大炮阵，他调来了包括 12 磅炮连的近卫炮兵，用来替换那些被破坏或遗弃的，而他们的迅速部署与精准射击则为盟军骑兵的进一步攻击画上了一个句号。当拿破仑同近卫炮兵指挥官让-雅克·德沃讨论局势时，这位将军被一发炮弹击中阵亡，这促使拿破仑将他的帝国参谋人员分散成不太显眼的小组。[8]

与此同时，威灵顿的副官们从盟军预备队中召来了增援。一个 KGL 的旅*和两个汉诺威民兵营组成方阵前进，在乌古蒙之后的区域组成了第二条防线。另外两个营的民兵前往右翼，以便在乌古蒙与布赖讷拉勒之间支援米切尔旅的方阵，对抗皮雷的轻骑兵。[9] 再往西，芬克的汉诺威民兵旅花费了一个小时，将他们的各营同贝斯特的分开，然后前进到靠近布鲁塞尔大道的中央预备阵地。在那里他们将替下拿骚人，后者前往第一线去占据两个 KGL 营覆灭后留下的空间。由于利用这些经验不足的部队封堵缺口，让约翰·兰伯特指挥的、由英国老兵组成的新锐步兵旅前去替下位于布鲁塞尔大道以东第一线的肯普特各营就显得非常重要。

---

* 即 KGL 第一旅。

对他们的考验始于向蒙圣让的进军，因为这一过程同大炮阵新一轮火力的加强重合了。法军的炮击变得极为猛烈，"或许可以同任何被证实的野战相媲美"。卡尔·冯·阿尔滕称，即便是经验最丰富的战士（而他便是其中之一）也从未经历过这番场景。[10] 威廉·劳伦斯中士回忆道：

> 一发敌军射来的榴弹将我们的副军士长切成两半，它继续往前飞去，夺去了我所属的掷弹兵连一名叫作威廉·胡珀的士兵的头颅，并在距离我背后不超过一码的位置爆炸，将我掷向空中至少两码高，不过幸运的是，除了受惊并擦破了脸颊一侧的一小块皮肤，我只受了轻伤。

这枚榴弹还烧掉了他的红色中士饰带的尾端，并熏黑了他的剑柄。

一名叫巴特拉姆的年轻小伙子之前从未经历过战火的洗礼。他走到劳伦斯那里，告诉后者他不得不离队，因为他生病了。尽管劳伦斯说了一些鼓励的话语，但是"巴特拉姆仍然瘫倒在地，不愿再移动一英寸"。劳伦斯觉得他应该因怯懦而被枪决，不过还是听任他躺在了地上。[11]

在整个半岛战争期间，英国陆军中没有人因为这种过错而被审讯或枪毙：不少人因为开小差而被枪决，不过没人因为面对敌人时感到怯懦而遭到相应处理。对于军官之外的人的胆怯行为，唯一的惩罚是自身的羞愧和战友们的鄙视、沉默或其他方式，就像黑卫士团的一个高地兵暗示的那样，这可能会让他未来的军旅生涯相当不快："一个人可能会在战场上落伍，这对于他的声誉而言存在可怕的风险……如果这样做，就闯下祸了，无论是因为疲劳、突发的疾病或者恐惧。"汤姆·莫里斯事后阻止了手下的一名士兵获得滑铁卢勋章，因为在交锋中"他逃向了布鲁塞尔，并将他的胳膊挂在吊带中，报告说他受伤了"。[12]

然而，军官如果这样做将被免职，尽管为了所属团的荣誉，他们倾向于确保这一惩罚被保密。假如所有的证据都存留了下来，只有两个英国军官因为18日怯敌而上了军事法庭，这是因为他们野心勃勃并且不是非常受欢迎才招致人们的敌意而被控告。一种更为平常的惩罚方式是被他的同僚排挤。第二十三轻龙骑兵团的波塔林顿伯爵就是一个例子：他被阿克斯布里奇指控拒绝在热纳普冲锋，他"患了伴随抽搐与剧烈的肠道病发作的严重疾病"，那天晚上他"在一个危急状态下"被带往布鲁塞尔。他于1815年9月被勒令从该团退役，尽管他的朋友摄政王竭力维护他的尊严，也尽管有他跟随另一个团在滑铁卢作战的传说，但他"养成了挥霍的习惯，失去了大量的财产，在一个无名的伦敦贫民窟的简陋住处去世"。许多汉诺威军官在6月16—18日生病。糟糕的天气与需要士兵做出不同寻常的努力可能真的会使一些人生病，但是战友们倾向于彼此怀疑。[13]

英国档案往往不会记载这类事件，它们只浮现于私人信件。第十八骠骑兵团的约翰·戈登中尉被认为在滑铁卢阵亡，不过事后他返回了自己所属的部队，在坐骑被射杀后他骑着另一匹马前往布鲁塞尔。临行前，"格兰特少校在战斗中察觉他非常不安，于是就解除了他对麾下半个中队的指挥权，以麦克达菲替代"。1816年，戈登离开了军队。[14]

在会战后不久，对被送上军事法庭的两名军官的彻底调查，比我们拥有的任何其他证据都更能表明，滑铁卢那天，军人对特定时刻正好发生了什么的记忆是多么地少。这两名军官均被指控在他们的士兵前进后，躲避到了一条路堤后，不过目击者就时间和地点给出了互相矛盾的版本。法庭的判决反映出军官当时拥有的声誉，像任何人能回忆起的一样。这两人都被宣布无罪，虽然只有一个被完全免责，即亨利·罗斯-卢因。[15]

像这些审讯一样的详细调查，经常会让人回想起具有启发意味的战场行为细节。例如，提交给法庭的证据显现，当该团（即第三十二团）被命令卧倒时，军官通常与士兵一同躺下。每当炮火愈加猛烈而又没有敌军的骑兵威胁时，英国军队就会卧倒。法军大炮阵的重建便是一次这样的时刻，第一线的英国步兵躺了下来。奥兰治亲王、卡尔·阿尔滕和他们的参谋在两条主干道中间山脊的一个制高点焦急地观看着战事的进展。（如今这里被比利时人建造的，用来在奥兰治亲王所处的地点纪念这一会战的狮子山丰碑占据）。

当法军的掩护炮火急剧增强时，他们自己的炮兵损失严重，"数辆弹药车在炮连的前面和周边爆炸"。[16] 早先曾向默瑟寻求帮助的劳埃德少校的一条腿被打断———一处致命伤。拿骚第一团的弗里德里希·魏茨上尉生动地回想起当时"一个新近抵达的炮连的3门火炮没有发射一枚炮弹就被击毁",而它的一辆弹药车正从魏茨所属营的前方经过时被击中爆炸。之后,"由于所有的弹药车都燃起了火,挽马受到了惊吓,带着车辆径直前往它们来时的大炮队。一些龙骑兵匆忙骑马赶来,在与它们并排疾驰的同时,将马匹刺倒在地,从而避免了一场大灾难"。[17] 而位于拿骚人前面的克利夫斯炮连,虽然已经被削减到只剩两门没有挽马的火炮,但这些炮组的成员继续留在那里,受到威胁时开火到最后一秒,之后到拿骚营的队列里避难。炮连的其余部分已经不见了。法军火炮朝前方的散兵发射霰弹:与爱德华·麦克雷迪在一起的3个职衔较他高的军官在两分钟内均中弹倒地,随后他同存活下来的第三个军官撤退。

有经验的部队会根据所受的威胁不断变换队形,比如面对炮兵变换为横队,面对骑兵变为方阵。埃德蒙·惠特利回忆道:"为了摧毁我们的方阵,敌人发射各式榴弹,它们的密度很大,几乎塞满了天空,所以每5至6分钟,全营就迎面躺下,等危险过后再跃起身来。奥兰治亲王骑马疾驰而过,像一个新生儿一样喊叫'组成横队!组成横队'。"

卧倒提供了进一步规避风险的机会。惠特利中尉游走于KGL第五战列营方阵中时的一个职责便是"检查倒下之人的情况,以便看破欺诈或托词",进而确定他的士兵是否真的阵亡、受伤或只是假装如此。用剑尖刺一下他们通常会奏效。[18] 惠特利走动时尽量显得平静,"与当时从来没有闻过火药的年轻军官聊天、开玩笑",不过就算是他实际上也从来没经历过像此刻这一带一样的大屠杀:

> 一辆弹药车在我们附近爆炸,炸碎了人和马。我平静地查看了周边的战场,对视线里破碎的护甲、死尸、被杀掉的马匹、四分五裂的车轮、帽子、头盔、佩剑、步枪、手枪,甚至是静止与无声,感到震惊。一匹受惊的马穿过战场,踩踏各处濒死或已死的躯体。3至4只受伤的不幸动物以3条腿站立,另一条腿晃晃悠悠挂在前面。我们杀

死了数只这样不幸的野兽，而如果在逃避、动摇、受了致命伤而滚落于地的士兵身上进行同样的操作也将是一个同等的慈善之举。[19]

惠特利感到重新开始的炮击令人难以忍受："我们仍然维持横队。屠杀让人惊惧。没有射中我们的炮弹成片收割着背后的荷兰人，同时扫除了他们后面许多以密集队形严阵以待的骑兵。我看到一发炮弹非常利索地夺取了拿骚团一个上校的生命，以至于坐骑都没有从他身下移开。"这场战斗对坎伯兰公爵的骠骑兵团来说太过沉重，他们"最初陷入了一些不安的举动，然后以最无秩序的方式逃离"。虽然他们被阿克斯布里奇魁梧的副官霍勒斯·西摩追赶，但是他们拒绝返回战场，继续向布鲁塞尔与更远的地方驰去。[20]

大约此时在这一区域，军需总监威廉·德兰西爵士正在山脊上同威灵顿交谈，一发跳飞的炮弹，或许仅仅是它产生的气流击中了他，"撞到他的背部，将他掀飞到离坐骑头颅数码高的空中。他迎面落下，向上弹起然后又落下"。参谋人员向德兰西跑去，他告诉威灵顿让他平静地死去。但是担任他助手的表亲将他带到了后方，并最终来到了滑铁卢，把他安置在了一间小屋的床上。[21]

伤亡数目不断增长，由法军大炮阵对其轨迹上的部队施加的累积压力正开始影响他们的士气。法国人能将这一压力维持多久，威灵顿防线中的士兵又能承受法国炮兵正在施予的惩罚到几时？

58

快逃命！

6月18日下午4点到6点，滑铁卢到布鲁塞尔

在盟军位于滑铁卢的阵线后方，许多村民走出来或在楼上观战。一个校长的16岁儿子回忆道："我们可以看到火炮的闪光，听到相当明显的开火声响，不过烟雾使得我们无法看清实际的战斗情况。妈妈被吓坏了。"大约3点，伤员开始从蒙圣让沿着小径艰难而上，而铺有石子的那部分道路被满载着弹药的货车、救护车辆与给养马车阻塞。伤员来到男孩的屋子讨水喝，他的父亲让他带着一桶掺水的啤酒待在外面。过了一会儿，他们听到了"快逃命！"的呼喊声。

负责英军第二师补给的塔珀·凯里时年22岁。直到他的将军亨利·克林顿爵士告诉他前往后方，并在"战斗结束后努力找到他们，如果有可能就带来补给"，他一直待在该部的司令部。他继续逗留到部队被命令从梅尔布布赖讷前进，然后骑马后退半英里，加入了一些正在观战的补给官同僚之中。

很快，"整个阵地就被浓烟笼罩，什么也无法看清"。凯里带着他手下的两个军官前往滑铁卢寻找粮秣，不过他们才刚抵达村子，"一次相较于上次更严重的恐慌就突然侵袭了随军人员，并且重新开始了前一天晚上的场景，这终结了任何生意往来"。他说，比利时军队正在"背离他们的旗帜，一路上传播敌人正接踵而至的传闻"。凯里被人群冲走，但是一段时间后他决定返回并仔细侦察滑铁卢，以便调查那里到底发生了什么。

> 道路上挤满了整连的比利时逃兵，有步兵也有骑兵，还混杂着数量众多的受伤军官与士兵，他们对战事的进展进行了悲惨与沮丧的描

述。这连同大量各种各样的俘虏，在一场大战的后方形成了通常会出现的忧郁场面。

然而，这一惨淡的第一印象被一扫而空，当

> 喊叫声从远方传来，紧接着一群人逐渐走近，并制造出了一个与我们周围相反的奇特与欢腾的场景。他们由一支苏格兰灰骑兵与恩尼斯基伦龙骑兵的分遣队组成，还带来了两面刚刚从敌人那里夺得的鹰旗。每个人都有伤或残废了。一面鹰旗仍保留在旗杆上，并被高高地举在空中；另一面则在混战中从旗杆上被折下，为另外两个人所有，他们也同样竭尽所能展示自己的战利品。士兵的外表也引人注目。一些人在战斗中丢失了头盔，于是就用手帕包扎仍在流血的头部，另一些人的手臂挂在吊带里，其他人衣衫褴褛，好像他们曾在近身争斗中短兵相接，并被拖入泥潭。他们骑乘的马匹身上的各个部位同样遭受马刀砍伤与其他创伤。特别是有一匹马从我身边经过时，我注意到一大块肌肉被榴弹的弹片从它的臀部撕下。[1]

这些受伤却兴高采烈的士兵，同失落、困惑并且意志消沉的各国部队混在一起。来自像卡尔·雅各比所属的吕讷堡营与重骑兵旅这种受损严重的部队的士兵，同拥有较少借口的部队的士兵一道前往布鲁塞尔，比如坎伯兰公爵的骠骑兵团。除此之外，一些陪同伤员的士兵也决定离开战场；其他人就只是想要逃跑，像汤姆·莫里斯的后排士兵或第十八骠骑兵团的戈登中尉。

汉诺威民兵部队的军医在蒙圣让风车磨坊附近的一些建筑物里设立了他们的医院，不过在目睹了这一见所未见的破坏之后，初级军医与乐手擅离职守，加入了溃逃的大潮。只有贝斯特的高级军医和一个初级军医仍留在那里照料伤员，而他所有的军需官与许多士官、列兵跟随辎重一道撤往布鲁塞尔，甚至安特卫普。其他师的情况无疑也是如此。下午晚些时候，当它处在法军的猛烈炮火下，被攻下似乎迫在眉睫时，英军将设立在蒙圣让农场的前线急救站撤离，而能行走的伤员出发前往布鲁塞尔。[2]

与此同时，塔珀·凯里和他的助手

进入了苏瓦涅森林。难怪一场恐慌可以轻易在这种时刻扩散开来，因为战斗中炮击（此战中有300到400门火炮开火）的混响与回声令人惊骇，足以吓倒那些不受军纪管束的人。逃亡者的数量并不像前一天晚上那么多，但他们看起来同样心惊胆战，仿佛敌人就在不远处。这很容易理解，他们的一些分遣队可能已到达我军的后方。道路也与森林一样，挤满了比利时逃兵，有骑马的，也有步行的，穿得很像法国人，而他们从中察觉到一些人来自不同的地点，就不难把这部分人想象为敌人了。这使得逃跑的势头有所持续，并且这一次道路左右两侧被前一次恐慌时的废弃物堆满，场面总的来说让人沮丧。道路两旁各有一条沟渠，里面堆了一些乡间货车，它们装载的成袋谷物和饼干倾倒而出并被浸湿。在其他地方仍然残留了一些行李，其中还有侧翻了的里士满公爵的马车，它同其他东西一道被抛掷在一旁，以便弹药车从后方赶来。

然而，并不是道路上的每个人都陷入了恐慌。凯里尤为称赞了一个"携带弹药的炮兵分遣队"，他们正"逆着逃亡的人流，从容不迫地朝着相反的方向继续赶往前线"。

回到滑铁卢，他在那里发现了一些补给官同事。"对我们大家来说，这是最焦虑的时刻，尤其是因为由伤员从前线带来的消息最为令人气馁。在战斗的这一阶段，没人敢下马，更不用说离开它们片刻了，因为在混乱中它们有可能被那些正匆忙步行逃向后方的人顺便骑走。"

大约下午5点，他骑马返回蒙圣让村搜集消息。"受伤的军官与士兵陆续赶来，不时有一发实心弹被看到弹过，但是除了高地上的烟雾与无尽的火炮和滑膛枪的咔嗒声，什么都听不到，也看不到。"

在更往后10英里的布鲁塞尔，政治家托马斯·克里维正感到"极度的惴惴不安"。大约下午3点,他"朝着军队的方向走出城镇两英里,看到一个最为异样又繁忙的场景,伴随着道路上的各种事物,布鲁塞尔的周日人群都来到了那慕尔门以外的郊区,他们坐在桌旁饮用啤酒,吸食烟草并取乐,就好像是赛马或者其他运动正在进行,而不是一场大战斗得正酣"。[3]

但是,在城里,"恐怖和混乱在周日达到了最高峰。法军取得彻底胜利的消息传来,并被普遍信以为真"。[4]克里维的继女伊丽莎白·奥德认为,这是"我有生以来度过的最为痛苦的一天"。上午,还没有消息传来,不过大约下午4点,她"冲进"克里维的房间"宣称法军正在城里"。之后,重骑兵旅冲锋的消息流传开来,大约一个小时后,俘虏和被俘获的鹰旗随之而来。[5]乔治·斯科韦尔爵士的马夫目睹了塔珀·凯里早前在滑铁卢附近看到的携带鹰旗的同一批英国龙骑兵经过,他们"全身沾满了泥浆,以至于只能隐约看到他们穿的红色外套"。[6]一些人还带来了他们随后被法军骑兵击败的坏消息。

克里维走出家门,遇到了另一位政治家,他一直在"观战,或在离它很近的距离",并且他"认为一切都看起来非常糟糕"。这个看法并不稀奇。在通往贝勒维旅馆的台阶上,一个近卫骑兵告诉他:"先生,为什么我一点也不喜欢事情的进展。法国人如此顺利,我不知道什么才能阻止他们。"[7]

59

拿破仑准备第二次进攻

6月18日下午3点15分至4点，乌古蒙与拉艾圣

下午3点左右，拿破仑收到了格鲁希于当天早上稍晚时寄自瓦兰的信件，当时格鲁希被误导，认为普军正于瓦夫尔东北集结。拿破仑没有从这封信中了解到太多消息，除了那时格鲁希没有向主力靠拢，而是朝他认为的正在瓦夫尔附近的普军的3个军前进。如果格鲁希关于那3个军去了何处的假设是正确的，皇帝只有一个军需要对付——从瓦夫尔失踪的那个军，即比洛的生力军。该军并非不可战胜，他的背后也没有其他军紧随。格鲁希应该正同除比洛军之外的普军余部接触。与此同时，皇帝希望与他早前那次攻击类似的又一次攻击，即以骑兵居中步兵在右跟随，能在普军干预前击溃威灵顿。

此时，他让洛博将军的6000名步兵生力军来到佳姻以东德隆军的初始位置，做好从右侧绕过大炮阵，攻击英军左翼中路的准备。在拿破仑事后的叙述中，他声称自己派遣洛博前去阻击普军，不过同洛博密切相关的资料却讲述了一个不同的故事：根据拿破仑的初始计划，洛博前往法军右翼是为了支援德隆的攻击，而拿破仑正向前重启对英军阵线的攻势。[1]

这时候，法军的第二次进攻开始了。就像第一次那样，它以对帕佩洛特和拉艾农场、斯莫安村以及菲谢尔蒙庄园的攻击打头，这些位于盟军阵线东面的据点正由拿骚人防守。拿骚第三营的散兵当时正守在一个树篱后面，占据着帕佩洛特南侧沼泽谷地边缘的小型建筑物。这时，一条强大的法军散兵线在迪吕特师的一个纵队支援下杀过来。见状，拿骚人撤回了帕佩洛特，而在那里，另外4个连正协助守卫农场和它由凹路与浓密树篱环绕的坚固建筑物。拿骚人在无经验的费尔登民兵营的散兵支援下击退了法

军，但在追击时却陷入了敌军从 500 步距离射出的霰弹火力之中。这次轮到德意志人撤退了。双方的前哨战还在持续进行，汉诺威人由于所处位置距离太远，浪费不少弹药。[2]

帕佩洛特是在法军更为坚决的攻势下保全下来的唯一一个据点。而在更往东一些的菲谢尔蒙，奥兰治 - 拿骚团的第一营已经同法军轻步兵持续交火了数个小时，此时却在敌军更大编制部队的猛烈火力下被迫快速后撤。迪吕特的士兵还占据了斯莫安和拉艾。[3]

与此同时，位于 3 英里以西的法军另一翼末端，皮雷的轻骑兵布置成横队，他们看似即将威胁威灵顿的右翼。第十五骠骑兵团向西骑行，隔着谷地面对多达 10 个中队的法军骑兵，而第十三轻龙骑兵团则排列在他们背后负责支援。德恩贝格将军被告知将他的 KGL 第二轻龙骑兵分遣到极右翼，他们在默瑟的炮连前面列队部署下来。之后，该部又被命令通过一条凹路前往布赖讷拉勒，他们借此避开了敌军的视线，以便占据一个能够冲击皮雷左翼的阵地。经过小镇时，他们抓住机会买了几瓶酒。

法军的第一线或多或少穿过了乌古蒙，他们于庄园农场的西侧部署了火炮。他们往榴弹炮里装填了燃烧弹，用铁箍和细绳包裹，内部还混有松脂、树脂、兽脂、硫黄、硝石和锑的帆布包，试图将建筑物点燃。它可以燃烧长达 12 分钟，极难扑灭。[4] 当榴弹炮引燃建筑物时，火炮击破了通向南部庭院的侧门，掷弹兵冲了进去，同保卫院子的拿骚掷弹兵展开了肉搏。法军抓获了 7 名拿骚俘虏，不过面对从窗户中射出的火力，以及英国近卫军从北部庭院发起的反击，他们最终被再次逐出。列兵马修·克莱在庄园着火后十分惊慌，不过他的军官却"立于房间的出口，直至我们的阵地变得绝望，留下太过危险时才允许我们从岗位离开"。他们最终逃命，有数人在离开着火的建筑物时受了伤。克莱声称他带着一个受伤的法国鼓手进了外屋，在那里"两军的伤员被肩并肩放置"，因为他们"没有办法把伤员带到一个更安全的地方"。

克莱来到南门拱道下的岗位，直至法军的另一发实心弹将它轰开，并且"放置在农场里用于燃烧的木材散落到各个方向"。这一次他们将法军的攻击阻止在门外，克莱则被派往防守通道上方二楼园丁房间墙上的缺口，那里"破碎的瓦砾与在岗位上被击杀的同胞的尸体混杂在一起"。克莱发现他正位于中士的对面，受自己连的上尉指挥。[5]

正防守花园的拿骚列兵约翰·彼得·莱昂哈德则被法军的炮击吓呆了：

> 在我们上方，花园小径上的角树被猛烈的炮击削去，就像是遭受了砍伐，沿着农场外侧栽种的秀丽而高大的树木也是如此。墙体倒塌……天空似乎都被火光映红了，农场内的所有建筑物均被引燃。我脚下的土地也开始颤抖摇晃。[6]

威灵顿此时位于梅特兰近卫旅一旁的高地，正仔细地处理防御事项。他向仍指挥着农场内英国守军的麦克唐奈送去了一份用铅笔写的便条：

> 我看到火势已经从草垛蔓延到了庄园的屋顶。但是，你仍需让你的士兵坚守那些火势未抵达的部分。小心不要让任何人因屋顶或楼层的倒塌而受伤、丧命。在它们倒塌后，你应当占据花园内破损的墙体，尤其是如果敌人可能穿过余烬进入屋子内部。[7]

在此时的乌古蒙，近卫军的弹药储备正越发枯竭。阿克斯布里奇的副官霍勒斯·西摩声称，一些军官从农场向他喊话"让我尽最大的努力给他们送去步枪弹药"。此后不久，"在阵地的顶端"，西摩发现了"货运马车队一名负责一辆双轮运货车的列兵。我只是给他指出了需要他的地方，他勇敢地驱动马车，沿着农场驶下，我看到他抵达了大门。他一定失去了挽马，因为猛烈的火力持续射向他"。[8]

防守果园的苏格兰近卫军正处在持续的压力之下，并且军官不断有所伤亡。一个中尉被"一发射穿他未婚妻迷你肖像的子弹击中"，那是6月15日从他的比利时甜心那里得到的离别礼物。一名少尉则被子弹射中了头部上方的右太阳穴，在恢复知觉时，他发现自己躺在善良的韦斯特上校（第八连的指挥官）的怀抱里，他正在用手绢包扎我的头部。他说他会派一两个人把我送出战场，不过我拒绝了，幻想还能坚守岗位，不幸的是我做不到，当即就因为失血过多昏了过去。当我倒下时，不幸的大卫·贝尔德爵士拿起了我的佩剑试了试，并替我保存了下来，他将自己的剑收入鞘中。但是他没能拿太久，一发子弹就从他的下巴射入喉咙里。

该连的指挥权转移到了一个中士手中。防御者从果园被赶回到凹路，不过冷溪近卫团从他们左侧的花园墙后射出的交叉火力折磨着法军，将他们钉在了树林中。[9]

过了一会儿，对拉艾圣的新一轮攻势开始了。皮埃尔·奥拉尔的旅组成纵队攻击农场。[10]来自德隆军的强力散兵线再次登上了奥安路一线的树篱，尽管最后他们被肯普特旅的第二次冲锋击退。来自基奥师的士兵以散兵队形在攻击纵队之前推进，凶狠的炮兵火力则使得意图支持捉襟见肘的德意志防守者的援军望而却步。

巴林已经获得了KGL第一轻步兵营两个连的支援。他将他们布置在了农场北部的菜园里，余下的人则守在农场的建筑物之中，而农场南部的果园则空无一人。其余的汉诺威来复枪手则同采砂场周围的英国来复枪手会合，"在相当长的时间里，他们在那里坚持抵抗法军的攻击纵队"。[11]当两个法军纵队从两侧对农场发起攻击时，他们笨重的队形成了来复枪手的活靶子，而巴林则尽可能用火力向他们施压。士兵们将装填好的来复枪传递给最好的射手，虽然既没有射击平台也没有射击孔，只有守军自己从砖墙掏出的粗孔，而且仅有少部分人可以射击，但他们将枪口对准法军军官。奥拉尔将军中弹身亡，他的两个团长一死一伤：胸部中弹的第十九步兵团让-艾马布勒·特吕佩尔上校已经第六次为法兰西流血；第五十一步兵团的里尼翁男爵是阿尔卑斯山区一个农民的儿子，他的父亲曾作为波拿巴的向导为穿过该山进入意大利的法军指路，而男爵本人则作为老近卫军的一员参加了大军团所有的战役,此时身先士卒,最终在拉艾圣阵亡。

法国人最终抵达了建筑物。他们舍身投入了对墙壁的攻击,并试图从砖墙孔洞中将守军手中的来复枪拔出。门旁堆满了尸体:在开着的谷仓大门前"已经有17个法国人永远躺在了那里,对于想在他们身后于同一地点突入的人,这些死尸就成了一道保护屏障"。巴林为他的士兵感到骄傲:"这便是我们学会如何去感受'战友'这个词真正含义的时刻,这种感情必然渗透最粗糙的心灵,不过只有见证了这种时刻,他才能完全理解!"法军最终放弃进攻,当他们撤退时,"我们大声欢呼,并且嘲笑他们"。[12]

大约也是在此时,皇帝的地形学专家西蒙·贝尔纳将军从极右翼的巴黎树林返回。他已经完成了辨别那些从东面而来的军队的任务。贝尔纳缓慢穿过树木,来到距离拉讷足够近的地方,通过望远镜看清了正朝他而来的一列普军散兵军帽上的十字。之后,他骑马返回马尔博上校的法军散兵阵线处,警告这些将他指向普鲁士人的法军他们将会遇到什么。然后,贝尔纳驱马慢跑返回拿破仑那里,后者正将手背在后面,在罗索姆农场的土堆旁来回踱步。

  皇帝低声问道:"有什么消息,将军?"
  "坏消息,陛下。"
  "他们是普鲁士人?"
  "是的,陛下,我认出了他们。"
  "我也是这么认为。不错,先生们,"他一边说一边转向自己的随从,"事情进展顺利,抵达的人是格鲁希。"
  尽管如此,皇帝仍然叫来了另一个副官,向此人透露了事实,并派他带一份命令到洛博伯爵那里,命令他向右翼转向,以便迎击即将抵达的敌军。[13]

贝尔纳将军的这个报告是接下来导致拿破仑被迫改变计划的关键因素。如果更多的普鲁士军队将在这些人的后面出现,他需要快速突破英军防线。他被迫重新部署洛博的步兵以阻击从巴黎树林杀出的普军,他已经没有生力军去攻克敌军左翼中路。作为替代,他命令贝尔纳去侦察布鲁塞尔大道位于拉艾圣上方的路堑,并告诉他那里是否能够让骑兵以半个中队走在前面的队形通过。他希望通过大规模的胸甲骑兵的攻击攻克敌军中路。

为了躲避法军炮兵冰雹式的掩护炮火,英军步兵撤退到了相对受保护的山脊另一侧,许多盟军火炮也撤离高地顶端,躲避到它的脚下。因此,奈伊的下一个行动是派出一个旅的胸甲骑兵,重复德隆攻击之前对拉艾圣上方的攻击,意在夺下山脊上的火炮阵线,击溃可能士气低落的敌军。然而,它却注定发展成为一次更大规模的冲锋。

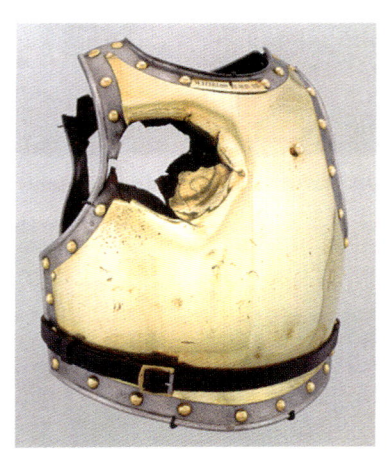

滑铁卢战役中修复保存下来的卡宾枪兵的胸甲，这名士兵在一轮射击中丧生。

1815年的普鲁士骑兵：一名佩戴铁十字勋章的西里西亚"乌兰"枪骑兵、一名胸甲骑兵和一名龙骑兵号兵。

"我也来自厄尔巴岛"，图中士兵是拿破仑军队中的一名勇士，这些勇士是法军实力的象征。

乌古蒙的北门,北边有鸽舍和烧毁了的庄园。

乌古蒙的南门,南边有筑了围墙的花园,绘于1815年6月20日。

乌古蒙废墟,图中左边是位于乌古蒙西边的凹路,右边则是树林。马修·克莱一开始在农场的这个区域,庄园本身已遭毁坏。

1815年6月21日,托马斯·斯托尼从拉艾圣向北眺望威灵顿所在的位置。注意通道两边都高于通行其中的马车。

从这个谷地向东南方望去,图左是拉艾圣,图的中部是佳姻。这幅素描向我们展现了麦秆的高度。

近卫骑兵正在压倒胸甲骑兵。

胸甲骑兵正向英国步兵方阵冲锋。

普军正与法国老近卫军在普朗斯努瓦战斗。

齐滕军到来,法军四散溃逃。

拿破仑曾称赞近卫军首席军医多米尼克·拉雷是他见过的最善良的人。

近卫骑兵的助理军医约翰·哈迪·詹姆斯

遍布尸体和受伤士兵的滑铁卢战场：死尸密度甚于1916年的索姆河战役。

这三幅图都是医生查尔斯·贝尔在布鲁塞尔的医院为伤兵所绘的素描:

KGL士兵福尔茨虽遭截肢,但挺过了术后感染,存活了下来。

第一战列步兵团的多米尼克·莫德尔在乌古蒙附近的战场上躺了3天,他的脑部被一颗子弹击中,但后来他活下来了。

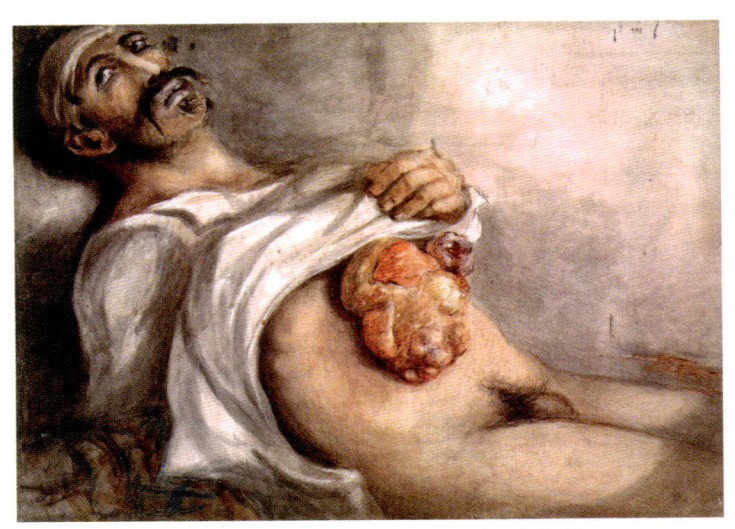

第三枪骑兵团的佩尔蒂埃被一名英国龙骑兵击中胃部。

1815年8月发表的一幅漫画《终极食人行为》,这幅漫画反映了法国人对于拿破仑深恶痛绝的态度:拿破仑手中所执的旗子上写有"以自由之名,我用锁链抓住了他们",他的后方是滑铁卢战役的场景和已化为灰烬的城镇。

漫画《法国的现状》描绘了在刺刀支撑下的路易十八、塔列朗和富歇,背景是路易十八的支持者向波拿巴党人报复,而普军则坐于大袋的金币上,向饥饿的民众撒钱并大声喊叫"波旁王朝,万岁"。

60

米约的冲锋

6月18日下午4点至5点，蒙圣让

在蒙圣让，法军骑兵大冲锋的责任问题充满争议。根据公布在6月21日《箴言报》上的法军官方公报，骑兵看到英军步兵撤退到斜坡的另一侧躲避，于是在没有接到命令的情况下，一个师支援另一个师，自发地开始了攻击。虽然"像公报一样撒谎"这种说法在法国已经众所周知，但后世一些作家却支持这一主张。[1]

然而，更为普遍的看法是将发动大规模骑兵冲锋的决定归结到奈伊元帅头上，他被自己看到的离开战场的逃兵、俘虏和伤员误导。但是奈伊似乎不大可能看得到高地的另一侧正在发生什么，尽管他可能将英国步兵撤回山脊另一侧躲避炮兵火力误解为撤退。拿破仑的副官夏尔·德·弗拉奥也这样认为："看到敌军阵地近乎空无一人，奈伊推想威灵顿公爵开始撤退了。因为他忘记了英国人从来不占据高处，而总是使用它们作为一个幕布，在其后隐藏他们的部队。"

另一方面，奈伊的副官皮埃尔·埃梅斯承认，奈伊想使用骑兵占据被放弃的那部分高地，以此检验高地上步兵的决心，以及盟军剩余骑兵的兵力，虽然他否认奈伊打算投入超过一个旅的兵力。不过，第十四骑兵师的指挥官德洛尔将军给出了另一个版本的说法，他说当他看见麾下的一个胸甲骑兵旅在未得到自己命令的情况下前进时，他试着将他们召回。奈伊亲自骑马过来，气得毛发直立，不耐烦地告诉德洛尔是他命令那个旅前进的。德洛尔想要他直属上司米约伯爵的命令，但是在这一热烈的讨论过程中，奈伊的要求升级，并最终以皇帝的名义，要求米约的两个师都发起冲锋。

然而，弗拉奥声称是拿破仑造成了冲锋规模的扩大。就像他后来说的那样，波拿巴可能认为在炮兵完成他们的工作之前，奈伊过早地投入了骑兵。而这种事前指责则是皇帝一贯的作风，他批评奈伊在很可能失败的情况下冒险发起攻击，不过他知道自己的时间就要用尽了。他是在赌大规模的骑兵攻击可能会取得一个突然并且决定性的突破。如果这无法成功，骑兵也至少可以迫使敌军组成方阵，从而使得他们更好地成为炮兵的目标。可能是当天早上，拿破仑对他谨慎的将军们轻松愉快的鼓励包含了他真实意图的精髓：他会用自己数量众多的火炮轰击他们；他会用自己的骑兵冲锋迫使威灵顿露出他的意图；之后，他会使用老近卫军对他们进行打击。

所以，拿破仑没有明说东面来自普鲁士人的危险，或是发动一次这样攻击的迫切原因，他召来了自己最忠诚也最机智的副官弗拉奥去派遣全部骑兵。

> 我在一个小丘上紧挨着皇帝，这一天的大部分时间他都待在上面。当看到奈伊开始行动，派出一个军的骑兵穿过谷地时，他感叹道："奈伊正在拿这场几乎赢下的会战冒险。"（这句话被定格在我的记忆中。）"但是我们必须支援他，因为这是我们唯一的机会。"之后，他朝我转过身，吩咐我命令所有我能找到的骑兵去支援奈伊越过谷地掷向敌军的部队。[2]

对未崩溃的步兵展开规模庞大的骑兵冲锋在过往取得过辉煌的成功：在 8 年前血腥的埃劳会战中，这样的一次冲锋扭转了逆境。[3] 拿破仑知道，他先前的骑兵攻击摧毁了两个步兵营，在威灵顿的中路已打开一个缺口；他也了解到敌军骑兵的反击能力已经大大减弱，他或许希望又一次规模庞大、气势汹汹的佩甲骑兵攻击将一举终结这场会战。此外，他必须做出一些戏剧性的决断，以求速战速决：由布吕歇尔决定现身造成的右翼危机迫使他如此行动。

因为对拉艾圣的攻击还在进行，于是此时米约 2500 余人的胸甲骑兵在 1500 余人的近卫枪骑兵和猎骑兵的跟随下列队，攻击乌古蒙与拉艾圣之间威灵顿阵线中路的阿尔滕师。因为两个农场间的千码距离一次只能供数百人排成横队，所以他们采用纵队队形。此时时间为下午 4 点左右，至晚是 4 点 15 分。

胸甲骑兵的指挥官让－巴蒂斯特·米约已经通过漫长的军事生涯，证明他自己是一个极富天赋的指挥官。时年 48 岁的米约年轻时极端推崇雅各宾主义，他的性子又比较暴躁，在政治方面容易冲动。他参与攻占了巴士底狱，曾是一名国民代表和一个弑君者，他投票处死路易十六而没有咨询他的选民。他就是拿破仑需要的那种挂名首脑：如果革命的热情能激发他的部队达成超人之举，米约就是一个他们可以信任的领袖。

为了实现这次攻击，从布鲁塞尔大道东侧出发的各团需要先穿过大道（这种移动使得任何关于冲锋是自发进行的观点有些令人难以置信），他们以中队为单位列成纵队前进，而不是一个简单的连续横队。这一旋转前进使得冲锋变为右翼在前，因此第一个接敌的中队位于法军阵线的右翼。他们自东向西穿过高地，以避开布鲁塞尔大道附近凹路的陡峭地段。詹姆斯·肖回忆说："纪律严明的骑兵在组队与前进时秩序井然、气势恢宏，场景蔚为壮观。"对敌人而言，这个景象伴随数量众多的马匹踩踏时发出的蹄声，不禁令人惊叹："身在远处观察，他们似乎是一条压倒一切的移动长线，不断向前，就像阳光下的海上巨浪一样闪烁着光芒。他们一直前进到非常近的距离，同时每一寸土地都似乎在他们的践踏下震颤了起来。"[4]

第一个被攻击的部队是 KGL 第五战列营，在他们完成方阵变换之前从烟雾中冲出的胸甲骑兵让他们措手不及。"一个团的胸甲骑兵就像是霹雳一样猛冲到我们中间"时，埃德蒙·惠特利中尉正"忙着在枪弹横飞中收紧队形、填补空缺"。而林辛根中校承认："虽然敌军的胸甲骑兵受到了第五营和格鲁本哈根营的火力打击，但他们仍然冲入了方阵。"惠特利则"奔向军旗，保卫它们"，而该营的营长克里斯蒂安·冯·翁普特达[*]

---

[*] 根据当时英军和其他国家军队的习惯，当若干个下级单位编成一个更高级别的单位时，除非有额外的正式任用命令，通常由这些同级别的下级指挥官中资历最深的那位出任高级单位的指挥官，比如此处 KGL 第五战列营的营长，同时也是 KGL 第二旅的翁普特达，以及前文提到尼德兰第二师第二旅的指挥官伯恩哈德。另外，上级单位的指挥官缺席，或者受伤、阵亡，其职务也通常是由下级指挥官中资历最深的那位接任，比如英军第五师的肯普特，第六师的兰伯特。

冲了过去，帮忙闭合队形。他们被一个中队的骑兵（KGL 第三骠骑兵团）拯救，后者发动冲锋赶跑了胸甲骑兵。与此同时，翁普特达和他的军官"在费了九牛二虎之力后成功将士兵重组"。然而，灾难只是转移了而已：惠特利"以极大的运气刚避开一个飞奔而过的骑兵从背后刺来的一剑，瞬时桑德尔上尉的头就被同一个人深深切开"。[5]

大约 700 名的胸甲骑兵攻击了由不来梅营和费尔登营组成的方阵，不过可能是耕地的原因，他们错过了冲锋的时机，马匹喘息着在距离目标 70 至 80 步时过早地停了下来。当胸甲骑兵向左转去时，汉诺威人朝他们开火。后者的中尉还记得法国指挥官平躺在他自己的马上躲避枪弹，最后毫发无损地逃脱。[6]

从这个汉诺威方阵的后方，比利时卡宾枪骑兵发起了反冲锋。他们本应该攻击法国人的侧翼，但是过于急切以致直接冲了上去，遭到了经验更为老到的胸甲骑兵的打击。另外两个中队跟上支援，但之后大量技术更为熟练的法国近卫猎骑兵攻击了他们的侧翼，就像胸甲骑兵的指挥官回忆的那样，"他派来对付我们的荷兰旅被击溃了：队形支离破碎，士兵在恐惧中四处逃散"。阿伦席尔德的 KGL 第三骠骑兵团冲锋并逐退了追击比利时人的骑兵，但是就在他们骑马疾驰而去时，逃跑的马匹受到了惊吓，几乎卷走了骠骑兵剩余中队的马匹。[7]

溃败的比利时人一通过，阿克斯布里奇伯爵就命令骠骑兵剩余的两个中队向前进中的两个胸甲骑兵中队冲锋。老上校阿伦席尔德带领他的骠骑兵冲破了胸甲骑兵的战线，但是之后发现他们面对数量更多的法军枪骑兵和猎骑兵，这些人还迂回了他们的侧翼，因而他们中只有少数人逃脱。在这两次冲锋后，这个守卫中央阵线且兵力众多、久经沙场的团所剩无几，已减员到 120 人左右。[8]

科林·霍尔基特爵士由两个纵队组成的英国旅正好在右面的位置，他们看到法军胸甲骑兵登上山脊顶端，占据了沿山脊部署的劳埃德炮连所属火炮时，也快速变换成方阵。第七十三高地人团和第三十"剑桥郡"团保留火力直到胸甲骑兵距离很近时，然后通过一次坚决的齐射让他们转向离去。幸运的是，胸甲骑兵一开始没有对拿骚第一团发起冲锋，他们的指挥官断定他们不能变换成方阵，因而让手下毫无经验的士兵继续维持纵队队形。英军方阵在距离法军骑手 60 至 80 步时进行的第一轮齐射驱散了进攻的法国人，他们表现出来的技术和纪律鼓舞了拿骚人，有助于他们壮胆。幸亏烟幕使他们无法一起看到下一个方阵，后者的进展就不是那么顺利了。第七十三步兵团的汤姆·莫里斯中士看到附近由第六十九团和第三十三团组成的方阵崩溃，仅仅是因为英国近卫骑兵的干预才幸免覆灭。一个法国胸甲骑兵军官使用手枪朝霍尔基特开火，并击中了他的脖子。这一伤势导致剧烈的疼痛，但不会产生持久的伤害。[9]

此时，阿克斯布里奇伯爵派出他的副官威廉·桑希尔少校去命令近卫骑兵发起冲锋。第一近卫骑兵团的指挥官塞缪尔·费里奥尔在出发时便中弹身亡，但是近卫骑兵团仍然成功地击退了追击英国步兵的胸甲骑兵，并在一场血腥激烈的交锋后击退了他们的援军，不过骑乘近卫团的帕克少校却在指挥一个中队时被一个同等职务的法国军官刺中身亡。桑希尔据称是英军中最强壮的人，并在事后被赞扬"在滑铁卢杀的人比其他任何一个人都要多"。他接受了罗伯特·希尔爵士彬彬有礼的邀请，加入了这次冲锋，但在坐骑遭到射杀时，从马上掉下来的他目瞪口呆。希尔事后告诉桑希尔，当看到桑希尔向正在搏杀的一个胸甲骑兵做出的"不寻常的丑恶鬼脸"时，他那时觉得非常好笑。[10]

法军胸甲骑兵的预备中队之后同时攻击了拿骚第一团的纵队和不来梅营与费尔登营的联合方阵，不过这两支部队均抵挡住了冲锋。第七十三团和第三十团组成的联合方阵与 KGL 第五营方阵的幸存至关重要，因为在守卫中央阵地的部队中，他们是最后两支久经沙场的部队。第五营的惠特利中尉"使用一个已阵亡士兵的步枪开火，直至我的肩膀近乎僵硬，我的嘴巴被火药弄脏，以至于到了不知不觉大口咀嚼沙砾的地步"。第五营遭遇多次冲锋，而胸甲骑兵在他们视线外重组，只留下一个军官在山脊上指挥冲锋。翁普特达敦促他的士兵将这个军官击毙，但是没人能射中他。直到来自 KGL 第一轻步兵营的一个来复枪兵志愿前往，由于在先前的战斗中断了一条腿，他躺在方阵里，被抬到狙击位置后他一枪就射落了那个军官。[11]

再向西几百码是位于第二线的 KGL 第二战列营，他们距离第一线约有半英里。该部的一个军官正在观察前方的战况：

> 我们观察到第一线的各团组成方阵抵抗骑兵，这一变换在法军骑兵猛冲过来时差一点就没有完成。他们受到了猛烈且令人恼怒的火力轰击，死伤惨重。不过他们没有立即撤退，但是发现无法对第五十二团造成影响，后者顶住了他们的冲锋。他们沿着方阵线疾驰，可能是想寻找陷入混乱的部队。然而，无论在何处，我方士兵都镇定自若，击退了他们。他们最终陷入了混乱，于是我方骑兵察觉到机会，杀入他们中间，补全了先前步兵进行的破坏。逃脱的那些骑兵立即受到众多兵力的支援，反过来我方骑兵被迫撤退。

一些法军中队此时正与他们的目标之一——山脊上的盟军炮兵——交战，在步兵躲避法军炮兵轰击时他们被暴露，与后方的步兵已拉开一段距离。同一个军官观察到：

> 在这次冲锋中，法军从我们的炮兵中穿过，许多炮手在炮位被砍倒，另一些爬到炮底下才得以逃脱，而当法军骑兵再次通过时，这些人一跃而起，以最大程度的冷静和勇气进行射击。也正是在这次冲锋中，威灵顿公爵和他的参谋暴露在很有可能被俘的危险中。整个早晨，他都在山丘顶上骑行（在那里部署了一些炮连），因为那里是可以一览会战全貌的最佳地点，但也是整个战场上最危险的位置。法军骑兵迅速赶来，公爵几乎没有时间躲入方阵以便获得保护。他当时所处的个人险境、坚持不懈的努力与巨大的勇气，在那天为全军瞩目。[12]

当骑兵从乌古蒙以东和上方火炮的左后方扫过时，绝大多数的炮手将他们的火炮装上前车，驾车离开。一些炮手还在挽救已经损坏了的火炮，一些炮手则曾经在四臂村作战，他们当时无法补充更多弹药，或是他们的弹药被炸掉，因而他们在任何情况下都想获得更多弹药，这次也不例外。然而，威灵顿对此大为震怒：

法军骑兵冲锋，他们和我们的炮兵在同一个区域组队，总的来说距离我们的火炮只有几码。在这种情况下，我们无法期待炮兵继续留在炮位。不过我有权期待炮兵像我，以及像所有的参谋人员做的那样，在步兵方阵中避难，直到法军骑兵被我方步兵或骑兵逐出战场。但是他们根本不这样做，相反他们想要带上全部家当逃出战场，包括前车、弹药以及所有的一切。几分钟之后，我们击退了法军骑兵，而在可以使用火炮时，我们却没有炮兵发射火炮对付他们。事实上，如果不是在开始时保留了预备队，在战役的整个后半段我将没有炮兵可用。[13]

炮兵的记述趋向于证实了威灵顿的说法，尽管有许多情有可原的借口。他们因为法军炮兵的轰击损失惨重，有些部队是弹药箱被炸毁后真正缺乏弹药。他们与方阵之间还有一段比较遥远的距离，虽然每次射击火炮都会因为后坐力向背坡下滑，而在黏重土壤上炮手也无法将他们的火炮拖拽回去。"他们最感到棘手的是不借助马匹则无法将火炮移动到山脊顶端。而使用马匹，这些畜力则肯定会遭受损失。"[14]此外，使用下坡上的火炮朝高地开火，法军可以躲在山脊另一侧以寻求掩护。克利夫斯声称将他的火炮拖回到方阵间的一个位置，直到他耗尽弹药，不过其他证据表明，只有两门火炮被重新部署在那里，可能是只有这两门仍能射击。劳埃德的炮连已经不剩多少士兵了。屈尔曼和桑达姆撤出了第一线，辛克莱、拉姆齐和布尔同样如此。[15]

盟军炮兵向后方的奔逃一定鼓舞了法军。高地上的皮雷所部枪骑兵拥有一个非常好的视野。正当英军第十五骠骑兵团尝试估算如何最好地穿过谷地攻击他们时，"枪骑兵开始欢呼，而朝我们撤出的阵地望去，他们之所以欢呼是因为法军骑兵朝我军步兵和火炮发动了猛烈的进攻，我军火炮的前车正迅速朝尼韦勒路驶去"。[16]

61

洛博与普鲁士人

6月18日下午4点30分至5点30分，东翼

当骑兵冲锋时，7000人的步兵生力军正由洛博伯爵乔治·穆顿带领，前往拉艾圣东部展开致命一击。作为洛林一个面包师的第九个孩子，1792年穆顿志愿参军为革命而战，并在同一年晚些时候被选为上尉。他在意大利的英勇表现吸引了波拿巴的注意，后者在1805年让他成为自己的副官。他高大、健壮，有一头乌黑的头发和一双灰色的眼睛，穆顿为人坦率真诚，是一名出色的组织者。他在1809年的表现为自己赢得了洛博伯爵的头衔，并受到皇帝赞誉"我们的绵羊是一头狮子"*。在拿破仑的撮合下，他娶了约瑟芬的一个侍女，结果表明这两人是天造的一对。1813年，他曾短暂担任第一军的军长，1815年他再次成为拿破仑的副官，并在之后负责指挥第六军。他是拿破仑最为忠诚可靠的侍从之一。

旨在彻底获得先前被德隆攻击区域的优势，洛博的纵队刚刚抵达分隔两支军队的峡谷的顶端时，向前侦察的参谋长带着伤回来说，在他们的右翼有一条敌军散兵战列出没。对此大惊失色的洛博和他的副官雅南与雅基诺将军前往该处调查。果然，确实有敌人出现。过了一会儿，将军们看到两个纵队从树林里涌出，他们粗略估计对方有一万人。洛博认为，在侧翼和后方出现一支同己部兵力相当的敌军步兵时，发起攻击无疑是鲁莽的。同皇帝交换了信息后，他将自己的军队重新部署，以迎接这一新的威胁。[1]

4点30分，普军离开了为他们提供掩护的巴黎树林，他们的兵力要比洛博的参谋估计得多一些：1.2万名步兵、3000名骑兵和64门火炮。发

---

* 在法语里，"穆顿"（Mouton）的意思即"绵羊"。

现他们遭到部署在树林边缘由马尔博上校指挥的小股法军分遣队的射击，第十五步兵团燧发枪兵营的神枪手遂打响了此战普军的第一枪。马尔博的手下在一部骑兵的掩护下迅速后撤。[2]西里西亚骠骑兵和枪骑兵超前己方步兵，将法军的散兵线逐退。与此同时，约翰·冯·希勒的第十六旅向普朗斯努瓦方向派出冯·凯勒少校指挥的两个燧发枪兵营的分遣队，并由法尔肯豪森的西里西亚骑兵掩护，以便保护己方左翼。[3]

位于普军前方的是一片开阔、地势又相对平缓的高地。它宽约半英里，几乎一路延展到拿破仑位于罗索姆农场的战术司令部，虽然在普朗斯努瓦村与罗索姆之间的最后一段，丘陵众多，地势起伏不平。在他们的右侧是长有稀疏树木的奥安沼泽河谷，随着散布其中的建筑物通向斯莫安村。位于斯莫安南方的是菲谢尔蒙庄园，它能俯瞰整个谷地和南部的树林。普军的左侧是长满树木的拉讷河谷地、朗松树林和另一片位于谷地北部高地边缘的树林。每条河流的水位都异乎寻常地高，使得他们所在的谷地容易被水浸没，或是化为沼泽。

在第十八步兵团燧发枪兵营的带领下，米夏埃尔·冯·罗斯廷的第十五旅朝菲谢尔蒙前进，枪骑兵和骑炮兵掩护他们的右翼。[4]布吕歇尔侯爵看着他们出发并高喊："保持活力，孩子们！继续向前！翻越所有的栅栏、树篱和沟渠，没有什么是我们不可逾越的，一定没有。继续向前！"在同身着具有红色饰面的蓝色军服，头戴钟形顶有檐桶状军帽，像极了法国人的军队交火一阵后，这支"敌军"的代表前来说服他们，他们正在攻击的庄园守卫其实是他们的友军——来自奥兰治-拿骚团的士兵。在误解消除后，普军继续向西推进，他们发现菲谢尔蒙掌握在真正的敌人之手，并受到坚固的防守。[5]

马尔博麾下、在极右翼警戒的第七骠骑兵团的一个中队长，刚刚和让-西梅翁·多蒙将军交谈过。后者的猎骑兵受命去支援洛博对威灵顿左翼的攻击。多蒙谈到英军火炮差不多熄火了，而且他认为会战业已赢下，英军已经在撤退了。多蒙提醒了中队长，他的骠骑兵在这里是为了同格鲁希元帅衔接，多蒙骑马离开，并乐呵呵地预测当晚他们就将抵达布鲁塞尔。不过几分钟后，骠骑兵非但没有遇到格鲁希的侦察队，反而遭到了普军前卫西里西亚骠骑兵的冲锋。"我们狠狠地逐退了他们,并展开了追击,"中队长回忆说,"但是面对敌军6门火炮的霰弹火力,我们不得不撤退。"法军骠骑兵被普军骑炮连驱散,还遭到西里西亚枪骑兵的追击。马尔博上校的一侧身体还被长枪刺伤。[6]

洛博的阵地面朝东边,横跨拉讷至普朗斯努瓦的道路,位于从菲谢尔蒙向南通往朗松树林的小路上方的高地。战斗由强大的散兵战列做主角,由骑兵提供协助。洛博有两个步兵师,近7000名步兵和2000名骑兵,外加28门火炮*,而他的师还包含一些很出色的团。他得以发动攻势,向树林驱赶普军。

一场残酷的争夺战在菲谢尔蒙附近由灌木丛覆盖的高地上展开,普鲁士力战以便守卫防线。当剩余的军属预备骑兵抵达时,比洛将其大部派去守卫中央阵地,填补两个步兵旅之间的空隙,尽管他们暴露在洛博的炮兵火力之下,两个骑兵旅的指挥官均被射杀。

在斯特夫利告知他威灵顿面对的险峻形势后,布吕歇尔做出了派出手上仅有的两个旅的决定,这是一个至关重要的干预,因为它阻止了洛博、多蒙和叙贝尔维对英军左翼的进攻。到这个阶段,威灵顿所剩的预备队已然不多,其中的精兵强将更是少之又少。兰伯特旅的生力军会奋勇作战,而皮克顿的士兵虽然顽强,但如果法军的新锐之师没有被牵制在别处,他虚弱的左翼不可能抵挡这批人的另一次攻击。[7]尽管布吕歇尔的军队无法将穆顿的士兵逐退,但是此时他们的介入却攸关威灵顿军队的存亡。

---

* 因其军属预备炮连被抽调组建大炮阵,此处的28门火炮为其两个步兵师的师属6磅步炮连(16)和多蒙与叙贝尔维两个骑兵师的师属6磅骑炮连(12)。

62

骑兵大冲锋

6月18日下午5点至6点，蒙圣让高地

在米约的骑兵撤退后，法军炮兵再次开火。威灵顿近乎全部的预备队已经投入了战斗，如果拿破仑此时命令老近卫军攻击其中路，他可能会克敌制胜。但是他尚不知普军的多寡，而且时间紧迫。除了重复骑兵攻击，没有其他选择，于是这40个中队的骑兵（仍多于4000人）再一次向高地奔腾而去。

威灵顿调来了一些剩余的预备炮兵。但是登上乌古蒙上方山脊的顶端进行部署时，不伦瑞克步炮连几乎立即就受到了一个团的胸甲骑兵的快步冲锋。作为回击，德恩贝格将军命令他的第二十三轻龙骑兵团攻击胸甲骑兵的左翼，KGL第一轻龙骑兵团攻击他们的右翼。德恩贝格严令，若冲锋成功，仅由第一中队进行追击，不过后备中队没有等待也加入了进去，并在之后被迂回包抄他们侧翼的法军预备队击败。第二十三轻龙骑兵团的一些士兵拥有英国骑兵典型的可悲特征——缺乏纪律，他们冲过谷地到达另外一侧。一些人在那里被俘，另一些得以逃脱，而不伦瑞克炮兵在他们溃逃时被冲散。不伦瑞克人带走了其中一门火炮，将剩余的7门丢弃在了那里，炮手们骑马四散逃命，直到胸甲骑兵遭到供炮手避难的不伦瑞克第一战列营方阵的火力打击后转头离去。[1]

德恩贝格在步兵方阵之后聚拢了他骑兵旅的余部。当另一个胸甲骑兵团发起攻击时，他的龙骑兵再次冲锋，但是他们的迎面攻击却无法撼动铠甲骑士。德恩贝格的左肺被刺穿。口齿不清、鲜血灌满喉咙的他骑马去寻找军医。

此时，格兰特的轻骑兵旅放弃了攻击威胁盟军右翼的法国枪骑兵的计划，返回了他们位于乌古蒙后方的初始阵地。在那里，他们以第十三轻龙骑兵团在前，第十五轻龙骑兵团在后支援，对法军骑兵进行了反冲锋。他们将胸甲骑兵向后逐退了一段距离，但是后者的援军包围了轻骑兵的战线，迫使他们前往方阵后面避难。

同时，盟军右翼前后两线的步兵均变换成了方阵应对骑兵，由于开火不多，他们可以欣赏这个威风凛凛的场面。年轻的高地轻步兵杰克·巴尼特告诉他的母亲："10 或 12 个精锐团摆成空心方阵的场面蔚为壮观，法军骑兵围着我们驰骋，却无法穿透。"KGL 第二战列营的一个中尉也留下了同样的印象："我认为此时双方展现出了从未有过的最为盛大的场景，以及最高程度的勇气与决心。在我看来至少有 2 万名步兵占据着半英里的空间，每个团组成纵深 4 列的方阵，前两列跪在地上。"[2]

有时，法军骑兵席卷高地。默瑟上尉看着轻骑兵中队互相冲锋，就好像将有一场大战一样，不过实际上彼此穿插后仅有一两个人坠落于马下。经验不足的第十四白金汉郡的"农民们"从一个为他们提供掩护的小沟渠来到了高地之上，暴露在了炮火之下。第五十一步兵团的一个号手将他们的方阵误以为是自己的，刚说了"在这里我又足够安全了！"就被一发实心弹击碎了脑袋，他的脑浆飞溅在护旗小队士兵的身上，这使得一个名声不佳的贵族纨绔子弟拉长声音说："多恶心啊！"第二发炮弹连续击倒了 6 个人。另一发炮弹则击穿了一个中士的胸骨，他的尖叫声吓坏了躺在地上以减少伤亡的年轻士兵。16 岁的乔治·凯佩尔少尉坐在一个鼓上，双手搂着营长的母马，直到一发榴弹爆炸，将鼓撞倒。一块弹片击中了马的鼻子，让它丧命。[3] 该团再次转移位置，来到一个离默瑟的骑炮连不远的缓坡后面躲避。在他们的后面，弹药车发生了爆炸，一匹未加束缚的马的头部下半边被整个炸飞。

默瑟此刻正与该地的炮兵指挥官交谈，"突然黑压压一片的骑兵瞬间从主山岭出现，然后如蜂群一般向斜坡下扫去"。这位炮兵军官看到

> 低洼区域被快速移动的骑兵覆盖，他们穿插、转向，朝着所有的方向骑行，显然没有任何目标。有时，他们距离我们相当近，之后

又会后退一段距离。他们中有枪骑兵、骠骑兵和龙骑兵，这完全是一场混战。在主山岭没有一个方阵，除了少数几门火炮混乱地布置在那里，炮口朝着天空，没有一个炮手。在几分钟的半旋转腾跃后，人群开始分散，聚拢成不断增长的小股部队。此刻，我们真的觉得被淹没了，第一线的部队显然已是如此。有那么一会儿，可怕的沉默弥漫在那片战场，我们焦急地转眼望去。仍在我身边的古尔德上校（原文如此，应是查尔斯·戈尔德，克林顿师的炮兵指挥官）说："我担心一切都完了。"情况似乎真的如此，这一次我无法隐瞒，我同意他的评论，因为它看似就是这样。

附近第二十三"韦尔奇燧发枪兵"团的托马斯·杰里迈亚观看了第二十三轻龙骑兵的溃败，然后直面法国骑兵，他们"在未能突破我们的方阵后掠去，几乎歼灭了我方一个均由新兵组成的团"。[4] 他指的是"新垦地"第十四步兵团，但是该团通过转入一些身经百战的军官加强了力量，比如洛兰·怀特上尉，他曾作为"剑桥郡"团的一员参加了半岛战争的所有主要会战。在短暂的混乱后，该团及时在法军骑兵扫过第二十三团，然后经过他们时快速变换成了方阵。

法军骑兵意图沿着尼韦勒路逃脱，他们需要转向避开小道桥梁处的路障。驻扎在该处的威廉·惠勒中士刚刚悄悄走近并杀死了一个法军骠骑兵军官，他正"鬼鬼祟祟窥探我军阵地"：

在平射距离内，我们的一个士兵被称为神枪手。我询问这个士兵是否能击中他。此人回答："当然可以，不过如果可以还是等他离近一些，无论如何他的死刑令都已签署，并握在我的手中，就算他折回也来不及了。"到这个时候，他在没有察觉到我们的情况下来到离我们很近的位置。他开火后，这个军官从马上摔下，几分钟之后他的尸体和坐骑就在岩石后为我们所有。

他的排的士兵抓住机会增加财富："我们获得了丰厚的战利品——40

个40法郎拿破仑金币,在我们被召集之前正好还有时间剥下死去的骠骑兵衣服上的花边。"就是在那时法军骑兵从高地上沿着尼韦勒路返回他们自己的阵线,他们遭到了伏击:

> 没有选择沿原路返回,他们采用了迂回的溃逃路线,沿着我们左侧的道路败退。几乎有100人,均是胸甲骑兵。他们顺着道路全速疾驰,我们左侧横斜在桥梁处的树木阻止了他们。在看到他们前来时我们就进行了准备,开火的瞬间就取得了效果。在我们完成装填且烟雾散去后,一个也是唯一一个骑兵孤零零地登上了我们前面的陡坡,另一个则被约翰·罗斯上尉从要将他杀害的不伦瑞克人手中救下。[5]

马克西米利安·富瓦将军的代理参谋长让-巴蒂斯特·勒莫尼耶-德拉福斯看到一些幸存者返回:"15至18个胸甲骑兵"在一个少尉的指挥下,"满身都是鲜血和黑色的污泥"。他们胯下的战马汗气蒸腾,这个中队有84人没能回来。富瓦惊讶地注视这场规模庞大的骑兵混战,评论说他一生中从未看到过像这样的场面。他声称数个中队从英军的中路直接穿过,环绕乌古蒙树林后在自己师的后方重组。[6]

大约在同一时间,右翼的英军遭受了另一次恐慌,因为"响亮而反复的叫喊声(不是英国人的欢呼声)将我们的注意力吸引到另一侧。从那里我们看到两个密集的步兵纵队以快速步伐穿过战场,朝我们推进,他们就像是从梅尔布布赖讷而来一样"。第十四步兵团的一位经验丰富的爱尔兰军官帕特·布伦南大声认定他们是法国人。"住嘴,帕特,"泰迪营长怒吼道,"你会吓坏我的孩子,你是什么意思?"但是,从他的面部表情可以看出,他怀有与帕特相同的忧惧。他们之所以恐惧是因为法军已经拿下布赖讷拉勒,迂回他们的右翼,就像法军骑兵似乎正蹂躏他们的左翼一样。默瑟上尉调转炮口指向新的威胁。每个人都认为他们是法国人,不过默瑟仍未开火。

> 他们在朝我们一路走来的过程中怒吼、喊叫、歌唱,此时相距已

经不足 800 或者 1000 码，似乎让他们不受干扰地接近是件蠢事。为了结束我们的疑惑，第十四步兵团的指挥官骑马向前力图探明他们的身份，但他很快返回，并向我们保证他们是法国人。开火的命令已经下达，不过幸运的是，古尔德上校（原文如此）认出了他们是比利时人。[7]

那是前来支援英军右翼的沙塞将军的尼德兰第三师。他们倚靠尼韦勒至布鲁塞尔路部署下来。

之后，在接近下午 5 点时，奥古斯塔斯·弗雷泽爵士骑马快速赶来，他向默瑟喊道："装上前车，越快越好。"弗雷泽调集了他最后的骑炮兵预备队以面对新的攻击。在遭受惨重伤亡（包括超过半数的军官）后，米约的骑兵被撤了出来，由克勒曼的骑兵替代，并由近卫军的龙骑兵和掷弹骑兵提供支援。默瑟的炮连将火炮装上前车，两门火炮一组，排成纵深 3 列，快步开进。默瑟与弗雷泽一同骑马前进，"他的脸就像是扫烟囱的人刚打扫完爬出时一样黑，他右臂的夹克袖子被一发子弹或霰弹撕破，不过仅擦伤了他的皮肤"。弗雷泽解释说，敌人"聚集了数量极多的重骑兵，就在他要带领我们去的地方的前方……想必我们一开进阵地就会立即受到冲击"。

当他们登上主阵地所在的背坡时，气氛发生了戏剧性的变化：

> 天气令人窒息般炎热，气流就像是从一个烤箱中流出来的一样。我们被浓雾环绕，尽管枪炮的轰鸣声持续不断地传来，但仍旧可以明显听到我们周围神秘的嗡鸣声，类似于夏夜无数黑甲虫的鸣叫。炮弹也从各个方向耕犁着土地，冰雹似的霰弹与枪弹则非常密集，似乎伸出胳膊都有被打掉的风险。

陌生的嗡嗡声是炮弹和子弹在空气中嗖嗖划过的声音。

炮连善良的军医之前从未参加过战斗，他"一开始以最疯狂，可以想象到的最滑稽的方式环视着这一切，从这个角落到另一个角落来回走动，并大声说道'我的上帝啊，默瑟，那是什么？什么声音？多么稀奇啊！太稀奇了'。当一发炮弹嘶嘶穿过时，'那里！那里！这都是什么'"。默瑟费力地说服他，对他们来说军医的幸存是很重要的，并且到了他该后撤的时间了。弗雷泽指出了他需要默瑟的火炮赶往的位置，即在两个不伦瑞克步兵方阵之间，离开时又提醒他们节约弹药，并在骑兵冲锋时躲入方阵里。[8]

英军参谋担心部署在乌古蒙上方的那些不伦瑞克菜鸟营。第一次骑兵攻击被他们的步炮连挫败，后者迅速将火炮卸下前车，使用霰弹攻击骑兵，不过因为之后步炮连在法军骑兵的马刀下被攻击得遍体鳞伤，弗雷泽不得不带来他的预备队鼓舞这些步兵。

尽管如此，但是默瑟仍然不喜欢他后面那些方阵的军容。"不伦瑞克人倒下得很快，炮弹每一刻都会在他们的方阵中造成巨大的缺口，军官和士官积极通过把士兵聚合在一起将之填补，有时甚至还要捶打他们以便让士兵移动。"年轻的不伦瑞克士兵似乎处在惊恐中，"就像许多木头那样"站立着。他们的军官和军士很好地履行着自己的职责，"不仅是让他们聚在一起，还成功地让方阵保持闭合，尽管屠杀就在他们中间发生"。但是默瑟认为如果他的炮手逃向他们，这相当有可能会导致不伦瑞克人逃散。[9]

另一个炮连从预备队中被抽调出来，部署在默瑟右侧的一个阵地，即拉姆齐和布尔炮连的左侧。[10]第一次冲锋受到了这些生力火炮连极其粗暴的对待。近卫军的掷弹骑兵和龙骑兵各约800人，在这一区域进行攻击，虽然拿破仑事后声称他没有命令最后这些骑兵预备队加入冲锋。[11]他们的指挥官克洛德-艾蒂安·居约是一个农场工人的儿子，1802年他在拿破仑的执政卫队猎骑兵中升任上尉。1807—1814年，他负责皇帝在战役中和旅行时的个人安全。他机智能干，是拿破仑的忠诚支持者。在第二次冲锋中，居约胯下的战马中弹，在他徒步走下高地时，他被追击的骑兵击倒于地，遭到践踏与砍杀，不过就在他们可以将他俘获前，一次新的法军攻击解救了他。有人给了他一匹马，但是瞬间之后，他就胸膛中弹，还被一块弹片击中了手臂。他前去包扎伤口，治疗后，他最终重新加入了自己的部队。而在他离开时，从他手中接过指挥权的那个同伴在下一次的冲锋中阵亡了。[12]

在威灵顿阵线的西侧，即英国近卫军和不伦瑞克人所处的位置，这一模式重复上演：在一次失败的冲锋后，英国和德意志骑兵会将法国人赶回谷地，但是这让法军炮兵得以向盟军方阵开火。之后，法军骑兵慢步走上高地，观察是否有任何方阵遭到了削弱。而在东面，就无法清楚获悉法军是否曾被赶下高地了，虽然他们大概会允许己方火炮发挥它们的作用。这里残存的英国骑兵不久便或多或少地消耗殆尽，并且这里没有生力炮兵。此时，战况演变为某种僵局：骑兵变得疲劳，鉴于近距离步枪齐射的前景，不愿全力冲锋，而步兵知道，如果他们在很远的距离就浪费弹药进行齐射，他们是脆弱的。他们被命令控制开火的时机，既是基于这个原因，也是因为绝大多数单位此刻都缺乏弹药。

克勒曼第七龙骑兵团的一个中队长从法军的视角描述了这一难题：

> 方阵毅然等待骑兵的到来，直到我们进入平射距离才扣下扳机。步兵火力对骑兵士气的巨大冲击，比它的物理效应更大，这方面已被很好地表述过了。由于我们等待的齐射没有发生，而英国步兵要比以往显得更加笃定，这让我们的部队仓皇失措，意识到比起进入平射距离，我们将暴露在更为致命的火力下，顿时恐惧占据了我们的心头。可能是为了逃避这种火力，最前面的中队转向右侧，导致其后跟随的中队重复同样的动作。冲锋失败了……[13]

即便是暴性子的米歇尔·奥德内上校，也沮丧地赞扬了敌军步兵的适应能力："我们几乎就掌控了高地，但是英国人似乎根植在了土地上。尽管他们中四分之三的人被消灭了，你也要继续砍杀他们，直到他们中的最后一个士兵倒下。"[14] 相对于骑兵，在他们撤退后又开始射击的法国炮对英军步兵来说要麻烦得多："虽然我们不断痛击用钢盔护身的对手，"第三十步兵团的爱德华·麦克雷迪写道，"但是我们发现在这一段时间一直朝我们射击并造成可怕后果的实心弹和霰弹是更为讨厌的对象，它们彻底为胸甲骑兵报了仇。骑兵通常会朝齐射在方阵中造成的缺口猛冲过去，但是均未获得成功。"[15] 步兵拒绝露出缺口引诱骑兵冲锋，而骑兵拒绝冲锋未崩溃的步兵。另一方面，当骑兵抵近从而迫使步兵开枪时，步兵只能对骑兵造成很小的损失，"让那些在战场上亲眼所见的军官诧异的是，"一个军官评论说，"实际上，要不是步兵的破坏能力非常小，我们一直在讲的这些指挥糟糕的冲锋，不可能持续这么久，也不会这么频繁地再次展开。"一个工兵军官不敢相信"倒下的人是如此之少：仅有一个军官和两个士兵，尽管毋庸置疑许多人受了伤。许多方阵在30码的距离开火，也没有取得更好的效果"。[16]

渐渐地，冲锋陷入僵局。克勒曼不知所措，急需支援：

> 不可能再强迫骑兵进行新一次的冲锋，虽然他们还像过往一样出色，但他们发现自己处境艰难，没有步兵或者炮兵的支援。
>
> 敌军方阵克制开火，但还有一群散兵掩护他们，而散兵的射击发发命中。这便是我军骑兵在数小时内所处的可怕境地。[17]

在某些情况下，盟军散兵数量稀疏，或者干脆没有，相反是法军骑兵的"散兵"骑行到盟军方阵附近并向他们开火，希望激起他们的反应。但是双方都接受了各自的伤亡情况，固执地坚守原地。位于沙勒罗瓦至布鲁塞尔大道东侧的皮克顿师和兰伯特师也组成了方阵，虽然罗伯逊曾回想起枪骑兵对"戈登"高地人团的一次冲锋，但是他们很少受到骑兵的威胁。然而，不间断的法军炮兵火力对他们所处的位置造成了大量的死伤。

老兵们意识到，此时"战斗已不是一场对能力或军人品质的考验，而是一场谁能坚持得更久的考验"，而即便是年轻的爱德华·麦克雷迪也能理解"这时候到了看看双方谁更有耐力，谁可以在杀戮下坚持得更久的阶段"。在阵地中央，惠特利中尉站在KGL第五战列营的小方阵里，他吸食了少量的鼻烟，并"想起小时候他听到的一首古老的歌谣"——实际上那是罗伯特·骚塞的一首反战诗《布伦海姆之战》(*The Battle of Blenheim*)。尽管误引了其中的细节，但他想起了"向孩子们描述莫尔伯勒公爵辉煌战役的老护士"所说的真谛，孩子们问道：

"你说一万多人被杀,
他们为什么彼此杀戮呢?"
她说:"事实上,我也不清楚。"
"但那是一场著名的胜利之战。"[18]

63
拉艾圣的陷落

6月18日下午5点至5点45分，布鲁塞尔大道

在拉艾圣，乔治·巴林少校麾下士兵的弹药即将告罄。他派回了第一个军官，接着又派回了第二个，去"索要保证会给予的弹药"。不过他们都无功而返，派来的反而是翁普特达第五战列营的散兵。但他需要的是弹药，而不是更多的士兵。又经过了半个小时不间断的战斗，巴林派出了第三个军官，他先向萨默塞特郡团*，后又向拿骚人求助。冯·瑙恩多夫少校从拿骚第一团派出了200名轻步兵，但是依然没有弹药送来。

问题的根源在于，当天早上未能在农场内囤积弹药，但周围仍应该有弹药。距离最近的两支部队——KGL第一轻步兵营和附近的第九十五来复枪团，就像巴林的士兵一样，均装备有英国贝克来复枪，但也有可能是当地的补给已经被法军炮兵摧毁。[1]

在先前的数小时之内，拿骚第一步兵团的年轻人海因里希·冯·加格恩同他的菜鸟战友们一直遭受炮火的攻击。第一发落入他们营的炮弹击中了站在他前面的那个人，炮弹或阵亡士兵被击碎的步枪又击中了他侧面几列的士兵。随后，一发霰弹切断了将他的剑鞘与腰带连接起来的挂绳，于是他将佩剑插在了旁边的地上。之后，一发榴弹在周围爆炸，杀死了3个士兵。它击碎了他的佩剑，撕碎了他的裤子，灼伤了他的脚。虽然一只脚疼痛无比，他不得不将重心转到另一条腿上，但他的伤势似乎不重。他拿起了一个死去步兵的步枪作为武器，重新加入了方阵。他们向前移动了40步，试图躲避更多的榴弹火力。

---

* 即第四十步兵团，又称萨默塞特郡第二团。

加格恩所属的轻步兵连是被选去支援拉艾圣的两个连之一，不过瑙恩多夫少校却指出他已受伤，拒绝他同战友们一同前往。瑙恩多夫是加格恩父母的朋友，毋庸置疑，他拒绝的真正原因是他不认为这个年轻的少尉能活着从拉艾圣回来。在这一行动中，分遣队的指挥官在抵达农场前被炮弹击中，在士兵尝试将他转移时他又被第二弹击中身亡。不到半个小时，另一个连指挥官也受了伤。[2]

比之以往，此时的法军更需要夺下拉艾圣，它是这一战场中央的关键。奈伊命令尼古拉·施米茨少将指挥他的旅将农场夺下。而施米茨派遣第十七战列步兵团前往农场的西面去掩护第十三轻步兵团的一系列进攻。这也是专业的轻步兵部队第一次被给予攻击拉艾圣的任务。

列兵弗里德里希·林道同其他人一起守卫在大门旁边的射击孔处，从那里他们向聚集着最多法国人的方位射击。法国人顶着墙壁，将他们的步枪伸入射击孔朝内射击。在越过墙体射击时，受伤的士兵从林道头顶上的猪舍掉下。

林道盯上了一个正在部署部队的法军军官。最终，他们处于同一条直线，林道开火，并看到这个军官的坐骑跃起、后腿站立，然后同骑手一起猛然倒下。过了一会儿，来复枪手进行了一次出击，林道发现他和被自己击中的军官离得很近：

> 我朝他猛冲过去，抓住了他的金表链。但是他抽拔出军刀，并且对我大声辱骂，因而我没能拿到它。之后，我用来复枪的枪托敲击了他的头部，他伸直四肢躺在地上，接着我注意到他手指上的金戒指。但我先从他的马上割下了一个小的旅行皮包，就要从他手指上取下戒指时，战友们喊道："最好撤退，骑兵正朝我们杀来！"我看到约30个骑兵正朝我们冲过来，于是我带着战利品全速同战友会合，我们通过一次齐射逼退了敌人。[3]

在法军的一次新的攻击中，林道被命令守卫大门。他发现自己的子弹已经所剩无几，就在搜寻死去战友的弹药袋时，他的头部从后面被击中。

格雷姆中尉当时正站在林道头顶的猪舍上,他让林道撤回后方,不过林道拒绝了,他说:"不,只要还能站得住,我就会一直坚守岗位。"他摘下了领巾,用朗姆酒把它浸湿,然后请求一位战友往他的伤口倒一些朗姆酒,再用领巾绕头系上。格雷姆俯身在墙上,用剑刺杀墙下的法国人。林道警告他说这样他也会被击中。中尉回复道:"让这些狗娘养的开枪吧!"呼喊声从谷仓传来,于是林道穿过用鹅卵石铺设的院子去帮忙。当他在入口处射击时,呛人的浓烟从横梁下蔓延过来:突入未果后,法国人放火焚仓。幸运的是,年轻的拿骚援军带来了炊事用的大水壶,一个灭火小队用水壶从水池中取水,最终将火势扑灭,尽管在这一过程中又有几人被击中。当他们集中在谷仓里忙作一团时,射击孔却被法军控制,并从他们的身后射击。一个法国人抓住了林道的来复枪后,两人争夺了一番,直到一个战友朝这个人开了一枪。另一个法国人又抓住了它,不过被林道右侧的士兵刺中了面部。

就在林道拽回他的来复枪时,子弹从射击孔飞入,击打在背后的墙面上咔哒作响。一发子弹击中了他肩上的织物,另一发则损坏了他的武器。他前往水池,在那里看到一位中弹的中士,此人有一把不错的来复枪。中士奄奄一息,但是当林道伸手去拿他的武器时,中士朝他做了一个鬼脸,所以林道只好拿了另外一把来复枪。但是林道花费搜寻枪弹的时间越来越多,用来射击的时间却越来越少。巴林让他返回后方处理伤口,不过再一次被林道拒绝了。

巴林感到肩头的责任和压力前所未有的沉重,即"一个军官突然被迫要做出可能会左右自己和手下士兵的生命和荣誉,不但如此,甚至更为重大的结果的决定。而在战斗中,众所周知,看似不重要的小事,往往会造成难以估量的影响"。敌军的两个纵队再次抵近,他知道这一次守军幸存下来的希望十分渺茫:

在我进行劝勉激励和有关弹药状况的告诫时,我得到了一致的回答:"没人会离你而去,我们会同你并肩战斗,一同赴死!"没有笔墨,甚至经历过这种场景的人,也不能描绘我此刻内心的激动。没有什么可以同它做比较！我也从未感到自己如此振奋过，不过也从未身处过这么痛苦的职位，想要获得荣誉，就势必要危害到给予我无限信任的人的性命。

法军再次发起了攻击，并又一次将谷仓引燃。守军再次使用水壶从池塘取水将火势扑灭。巴林捎回去了一条口信"肯定地说，若没有弹药送来，我将撤出现有阵地"。守军射出的火力逐渐稀疏，因而索要弹药时，他们也变得更加不安起来。军官们开始告诉巴林，现有情况下他们无法坚守岗位。

感受到防御强度有所减弱，法军开始寻找方法攻入建筑物。尼古拉·施米茨要求火炮，不过与此同时，另一个高大的工兵军官加入了引领这次攻势的工兵连，突破了一扇房门。手腕中弹后，他不得不将破门的斧子传递了下去，不过继续指挥攻击，直至肩膀中弹。[4] 因为一次只能进入少量法军，而且他们均被立即刺杀，所以跟随在后的其余人犹豫不决。但当注意力都集中在门前时，法军又蜂拥爬上屋顶和墙壁，从那里他们可以居高临下朝守军射击。火炮最终击穿了主入口，法国人从敞开的谷仓突入。

巴林认为必须保全士兵的性命，因而下达了穿过屋子撤入花园的命令。那些穿过狭窄通道和他们的指挥官一同进入花园的士兵，在农场外集合。巴林快速决定没有必要尝试依靠围栏据守，于是派士兵逐个跑回己方阵线。

在"自卫！自卫！到处都是敌人！"的呼喊声传来时，林道看到来复枪兵放弃了猪舍顶棚，而法军则正爬上围墙。"一个人从脚手架上跳下，我用短刺刀刺入了他的胸膛。他倒在我身上，被我撂在一边。不过我的刺刀也因此弯曲，不得不被丢弃。"格雷姆中尉和弗兰克少尉通过与敌人肉搏守卫着穿过房间的通道入口，以便帮助更多的来复枪手逃脱。林道瞥见了一个试图向格雷姆中尉开火的法国人，但是弗兰克捅了他一刀，然后又朝他的脸补了一下。林道尝试前往他们那里，但在使用枪托乱砸时身陷重围。法国人吼道："汉诺威人混蛋，英国人混蛋！"林道被法军抓住拖入谷仓，只好投降。之后，他和几个战友又被赶到外面的地上，被劫掠一空。

林道失去了两个银表、一个金表、一袋金币，然后在包有绷带的胸甲骑兵押解下前往后方。

在农场的另一处，弗兰克少尉和格雷姆中尉正试图逃脱。弗兰克朝格雷姆大喊："小心！"在5码外，一个法国人正端平步枪瞄准格雷姆，但是当他要扣动扳机时，弗兰克用军刀刺入了他的嘴，扎入了这个人的脖子。弗兰克将刀拔出，疯狂地挥舞了几下，然后跑进了屋子。他被击中了两次，不过成功躲入了一个房间的床底下。两个跟随他的人被法军追上，他们在"不会原谅你们这些绿杂种！"的吼声中被击毙。弗兰克很幸运，没有被法军发现，直到农场被重新夺回。不过，格雷姆却陷入了麻烦。一个军官抓住他并骂了他一句："这个无赖。"还有两个人端着刺刀冲向他，但都被格雷姆用佩剑挑开了，趁着这3人看起来战战兢兢，他穿过门厅，向花园逃命。法军从背后向格雷姆开枪，但是没有命中，而格雷姆则登上斜坡，进入了凹路。巴林将幸存下来的拿骚人送回了他们自己的部队，而属于自己旅的幸存者则加入了来复枪小队，他们在农场上方借助凹路掩护进行狙击。[5]

公爵和他的随从骑马向东来到十字路口的榆树下，这也是他们迄今为止抵达的最靠东的位置。他们从上方的山脊一直看到拉艾圣的失陷已成必然，然后驱马通过入口走下陡峭的斜坡，进入凹路，接着再登上另外一侧。骑兵军需总监乔治·卡思卡特在轮到他时多看了一段时间。由于他的坐骑被击毙，他只得徒步跟随威灵顿一行[6]，随着施米茨旅向前施压，这一地段的战斗陡然激烈起来。

拉艾圣的陷落是威灵顿麾下军队一次真正危机的起源。有农场在手，法军可以向前推进步兵和炮兵，协助他们骑兵的攻击。根据一个英军军官的说法，

> 法军立即着手最大限度地利用他们取得的突破。数量众多的敌军蜂集于其后，借助建筑物的掩护向前突袭，以散兵队形冲向第三师和第五师的正面。虽然大群散兵没有进行集中的攻击，但是他们作为

一个整体射出的颇具毁灭性的火力不断削弱盟军的阵线。法兰西帝国和共和国军队在战争中的真正实力便是以这里描述的方式贯彻这种成功。在这些散兵从一个位置前进到另一个位置的攻击过程中,士兵天生的英勇与才智,下级军官的指挥技艺,以及出类拔萃的进取精神,永远都是那么引人注目。[7]

这时候,布置于凹路一线的来复枪兵被牵制在同这些法军散兵的激烈交锋中。在拉艾圣幸存下来的上尉中有两人受伤,而格雷姆中尉在挥舞军帽激励士兵时,被击中右手。巴林正骑着他找到的一匹原属于龙骑兵的马,马鞍之前有一个手枪大枪套和斗篷。4发子弹射入了枪套,另一发则射进了马鞍。巴林下马去捡起他那顶已被第六发子弹击落的帽子。

在稍向西不远处,法军散兵抵达凹路上方的树篱,并以此为掩护向剩余的汉诺威方阵倾泻火力。克里斯蒂安·翁普特达接到奥兰治亲王的命令:向前扫清篱笆内的敌人。他发现自己的老部属——仅有约200人幸存下来的第五战列营——是唯一可以承担这一任务的部队。在当天的早些时候相似的任务中失去了第八战列营并几乎失去第五战列营后,他第一时间意识到这是一个自杀式的命令,因而抗议称篱笆后方的谷地里有敌军骑兵出没,若没有支援,他可能再也无法回来了。亲王驱马疾驰而去,不过他的副官约翰·萨默塞特勋爵返回重申了命令。虽然深知他正将统率多年的士兵送入火海,但是翁普特达还是勇敢地带领该营出发了。他对冯·林辛根中校说:"请尽量救下我的两个侄子。"之后,他命令第五营变为横队,向前走去。

"前进到不足60码的距离时,他吼道'冲锋',"埃德蒙·惠特利写道,"我们欢呼着向前冲去。"号角响起,他们慢跑着来到了凹路,法军散兵朝拉艾圣的树篱撤去,以便在那里重组。惠特利这样记录接下来发生的事情:

> 我从翁普特达上校身边冲过,他大声对我说:"就是这样,惠特利!"接着,我遇到了一名法军军官,不过在我们能一决雌雄之前,他就倒在了一个不知名的人的手下。之后,我朝一个鼓手冲去,他穿

过篱笆以便翻越沟渠，但是他被牢牢地卡在了篱笆那里。我听到了"骑兵！骑兵！"的大声呼喊，然而，当时我太急切了，因此全然没把这放在心上，而就在要拉住一个法军（他包铁的军帽让他在劈砍下侥幸逃生）时，我就什么也不知道了。

胸甲骑兵从右翼与后方攻击了翁普特达的营。他们被追上，护持的两面军旗也都被夺走。林辛根的马中弹倒地，从马下解脱时，他亲眼看见了自己的营被歼灭。不过，阿伦席尔德的 KGL 第三骠骑兵团残存的 120 名骑兵从左翼攻击了胸甲骑兵，帮助幸存者逃离。林辛根看到了翁普特达的两个侄子——克里斯蒂安和路易斯，他抓住他们，将他们拖回凹路。仅有少数人在那里同他们会合，绝大多数人要么被砍倒要么被俘。

胸甲骑兵寻求击穿防线，但遭到交叉路口附近来复枪手的激烈火力打击。骠骑兵同胸甲骑兵进行了一场短暂而又血腥的肉搏，距离他们 200 步的巴林亲眼看见了一个骠骑兵下士和一个胸甲骑兵的决斗，这两人在互相穿过敌军阵线后都试图返回，与自己的战友会合。"我为那个骠骑兵感到担忧，因为看到他在流血，不过他经受的训练展现出了高对手一筹的实力。骠骑兵成功来到对手的左侧，朝他的面部重重一击，让他跌落在了地上。骠骑兵则在战友的欢呼和祝贺声中返回了自己的队列。"[8]

惠特利仍困在环绕拉艾圣菜园的沟渠里："恢复意识时，伴随着剧烈的头痛，我向上看去，发现自己正光着头躺在一个土沟内。翁普特达上校仰面躺在离我很近的位置，他张着嘴，头向后伸，喉咙上有一个洞。一个法国人的手交叉放在我的腿上。"惠特利完全陷入了茫然，"我非常困惑，以至于那时忘记自己正身处战场"。但是，当他在沟渠边缘窥视，看到一个法国营的背面时，一切又涌上了心头。他听到一个声音说"这里！这里！"，于是又躺了回去，屏住呼吸，假装死亡。"这是另一个人！"说着，一只手拉住了他的肩章，意识到法国人要将他翻过身去，洗劫他的钱包，惠特利猛然跃起。不过他突发眩晕，又倒在了泥里。法国人将他拎起来并吼道："你要去哪，狗东西？"稍后，他们将他拖入了农场。

拉艾圣遭遇多次火烧，损毁得很严重。"地上覆有瓦砾和稻草，散布着德意志步兵和法国散兵的尸体。还有一个身着绿衣的少校躺在门前。此处的杀戮异常惨烈。"

审讯过后,惠特利被沿着大道送往后方,但是朝大道开火的英军炮兵的火力太过猛烈,押解他的守卫躲到了沟渠里。从那里惠特利环视英军防线,他看到小小的红色方阵正自豪地坚守阵地。然而,他的营先前所处的位置此时却空无一人。

64

火炮与战马

6月18日下午5点45分至6点45分，中路

拉艾圣的准确陷落时间难以确定。亲历者给出的时间从下午2点到6点30分不等，但最有可能的是5点30分前后的某个时间。在试图挽救农场的过程中，翁普特达的旅实际上已经不复存在，而威灵顿军队的中路正变得日益虚弱。与此同时，法国目击者强调占领的不易，以及他们尝试的次数，但是在拉艾圣陷落之后，当天仍有足够的时间供他们向盟军阵线施加压力。[1]

此时，拿破仑命令近卫轻骑兵的两个炮连前进到他们可以抵达的最远距离并开火。登上高地的顶端后，法军将12门6磅火炮卸下前车，每两门对准一个盟军方阵，以凶残的霰弹开火。他们与盟军之间的距离非常近，以至于他们能听到盟军军官让手下士兵收紧队形的疯狂命令声。[2] 到这时候为止，在这一区域几乎所有的盟军炮兵均已离开，一个强大的法军营正朝着不来梅与费尔登营的方阵前进，而拿骚人正受到胸甲骑兵的威胁。

不久，法军炮手就发现了他们的目标，他们的第三轮霰弹齐射击中了拿骚团第一营。冯·魏厄斯少校将这一部队部署成正面为2个连、9列深的纵队，这使得它极易受到炮兵火力的打击。两侧的英国和汉诺威营则从横队（炮火下）到方阵（受到骑兵威胁时）不断变换队形。这虽让士兵疲于奔命，却将他们的伤亡降到了最低。魏厄斯没有尝试效法他们。他命令弗里德里希·魏茨去指挥第一连，这支部队同掷弹兵连一起站在最前列。它的3个军官均已受伤，中士阵亡。胸甲骑兵徐徐迫近，此时距离其右翼仅有100码。每次炮手都做好准备，"即便有一定的距离，点火装置深入火门的循环动作也能被看清。而每一次这样做，我们士兵的眼中便会显现

出某种不安与痛苦"。每一次射击都会有成群的人倒地，这也使得队形的清理与收紧变得更加困难。³

往右200至300码的距离，汤姆·莫里斯中士忧虑地审视着正对着他们方阵的火炮。他所属的第七十三步兵团同第三十"剑桥郡"团组成了一个方阵。下午，他们部署为横队以减少伤亡，之后又变为方阵抗击了胸甲骑兵的两次冲锋。此时，轮到火炮同骑兵一同发难了。第三十步兵团的爱德华·麦克雷迪少尉认出了这些炮手属于近卫军，"刚要向另一个军官提及时，两门于极短距离卸下前车的火炮，在点火装置深入火门后，猛然向方阵射出了霰弹"。第一次射击正中剑桥郡人组成的方阵的那一侧，胸甲骑兵向着火炮撕开的缺口冲去，不过剑桥郡人成功地将它堵上了，骑兵悻悻而归。雨点般的霰弹再次来袭。透过烟雾，莫里斯仅能分辨出深入火门的火焰光芒。而这一次"像冰雹一样密集"的炮弹击中了他那一侧。莫里斯转身"看到左手边的人向后倒下，鲜血从那个人的左眼喷涌而出"。他右手边的战友发出了尖叫，一枚弹丸击穿了此人的右大腿，莫里斯将他拖入了方阵之中，他们的所有伤员都躺在那里呻吟。而死去的人则被扔到外面当作掩护——一个抵御法军骑兵的尸体屏障。⁴

一发榴弹划破天空，垂直落在了方阵几英尺前的泥里。"在导火索就要燃尽时，我们在想它会干掉我们多少人。"17个人或死或伤，莫里斯则"被一块蚕豆大小的粗糙弹片射入了左脸颊，鲜血汩汩流入我的衣服下面，让我觉得相当不适"。他们的连指挥官虽然已经60岁了，在军中服役也有30年之久，但在四臂村之前从来没有经历过一次战斗。他被"吓坏了"，不断前往莫里斯那里寻求"一些能使他精神振奋的事物"。与之相反，该营的士官长作为著名的轻步兵旅的一员，从葡萄牙到法国一路战斗着过来，不过即便是他也为这场杀戮感到胆寒。他的脸庞变得死一般惨白，他转身对哈里斯营长说："在西班牙，我们从来没有遇到这种情况，长官。"

胸甲骑兵再次来袭，不过这一次几乎不能称之为冲锋：他们在深深的淤泥和成堆的尸体中缓慢小跑，进入科林·霍尔基特旅残部射出的散乱无力的火力之下。骑兵在抵近刺刀丛时向右转向，其中一人趴伏在马上，用剑刺向莫里斯。莫里斯正挤在人堆里，因此无法移动躲避，出于本能他闭上了眼睛。但当他再次睁开眼时，这个法国人正躺在他的前方，持剑的胳膊还伸着。莫里斯后面的一个士兵击中了他的腹股沟。这个胸甲骑兵的脸因痛苦而扭曲，他试图靠剑支撑着从地上站起来，不过剑太长，他无法将自己抬那么高。他伸手拿到一把刺刀，将它固定在淤泥里，然后让尖端从胸甲下刺入自杀了。[5]

在拿骚士兵处于分崩离析之际，冯·魏厄斯少校决定朝火炮突袭。在行进了40步时他们受到了一轮霰弹齐射，魏厄斯同其他人一起受了重伤。他们的冲锋动摇了，之后在试图填补缺口时停下。威灵顿的一个副官骑马过来命令他们撤退，一个有经验的拿骚参谋军官接手指挥撤退，但是朝迫近的骑兵开火的先头连却一直没有听到命令。

一瞬间，这两个由魏茨和一个老掷弹兵军官负责指挥的连（至多140人），便被胸甲骑兵包围。他们的阵线顷刻溃散，一些逃跑的人被胸甲骑兵砍下肩膀。一小队老掷弹兵像老虎一样英勇，他们蜂集于一处，背靠背相互掩护。一个中士用刺刀将两个胸甲骑兵从马上刺落，虽然他自己的右眼从眼窝被戳出，挂在脸上，头部也被利刃撕裂。最终骑兵占据上风，踏破了他们的阵形，冲入了他们当中。魏茨被困在两个骑兵之间，被迫投降。当法军后撤时，他被交予一个骑兵看管，魏茨视之为脱身的机会。他朝最近的英军方阵冲去，并成功抵达了那里，滚躺在斜立的刺刀之下。

第一胸甲骑兵团的米歇尔·奥德内上校认为，需要杀光所有的盟军步兵才能将高地夺下。此时，正独自待在蒙圣让农场附近某处的KGL的乔治·巴林少校得出了相同的结论。他评论说："除非一支军队或另一支军队完全毁灭，似乎没什么可以终止这场屠杀。"他的第三匹马原为一个英军龙骑兵所有，它的头部中弹，倒地而死，并将巴林的右腿压在了身下。他的士兵正同第一营一道躲在他后面的奥安路路堤间，他们原本以为他已阵亡，直到他躺在那里一段时间后，其中一人将他从尸体下拖出来，让他重新恢复了自由。巴林的腿没有被摔断，却也无法动弹，此刻又没有人能为他找一匹新马。他只好一瘸一拐地朝蒙圣让方向一个叫作拉瓦莱特的别墅走去。在那里，他总算凭借一个英国人的帮助，跨上了一匹四处游荡的马。与此同时，第一营的参谋军士回忆说："敌军步兵和骑兵的攻击变得如此激烈，他们之间的相互交替又是如此快速，因而我们的伤亡非常严重，整个营都快被抹去了。"一些人占据了拉瓦莱特，另一些则撤向蒙圣让的房舍，还有一些逃离了战场。[6]

法军骑兵依然无法攻破盟军的方阵。成队的骑兵快步冲向一个又一个方阵，检验他们的韧性，而步兵则将其中的一两个击落于地。然而，尽管顽强抵抗骑兵的攻击，但是方阵却逐渐被炮兵的火力和散兵的精确打击摧毁：

> 在一到两个地点，方阵有时暴露在步枪的火力之下。第二十七步兵团就是在这种情况下几乎覆灭。士兵以最无畏的方式进入这种位置，身边的战友下一秒就有可能倒下。不过幸运的是，敌军的步兵和骑兵并没有掌握联合进攻的方法，或者他们不清楚这样做会被证明具有多大的毁灭性。

第二十七"恩尼斯基伦"步兵团的燧发枪手以方阵队形被部署在蒙圣让农场前方的某个位置，他们遭受了惨烈的损失：750人中有478人或死或伤。在方阵中央，怀孕了的伊丽莎白·麦克马伦照料着伤员，直至她自己的腿部被击中。她的丈夫彼得失去了双臂，但这两人最终都存活了下来，她肚子里的孩子"滑铁卢的弗雷德丽卡·麦克马伦"于这一年晚些时候在切尔西出生。[7]

来复枪部队的老兵约翰·金凯德与其他幸存下来的士兵一同撤向奥安路以北的拉瓦莱特别墅：

> 我感到精疲力竭，但更多的是因为焦虑而不是身体的疲乏。我们的师在战斗开始时有5000人之众，此时已被逐渐缩减为一条孤单的散兵线。在我们身后几码的位置，第二十七团的人差不多都死在了方阵里……在我们周围，烟雾依然十分浓厚，什么也看不到。我向两侧各前进了一段距离，以便竭力一睹战事的进展。然而，除了遭到破坏的人马死尸，没有什么映入我的眼中。而我被迫返回阵地，一无所获。

我从没听说过有一场会战无人幸存。但这似乎是一个例外，所有人一个接一个倒下了。[8]

在盟军右翼，战事的进展顺利多了，尽管表面上对士兵来说并非如此。第一近卫步兵团的一个中士写道："战事一度非常绝望，我们的营在屠杀中被成列成列地带去后方。阵线正由拿着长矛抵着士兵后背的中士们支撑，不是因为士兵们缺乏勇气（他们确实十分绝望），只是此时人员损失太多，造成队列不稳。"[9] 在英国军队中，中士的 7 尺长矛一般被水平挥舞，将士兵推回齐整的队列，不过在这里则被用作防止队形在火力下崩溃。

这时候，威灵顿尝试清除高地上的法军骑兵和散兵。他命令 3 个不伦瑞克营穿过山脊，即第二、第三轻步兵营和第三战列营，来到梅特兰近卫军右侧的前坡，也就是先前宾所在的位置。但是，他们因为法军的炮兵火力蒙受了高昂的损失，又被迫撤回背坡。在那里他们组成方阵，在骑炮连的支援下对抗骑兵。他们尝试再一次越过山脊，却再次被逐回。

威灵顿并不气馁，最终他派上了预备队中的精锐。KGL 第一旅的 4 个营虽然规模很小，却由老兵组成，他们在背坡排成一线。威灵顿又命令弗雷德里克·亚当训练有素的轻步兵营于左侧加入他们。在最初的 3 个小时里，亚当旅的士兵躺在梅尔布布赖讷的前面。在法军骑兵冲锋期间，他们向前来到尼韦勒道路与通向梅尔布布赖讷小路的交会处的后方组成方阵，在敌军的炮火下在那里又待了两个小时。此刻，他们终于被命令向前。

经过不伦瑞克人组成的方阵后，他们来到了乌古蒙上方的坡顶，进入冰雹般的铅弹中。高地轻步兵在抵达坡顶时，除了烟雾什么也看不到，"但是周围到处躺着死伤者。之后，我们以纵队前进了相当一段距离，然后又变换为横队，在 3 声欢呼后进行了一次小规模的齐射，向敌军冲锋并将他们赶跑"。[10]

KGL 第一旅各营在来复枪手散兵的开路下前往乌古蒙。他们攻击了一支强大的散兵线，将他们逐退到乌古蒙的果园。不过变为方阵对抗胸甲骑兵时，他们发现自己陷入了来自果园边缘的树篱、沟渠两处和左面火炮射出的密集火力。旅长卡尔·迪普拉特在他的方阵前进时受了重伤。第九十五来复枪团的第三营由方阵变为散兵队形,与法军散兵较量。而在他们的右侧,联合起来的德意志来复枪连攻击了乌古蒙的树篱,在果园里他们受到了KGL第二营的支援,暂时将法军赶了出去。[11]

在东面,第九十五来复枪团的第二营前进,越过了乌古蒙的边界相当长一段距离。7月8日,列兵约翰·刘易斯向他远在阿克斯明斯特的家人描述了这次进攻:

> 我前排的一个士兵被一块弹片击穿了足部,因为我们正在前进,所以他只能被留在原地。我掩护看到的另一个人,但走了不到20步,侧向射来的一发子弹就将他的鼻子完全削去了。接下来,我又负责掩护一个人,他站在我的左手边,不久他的左手被一发9磅的实心弹从稍高于手肘的位置削去,他转过身来用右手抓住我,喷出的鲜血很快将我的裤子完全浸湿。由于还在行军,他也被直接丢下。[12]

在这次推进中,该营5个军衔最高的军官被神枪手或火炮击伤,最后在非常靠前的位置,双方的炮弹从头顶飞过时,由一名资历较浅的上尉命令他们作为散兵变换为扩展序列。双方的主阵线相距仅有450码,这要比步兵通常作战的距离短得多,而刘易斯则超前英军第一线150码,与法军的距离为250至100码。之后,该部受到了骑兵的冲锋,他们成功地蜂集在一起,正好组成一个指向敌人的豪猪式刺刀丛。法军骑马向前,使用卡宾枪向他们射击。在那个时刻,刘易斯写道:"我右手边的一个士兵身体中弹,血从他的腹部喷出,就像是一头被割了喉的猪一样。他朝一侧倒下,我朝他说话,他只是说'刘易斯,我完了',然后就立即死了。"当刘易斯给他的来复枪上膛时,一发子弹稍稍掠过他手的上方,让他的武器弯曲。当他们重新布置为散兵序列时,他们的中士在附近被炮弹劈成了两半,刘易斯拿到了中士的枪。

高地轻步兵同样受到了法军骑兵的冲锋,并且几乎没有时间变成方阵应对他们:"在他们撞上我们的刺刀尖时,方阵的正面才组成完毕。队形不整。有好一阵子混乱不堪，这种状况大致持续了一到两分钟，我们也听到了好些嘲笑。我们的军需官在骑马进入方阵时丢掉了他的苏格兰帽。他将帽子捡起，反着戴在头上，并维持这个戴法一天之久。"虽然如此，但杰克·巴尼特还是认为第七十一步兵团的表现相当自如，因为"在他们就要触碰到跪在地上的前排士兵支起的刺刀前，士兵没有开一枪，之后我们进行了齐射，听到了一个尖叫声，我们看到骑手像落叶一般被击落，马匹则在被击断腿后一瘸一拐，那些幸免于难的立即转身离开。而在我们背后的我方龙骑兵，从我们身旁经过，沿着各个方向砍杀法军骑兵"。

当龙骑兵追击敌军时，苏格兰人在他们无意间选择的阵地上发现了一份意外之财："一个法国将军的尸体在方阵中被发现，他的胸前装饰着一些饰品。我们的士兵冲了过去，互相推挤争抢，将饰品摘下。"第十三龙骑兵团将法军龙骑兵赶下了山坡，然后返回了他们的阵列。[13]

此刻，英军右翼安全了，但是英军最后的强大预备队也被投入了前线。由于军中精英损失殆尽，他们的位置由来自拿骚和汉诺威年轻且无经验的士兵填补，中央阵线正处在巨大的压力之中。在更往东的位置，虽然压力较小，但是战斗力最强的单位已经蒙受巨大的损失。形势越来越严峻，就像一个工兵军官说的那样：

> 我们的损失非常严重，可能有不少于一万的人死伤。因为需要一些士兵撤离伤员，我们的队列就变得更为稀薄，而其中有些人再也没回到战场。在比利时与汉诺威部队中新兵占有很大比例，他们涌去后方的人数相当可观。除此之外，丢失坐骑的龙骑兵，以及一定比例的步兵（即便是在最好的军队，也会存在这样的士兵）也乐于逃离战场。这些人挤满了通向布鲁塞尔的道路，其拥挤程度只有亲历者才会相信。所以，威灵顿公爵在这一时刻（下午6点30分）的实际兵力可能不多于3.4万人。

米夫林男爵估计仅剩3万名可战之兵。虽然英军的困境清晰可见，但是援助他们的普军却仍然没有踪影。[14]

65

普军的推进

6月18日下午5点30分至6点30分，东翼

普鲁士的支援最终还是抵达了。不过他们出现的位置在英军左翼以南一英里处，威灵顿的绝大多数士兵并不知道他们在那里。事实上，普军由比洛将军先头两个旅从巴黎树林发起的攻击，因为洛博伯爵乔治·穆顿麾下两个师的猛烈反击而陷入停滞不前的状态。在一个小时的时间里，洛博的士兵轻松抵御普军，并将他们逐回，尽管他们的现身决定性地阻止了洛博对威灵顿的左翼中路进行一次攻击，这原本是一场很难抵抗住的攻击。

之后，在5点30分左右，第十三旅抵达了战场，占据了位于北面的米夏埃尔·冯·罗斯廷旅与位于南面的约翰·冯·希勒旅之间的位置，他们是布吕歇尔首先带出巴黎树林的两个旅。这使得原本位于该地，名义上由国王的次子——18岁的普鲁士威廉亲王——指挥的骑兵从中央位置移师左翼，并由此增加对洛博撤退线的威胁。布吕歇尔此时拥有明显的数量优势，可以开始前进。他在扑向目标，即位于拿破仑罗索姆农场的战术司令部以东0.75英里的大村落普朗斯努瓦的同时，可以用罗斯廷的旅拖住洛博的士兵。而一直在他左翼，向南徐徐前进的希勒旅，则可以于此时绕过洛博敞开的右翼。临近6点，古斯塔夫·冯·里塞尔的第十四旅抵达，并前去支援插向普朗斯努瓦的希勒。[1] 到6点，布吕歇尔已有2.9万人和64门火炮对抗拿破仑右翼洛博的9000人。

就在此时，他收到了蒂尔曼将军的一封信，信中这位在瓦夫尔的普军后卫指挥官说，在没有支援的情况下他无法守住迪勒河的桥梁。收到拿破仑于早上10点指示他攻击瓦夫尔普军的命令后，格鲁希十分起劲。他亲自抵达战场，命令埃克塞尔曼斯攻占下瓦夫尔，勒福尔将军则指挥自己的

师夺取上游比耶日的磨坊。与此同时，旺达姆对镇上的桥梁发动更多的进攻。第二瑞士团反复攻击基督石桥，该桥因桥中央的基督雕像而得名。不过，部队无论何时冲到桥梁的另一侧，都会被普军赶回去。

蒂尔曼觉得面对这些猛烈的进攻，他无法坚持太久，因为越来越多的法军正陆续抵达。但是布吕歇尔送回了一份坚定的命令，让他且战且退，不会有支援。所有的兵力都需要投入到蒙圣让和普朗斯努瓦同拿破仑作战。如果布吕歇尔能够取胜，即便蒂尔曼在瓦夫尔全军覆没也无关紧要。[2]

大约也是在这个时候，汉斯·冯·齐滕的军由预备骑兵、两个炮连，以及活力无限的卡尔·冯·施泰因梅茨所部步兵旅组成的前卫抵达了奥安，该地位于威灵顿阵线的极东侧，在斯莫安东北 1.5 英里处。虽然该军的余部还在其后相当远的地方，滞行于泥泞的小道上，但是第一支增援威灵顿的军队已经在路上了。齐滕的参谋长路德维希·冯·赖歇骑行在纵队的前面，5 点 30 分左右当他从树林中出来时，他发现英法两军的交锋正如火如荼。他向前同拿骚人取得了联系，后者向赖歇指出了米夫林将军的所在。联络官已经在这一翼停驻了很长的时间，正焦急等待普军的出现。米夫林告诉赖歇，英军正命悬一线，若普军不尽快援助其左翼，威灵顿将被迫撤退。他已经被迫抽调左翼之兵以便支撑中路，因而此刻威灵顿迫切需要齐滕对那一翼进行支援。

赖歇带着这些指示返回。他没有浪费时间找齐滕，而是直接将它们下达给军队的前卫，然后火速赶往战场。形势越来越糟糕，位于极左翼的拿骚人正在撤退。赖歇恳求他们坚持下去，并保证普军的支援很快就会抵达。在回去寻找齐滕的路上，他反倒遇到了一个来自布吕歇尔参谋部的军官*，后者大声叫嚷齐滕军必须立即左转，向西南推进，支援布吕歇尔，因为那里的情况正在恶化。赖歇向他解释了威灵顿的困境，但是这个参谋官却不愿听，并警告赖歇，若布吕歇尔的命令没有被执行，后果将由他负责。"我从未遇到这种困难的抉择。一方面是布吕歇尔的命令……我军在那里可能

---

* 译者怀疑这个军官是普军著名改革者沙恩霍斯特将军的儿子小沙恩霍斯特，这段内容出自赖歇日后的回忆录，赖歇像同时代的许多人一样对当时的情况添油加醋，以达到突出自身的效果。

正身处困境，无法再坚持下去；另一方面，威灵顿正确定无疑地指望我们的到来。"

就在那时，齐滕军的前卫抵达，不过齐滕本人却没有出现。前卫部队要求获得他们下一步前往何方的指示。绝望之中，赖歇打定主意，如果他的决定有什么不测，他就战死在沙场，但仍彷徨于下一步该如何选择。恼怒于自己的部队止步不前的施泰因梅茨将军骑马抵达，"以他一贯的暴力方式朝我袭来，坚持要带队向前"，拒绝听从赖歇对问题的解释。施泰因梅茨指挥前卫越过了交叉路口，赖歇不得不阻止他，并让他返回，恳求他应该在进军前等待纵队收拢完毕。

幸运的是，在这一刻，齐滕终于出现了。赖歇火速向他驰去，对局势的进展作了报告。于是齐滕下令立即按原路进军驰援威灵顿，后者的左翼距离他们大约一英里。[3]

拿破仑愈发无奈地看着比洛军的开进，而这进一步证明好运从未在他这边。不过，形势仍有被逆转的可能：格鲁希应该正紧随普军而来，而威灵顿的阵线正承受巨大的压力，并已经开始退却。拿破仑仍有可能抽身而出，改天再战。但是，他要么认为这一情况下不会有任何政治前途可言，要么就像手下的许多军官一样，觉得己方正处于上风。皇帝要考虑的问题是如何部署他的预备队。

老近卫军步兵以方阵队形部署在拿破仑位于罗索姆农场的战术司令部以北，布鲁塞尔大道的两侧。他们在该地最大的定居点普朗斯努瓦以西稍多于半英里的位置，往北一英里就是同处于大道一侧的拉艾圣。普朗斯努瓦的农庄与屋舍松散地分布在中央教堂周围一块俯瞰拉讷小河的开阔绿地上，教堂及其院落周围环绕有石墙。河流穿过长满青草的谷地向南流去，两边的堤岸相当陡峭且树木丛生。其他的房屋沿着通向教堂西侧和南侧的小道以及一条汇入河流的小溪的溪谷分布。在北面和东北部，普朗斯努瓦俯视着起伏开阔的区域，不过沿着老近卫军正在待命的大道，地势越来越高，也越发起伏不平。

只有资历较浅的团被布置在最靠前的山脊顶端，他们得以对战场一览无余，而其后的团则焦急地想知道事情的进展。伊波利特·德·莫迪和第一近卫掷弹兵团的一些战友获准到更靠前的第二团看望朋友，抵达那里后，他们爬上果园里的树，以便一睹究竟。他们看到了骑兵的冲锋和散兵的行动。一次，一发炮弹将一棵苹果树击倒，8个近卫掷弹兵被掀翻在地。然而，右侧的树木阻碍了他们看到普鲁士人的抵达，只有回到自己的方阵后，他们才意识到他们原认为是法军炮兵的几个炮连正从普朗斯努瓦的另一侧朝己部开火。胸甲骑兵和猎骑兵在第二近卫猎兵团的右侧整队。

在一个小时的时间里，组成方阵的老近卫军充当了普军火炮的一个目标。期间，在皇帝来回踱步，频繁地吸食鼻烟时，炮弹在拿破仑的参谋人员间落下："许多人在他周边中弹身亡，对于他逗留在如此危险的地方这一轻率行为，一个参谋人员冒昧地进行了规劝，而他却笑着说'能击中我的炮弹还没有被制造出来'。"第二近卫猎兵团的指挥官让·珀莱在他们的方阵中走来走去，同士兵玩笑取乐，并让他们唱爱国歌曲，与此同时拿破仑走过来，停留在了第二营旁边。[4] 莫迪所属的第一近卫掷弹兵团遭受了50人的损失，他们没有进行还击，因为他们的火炮被借给了洛博使用。最终，一个12磅炮连在他们上方的一个斜坡部署下来，而普军的火力明显放缓。[5]

法军炮兵对抵近的普军纵队造成了严重的损失，而里塞尔的第十四旅很快就进入了他们的火力之下。20岁的威廉·冯·拉登是一个参加过解放战争的老兵。作为西里西亚一个普鲁士军官的继子，他15岁从军，加入此时所属的第十一"西里西亚"步兵团，曾参加过吕岑、包岑、库尔姆、德累斯顿和莱比锡战役。一发榴弹落入了他的连并发生了爆炸，击伤了21人，并炸下了上尉的手臂，这使得冯·舍策尔中尉成为该连的指挥官。经过己方炮兵时，拉登的兄弟弗里茨借由该团的黄色领子和袖口认出了他们，前来同他分享了一瓶酒。在互相做出了"好运，狩猎愉快"与"上帝保佑你，威廉兄弟"的祝福后，弗里茨骑马离去。与此同时，"西里西亚"团向前派出了散兵，变换为攻击队形。

洛博已经断定他不得不撤退。普军拿下普朗斯努瓦的意图已经很明显，而这将切断他的退路，使他们陷入包围之中。他的阵线随着南边右翼的退却而逐渐转动，不过数量众多的普鲁士人正在该侧游走，以至于负责支援他的骑兵已经无法再阻止他们。因此，6点左右，洛博将手下的各旅变换成4个巨大的方阵，并后撤。其中一个被他提前派去占领普朗斯努瓦，从那里他们可以掩护其他方阵撤离。洛博以5个营固守村落，又以另外两个营占据其北部边缘的果园，剩余的8个营则稀疏地伸展开来，防守从普朗斯努瓦向北通往斯莫安的小路一线，那里高高的路埂为他们提供了很好的掩护。[6]

在洛博撤退时，普军占据了菲谢尔蒙庄园，并向前推进。但是，他们却无法将同己方进行激烈交火的迪吕特所部散兵从斯莫安的屋舍、拉艾的坚固农场以及果园、树篱和沟渠中驱向帕佩洛特以南的位置。[7]然而，威灵顿绝大多数的部队仍全然不知晓普军取得的这些进展。威灵顿自己所处的位置，距离这一新的前线依然超过一英里，因而他完全无法看到这些情况，而前进中的普军火炮发出的噪音，因为身处法军炮兵阵线之后，很容易就同法军火炮产生的响声混淆起来。

一定是在6点过后不久，拿破仑收到了洛博决定撤退的消息。他的掌马官回忆说：

> 一个来自右翼的副官告诉他，他们被击退了，并且火炮不足。拿破仑立即叫来德鲁奥将军，以便让他火速支援损失惨重的洛博军，不过与他在弗勒吕斯那伟大的一天所展现的愉悦不同，有人从他脸上看出了焦急。[8]

德鲁奥派出了8个青年近卫军营去支援村庄内外的洛博所部，他们共计3800人，位于最靠东，也是最接近普朗斯努瓦的位置。尽管法军坚决抵抗，但来自普军的压力还是吸引了越来越多的法军预备队，拿破仑曾计划用他们摧毁威灵顿所部。

而对于威灵顿的军队而言，普军发挥的作用仍不为他们所知。由于烟雾遮蔽了视线，并且频繁受到火炮的打击，他们的抵抗依赖于毅力、决心、纪律和胆量。然而，虽缓慢却无疑，他们将会取胜的意志和信念正逐渐消逝。

66
缓慢但无疑

6月18日下午6点45分到晚上8点，威灵顿的中路

在拉艾圣陷落，法军的骑乘炮兵前进到山脊顶端后，奈伊需要步兵生力军守住他夺取的土地，并拿下蒙圣让村。新锐之师可以利用在盟军阵线中央打开的缺口，并为德隆疲惫的士兵注入新的活力。他一直期待洛博军各师，但是没有步兵支援抵达，所以他派遣自己的首席副官皮埃尔·埃梅斯前往皇帝那里，请求增援。然而，那时拿破仑正专注于普朗斯努瓦受到的威胁，手上仅有的预备队便是近卫军，就右翼受到的威胁程度而言，他不愿使用他们。"部队，"他吼道，"你要我从哪里搞到军队？指望我造出来吗？"[1]

奈伊只得使用自己手上的资源，他召来了富瓦和巴舍吕的师。两部合计共有约8000人尚未被投入战斗，仍在乌古蒙树林的后方等待。他们正处在错误的区域：奈伊需要的是由来自拉艾圣的生力军发起的攻击。不过，当时他没有更好的选择。

于是，富瓦将军再次开始扫清果园。他用散兵正面进攻，钉住了其中的KGL士兵，然后派更多人迂回他们的侧翼，使得大多数敌军朝沟渠逃去，一小部分进入了花园。受到侧翼的包抄和正面的攻击后，亚当的轻步兵旅和迪普拉特的KGL第一旅诸营后撤，并在翻爬回斜坡的过程中遭受了严重的损失。第五十二团的执旗少尉被霰弹击穿了心脏，同掌旗军士们一同阵亡，但是他们的军旗却被丢在地上一整夜之久，没被任何人发现。

在富瓦的左翼得到保障后，步兵开始由巴舍吕的两个旅带头，以梯队前进。他们的4个旅在四臂村遭受了重大伤亡，且缺少军官。富瓦在左翼受乌古蒙树篱庇护，前方由一个营的散兵掩护的情况下前进。在他们登上高地时，富瓦拍了拍参谋长让－巴蒂斯特·勒莫尼耶－德拉福斯的肩膀，快慰地预计："明天，你将身在布鲁塞尔，被皇帝擢升为上校！"

阿克斯布里奇下令第十五骠骑兵团对前进中的法军方阵发起冲锋，而法军神枪手则惯常瞄准军官开火。先前，一发炮弹让骠骑兵的团长失去了一条腿，同时他和旅长的坐骑也被击毙了。他们的少校很机敏，他曾指挥一个中队在半岛打满全场，因而拥有丰富的经验，他必然知道这一行动的风险，不过还是催马上前。然而，他身中5弹，其中一发更是直接致命。一个中尉被击穿了胃部和肝脏，第二天伤重而亡；一个上尉的左臂被击得粉碎，之后骠骑兵掉头而去，在己方步兵的后面重组。

在这次攻击中，第十三轻龙骑兵团的一个中队失去了所有的军官，第七骠骑兵团团长的坐骑中弹而亡。英国骑兵的冲锋减缓了法军攻击的势头，为己方步兵和炮兵赢得了准备的时间，不过除此之外一无所得。[2]

翻过山脊顶端抵近盟军阵线时，法军纵队开始受到拉姆齐、博尔顿和默瑟炮连的霰弹火力射击。呈锥形射出的步枪弹丸是如此密集，富瓦称之为"死亡冰雹"。巴舍吕将军中弹坠马，他的一个旅长也同样挂彩，因为另一个旅长在四臂村重伤，所以参谋长图桑·让·特雷夫孔成为该师的临时指挥官。在巴舍吕的各团同盟军阵线接触后，他们发现盟军已经增强了实力，并且意志坚决。盟军方阵的前列士兵跪在地上，形成了一道由刺刀组成的篱笆，同时他们的步枪火力是毁灭性的，其结果便是法军方阵的崩溃。特雷夫孔的坐骑被霰弹击中倒地，尽管马匹死尸使他免遭枪弹的侵袭，但它重重压在一同落地的主人的胸口上。追逐撤退步兵的龙骑兵径直从特雷夫孔身边驰过，之后他一瘸一拐地逃下高地前往溃败步兵重组的地方与他们会合。特雷夫孔伤势严重，不得不离开战场，他和一个受伤的胸甲骑兵中队长一同前往后方寻找战地医院。[3]

眼见特雷夫孔的士兵溃逃后，富瓦师也崩溃了。富瓦本人也被一发子弹击中受伤，这发子弹贯穿了他的整个右上手臂，但没有触及骨头，他认为这只是擦伤，所以继续留在战场，在乌古蒙果园以北的凹路重组麾下支离破碎的师。[4]该部没有受到追击，"我军骑兵仍位于高地之上，敌军不敢移动"。他的参谋长勒莫尼耶－德拉福斯前去寻找另一匹坐骑时，从一个死去士兵的背包里瞥见了半块面包，之后他的运气更好，又发现了一小袋黄油。一整天只喝了点啤酒的勒莫尼耶-德拉福斯狼吞虎咽地将它们吃完了。

法军步兵从高地撤退后，不伦瑞克第一轻步兵营和KGL第二战列营对果园发起了新一轮的攻击。双方寸土必争，盟军非常缓慢地将法军一步步逐退。休·霍尔基特旅的扎尔茨吉特民兵营从他们的原始位置被带到了第一线。霍尔基特本人则陪同奥斯纳布吕克民兵营加入了山脊上的方阵，与不伦瑞克人同处一线。

随着法军的退却，粉碎他们攻击的盟军炮兵开始清点损失。塞缪尔·博尔顿的炮连在损失了榴弹炮后，剩余的5门加农炮被部署在梅特兰近卫旅的右侧，还微调了一下角度，使得火炮可以穿过己方步兵的前方进行射击。不过博尔顿本人却被一发跳弹击中左胸身亡，他的副手则因为榴霰弹在炮膛内走火严重受伤。诺曼·拉姆齐上尉是一个杰出的军官，也是亚历山大·弗雷泽爵士最老、最亲密的战友之一，他因头部"被实心弹削去"而战死沙场。弗雷泽描述道：

> 在枪炮发射的短暂间歇期，我埋葬了我的朋友拉姆齐。从他的身上我取下了他妻子的肖像，生前他总是将它佩戴在靠近心脏的位置。每个协助我埋葬的人都流下了眼泪。信中附上的头发是我从他的头上艰难地割下来的。由于战斗必然会重启，在我们的抽噎声被盖住时，我们将他尚有余温的身体放入了坟墓。[5]

这一天，第十五骠骑兵团的威廉·吉布尼要么和他所属的团在一起，要么在蒙圣让的临时急救站，要么骑马往返这两地，此时他被再次命令返回同自己所属的部队会合。他越来越厌恶沿着尼韦勒道路骑行，因为路面上的石子被炮弹击中后会发生崩裂，这使得他的行程变得尤为危险。但是这次前往第十五骠骑兵团在乌古蒙以北所处的位置，他却对迫在眉睫的战败甘心情愿：

双方的争夺在我看来没有丝毫减弱，却更为全面和绝望。雷鸣般的炮声和雨点般的铅弹变得更为密集，每一刻都有人或者马倒下。对于第一次涉足这片战场的我来说，法军似乎正在取得胜利，虽然比较缓慢但确定无疑。而我也不是独自持有这种观点的异类，相当多经验丰富的军官也认为，战斗最终会有利于敌军。[6]

法军炮兵已经足够接近到可以发射霰弹，而法军散兵最终在年轻的奥兰治亲王所掌控的地段引发了一场危机。虽然威灵顿的右翼仍固若金汤，但中央阵线却到了崩溃的边缘。若拿破仑能在拉艾圣陷落不久就向威灵顿的中路投入老近卫军，他很可能突破它的防线，取得会战的胜利。不过拿破仑正聚焦在更靠南、自己遭受危机的位置，那里普军正朝普朗斯努瓦前进，因此他没能看到这一机会。

但这并不是说在蒙圣让高地上可以看到什么："到目前为止，烟雾厚重，遮蔽战场，使得能见度只有几码之远。由于火炮与火箭的轰鸣声、小型武器的嘎吱声、周期性召唤另一次冲锋的鼓点声以及骑兵的粗犷咆哮与呐喊声混杂在一起，噪声大得惊人。"[7] 阿克斯布里奇伯爵命令爱德华·萨默塞特勋爵带领王室旅的残部对东泽洛师的纵队发起冲锋。东泽洛师正在胸甲骑兵的支援下朝盟军阵线的中路施压。然而，当重骑兵展开攻击时，他们却受到了法军步兵坚定不移的抵抗，并被其稳健的火力一通招呼。减员到只有屈指可数兵力的国王龙骑兵团折返。[8]

此时，对科林·霍尔基特旅的残部来说，具有压倒性数量优势的法军似乎正在推进，他们发现自己正处于灾难性的火力之下。他们组成4列横队，不过"却被迫后撤"。霍尔基特将军的颈部擦伤、大腿中弹，但他依然和自己的士兵留在了一起。这一次子弹击中了他的脸颊，粉碎了上颚的两侧牙齿和关节板，然后射入了另一侧脸颊的皮肤里。科林爵士从马上坠下，在目眩和耳鸣中被送往后方。他的士兵跟着他一起退却。

当他们沿着斜坡撤退时，汤姆·莫里斯中士叙述道："法军步兵的火力是如此惊人，以至于我们的旅四散开来，躲避在一些路埂的后面。"[9] 根据爱德华·麦克雷迪少尉的说法，"火力异常密集，四面八方数量众多的伤员认为自己遭到了抛弃，他们与中弹倒下的士兵的呼号声异常悲惨"。士兵和军官接二连三被快速地击倒于地：

>我们的普伦德加斯特被榴弹炸得粉碎，麦克纳布身中霰弹而亡，詹姆斯和布伦在撤退期间或之前的炮击中双腿尽失。在我跌倒后重新站起来时，一个朋友击打我，还用枪托将我卡住，几乎让我窒息，并且大声尖叫（他因为身上的5处伤口和接连不断看到的悲凉景象而陷入半疯癫状态）'它很深吗，马克，它很深吗'。

该旅的4个营土崩瓦解，混杂在一起，"全无秩序，纵队（此时只是一群乌合之众）加快步伐穿过了树篱"。试图拦下士兵并让他们转向的军官，发现自己身不由己，被拥挤的人群裹挟走了。之后，"在地狱般的危机中，有人匆忙折回了树篱，而所有人也都停下，跟从了他的脚步"。

这片树篱位于蒙圣让村附近的某个位置，他们蹲在那里以此为掩护。第七十三团一个幸存下来的上尉试着带领部属向前，但才走了几步他便中弹，幸存者又退回到了树篱后面。[10]

在他们的左侧，拿骚第一团一营的残部也在混乱中后撤，不过他们依靠深处第二线的第二营实现了重组。之后奥兰治亲王和冯·克鲁泽将军带领两个营发起了刺刀冲锋，意图阻止法军的攻击。到这时为止，这片区域的盟军炮兵要么被摧毁，要么打光了弹药，所以他们并没有火力支援。奥兰治亲王胸部中弹从马上摔下。法军阵线产生了动摇，但是那时拿骚人惊惶逃散。克鲁泽将其中一些人收拢，带领他们前去同拥挤在布鲁塞尔大道附近的第三营会合，越来越迫近蒙圣让。他们仍然感到非常不安，烟雾又遮挡了他们的视线，但是"从左翼传来的交火声看起来好像军队的左翼末端已经被大大推后了"。3天后，克鲁泽报告说，在这一次致使奥兰治亲王受伤的冲锋之前，法军"占据了高地，我部从上面仅后退了100步的距离"。其后，同法国人对抗的只有"一小撮勇敢的人"。

基尔曼斯埃格伯爵的汉诺威人同样向四处溃散。虽然霰弹火力将不来梅营和费尔登营方阵的正面抹去，使他们变为一个三角形，但是基尔曼斯埃格还是成功地将他们集结起来，足以击退一次骑兵攻击。然而，他们最终分崩离析，穿过蒙圣让村向后逃去，尽管伯爵努力阻止他们。卡尔·冯·阿尔滕试图重组该旅的约克公爵营和格鲁本哈根营的方阵，但是近距离的炮兵火力对他们施加的压力太过沉重。在方阵的指挥官阵亡，阿尔滕本人因弹片击中大腿而严重受伤，并不得不离开战场后，这些营也宣告溃散。翁普特达的KGL第八战列营组成的一个小方阵也跟着他们一同离去。[11]

冯·芬克上校麾下汉诺威第五旅的两个民兵营——吉夫霍恩营与哈默尔恩营，作为增援从左翼被调来。他们仍以横队同拿骚人在一起，被部署在蒙圣让农场附近，但同样岌岌可危。该旅的另外两个营正返回滑铁卢，他们相信自己已经收到了撤退的命令，却不知道在哪里停下。距离最近、处于稳定状态的部队是第二十七"恩尼斯基伦"步兵团、第三十二"康沃尔郡"团和第四十"萨默塞特郡"团，他们仍顽强地在农场之南保持着方阵队形，虽然其本身近乎被炮兵和神枪手完全粉碎。

同时，来自德隆诸师的散兵散布到了整个高地。联合旅幸存的少量重骑兵以横队来到业已动摇的拿骚和汉诺威人的后方，防止这些因"受到霰弹和步枪火力而伤亡严重"的步兵逃离。仅有百十号人的王室旅也加入了他们，但是他们的指挥官不久也受伤了。冯·阿伦席尔德上校接手指挥，他带着这些残兵试图堵住拉艾圣右面的缺口，那里"没有一个英国步兵留驻"，并受到一支强大敌军的威胁。溃败的英国和汉诺威部队在蒙圣让村以北，距离树林不远处依靠己方骑兵的阵线集结，这一点由阿尔滕将军第二天的报告证实。[12]

一个荷兰骑兵参谋军官在烟雾中发现了明显受伤且独自步行于淤泥中的奥兰治亲王。他冲了过去，同当即抵达的亲王的几个副官一起协助亲王脱离战场，以便医治他的伤口。* 冯·阿尔滕将军本人与拿骚世袭亲王、霍尔基特将军也带伤离开战场，翁普特达阵亡，基尔曼斯埃格则与他的士兵一同消失。这使得该师的助理军需总监詹姆斯·肖不太清楚部队由谁负

---

* 作者关于奥兰治亲王受伤并被救下的章节同尼德兰军队的权威 Erwin Muilwijk 有不少差异，感兴趣的读者不妨参阅对照后者的 *Standing firm at Waterloo*, Sovereign House Books, 2014 的相关章节。

责指挥。意识到可能是自己后，他骑马急速前往威灵顿那里寻求意见。

公爵正位于尼韦勒路的右侧，即梅特兰近卫旅左翼的后方。肖告诉威灵顿，一直到布鲁塞尔大道左侧的肯普特旅为止，战线上出现了一个半英里的缺口。"他以一定程度的冷静接受了这一非常令人吃惊的消息，以一定程度的缜密和活力立即做出了回应，这证明他完全镇定自若。"威灵顿告诉肖，他将命令一些不伦瑞克人前往该处，并指示他尽可能多地召集该师的德意志人，汇集所能找到的火炮。菲茨罗伊·萨默塞特骑马前往那里，以便评估问题的严重性，但是他的手臂被一发子弹击断。在向威灵顿作了报告后，他骑马返回了公爵位于滑铁卢的司令部。[13]

所有的观察者都钦佩威灵顿处之泰然和信心满满，这些都让人宽慰。希尔的一个副官写道："威灵顿大人像任何一个士兵一样暴露在战场上。他和我亲爱的将军能幸免于难一样都是个奇迹。之前我从未见过他们作战，这次却陪伴在他们身边一天之久，我说不清这两人谁更冷静。"但是，同表面的镇静相反，威灵顿正紧咬牙关，亲密随从能够察觉到他的焦虑。1826年，副官长巴恩斯的副官安德鲁·汉密尔顿向让-巴蒂斯特·勒莫尼耶-德拉福斯描述了，在离开战场时他感觉到的威灵顿的绝望状态。因为副官们或是战死或是因事务繁忙，威灵顿几乎独自一人靠在一棵树上，当军队从他身边逃离时他的眼中凝聚着泪水。[14]

黄金部队损失惨重。从半岛时期起就担任威灵顿副官的坎宁上校被霰弹击中胃部，于一两个小时后在战场上去世。每个人也都以为军需总监德兰西业已阵亡。约翰·埃利爵士在骑乘近卫团的最后一次冲锋中肚子被捅了一刀，他恢复了过来，却留下了疝气的后遗症，余生不得不在肚脐处绑一条带子。当安德鲁·汉密尔顿坚持爱德华·巴恩斯爵士应当骑上他的马时，副官长正要徒步带领一次冲锋。"汉密尔顿少校脚刚着地的那一刻，一个法军士兵从队列中走出，端平步枪开火。子弹击中了将军，冲击力非常大，让他翻倒在地。"巴恩斯则肩部重伤，事后得以恢复。汉密尔顿把他扶到了马上，牵着马前往布鲁塞尔。大约晚上10点30分，汉密尔顿少校来到了克里维的家，他本人的头部和脚也受了轻伤。他说："以前从没有发生过这种战斗，军官和士兵也没有经历过这些惨状，占据数量优势的法军可能被这种毅然的勇气与技艺打败,但伤亡是如此惨重……他怀疑威灵顿公爵能否守住阵地,之后他请求我们考虑一下应该做什么。"[15]

巴恩斯的助手柯里上校被霰弹击中头部身亡。在重新集结一个犹豫不定的不伦瑞克方阵时,亚历山大·戈登大腿负伤,子弹击碎了他的股骨,射入了膝盖。一些近卫军找来了一扇门,将他放在上面,送回了司令部所在的滑铁卢旅馆,在那里军医约翰·休姆为他进行了腿部截肢手术。[16]

乔治·斯科韦尔爵士刚刚阻止住芬克旅那两个正在撤退的营,撤销了他们认为是一个不会说德语同时法语又很糟糕的英军军官下达的后退的命令。当受伤的奥兰治亲王和菲茨罗伊·萨默塞特被送回威灵顿司令部所在的旅馆时,斯科韦尔正在里面,他协助菲茨罗伊进行了截肢手术。之后,他说服了威灵顿不情愿的马夫,在阿拉瓦将军和约翰·冈宁医生的陪同下带着萨默塞特和奥兰治亲王前往布鲁塞尔。冈宁是军队中最资深的军医,正是他执行了萨默塞特的手术,并照料奥兰治亲王。[17]

当汉密尔顿和受伤的副官长离开战场前往布鲁塞尔时,即将要面临厄运的沮丧感正不断扩散。浑身是伤的巴林少校说服了一个英国人为自己抓来一匹游荡的马,在上面放置马鞍,帮助自己骑了上去。他的记录描绘了一个被士兵离弃和面临失败的军官的绝望感,以及他所处的那部分烟雾缭绕的高地此刻空无几人的陌生感:

> 了解到阿尔滕将军受了重伤后,我再次驱马向前。我看到了先前由我们师守卫的阵地,此时占据它的部队虚弱不堪又缺乏秩序。由于遭受伤口疼痛的袭扰,我变得缺乏理性,径直前往凹路,在那里同余下的人分离。但是他们也由于总体缺乏弹药而退回了村庄,希望从那里找到一些。一个法国龙骑兵最终把我赶离了那里,而在剧烈的悲痛中骑马返回时,我遇到了翁普特达的副官……因为我希望得到一些弹药,我让他带领我的士兵向前,即使只有两个人。[18]

威廉·劳伦斯中士为他所属的第四十步兵团的耐力感到惊讶,该部作为幸存的关键方阵之一仍屹立在蒙圣让的前方:"疲惫不已的士兵开始感到绝望,但是一整天军官不断地通过'坚守阵地,我的士兵们!'的呼喊使他们振奋起来。对我来说,这些呼喊是如何起到作用的是一个谜,因为最后仅有极少数的人幸存下来,几乎无法组成方阵。"[19]之后,劳伦斯被命令执掌军旗:

> 在我之前,这一天已经有14个中士以及相应比例的军官在执旗时受伤和阵亡,执旗队和军旗几乎被粉碎。这一任务永远无法从我的记忆中抹去,虽然我现在已经是一个老人了,但我仍然记得清清楚楚,好像它就发生在昨天一样。我在那里待了不到一刻钟,一发袭来的炮弹就将上尉的头完全削去。死神再一次离我很近,我紧挨着可怜的上尉的右半身,因而我的身上溅满了他的血。

不过,他们仍然有余力苦中作乐,相互打趣。位于费希尔上尉另一侧的是发现自己被前者的脑浆洒满全身的休·雷中尉。看到费希尔的头被击得粉碎后,一个列兵苦笑道:"哈啰,那是我最好的朋友。"在接过指挥权之后,雷漂亮地回答:"没关系,我会同他一样好。"然而,劳伦斯清楚地知道,费希尔因为这个列兵的懒散而数次鞭打他,因此被他憎恨,而雷却并不清楚这一点,所以列兵回答说"我希望不会,长官"。[20]但也就在此时,曾在半岛众多的艰苦战役中幸存下来的阿瑟·海兰少校颈部中弹而亡,他的最后一封信写于前一天晚上,收信人是他深爱的妻子。

即便在更往东的位置,"戈登"高地人团罗伯逊中士也一直钦佩位于村庄以南、蒙圣让农场附近的第二十七步兵团和第四十步兵团方阵的稳定。然而,局势愈发不妙,这个经验丰富的中士担负起了指挥两个连的任务,因为每一个军衔高于他的人均已负伤或阵亡。"此刻,我开始思考如果撤退成为必然,在一个长平原上且暴露在敌军骑兵面前,在这种情况下应该做些什么。我意识到将士兵聚合在一起是困难的,因为他们从来没有在相似的形势下撤退过。实际上,对口令最低程度的误解都肯定会招致混乱。"[21]

部队已接近他们承受能力的边缘。第二十八步兵团一个久经沙场考验的列兵声称，他听到詹姆斯·肯普特向威灵顿承认："大人，如果我再次受到敌人的冲击，我将无法容忍麾下的师被削弱到只剩骨架。"威灵顿回答："你必须坚持到最后一个人，我也是一样。上帝啊，黑夜快点降临或者给我布吕歇尔吧！"[22]

67

齐滕的进攻

6月18日下午6点30分至7点30分，战场东段北部

威灵顿的祈祷几乎立刻就得到了回应。将近7点时，他突然听到了从左翼传来的新的炮声：由卡尔·冯·施泰因梅茨指挥的齐滕军前卫急切地投入了战斗，兵力大约为5000名步兵、2500名骑兵和两个炮连。攻势由第十二团和第二十四团的散兵和燧发枪兵带头，他们的火炮提供支援。然而，不幸的是，他们攻击的是威灵顿的左翼：当天第二次，普鲁士人把奥兰治－拿骚团的士兵当作法国人。

伯恩哈德亲王骑马前去向齐滕抗议，后者有些唐突地向这位军衔比自己低的军官表示，如果伯恩哈德的士兵像极了法国人，他也无能为力。直到齐滕的参谋长路德维希·冯·赖歇圆滑地向他解释，同他交谈的这位团长是一位亲王时，这一误解才得以解除，齐滕根据对方的社会地位调整了自己的语气。

奥兰治－拿骚第一营的约翰·德林中士回忆称，他们同普鲁士人一直交火到"一些普军军官朝我们挥舞白布"。之后，这些德意志老乡们一同进军，投入到德林声称的虽然振奋却是一天中最激烈的战斗之中。他记得在受伤前，一个普鲁士民兵军士呼喊着"我们早晚会让他们抽些普鲁士烟草"从他身边冲过。[1]

在法国人撤出后，会师的盟军很快就拿下了菲谢尔蒙庄园和斯莫安村，普鲁士人还将菲谢尔蒙庄园改造成他们的野战医院。与此同时，赖歇将他的两个炮连部署在了斯莫安村后面，能够俯视大部分战场的高地上。而炮兵们担心击中友军，不愿开火。但是齐滕坚持认为，宣告他们出现的炮声至关重要，因而无论击中什么，他们都必须开火。[2]

更多的混乱随之而来。防守帕佩洛特的拿骚人对法军散兵莫名的突然失踪感到困惑。不久之后他们向拉艾进发，但被击退，他们退到拉艾和帕佩洛特之间的道路，发现身后出现了散兵，在击退这些人时，他们意识到该部为普鲁士人。一个军官在凹路的掩护下，飞快跑去告诉普鲁士人双方互为友军，之后拿骚人加入了普军散兵，一同向佳姻进发。[3]

齐滕的出现最终让赫西·维维安爵士的骠骑兵旅得以抽身，后者被命令留在侧翼，直至抵达的普军接替他们。维维安和手下的士兵渴望参加战斗，他们也是英军中为数不多了解到普鲁士人已经在较南的位置同法军交锋数小时的部队，就像他们中的一人记录的那样：

> 我们可以……看到法军的右翼正同其后方的一支部队彼此猛烈开火。虽然距离很远，暮色开始降临，除了他们的火炮闪光和烟幕，以及我们视野外传来的声响，我们无法辨别其他情况，但他们只可能是另一支普鲁士军队。这表明在正面朝着我们的高地背后，法国人在同一支军队交火。[4]

拿破仑同样竖起了耳朵，以便计算出视线之外发生了什么。在威灵顿的部队撤退后，他和他的参谋前移半英里多来到佳姻。他清楚知道维维安的士兵可以听到却无法看到的战况，比洛朝普朗斯努瓦方向的炮击，以及他们对村庄箭在弦上的进攻。但是，在战场东北段响起的新的炮声却是一个谜。作为一个天生的乐天派，他希望这是在普军身后抵达的格鲁希元帅，因为似乎斯莫安周边的建筑物正在遭受从背后而来的炮击与攻击。

当时在拿破仑身边的德鲁奥将军事后不久在巴黎报告称："接近7点，我们听到了从距离右翼很远处传来的枪炮声。毋庸置疑，是格鲁希元帅跟随普军前来加入了这场胜利。喜悦的欢呼声传遍了整条战线。"[5] 与拿破仑的战后重述普遍不可信相反，德鲁奥被视作正直的典范。所以，有充分的理由认为，当法军参谋部看到齐滕部最初向盟军侧翼的拿骚人开火时，他们由衷地抱有这是格鲁希在攻击普军后方的希望。

7点左右，正是这种信念导致拿破仑决定调用余下的近卫军各营，发动最后一击突破威灵顿的阵线。德鲁奥报告称，皇帝把它视作决定性的时刻：为了支撑疲惫的法国士兵的士气，他需要发动最后一击，此外他还命令自己的副官将格鲁希抵达且获得胜利已确凿无疑的消息扩散到全军。马丁中尉所属的第四十五团由于耗损严重，正在同皮克顿师进行小范围的交锋，他记述称格鲁希抵达的消息振奋了每个人，他们的热情因即将到来的胜利而再次点燃。

由于上述这些行为，拿破仑经常被指责虚伪冷酷，不过他没有撒谎，他希望并愿意相信格鲁希已经抵达。在拉艾圣上方，法军已快要取得突破，一旦英国人意识到有法国士兵出现在他们的侧后方，那段阵线将会崩溃。此刻需要做的便是在巴舍吕和富瓦先前被击退的区域进行最后一次决定性的努力。

出于这种考虑，拿破仑开始执行他计划的最后一部分——近卫军的攻击。不幸的是，在普军介入后，他们中仅有一半可供他使用。他带领剩余的10个近卫军营前进，径直杀向威灵顿的阵线。[6]这次突破必须尽快达成，因为从右翼传来的消息并不让人乐观。数个副官骑马回来报告说，普军快要"击穿法军的右翼"。拿破仑大为光火，斥退了他们："退下。"他对其中一个人说："你是吓坏了吧！"[7]在近卫军从中路向前投入攻击时，德隆憔悴不堪的部众再次奋发向前，"皇帝万岁"的呼声从他所处的右翼一直传到乌古蒙的左翼。

滑铁卢：法军最后的攻势

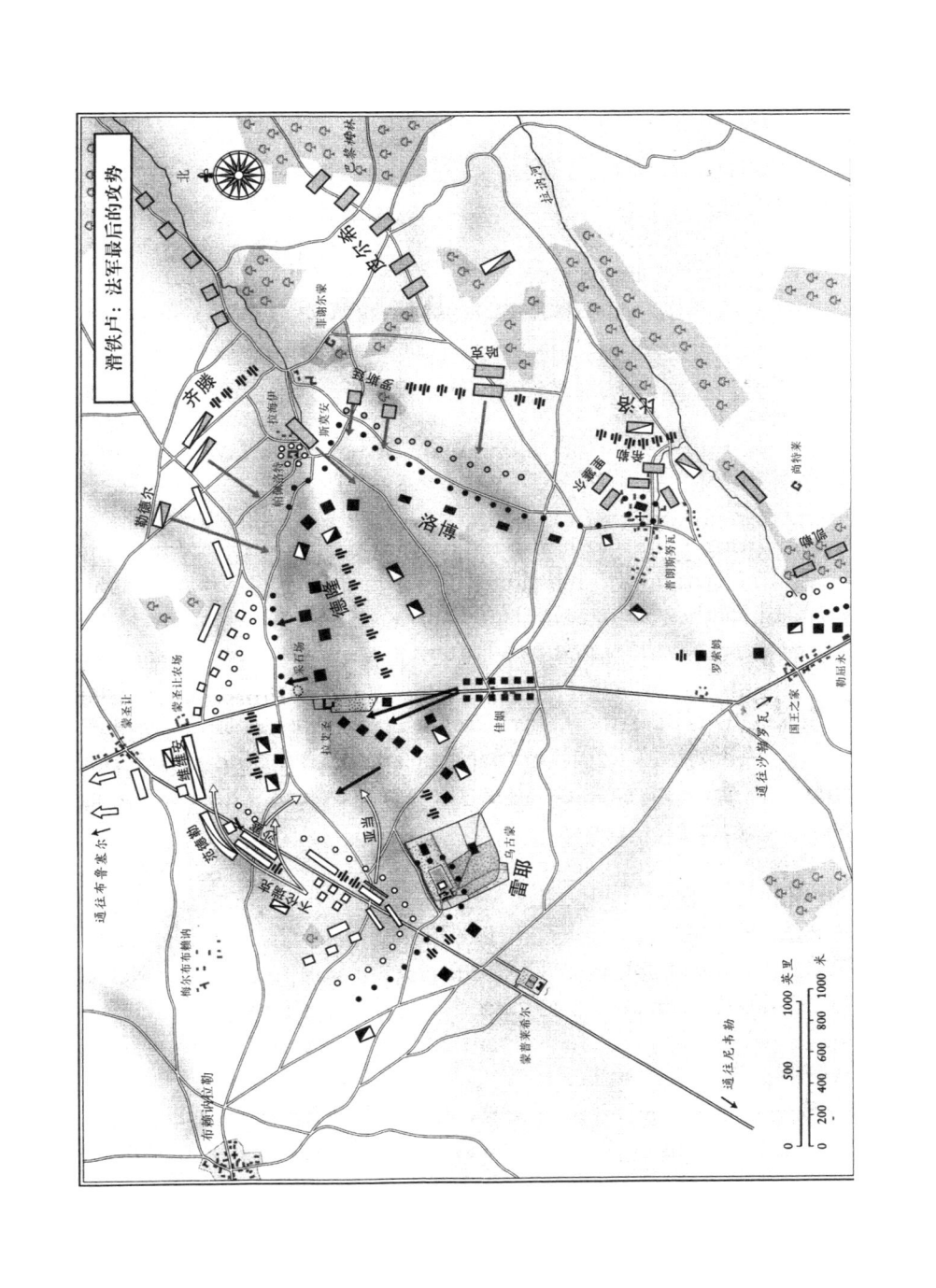

68

普朗斯努瓦

6月18日下午6点30分至晚上8点，战场东段南部

在他的第十六旅的前方，弗里德里希·冯·比洛部署了48门火炮轰击正由洛博军5个营把守的普朗斯努瓦，并在之后发起了攻击。在约翰·冯·希勒的带领下，6个营的步兵组成了3个攻击纵队，从东面杀向村落。位于右侧的是第十五步兵团的两个火枪兵营，位于中路的是西里西亚第一民兵团的两个营，位于左侧的则为冯·凯勒少校指挥的两个燧发枪兵营。凯勒少校的部队穿过泛滥的拉讷小溪另一端的树林，迂回村庄的南侧。而希勒的骑兵被部署在村庄的后方，他们得到命令，可将任何临阵逃脱者扭送回战场。

在前置散兵的掩护下，普军纵队以攻击步伐冲入了冰雹般的霰弹和步枪火力中。第十五步兵团沿着一条通向教堂的凹路推进，希勒占据了墓地，同时俘获一门榴弹炮、两门加农炮、弹药车和数百名法军。在更靠南的位置，西里西亚民兵抵达村庄的西部边缘，不过在那里他们遭遇了由德鲁奥派来增援的青年近卫军。

而教堂周围的战斗尤为激烈，在教堂和它由高墙环绕的墓地所在的空地另一侧，法军隐蔽在树篱和墙体的后面，或者挤在农场与屋舍中。同样地，希勒使用教堂的靠背长凳作为射击平台，希图强化墓地的防御。双方在15至30步的距离交火，在这种距离内即便是燧发枪也是致命的精准。一个中尉在打量墓地高耸的护墙瞬间，一发子弹穿过了他的脑袋。士兵们使用推弹杆作为武器，并试图将步枪从那些越过墙体戳刺他们的敌军士兵手中抽走。法军的第五战列步兵团卷入了防御战，包括3月被派往阿尔卑斯山拦截拿破仑但拒绝朝他射击，反而加入他的那个营。在普朗斯努瓦

防御战期间，该团的22个军官或死或伤，包括他们的团长和一个营指挥官。而普军第十五步兵团的两个营长，一个中弹身亡，一个因霰弹而身受重伤。

尽管遭遇了这样的损失，纪尧姆·迪埃姆将军的精锐轻步兵还是成功击退了西里西亚人，后者向希勒送去了一条消息，声称他们无法再把守村庄的西侧。希勒在墓地坚守了足够多的时间，以便他们后撤，而当青年近卫军的攻击纵队抵达墓地周边的空旷区域时，希勒自己也选择撤出。普鲁士人被逐出了村落，多蒙将军的骠骑兵则更进一步，威胁要包围他们，切断他们的退路。不过普军炮兵成功击退了法军骑兵，而西里西亚骠骑兵的一个中队又将追击的法国步兵赶回了屋舍。普军燧发枪兵成功迂回了村子，但在主力撤退后他们也后撤了。[1]

普鲁士军队重整秩序，在第十一"西里西亚"步兵团和第一"波美拉尼亚"民兵团4个营的支援下，第十五步兵团发起了第二次攻击，燧发枪兵也再一次深入树木丰茂的拉讷谷地，迂回法军的南翼。普鲁士人冲入了村落，在屋舍之间分散开来。冯·舍策尔中尉带领冯·拉登所属的连，穿过一条侧巷抵达村庄的另一侧。在最后几座屋舍前停下后，布鲁塞尔大道映入了眼帘，看到在与英军交战中逃离的法国士兵挤满了道路，他们疯狂地欢呼起来。在他们背后，战斗继续激烈地进行着，不过在经过一场漫长的争夺后，普鲁士人拿下了整个普朗斯努瓦，除了教堂墓地和周围少数几个房子，并迫使青年近卫军撤退。

老近卫军猎兵的珀莱将军看到青年近卫军的逃兵从村庄中涌出，于是派出了一个小分遣队将他们集结起来。当德鲁奥命令他重新夺回村落，并且不惜任何代价将它守住时，珀莱派出一个连发动初始攻击，让老近卫军第二近卫猎兵团一营剩余的450人紧随其后。看到这些戴着熊皮帽的士兵从所处的高地而下后，舍策尔决定后退，他与拉登一起将他们的士兵撤往村子中心。来自不同部队的士兵在那里统统混杂在一起，西里西亚人和他们一样装饰着黄色领口，西普鲁士人是红色，波美拉尼亚人则是白色。

当猎兵进入村庄时，珀莱遇到了迪埃姆将军，后者头部中弹，正骑在自己的马上被送出战场。他手下的狙击兵和腾跃兵分散成了小股部队，并且大多数正在后退。珀莱承诺他将阻止敌军，而青年近卫军的军官则反过来承诺会在他们身后集结部队，提供支援。

然而，在接近村子中心时，珀莱发现在西里西亚人的猛烈追击下，他的前卫正沿着一条街道朝自己后退。拉登也身处这些西里西亚人之间，信心满满地冲杀着，不过珀莱自有妙计。让拉登吃惊的是，突然间"撤退！"的痛苦呼喊从他的先头小队后面传来。珀莱派出了自己的第三连从侧翼对西里西亚人的纵队发起了冲锋，而这一袭击威胁到他们的后路。他们的指挥官中弹身亡，数个法军猎兵朝军旗冲去，但是曾在前一年救过拉登性命的执旗者施密特中士赶跑了猎兵，并沿着小路进行追逐。余下的西里西亚人则四分五裂，绝望之下只想逃命。因为无法在村庄内将他们集结起来，拉登和舍策尔面前只有两条路可选：被俘或逃命。他们夺路而逃，跑在前面几步的舍策尔呼喊道："快点！快点！亲爱的拉登！"经过教堂时，拉登的臀部中弹，靴子里灌满了血，他感到自己摇摇欲坠。法军似乎无处不在，封锁了每一条道路。拉登冲入了一间房子，在那里发现了自己营的几个士兵正在和一个受伤的上尉在一起。他们一同离开，5分钟内就出了战场。

抵达开阔地时，拉登从一个他认识的中尉旁边经过，后者手臂挂着吊带，正带领20个散兵集结周围的士兵。拉登一瘸一拐地穿行在一块草地上，直到他的膝盖突然陷到了沼泽般的淤泥里。他无法将自己从淤泥中拔出，但又无人听得到他的呼喊。三四个法军腾跃兵发现了他，在接近后对着他一通乱射。子弹呼啸着从他身边飞过，之后他看到了一个带着士兵的普鲁士军官，于是再次呼救。他们中的最后一个人停下，掉头赶来射杀了距离最近的腾跃兵，并在装填之后朝余下逃跑的人射击。将拉登拖出泥潭后，他背上拉登走了100多步来到最近的灌木丛，将拉登放在它的后面。接着，他从背包中拿出了一条绷带，对拉登的伤口进行了包扎，完成后又将拉登送去了救护站，在那里一个中士正在照料伤员。拉登被运往普军建立在菲谢尔蒙庄园的野战医院。在医院里，他又发现了一个左腿被霰弹截断的老朋友。[2]

珀莱将军发现，他派出去进攻的每个连都分散开来，各自为战，每次冲锋过后他的士兵都消失在对敌军的追击中。他命令一个上尉守卫教堂，但是后者带领麾下的士兵前进得过远，以致抵达了非常靠近村庄边缘的地带，正对着由普军占据的一个树林。跟随他们的青年近卫军腾跃兵甚至冲入了村庄外的开阔区域。珀莱在教堂墓地设立了自己的基地，不过却发现自己被普军狙击兵高效的火力牵制住了，当时他们仍隐藏在周围不超过30码距离的房间内。与此同时，普军炮兵的掩护炮火又使得其中的一些房屋和谷仓着起了火。

像在利尼一样，村庄内的交锋被相互间的仇恨驱使，血腥且无情。据传，得知一些法国人被普鲁士人吊死后，他们割断了每一个被俘普军的喉咙。珀莱试图阻止谋杀，却看到一个普鲁士人在他接近时被杀害。一个军官说出了他的法国朋友，恳求饶过一命。珀莱将他连同其他人置于自己的保护之下，并让他们跟在自己的母马伊莎贝尔后面，之后又将俘虏移交给了他的战斗工兵，战斗工兵承诺保证他们的安全。

一开始，冯·比洛将军认为他受到了老近卫军全军的攻击，不过他没有花费太长的时间就对敌军的数量劣势进行了更为准确的估计。此外，他本人还有更多的支援在路上。接近7点30分，皮尔希第二军的前卫抵达了战场，他们以骑兵带头，蒂佩尔斯基希的第五旅在后跟随。他们被命令前往普朗斯努瓦，因为那里冒出的烟雾和火光即便在黄昏也容易辨别。让路德维希·纳格尔失望的是，吕措自由军团的火枪兵营被告知留在圣朗贝尔作为预备队。这"让我们异常恼火，因为我们急切地想要参加战斗，不过许多团也遇到了相同的命运"。弗朗茨·利伯所属的旅就跟在蒂佩尔斯基希旅的后面，但是科尔贝格团同样也没能参加战斗，只能远远地观战。除了齐滕的士兵，此时布吕歇尔手中有大约4.4万人和104门火炮同拿破仑的右翼对垒。

与此同时，珀莱脱掉大衣以便让自己的将军身份显示出来，他骑着伊莎贝尔在各处折返，试图哄吓敌人，让他们以为自己的兵力要比实际多。之后，当他感到自己承受的压迫太大时，第二掷弹兵团戈尔齐奥男爵指挥的那个营的一个连不知从哪里冒了出来。戈尔齐奥和他的545名老掷弹兵被派来支援珀莱。皇帝亲自骑马进入他们的方阵发布了这一命令，并让他们不发一枪一弹，直接用刺刀冲锋杀入村落。在将一个普军营逐出村庄周围的花园后，戈尔齐奥派出一个连支援珀莱，将余下的 3 个连留作预备队。因为掷弹兵要比猎兵更能维持纪律，因而此时在任何需要刺刀冲锋的地方，珀莱便会使用他们。他暂时将普朗斯努瓦握在了手中：他正被普军炮兵狂轰滥炸，四周都着了火，而他也被狙击兵包围，"但它们的影响不大。我像一个恶魔一样坚守着村子。虽然我无法将自己的士兵聚集起来，但他们都深处掩护之中。他们猛烈的火力牵制住了普军。要不是数量不够多，他们可以让敌军的狙击兵完全熄火"。[3]

这时候，凯勒少校的两个燧发枪兵营已经穿过拉讷边缘的树林，绕过了村子，并做好了突击布鲁塞尔大道的准备。拿破仑命令珀蒂将军指挥的第一近卫掷弹兵团组成方阵，第一营在罗索姆附近，第二营在半英里以南，能够俯瞰从普朗斯努瓦到小村马松迪鲁瓦（意为国王的寓所）小道的高地上。珀蒂的掷弹兵最初作为预备队安静地等待着。在普军对普朗斯努瓦的攻击开始后，他派出 100 余名掷弹兵在一个参谋军士的带领下，以散兵队形遏制包围了村庄的普军散兵。不过，结果证明那里的普鲁士人要远超他预计的数量：他们伏击了参谋军士，击毙了他的坐骑，并连续向他射击。虽然只有一发子弹命中，却造成了重伤，普鲁士人将他丢到一个沟渠里等死。他也一直躺在那里，直到 6 天后才被人发现。

再向南几百码便是拿破仑临时行宫所在地勒屈永农场，那里正由第一近卫猎兵团一营的 653 名老兵守卫。他们的指挥官是一名来自鹿特丹的荷兰人，名叫约翰·昆拉德·迪兰，他同时负责看守皇帝的财物。在下午大多数的时间里，他们悠闲地坐着，无所事事，但是从 2 点到 3 点，迪兰被警示法军逃兵的存在，于是他骑上马和精锐宪兵一起拦下他们，使他们掉头返回战场。一个小时后逃兵流枯竭，一切又重归寂静：一些英军骑兵军官作为俘虏被带过来，之后法军炮兵的弹药车甚至一些火炮经过，他们声称自己用尽了弹药。一些弹药车是空的，另一些则不是，迪兰将它们停放在道路两侧。

拿破仑的贴身男仆路易·马尔尚在勒屈永焦急地等待着。当他离开前线时，一切进展顺利，然而，前不久马穆鲁克阿里骑马赶来为皇帝拿一些东西时，匆匆告诉他："形势进展不妙，我们刚刚发现远方有大量敌军。最初我们认为那是格鲁希元帅，并报以欢呼，不过后来发现那是布吕歇尔的军队，而我们没有格鲁希的一点消息。"迪兰建议御厩大臣阿尔贝·富莱将财物装车，套上马具，做好离开的准备。马尔尚收拾了拿破仑的床铺，锁上了装有10万金法郎和30万法郎纸币的钱箱。[4]

接近7点时，一名哨兵提醒迪兰注意，有两个敌军纵队出现在勒屈永后方的树林里。他猜测每个纵队可能有800人，不过因为树木的遮挡，他们的数量难以评估。与此同时，出现了更多的逃兵，而朝热纳普驶去的弹药耗尽的弹药车也更多了。迪兰派出两个连封锁道路，命令只允许伤者通过。

到了8点，很明显在司令部附近的树林里有大量的普军，他们正在准备进攻。迪兰利用逃亡者拼凑出了一个200人左右的营，并将它部署在自己的猎兵营附近。他分遣出200人作为散兵，将其中100人派入树林，另外100人负责支援。他还将他的猎骑兵布置在勒屈永农场的前面。迪兰在紧邻自己的位置部署了一个炮连提供支援，不过炮手却逃离了战场。在此关头，监军拉代将军出现了，他被苏尔特命令使用勒屈永近卫军野战医院里伤员的步枪武装失去坐骑的骑兵。通过集结大量无马的骑兵和帮助伤员前往医院的人（康莱下士便是其中之一，他也因此被重新武装起来），他得以增援迪兰的当值营。当拉代看到敌军朝他们而来时，他向前派出了一些猎兵，并将其他人作为散兵部署在勒屈永后面的小树林里。同时，拉代的一个副官继续收拢逃亡的士兵，直到最终有1200人之众。

这时候，迫切需要将皇家辎重和财物在普军将道路切断前撤离。御厩大臣富莱一直在等待皇帝的命令，但此刻为时已晚，他决定依据自己的职责主动行事。当宝贵的车队逃脱时，为了将普军驱离道路，拉代指挥拼凑的部队朝普军散兵杀去，并在击杀14人之后将他们赶入了树林。同时，将皇帝的床铺绑到一头骡子上后，马尔尚也携带装满黄金和纸币的保险箱爬入自己的马车出发了。尽管拉代做出了努力，但是拿破仑的私人秘书巴萨诺公爵的马车还是因普军的火力停了下来，他不得不从马车跳下，登上内阁秘书弗勒里·德·沙布隆的马车。不过在他们与普军脱离接触后,马尔尚认为由 7 辆马车组成的车队是安全的,即便道路因为撤退的车辆和伤员而阻塞。[5]

作为全军的精英和最后的预备队,资历最长的 8 个老近卫军营中的 5 个此时为了守卫沙勒罗瓦至布鲁塞尔大道一线而被卷入到同普鲁士人的殊死搏斗中。皇帝的司令部幕僚已经逃脱了。拉代和迪兰派出一个信使,告诉拿破仑他的背后发生了什么,他们似乎不可能坚持太久。[6]

69

最后的预备队

6月18日晚上7点至8点,中路

从左侧传来的炮声和齐膝最终增援了他的左翼的消息前后脚传来,威灵顿萎靡的精神为之一振。当他命令阿克斯布里奇的副官霍勒斯·西摩让普军步兵支撑住他的中左路防线时,西摩的坐骑立即遭到了射杀,不过约翰·弗里曼特尔代他前往,从齐膝处得到了该部全军正在路上的消息。

威灵顿召来范德勒和维维安的骑兵旅填补缺口,并给予中路动摇的步兵以支援。与此同时,阿克斯布里奇派出他的军需总监乔治·卡思卡特指引他们进入阵地。就在卡思卡特完成任务返回时,阿克斯布里奇的右腿膝盖被霰弹击中。弹丸将他的胫骨从顶端削去,而破碎的骨头又破坏了韧带。向下看了一眼,阿克斯布里奇意识到保住自己右腿的机会渺茫。以下是他与威灵顿的著名对话:"上帝啊,长官,我失去了我的腿。""上帝啊,阁下,果真如此。"这段对话可能有一些事实基础。霍勒斯·西摩再次上马前往滑铁卢寻找军医,其他副官则将阿克斯布里奇放到了一个轻型马车上。[1]

在乌古蒙以北的阵地,亚当轻步兵旅的旅勤务官正在同奥古斯塔斯·弗雷泽爵士交谈,这时一个法军逃兵骑马赶来,说出了近卫军将在半个小时之内发起进攻的消息。弗雷泽骑马前往威灵顿那里,将这一消息转告给他。虽然由于早前消耗了太多弹药,此时法军炮兵的弹药已为数不多,但他们的炮击火力还是又一次加大了强度,尽管也是最后一次。[2]

为了填补阵线中央的缺口,公爵命令梅特兰的近卫军向左前进,组成4列横队。从战斗伊始就深处前线的近卫军遭受大量损失,到了这一阶段,考虑到运送伤员的人已离开,他们勉力算起来只有500人。[3]他命令5个不伦瑞克营前往阵线的中央，亲自为他们指路，之后他返回近卫军那里。他派出一个副官召来亨德里克·迪特迈尔上校麾下尼德兰旅的3个营。这些生力军以攻击纵队向左前进，沿着高地躲避炮火，避开梅特兰旅后变换为横队。

因为没有在布赖讷拉勒受到攻击，尼德兰第三师被召唤去了战场，因此成为威灵顿最后的预备队。但这并不是他信任的预备队，因为他们由一个曾经为拿破仑而战的比利时人指挥。在此之前，他们沿着尼韦勒道路一线部署，在法军的火力下等待命令，而他们的指挥官大卫·沙塞则变得愈发焦虑：

> 当我看到一个部署在我师左前方的英军炮连停止射击时，我前往那里打探原因，了解到他们用尽了弹药。同时，我看到法国近卫军不断前进，英军士兵正成群地离开高地，朝滑铁卢方向退去，会战似乎输了。我立即命令由范·德尔斯米森少校指挥的骑炮兵前进占据高地，并朝前进中的法军纵队全力射击。

在会战的这一阶段，拿破仑通常会派出大量近卫军，以便发动最后的粉碎性一击。然而，在这场战斗中，面对侧后方的普军，他已经被迫零碎地投入一部分近卫军进行防御。8个营的青年近卫军被派去支援洛博，这使得总计15个营的老近卫军，有5个卷入了战斗或被部署在普朗斯努瓦附近进行协助。因此，只有剩余10个营可以作为最后的打击力量，他们尚不足6000人。尽管如此，拿破仑还是将他们部署在拉艾圣至乌古蒙之间，以右翼为先导向西横扫整个高地，期望能够消灭英军的右翼。

大约7点30分，在弗里昂将军的带领下，右翼倚靠布鲁塞尔大道的第三掷弹兵团一营率先发起了攻击。在它的左后方是呈梯队跟随的第四掷弹兵团、第四猎兵团，以及第三猎兵团的两个营，可能一共是6个营，约3500人。在每两个营之间均部署了两门来自近卫军骑乘炮连的火炮。第三掷弹兵团二营先前已经被分遣去保护梯队的左翼。拿破仑从佳姻骑马来到拉艾圣，在道路旁的果园附近观看局势的进展。[4]

444

奈伊与弗里昂负责指挥这次进攻。盟军第一线的残存火炮对他们造成了一些伤亡，不过并不严重，因为盟军所剩的弹药不多，他们的炮兵又以"沉默"而著称。近卫军越过了山脊的顶端，让他们惊讶的是除了散落的死尸，高地上空无一人。由于烟雾弥漫，他们无法看到前方太远的距离，不过在走下斜坡时，他们穿过了被丢弃的英军火炮阵线。他们同左侧的敌军有所接触，但是敌军在遭到方阵前方的法军散兵的火力打击时四散奔逃，这些散兵构成了一条松散的阵线。

芬克旅的哈默尔恩民兵营和吉夫霍恩民兵营由大约1000名意志不坚定的新兵组成，他们在拿骚人附近组成了一个联合方阵，并且很快朝着前进的法军散兵射光了每人大约30发的子弹，毋庸置疑，他们射得太快，距离又隔得太远，之后撤退。奥尔费曼的右手被霰弹粉碎后，不伦瑞克各营此时由鲁道夫·海涅曼指挥。他们被"意料之外接近"的法军散兵震惊，而"火药产生的浓厚烟雾将他们完全笼罩，士兵疲劳不堪，部署仍旧残缺不全，局部又缺乏秩序，以及最终强大的攻击一开始导致几个营有所犹豫，并向后退却了一定的距离"。但是，其中一个营的表率作用稳住了其他各营，"就在遭受毁灭性火力时，他们旋即全线后撤，"麦克雷迪少尉记录道，"不过他们被重组，很快稳住了阵脚，并向我方散兵的左侧派出了轻步兵。"[5]

当一头黑发的赫西·维维安爵士劲头十足地带着他的骠骑兵旅穿过大道，并将他们转换为横队时，军队的前景依然严峻。在维维安的炮兵穿过大道时，"罗伯特·加德纳爵士和戴恩利上尉均表达了他们对在场部队的不信任。他们不喜欢这些人"。回想起之前听到的讨论，英吉尔比中尉"表达了相反的观点，现在轮到公爵出手了，而且他正在攻击法军的中路，这个时机显然取决于普军大量出现在法军的右翼"。然而，在大道的另一侧，他们发现"路面布满了伤者，道路有时几乎阻塞不通。受伤或残障的马匹徘徊或绕圈。四周声音震耳欲聋，在视线所及的范围内破败和苍凉的气氛压倒了一切，使人无法感知任何能够获得胜利的鼓舞"。在骑兵的前面，数个微小的步兵方阵正在溃败瓦解。他们经过爱德华·萨默塞特勋爵时，"两个可怜的重骑兵旅余部已经不足200人马"。维维安问道："爱德华勋爵，你的旅呢？"爱德华勋爵回答："这些就是。"[6]

原先驻扎在中路且疲惫不堪的骑兵穿过从左翼来的生力军撤退，当时"他们已经暴露在敌军最为可怕的枪炮火力之下有半小时之久。这无法用言辞形容（对我来说，一个人是如何脱险的是一个奇迹），每一瞬间我们都预计敌人来到我们面前，因为烟雾厚重到我们无法看到10码开外的东西"。[7]约翰·奥姆斯比·范德勒爵士的旅在骠骑兵旅的左侧、梅特兰近卫军的背后部署下来。[8]同样，他们的出现一下子就鼓舞了前方的部队，也阻止他们逃离战场。

骑兵的出现有效稳住了被威灵顿最初派来的不伦瑞克人。拿骚人也依托第十八骠骑兵团重组，而这可能激励了科林·霍尔基特旅的余部转身向前。霍尔基特旅幸存下来的士兵已经不多了：当天结束时，第三十团仅集结了160人；四臂村会战后，纸面上还剩489名可战之兵的第七十三团损失了289人。在树篱后面集结时，该团仅剩下两个军官和70个士兵。剩余的128人或是仆役，或是看守行李，或是从战斗开始就缺席，或是协助伤员前往后方就没有再回来，或是直接逃向布鲁塞尔，或是同他们的部队走散了。莫里斯没有提及骑兵起到的稳定作用，尽管如此，事实很有可能确实就是这样。一个轻龙骑兵在他的日记中写道："两个纵队（我认为其中一个是汉诺威人，另一个是苏格兰人）被击退，然后我们的一些军官以及来自士兵的欢呼成功地让后者返回了前线。"[9]3个营的尼德兰生力军（1500人之众）在迪特迈尔的指挥下，出现在第三十"剑桥郡"团的右侧。尼德兰人的报告提到了一个三角形方阵和一个轻步兵营（基尔曼斯埃格旅的残部）从前线撤退，并在他们接近时有所动摇。[10]一旦麦克雷迪少尉所属的"剑桥郡"团和第七十三团在树篱后方重整秩序，组成4列横队，他们就派出散兵去抵御大约300码开外的法军。

麦克雷迪在他的日记中写道："战场暂时恢复了平静，同我们左前方身着灰大衣的庞大纵队进行近距离的小范围战斗便是我们的全部工作……双方都没有前进。突然间，步枪火力大开，密集程度威胁到了蹲伏在马匹死尸后面的我方散兵，并在队列中造成了大量伤亡。"法国近卫军的散兵抵达了。

70

近卫军败退

6月18日晚上8点至8点30分，中路

法国近卫军各营和随行的骑炮兵，沿着乌古蒙至拉艾圣之间的背坡走下，朝着威灵顿为应对他们临时拼凑的英国近卫军、尼德兰人、不伦瑞克人和拿骚人杀去。此时，双方的指挥官都投入了他们最后的预备队，威灵顿虽然表面冷静，但是内心一定很焦急，因为就水平而言他的预备队远不及拿破仑的近卫军。另一方面，他知道普鲁士人正在陆续抵达，如果幸运，他仅需要再坚持很短的一段时间。他身旁近卫军的一个掌旗军士正在祈祷："上帝啊，请帮我们一把。"他是一个虔诚的卫理公会教徒。

即便是默瑟上尉也承认，英军火炮在与法军近卫炮兵的较量中逐渐处于下风。只有等到沙塞的炮兵指挥官范·德尔斯米森少校麾下先前未使用的8门火炮抵达，才阻止住近卫军的前进：

> 双方继续交火，我部炮连的射击却越来越缓慢，因为已经减员到了极限。我们运气好，若不是一个比利时炮连靠近我们左面的阵地，我们一定被消灭了。他们几乎是近距离从侧翼向敌军平射，很快就让法军熄火并退却。我部减员严重，现有的人员仅够装填和射击6门火炮中的3门。[1]

近距离的霰弹交锋极其猛烈。弗里昂将军中弹重伤，近卫猎兵的指挥官米歇尔将军阵亡，奈伊则因坐骑中弹而翻滚在地。攻击有所放缓，不过保罗·波雷·德·莫尔万带领他的营继续向前，奈伊在第三掷弹兵团前列加入了他们。最初，该营面对的是严重减员且在不断撤退的部队，不过再向西接近英军阵线后，法军突然受到了有条不紊的步枪火力射击，那里的步兵看来并没有处在崩溃的边缘。

决定性的干预来自迪特迈尔旅 6 个尼德兰营生力军信心满满的进攻。沙塞将军则带来了另外 3 个营，共 1500 人。该旅会合后组成了密集纵队，发起了攻击。就像麦克雷迪少尉回忆的那样，"一个庞大的荷兰步兵纵队（我们第一次看到）通过，鼓声、欢呼声响成一片，就像疯了一样，他们用刺刀挑着高筒军帽，因为离我们右翼不远，所以我们能看到他们，并报以嗤笑，之后噪音很快就消逝了"。[2] 根据一个英军骠骑兵的说法，他们"鼓声阵阵，以双倍速步伐前进，击退了敌军"。在维维安和他临时副官的"加油打气下，不伦瑞克－厄尔斯人也掉头向前进行冲锋"。[3] 他们的新指挥官鲁道夫·海涅曼下达最后前进的命令时，因喉咙或心脏中弹而亡。他的尸体再也没有被找到。

尼德兰人和不伦瑞克人同时发起了冲锋，掷弹兵因为看到有部队向他们右翼飞奔而来而慌张。麦克雷迪记起"各方都发生了奇怪的骚动：射击与呼喊，以及移动，并且持续数分钟之久。我们身着灰大衣的对手消失了，就像是大地将他们吞噬了一样"。发现从东方而来的是普鲁士人而非格鲁希的士兵时，捉襟见肘的法国守军陷入了绝望。在东部前线的法军已经知道他们正在同更多的普军作战，当第九十五战列步兵团的一个营长被拿破仑的信使告知格鲁希元帅正在右翼展开时，他指出，实际上与之相反，他们是普鲁士人，并且已经造成了他数个士兵的死伤。就在那时，该营腾跃兵连的上尉因大腿中弹而受伤。

在布鲁塞尔大道以东烟雾缭绕的荒芜地带，形势对于英军来说看起来令人绝望。各团损失巨大，大部分团仅有一两百人幸存，第三十二团的军官则认为他们不足百人，第二十七团可能几乎无人生还，因为"骇人的炮兵射击和轻步兵的火力"，该团不足 700 人的纸面兵力损失了近 500 人，幸存者加入了其他部队，所以看起来他们一定像是都死在了方阵里。一个来复枪兵写道："我们甚至没有一个连的援军，士兵们精疲力竭到需要军官们以最大的努力让他们振奋起来。"事后审理亨利·罗斯－卢因的军事法庭透露，当被命令进攻时，第三十二团的士兵拒绝组成横队，直到罗斯-卢因劝诫他们："来吧，我勇敢的小伙子们，看在上帝的分上，继续前进。"之后，他走在所属连的 12 个幸存者的后面，以保证他们继续向前。他们将军旗留在身后，确保它们不被俘获。

到了这一阶段，他们同第二十七团和第九十五团的士兵混在了一起。对于一个来复枪兵军官来说，

> 没有一个士兵想过放弃阵地，但似乎已无希望获得胜利，因而他们完全不吝惜生死。进行最后一次努力是我们仅有的机会。各团余部重组，在法国人抵近到 40 步之内后，我们发出了一阵死亡咆哮，并朝他们全速冲去。他们立即逃离，且不同于之前惯常的方式，而是一片混乱。[4]

正是在此处，被格鲁希抵达这一好消息鼓舞的法军士兵，从惊喜转为令人困惑的失望，他们遭到最为沉重的打击。第四十五步兵团的马丁中尉和马尔科涅师的士兵一起再次猛攻高地。在阵线末端的高地上，由于烟雾稀薄，他们可以看到数量众多的生力军正火速抵达战场，并很快意识到他们不是法军，而是普鲁士人。普军骑兵和燧发枪兵正朝他们的侧翼杀来。突然间，一切都失控了，士兵的希望破灭，他们选择了放弃。他们觉得受到了背叛，在齐滕所部骑兵的追击下从斜坡逃回了谷底。编制荡然无存，他们只思考谁可以逃得最快、最远。"我和大家一样，"马丁回忆道，"其他团也在同一时间崩溃。整个军队都陷入了恐慌。他们只是一堆混杂在一起的步兵、骑兵、炮兵，且互相推挤，像洪流一样穿过战场，试图逃脱朝他们冲锋的普军中队和正面杀下高地并高呼胜利的英军各营。"[5]

在拉艾圣至蒙圣让农场之间的高地上，波雷·德·莫尔万的第三掷弹兵团结成方阵坚持了一段时间，尽管奈伊向波雷强调他们必须战死于此，但是正在朝他们杀来的 3000 名生力军却超过了第四掷弹兵团和正在前进中的猎兵们能承受的极限。尼德兰人将他们追赶到了山下，虽然前者在前进时失去了凝聚力。

就在稍往东的位置，梅特兰的近卫军一直躺在一个路堤的后面（很可

能是尼韦勒道路的路堤），以便躲避炮兵火力。面对他们的近卫猎兵的散兵一边高呼"皇帝万岁！"，一边前进。当沙塞麾下尼德兰部队前方的散兵前进到他们的左翼时，威灵顿下达了类似"起立，近卫军，朝他们开火"的命令*，让梅特兰的近卫军发起冲锋。他们起身在 50 码的距离进行了一次猛烈的步枪齐射。法军散兵因他们的突然出现而惊愕，在他们陷入慌乱时，索尔顿勋爵带领英国近卫军挺着刺刀向他们杀去。[6]

位于近卫军西面的是由约翰·科尔伯恩爵士指挥的第五十二"牛津郡"轻步兵团，此人是半岛战争中一名颇为杰出的军官。科尔伯恩命令轻步兵团右转，在一个连的散兵的掩护下向最近的法军纵队杀去。第九十五步兵团的几个连在他的左翼，第七十一高地轻步兵团在其身后一段距离，最后跟随的则是克林顿第二师的剩余兵力。这一侧翼攻击使得法军纵队停止前进，而距离最近的法军营（可能是第三猎兵团的某个营）左转迎击他们。科尔伯恩估计，他的营在前进时有 150 人伤亡，他们曾经停下，以便向第二十三轻龙骑兵开火，后者穿过了他们的阵线，使得轻步兵们误以为该部为法军。第七十一团与第九十五来复枪团三营齐头并进，来到了他们（第五十二团）的右翼。他们优秀并相对新锐，因而认为轻步兵的干预至关重要是有理由的，尽管梅特兰疲惫的近卫军更为英勇且顽强。法军第三和第四猎兵团的 3 个营长（共 4 个营长）以及第四掷弹兵团的营长均重伤。

休·霍尔基特上校派遣了一个汉诺威民兵营去肃清乌古蒙的果园。他同奥斯纳布吕克民兵营一起前进，掩护弗雷德里克·亚当旅的右翼。先头

---

* 威灵顿是否发布了类似的命令是一个富有争议的问题，这个命令的最初版本来自 6 月 22 日近卫军罗伯特·巴蒂上尉写给家里的信。上尉在信中称，当法军接近时，威灵顿下达了 "Up Guards, and at them again" 的命令，这一说法也随着报纸的登载而广为传播，并演化为多个版本。而若干年后有人问起威灵顿是否说过类似的话时，公爵笑着说人们总是为他"发明"名言，但至于当时是否曾这么说过或说了什么，因年代久远他已无法记起。作为亲历者之一，第一近卫步兵团的索尔顿上尉（或中校）在他回复威廉·西伯恩的著名信件中称，他并没有听到威灵顿下达 "Up Guards, and at them" 的命令，也不知道谁听到了，但这无关紧要，因为对世界来说，如今它已经成为一个伟人对他手下士兵的振奋之词，并且也不值得争论什么。分别见 The Battle of Waterloo ... by a Near Observer, London,1816 中收录的罗伯特·巴蒂上尉的信件；1841 年 10 月 15 日《泰晤士报》刊载的一个不知名雕刻家同威灵顿的交谈；以及 H. T. Siborne 的 Waterloo Letters, Frontline Books, 1993 中，索尔顿写给编者父亲的信件原文。

连和散兵向前猛冲，俘获了一个法军炮连。被轻步兵旅、近卫军和轻骑兵困住的法军猎兵损失惨重，似乎有一半人或死或伤。[7]在追击的英军翻过山脊后，他们在下方的谷地里看到了更多的近卫军方阵。

在西侧，第三掷弹兵团二营正坚守阵地，康布罗纳将军则带领第一猎兵团二营前来支援。霍尔基特的神枪手射杀了一个高级军官的坐骑，上校冲了过去，俘虏了这个手无寸铁的法国人，他说自己是康布罗纳。一份法国报纸声称，康布罗纳被劝降时，在他的老近卫军方阵中回答："近卫军宁死不降！"在1970年拍摄的电影《滑铁卢》中，老近卫军随后遭到火炮轰击。不过实际情况却没那么戏剧化，康布罗纳是在方阵外的开阔地带被抓获的，就算他说了什么，也不会是上面那句。[8]

由第二猎兵团二营和第二掷弹兵团一营组成的预备队抵达拉艾圣果园附近的一处位置，离拿破仑和德鲁奥将军不远，但当他们抵达时，大势已去。一段时间内，皇帝注视着近卫军骑炮兵从高地驶下，之后他感到迷茫又疲惫，于是骑马离去。他位于战场东部的军队陷入了溃败，唯一可能的解释就是那支被他当作是格鲁希的新部队实际上是更多的普鲁士人。他们彻底输掉了一场看似如此接近胜利的会战。与此同时，在山脊的另一侧，威灵顿从马鞍上站起，在头顶挥舞着帽子。

71
正前方，毫无疑问

6月18日晚上8点30分至10点，佳烟

突然停止的射击使得烟雾缭绕的背坡上面未卷入战斗的部队困惑不已。尼德兰轻骑兵的一个参谋军官骑马向东去查看情况。让他感到不安的是，他看到枪骑兵正骑马穿过烟雾向他驰来，因为威灵顿的军中差不多可以说没有枪骑兵这种兵种了，他们只可能是法国人。正当他要掉头逃命时，他更清楚地看到了他们的军服，意识到他们不是法国人，而是普鲁士人。

"戈登"高地人团的罗伯逊中士被"命令特别要注意前方任何能看到的信号或动向，因为这个原因我被配备了一副望远镜"。他如此描述接下来发生的事情：

> 过了一阵子，我们的一个散兵跑过来，让我观察法军阵线，因为发生了一些不同寻常的事情。在敌军的右翼，我看到交火已经开始，和他们身着相同制服的军队迂回了他们的阵线末端，正迅速推进。我立即通知了参谋军士，他说可能是法军发生了兵变，并说最好将我们的连收拢，以便做好随时进军的准备。刹那间，一个副官骑马飞速来到我们身后，高喊道"我们赢了，普鲁士人来了"。[1]

在兰伯特将军的旅勤务官哈里·史密斯所处的位置，"战场被烟雾笼罩，难以辨明目标。于是双方都停止了射击，我们身处左翼，只知道一方或另一方被打败了"。之后他写道："这是我一生中最为焦急的时刻。"在烟雾散去后，他们看到"身处中央、像岩石一样坚硬的红衣士兵，以及迅速撤退的法军纵队，同时听到响彻云霄的英军呼喊声"。公爵和一个参谋军官正骑马赶来，史密斯前去迎接。"'谁负责指挥这里？''肯普特将军和兰伯特将军，大人。''让他们变换为一连宽的营纵队并立即前进。'我问：'向哪个方向，大人？''正前方，毫无疑问。'我从未见过威灵顿公爵像这样意气风发。"

在前线后方，疲惫的小股英军被火药熏黑且沾满淤泥，他们准备前进，其中包括第七十三团的72名幸存者。伯顿中士在莫里斯中士的"背上热情地拍了一下，还大声说道'拿酒来，汤姆。我难道没有告诉你我们不会被击中吗'"。

"不到半个小时，"克鲁泽将军3天后报告称，"我们取得了一场辉煌的胜利，敌人原本笃定自己是胜利者。"[2]

然而，战斗还没有结束。赫西·维维安爵士接到了攻击的命令。从烟雾中现身后，他看到法军正在两个方阵和两大批骑兵的掩护下撤退。他让第十骠骑兵团打前阵，顶着方阵的射击和一个炮连的霰弹火力，向最近的法军骑兵杀去。拜伦勋爵的表亲霍华德少校带领一个中队对法军方阵发起了攻击，在方阵正前方从马上跌下，在那里一个掷弹兵用枪托结束了他的性命。第十骠骑兵团击退了那一侧的骑兵，于是维维安指挥第十八骠骑兵团攻击了掩护方阵的胸甲骑兵的侧翼，将他们击退并砍杀了炮手。在之后的追击过程中，他们不停骚扰步兵，但没有再受到其他火炮的射击。[3]范德勒的第十一、第十六轻龙骑兵团向一大批步兵发起了冲锋，并抓获了其中的大部，不过没有攻击骑兵。坚不可摧的巴林少校为突然间意料之外的欢乐反转而喜不自禁："加入了KGL第一骠骑兵团，和他们一起追击敌军直到天黑，之后我返回了战场。"[4]维维安骑兵旅的一个骑炮兵军官说："我们带着火炮不断地卸车、装车前进，将它们带到每个能运用的场合，直到天色黑暗到我们无法再保证射击时不伤害己方骑兵，后者持续压迫法军的后卫，使他们的撤退转化为完全的溃败和混乱的逃散。"[5]

第十六轻龙骑兵团的一个中尉描述了他们是如何前进1.5英里，然后抵达一个谷地的，在那里他们左侧的拉艾圣正在燃烧。如果他对距离的估量偏差不大，骑兵是从比蒙圣让还要靠北的一个位置出发的，这实际表明了英军的阵线向后被驱逐了多远的距离。第十一轻龙骑兵团的一员说，他们向不同批次的步兵进行了冲锋，不过"直到夜幕降临，一些近卫军才映入我们的眼帘，他们在一个步兵纵队后面快速撤退，我们对他们进行了冲锋，但在抵近时遭受了他们的步枪齐射"。他们损失了55人，绝大多数伤亡是在最后这个阶段遭受的。

德隆的炮兵指挥官德萨勒将军不情愿地撤出了他的火炮，但是在下达命令时一切为时过晚。虽然他的12磅炮连拥有一个优秀的团队，不过将火炮拖运上斜坡的工作进展缓慢，其结果便是在他们抵达初始阵线时被盟军骑兵追上。德萨勒本人安全抵达了一个近卫军方阵，但他的火炮却被俘获。

沿着大道追杀大量逃兵的英军骑兵，此刻遭遇担任预备队的两个帝国近卫军营。他们以方阵撤退，虽然受到英国散兵的攻击和不时的炮火侵袭，但是在抵达罗索姆之前他们一直固若磐石。在那里，珀蒂集结了第一掷弹兵团的两个营以及战斗工兵与水手，在一个12磅炮连的支援下，他们守在了布鲁塞尔大道两侧。他们固执地演奏《掷弹兵曲》，以便集结近卫军掷弹兵，许多人加入了他们的方阵，然而，大约就在此时，第二掷弹兵团一营的方阵崩溃，士兵四处逃散。[6] 皇帝进入珀蒂第一掷弹兵团的方阵避难，直到苏尔特说服他离开战场。皇帝让珀蒂在他身后守住阵线，然后骑马离开。

拿破仑的军用车夫让·奥尔恩和他的车辆一起在佳姻附近被抛弃，车内装有约瑟夫·波拿巴价值80万法郎的珠宝和波利娜公主价值30万法郎的项链，以及大量黄金。之后，奥尔恩费力地驾车穿行在拥挤的大道上。

当法军逃兵的数量增多时，通过收拢近卫军逃兵增加自己兵力的约翰·迪兰集结了他的第一猎兵团一营，以便可以变换为方阵对抗骑兵或撤离。黄昏时分，他们再次受到散兵的攻击，因为到此时为止，附近的树林里已经全是普军燧发枪兵。之后，皇帝和他的副官安托万·德鲁奥、夏尔·德·弗拉奥以及其他将军和近卫猎骑兵的执勤中队出现。拿破仑在命令迪兰跟随并掩护他的撤退后，继续驱马前行。

位于法军左翼的雷耶第二军的残部，以良好的秩序进行撤退。虽然受到压迫，还处于敌军的火力之下，但他们中的绝大多数绕过热纳普撤出了战场，在马谢讷欧蓬也渡过了桑布尔河。一个英国骑兵军官敬佩近卫掷弹骑兵的傲气，后者无视这位军官所在的第十二轻龙骑兵团，而他们也认为自己太过弱小，无法攻击重骑兵。[7] 然而，这种良好的秩序只是暂时的，尽管雷耶自己宣称它一直持续到热纳普和四臂村，部队才在那里的夜色中崩溃，一些记述表明各团溃败的时间要更早，不过可能是西面的法军相对来说平静撤退（没有受到盟军的过多压力）。法军第二龙骑兵团的一个军官声称："他们的混乱……被夸大了……敌军非常吃惊于自己取得的胜利，以至于在追击中他们只攻击紧邻大道两侧旷野上无秩序的溃兵……敌军远离那些还保持秩序的部队。"而大部分盟军骑兵军官的记述支持这一观点。皮雷的骑兵师同样以良好的秩序撤离，他们负责掩护雷耶军的撤退。[8]

被英军和普军左右夹击且最先崩溃的法军右翼损失最为严重。迪吕特将军带领布吕旅的两个团以良好的秩序向西撤退，意图作为后卫掩护逃兵，不过他们行走的小道在一个地点变为一条狭窄的凹路，使得他们无法再维持现有的队形，于是迪吕特告诉他的军官停下，等待自己找到一条更好的前进道路。他刚离开，奈伊元帅就出现了。他一脸怒气，胯下坐骑则溅满淤泥和鲜血，然后他挥舞着一把断剑，命令士兵们跟随他前进，以便他可以向他们示范一个法国元帅如何战死沙场。令人惊讶的是，他们高呼"皇帝万岁！奈伊元帅万岁！"跟了上去。不过在前进了200步后，他们可以看到整个盟军阵线朝他们滔滔不绝地涌来，先是猛若冰雹般的霰弹，接着是骑兵的冲锋，砍倒了他们超过半数的士兵。未被枪炮弹丸击中的士兵遭到了马刀的砍杀和马匹的践踏。一个英国军官和一个龙骑兵朝法军第九十五团的执旗手扑去，使他重伤。但是一个营长正好有时间从他手中扯下旗帜，跟着奈伊元帅跳下了凹路，奈伊元帅奇迹般毫发无伤。从一个法国近卫军营射出的轻快火力遏制了英军骑兵的冲锋，被吞没在冲锋中的这两人均朝方阵疾驰而去。[9]

当迪吕特将军返回寻找他的士兵时，他被英军骑兵包围，遭受英军马刀的残忍蹂躏，手腕几乎被切断，脸上也被砍了一道可怕的伤口。英国人将满身是血的他抛在了身后，而他则因为差不多失去知觉而无法驾驭坐骑，但坐骑却跟随他们的冲锋，将迪吕特载到了布鲁塞尔大道上法军的溃兵间。一个胸甲骑兵认出了他，并护送他撤退到热纳普，在那里他的手接受了截肢。在比贝尔施泰因第十八步兵团燧发枪兵营的带领下，普鲁士人向西追逐迪吕特所部。因为对迪吕特所部和青年近卫军的追击，该团是普军中承受最严重损失的部队，而迪吕特所部和青年近卫军的撤退也最终演化为胡乱的溃逃。尽管如此，约半小时后比贝尔施泰因的士兵抵达了佳姻。

当他们穿过烟雾追逐撤退的近卫军时，尼德兰部队开始失去凝聚力。第十九民兵营的赫拉德·罗谢尔上尉看到法军从他左侧的一个果园（可能是拉瓦莱特）朝他射击，于是他同自己的侧面部队冲了过去。第二荷兰战列营正在攻击拉艾圣，后者仍被法军第十三轻步兵团据守。将法国人逐出果园后，罗谢尔穿过一片农田继续前进，他的许多士兵因陷入淤泥而丢掉了鞋子，之后他们登上了一个斜坡，在那里罗谢尔遇到了该营另一个上尉，这位军官指挥的连中只有两个人跟在他身边。最后，他们撞上了普军散兵，后者将他们误认为法军，直到他们在空中挥舞了橙色饰带才解除了误解。"他们以极大的喜悦迎接我们，虽然不认识彼此但还是相互握起了手。每个人都欢呼'胜利是我们的'。一些士兵拿出酒水同战友们分享。许多普鲁士人也将他们的酒瓶递给了我和我的侧面部队，这又让我们活跃起来，因为我们已经很久没有喝过酒了。"[10]

普鲁士人正在各处横冲直撞。来自第二军的生力军作为第三次攻击普朗斯努瓦的矛头，被投入燃起大火的村子。2900人之众的第二步兵团向教堂墓地杀去，那里已经堆满了尸体，村庄周围和内部躺了上千具死尸和濒死之人。该团的燧发枪兵拿下了墓地，并击伤了青年近卫军的巴鲁瓦将军。2400人的威斯特法伦第五民兵团攻击村庄北部，同时第二十五步兵团的燧发枪兵，即身着黑衣的吕措自由军团，沿着拉讷上方的小路向南发起了攻击。

在主攻之前，波美拉尼亚第二民兵团发起了一次攻击，他们被再次逐出村子。不过当部队为最后的攻击集结时，有军官告诉珀莱，他们的大多数士兵已经逃离，就算坚持下去也不会有希望。因而珀莱下达了撤退的命令，并将猎兵和掷弹兵的余部收拢在一起，据他估计，总计有先前半数的兵力，然后他们撤向勒屈永。洛博军的一个旅长讲述了一个类似的故事：由于两侧被骑兵迂回，"我意识到我们的各营正陷入混乱的危机中，接着我们被命令放弃熊熊烈火中的普朗斯努瓦，朝布鲁塞尔大道撤退"。他的方阵在普朗斯努瓦和大道之间瓦解了。他试着在尚特莱树林附近重新集结士兵，却发现里面都是普鲁士人，于是只好向布鲁塞尔大道跑去。[11]

防守者异常顽强，而青年近卫军在普朗斯努瓦的防御战中更是几乎覆灭。当天开始时他们总共有3800人，战斗一周后仅能集结起598人，毫无疑问许多人当了逃兵，但是他们在普朗斯努瓦的损失确实也很惨重。

第一掷弹兵团和战斗工兵、水手在他们的散兵掩护下以方阵队形撤退了一段距离。经过勒屈永时，他们与珀莱从普朗斯努瓦撤出的余部会合。他们受到了一个炮连和建筑物周围冯·凯勒少校的普鲁士燧发枪兵的射击，但脱离这一危险后，他们没有再受到紧密的追击。

一部分法国军队以较好的秩序撤出了战场，但是有些军队赌上一切也要寻求胜利，他们的主力则陷入了灾难。炮兵的损失最为严重，大部分被丢弃在战场。在这一阶段，没人可以评估胜利的程度。盟军也仅仅是知道他们取得了胜利。经过如此漫长和令人焦急的争夺，他们随即欢庆起来，相互祝贺，而丝毫不考虑过后不久，当竞争开始并恶化双方的关系时，他们会说什么。

当英国近卫步兵和亚当旅行军通过佳姻时，一个普鲁士骑兵团的军乐队演奏起了《天佑吾王》(God Save the King)。[12] 威灵顿与费尔顿·赫维以及一小撮其他未受伤的参谋人员，包括巴兹尔·杰克逊，骑马最远抵达马松迪鲁瓦，此地位于拿破仑那个正在着火的司令部所在地勒屈永农场的南沿，之后他们返回。向北骑行时，杰克逊说："一群骑马者被看到穿过原野，来到我们的右面。看到他们后，公爵骑马离开道路前去与他们会面。结果他们是布吕歇尔元帅与他的随从。"威灵顿与布吕歇尔握手、拥抱，布吕歇尔说："我亲爱的战友！多好的事啊！"[13] 接着，他们骑马相伴返回佳姻，普鲁士骑兵在那里吹起鼓号曲迎接他们。威灵顿将追击法军的责任移交给了布吕歇尔，然后这两位英雄别。威灵顿前往滑铁卢，布吕歇尔则跟随追击的骑兵沿着大道前往热纳普。

"夜色下,拉艾圣附近一片死寂,"杰克逊继续写道,"但是我们胯下的坐骑在其中踩踏,它们频繁发出的喷鼻声表明,此地非常密集地散落着勇者的躯体,而白天的战斗是多么激烈,由此可见一斑。"[14]

72
追 击

6月18日晚上9点至6月19日早晨，沙勒罗瓦至布鲁塞尔大道

"友军火力"造成的诸多伤亡已经足够表明，仅由一支军队追击法军更合适。布吕歇尔急于承担这一任务：他的许多士兵已经持续行军数个小时，甚至数天，因而未能有机会屠戮法国人。相对于精疲力竭但已满心愉悦的盟军骑兵，他们更具有积极性，所以在同布吕歇尔讨论了这一问题后，威灵顿告诉他的骑兵停下并扎营。他们一直追到了普朗斯努瓦才停止。

天色已经非常暗了，以至于无法分清敌友。由赫西·维维安爵士带领的KGL第一骠骑兵团差点儿同第十一轻龙骑兵团交火，当他们准备向对方冲锋时，他们突然认出了对方的欢呼声是英式的。到那时，维维安的旅已经通过俘获近200匹马增加了他们的库存。[1] 普军骑兵扫荡了紧邻布鲁塞尔大道的区域，砍杀、戳刺那些被他们追上的法军，许多伤员也被他们以这种方式杀害。他们的目的是散布恐惧，骚扰法军的撤退，从而阻止他们获得任何集结的机会。

普鲁士第二步兵团的燧发枪兵当时正在攻击勒屈永，并放火将它点燃，如果拉雷和其他幸存者的说法可信，他们和骑兵曾尽力屠戮医院里的军医。在勒屈永南面的尚特莱树林，格奈泽瑙将军找到了冯·凯勒少校和他的燧发枪兵。凯勒说他的士兵已做好了一切准备，于是在一个鼓手不间断的鼓声和隆隆的号角声中，格奈泽瑙带领他们沿大道追击撤退的法军。在纵队最前端的是第十五步兵团的一个中尉、一个号手、两个中士和20个燧发枪兵。200码后则跟随了200至300人的前卫，再往后是格奈泽瑙带领的主力部队。

帝国近卫军的第一掷弹兵团在普军燧发枪兵前方领先了很长一段距离。过了勒屈永，他们便没有再被紧追过，于是他们变换为纵队向热纳普前进。奈伊骑着马跟随他们，一同前行的还有包括勒菲弗-德努埃特和拉勒芒两位将军在内的近卫轻骑兵的小股余部。而居约将军则带领数百人的掷弹骑兵和皇后龙骑兵与他们下属的两个炮连以良好的秩序撤退。

然而，在热纳普，他们发现前进的道路遭到了封锁。炮兵运输部队顿时慌乱无措，他们砍断了挽车的皮带，丢弃了火炮，将它们堆积在村庄边缘的道路旁。在这一瓶颈位置一片混乱：伤员被碾压在车轮底下，士兵们彼此推搡打斗以便穿过被车辆堵塞的狭窄道路和通过这条道路连接着的迪勒河上的小石桥。步行或者骑马的士兵并不需要从这里渡河，迪勒河虽然水位暴涨但仍旧只比一条小溪宽一些而已，明智的人绕过镇子，从别处渡过，但是有追兵的传言制造了恐慌。可能是受到一些老近卫军将领的启发，一些意志更为坚定的士兵用路障封锁道路，意图防守此地。他们一直把守路障，直到听到一阵嘈杂的鼓乐声，这预示格奈泽瑙的到来。在接踵而至的混乱中，他们与余下的人一同逃离了。[2]

在珀蒂的士兵在村庄边缘遭到一个路障后方的火力射击后，掷弹兵们离开了大道，穿过原野，前往沙勒罗瓦。居约则判断他无法带着火炮绕过村子，于是就丢弃了它们。夜里，他们试着在狭窄的小路上斩棘前行，即便是掷弹兵也分散为百十人的小股部队。

大多数法国军队到这一阶段已经通过了热纳普。路易·康莱下士跟随运送伤员的马车一同通过，后者在勒屈永的医院遭到普军焚烧前得到转移。之后，康莱步行穿过原野前往沙勒罗瓦。雅克·马丁中尉则在一个比利时中士的指引和帮助下，一瘸一拐地绕过了热纳普，通过韦拉于特的桥梁渡过了迪勒河，然后前往四臂村。在那里，他认为自己瞥见了森林中用篝火取暖的皇帝。

蹒跚地走在法军撤退纵队前面的是英军俘虏。弗里德里希·林道和其他在拉艾圣被俘的人员已经一起沿着大道走了3个小时，之后被赶入了一间漆黑的谷仓。当法国人冲进去劫掠他们时，林道在混乱中逃脱。他偶然发现了一口水井，于是他向一个法国近卫军士兵讨水喝，不过却发现后者是德意志人，此人向他指出了普军的所在地。林道和一个战友制服并杀死了一个落单的法军，然后躲在了一个鸡棚里。第二天早上，他们找到了一个普军枪骑兵的巡逻队，后者将他们带去了热纳普，从那里他们最终同巴林少校会合。

埃德蒙·惠特利也同样被俘，他与法军伤兵一道通过了热纳普。他看到的景象导致他后续长久厌恶战争与荣誉观：

> 我看到一个步兵坐在地上，他的头往后倚在花园的墙上，两颗眼球悬在脸颊上。一发子弹从他头颅的一侧射入，从另一侧射出。没有什么比他的遭遇更令人恐怖。他的嘴大张着，僵硬而凝结，耳朵里还渗出了鲜血。脓液从空洞的眼窝向外释出，与夜晚的寒冷不同，它天然带有温度，因而形成了一道苍白的细流。

同一些受伤的英国近卫骑兵短暂地监禁在一起后，他被迫继续前进。道路愈发堵塞，秩序也愈发混乱。在热纳普和四臂村之间，他被夺取了靴子和肩章，被迫赤脚走在路上。而到了四臂村，他们需要穿行于仍躺在战场上的裸露尸体。惠特利"因为我的脚踩踏在死尸松软的胶状肉块上而感到暂时的解脱。法国人向我保证，他们都是普鲁士人"。* 他唯一可以饮用的是白兰地，并因此发了烧。经过一整夜的行进后，他于黎明抵达了沙勒罗瓦：

> 在这里的入口，我的两个看守躺在一个破旧房屋堆积而成的废墟上，他们因精疲力竭睡着了。而我由于寒冷和痛苦皱缩地坐在那里，看着因疲惫和劳作而面色苍白的部队经过，进入城镇。因污垢和瘀伤，

---

* 按照惠特利原文的说法，以及此处的"普鲁士人"，他实际指的是弗勒吕斯，不过这意味着他们的前进路线是"热纳普—四臂村—弗勒吕斯（利尼）—沙勒罗瓦"，但是这与常理不符，因为明显"热纳普—四臂村—弗拉讷—沙勒罗瓦"的路线更近，所以作者克莱顿的判断应该是正确的，尽管这与引文相反。

我的双脚被染成了黑色。

一个帝国近卫军的掷弹兵坐在我身边，我悲伤的外表给他留下了印象。他询问我是否会说法语，还拿出了一本小备忘录，他告诉我这个本子是他从一个汉诺威军官身上拿来的，这名军官已经被他杀了，他问我本子里面写的是什么，不过我只看到这名军官所属连的名称。之后他拿出了铅笔，请求我给他写一些推荐语，如果今后他落入到我军手中，这些话可能会有些用处。于是我拿起了铅笔，潦草地写下了如下句子：本人埃德蒙·惠特利，KGL中尉，于1815年6月19日沙勒罗瓦入口处的一大堆砖上，在撤退的法军中写下了这些话。寒冷、受伤、赤脚、光头，像集市上的一条狗，每个人都可以随意殴打我。如果它名为里维埃的持有者落入你的手中，请向他证明英国人对待一个因人世动荡而蒙难的悲惨受害者是多么的不同！此处是埃德蒙·惠特利的签名。[3]

几日后，惠特利同军队会合了。

回到热纳普，拿破仑的车夫让·奥尔恩发现路面被堵塞，便试着驾车绕过村子，但是不久就被困在了那里。数分钟之后，普鲁士枪骑兵和燧发枪兵抵达，他们用刺刀刺杀了左马驭者，并牵走了马匹，冯·凯勒少校亲自将奥尔恩砍落马下。奥尔恩手无寸铁，认为他们会将自己抓为俘虏，不过与之相反，"他们用骑枪戳刺他的后背，朝他的双腿和右手臂开火，砍下了他的两根手指，给他造成了10处伤口，他昏了过去，被留在那里等死"。[4]

格奈泽瑙的前卫猛攻村镇边缘的路障，他们营的余部在其后跟随。他们在那里俘获了2000名法国人，包括许多伤者和80门火炮。凯勒认为当他夺下马车时拿破仑刚刚逃脱，但实际上波拿巴根本就不在马车里，他骑马穿过了乡村。根据弗拉奥的说法，他异常疲惫，若没有自己在其身边，他会从马鞍上摔下来。

皇帝在四臂村驻足，那里4000至5000具裸露的尸体在月光下反射出苍白的光。他期待能找到吉拉尔师，早前苏尔特曾向他们发出过一道命令，不过他们并不在这里。他们在森林里的一处篝火边停下，苏尔特向仍在试图突破普军位于瓦夫尔阵线的格鲁希写了一封信，告诉他己部战败，并命令他从桑布尔河下游渡河撤退。苏尔特派出的信使花了9小时才找到格鲁希元帅。因为格奈泽瑙仍在追击，他们继续向戈斯利前进。[5] 约翰·迪兰带领近卫军第一猎兵团走上了一条和大道分离，不过他认为皇帝会走的道路。他迷路了，但被引去了弗勒吕斯方向，于黎明抵达。[6]

越过热纳普的桥梁后，格奈泽瑙让他的士兵停了下来，他们一起唱起了德文版路德的《每日颂祷》："主啊，我们赞美你！"当格奈泽瑙让他们继续前进时，士兵们愉悦地呼喊："前进！前进！"刚越过四臂村，普鲁士人就追上了由拿破仑的贴身男仆路易·马尔尚与内阁秘书弗勒里·德沙布隆带领的司令部辎重，他们的7辆马车被一门遗弃的榴弹炮和弗拉讷附近成排的货车耽搁了。普鲁士骑兵袭击了纵队的末端，砍杀了驭手，还洗劫了车夫。马尔尚将30万法郎纸币塞进他的制服前襟，丢弃了剩余的。他、弗勒里·德沙布隆和巴萨诺公爵马莱"奇迹般"步行逃脱了。他们心惊胆战，因为"决心追赶我们的普鲁士人以极端野蛮的方式对待被他们抓到的不幸活物"。[7]

追击在弗拉讷以南一座叫作"皇帝"的酒馆停止，格奈泽瑙在那里过夜，并将拿破仑的财宝分发给了跟随他的士兵。[8] 缴获的纸币、黄金、白银、珠宝众多。燧发枪兵往他们的背包和口袋里塞满了钱财。第二步兵团的一个军士通过售卖战利品获得了1000帝国元，另一个人则找到了500枚拿破仑金币。[9] 起初，士兵们只是想得到黄金，拒绝白银，并认为钻石是玻璃；在普军营房中，一开始5颗钻石才能交易一枚金币。一个燧发枪兵发现了一个装满珠宝的金盒子，想要丢弃它们。不过一个经验老到的中士认出这是真货，换取了它们，发了当晚最大的一笔横财。

其他普鲁士部队也跟随格奈泽瑙的步伐。汉斯·冯·齐滕带领他的骑兵最远抵达了"国王之家"，之后他让勒德尔指挥骑兵并扎营。[10] 布吕歇尔骑马最远抵达热纳普，然后停在西班牙国王旅馆过夜，在那里他发现了重伤、在路上被俘的纪尧姆·迪埃姆。布吕歇尔派出自己的军医，让他尽其所能救助受伤的将军。同样受伤被俘的洛博伯爵拜访了迪埃姆。后者于第二天晚上在旅馆离世，被埋葬在韦西教堂。[11]

在西班牙国王旅馆，布吕歇尔向他的妻子写道："同我的朋友威灵顿一起，我们打败了拿破仑。他的部队溃不成军，所有火炮、弹药、辎重和装备都落入了我的手中。从他马车里找到的一个盒子刚刚被送到我这里，里面装着他赢得的所有勋章。"[12] 此地的服务人员目睹了这场4日战役中的诸多戏剧性事件，这里似乎是记录下其结果的合适地点。

73

胜利！胜利！

6月19日凌晨2点，身在布鲁塞尔的奥兰治亲王已经从他的伤势中充分恢复过来，他给他的父母写了一封捷报："胜利！胜利！我最亲爱的父母，今天我们同拿破仑进行了一场大战。是我麾下的军承担了主要的作战任务，并因此得胜，但完全起到决定性作用的是普鲁士军队在敌军右翼的攻击。我的左肩被一颗子弹击中，不过只是轻伤。"[1] 在这封信中奥兰治亲王的语气非常自负，不过他声称是他的军在会战中首当其冲，却并非言过其实。

接近午夜时，疲惫不堪的威灵顿返回了他在滑铁卢的旅馆。翻身从哥本哈根上下来后，他在阴暗的走廊入口处看到了自己的厨子詹姆斯·桑顿，打了一声招呼："是你吗？吃正餐。"在上午早些时候，桑顿接到了准备晚餐的命令，于是从布鲁塞尔的市场买来了食材，然后将它们同酒水一起打包在篮子里，跟随威灵顿的管家将篮子送往滑铁卢。在战斗如火如荼时，桑顿做好了餐食。

晚餐在楼上进行，因为威灵顿的副官亚历山大·戈登正"躺在餐厅里，他的腿已经被截肢"。桌子已为所有的参谋人员和客人摆下，但是列席者的数量却因为伤亡而减少很多。西班牙代表阿拉瓦说，每次房门打开，公爵都会好奇地抬头看去。[2]

3点30分，德兰西的副手来访，请求军队的行动命令。战争并没有因为这场会战而突然结束，日常的军事事务还在继续进行。休姆医生叫醒了威灵顿，公爵当时没有穿衣服，满身都是污垢，休姆告诉他戈登刚刚离世，之后又向他提交了一份其他伤亡人员的名单。威灵顿哭着说："啊，感谢上帝，我不知道输掉一场会战会是什么样子，但是无疑没有什么比在失去那么多朋友的情况下赢得一场会战更令人痛苦的了。"他告诉菲茨罗伊·萨默塞特："我从来没打过这样一场战斗，我相信我也不会再打一场了。"[3] 他是正确的：滑铁卢之战被证明是他打得规模最大、最艰苦也是最后一场战斗。

公爵又一次给弗朗西丝·韦伯斯特夫人写信，告知这位夫人她是完全安全的，因为他赢得了一场巨大的胜利。只是几乎他所有的参谋人员都受了伤，不过上帝保佑了他。接着，虽然异常疲劳，并且对自己视线之外发生了什么知之甚少，但他还是开始给政府写函件。黎明时分，他将函件带去了布鲁塞尔，在那里完成后命人将之送往伦敦，他把这一光荣的任务给予亨利·珀西少校。[4]

伦敦第一个得知滑铁卢会战结果的是内森·罗斯柴尔德——一个银行家，他曾为公爵提供了2500万法郎的军费开支。不过他并不是从亨利·珀西那里得知这一消息的。罗斯柴尔德自己的代理人的动作要比威灵顿特使的更快。显然是基于四臂村之战后撤退的消息，他已经抛售了公债。他的悲观主义是因为提前获知消息的可能性，这使得其他人也效仿他的做法。不过之后，当价格已经跌到足够低时，他又大量买入，并盈利7000英镑。*

6月21日珀西在布罗德斯泰斯登陆，之后改乘邮驿马车前往伦敦。在隆隆响的辚辘声中，两侧窗户各插一个鹰旗的马车来到伦敦，不过珀西却发现"近卫骑兵"**的办公室里空无一人，他被指向格罗夫纳广场，在那里陆军大臣巴瑟斯特伯爵正在进食。从该地出发，珀西少校、巴瑟斯特和首相利物浦伯爵前往商人埃德蒙·博姆位于圣詹姆斯广场的住宅，摄政王正在该地参加一场舞会。珀西将鹰旗放在摄政王的脚下，摄政王看到伤

---

* 内森·罗斯柴尔德是伦敦最早了解到滑铁卢会战结果的人之一，但并非第一个，关于其中的缘由、众所周知的"罗斯柴尔德传奇"的考证以及滑铁卢战役结果向伦敦的传递经过，可以参见 Brian Cathcart 的 *The News from Waterloo: The Race to Tell Britain of Wellington's Victory*, Faber & Faber, 2015。

** Horse Guards 为白厅街近卫骑兵阅兵广场上的一座建筑物，最早是近卫骑兵的营房，在不同时期又被用作英国陆军部、陆军总司令部的办公室。就像五角大楼被用来代指美国国防部一样，Horse Guards 也经常被用来代称英国陆军部或者陆军总司令部。

亡数据时流下了眼泪，之后将他擢升为中校。

"在焦急等待了两天来自国外的消息后，昨晚从威灵顿公爵处抵达的珀西少校带来了一份关于6月18日星期天取得的光荣却骇人、血腥的胜利记述，"有颇多人脉关系的卢卡斯夫人写道，"今天早上，我的仆人从巴瑟斯特伯爵的仆人那里打听到了这个消息。" 6月22日10点，礼炮从格林公园和伦敦塔响起，宣告了这场胜利。威灵顿的函件在当天的《伦敦公报号外》（London Gazette Extraordinary）上登出，第二天又发布在了报纸上。这篇报道写得相当匆忙，接着报社发表了各种更正，还将他们可以得到的零碎信息逐个发布。

6月23日，伦敦城张灯结彩，普通人在他们的窗上也装扮上灯火和其他可以炫耀的东西。就像《晨邮报》（The Morning Post）报道的那样，"昨晚城市就像被点燃了一样。伦敦西区聚集的人群众多，好像比纪念维多利亚大捷的第一晚点的灯还要多"。在建筑物的表面，海军部用挑选出的饰有灯火的大写字母组成"战无不胜的威灵顿"来喝彩。"威灵顿"这个名字被展示在卡尔顿宫、利物浦伯爵府邸、财政部、英格兰银行以及近卫骑兵的营房，而在近卫骑兵的营房、巴瑟斯特伯爵宅邸和下院则还正确地添加了"布吕歇尔"。军械部装饰起了火炮，私人住宅、俱乐部、剧院和标志性的商店同样点起了灯火。最具原创奖应该颁发给版画商鲁道夫·阿克曼，他展出了"一块最为幽默且绘有图案的玻璃，约15英尺长"，上方还有一圈煤气灯。玻璃上画着"在威灵顿的追逐下，波拿巴惊恐地奔向布吕歇尔的怀抱，后者正拿着毁灭性的武器（一个英国大口径短炮）等待着他……"。[6]

此战的人员损失之多不久便广为人知。6月22日，卢卡斯夫人写道："胜利通过惨痛损失勇敢的军官获得，许多幸存下来的人也受了非常严重的伤。"报纸印制了长长的伤亡名单，但尽人皆知的是它并不完整。画家约翰·康斯太布尔有两个表兄弟参战，他与家人非常担心他们的命运：

> 对于参加最近那场可怕会战的亲人，我们感到非常焦虑，我们无法得到他们的任何消息，除了公之于众的消息，陆军部还有一个800

人的伤亡名单没有公布。我在切尔西的可怜姑妈更是因焦虑虚弱到了极点，不过她仍怀有期盼。

事后表明，与康斯太布尔较为亲密，曾在风格方面给予他建议的那位表亲战死沙场，在一次冲锋中他被炮弹击中，当即阵亡。而他在切尔西的姑妈的儿子则逃过了一劫。

"最近那场可怕的会战"便是这场交锋拥有的唯一名称。格奈泽瑙将军在他的正式报告中尝试为它命名，用以称赞盟军坚决合作带来的胜利：威灵顿拖住了法军，布吕歇尔竭力来援，他解释了最后如何在偶然的情况下，布吕歇尔同威灵顿在名为佳姻的旅馆会面，在那里相互道贺对方为胜利者，"为了纪念英国和普鲁士两个国家之间维持的同盟关系，两支军队的联合与互信，元帅期望此战能以'佳姻之战'为名"。[7]

《晨邮报》的编辑怀有一样的美好想法，但可能是各自独立持有这种想法。该报在6月24日写道："18日的辉煌胜利似乎是在一个叫佳姻（盟军对抗暴乱、伪誓和背信弃义，终将获得胜利的一个美好预兆）的地方取得的。因此，这一会战应该被正确称为佳姻之战。"[8] 6月27日他再次尝试，过早声称威灵顿同布吕歇尔已经同意"用寓意吉祥的名称'佳姻之战'来称呼这场著名会战"。

那时在他们的报纸中，法国人很明显已经将它命名为蒙圣让会战。而且，情况很快就变得同样明显，与报纸仍然称之为"规模庞大的会战"相比，伦敦人倾向于更英国化的"滑铁卢之战"。6月23日，巴瑟斯特伯爵提及法军在滑铁卢攻击了威灵顿，那一天卢卡斯夫人写道："除了这场会战（我认为它将被叫作'滑铁卢之战'），几乎没有什么可以谈论的，它是我们时代最为辉煌也是最为血腥的会战之一。"[9] 威灵顿的函件没有为会战命名，而是追溯到滑铁卢，并提到英军战线在滑铁卢前方的阵地布下。其他信件也从"滑铁卢"发来，主要是因为那里恰巧有一个邮局。

尽管有编辑的努力，但6月27日的《晨邮报》还是出现了一个以"滑铁卢之战"为标题的公告，还邀请商人和银行家参加一个会议，以便"研究发行公债以救济最近这场辉煌胜利中受难者的适当性"。一首诗歌《威灵顿在取得了辉煌的滑铁卢之战胜利后的话语》被印在了报纸的同一页。格奈泽瑙的善意提议被放在了一边,似乎主要由于在提供的名称中,英国公众最愿意接受"滑铁卢之战",即使是最不准确的。

74
阵亡者名单

绝大多数留在布鲁塞尔的人当晚熬到深夜，以便弄清战事最终的进展。凌晨4点，辉格党政治家托马斯·克里维从他的比利时朋友那里得知了会战的胜利，严重受伤的冯·阿尔滕将军正是被带入此人家中。休息了数个小时后，他急切地想知道更多的信息，于是在这个炎热夏日的上午11点，克里维步行前往公爵的住所。威灵顿正好在阳台上，看到他就邀请他上来。"此战非比寻常，"公爵说，"布吕歇尔和我损失了3万人。胜负难解难分，绝对是你一生中见过的最势均力敌的交锋。"[1]

在这一天晚些时候，威灵顿写信给他的哥哥威廉：

> 这是我经历过的最为绝望的一战。在过往的战斗中，我从来没遭遇过这么多的麻烦，也从未如此接近过战败。
>
> 我们的损失巨大，尤其是英国步兵中的精英，我从未见过步兵表现得这么好过。

阵线中央的英国-德意志步兵伤心欲绝，如此之多的老战友，在西班牙被削之又削的老兵，没能幸存下来。阿尔滕师的残部在他们的前线阵地扎营，不过乔治·巴林少校却只集结了他400名士兵中的42人：

> 不管问谁的名字，回答都是"阵亡"或者"受伤"！我坦白承认，面对这一悲伤的消息，我的眼眶就不由自主地涌满了眼泪，我感到被诸多痛苦所攫住。我的朋友，即我们师的助理军需总监肖少校，将我从这些阴沉的情绪中拉出来。我感觉自己疲乏到了极限，我的腿又异

常疼痛。我和朋友在士兵们为我们收集的一些稻草上睡着了，醒来时发现我们正躺在一具死尸和一匹死马之间。[2]

早上，肖和巴林埋葬了冯·翁普特达上校——拿破仑众多最为勇敢和服役时间最长的对手之一，也埋葬了许多其他老朋友和战友。

对军医来说，他们的工作在战斗结束后仍然会持续很久。他们中的大多数，就像是近卫骑兵约翰·詹姆斯那样，"和我的同事一起，完全忙于在后方救治数量众多的伤员"，除了初始阶段，没有目睹大部分战斗：

> 我们在战线后方的工作非常严峻，大多数时候要一直持续到深夜。工作场面太过恐怖以至于无法写在纸上，但是我想说，我是不会忘记绝大多数伤员努力隐忍不发出声音的英勇样子的。考虑到在这种场合下手术只能仓促进行，受伤的士兵在一旁等待手术，如果他们看到我们可怕的工作场景，知晓自己便是下一个躺在满是鲜血的手术台上的人，同时他们还目睹截肢的痛苦场面，虽然手术操作起来很快，但是总体来说他们需要承担更长时间的折磨，包括在术前等待过程中经受的煎熬，这样一来人们就会完全了解到我们的士兵是由什么打造的了。大多数伤员被马车或者其他可以找到的交通工具送往布鲁塞尔的医院。一想到他们要在漫长而颠簸的马车旅程或疲倦的步行旅途中一定会承受的痛苦时，人们的心就会紧缩一下。接下来伤兵一般只需忍耐疼痛，烦心坏疽蔓延。[3]

对于一场一般水准的会战来说，英国军医预计会有 10% 的伤亡，但是在滑铁卢伤亡率大约比这高 3 倍。因为士兵的国籍和连续几天的战斗而无法细究具体的数据，不过可获得的最好数据表明，滑铁卢当天威灵顿的军队有 3500 人阵亡、3300 人失踪、1.02 万人受伤。失踪者中大约半数被证明阵亡，而伤者中 1000 至 2000 人不久就死了。1816 年 4 月 13 日的一份报告指出，在 3 天的战斗中 7678 名英国人和 KGL 士兵受伤，其中 856

人死亡，854人仍在医院，236人截肢后幸存了下来，5068人重新加入了原部队，506人获准退役，167人转到卫戍岗位。总死亡人数是最初报告的1.5倍。[4]

在普军激烈交战的地方，伤亡率甚至可能更高。在滑铁卢，他们共有1200人阵亡、1400人失踪、4400人受伤。在瓦夫尔的激烈交火中，另有2500人损失。

法军的损失无法计算。6月23日，当苏尔特元帅在拉昂检阅时，他们总共集结了大约3万人，剩余4万多人下落不明，不过其中许多人开了小差。法国新闻界估计，滑铁卢的损失在2.4万至2.6万人之间，其中包括6000至7000人的俘虏。这个数字虽小但是并非无法想象，虽然可能有更多的人受伤或阵亡。[5] 根据最近的军官阵亡记录分析，法军共有207人阵亡或失踪，而盟军则是279人，有理由认为法军的伤亡相对盟军要低一些。[6] 通常认为法军的损失更高，因为他们是进攻的一方。在大多数会战中，进攻方的损失都要高一些。而在普军对普朗斯努瓦的猛烈攻击中，他们蒙受的损失要比法军高很多。但对威灵顿阵线的进攻是零星的，而面对骑兵，英国步兵通常会停止射击。在进攻间歇，有炮兵轰击和长时间的散兵交火，但考虑到法军炮兵和散兵的可观数量优势，威灵顿的军队有可能承受了更多的损失。

20万人在一个不足2.5平方英里的战场上厮杀。当晚，可能有多达4万具死尸和重伤者躺在战场上。不可能少于两万，连同几乎一万匹死亡或者濒死的马匹。大部分尸体集中在战斗最为激烈或是被炮兵屠戮的位置，在一些地方尸体还被堆了起来。盟军方阵的位置仍被成列倒下的士兵的红色外套清晰地标记了出来，不远处则堆放着法军骑兵和他们坐骑的尸体。在拉艾圣后面可以看到一些区域布满了被砍倒的胸甲骑兵和英国近卫骑兵的尸体。拾荒者逼近死者和一息尚存者，他们先搜刮这些人的贵重物品，之后是他们的衣物，使得他们赤身裸体，尸体散落在地或者像在四臂村一样被大雨冲到了沟渠内。

天空在日落时分放晴，因而当天这个寒冷的夜晚月光森然，不时还传来刺耳的尖叫声和呼喊、呻吟声。苏格兰灰骑兵团的一个中士在写给他妻子的信中说："相信我，亲爱的玛丽，那些可怜人请求上帝将他们带离这个世界，他们的哭喊声吓到了马匹。"但是绝大多数一线士兵，像汤姆·莫里斯一样，因暂时性的耳聋而幸免于难："如果我们能听到那些可怜人在夜里的哭泣声和尖叫声，那将非常可怕。不过会战中火炮的持续怒号对我们鼓膜的影响是如此之大，以至于我们在接下来的两三天内除了火炮的轰鸣几乎听不到任何声响。"[7]

在法军火炮阵线附近，到了将受伤的弗雷德里克·庞森比团长的身体当成掩体的法国散兵离开的时刻了。"临近晚上，火力变得愈加猛烈，他告诉我我军正在进攻，在打完最后一发子弹后，他说'再见了，我的朋友，我们要撤退了'。"不久之后，一个普军骑兵中队从庞森比身上骑马踏过，给他造成了几处挫伤。"一般情况下，马匹会避免踩踏人，"这名骑兵指出，"不过这片区域太拥挤了，它们无处落脚。"夜幕逐渐降下，庞森比此时了解到他们已经得胜了。早前，他认为自己很快就会离开人世，但是此刻似乎呼吸变得更为容易，他开始希望获得救助。他被普鲁士人劫掠，不过随后他感到十分口渴，由于失血庞森比愈发口渴，他说服了一个英国士兵留了下来。

19日早晨，那个士兵找到了一个来自庞森比旅的龙骑兵，两人一起将庞森比放了在了一匹马上。失败之后，龙骑兵又骑马找人帮忙。后来他们将庞森比带到了滑铁卢旅馆，在那里休姆医生为他处理了伤口，在这个村庄待了一周后，他又被带往布鲁塞尔。[8] 他的姐姐卡罗琳·兰姆夫人前来照料他，他的母亲贝斯伯勒夫人也从意大利来到布鲁塞尔他的身边。

国王龙骑近卫团的托马斯·哈斯克尔在拉艾圣附近坠马。他的贵重物品与裤子和靴子很快就被法国士兵劫掠一空。夜幕降临时，一个龙骑兵团从他身上踏过。之后他看到了火光，并在试着站起来时又再次倒了下去：

> 积压在我身上的死者和濒死之人众多。听到两个人在附近交谈后，我尽可能大声向他们呼救，他们说暂时不行。之后不久两个外国人经过，我向其中一人发出了求救信号，他们起来，将我抬起来，带

我前往其中一处篝火，并为我叫来了一个军医。接着，他们为我盖了一件斗篷，留我在那里过夜。第二天，我受到了前来支援的英国士兵的善意招待，和许多人一起被放置在路旁的一些稻草上。在隔天早上，我的许多战友离世，我说服某人脱下他们中一人的裤子，设法穿在了自己身上。许多伤员非常口渴，哭喊着要水喝，一些水被送了过来。我请求允许啜一些，不过发现其中有血，我无法饮用。在这一天中，我看到两至三辆马车停靠，有伤员登了上去，我也进行了一次尝试，并成功爬上了其中一辆，然后我们被它们载着前往布鲁塞尔。人和马的尸体发出的恶臭十分难闻。途中我们停了不止一次，以便将因为马车的颠簸而死去的人丢下，并将先前恢复到可以步行离开的人载上车子。

英国士兵通常会将劫掠行为归结到他们的比利时战友的头上，根据国王龙骑近卫团一个士兵的说法，这些人"无一例外是世界上最无能和最无赖的结合体"。实际上，对死者立即进行劫掠的做法很普遍，另一个军官指出，第二天法国怀表5法郎一个，马匹也被便宜转手。一个轻龙骑兵承认，他们的追击结束时，他与一些战友借着月色搜刮尸体：

  这是暴力生活的最坏结果之一，如下文所述，它呈现出这种生活的本质——自私和唯利是图，至少，若将此隐瞒将会很可笑。当一天的血腥工作结束时，幸存者的第一个愿望便是以劫掠的形式，为冒的风险和得到的成就取得一些报偿。而对于想获得战利品的掠夺者而言，他正搜寻的尸体是他的朋友还是敌人无关紧要。

事实上，在搜寻了一些背包而鲜有所得后，龙骑兵建议骑马返回去寻找一个被射杀在一些简陋房屋旁的英国军官，因为通过暮色他瞥见过此人的金表和印章。他确实找到了那个英国军官的尸体，不过让人失望的是，他发现这个军官的衣物已经被扒光。接着，他们在劫掠一个农场时经过了一个养有家畜的围栏，那个龙骑兵在农场找到了一些瓷器和玻璃器皿。"一个将军骑马进入了院子,顷刻间各个角落传来'尽快逃命'的呼喊声",当时他正在吃香肠。他们正好在宪兵军官及其士兵出现前逃脱,并返回了营地。他们将家畜的事告诉了战友,这些人"分批外出",直到他们为每个人都带来了羊肉。[9]

任何前线部队忽略的东西都被随军平民或当地拾荒者取走了,当地拾荒者也可能是为他们先前被掠夺的东西取回一些补偿。通常,倒下的人会被取走除了衬衫之外的所有东西。因为数量如此众多的死者和伤者处于这种状态,或者到了早晨干脆赤身裸体,于是当成群的国王龙骑近卫团的士兵去分辨他们的死者或寻找他们的伤员时,很难分辨出来:

> 我们的军官只能通过他们衬衫上面的名字辨认,我敢说很多人在夜里被冻死。我们旅被完全摧毁,以至于无法在当晚集结起一队人马去搜索战场,于是受伤的士兵和军官被留在那里自谋生路。这样一个痛苦的场景闻所未闻、见所未见,战场距离布鲁塞尔18英里,一路上都散落着死尸,他们曾试图匍匐而行前往城镇,却死在了路上,一些人死于寒冷,另一些人则死于口渴或饥饿。在6英里的空间内(从战场开始一直到法军撤退的道路),布满了士兵或者马匹的尸首,以至于没有马车或马匹可以通过,除非它们向左或者向右绕很大一个弯。[10]

爬到路面上这一行为很具有风险,因为不少目击者注意到路边的尸体或伤者被车辆碾压过。[11]

"戈登"高地人团的大卫·罗伯逊中士是另一个正视恐怖的战后场景的人。天一亮他就走出营地,他对所见的一切感到震惊:"死者的数量比我在任何战场上见到的都要多。尸体并不是散落在地,而是堆积在一起,并且人和马混杂。"他"觉得厌烦,转身离开这一让人心神震荡的场景。快要抵达营地时,几乎每个可以被抽调的人都被派去将伤员搬到路旁或其他近便的地方,以便让马车将他们运送到医院"。

不久,他们被命令准备行军,早上7点他们登上了尼韦勒路,忧伤地离开了死者和伤者，他们大多数还没有被埋葬，仍留在战场上。

　　因为位于极左翼，我们需要穿过两条阵线的中间区域前往右翼。我们像躺在周围如此密集的死者一样安静前行。我们对周围的可怕场景非常震惊，以至于无法发出一声。躺在这里的很多法国人和英国人奄奄一息，他们请求我们向他们开枪，以便终结他们的苦难，而其他人则呼喊我们回来，不要把他们暴露在严酷的天气下……[12]

罗伯逊流下了痛苦的眼泪，而曾同他并肩作战，又一起前往尼韦勒的来复枪兵军官同样精疲力竭，并对周围的情况震惊。他回忆道

　　数千名伤者在没人救助的情况下不幸度过了一个痛楚而寒冷的夜晚，接着又是酷暑难耐的一天。英国和法国伤员肩并肩地死去。我毫不怀疑，数百人在没有被查明的情况下就被当成死者埋葬了，而那些无法爬往营地的一定会因饥饿而死。对我自己而言，当我们停下过夜时，我因为疲惫几乎无知觉地倒了下去，当时我身心俱疲。我非常虚弱，大腿的伤口又很疼，由于缺乏照料和过度劳累，抵达尼韦勒并取得营房后，我几乎睡了 36 个小时。[13]

清晨在乌古蒙周围走动时，一个近卫军军官估计有 2000 人躺在附近。[14]另一个军官记录道：

　　紧邻乌古蒙躺着一具我军近卫军军官的尸体，在他的胸上还斜躺着一个法军掷弹兵的尸体。军官遭爆头身亡，半露在法国人干粮袋外的一块褐色面包因而溅上了前者的脑浆。我从昨天黎明起就没有进食，正饥肠辘辘，于是我刮掉脑浆，大口吃掉了面包。在其他任何情况下，我想必都会觉得恶心，转身离去。[15]

兰伯特旅的旅勤务官哈里·史密斯曾走过许多战场，然而，只有巴达

霍斯和新奥尔良的场景（两地都是攻城战）和他在这里看到的有一些雷同：

> 从右到左，整个战场都布满了死尸。在拉艾圣右面的一个地点，法军胸甲骑兵可以说是堆叠在了一起。许多未受伤的士兵被压在他们的马下。而其他人，如惊惧的伤员，偶尔和他们的马一起挣扎着受伤的身体。这个景象令人作呕，我没有办法也没有能力帮助他们……整个战场上都可以看到军官和所有被允许离开队列的士兵，正面对已死或者正在死去的兄弟和战友俯身哭泣。[16]

当史密斯凝视众多死者时，他低声念起了礼拜日的赞美诗："虽有千人仆倒在你旁边，万人仆倒在你右边，这灾却不得临近你。"幸免于难的他，急切地想要让妻子知道自己一切安康。

75

妻 子

  对急于了解情况的妻子们来说，即便是最活跃的，在战后的数小时里也满怀焦虑，必然感到相当煎熬。6月18日早上，在滑铁卢与丈夫道别后，胡安娜·史密斯，即哈里的西班牙新娘，来到了安特卫普。

  她的丈夫让她骑马返回布鲁塞尔，照看他们的行李。胡安娜稍后在皇家广场找到了它们。下午，行李被依次清理出城，但滞留在了运河边通往安特卫普的路上。突然，大约5点，警报传来称敌人就在他们身后。在一片喧哗和恐慌中，胡安娜的仆人将她扶上了马，但是就在仆人将哈巴狗递给她时，她坐下的母马突然狂奔起来，将她带往梅赫伦，在那里又突然停下。向后回望，胡安娜看到了一群"骑兵"，并将他们误认为法国龙骑兵，于是她决定投降。不过其中第一个竟是她的仆人，其他人则分别是补给官、汉诺威来复枪兵军官和发誓法军并没有紧追不舍的英国骠骑兵军官。他们疾驰前往安特卫普，在那里史密斯夫人被迎到了指挥官的家中。[1]

  在安特卫普，一排排马车停在街道上，街上挤满了平民，他们无处可去。富有的上流社会人士发现他们分享了被他们认为"凄惨的窝巢"。虽然周日整天大雨倾盆，但集市广场还是站满了打着伞、焦急、好奇地等待消息的人，陌生人就像朋友一样交谈。然而，大多数传言都是令人沮丧的。当晚9点至10点，一些受伤的军官骑马抵达，并宣称他们输掉了会战，布鲁塞尔落入了法国人手中。这一可怕的消息被逃离布鲁塞尔的难民证实，他们在城里看到了法国人，一个先生还声称他被一路追击到梅赫伦的半途。听到这一消息后，许多人启程前往荷兰，而伤员、储备部队和来自北德意志汉萨同盟的一个城市，前来同威灵顿会合的一支分遣队则大量涌入安特卫普。

6月19日下午，胜利的消息传来。一个英国难民回忆称"欢腾"的高地人伤兵将帽子抛向空中，大声喊道："博尼败了！博尼败了！"当老妇人以弗拉芒语问他们时，他们用难以理解的苏格兰语回答她。[2]

当玛格达莱妮·德兰西被告知她的丈夫没有出现在伤亡名单上时，她也兴高采烈，直到几个小时后，另一个军官的妻子承认是她写了名单，并将威廉爵士的名字剔了出去，以免玛格达莱妮在看到时太过震惊。她首先承认威廉受了伤，之后是致命伤，最后承认他仍活着，不过被认为不久就将死去。玛格达莱妮从欣喜变为悲痛，坚持要求乘坐马车前往滑铁卢。但是因为道路被车辆堵塞，她仅能走到半路，之后她遇到了骑马在前的威廉·海，向他询问消息。海告诉她德兰西已经离世，并陪着她返回了安特卫普。[3]

与此同时，胡安娜·史密斯得不到哈里的一点消息。她决心骑马返回布鲁塞尔。6月20日凌晨3点出发，7点她抵达布鲁塞尔。"看到了一些我军的来复枪兵后，怀着可以想象到的焦灼，我询问了他们关于丈夫的事，让我恐惧的是，他们告诉我来自第九十五团的旅勤务官史密斯阵亡了。"疾驰前往战场"以便寻找丈夫的尸体"，她发现道路上挤满了受伤的人和马，以及被带去布鲁塞尔埋葬的死尸，因此每一刻她都期待"看到丈夫的那一具，因为她知道丈夫深受士兵和军官的爱戴"。

她打算"死在世上我唯一钟爱之人的身体旁"以结束自己的一生，"这种对爱的忠诚鲜有或者无人可以感知，从未有人超过"。她称自己在不断增强的痛苦不安中抵达战场，尽力搜寻恩里克，即旅勤务官哈里·史密斯。

> 我看见了一些新挖掘的坟墓。之后，我在想象中自言自语："上帝啊，他被埋葬了，我永远无法再见到他了！"我怎样才能形容我的焦虑、我的恐惧感、我不断增长的绝望，以及周围的屠杀惨状？相隔一段距离，我看到一个人躺在那里。我尖叫道："啊，他在那里！"我骑马疾驰而去。"不，这不是他！"……在修道院接受的教育教会我通过耶稣基督向上帝祈祷。在这一困境下，我就是这么做的。

作为对她祷告的回应，她瞥见了一个老朋友——查尔斯·戈尔，即詹姆斯·肯普特爵士的副官。

> 在痛苦和希望中，我期望独自找到尸体，我喊道："啊，他在哪里，我的恩里克在哪里？""什么，在这之前他在巴韦附近，像往常一样还活着，甚至都没有受伤，他的兄弟也是。""哦，亲爱的查尔斯·戈尔，为什么要骗我？士兵们告诉我旅勤务官史密斯阵亡了。哦，我的恩里克！""我最亲爱的胡安娜，相信我，阵亡的人是不幸的查尔斯·史密斯，是帕克的旅勤务官。我以名誉向你发誓，我离开时哈里非常健康，他正骑马前往洛钦瓦尔，不过他非常担心你。""啊，我能相信你吗，查尔斯？我的心脏会爆炸的。""你为什么要怀疑我呢？""那么是上帝听到了我的祈祷。"[4]

当天晚上，乔治·斯科韦尔爵士派出一个信使前往玛格达莱妮·德兰西处，为她带来了其丈夫的消息。因为偶然的机会，德兰西被发现躺在一个茅屋内，他是在会战期间被安置在那里的。一个皇家参谋队的军官在周一上午看到了他，他折断了8根肋骨，其中一根还粉碎在了胸腔里，不过他还活着。

当她在周二再次出发时，道路的拥堵状况有所改善，但这仍将是一个痛苦而漫长的旅程。在布鲁塞尔，威廉·海备马上鞍，等待他们，之后骑马在前拔剑开路。天气异常炎热，最初空气里有火药味，但紧接着则是让人作呕的腐烂味道，以至于让马匹开始惊叫。他们花了3.5个小时才行进了9英里，当接近滑铁卢时，海骑马先行去探明德兰西的状况。

玛格达莱妮被乔治·斯科韦尔爵士带去探视她的丈夫，而他已经恢复到可以和她谈话了。"他问我是不是一个好护士。我告诉他自己没有进行过太多训练，他说他确信自己会是一个好病人，因为他会做我吩咐的任何事情，直到康复。之后他变得非常痛苦，而我只能徒劳丧气地看着。"虽然当初军医说他能够痊愈，但是最终这种期望消逝了，在6天的时间里，她一直紧握着他的手，直至他离世。[5]

76
这场悲惨战争的影响

没人预计到在布鲁塞尔附近会有一场战斗，直至这场战役以如此意外且剧烈的方式打了起来。因此，当第一批伤兵从四臂村抵达时，布鲁塞尔几乎没有做接纳他们的准备。城里已有小型的军队医院，安特卫普和奥斯坦德也有，用以照料比利时境内生病的士兵，但是它们不足以容纳突然涌入的大量伤员。

所以，6月17日，布鲁塞尔的市长发布紧急呼吁，请求"他的市民在市政厅存放尽可能多的寝具，尤其是床垫、草荐、枕垫、床单和毯子"。他相信富裕的家庭会对此做出回应，他警告说如果他们不这么做，"他觉得自己有义务将伤员和生病的士兵分配到他们家中"。这一天晚些时候，他提醒市民注意"盟军的大型综合性医院已于今日在城中开建"，并要求人们将拥有的旧亚麻布或绒布存放到他们教区的教士处。

医院还需要花费一些时间才能建成，因而大多数军医仍待在军中，不过公众极富人道主义，纷纷对市长的诉求进行了回应。到了6月19日上午，

> 数以千计的法国、比利时、普鲁士和英国伤员，货运马车、四轮货车以及其他各种载满伤员的车辆不断抵达。伤员不分敌我，统统被放在稻草上，在城里的各个区域，伤员之间只以林荫道作为间隔，而且他们近乎缺乏外科陪护。但是，布鲁塞尔美丽女士们的仁慈和不知疲倦的努力，极大地弥补了这些不足。在匆忙中很多人被雇用，一些人负责包扎伤口，另一些人负责供给茶、咖啡、汤和其他能够舒缓人心的营养品。与此同时，许多人帮助伤者擦除血污，脱下被血渗透的衣物，为他们穿上干净的衬衫和其他衣服。实际上，城里许多漂亮和

富裕的女士此时全都不在意当时社会比较流行的看法，而是鼓起勇气坚持维护自己的想法，表现卓越……[1]

这一天早上，在资深军医的陪同下，第十五骠骑兵团跟随威灵顿的军队前往尼韦勒追击法军，而资历较浅的助理军医去了布鲁塞尔。于是，威廉·吉布尼留在了滑铁卢以便照看他们的团长莱顿·达尔林普尔和其他重伤的军官。"在这些村子伤员的住宿条件非常差，每座房子都挤满了伤员，达到了它可以容纳的极限，并且救济品极少，通常没有。站在大街上都能听到伤员的哭诉和求助声。但是即便这么糟糕，它也是一个避难所。"天亮时，

> 我惊慌地看到道路两旁无差别地躺着各个军队、各个兵种伤情各异的士兵。有些伤员恳求得到医疗救助，另一些则沉默不语，似乎已把死亡看作他们痛苦的慰藉。当然，无法救助每个人。躺在各处的伤员数量太大，因而无法均等比例地分配救济品，毋庸置疑，因为未得到及时的照料而死掉的伤患不在少数，虽然这个情况主要是指法国俘房，因为我们自己的士兵自然要求首先得到医治。

随着英国伤员被转移到布鲁塞尔，在滑铁卢度过3天后，留给吉布尼的几乎全是法国伤员。村子一片混乱，在繁忙拥挤的道路上还爆发了激烈的争论。"即便现在，在第三天结束时，战场上的伤员还是没有被完全带到这里，一些法国人还在等待转移。令人悲伤的是，医务人员和助手还是尤为不足。"[2] 伤员的坚强给他留下了很深的印象。他与其他人记下了他们中有多少人将生命奉献给了波拿巴。

像吉布尼一样，第三十三步兵团的助理军医唐纳德·芬利森也留在了滑铁卢，"尽可能多地集中和照料伤员，帮他们包扎，之后将他们转移"，到了6月23日，他被命令前往布鲁塞尔，"在医院进行协助"。他想留在那里，照料"同一个团中遭受不幸的大腿压缩性骨折的一位校友"，他告诉资深军医，他的朋友"病得很重，我担心他的安危，非常想留下来照顾

他"。不过情况有了好转后,他被命令前往法国同他的团会合,并被告之"其他军官处于同样的困境,都是这场战争造成的苦难"。³ 芬利森本人则在 11 月前去世,死因不明。

医院助理乔治·芬利森是唐纳德的兄弟,6 月 21 日他从英国抵达布鲁塞尔,当即展开了工作:

> 我们整整忙了 3 天,以便让我们的伤员得到庇护,伤口也得到妥善处理。在那段时间里,没有一个医务人员合过眼,至少我可以说我自己便是如此。数百辆货运马车、四轮货车等拥挤在通向医院的街道上。我们进行了众多手术,虽然许多需要进行手术的患者在受伤 4 至 5 天后才被送到我们手中。而那些在战场上就地进行手术的伤员恢复得不错……人们发现无法将死者埋葬在战场上,因而他们和马匹的死尸被堆到一起,然后被焚烧。100 人被雇用从事这项工作,他们来自附近各个教区,到 6 月 26 日,战场上的死尸将被清理干净。⁴

在布鲁塞尔,成千上万的人志愿生产皮棉,为伤员包扎伤口,以及在病床旁看护他们。6 个军用综合性医院突然在教堂和兵营临时建立起来,比利时的民用医院也是如此。其中最好的是位于上城区的耶稣会医院和颂报医院;其次是孤儿院、圣母院与伊丽莎白兵营的医院,这几家医院虽然地势低洼,但是干净且通风良好;最差的是位于下城区沼泽地的宪兵队医院,先前它曾是肮脏的警察营房,之后被改造以接纳伤势最重的法国人。而不伦瑞克医院位于他们已故公爵在拉肯的前司令部附近,同样坐落于低洼沼泽地带,相对于众多的伤员来说,它的面积太小,使得他们不得不互相挤压着躺在地板上。坏疽猖獗,几乎所有做过截肢手术的伤员最后都以死亡而告终,他们的死因不是坏疽,而是一种可以在一两天内杀死患者的高热病。在更后方的安特卫普,另外 5 家医院至少照料了 2500 名伤员,仅仅制绳厂一处就容纳了 1000 张病床,那里由附属于海军基地的制绳工棚改造而成,有 0.25 英里长。其他城镇的医院同样救治伤员,比如登德尔蒙德。

6月23日，当伤员的人流刚刚开始涌来时，唐纳德·芬利森估计可能有6000名受伤的法军俘虏，他写道："昨晚，供应处的一个部门为他们中的4000人提取了食物配给。"日记作家范妮·比尔内嫁给了一个法国保王党军官，她花了半天时间照料英国伤员，而她的一些法国贵族朋友则投身于服务自己的同胞。因为伤员数量众多，造成资源紧缺，这意味着他们将遭受巨大的痛苦，就像比尔内解释的那样：

> 大量的英国、比利时和盟军伤员自然第一时间运送到布鲁塞尔的医院和事先安排好的房间，但运送和布置的时间太长，以至于货运马车、四轮货车，以及其他各种可获得的或可夺取的车辆不间断地运作，它们不时折返于城市和战场之间。不幸的法国俘虏必然是最后才得到救助，他们被收容时，已经过了一周或者至少五六天的时间。虽然我得到保证，无论何地，只要有可能，都会给予他们医疗和手术援助，但是他们的皮肤和衣物上干涸的血迹，彼时已和因为疏忽照料而导致的可怕溃疡混合在一起，这造成的疾病十分具有传染性，以至于每当有新病人送来，每个居民、店主，甚至是最普通的人，都要使用古龙水或者醋，以避免传染。[5]

对法军的救助并不被优先考虑，不过若发现及时，他们也可以获救。第九十三战列步兵团的少校约瑟夫·吕尼奥所属的部队将一天的大部分时间花在高大玉米地中进行散兵战，这也可能是为什么他躺在战场上5天后才被英军发现，最终他在英国被治愈。第一战列步兵团的多米尼克·莫德尔则卷入了乌古蒙周围的战斗，他头部中弹，在战场上躺了3天，之后才被带去一个村子，然后又被转移到布鲁塞尔的一个教堂。直到6月30日，他才被宪兵队医院收治。[6]

就像杰出的参谋部爱尔兰裔军医约翰·亨嫩指出的那样：

> 这家医院收容了300人，绝大多数伤势严重，更不用说治不好的那些人了。他们中有140人是复合性骨折：86人大腿，48人小腿，6

人手臂。他们被农民从乡间各处运来，从一间谷仓拖到另一间谷仓，经常没有食物，伤口也没有被包扎，直到受伤后第八天至第十三天才被送抵布鲁塞尔……[7]

一些伤得最重的法军被安置在宪兵队医院，不过他们受的伤却是相当典型的，就像唐纳德·芬利森向一个资深医生就各支军队遭受的创伤性质评价的那样：

> 就总体伤亡情况而言，有七分之一或者八分之一的人死亡，余下的人是伤员。大量的伤情由炮弹造成。军官们已经比较了遭受炮伤和枪伤的不同退伍情况。四肢的伤势主要集中在下肢。下肢丢失的比例恐怕要比上肢高15或者16倍。刺刀伤不多。马刀和骑枪创伤也有……

芬利森告诉他的通信者，在那些遭受刀伤的伤员中，其中一人还是他们最受尊敬的医学界同行之一。足够讽刺的是，正是这个人坚持迅速治疗的重要性："可怜的法国军医拉雷就在这里，作为俘虏和伤员，他的头部有两处刀伤。"当一个普军骑兵中队出现时，拉雷和其他的近卫军军医一同在勒屈永医治伤员。想到不会得到同情，拉雷就朝他们开了手枪，然后逃跑了。普军则还以卡宾枪，击伤了他的马。他坠马于地，还受了两处刀伤。普军将他击晕过去，任他留在当地自生自灭。

恢复知觉后，拉雷试图步行返回法国。但是在桑布尔河，他被普军的骑兵巡逻队俘获。他们夺走了他的武器、戒指、怀表和大多数衣物，并将他带到一个军官处，此人下令将他枪决。但是在这一判处被执行前的一刻钟，一个普鲁士军医认出了拉雷，拉雷在柏林的讲座给他留下了很深的印象，因而那个军官同意暂缓执行枪决。拉雷被移交给比洛，之后又被移交给布吕歇尔。凑巧的是，在奥地利战役期间，布吕歇尔的儿子受伤落入法军手中，拉雷为他进行了手术，救了他的命。布吕歇尔撤销了他的死刑，并将他护送到了布鲁塞尔的医院。拉雷的伤口得到了医治，在之后的恢复过程中他帮助英国军医，为从战场上运来的各国伤员提供救治建议。[8]

在比利时民间医生、被俘的法军军医和许多来自英国的人（"业余医生从伦敦涌来"）的协助下，各支军队的团属军医和参谋部军医不知疲倦地工作。著名的解剖学家查尔斯·贝尔是米德尔塞克斯医院的顾问，也是1814年出版的《论枪伤》（*A Dissertation on Gun-shot wounds*）的作者，6月26日他及其内兄弟一起离开伦敦。在前往布鲁塞尔的途中，他们被要求出示通行证，他们挥动外科手术器械，表明自己的来意，被放行。3天后，这两人抵达布鲁塞尔，进入城里一个非常肮脏、拥挤、低洼的区域，那里有一个旧衣市场、鱼市和农产品集市。"伤员到处都引人注意，他们虚弱、苍白，许多人头部受伤。这些伤员还能走来走去，而门旁的伤员则有5个伤口、3个伤口、4个伤口……"

贝尔旅行的主要动机是医学研究，头5天他在医院里画素描，研究疑难病例，并给出建议。他给相当数量的病人画了素描，之后还将他的素描完善成精美又具有冲击力的水彩画。第十骠骑兵团脑部严重受损的威廉·万斯特尔就是他的一个素描对象，在贝尔画完6天后他于迷茫中死去。而让医务人员惊讶的是，他的另一个素描对象——得了破伤风的KGL的武尔茨，最后活了下来。他发现接收伤员的安排仍未完成，新医院正要开放。他写道："在这儿不断地听到'我们尚未为此做好准备'这种话。"

7月1日，贝尔看到法国伤员100人为一排，躺在医院低矮的床上，他对那些老兵印象深刻，"强大、粗壮且坚毅的老兵将彼此的呻吟声化为曲调"。不过到了7月3日，他"一想到法军伤兵的状态，便无法睡觉。'包扎我的伤口！包扎我的伤口，主治医生'或者'截肢，截肢'不断萦绕在我的耳旁"。4点，他起床写信给主任医生，愿意为法军伤员进行必要的手术。

> 6点我拿起了手术刀，之后持续工作到夜里7点，第二天、第三天也都是这么度过。进行外科手术的所有行为准则很快就被忽视了。当我对一个人进行大腿截肢时，另有13个人躺在那里恳请自己成为下一个手术对象，其中一个还不断地哀求，另一个则让我记起对他的

承诺，还有一个在不断地咒骂。我感到自己的衣服因凝满了血而板结，而胳膊却因做手术时间太长而无力挥动，这真是一件怪事。

是贝尔为多米尼克·莫德尔动了手术，后者平时聪慧机智，他认为这完全多此一举，因为他觉得自己不过是头疼。但当贝尔从他的左脑取出一发子弹时，他认识到贝尔可能是正确的。一个月后，莫德尔仍然活着，并称："从他当前的知觉来看，他不知道自己曾受了伤。"[9]

莫德尔是幸运的，因为由贝尔进行的截肢手术死亡率约为90%。但这几乎是不可避免的，因为病人在受伤那么久后才得到医治，就像法国军医拉雷证实的那样。考虑到贝尔的情况，参谋部军医约翰·亨嫩写道："肯定地说，没有一群人比滑铁卢之战后出于人道的英国军医还要操劳。"不过，另一个著名军医指出："没有什么可以挽回……最初几天医疗救助不足导致的无法弥补的灾祸。"[10]

7月3日，另一位著名的医生从伦敦抵达。乔治·格思里拒绝了军队的工作，但是到达布鲁塞尔提供建议和学习经验。他进行了3次手术，其中一次是对第四十五战列步兵团的一个法国士兵在大腿处进行截肢，在撤退过程中那名法国士兵被霰弹击中了右臀，并在仅能转头从水坑中舔水的情况下背躺在战场上5天之久。格思里成功保住了他的性命，而那位士兵也在伦敦的约克医院恢复了过来。他对另一个病人也进行了同样的手术，此人最初拒绝，直至他太过虚弱。"我婉言向他说明了情况，对此他向我表示感谢，一瞬间眼泪在他的眼中闪烁，他再一次将手举过头顶挥动，高喊'皇帝万岁'，他于几个小时后离世。"[11]

结　语
最为艰苦的一战

　　这场战役很快就结束了。虽然一直战斗到午夜，但6月18日格鲁希元帅未能突破蒂尔曼将军在瓦夫尔的防御，19日凌晨2点他重启了攻势。直至苏尔特于前一日深夜派自四臂村的信使在上午10点30分抵达，他才知道拿破仑已战败，而他的普鲁士对手也只比他早半个小时获悉这个消息。不同寻常的是，格鲁希的部队未能同拿破仑的右翼部队取得联系，或许这要归功于图谋阻止这一举动的普军骑兵，但不管是格鲁希的骑兵，还是拿破仑的，在6月18日的任何时刻都未能为他们的战友送去消息。在那慕尔赢得了一场防御战的格鲁希巧妙地撤退了。

　　拿破仑从沙勒罗瓦骑马向南，越过边境来到法国的菲利普维尔。在那里，他给哥哥约瑟夫写信，向他告知了战况，然后经拉昂前往巴黎。关于这场会战灾难性战果的消息于6月21日在巴黎传播开来，同一天拿破仑返回巴黎。他声称要重建一支新的军队，不过上下两院都公开反对他。拿破仑还在踌躇是否解散他们，但他拒绝动用武力，并于6月23日让位给他的儿子。约瑟夫·富歇接管了政府，他已经私下同盟军进行了联系，但没有采取任何组织盟军推进的措施。6月26日，格鲁希接手了拉昂的军队，他一边同普军进行若干小范围的交锋，一边带领5万人向巴黎撤退，3天后他抵达了巴黎。

　　布吕歇尔进军神速，他留下军队扫荡自己刚绕过的要塞，到了6月29日，他已接近圣但尼和万塞讷。根据助理军医威廉·吉布尼的说法，普鲁士人"就像是一群蝗虫，所到之处寸草不生。确实，他们将数英里范围内凡是能够染指的东西都大肆摧毁了。如果说报复之前法军对柏林的占领是他们的目的，他们无疑做到了"。[1]

就像国王龙骑近卫团的一个军官在 7 月 26 日写给他父亲的信中说的那样：

> 两个国家之间的相互仇恨程度异乎寻常，法国人看到普鲁士人的名字就不寒而栗，后者会掠夺并焚毁他们到达的任何地方，什么东西也不会留下。这种报复是完全公平的，因为在进入普鲁士时，法国人更加恶劣。普军领先我们一天的路程，如果你不惜献出生命，结果却换来这些，你可以想象跟在他们后面行军的感觉是怎样一种不快。除了光秃秃的墙壁，什么也没有留下，整个村庄空无一人，除了水什么也没有，连一丁点面包也找不到。[2]

威灵顿护送法国国王，他跟随的步伐更加稳健。而无论法国人希望与否，国王都会复辟。6 月 21 日，在颁发了禁止劫掠法国居民的通令后，威灵顿在马尔普拉凯附近越过边境。康布雷遭到了强攻，6 月 25 日该地要塞向科尔维尔将军投降。就像第五十一团的惠勒中士在他寄回家的信中记述的那样：

> 25 日我们停止进军，大腹便便的陛下路易十八进入了忠于他的城镇康布雷。陛下深爱的国民组成了一个代表团出迎，他们含着喜悦的泪水迎接他们的父亲、他们的国王……但是报纸不会告诉你，第四师和一个汉诺威骠骑兵旅已在这座忠贞的城市的半英里范围内做好了准备，若忠诚的居民辱没了他们的国王，我们很可能会诛戮这里的每个人。这里的人清楚地认识到这一点，而这也解释了为什么他们将自己的效忠与拥戴对象从他们崇拜的拿破仑大帝突然转向臃肿的胆小鬼——法国的约翰·法斯特尔夫爵士。[3]

在分遣军队去对付兵力雄厚的法国北方要塞后，在接近巴黎时布吕歇尔手上的兵力仅有 6.6 万人，而更靠后的威灵顿，则下降到了 5.2 万人。

此时正居住在巴黎以西马尔迈松庄园里的拿破仑，急切地想要指挥巴黎附近的12万军队与他们再次交锋，但却遭到政府的拒绝。布吕歇尔命令骑兵前往马尔迈松捉拿拿破仑，无论是死是活。但是达武元帅破坏了最靠近该地的塞纳河桥梁，从而阻止了他们的这一举动。

拿破仑的英国崇拜者惠勒中士看着普军从身边经过前往巴黎，他记录道："前进时他们不忘摧毁掉他们可以摧毁的一切。奈伊的乡间宅第在他们光顾后也遭到同样的命运，每一个他们可以经手的东西都被击得粉碎。距离我们约两英里，我们行军经过的一个小镇便被他们劫掠一空。"[4]

7月2日，普鲁士人逼近圣克卢和凡尔赛。然而，当佐尔中校进犯凡尔赛时，雷米·埃克塞尔曼斯在伊西攻击并击败了他。在这一挫折之后，布吕歇尔停止进军，以便让威灵顿赶上。一份公约在圣克卢签署，据此法军将撤出巴黎，退往卢瓦尔河以南地区。政府承认了路易十八。逃亡了110天后，他将在7月8日重返杜伊勒里宫，而普鲁士人则满怀复仇之情于7月6日进入巴黎。威灵顿担心普鲁士人的报复行为会导致市民起义反对他们，因而撤销了布吕歇尔炸掉耶拿桥的计划，而布吕歇尔当时已经布置好了炸药。"撤销的条件是支付400万里弗尔和改变名称。从其他国家掠夺而来的雕像、画作等被立即归还给它们的权利人。仅在巴黎一地，布吕歇尔元帅就独自勒派了500万英镑的军税，巴黎人被迫为1.5亿（原文如此）普鲁士军队提供奢华的配给。"[5]

第七十三步兵团的汤姆·莫里斯驻扎在布洛涅森林内一个舒适的营地里，他经常去城里。在守卫贝里公爵的公寓时，他"获得了见证著名的群马雕像搬迁的机会，这组雕像由拿破仑从威尼斯人手中掠夺而来，此刻就要物归原主"。它们从杜伊勒里宫的大门卡鲁索凯旋门上被摘了下来，然后被放入由英国和普鲁士士兵把守的货运马车，巴黎人闷闷不乐地旁观着整个过程。参谋队的指挥官威廉·尼古拉写道：

> 他们的自豪感已经因为移除诸多展现大国荣耀的纪念丰碑而受挫。这4匹来自威尼斯的著名铜马为奥地利皇帝从凯旋门上被撤下，这件事情由参谋队的一行人在托德少校的指挥下进行，因为奥地利人

不懂如何将它们取下。他同样试着移除另一座著名雕塑，但却因为吊索失控而不幸失败了。如此多的名画和雕塑从卢浮宫移走后，它的著名画廊此刻已不值一看了。[6]

盟军的这项"文化工作"进展迅速：在历次得胜的战役后，法国根据条约强夺来的3000座雕像和2000幅画被物归原主，只留下了少数被忽视了的艺术品。莫里斯见证了"由波拿巴在被征服的不同地区挑选，然后放入圣克卢宫画廊的名画"的拆除。他看到了许多传世珍品，不过遗憾于自己的"鉴赏能力不足，以致无法形容它们"。

莫里斯因为路易十八一定不安地意识到"只有在外国刺刀的支持下，他才得以维持自己祖先的王座"的想法而得到了一些乐趣。这是很讽刺的，他补充说，国王继续同占领军待在一起，旨在"防止任何进一步针对'希望者路易'（对这位法国国王最不恰当的称呼）的事件爆发"。[7]伦敦人莫里斯是波拿巴主义者，这位中士并不是唯一一个记录下巴黎市民厌恶他们新统治者的人。威灵顿的副官、贵族约翰·弗里曼特尔则对此相当震惊，他在7月17日写给叔父的信中说："我之前从来不相信人们对波旁家族的憎恨这么根深蒂固，直到此时我才发现现状普遍如此。"[8]因为奥地利人和俄罗斯人的抵达，整个7月都在阅兵，没有人匆忙离开。直到1818年11月23日，最后一个英国团才从巴黎开拔。

仅由于滑铁卢战役的失败为拿破仑非凡的军事生涯画上了句号，滑铁卢会战就有着重大的历史意义。他的最后一场战役在构思上是巧妙的，不过执行构思所需的一定程度的速度和精准度被证明超出了他的参谋部、副手，甚至可能是不再年轻的拿破仑的能力范围。他曾经试着组建一支老练的队伍，但他失去了其中关键的组成人员，最明显的是贝尔蒂埃和他的部属。事后，他有充足的闲暇时间辨析他的错误。他本应该选择更优秀的副手：格鲁希缺乏主动性，奈伊缺乏冷静才智，其他人的职位也应该做出调整。他的参谋部也缺乏经验。6月15日他应该在弗勒吕斯过夜，这样他就可以在第二天普鲁士人完全抵达前将他们击溃。他太过疲劳以至于无法整晚坐在马鞍上，他还分遣给了格鲁希太多步兵，雨又……

尽管他确实欣赏"英国"步兵的纪律,但拿破仑对他的敌人称许甚少。然而,事实是盟军的两支军队相对于拿破仑早前战胜的对手具有不同的特性。他们都是由杰出的将领指挥,辅以经验丰富的参谋团队与副手,并在大多数时间内相互信任。两支军队都有久经沙场的核心部队,一些英国步兵和 KGL 的老兵们更是出类拔萃。更重要的是,拿破仑低估了两个指挥官相互协助的决心:他认为威灵顿在 6 月 16 日不会设法支援普鲁士人,不过他错了;在滑铁卢,他认为普鲁士人不能驰援威灵顿,他又错了。

拿破仑在滑铁卢战败是因为普鲁士人的干预,不过就像旅勤务官哈里·史密斯理智指出的那样,"对于那些说当天的最终胜利是由普鲁士人的到达取得的人,我注意到的则是普鲁士人是公爵大人整体计划的一部分"。[9] 滑铁卢战役的关键在于威灵顿的军队和普军应该联合作战。拿破仑几乎成功阻止他们这样做,但是到了最后盟军的决心占了上风。威灵顿声称(在他的滑铁卢函件中暗示,并于之后的岁月中重申),他是在普鲁士人决定性的干预之前独自赢下会战的,这一点经不起仔细的推敲,普鲁士人对法军预备队的牵制时间要比位于英军右翼的威灵顿的参谋人员意识到的长得多。同样,认为法军从未给盟军步兵造成严重困扰的观点,贬损了法军步兵中的精英所展现出来的惊人勇气和纪律,他们宁愿死在方阵里,也不服输。如今,大量的证据指出,盟军阵线的中路在巨大的压力下后退了相当长的一段距离。如果整个盟军阵线在法军如冰雹般的枪炮火力与持续不断的骑兵威胁下土崩瓦解,普军的干预也是徒劳,因而对于他坚若磐石的防御而受到的赞赏,威灵顿当之无愧。

在战斗临近结束时,法军仍认为他们正在获得胜利。若这场会战不是那么胜负难分,以至于拿破仑赌上一切去赢下它,盟军的胜利也不会如此彻底。参与者为战斗异于寻常的惨烈触动。法国人经历过其他血腥的战役,虽然多数战线像莱比锡战役一样绵延数英里,一些则像博罗季诺战役那样相对比较紧凑,但即便是对法国人来说,滑铁卢之战也是极端的艰难与血腥,而对英国人来说,则没有什么能同它匹敌。军医唐纳德·芬利森写道:"军人说这是多年来打过的最为艰苦的一战,与之相比莱比锡战役完全是小巫见大巫。"一周后,一个久经沙场的骑兵评论说:"在血腥的 6 月 18

日会战中我们这些幸免于难的人确实应该为自己感到庆幸。""之前从未有过如此激烈的一战，过往我们经历的所有战斗同这场战斗的一小时相比也不过是玩笑……因为阵亡人数过多，人们几乎不敢问询朋友，"第三近卫步兵团的比利·坦南特中士在一天后写给他妻子安的信中说得没错，"这是我们经历过的最为艰苦的一战，不过我们也获得了一场辉煌的胜利。我们痛殴了他们一顿，我认为再过一个月战争就会结束，亲爱的，我将再一次拥你入怀。"只有最后一个愿望无法实现，因为坦南特跟随占领军一直到1818年才离开法国。[10]

对绝大多数相信英国政府"拿破仑治下法国的存在同欧洲的安全不相容"的说法的人来说，波拿巴的最终失败是一个巨大的成就，它结束了超过20年的战争。它确保了反革命在欧洲的胜利，稳固了波旁家族在法国和西班牙，以及奥兰治家族在新尼德兰王国的复辟，从而让贵族与君主制的实质比在法国大革命之前更为坚实。

让普鲁士人一直愤怒的是，威灵顿成功夺走了大部分的功劳。从英国的角度来看，滑铁卢会战以及之后的谈判，以英国在拿破仑的战败中承担的主要角色为前提，均大获成功。英国在海军、殖民地、商业、金融和工业的实力方面成为领头羊，并在接下来一个世纪的大多数时间里保持其霸主地位。滑铁卢会战终结了"第二次百年战争"——英法间激烈的商业竞争，这场竞争以同路易十四的斗争开始，以拿破仑的战败结束。在这一背景下，滑铁卢战役巩固了特拉法尔加海战的战果：对于这场他们拒绝媾和的漫长战争，英国收获了海洋和全球贸易的主宰权。通过获得法国、西班牙和尼德兰的众多殖民地，维也纳会议为英国带来了巨大的直接红利：特立尼达、多巴哥岛、圣卢西亚、德梅拉拉、埃塞奎博、好望角、毛里求斯和锡兰；一些具有战略价值的港口；在马耳他与科孚岛的地中海海军基地。英国保留了韦尔斯利和他的继任者在印度征服的庞大帝国，与此同时，和约取得的势力均衡确保了汉诺威的安全，解除了对大陆事务频繁干预的必要。滑铁卢会战之后，英国人完全有理由为取得这样一个不同寻常的决定性胜利感到高兴。

像拿破仑一样，在英国有极少数人将无休止的战争归结于英国执政寡头的贪婪与自私，他们一直支持不利于欧洲共同利益的事业。这些人以不同的眼光看待滑铁卢会战。会战的消息与其他打击相结合，使得反对党领袖塞缪尔·惠特布雷德自杀身亡。对一些自由主义者来说，拿破仑的战败意味着"人类的自由从世界上彻底消失"，比如记者威廉·黑兹利特，他数个星期不洗澡、不剃须，还时常酗酒。[11] 在战后的英国有太多不满，这些不稳定因素导致一场革命的可能性甚至还高于波拿巴是一个威胁的时候。滑铁卢会战期间恰逢谷物法的通过，这部法规旨在保护土地所有者的收入。1819 年，要求改变的呼声以曼彻斯特圣彼得广场的大型示威为高潮。在那里，治安骑兵因为惊慌失措而发起了冲锋。讽刺的是，在滑铁卢会战之后，第十五骠骑兵团参加的下一个行动便是意图抑制曼彻斯特义勇骑兵队的狂热，后者用马刀砍杀了"彼得卢"的示威者和围观者。而被骑兵屠杀的人中便有一位参加过滑铁卢会战的老兵。

尽管如此，在整个 19 世纪，滑铁卢会战留给这个国家巨大的自信，给了它的军队之前从未在英国有过的自豪感，还使得英国在欧洲的声望达到了一个前所未有的高度。1815 年 7 月 20 日，威廉一世封威灵顿为滑铁卢亲王，将尼韦勒和四臂村之间一块可以带来 2 万荷兰弗罗林收入的土地赐予他。[12] 与此同时，曾在 1803 年筹备资金用于购买路易斯安那的亚历山大·巴林，将收益资助了企图入侵英国的拿破仑，这时候他主持了一个委员会，以便募集资金，救济伤员和牺牲者的家人。14 天之内，为滑铁卢会战捐的款就达到了 4 万英镑，后来劳埃德增加了 1 万英镑，英格兰银行则增加了 5 万英镑。到了 1815 年年底，总共募集了 35 万英镑。

一有机会，平民就涌向战场，一些人更是将他们看到的情况画了下来。一个叫托马斯·斯托尼的爱尔兰人便是其中最早的一批平民之一，他从勒芬骑马赶来，将 6 月 20 日和 21 日滑铁卢、蒙圣让和四臂村的景象画成了水彩画。在四臂村，苍白的尸体仍散落在地上。在詹姆斯·劳斯画草图时，死者仍在被掩埋或火化。一个于 6 月 15 日抵达布鲁塞尔的旅行者一周后参观了战场，他骑马经过了一列向城市运送伤员的车辆。他发现滑铁卢的教堂里挤满了伤亡者，如果进入时不点燃一根雪茄，根本就无法抵御臭气。房子的门上用粉笔写着其中安置的伤员数量。肿胀的马匹背躺于地，它们的四肢伸在空中。新发现的伤员被倚放在拉艾圣的建筑物旁，而死尸则堆在庭院里。人们正剥着马皮。[13]

7月2日，正当查尔斯·贝尔在布鲁塞尔绘制被截肢者时，阿克斯布里奇伯爵的妻子夏洛特·佩吉特夫人同乔治·西摩勋爵夫妇、菲茨罗伊的妻子艾米莉·萨默塞特（她同时也是威灵顿的侄女）共同参观了战场。阿克斯布里奇的副官托马斯·怀尔德曼的足部曾经受过轻伤，他努力向女士们指引阿克斯布里奇腿部中弹的确切地点，但不太确定菲茨罗伊在何处丢失了他的手臂。她们参观了滑铁卢旅馆，在那里夏洛特和艾米莉的丈夫接受了截肢手术。夏洛特夫人写信给阿克斯布里奇的妹妹卡罗琳，一个农夫的妻子"带我进入花园，向我指出他可怜的腿被埋葬的地方，她向我保证会在那里种一棵树"。她接着写道，

> 通向战场的整条道路都让人极度作呕，死马的气味异常难闻，不过战场本身却是非常让人愉悦的。地面整个被帽子、头盔、不同的嚼口与各类碎片覆盖，但没什么值得拾取的。我曾彻底搜寻，除了提到的那些东西，没有其他任何遗留。整个战场由为埋葬不幸的死者而挖出的土堆组成，密集程度有如鼹鼠丘，在战场的某个地方仍有一堆尸体正被焚烧。

他们参观了乌古蒙，看到了一片"曾烧死其中所有可怜伤员"的废墟，他们为这些士兵哀悼了一会儿，然后脚步沉重地踏过花园，拿走了纪念品。"菲茨罗伊夫人和我各得到了一些从那里捡来的霰弹，其中一颗和击伤你爸爸的那颗大小相当。它正好与他那天穿的裤子上的洞契合。"[14]

两周后，当旅行作家夏洛特·沃尔迪参观战场时，"滑铁卢与布鲁塞尔之间的道路则几乎成为一片绵延不断的停尸地：气味弥漫在穿过森林的整条路上，令人极度作呕，在一些地方甚至无法忍受。漂浮着遗体的红色死水深潭散发阵阵腐臭味道，这显示此处人马死尸杂陈"。[15]

在皮克顿师先前作战的地区，她看到了"一长串巨大的坟墓堆，或者更确切地说是坑，数百具尸体被抛入其中……它们发出的臭味，即便是在

开阔的苍穹之下,也很可怕,这使得夏日纯净的西风从我们身上拂过时似乎也变成有害的了,这种致命的气味笼罩着许多区域"。[16]

战场上仍留有农民认为相对不值钱的遗物,她从其中拾起了一本《老实人》(Candide)。看到一个骷髅从浅坟中窥视时,人难免会感到哥特式的恐怖。当她看到一个人的手骨与臂骨伸出地面时,她感到一阵颤栗,因而逃离了。乌古蒙美丽的花园遗迹让她动容,在离开树林时,她再一次被"新建造的坟墓上迎风招展的鲜红罂粟花触动,它们好像在嘲讽死者。在战场的许多区域,这种花肆意绽放。它们可能是被周围高大厚实的谷物保护而免受伤害,而其细长的根部附在土块上,被不经意地抛到坟墓上"。[17]

画家和诗人很快就来到了这个既能带来灵感又能带来收益的场地。画家罗伯特·希尔斯于7月下旬参观了战场,以便为1816年出版的《佛兰德与荷兰的素描,及滑铁卢会战后不久在这些区域的部分地区游览的记述》(Sketches in Flanders and Holland; with some account of a tour through parts of those countries shortly after the battle of Waterloo)绘图。沃尔特·司各特爵士于1815年8月参观了战场,在旅行期间他创作了诗篇《滑铁卢战场》(The Field of Waterloo),这部诗篇是他为滑铁卢会战期间的伤者和失去亲人的家庭筹措资金而写的。日后他又写了一本拿破仑的传记。根据夏天参观滑铁卢的记者约翰·斯科特的说法,成百甚至上千的英国游客一有机会就前往滑铁卢的战场朝圣。

罗伯特·骚塞跟着司各特的脚步于10月抵达滑铁卢。当他第一次听到滑铁卢的消息时,他和一度崇拜拿破仑并认为拿破仑是大革命的救世主和意大利解放者的威廉·华兹华斯一起围着斯基多山上的篝火跳起舞来,还唱着"天佑吾王",并尽情享用"烤牛肉和煮熟的李子布丁"。[18]但此时,骚塞写道,感觉"在一定程度上必须要庆祝英国历史上最伟大的胜利,我说服自己,如果任何人有正当的理由或托词参观滑铁卢的战场,那一定是桂冠诗人"。他的诗作《滑铁卢朝圣》(Pilgrimage to Waterloo)于1816年出版。[19]

与骚塞放弃早年对拿破仑的崇拜,并为他的倒台而叫好相反,拜伦继续对波拿巴保有崇敬仰慕之心,并对他的战败非常失望。婚姻失败后,他出国旅行，于1816年4月25日抵达奥斯坦德。之后，他乘坐一辆拿破仑马车的复制车辆前往滑铁卢，于5月4日参观了战场，同时购买了一堆战利品，然后继续沿着莱茵河旅行。他写下了《恰尔德·哈洛尔德游记》（*Childe Harold's Pilgrimage*）第三章的最初几行，这部作品以对里士满公爵夫人舞会的描写最为著名，也或多或少有关于战场的记述。与同时期其他诗人的看法相反，拜伦视滑铁卢会战为启蒙与理性主义的战败和专制的胜利，此战唯一的积极结果便是用腐烂物为这块土地施了肥料：

> 长出什么庄稼呢，用了血雨的灌溉？
> 这就是全世界因你而获得的报偿？
> 你是巩固王权的一次胜利，空前绝后的战场！*

像康斯太布尔一样，拜伦勋爵也在滑铁卢会战中失去了一个表亲：第十骠骑兵团的弗雷德里克·霍华德少校在带领骑兵向撤退的法国近卫军方阵进行冲锋时被杀害。向导向拜伦展示了少校的身亡地点和最初的埋葬地。在这次参观结束后，拜伦给朋友约翰·卡姆·霍布豪斯写信，他有一个兄弟在滑铁卢会战中阵亡，"滑铁卢的战场是一处名胜，不过与马拉松、特洛伊、喀罗尼亚与普拉提亚相差不多。或许其中有些偏见，但我讨厌它的起因和胜利者，以及它的胜利，包括布吕歇尔和波旁王朝"。[20]1823年《青铜时代》（*The Age of Bronze*）出版时，拜伦发出了对拿破仑最后的哀叹，并以更悲痛的眼光看待这场会战：

> 哦，最血腥、最无用的滑铁卢！
> 你证明蠢人也有好运，
> 一半是错误，一半是背叛，铸成了胜利。

---

* 引自拜伦著，杨熙龄译，《恰尔德·哈洛尔德游记》，上海译文出版社，1990年，第135页。

画家威廉·特纳于1817年8月16日参观了战场。战斗的血腥让他最为触动，同时他对屠杀的伤亡程度产生了兴趣。他的素描《滑铁卢战场》（The Field of Waterloo）展现了在死伤人员中搜寻丈夫的女性，画上标注着"4000人在此阵亡""1500人在此阵亡""凹路是胸甲骑兵被近卫骑兵大量屠杀之地"等字样。

特纳沿着为游客新设计的路线而来，在这个行程中滑铁卢战场是游客到欧洲的首要旅行地。《比利时与荷兰旅客的完整指南》（The Traveller's Complete Guide through Belgium and Holland）第二版推荐的一条路线越来越受欢迎，这条线路通过马盖特到滑铁卢，穿过比利时前往科隆，再沿着莱茵河中游前往瑞士与意大利。战场上悼念阵亡将士的纪念碑激增，不过和狮子丘比起来却都相形见绌。用于纪念奥兰治亲王受伤地点的狮子丘建于1820年，在1826年完工。在建造过程中大量泥土被挖去使用，从而破坏了战场的原貌。"垂直高于沙勒罗瓦大道40英尺"是1817年"剑桥郡"团的阿瑟·戈尔上尉在陪同制图师本杰明·克兰进行测量时记载在笔记中的说法，但实际上由于山脊的泥土被移去建造土丘，只比地面高数英尺。戈尔想必是夸大了它的原有高度，图纸表明它的高度大约是20英尺，但是也十分陡峭，足够杀死一些不幸的胸甲骑兵了。[21]1831年，土丘勉强逃过了进军的法国军队的破坏，但地貌还在持续改变，一个世纪的新式农业将大部分不规则地形夷为平地。

5000万法郎的税收从法国征得，用来给得胜的军队发放奖金。分配到威灵顿麾下军队的奖金于1817年被支付，所有的参与者都分了一杯羹：威灵顿公爵获得了6.1万英镑（不过他将其中的4万英镑还了回去），将官获得了1274英镑10先令10.75便士，校官是433英镑2先令4.25便士，上尉是90英镑7先令3.25便士，中尉和少尉是34英镑14先令9.5便士，中士是19英镑4先令4便士，列兵则是2英镑11先令4便士。

在每年的滑铁卢战役纪念日，公爵都会在阿普斯利邸宅举行宴会。1818年从法国归来后，威灵顿进入了政界，在连续获胜的托利党内阁就职。他在1828—1830年及1834年的一段短暂时间里担任首相。公爵拥护天主教解放，不过抗拒改革。他的风流韵事仍旧不断，他与交际花哈丽雅特·威尔逊的私通还引出了另一句著名的珠玑妙语——"出版吧,该死的"。*1846年辞职后,一直到1852年去世,他一直是军队的总司令。

作为对他服役的奖赏,阿克斯布里奇被册封为安格尔西侯爵。他支持摄政王与不伦瑞克公爵的姐姐卡罗琳王妃对抗,并在威灵顿的政府中担任爱尔兰总督。同威灵顿一样,他支持天主教解放。当威灵顿还活跃在政界时,罗兰·希尔在1828—1842年担任军队总司令,还成了一个狂热的猎狐者。菲茨罗伊·萨默塞特跟随威灵顿加入了托利党的政治活动,他于1838年晋升为中将,在1852年成为拉格伦男爵。他带领英国远征军前往克里米亚,不过1855年在那里死于痢疾和抑郁。亨利·哈丁也进入了政界,他在威灵顿的政府中担任陆军大臣。在1844年第一次锡克战争期间他是印度总督,在1852年之后他接替威灵顿担任军队总司令。哈里·史密斯先后在印度和非洲南部服役,在非洲南部服役时,他作为好望角总督进行了一段动乱的统治,莱迪史密斯即是以他的妻子胡安娜的名字命名。哈里·史密斯同时也是威灵顿葬礼的旗手之一。玛格达莱妮·德兰西将她的痛苦经历写成《在滑铁卢的一周》(*A Week at Waterloo*),用于私下流传。她事后再婚,不过于1822年生育第三个孩子时难产而死。她的书于1906年出版。

乔治·凯佩尔是滑铁卢会战中幸存下来的英军军官中最后一个去世的,他于1891年以将军和第六代阿尔比马尔伯爵的身份去世。幸存下来的英军普通士兵中最后一个去世的是第七十三步兵团的莫里斯·谢伊,他于1892年去世。

下层军官和士兵的命运往往是不起眼的,不过少数还是可以挑出来的。约翰·哈迪·詹姆斯(1788—1869年)于1816年被选为德文和埃克塞特医院的外科医生,并在他的家乡埃克塞特成为一名全科医师,1828

---

* 1824年,一名即将出版哈丽雅特·威尔逊回忆录的色情出版商写信给威灵顿,如果公爵愿意支付一定的资金,回忆录中威灵顿的相关丑闻将会被删除。面对这一敲诈,威灵顿以"publish and be damned"回应。不过,原信中威灵顿同样威胁"如果这种垃圾出版,我将会起诉"。但是在出版后,威灵顿并没有同这个出版商对簿公堂,可能是因为其中的内容并没有什么不实之处,也可能是因为这个出版商吃的官司太多,完全轮不上威灵顿。

年他又成为该地的市长。他是地方外科医学会的创始成员，而且还是炎症方面的专家。而作为一名"滑铁卢战士"，可能是埃德蒙·惠特利最终获得女方家庭的允许于 1820 年迎娶伊丽莎·布鲁克斯的关键。他们育有 4 个女儿。

托马斯·莫里斯在他的 7 年服役期满后于 1817 年退役，"对服役的本质失望，并且没有欲望在一个下级职位上耗尽我生命的最好年华，在这一位置上晋升的机会十分渺茫，而回报又是这么微不足道"。不久，他"就在公民社会中获得了一个令人尊重的地位"。大卫·罗伯逊则于 1818 年离开了军队，他回到了自己的家乡珀斯郡，在那里靠着抚恤金度日。

来复枪兵内德·科斯特洛在 31 岁时因为伤残被迫退役，每天可以领到 6 便士的他遭遇了极大的困难，直到成为伦敦塔的一名御用侍从卫士。1828 年 43 岁的威廉·惠勒退役，而托马斯·杰里迈亚在 1837 年离开韦尔奇燧发枪兵团，成为布雷肯的一名警长。滑铁卢会战之后，马修·克莱先后升任下士和中士。1833 年，他以士官长的身份从正规军转到贝德福德民兵组织任职。1852 年，在服役了 39 年后，已是 57 岁高龄的克莱最终离开了军队。作为在滑铁卢服役的奖赏，夺得鹰旗的灰骑兵查尔斯·尤尔特在一个老兵团里获得了少尉军衔，并担任剑术教练赚了钱。在 1816 年爱丁堡周年纪念晚餐上结识了沃尔特·司各特爵士后，他同爵士游历全国，并在社交场合作为知名人士亮相。他在曼彻斯特附近去世，不过到了 1938 年被重新安葬在爱丁堡城堡广场。

在巴黎停留了几个月后，布吕歇尔侯爵返回了自己位于西里西亚的住所，并于 1819 年在那里去世。奥古斯特·冯·格奈泽瑙是一个自由主义者，因政治原因他于 1816 年从军队辞职，但于 1825 年获升元帅，6 年后在波兰边境任职时死于霍乱。卡尔·冯·格罗尔曼在陆军部任职，并尝试改革参谋部。他曾指导滑铁卢战役史的作者卡尔·冯·达米茨（1837—1838 年）。

吕措自由军团的路德维希·纳格尔后来成为一名诗人和作者，并担任克利夫斯文科中学的主管。这个曾为推翻波拿巴的暴政而战的欧洲自由主义者，因滑铁卢会战之后上台政权的反动政策而非常失望。自由军团的知识分子关于德意志统一以及一个更自由社会的希望，因政府打压新闻自由和禁止游行示威的举措而破灭。他们制服的黑、红、金配色后来在设计联邦德国国旗时被采用，但是很多年之后他们才实现了当初的梦想。回到柏林后，志愿猎兵弗朗茨·利伯加入了一个反对普鲁士君主制的学生联盟，并因此被柏林大学拒绝录取。于是他前往耶拿就学，直至身份被发现，之后他参加了希腊独立战争，不过在返回普鲁士后就遭到了监禁。他逃到了英国，之后又前往美国。在南卡罗来纳州工作了一段时间后，他成为哥伦比亚大学的历史学与政治学教授。在美国爆发内战之前，利伯影响了共和党意识形态的确立，而他为联邦军制定的法律指南《利伯法典》则成为第一部战争法的基础。

乔治·巴林少校从KGL转入汉诺威军队服役，在那里他最终获得了中将军衔。在滑铁卢会战17周年纪念日那天，他被英国与汉诺威国王威廉四世册封为男爵。弗里德里希·林道因为在拉艾圣的英勇表现而被授予圭尔夫勋章。这枚勋章带来了一份抚恤金，此外他还因为在1813年维多利亚战役中所受的伤获得了另一份抚恤金。之后，林道返回了他的家乡哈默尔恩并先后结了两次婚，一共生育了9个孩子。他重操旧业——制鞋，但是生意并不兴隆。在他的回忆录于1846年出版时，他正为生活而苦苦挣扎。

年轻的拿骚军官海因里希·冯·加格恩先在海德堡、哥廷根和耶拿学习法律，后于黑森开始了他的律师生涯。不过作为一个自由主义者，他反对这个国家的非宪政本质，这使得他在1833年被逐出政界。然而，因为1848年革命他重返政界，当选为国民议会的主席。但议会创建一个统一的德意志的尝试最终以失败而告终，加格恩也于一年后离职。

奥兰治亲王迎娶了亚历山大皇帝最小的妹妹，并在1817年收获了一个继承人，不过却因"怪异和可耻的情欲"于1819年遭到勒索。1830年，当革命在比利时酝酿时，友善亲和的亲王在那里相对受欢迎，他试图达成一份协议，但是他的想法遭到了其父亲的拒绝，军队又在1831年为比利时赢得独立的那场战役中被打败。1840年，他以威廉二世的身份继承了王位，并通过制定一部自由主义宪法避开了1848年革命。

无视达武元帅谈判达成的投降协定的条款，20个波拿巴分子被指控叛国罪，另有包括奥尔唐斯皇后在内的其余40人被勒令离开法国。威灵顿辩称，同英国和普鲁士将军们达成共识的条款对新的王党政府没有约束力，但是这种省事的解释经不起仔细的推敲。曾于1815年6月23日主张由拿破仑的儿子继位的夏尔·德·拉贝杜瓦耶不在大赦人员之列。在逃亡瑞士之前，他试图去巴黎看望他的妻子和孩子，但遭到了拘捕，并于8月19日被枪决。他位于拉雪兹神父公墓的墓地成了波拿巴党人的圣地。在外国刺刀的保护下，波旁王朝通过"白色恐怖"寻求报复。在由仍担任警务大臣的约瑟夫·富歇最初督导的运动中，拿破仑的支持者在普罗旺斯和其他地区遭到了追捕。

奈伊元帅于8月3日被捕。因为拉贝杜瓦耶的遭遇，他要求在自己的贵族同僚前进行一次审判，但他们却不比军事法庭更富有同情心。12月4日他接受了审判，被判处叛国罪，同月7日遭到了枪决。拿破仑的邮政大臣拉瓦莱特伯爵同样被判处死刑。不过多亏了他妻子的英勇，拉瓦莱特穿上了她的衣服逃了出去。拉瓦莱特被3个英国人偷偷送出了国境，事后他们也因谋反而遭到审判。[22] 安托万·德鲁奥将军于8月自首，不过一直等到1816年4月才受到审判。他的自我辩护理由是，他是厄尔巴岛统治者拿破仑的臣民，而不是法国国王的，并且他建议拿破仑不要离开该岛，另外还说服近卫军和平投降。而曾经是拿破仑手下一员，但百日期间忠于国王的麦克唐纳元帅也给他做出了品行方面的热切证言。德鲁奥因为最少的差数而被无罪释放*，并就此退休。于滑铁卢被俘的康布罗纳将军在德鲁奥之后接受了审判，并且基于同样的理由获得了绝对多数的支持而免于责罚。

许多波拿巴党人逃到了美国，在那里西蒙·贝尔纳设计了众多的堡垒和航道。多米尼克·旺达姆前往费城，他于1819年返回。夏尔·勒菲弗-德努埃特则在他的小木屋中为波拿巴设立了一个神龛。格鲁希元帅

---

* 当时军事法庭要判处将领有罪，必须达到5比2的多数，获得4票有罪和3票无罪的德鲁奥因此被豁免。

同样逃往美国，并将他的余生花费在为自己的行为辩护上。在美国的波拿巴党人中，有传言称他没有赶往滑铁卢战场，是因为被盟军重金收买，而在威廉·伍德的家族中确实有这样一个传言。作为外交官查尔斯·斯图尔特爵士的机要仆人，伍德给他递送了贿赂，但这可能是捏造的。[23]格鲁希于1821年返回了法国，并在1830年拿回了他的元帅杖。乔治·穆顿被流放到比利时，不过在1818年被允许返回，并于1830年之后深受礼遇。1838年，他在卢浮宫去世。莫里斯·热拉尔也前往尼德兰，但于1817年返回法国，1831年他指挥法军将奥兰治亲王逐出了比利时。

1819年，见风使舵的军人让·德·迪厄·苏尔特从流放中归来，并转变为了狂热的保王党人，直至1830年再次成为波拿巴党人。1832—1834年和1839—1847年，苏尔特担任首相，1848年又成为一个共和党人，不过他在1851年去世。波旁王朝于1816年解除了约瑟夫·富歇的职务，他被流放，4年后在的里雅斯特去世。

在滑铁卢会战期间受过伤的老上尉安德烈·拉瓦尔此时仍因伤口破裂而流血，他逃过了追击，并重新同昂古莱姆附近的家人会合。他结了婚，生育了一个儿子，耕种着自己的5公顷土地，不过在1828年他就英年早逝了。雅克·马丁中尉没有同军队会合，而是在康布雷避难，最终他在家乡日内瓦成为一名新教牧师。路易·康莱下士加入了复辟王朝的警察队伍，后来升任安全部门的负责人。在服役了30年而没有获得什么财富后，他最终退役。之后他出版了一本内容丰富多彩的回忆录，书里有很多部分涉及巴黎上、下层社会的恶习与犯罪，该书前后再版多次，并被翻译成了英文，不过在出到第七版时遭到了当局的查禁。伊波利特·德·莫迪中士在皇家卫队第五团获升上尉。他成为一个军事历史学家和檄文作者，献身于士兵的福利事业。他是1834年出版的《1832年的法国军队，士兵之友》（*De l'Armée française en 1832, L'Ami du Soldat*）的作者，军事杂志《军队哨兵》（*Sentinelle de l'Armée*）的创始人和编辑。1847—1848年，他出版了一本关于1814年与1815年战役的详实著作——《大军团的最后时光》（*Derniers jours de la Grande Armée*）。

6月29日，拿破仑离开马尔迈松前往海岸，富歇允许他获得一艘护卫舰以便离开法国。

滑铁卢会战之后，大多数法国人对波拿巴深恶痛绝，这一态度被8月出版的一幅版画《终极食人行为》(Le nec plus ultra du cannibalisme)生动地表现了出来。在这幅滑稽地模仿安格尔的加冕肖像中，拿破仑一手执着写有箴言"以自由之名，我用锁链抓住了他们"的旗子，一手拿着独裁之剑与革命之斧，而他的老鹰则向任何胆敢抵抗之人投射闪电和雷霆。他的长袍上绣着"狡诈、咆哮、欺骗、放逐、剥夺人权与行刑队"，以及不同种类罪行的暗喻。他在牺牲于西班牙与俄罗斯的受害者的尸体堆上登基，坐在一只豹子（当时被称为"老虎"）支撑的王座上。在美好的表象后面隐藏着欺骗和残酷的符号。他的一只脚还踩着"宗教"。这幅版画的背景一侧是将要化为灰烬的城市，另一侧是蒙圣让——滑铁卢会战的法语名称。前景则是一条血河。[24]

拿破仑希望同他的朋友一起前往美国避难。7月8日，他乘坐"拉萨勒"号护卫舰离开罗什福尔启航前往美国，并抵达了艾克斯岛。不过诡计多端的富歇警告了英国海军他的计划出发地，因而拥有74门火炮、曾参加过特拉法尔加海战的皇家海军舰艇"柏勒洛丰"号封锁了他的去路。7月13日，拿破仑觉得英国也不是一个太糟糕的隐退之地，于是写信给摄政王：

> 作为分裂我国的内乱和欧洲列强敌意的受害者，我已经结束了自己的政治生涯，而我现在就像塞米斯托克利斯那样，寄望于英国人民的慷慨好客。我愿意接受英国法律的保护，请求殿下您给予我这一权利，您是我最强大、最稳固和最慷慨的敌人。
>
> ——拿破仑

7月15日拿破仑登上了"柏勒洛丰"号，向它的船长投降。对这位前皇帝来说，不幸的是，无论是摄政王的慷慨，还是英国人的好客，都证明无法同波斯帝国媲美。他被禁止踏上英国的土地，而是被留在"柏勒洛丰"号的甲板上于普利茅斯湾度过了8天，直到达成决议将他送往圣赫勒拿——一座孤悬在非洲与南美洲之间广阔大洋上的小岛。8月9日，他与一小群同伴一起从托贝启航前往圣赫勒拿，在那里度过了5年半悲惨而单调的流放岁月，最终于1821年5月5日因胃癌在这座荒岛上离世。

唯一被允许在英国上岸的法国人是从滑铁卢抓获的俘虏。7月初前后，他们被运往朴次茅斯和普利茅斯，然后被带去内陆城市囚禁了6个月。听了太多有关废船监狱的传闻，法国人吓坏了。老近卫军第二猎兵团的厄耶上尉是普朗斯努瓦之战的英雄，在夜间的战斗中，足部受伤的他被普军抓获。他被送往布鲁塞尔，在那里遇到了第一零五团的团长让·让蒂与第二十一步兵团的让－尼古拉·卡雷，这两人均是在联合旅的冲锋中受伤被俘的。当他们登上驳船前往奥斯坦德时，皮埃尔·康布罗纳将军向厄耶问候。"你好，厄耶，"他说，"你也成了俘房？非常抱歉。尽管如此，在这种境况下，能遇到老朋友也总是好的。"他们坐船去普利茅斯，然后被送往阿什伯顿。一天，他们从报纸上读到了康布罗纳的不屑之词"近卫军宁死不降"。因为他们共同就餐，所以有机会就这句话向康布罗纳祝贺，这句话令人称道，同时使其记忆不朽，并让整支近卫军增添了光彩。

"非常抱歉，"他回答，"但是我没有说过这句话，我说了其他话，不是报道中写的那些话。"[25] 在滑铁卢会战100周年之际，法国历史学家的代表人物亨利·乌赛潜心研究了替代学说后得出结论，康布罗纳对劝降的真正回答是："他妈的！"[26]

致　谢

12岁左右时我还是一名学生,在一张为了学校开放日的展览而搭建的巨大桌子上,我使用艾尔菲克斯的玩具士兵第一次重打了滑铁卢会战。我将这次重打的机会主要归功于我的朋友和合作者——菲尔·克雷格。这是他的主意,却因为担任澳大利亚广播公司事实性电视节目的负责人而未能加入进来。许多热爱军事的学生梦想有机会进行有关滑铁卢会战的写作,而我热情地抓住了机会,或许热情过头了,因为这项计划花费的时间以及其规模,要远超过我或出版商的打算。其结果与菲尔最初的设想完全不同,或许他仍有机会以自己的方式写一本有关滑铁卢会战的著作!我希望他会原谅我。因此,我非常感谢出版商的迁就和支持,尤其是给予我很多鼓励的理查德·贝斯威克和伊恩·亨特。简·格林伍德和大卫·安德烈斯在各个阶段阅读了我的手稿,并给出了许多有帮助的意见。史蒂夫·戈夫的审稿工作完成得很出色;约翰·吉尔克斯在制作精美的地图时展现出了极大的耐心;琳达·西尔弗曼则将我的黑白图绘成原创画。

在现阶段,任何进行滑铁卢会战题材写作的人都要感谢那些近年来努力出版书信或者日记手稿,以及将稀有的出版材料带入更广流通面的人。他们是加雷思·格洛弗和约翰·富兰克林,以及这两人的同事与合作者。格洛弗即将出版《滑铁卢:神话与现实》(*Waterloo: Myth and Reality*),书中写了他从自己发现的新材料中得到的结论。约翰·富兰克林同样在与加里·恩布尔顿合作的丛书《滑铁卢1815》(*Waterloo 1815*)中对新材料进行了解读。我也对皮埃尔·德·威特的努力心存感激。他在自己的网站上对会战进行了细致的研究,内容精确到每一刻(The Campaign of 1815: a Study,http://www.waterloo-campaign.nl)。在该网站上,各支军队发布的命令以它们的原始语言被转录，查阅起来非常方便。

网络已经使得几年前很多难以想象的事情成为可能。关于地貌，读者可以结合使用谷歌地球和费拉里斯的测勘（http://www.ngi.be/FR/FR1-4-2-3.shtm），它们助益良多。此外在网上，利尼战场的地形通过拿破仑（http://www.fleurus-tourisme.be/photographies/panorama360.htm，现网址为 http://www.fleurus-tourisme.be/panorama360.htm）和布吕歇尔（http://www.fleurus-tourisme.be/photographies/panorama360bussy.htm，现网址为 http://www.fleurus-tourisme.be/panorama360bussy.htm）使用的风车磨坊处的可缩放全景图，以及战场所有区域的视图（http://napoleon-monuments.eu/Napoleon1er/1815Ligny-Fleurus.htm）和有用的文献精选（http://www.fleurus-tourisme.be/napoleon/documents_ancients.htm，现网址为 http://www.fleurus-tourisme.be/fr/documentations）得到了极佳的展现。其他一些我觉得非常有用的网站被我列在了参考书目里，不过这样的网站有许多，对于所有发布相关文章、文档、军服、讨论和图片的网站，我想总的说一声谢谢。我没有在本书中收录参战军队的详细序列的原因之一是它们很容易在网上查到。*虽然不是所有的都是完美的（一些细节仍有争议！），但它们基本上没问题。

因为各种帮助和借予，我要感谢尼尔·克莱顿，纪尧姆·库赞和尼古拉·库赞以及普勒一家，杜罗侯爵和简·韦尔斯利**，比尔·德拉蒙德，艾伦·福里斯特，罗伯特·吉尔德，劳埃德·格罗斯曼，希思－考德威尔（感谢他善意的馈赠，以及对他为人推崇的家庭档案的介绍），大卫·凯尼恩，安妮·莱尔斯（感谢她在画家约翰·康斯太布尔方面的帮助、鼓励及热情），皮普斯·麦克唐纳，凯文·罗杰斯，马丁·斯泰尔斯，奈杰尔·塔尔博特和格罗夫纳版画的员工。

---

* 原版中没有包含参战军队序列的主要原因是，作品的长度大大超过了当初出版社和作者的预期，所以无法再增加一份多达几十页的序列。为了方便理解，在征得作者同意后，本书的中文版弥补了这个缺憾。

** 两人均是第八代威灵顿公爵的子女。因为其父在本书英文版面世的那一年年底去世，这里的杜罗侯爵查尔斯·韦尔斯利（Charles Wellesley）正式成为第九代威灵顿公爵。

我必须感谢国家陆军博物馆的阿拉斯泰尔·马西,允许我引用他们收藏的手稿,以及那里员工们的帮助;大英图书馆的工作人员;剑桥大学图书馆;牛津大学博德利图书馆的亚历山德拉·富兰克林;阿普斯利邸宅的约瑟芬·奥克斯利;南安普顿大学特色馆藏的前负责人克里斯·伍尔加教授和档案馆的工作人员,尤其是感谢他们归还了我笔记本电脑的导线;华威大学的马克·菲尔普和凯瑟琳·阿斯特伯里,感谢他们在"百日王朝"展览的筹备阶段同我进行了有益的初步交流。

通过由沃尔夫冈·西勒森、菲利普·卡埃内尔、阿尔贝托·米拉诺、罗尔夫·赖夏特组织的会议和展览,我对拿破仑时代的兴趣受到了很大的激发,对其争议有了更全面的了解。关于法国方面,我要感谢帕斯卡尔·迪皮伊(他在英国和法国的新闻和漫画方面提供了宝贵的建议)、菲利普·德·卡尔博尼埃(不久,他的漫画版大军团会出版)、斯特凡纳·卡尔韦、马蒂娜·萨迪翁。

一如既往,我非常感激我的代理人朱利安·亚历山大,定期举办活动的东道主与朋友布拉德肖夫妇、莫布斯夫妇、克雷格夫妇,以及我战争游戏的老对手、作家同行罗伯特·法布里和已经忍了我很久的家人们(我的儿子终于证明了他自己的价值:我的一个注释要归功于他的考证)。

我特别感谢希拉·奥康奈尔和她在大英博物馆版画室的同事。在那里,我一直为展览"波拿巴与英国人"(2015年2—8月)的筹备与组织管理工作提供帮助。这两项工作不可避免地产生了冲突,而大英博物馆的员工对我致力于滑铁卢会战的研究表现出了非常大的耐心。与此同时,这两者之间又有大量的互动交流,而且同那里遇到的大量才思敏捷的专家探讨思路、论究想法让人获益匪浅。

注 释

AN Archives nationales, Paris
BL British Library, London
BM British Museum, London
BNP Bibliothèque nationale, Paris
ImofFr Image of France (website)
NAM National Army Museum, London
SHD Service historique de la Défense, Vincennes
TNA The National Archives, London
WD Wellington's Dispatches
WSD Wellington's Supplementary Dispatches

序言 这场以"小时"计量的短暂战役

1 Lean, *Napoleonists*, 261.
2 Gneisenau to Hardenberg, 22 June 1815, in Delbrück, *Leben*, 531.
3 Creevey, *Creevey Papers*, 236.
4 Pringle, 'Remarks', cxli.
5 Wellington to John Wilson Croker, 8 August 1815 in *WD*, XII, 590.
6 Wellington to Sir John Sinclair, 13 and 28 April 1816 in *WSD*, X, 507. 辛克莱编辑了米夫林的 *History of the Campaign*（1816）。
7 Wellington to William Mudford, 8 June 1816 in *WSD*, X, 509.
8 Ellesmere, *Personal Reminiscences*, 192.
9 James in Glover, *Waterloo Archive*, I, 6.
10 阿克斯布里奇伯爵最爱的第七骠骑兵团的"完全溃败"便是一个例子，他写给该团军官的信件给出了自己授权的版本，见本书第34章。
11 Gourgaud, *Campagne*, iii；为奈伊的辩护开始自 Gamot 的 *Réfutation* 和 Janin 的 *Campagne de Waterloo*。
12 Carey, 'Commissariat officer', 730.
13 Waymouth in Siborne, *Letters*, no.25.
14 例如，Erckman 与 Chatrian 的虚构回忆录 *Waterloo* 就被 Adkin 引用了，*Waterloo Companion*, 346，就好像它是一本真的回忆录，但是作者声称他们的作品是基于对老兵真实采访的小说。

1 紫罗兰的季节

1 见 Woodberry, *Journal*, 271；依照 Jean Canu 在1815年3月27日印制的 *Violettes du 20 Mars* (BM 1868,0808.8194)。一幅有关紫罗兰的版画也由 Marchand 在1814年9月出版 (ImofFr.no.4390)。
2 Schom, *Hundred Days*, 13—15.
3 Mauduit, *Derniers jours*, I, 204—10, 不过见 Waresquiel, *Cent Jours*, 86—92。

4 Foulkes, *Dancing into Battle*, 30.
5 Levavasseur, *Souvenirs Militaires*, 261—74.
6 Amabel Yorke, Lady Lucas, diary, 30, 67—8.她记录了威灵顿公爵夫人于3月13日离开巴黎；Ravard于1815年3月27日写给他兄弟的信，见Calvet, *Destins de braves*, 43。
7 Edmund Walcot in Brett-James, *Hundred Days*, Ⅱ，见Waresquiel, *Cent Jours*, 47—53。
8 Postmaster Antoine-Marie Lavalette in Brett-James, *Hundred Days*, 14; Bourdon de Vatry in Grouchy, *Mémoires*, 98—9.
9 Chevalier, *Souvenirs*, 316; Martin, *Souvenirs*, 268; Canler, *Mémoires*, 14.
10 Houssaye, *1815: Waterloo*, Ⅰ.
11 *Je jure que ça sent la violette* (BM 1868, 0808.8242).

2　恶魔出笼

1 Pitt-Lennox, *Three Years*, 100—1. 来自奥地利驻里窝那领事的一封函件只是说拿破仑从厄尔巴岛消失了，这使得梅特涅立即召开了一场会议；消息虽然被保密，不过传言甚嚣尘上(Muir, *Britain and the Defeat*, 344)。
2 Hamilton-Williams, *Waterloo*, 44—8; Hofschröer, *German Allies*, 30—8.
3 Morris, *Memoirs*, 55.
4 Miller, *Duchess of Richmond's Ball*, 45; 见Moore Smith, *Life of John Colborne*, 210—13。
5 Mackworth in Glover, *Waterloo Archive*, Ⅳ, 8.
6 *Capel Letters*, 97—8; Hope, *Military Memoirs*, 92; Miller, *Duchess of Richmond's Ball*, 46—7 and 28.
7 Wheatley, *Diary*, 57.

3　荣誉、自由与和平

1 Richard Whately, *Historic Doubts relative to Napoleon Buonaparte*, Oxford 1819, Third edition 1827, 2; Walter Scott, 引自Simon Bainbridge, *Napoleon and English Romanticism*, Cambridge 1995,9。
2 Couvreur, 'Des Belges à Waterloo', 24.
3 Gibney, *Recollections*, 146—7.
4 Waresquiel, *Cent Jours*, 217; James, *Campaign of 1815*, 13n.
5 Charras, *Campagne de 1815*, 6, 11—12.
6 Mathieu Molé, 道路和桥梁总干事, in Tulard, *Napoleon*, 335。
7 Waresquiel, *Cent Jours*, 86—7; Bertaud, 'Regard des Français', 112.
8 Martin, *Souvenirs*, 268.
9 建筑师皮埃尔·方丹写于蒂拉尔的日记，*Napoleon*, 335。
10 Pion des Loches, *Mes Campagnes*, 465.最近的研究倾向于强调对波拿巴的欢迎模棱两可的性质。见Forrest, 'Des droits de l'homme à Waterloo', 70—1; Calvet, *Destins de braves*, 195—6。
11 Ravard in Calvet, *Destins de Braves*, 43; Lemonnier-Delafosse, *Campagnes*, 348—50. Martin, *Souvenirs*, 167,马丁于1813年接受了一面鹰旗，并以非常相似的方式描述了这一经历。

4　鹰钩鼻佬接手指挥

1 WD, Ⅻ, 288.普鲁士国王以布吕歇尔侯爵替换了克莱斯特。格奈泽瑙于4月2日抵达亚琛接手指挥，布吕歇尔于4月12日抵达。
2 WD, Ⅻ, 292.
3 Longford, *Years of the Sword*, 32—3.
4 Chandler, *Waterloo*, 43.
5 Longford, *Years of the Sword*, 114—22.

6 Charles Greville, *The Greville Memoirs: a Journal of the Reigns of King George IV, King William IV and Queen Victoria*, ed. Henry Reeve, 3 vols, London: Longmans, Ⅱ, 83.滑铁卢战役期间，格雷维尔是巴瑟斯特伯爵的私人秘书。
7 Chandler, *Waterloo*, 41—7.
8 Bell, *Letters*, 230.
9 Tomkinson, *Diary*, 273.
10 Amabel Yorke, diary, 30, 68; Gibney, *Recollections*, 148—9.
11 Muir, *Britain and the Defeat*, 354.
12 Couvreur, 'Des Belges à Waterloo', 24 and 26.
13 4月10日，威灵顿预计会得到萨克森、不伦瑞克、奥尔登堡、拿骚和汉萨同盟城市的部队。两天后，他抱怨除了萨克森，仅有可能得到不伦瑞克的军队，并希望葡萄牙军队能够到来（*WD*, Ⅻ, 296, 300 and 302）。
14 Jacobi in Glover, *Waterloo Archive*, Ⅱ, 121—3.
15 *WD*, Ⅻ, 319.
16 *WD*, Ⅻ, 358.

5　普鲁士人

1 Lieber, *Letters*, 99.
2 Grolmann, 'The English and Prussian Armies', 291.
3 Schmidt, *Prussian Regular Infantryman*, 43.
4 Jackson, 'Recollections', part 3, 2.
5 Chandler, *Waterloo*, 51.
6 Hofschröer, *German Allies*, 100.
7 *WSD*, Ⅹ, 62; Ollech, *Feldzuges von 1815*, 20—25.
8 *WD*, Ⅻ, 293—4.
9 *WSD*, Ⅹ, 69—70; *WD*, Ⅻ, 311. Muir 在 *Britain and the Defeat*, 352 中认为 "与一些记述相反，格奈泽瑙表现出颇倾向于与英国人紧密合作"。
10 *The Examiner*, Ⅸ, 308.
11 *WSD*, Ⅹ, 204—5, 216.
12 *WD*, Ⅻ, 346.
13 Müffling, *Memoirs*, 231—2; Houssaye, *1815: Waterloo*, 116—17; Chesney, *Waterloo Lectures*, 119; Ollech, *Feldzuges von 1815*, 45. Müffling, 224, 米夫林声称，划分普鲁士人与英国人之间的分界线是他的主意，他与洛在3月达成共识，之后由威灵顿批准。
14 Ollech, *Feldzuges von 1815*, 45—6; *WSD*, Ⅹ, 239.
15 Ollech, *Feldzuges von 1815*, 38—9; Nostitz, 'Tagebuch', Ⅱ. *WD*, Ⅻ, 345, 349—50.
16 *WD*, Ⅻ, 350.

6　勇者的荣誉

1 Charras, *Campagne de 1815*, 15.
2 Fouché, *Memoirs*, 283.法国和英国正处于和平状态，但如果富歇所言不虚，这是典型的英国贪婪商业主义。
3 Morris, *Memoirs*, 50.
4 Calvet, *Destins de braves*, 123.
5 Calvet, *Destins de braves*, 58, 134.
6 Calvet, *Destins de braves*, 134n from SHD, 22 Yc 107 (*registre matricule* of the 13th Demi-brigade of Light Infantry).
7 'Rectification de quelques faits relatifs à la campagne de 1815 par un officier général ayant combattu à Waterloo' in *Souvenirs et correspondance*, 93.
8 Bowden, *Armies at Waterloo*, 18, note.
9 Bonaparte, *Mémoires*, 161—2.
10 贝尔蒂埃的意图和死亡都从没被解释过。于6月9日听到"自杀"消息的皇家骑炮兵指挥官奥古斯塔斯·弗雷泽认为贝尔蒂埃当时面临很不利的环境："众人皆知对波拿巴完全有利的他一直受到警察的监视。(*Letters*, 531)"
11　Guyot, *Carnets*, 288—9.
12　苏尔特于1815年6月1日下的动员令，in Mauduit, *Derniers jours*, Ⅰ, 463—8。
13　Las Cases, *Mémorial*, 1823, VII, 179—82;被Houssaye错误引用, *1815: Waterloo*, 499—500, 见Le Gallo, "'Waterloo' de Houssaye", 58—9。

7　世间的渣滓

1　Mainwaring, 'Four Years', 406.
2　Hope, *Military Memoirs*, 379.
3　James, *Journal*, 6; Gibney, *Eighty Years Ago*, 156.
4　Tomkinson, *Diary*, 273—4; Mercer, *Journal*, 7; Edward Heeley Journal, NAM 1984-09-98.
5　Frazer, *Letters*, 487; Wheeler, *Letters*, 160.
6　Haythornthwaite, *Waterloo Armies*, 41.
7　Haythornthwaite, *Armies of Wellington*, 54.
8　Hennen, *Military Surgery*, 159, 172.
9　A British Officer, 'The Statements of the Pussian Generals Grollmann and Muffling refuted', *United Service Journal*, XC Ⅱ (July 1836), 311.1815年6月关于军事惩罚的议会辩论中，有人指出，第十骠骑兵团在一年里有62人受到了1.41万次鞭笞，并且"没人胆敢在查林十字街对着自己的宠物施加英国士兵习惯遭受的残忍惩罚"(*Morning Post*, 22 June 1815, 2)。这一体制直到1880年才被废弃，威灵顿公爵强烈倡导强制执行体罚的严格纪律，并对这一体制的长寿负主要责任。
10　自1782年开始，步兵团拥有一些地区性的隶属关系，但通常只是名义上的。"皇家苏格兰"团18%的士兵是苏格兰人，42%是爱尔兰人，37%是英格兰人；第七十三团原本是一个高地团，其士兵中20%是苏格兰人；"韦尔奇燧发枪兵"团27%的士兵是威尔士人。这一规则的例外是第二十七"恩尼斯基伦燧发枪兵"团最初招募的士兵中96%是爱尔兰人（一半是新教徒，一半是天主教徒），而3个穿苏格兰方格呢短裙的高地团的情况如下："戈登"高地人团和"黑卫士"团89%的士兵是苏格兰人，"卡梅伦"团的比率是82%。在他们中间，士兵通常以盖尔语交谈。TNA, WO 27/77; Haythornthwaite, *Waterloo Men*, 11。
11　Playford, *Lifeguardsman*, 9.
12　Morris, *Memoirs*, 51.
13　洛曾经在1813—1814年作为西里西亚军团的特派员，因此当亨利·哈丁加入普鲁士参谋部作为联络官时，他得以向哈丁简要介绍格奈泽瑙和普军军需总监卡尔·冯·格罗尔曼将军的个性(Müffling, *Memoirs*, 215)。
14　Frazer, *Letters*, 520; Gibney, *Eighty Years Ago*, 173.
15　Mackworth in Glover, *Waterloo Archive*, Ⅳ, 14.
16　Urban, *Rifles*, 261.
17　Woodberry, *Journal*, 292—3.
18　Woodberry, *Journal*, 302.
19　Mercer, *Journal*, 115.
20　Mercer, *Journal*, 92.
21　Mercer, *Journal*, 108—9.

8　情　报

1　1815年5月8日威灵顿写给查尔斯·斯图尔特勋爵的信，*WD*, XⅡ, 359。
2　Fouché, *Mémoires*, Ⅱ, 341—3; De Bas and Wommerson, *Campagne de 1815*, Ⅰ, 346; Mauduit, *Derniers jours*, Ⅰ, 495; Hamilton-Williams, *Waterloo*, 108. 来自巴黎的秘密情报是一笔宝贵的资产，需要受到谨慎的保护，米夫林在他的回忆录(Müffling, *Memoirs*, 218)中确认了这一点："威灵顿公爵口头向我传递所有我想知道的消息，其中包括所有他从巴黎得到的秘密情报，我认为这些交流是很机密的，就上述话题面对司令部的所有军事来使均严格保持沉默。" Creevey Papers, Ⅰ, 227。

3　*WD*, Ⅻ, 336.
4　1857年，威廉·内皮尔提出格兰特身处"英军前哨前方"的观点。很久之前，普夫卢克-哈通（*Vorgeschichte*, 220—2）令人信服地逐点质疑了内皮尔。归功于助理军需总监科洪·格兰特的未刊出战斗序列(Wellington papers 1/466/42)的标题为 'Quartier Général à Bruxelles 7 juin 1815'。关于格兰特，见 Haswell, *Spy*, 220; Hamilton-Williams, *Waterloo*, 148; Fletcher, *Desperate Business*, 31—2; Uffindell, *Eagle's Last Triumph*, 59—60, 81.
5　*WD*, Ⅻ, 362, 5月8日威灵顿写给哈丁的信。日记作者范妮·比尔内的丈夫 Alexandre d'Arblay 便是其中之一。
6　*WD*, Ⅻ, 323.
7　后期于布吕歇尔手下服役的德恩贝格一直同法国人战斗到1806年。在法国人征服德意志后，卡塞尔成为拿破仑新王国威斯特法伦的首都，他逃到英国，组织针对家乡的法国统治者的抵抗运动。在成员包括格奈泽瑙、格罗尔曼和不伦瑞克公爵的德意志地下爱国运动"美德同盟"（Tugendbund，或译"道德同盟""道德协会"）的协助下，作为1809年民族暴动的一部分，德恩贝格密谋在威斯特法伦策动起义。德恩贝格承担的那部分任务很危险，他被安插在卡塞尔作为一名双面间谍，指挥国王热罗姆的近卫猎兵。最后，拿破仑迅速击败了奥地利人，而普鲁士同谋者未能说服他们的国王宣战。起义被粉碎了，包括德恩贝格以5000人夺取卡塞尔的尝试。乔装出逃的德恩贝格头部受伤，但是加入了向易北河河口突围的不伦瑞克黑色军团。之后德恩贝格一直跟随英军作战，直到1812年被派往北德意志去煽动那里的爱国抵抗运动。"美德同盟"是普鲁士的一个秘密协会，致力于在《蒂尔西特和约》签订后恢复民族精神。1809年起义后，它遭到了法国人的镇压。见 Müffling, *Memoirs*, 226：《格奈泽瑙、博延、格罗尔曼被指出是美德同盟最活跃的成员，他们被指控有很强烈的反保王主义倾向。》
8　*WSD*, Ⅹ, 217—18; 261—2.
9　*WD*, Ⅻ, 360, 8 May; 366—7, 9 May; *WSD*, Ⅹ, 12/14 May; *WD*, Ⅻ, 372, 11 May. 米夫林之前是普鲁士军队的军需总监，但被格奈泽瑙所取代，而在蒂嫩会议后不久，布吕歇尔将他的司令部移至那慕尔时，米夫林取代勒德尔作为普鲁士驻英军司令部代表。
10　在他提议米夫林成为巴黎总督时，*WD*, Ⅻ, 410。
11　*WD*, Ⅻ, 11 May. *WSD*, Ⅹ, 275—6; Hervey, 'Letter', 431.
12　Hussey, 'At what time', 90—1.
13　*WSD* Ⅹ, 423—4. 兴奋于他所听到的，拉波特里伯爵将他的间谍带给了德恩贝格，并提供给威灵顿做进一步的审讯。报告是蒙斯的尼德兰指挥官贝尔将军提交给奥兰治亲王的。
14　Ilbert in Glover, *Waterloo Archive*, Ⅲ, 189; *WSD*, Ⅹ, 368.
15　Dörnberg-Hausen, *Dörnberg*, 176; Pflugk-Harttung, *Vorgeschichte*, 291—2.
16　Bonaparte, *Mémoires*, Ⅸ, 53.
17　*WD*, Ⅻ, 378; Mercer, *Journal*, 125：《我们事后得知，同一天晚上，多名军官被派到我们的营地，已确认我们是否还安静地待在那里，等等。》Barral, *L'épopée de Waterloo*, 71—3; Pawly, *Imperial Headquarters*, 8。

9　等待入侵法国

1　列兵 Charles Stanley http://www.militaryheritage.com/waterloo.htm；另见 Glover, *Waterloo Archive*, Ⅲ, 25, cp. Tomkinson, *Diary*, 276; 价格来自 Woodberry, *Journal*, 294—5; Wheeler, *Letters*, 162。
2　Ompteda, *Memoir*, 26—7; Brandis in Glover, *Waterloo Archive*, Ⅴ, 51—2.
3　Wheeler, *Letters*, 162; Morris, *Memoirs*, 64.
4　Robertson, *Journal*, 115, 126, 138.
5　Kinchant in Glover, *Waterloo Archive*, Ⅲ, 30.
6　Frazer, *Letters*, 514; Staveley, NAM 1999.06.149; Thorpe, 'Two Diaries of Waterloo', 548.
7　Mackworth in Glover, *Waterloo Archive*, Ⅳ, 17.
8　Jackson, *Notes and Reminiscences*, Ⅱ; Capel, *Letters*, 102.
9　Jeremiah, *Life and Adventures*, 17. Frazer, *Letters*, 521—4; Mercer, *Journal*, 117—22; Glover, *Corunna to Waterloo*, 256—7.
10　Jeremiah, *Life and Adventures*, 18.

11　Jeremiah, *Life and Adventures*, 18; Glover, ed. *Corunna to Waterloo*, 257.
12　Staveley, NAM 1999.06.149.
13　Hofschröer, *German Allies*, 122.
14　Delbrück, *Leben*, 511—12; Lettow-Vorbeck, *Untergang*, 180—1; Hofschröer, *German Allies*, 120.
15　Woodberry, *Journal*, 299—300.
16　Wheeler, *Letters*, 164.
17　Heeley, 'Journal', 105.
18　Fouché, *Memoirs*, Ⅱ, 291.

10　法军的行动

1　Mauduit, *Derniers jours*, Ⅰ, 496.
2　Heymès in Elchingen, *Documents inédits*, 2—3, *Waterloo: Récits de combattants*, 43; Levavasseur, *Souvenirs Militaires*, 287—8.令人好奇的是，奈伊副官们的记述有很大不同。勒瓦瓦瑟尔当时正待在奈伊位于埃夫勒附近库弗霍的庄园里，他暗示收到信件时奈伊也在那里，并且立即出发了，而勒瓦瓦瑟尔则途经他位于皮卡第的家出发。加莫的说法与之相同。埃梅斯的说法不可靠，他声称奈伊从巴黎出发，与皇帝在同一天抵达拉昂，并于阿韦讷和皇帝共同进餐。更可能的是奈伊到了沙勒罗瓦才追上皇帝。
3　Martin, *Souvenirs*, 269; 'Lettre', 495; Canler, *Mémoires*, 15.
4　Martin, *Souvenirs*, 272—3; 'Lettre', 495.
5　Grouchy, *Mémoires*, Ⅳ, 126.
6　Berthaut, *Ingénieurs* Ⅱ, 407; Houssaye, *1815: Waterloo*, 318n.地图原件以1∶11520比例绘制在275张手工彩色纸上（每张尺寸为900毫米×1400毫米）。有3幅复制图可以在网上查阅到。
7　*Journal général de la litterature étrangère*, Paris 1808, 170; 1814, 82; Reiche, *Memoiren*, Ⅱ, 201n.
8　Drouet d'Erlon, *Vie Militaire*, 94.
9　Hornn, *Narrative*, 54.
10　Martin, 'Lettre', 496.
11　Order of the day in *WSD*, Ⅹ, 465—7 and Mauduit, *Derniers Jours*, Ⅱ, 7—8;士兵对它的反响另见Canler, *Mémoires*, 14 和 Robinaux, *Journal de Route*, 206。
12　由Couvreur, 'Des Belges à Waterloo', 24—5鉴别。Guilleminot和Lobau也是。
13　Biot, *Souvenirs anecdotiques*, 233.
14　Bowden的数据（*Armies at Waterloo*, 309）剔除参谋和医务人员，最深入的研究是12.2652万人。

11　镇　静

1　*WSD*, Ⅹ, 456.
2　Ollech, *Feldzuges von 1815*, 89—90.
3　*WSD*, Ⅹ, 470; Vivian in Siborne, *Letters*, no.70.
4　Müffling, *Memoirs*, 220.
5　Fouché, *Mémoires*, 341—3.这一说法被de Bas和Wommerson所接受, *Campagne de 1815*, 346。
6　这一故事在没有任何进一步证据证明的情况下，由格兰特的传记作者Haswell（220）阐述。这看起来很奇怪，因为如果它被送到威灵顿那里，却为何没出现在威灵顿的文件中。
7　Madelin, *Fouché*, Ⅱ, 382.在圣赫勒拿岛，拿破仑告诉古尔戈："如果我是滑铁卢战役的获胜者，我会马上用枪将他射死。"（Latimer, *Talks of Napoleon*, 188.）
8　Amabel Yorke, Lady Lucas diary, XXX, 158—9.
9　Keppel, *50 Years*, 136.
10　Maxwell, *Life of Wellington*, Ⅱ, 10.
11　Houssaye, *1815: Waterloo*, 109; Gneisenau to Hardenberg in Delbrück, *Leben*, 518; *WSD*, Ⅹ,

449—50; *WD*, XII, 462.
12 Reiche, *Memoiren*, II, 153—4.
13 Dornberg-Hausen, *Dörnberg*, 176; Pflugk-Harttung, *Vorgeschichte*, 292.
14 Lettow-Vorbeck, *Untergang*, 196; Hussey, 'At what time', 92.
15 Ollech, *Feldzuges von 1815*, 88.
16 *WSD*, X, 476.
17 Uffindell, *Eagle's Last Triumph*, 65; Ollech, *Feldzuges von 1815*, 90—1; Lettow-Vorbeck, *Untergang*, 197—8; Hussey, 'At what time', 93.

12 法军越过边境

1 Barrington in Glover, *Waterloo Archive*, IV, 135.英军第十五骠骑兵团的 Thackwell 上尉证实，5月底与6月初的天气非常不稳定，雨几乎每天都下。萨克威尔每日日记的开头都有一个简短的天气报告（Wylly, *Military Memoirs*, 69）。弗雷泽在信中写道（Frazer, *Letters*, 530），他于6月6日"冒着我记忆中最大的雨情"前往根特。见Wheeler and Demarée, 'Weather of the Waterloo campaign'.
2 Mauduit, *Derniers Jours*, I, 500—6; *WSD*, X, 472—5; Bonaparte, *Mémoires*, 61, Bowden, *Waterloo Campaign*, passim, for troop totals.
3 Gourgaud, *Campagne*, 43, 古尔戈称旺达姆失踪了；Janin, *Campagne de Waterloo*, 6—7, 雅南则说因为唯一的信使摔断了腿而未能找到他。另见 Mauduit, *Derniers Jours*, II, 9—10; Colson, *Rogniat*, 504—6. Berthezène, *Souvenirs Militaires*, II, 360, 旺达姆的一位师长贝尔特泽纳称，因为帝国司令部征用了旺达姆的住处，旺达姆一怒之下离开了，没有告诉任何人自己将会在何处过夜，这也是命令未能送到他手上的原因。
4 Pontécoulant, *Napoléon à Waterloo*, 194—5.
5 坐骨神经痛是莫尔捷缺席的通常解释，Levavasseur, *Souvenirs militaires*, 288, 勒瓦瑟尔称莫尔捷收到了一封类似奈伊收到的信件，并骑马来到了阿韦讷，但是之后失宠而被留在了后方。

13 普军前哨遭到攻击

1 Nostitz, 'Tagebuch', 50.
2 Nostitz, 'Tagebuch', 18; Ollech, *Feldzuges von 1815*, 64—7.
3 齐滕的计划设想在"弗勒吕斯位置"一战，其完整内容见 Reiche, *Memoiren*, 407—9。
4 第二轻步兵团有时被声称属于热罗姆师，比如 Adkin, *Waterloo Companion*, 60。不过雷耶的15日报告（SHD C15, nr.5, 由 de Wit 刊出）证明该团作为巴舍吕师的先导。另参见 Dumas, *Histoire du 2e régiment*, 298. 迈格罗曾跟随桑布尔军团征战4年，并在1794年的弗勒吕斯会战中受伤。之后，他于1798年成为执政卫队的一名掷弹兵，1806年在老近卫军中获升军官，1813年升任上校。在莱比锡会战期间，他指挥第十六团负伤3次，并在战场被俘。
5 雷耶在6月15日写报告给苏尔特。这些原件保存在万塞讷的法国国家军事历史档案馆（C15, nr.5)的命令、报告与大多数普鲁士以及英荷联军文件可以参考由 Pierre de Wit 创建的优秀网站 The Campaign of 1815: a Study (http://www.waterloo-campaign.nl)。没有注明其他来源时，本书中引用的文件可以在那里找到原始语言转录版。
6 Biot, *Souvenirs anecdotales*, 234—6. 多蒙被命令将他的炮连留在后方与步兵一同行动，所以比奥需要从帕若尔的两个炮连中调来一门火炮。De Wit 修正了 Damitz 和 Ollech 的地名错误。
7 Guyot, *Carnets de Canpagnes*, 290.
8 Reiche, *Memoiren*, II, 157, 赖歇称给布吕歇尔的第一份消息在5点发出，之后他前去发射号炮。他记不清那时是否向威灵顿发送了讯息，不过指出梅尔伦知道事情的进展。
9 Hofschröer, *German Allies*, 170—2.
10 关于这一争论不休的问题，见 Pedlow, Hussey 和 de Wit，3人均同意齐滕所谓的"日记"是不可靠的，而在上午9点那条讯息（这条消息如今也不存在了）发出之前，齐滕没有向威灵顿传递任何消息。不管怎样，威灵顿都会忽略一条只是告诉他警报于夜间沿着前哨线传来的消息。（译者注：这里作者指的是英普间一场旷日持久的争论。普鲁士一方认为齐滕在凌晨第一声炮响后就向威灵顿通报了法军进攻的消息，威灵顿于上午9点收到，但是一直到傍晚才发布行军的命令，从而延误了战机，对第二天的战斗产生了重大影响；而英国一方则认为，威灵顿是在15日下午3点，甚至更晚的时候才收到法军发动攻势的信息，所以才迟迟没有行动。）

11 除非他走了漫长的让布卢至瓦夫尔路，信使同样需要谨慎驾驭，因为在其他道路上没有供信使使用的驿用马匹换乘。（译者注：此处是指上一注释提到的问题的延伸，即如果当天齐滕方面给威灵顿唯一的一条消息是在上午9点发出，它为什么会用那么长时间才送抵布鲁塞尔。）

14　沙勒罗瓦的陷落

1 Powell 在 Siborne, *Letters*, no.108 中引用他的日志，内容大意是"下午2点，龙骑兵带来了法军正越过前线，并集结旅部做好移动准备的消息。8点，第二个龙骑兵抵达，带来了普鲁士人被迫渡过桑布尔河的情报"。虽然"我清楚地记得它们"，但之后才记下了这一"日志"，所以时间有可能不太准确。

2 Robinson, *Quatre Bras*, 46; Brandis in Glover, *Waterloo Archive*, Ⅴ, 53; Morris, *Memoirs*, 66.

3 Willem van Reede to Willem von Nagel in Franklin, *Netherlands Correspondence*, 27—8; *WD*, XⅡ, 469—72; Godert van der Capellen to Willem von Nagel in Franklin, *Netherlands Correspondence*, 26.

4 Hussey, 'At what time', 100—1.

5 Reiche, *Memoiren*, Ⅱ, 196; 人物个性的描述基于诺斯蒂茨的评价，Nostitz, 'Tagebuch', 50—1。

6 Panhuys in Franklin, *Netherlands Correspondence*, 28; Ollech, *Feldzuges von 1815*, 99—100; Hussey (his translation of the report to Müffling); Parkinson, *Hussar General*, 217 in Uffindell, *Eagle's Last Triumph*, 52.

7 Pétiet, *Souvenirs Militaires*, 189—90.

8 Heymès in Elchingen, *Documents inédits*, 4 or *Waterloo: Récits de combattants*, 43—4; Houssaye, *1815: Waterloo*, 122. 拿破仑征用了所有的驿马，所以奈伊从一个农民处购买了他所能买到的东西。他们将马车留在了博蒙，奈伊的秘书和财物保管员也至少跟随他们到达那里。

9 按照帕若伊的说法 (Houssaye, *1815: Waterloo*, 121)，奈伊的抵达时间是中午，而埃梅斯则称 (Elchingen, *Documents inédits*, 4; *Waterloo: Récits de combattants*, 44) 是下午7点，实际上是在下午2点到3点30分之间，并且奈伊同拿破仑的会晤可能持续了一些时间；见 Houssaye, *1815: Waterloo*, 122—4。

15　日利、戈斯利与弗拉讷的前哨战

1 Mauduit, *Derniers Jours*, Ⅱ, 13.

2 Ollech, *Feldzuges von 1815*, 101.

3 Reiche, *Memoiren*, Ⅱ, 159.

4 Siborne, *Waterloo Campaign*, 35n. 'Einerlei was das Volk für ein Zeichen ansteckt! Hundsfott bleibt Hundsfott.' "Hundsfott"是一个德文脏词，表示怯懦、肮脏、可鄙。派生自"狗的阴门"一词，不是很容易翻译。

5 Reiche, *Memoiren*, Ⅱ, 165.

6 在戈斯利发生了什么是有争论的，因为双方的报告难以调和。施泰因梅茨声称他重夺了镇子，不过这似乎是不可能的，因为迈格罗能够先抵达那里。见 Houssaye, *1815: Waterloo*, 128—9; Reiche, *Memoiren*, Ⅱ, 167; Ollech, *Feldzuges von 1815*, 101; Damitz, *Feldzuge von 1815*, Ⅰ, 68; Lettow-Vorbeck, *Untergang*, 261。

7 Glover, *Waterloo Archive*, Ⅱ, 152—4; Bijleveld in Franklin, *Netherlands Correspondence*, 103; Mittelacher, 'Nassauers at Hougoumont'.

8 Martinien, *Tableaux*, 789.

9　Döring in Glover, *Waterloo Archive*, Ⅱ, 164.
10　Basslé in Franklin, *Netherlands Correspondence*, 30—1; Gagern in Franklin, *Netherlands Correspondence*, 60—1.
11　Bernhard in Glover, *Waterloo Archive*, Ⅱ, 147—8; Sattler in Glover, *Waterloo Archive*, Ⅱ, 152—3; Lefèbvre-Desnouëttes' report to Ney (James, *Campaign of 1815*, 74—5).令人好奇的是，虽然拿骚人和法国人都提到了四臂村一个信标发出的火光，它似乎并不是用来给所有人发送警报的。或许它并不属于一连串通向布鲁塞尔的信号装置，只是用来让当地部队看到。
12　Gourgaud, *Campagne*, 47. Berthezène, *Souvenirs Militaires*, Ⅱ, 359, 贝尔泽纳写道，苏尔特告诉他说自己见证了这一对话，其中奈伊被命令在当晚夺取四臂村。德隆则断然否认了奈伊被期望夺取四臂村（*Vie militaire*, 94—5）。雅南指出，四臂村在1794年的战役中没有扮演任何角色，不过罗马古道同布鲁塞尔大道的交叉路口是中心所在（Janin, *Campagne*, 12—17）；他推测奈伊混淆了两者，但是强调这种情况下没有明智的将领会力图夺取四臂村。关于这些问题的一个很好的探讨，以及奈伊当晚的活动，见Laudy, 'Bourgogne du Maréchal Ney'。
13　James, *Campaign of 1815*, 74—5.

16　法军与普军的营地

1　Trefcon, *Carnet de campagne*, 83; Elchingen, *Documents inédits*, 5, *Waterloo: Récits de combattants*, 45.尽管埃梅斯声称如此，但是奈伊并没有前去拜访拿破仑。参见Laudy, 'Bourgogne du Maréchal Ney', 331—2。
2　根据Gourgaud, *Campagne*, 47，拿破仑早就告诉赖歇和德隆，他们听从奈伊指挥，并且命奈伊通知德隆召集守卫桑布尔河桥梁的部队，但是根据德隆的说法，这应是皇帝做的事情，而不是由他去做。Brouwet, 'Quatre documents', 360, 德尔康布尔给东泽洛的指示警告他桥梁必须在6月15日被切断。基奥是阿利克斯所属的师的代理指挥官。阿利克斯被拿破仑任命为里尔的一个政府委员会的负责人，他是拿破仑的忠诚支持者，直到法军守卫巴黎时他才重返军队。
3　Brouwet, 'Quatre documents', 361—2.
4　Martin, *Souvenirs*, 275.
5　Grouchy, *Relation succincte*, first series, 12 and 13 series, 11, 14.
6　Mauduit, *Derniers Jours*, Ⅱ, 32.
7　Reiche, *Memoiren*, Ⅱ, 169; Bowden, *Armies at Waterloo*, 323—4.
8　Ammon and Herold, *Leben... Nagel's*, 125.
9　Lieber, *Letters*, 101—2; Schmidt, *Prussian Regular Infantryman*, 13—14; Bagensky, *Geschichte des 9ten*, 233.
10　Hofschröer, *German Allies*, 218—19.
11　Reiche, *Memoiren*, Ⅱ, 172.

17　里士满公爵夫人的舞会

1　Ellesmere, *Personal Reminiscences*, 185: "我习惯于3点准时吃正餐。"
2　米夫林 (*Memoirs*, 214) 提出像马奇伯爵（即里士满公爵之子）一样的副官最快的速度是每小时14英里。赫西（'At what time', 107）认为是下午4点30分至5点。
3　在他的 *History*, 1中，米夫林写道：这一消息于4点30分送抵公爵那里。许格尔下午6点的信写于米夫林听到公爵第一道命令发布之后。见Hussey, 'At what time', 110—12。威灵顿称奥兰治的消息首先抵达，米夫林的在之后不久抵达(Ellesmere, *Personal Reminiscences*, 185—6)。
4　Müffling, *Memoirs*, 221—2.
5　Hervey, 'Letter', 431.
6　Hussey, 'At what time', 108, 110; Jackson, *Notes and Reminiscences*, 12. 德兰西夫人的日程安排大约晚两到三小时。
7　Hussey, 'At what time', 109; Vivian in Siborne, *Letters*, no.71;阿克斯布里奇的一个副官托

马斯·怀尔德曼在他为舞会着装打扮时了解到交战的消息，NAM 1981-12-53-557。
8 Mudie, 'Operations of the Fifth', 172.
9 Bridgeman, *Young Gentleman at War*, 176—7.
10 Mudie, 'Operations of the Fifth', 172; Cadell, *Narrative of the Campaigns*, 231—2.
11 *Flying Sketches*, 18; Scott, *Paris Revisited*, 92—3; Owen, *Waterloo Papers*, 7; Mudie, 'Operations of the Fifth', 172.
12 Chesney, *Waterloo Lectures*, 61; Ilbert in Glover, *Waterloo Archive*, Ⅲ, 192, 194.
13 Bernhard in Glover, *Waterloo Archive*, Ⅱ, 148; Bergmann in 1815 Limited On-line Archive.
14 Van Nyevelt in Franklin, *Netherlands Correspondence*, 43.罗宾逊认为逃兵是迪吕特的参谋长戈登（Robinson, *Quatre Bras*, 78），不过他实际上是第二天早上才叛逃过来的。Van Nyevelt 则称他是一名穿着农民服装的参谋尉官。
15 Swinton, *Lady de Ros*, 119.
16 Sophie von la Roche, *Geschichte des Fraüleins von Sternheim*, 1771; *The Times*, July 1816.
17 Robinson, *Quatre Bras*, 108; Maxwell, *Life of Wellington*, Ⅱ, 11.
18 Officer of 95th in Waldie, *Near Observer*, 51; Bridgeman, *Young Gentleman at War*, 177.
19 Maxwell, *Life of Wellington*, Ⅱ, 13.
20 Glover, *Waterloo Archive*, Ⅰ, 225.
21 Franklin, *Netherlands Correspondence*, 26—7.
22 Malmesbury, *Letters*, Ⅱ, 445—6.
23 Maxwell, *Life of Wellington*, Ⅱ, 13.韦伯斯特添油加醋并且不准确的记述称，他自己在一个小时内行进了21英里，在客人吃完晚餐返回楼上的舞厅时将情报送达(Brett-James, *Hundred Days*, 42—3)。
24 Miller, *Ball*, 140.
25 Glover, *Waterloo Archive*, Ⅰ, 226.
26 Mudie, 'Operations of the Fifth', 173.
27 Maxwell, *Life of Wellington*, Ⅱ, 13; Müffling, *Memoirs*, 230; Lady Caroline Lamb to Viscountess Melbourne in Mabell Airlie, *In Whig Society, 1775—1818* (London: Hodder and Stoughton, 1921), 171—3.

18　进军命令

1 Jackson, 'Recollections', 3.
2 Jackson, 'Recollections', 3—4; Müffling, *Memoirs*, 214—5.
3 Jackson, 'Recollections', 3—4; Müffling, *Memoirs*, 221.
4 Playford, *Lifeguardsman*, 45—6.
5 James, *Journal*, 12—14.
6 Ponsonby in Bessborough, *Lady Bessborough*, 240; Mercer, *Journal*, 127—9.梅塞的军官或他的皇家骑炮兵同僚没人收到舞会的邀请，尽管许多骑兵军官缺席舞会。
7 Glover, *Waterloo Archive*, Ⅱ, 38.
8 Robertson, *Journal*, 143.
9 Costello, *Campaigns*, 149.
10 Waldie, *Residence in Belgium*, 42—3.
11 Waldie, *Near Observer*, 1815, 3.
12 第九十二团的 Winchester 与 Ross（见 Siborne no.169; Glover, *Letters*, 279）确认，他们是在公园里，而不是在汉诺威人聚集的皇家广场列队。
13 Jackson, *Notes and Reminiscences*, 14—15.
14 Capple and Langenstrassen in 1815 Limited On-line Archive; Herzberg in Glover, *Waterloo Archive*, Ⅴ, 148; Schutte in Glover, *Waterloo Archive*, Ⅱ, 206—7.
15 Gronow, *Reminiscences*, 126—7.
16 George Hemingway in Glover, *Waterloo Archive*, Ⅰ, 166; Scriba in Glover, *Waterloo Archive*, Ⅱ, 99; Bülow in Glover, *Waterloo Archive*, Ⅴ, 61; Morris, *Memoirs*, 67.

19　皇帝的命令

1　Latimer, *Talks of Napoleon*, 185—6.
2　格鲁希元帅后来出版了凌晨5点他曾发出的有关普军纵队正从那慕尔不断靠近布里的报告，但是那时候普军没有这样做。如果他出版的报告都是真实的，它们肯定是他后来才发出的，最早也得上午10点。Grouchy, *Relation Succincte*, 2nd series, 2—3; de Wit, 'The French Right Wing', 2—3。
3　Pontécoulant, *Napoléon à Waterloo*, 193.
4　格鲁希后来回忆称他曾被命令去摧毁普鲁士的骑兵，切断松布雷夫到那慕尔的道路，以阻止普鲁士的援军到来，说的就是这个计划（Grouchy, *Mémoires*, Ⅳ, 23; *Relation succincte*, first series, 16）。
5　Gérard, *Quelques documens*, 48—9.
6　Nyevelt report of 25 October 1815 in Franklin, *Netherlands Correspondence*, 45;罗伯逊（*Journal*, 145）记述道，热纳普的居民告诉他，一支法军侦察队在早上到达了那里。这些说法驳斥了乌赛的说法：奈伊没有进行查明他所面对敌人的任何努力。
7　乌赛（*1815: Waterloo*, 142n）认为雷耶根据吉拉尔的观察发出了这份报告，但是乌赛急于证明奈伊没有进行任何侦察，看起来更可能是勒菲弗－德努埃特。
8　Forbin-Janson in BL Add Mss 30147A，1817年12月，伦敦。

20　奥兰治亲王在四臂村

1　Marco Bijl, 'History and organisation of the Dutch 8th Militia', http://www.napoleon-series.org/military/organization/Dutch/8thMilitia/c_8thMilitia3.html.
2　Costello, *Campaigns*, 149.
3　Nyevelt in Franklin, *Correspondence*, 45.
4　Dörnberg in Glover, *Waterloo Archive*, Ⅴ, 11; Robinson, *Quatre Bras*, 155—6.
5　Morris, *Memoirs*, 67.
6　Fraser, 'First Guards', 19; Powell in Siborne, *Letters*, no.108.
7　Franklin, *Netherlands Correspondence*, 81.

21　从布里远眺

1　Reiche, *Memoiren*, 183—4.
2　Uffindell, *Eagle's Last Triumph*, 74.
3　Reiche, *Memoiren*, Ⅱ, 174; Niemann in Thorpe, 'Two Diaries of Waterloo', 541.
4　Reiche, *Memoiren*, Ⅱ, 175.
5　Busse, *Geschichte*, 163; Ammon, *Leben…Nagel's*, 125; Lieber, *Letters*, 102; Schmidt, *Prussian Regular Infantryman*, 24.
6　Schmidt, *Prussian Regular Infantryman*, 24; Lieber, *Letters*, 102.
7　Hofschröer, *German Allies*, 218—9.
8　这一数字减去了普鲁士人承认的1200人的损失。他们可能损失了5门火炮，尽管赖歇否认。Uffindell 沿用 Wagner 的数据，给的数字是8.3万人和224门火炮，去除了未能抵达战场的2个步兵营、1个团和4个中队的骑兵。
9　Ollech, *Feldzuges von 1815*, 65—7; de Wit, 'Blucher's plan'。
10　米夫林写道，他预计英军会在下午4点之前于尼韦勒和四臂村集结（*History*, 3）；菲茨罗伊·萨默塞特写道，他预计奥兰治的军和骑兵军在2点前集结（Owen, *Waterloo Papers*, 8—9）。
11　Müffling, *History*, 4; Owen, *Waterloo Papers*, 9; Reiche, *Memoiren*, 184, 赖歇称威灵顿保证予以援助，但是他不知道对阵奈伊。Damitz的说法（*Geschichte des Feldzuges von 1815*, Ⅰ, 118）基于另一个亲历者格罗尔曼的文献，他写道：威灵顿说2点之前他将有足够的兵力发起攻势，并且预计将会得到这一协助的布吕歇尔决定一战。1815年6月22日格奈泽瑙致哈丁，见 Delbrück, *Leben*, Ⅳ, 530。另见 Uffindell, *Eagle's Last Triumph*, 74—6 和 Hofschroër, *German Allies*, 233—42。

12　Dörnberg in Glover, *Waterloo Archive*, Ⅴ, 12.

22　拿破仑改变计划

1　Uffindell, *Eagle's Last Triumph*, 252, n.13.
2　Forbin-Janson in BL Add Mss 30147A.
3　De Wit, 'The morning of the 16th of June', 10.
4　Rumigny, *Souvenirs*, 99—100; Mauduit, *Derniers jours*, Ⅱ, 51.
5　命令的原件与一个副本在 AN, fonds Ney 137 AP18（一道经 Bois de Lombuc 发送，一道经 Ransart 发送）；根据 de Wit，抄件在 Registre du major-général BNP, FR.Nouv.acq.4366 和 SHD C15, nr.5（'Napoleon's plan at Ligny', note 4）; Mauduit, *Derniers jours*, Ⅱ, 54; Houssaye, *1815: Waterloo*, 162—3。
6　Petit, 'Waterloo Campaign', 323.
7　Bowden（*Waterloo Campaign*, 323）给出的数字是6.5731万人，de Wit 是6.66万人。Mauduit, *Derniers jours*, Ⅱ, 54 给出的参战兵力是6.5241万。Uffindell, *Eagle's Last Triumph*, 79, 给出的数字是6.3万人和230门火炮。
8　Mauduit, *Derniers jours*, Ⅱ, 40.
9　Elting, *Swords around a Throne*, 338—40, 615—16.

23　奈伊对尼德兰人的攻击

1　Dallas, "敌军部署在一个巨大的树林里"，见 Glover, *Waterloo Archive*, Ⅰ, 178; Stephens, "他们的阵地很难攻破，位于一个茂密的树林里"，见 Glover, *Waterloo Archive*, Ⅲ, 134。
2　根据 Martinien 的数据，近卫枪骑兵在当天有两名军官受伤，所以他们显然在某处参战了，虽然程度不大。近卫猎骑兵没有军官伤亡。Gustave de Pontécoulant 并没有将近卫轻骑兵的两个炮连同骑兵一起留在身后，因为他是其中一个炮连的军官，他应该知道（Pontécoulant, *Napoléon à Waterloo*, 120）。
3　Girod de l'Ain, *Vie Militaire du Général Foy*, 271.
4　Glover, *Corunna to Waterloo*, 257; Ferrior in Glover, *Waterloo Archive*, Ⅲ, 20。军医 James 写道，"骑在同我们一样高的黑麦田里"，*Journal*, 24；第三十二步兵团的 Ross-Lewin 回忆称，四臂村的"黑麦高得惊人"，*Thirty-second*, 256；"田地里的黑麦高到无法看清我们队列之外的事物"，Colonel Llewellyn, 28th Foot, Siborne, *Letters*, no.149。
5　Robinson, *Quatre Bras*, 167.
6　Nyevelt in Franklin, *Netherlands Correspondence*, 46.
7　Brunswick report in Glover, *Waterloo Archive*, Ⅴ, 148; Robertson, *Journal*, 145; Cappel in 1815 Limited On-line Archive.
8　Clay, 'Narrative of Adventures', 139.
9　'Rectification de quelques faits' in *Souvenirs et correspondance*, 94—5; Nyevelt in Franklin, *Netherlands Correspondence*, 47.
10　Robinson, *Quatre Bras*, 181.

24　对圣阿芒和利尼的试探性进攻

1　Urban, *Rifles*, 34.
2　Haythornthwaite, *Waterloo Armies*, 18; Hanger, *To All Sportsmen*, 209—10.
3　有两个人据称在滑铁卢将射入方阵的榴弹扔了出去（Haythornthwaite, *Waterloo Armies*, 65）。
4　Martin, *Souvenirs*, 110.
5　Hofschroër, *German Allies*, 264—5.
6　Elting, *Swords around a Throne*, 477.

7 von Hymmen 少校的报告，见 1815 Limited On-line Archive。
8 Henckel, *Erinnerungen*, 353.
9 1791年热拉尔以志愿兵的身份从军。除了1810—1811年在半岛，他一直跟随大军团作战。他的晋升之路很缓慢，直到1812年在博罗季诺才获升师长。1813年他在莱比锡指挥一个军，并在那里受了重伤。1814年他又再次表现了自己。
10 Haythornthwaite, *Waterloo Men*, 47, 64; Howard, *Napoleon's Doctors*, 77.
11 François, *Journal*, 734; Rumigny, *Souvenirs*, 100.
12 Henckel, *Erinnerungen*, 655.
13 Mauduit, *Derniers jours*, Ⅱ, 65.

25　不要有半点迟疑

1 原件在 AN, fonds Ney 137 AP18, 是3点30分发出命令的一个副本；抄件在 Registre du major-général BNP, FR.Nouv.acq.4366 和 SHD C15, nr.5, de Wit, part 3, 4; Mauduit, *Derniers jours*, Ⅱ, 57—8; Houssaye, *1815: Waterloo*, 165。
2 原件在 SHD C15, nr.5; de Wit, part 3, 4; Houssaye, *1815: Waterloo*, 165—6。就像 Houssaye 指出的那样，雅南在弗拉讷对在那里可能看见的敌军粗略地高估了。或是他被试图让自己的阵线看起来比实际强大的尼德兰人误导，或是他从俘虏或侦察队那里听到敌军的增援即将到来。
3 Houssaye, *1815: Waterloo*, 166, 205—9, Houssaye 引述了大量的原始资料，认为有两条消息，但是德隆挑选了错误的路线。Uffindell, *Eagle's Last Triumph*, 认为福尔-让松携带了两条信息和铅笔便条。
4 1829年，德隆说这个信使的名字是拉贝杜瓦耶，但可能是因为他在1815年被王党分子处决，不能进行回应。拉贝杜瓦耶伪造命令的巧妙推测可以被摈弃（见 Uffindell, *Eagle's Last Triumph*, 153）。假设拿破仑本人没有下达这一命令的理由是，正如我们后来看到的，当德隆军出现时，他感到了困惑，并且德隆后来在收到一份与之矛盾的命令时，不确定服从哪一个。
5 Soult to Ney in SHD C15, nr.1—5; Soult to Davout in Grouchy, *Mémoires*, Ⅳ, 173—4.
6 Uffindell, *Eagle's Last Triumph*, 154.
7 Houssaye, *1815: Waterloo*, 166—7n. 在 Uffindell（*Eagle's Last Triumph*, 156）看来，拿破仑是在福尔班-让松返回并承认没有找到奈伊后将博迪派去奈伊那里的。这解释了博迪很晚才抵达奈伊那里，虽然在那个阶段似乎不大可能做点什么以便纠正这一问题。
8 Latimer, *Talks of Napoleon*, 186—9; Bonaparte, *Memoirs*, trans. O'Meara, 152. 一些抱怨涉及未能送达的虚构、编造的命令，拿破仑在他的回忆录中声称他发送了，而实际上根本没有。另一方面，6月16日和其他几天发生的事件表明这方面存在真正的问题。
9 Bonaparte, *Memoirs*, trans. O'Meara, 83.

26　细红线

1 Kincaid, *Adventures*, 323—4.
2 Costello, *Campaigns*, 151.
3 Gronow, *Reminiscences*, 126.
4 Robertson, *Journal*, 146.
5 Rogers in Siborne, *Letters*, no.101; 罗杰斯发射了11发榴弹和90发实心弹，雷特贝格发射了24发榴弹和270发实心弹（BL Add Mss 19,590）。
6 Cléty de Witterzee and van Doren in 1815 Limited On-line Archive.
7 法国猎骑兵当天只有一名军官受伤（Martinien, *Tableaux*, 587—8），所以第九十二步兵团要么是火力相对来说不够，要么就是击中了比利时人。
8 Hope, *Military Memoirs*, 398—9.
9 Anton, *Retrospect*, 191—2; Burney in Glover, *Waterloo Archive*, Ⅲ, 139.
10 Muir, *Tactics*, 205.
11 Crowe in Glover, *Letters*, 271; Mudie, *Operations of the Fifth*, 183.

521

12 Mauduit, *Derniers jours*, Ⅱ, 149; Trefcon, *Carnets de Campagne*, 84.
13 Martin, *Souvenirs*, 169.
14 Stephens in Glover, *Waterloo Archive*, Ⅲ, 134.
15 Vallance from Robinson, *Quatre Bras*, 245.
16 Calvert in Siborne, *Letters*, no.153; Mauduit, *Derniers jours*, Ⅱ, 149.

27　枪托和刺刀

1 Waldie, *Near Observer*, 1817 edition, Ⅱ, 109.
2 Marshal Macdonald, quoted in Haythornthwaite, *Waterloo Armies*, 103.
3 Henckel, *Erinnerungen*, 354.
4 Hofschröer, *German Allies*, 311.
5 René Bourgeois or François Thomas Delbarre, *The journal of the three days of the battle of Waterloo, by an eye-witness*, 28—9.
6 François, *Journal*, 735.
7 Lieber, *Letters*, 103. Bagensky, *Geschichte*, 237.
8 Lieber, *Letters*, 104—5.

28　奈伊的第二次攻势

1 Swiney, *Historical Records*, 116. Ross-Lewin, 261, 在罗斯-卢因的记忆中, 他有着不同的死法:"这一天临近结束时, 我们团的一名上尉正在谈论他的一些逃生经历, 并展示他衣服上被射穿的几处痕迹, 这时一发子弹射入了他的嘴巴, 让他当场丧命。"
2 Tomkinson, *Diary*, 280.
3 Martin, 'Lettre', 503.
4 Llewellyn in Siborne, *Letters*, no.149; Black in Glover, *Waterloo Archive*, Ⅰ, 182; Patton in Glover, *Waterloo Archive*, Ⅰ, 176—7.
5 德意志龙骑兵的说法来自Anton, 不过他的说法不完全靠得住, McEween in Siborne, *Letters*, no.165。
6 Mauduit, *Derniers jours*, Ⅱ, 152; O'Malley and Riddock in Siborne, *Letters*, nos 166—7.
7 Riddock in Siborne, *Letters*, no.167; Fletcher, *Desperate Business*, 60—1.
8 Mauduit, *Derniers jours*, Ⅱ, 151—2.Martinien增加了少尉, 给出的数据是34个军官中3个军官阵亡, 8个军官受伤。Robinson, *Quatre Bras*, 369.别处（给出的英军第四十二团）的初始兵力是561。副官长的6月17日报表（战斗伤亡之前）是577名列兵（*WSD*, Ⅹ, 500）。
9 Herzberg's report in Glover, *Waterloo Archive*, Ⅴ, 150 (BL Add Mss 34706, f.23).
10 Forbin-Janson in BL Add Mss 30147A. Uffindell认为福尔班-让松携带3.15的那份讯息, 但如果他携带的是第一份讯息, 他的说法就更经得起推敲了。
11 Bourdon de Vatry in Grouchy, *Mémoires*, Ⅳ, 101—2.
12 Langenstrassen in 1815 Limited On-line Archive.
13 Mauduit, *Derniers jours*, Ⅱ, 153; Jolyet in *Souvenirs et correspondence*, 75; Büsgen in 1815 Limited On-line Archive.
14 Leonhard in 1815 Limited On-line Archive.
15 Morris, *Memoirs*, 67.
16 Rudyard in Siborne, *Letters*, no.98.
17 这些火炮暂时落入了敌军之手, 不过又被夺了回来, 并于第二天重新配置了挽马（Frazer, *Letters*, 541, 545）。
18 根据Martinien的数据, 他们共有5名军官阵亡, 22名受伤, 当天同这一伤亡匹配的只有第四轻步兵团, 他们6人阵亡, 23人受伤。巴舍吕师承受的损失明显轻很多：第二轻步兵团, 11人受伤；第六十一战列步兵团, 3死11伤；第七十二步兵团, 2死3伤；一零八战列步兵团, 3死14伤。
19 Laudy, 'Mort de Frederic Guillaume' and Herzberg in Glover, *Waterloo Archive*, Ⅴ, 151—2.
20 Winchester in Siborne, *Letters*, no.169.还有人称, 卡梅伦是被自己人击中的, 几天前这

个人曾受到过他的鞭笞，Muir, *Tactics*, 178 citing Richard Holmes, *Firing Line* (London, Cape, 1985), 330—1。

21 Macready in Glover, *Waterloo Archive*, Ⅰ, 162.虽然他们崩溃了，但是他所处的位置无法看到这一状况，此外通过他自己和其他人的说法，第九十二团的大多数伤亡是在拉贝热里遭受的。Limited On-line Archive 中的 Köhler 说，他们在攻击拉贝热里时崩溃。
22 安格斯·唐纳德写给父亲的信，1815年6月20日，安特卫普，private collection。
23 Finlayson in Glover, *Waterloo Archive*, Ⅲ, 220.
24 Petty, *First Napoleon*, 116, 119.
25 Forbin-Janson in BL Add Mss 30147A.

29　圣阿芒

1 Damitz, *Geschichte des Feldzuge von 1815*, 136.
2 Ammon and Herold, *Leben...Nagel's*, 122,126; Stawitzky, *Geschichte*, 37—9.
3 De Wit, *Campaign of 1815*, 'Ligny part 3', 6.
4 Ammon and Herold, *Leben...Nagel's*, 127—8; Muir, *Tactics*, 184—5.
5 Henckel, *Erinnerungen*, 354.
6 Müffling, *Memoirs*, 238.
7 Müffling, *History*, 5—6; *Memoirs*, 238; Ollech, *Feldzuges von 1815*, 139—40.
8 De Wit section 6 and Hofschröer, *German Allies*, 287, citing Hans von Förster, *Geschichte des königlich preussischen Ulanen-Regiments Graf zu Dohna nr.8* (Berlin: Mittler 1890), p.66.
9 Mauduit, *Derniers jours*, Ⅱ, 82—3; Duuring in d'Avout, 'Documents', 115.
10 Pétiet, 195，称旺达姆将这支纵队辨认为了普鲁士骑兵；Mauduit, *Derniers jours*, Ⅱ, 83。根据 Piérart 的说法（*Le Drame de Waterloo*, 134），一名被旺达姆派去的副官太过害怕，没有来到距离纵队足够近的位置，因而把他们误认为了英国人。

30　德隆的进军

1 奈伊致雷耶的信以及11点向苏尔特的报告，来自 de Wit。
2 信使的身份是个谜。在德隆的版本中，其名字是拉贝杜瓦耶，可能是拉贝瓦耶合宜地死掉了。在他的自传中，德隆说这名信使是一个传令官（*Vie Militaire*, 95）。Pétiet（*Souvenirs Militaires*, 198）给的名字是 Laurent 上校。而然，携带命令副本的博迪给的名字是福尔班-让松。Uffindell 将整个事件的尴尬结局归结为福尔班-让松的责任（*Eagle's Last Triumph*, 157），称他"灾难性地毫无经验，完全无效率，非常不称职"。
3 这封信（即3点15分的命令——译者）在原文第169页被全文引用。有趣的是奈伊的档案中只有一份，与之相反，下午2点的命令却有两份，因此这可能表明他真的没有接到命令的副本。
4 Dessales in *Souvenirs et correspondence*, 50; Houssaye, *1815: Waterloo*, 206n.
5 Uffindell 的观点是在激动地说服德隆朝布里进军的过程中，苏尔特的副官福尔班-让松忘记将这一命令传递给奈伊。福尔班-让松自己的说法同 Uffindell 对事件的重建完全不同，但是就让别人相信他搞砸了这一任务而言，他的说法也是相当的闪烁和混淆（*Eagle's Last Triumph*, 156）。福尔班-让松的记述在 BL Add Mss 30147A, ff.17—18。
6 第二天早上，近卫轻骑兵似乎一直在马尔拜地区，很可能是对插入普军右翼这一紧急需求的回应，他们也骑马前往那里。关于他们活动的证据完全不足。Chevalier 的记述（*Souvenirs*, 320—2）暗示他在皇帝的身边，但是这可以解释为他所属的近卫猎骑兵中队是执勤中队之一。
7 雷耶6月17日的报告。
8 *La Sentinelle de l'Armée*, 8 March 1838, reprinted in Chapuis, *Notice sur le 85e de ligne* and in Uffindell, *Eagle's Last Triumph*, 250.
9 D'Erlon, *Vie Militaire*, 95.如果提到的这份命令是苏尔特的3.15命令，他的说法便是事实。如果拿破仑像一些人声称的那样直接给德隆下令，德隆应该会遵从他。
10 Drouot's report in Waldie, *Near Observer*, 1817, Ⅱ, 109—10.
11 Rettburg in Glover, *Waterloo Archive*, Ⅱ, 46 and Glover, *Letters*, 152.

12 Kincaid, *Adventures*, 329—30.
13 Costello, *Campaigns*, 151; Jacobi in Glover, *Waterloo Archive*, Ⅱ, 126—8.
14 Canler, *Mémoires*, 15; Brouwet, *Quatre Documents*, 262—3.
15 Chapuis, *Notice sur le 85e de ligne*, 26, 53; Rullière in Largeaud, *Napoléon et Waterloo*, 372—3; D'Erlon, *Vie Militaire*, 95; Durutte in Elchingen, *Documents inédits*, 71—4.
16 Baudus, *Etudes sur Napoléon*, Ⅰ, 213.
17 Muir, *Britain and the Defeat*, 357.

31　近卫军参战

1 Pétiet, *Souvenirs Militaires*, 198.
2 Ammon, *Leben...Nagel's*, 129—32; Stawitzky, *Geschichte*, 64—5.
3 Latimer, *Talks of Napoleon*, 186.
4 Nostitz, 'Tagebuch', 51.
5 Salisch, *Geschichte*, 199; Reiche, *Memoiren*, 190—1.
6 Siborne, *Waterloo Campaign*, 139.
7 Tom Taylor, ed. *The Life of Benjamin Robert Haydon, Historical Painter, from his Autobiography and Journals*, London: Longman, 1853, Ⅰ, 278—9; Mauduit, *Derniers jours*, Ⅰ, 453—61 and Ⅱ, 39—40.
8 Friant, *Vie militaire*, 384—5; Petit, 'Waterloo Campaign', 323. 所有的掷弹兵营都遭受了轻微的军官损失，这证明他们在将精疲力尽的普军防御者最后一次逐出时均卷入了一些战斗。
9 Christiani in d'Avout, *Documents*, Ⅲ; Bagensky, *Geschichte*, 239—40.
10 Petit, 'Waterloo Campaign', 323.
11 Forbin-Janson in BL Add Mss 30147A.

32　克勒曼的冲锋

1 Pétiet, *Souvenirs militaires*, 198. 作为苏尔特的高级参谋之一，Pétiet 声称，皇帝的临时副官洛朗上校正是这样报告自己送达苏尔特的3点15分命令时奈伊的反应的。
2 Uffindell, *Eagle's Last Triumph*, 146.
3 Morris, *Memoirs*, 68—9.
4 Siborne, *Letters*, no.143. 有趣的是，Pigot 称是猎骑兵而不是胸甲骑兵攻击了第六十九步兵团。1815年7月，在巴洛上尉写给他父亲的信中，奥兰治亲王就已经被指责了（Owen, *Waterloo Papers*, 38）。见 Martin Aaron, '2nd Battalion 69th' in Napoleon Series。
5 Barlow in Owen, *Waterloo Papers*, 39—40.
6 Rudyard in Siborne, *Letters*, no.98.
7 Lloyd in Glover, *Letters*, 224; Morris, *Memoirs*, 68. Macready, 'Siborne's History', 393.
8 Macready, 'Journals', 345.
9 Hemingway in Glover, *Waterloo Archive*, Ⅰ, 166—7; Pattison in Siborne, *Letters*, no.142; Finlayson in Glover, *Waterloo Archive*, Ⅲ, 220.
10 Robinson, *Quatre Bras*, 332.
11 Hemingway in Glover, *Waterloo Archive*, Ⅰ, 167.
12 Lindwurm in 1815 Limited On-line Archive.
13 数据来自 de Wit，不过他没有列出处。第八胸甲骑兵团有13名军官受伤，他们共有32名军官，无人阵亡。根据 Martinien 的说法，第十一胸甲骑兵团1人阵亡，3人受伤。
14 Macready, 'Siborne's History', 391.
15 Lemonnier-Delafosse, *Campagnes*, 362; Levavasseur, *Souvenirs*, 288，叙述了胸甲骑兵在沙勒罗瓦的溃败。勒莫尼耶是一名前后矛盾的见证者，不过在这里他可能是正确的。其他证人对胸甲骑兵的溃败程度感到震惊。
16 Uffindell, *Eagle's Last Triumph*, 248.

33　布吕歇尔的撤退

1. Lieber, *Letters*, 105—7.
2. 普鲁士的官方记述（*WSD*，X，503）声称，一个师的步兵在黑暗中未被察觉的情况下绕过了村落，几个团的胸甲骑兵从另一侧绕过，从背后攻击了村子后面的军队。
3. Ollech, *Feldzuges von 1815*, 155.
4. Houssaye, *1815: Waterloo*, 180.
5. Nostitz, 'Tagebuch', 29—30.
6. 约翰·冯·蒂尔曼时年50岁，1814年在低地国指挥萨克森部队。他曾在耶拿为普鲁士而战，不过作为萨克森大使被派到拿破仑那里后，他成为法国皇帝的热切崇拜者。他帮助缔结了法国-萨克森同盟，并在弗里德兰为法国而战，1809年指挥一支自由军团对抗攻击萨克森的奥地利人，在博罗季诺指挥萨克森的重骑兵，并被选入拿破仑的私人随从团。他在1813年叛逃，以一名俄军将领的身份作战。尽管萨克森人和普鲁士的关系很差，他还是被授予第三军的指挥权。他是一名聪明且勤奋的军官，久经沙场，还被证明是一个愿意服从命令并且有能力的下属。日后著名的军事理论家 Carl von Clausewitz 就是他的参谋长。
7. Mauduit, *Derniers Jours*, II, 204—6.
8. 见 Houssaye, *1815: Waterloo*, 186 和他的资料。
9. Mauduit, *Derniers Jours*, II, 119—20，来自 Damitz 不完整的数据；James, *Campaign of 1815*, 136；Ollech, *Feldzuges von 1815*, 163。
10. Frazer, *Letters*, 544. Lettow-Vorbeck, *Untergang* 给出的数据是1.2万人，就像 Siborne 一样；Bowden 计算的损失是1.8772万人和21门火炮（*Waterloo Armies*, 324）；Uffindell 计算有14门火炮在16日丢失，第二天有8门火炮被帕若尔俘获，使得总数变为22门。
11. 亨克尔的第四旅损失最严重，记录有4名军官和638人阵亡，15名军官和507人受伤，5名军官和1396人被俘或失踪；几乎所有失踪者之后被证明或死或伤（Henckel, *Erinnerungen*, 357）。第一军的余部也遭到了惨痛的打击，他们的参谋长写道，6月16日结束时，他那原本3.0831万人的军共死、伤、失踪和被俘1.2486万名士兵、225名军官、1006匹马和16门火炮。
12. Müffling, *History*, 10—11.第一军为1.3245万人，第二军为5655人，第三军超过2000人。
13. 苏尔特致达武，在 Grouchy, *Mémoires*, IV, 173—4；Gérard, *Quelques documens*, 45；Charras, *Campagne de 1815*, 180。
14. Houssaye, *1815: Waterloo*, 189.法军为7至8000人；Uffindell, *Eagle's Last Triumph*, 204，接受了奥曼的数据。
15. Mauduit, *Derniers Jours*, II, 124；Scott Bowden 给出的数据是1.3721万人（*Waterloo Armies*, 323）。

34　威灵顿的攻势

1. Powell in Siborne, *Letters*, no.108.
2. Macready, 'Siborne's History', 389—90.
3. Powell in Siborne, *Letters*, no.108; Saltoun in Siborne, *Letters*, no.106.
4. Clay, 'Narrative of Adventures', 140.
5. Powell in Siborne, *Letters*, no.108; Clay, 'Narrative of Adventures', 140—1.
6. Nixon in Glover, *Waterloo Archive*, I, 134.
7. Macready, 'Journals', 519.
8. Gagern in Glover, *Waterloo Archive*, II, 191.
9. Gagern in Glover, *Waterloo Archive*, II, 192.
10. Mercer, *Journal*, 126—41.
11. Playford in Glover, *Waterloo Archive*, IV, 35.
12. Frazer, *Letters*, 540. Mauduit, *Derniers Jours*, II, 168，莫迪声称有1390名英国-汉诺威士兵阵亡，2388人受伤，1500名尼德兰和不伦瑞克人阵亡、受伤；172名英国-汉诺威人被

俘，750名尼德兰和不伦瑞克人被俘，总计6170人。Fletcher给出的数据是2205名英军伤亡，包括300人阵亡，2600名其余联军士兵伤亡。
13 在他的报告中，奈伊估计自己有2000人阵亡，4000人受伤。雷耶的报告没有包含伤亡数据，不过咬定敌方的损失更高。富瓦估计，他的师有800人失去战斗力，其他的步兵师大概是1100到1200人。基于军官伤亡的损失估计约为3500人，如果能行走的伤员留在了他们所属的部队，这很可能减少到富瓦给的数据。莫迪估计法军伤亡4000人，勒莫尼耶估计5000人。Houssaye, *1815: Waterloo*, 218, 乌赛估计法军损失4300人，联军损失4700人。Scott Bowden (*Waterloo Campaign*, 323) 计算出的数据是4100人。
14 Costello, *Campaigns*, 152—3.
15 James, *Journal*, 21.
16 Cappel in 1815 Limited On-line Archive; Finlayson in Glover, *Waterloo Archive*, Ⅲ, 216.
17 他于第二天早上和近卫骑兵的助理军医 Gough 一起返回了普鲁士司令部（James, *Journal*, 21; Frazer, *Letters*, 541）。
18 Fitzroy Somerset in Owen, *Waterloo Papers*, 10; Hervey, 'Letter', 432.

35　灯下计议

1 Reiche, *Memoiren*, Ⅱ, 201.
2 Müffling, *History*, 13.
3 Brett-James 翻译的 Reiche, *Memoiren*, Ⅱ, 201—2.
4 Muir, *Tactics*, 245.
5 Nostitz, 'Tagebuch', 30—2.
6 Brett-James, *Hundred Days*, 82—3 and 86; Delbrück, *Leben*, Ⅳ, 522.25年后，哈丁回想起来的是大黄和白兰地，不过虚构的 Fritz 上尉和 Barbero（*The Battle*, 19）确认的烈酒和大蒜似乎更有可能。
7 Uffindell, *Eagle's Last Triumph*, 118; 1815年6月22日格奈泽瑙致哈登贝格的信，Delbrück, *Leben*, Ⅳ, 530。
8 Muir, *Tactics*, 242, 245.
9 Busse, *Geschichte*, 177.
10 Busse, *Geschichte*, 178—81.
11 Ollech, *Feldzuges von 1815*, 168—70.

36　时不我待

1 Ney's report in Houssaye, *1815: Waterloo*, 224. Forbin-Janson in BL Add Mss 30147A; Bourdon de Vatry in Grouchy, *Mémoires*, Ⅳ, 103. 在 Bourdon de Vatry 的印象中，福尔班在6小时后才带着攻击普军侧翼的命令抵达，不过他可能记错了。
2 Martin, 'Lettre', 499; Canler, *Mémoires*, 46—7.
3 Copy in SHD C15, nr.1—5 (de Wit).
4 Mauduit, *Derniers jours*, Ⅱ, 100—8.
5 Daure from de Wit. 这一报告可能是苏尔特所谓的3000人受伤的来源。
6 Ortiz, 以及来自拉雷回忆录（Larrey, *Memoirs*, Ⅰ, 80—1）的引文。
7 Howard, *Napoleon's Doctors*, 61.
8 Radet in de Wit.
9 波拿巴在他的回忆录 *Mémoires*, 94中声称，帕若尔沿着蒂伊和瓦夫尔的方向追踪布吕歇尔是一厢情愿的想法，它是一个意图将责任直接归结到格鲁希身上的故事的一部分。将正在做什么纠正为应该做什么明确表明，波拿巴认识到他的关键错误是假定普鲁士人逃向瓦夫尔。
10 de Wit, 原文来自 Lachouque, 不过没有出处。
11 原件在 SHD; de Wit 列出了其刊发版本的轻微差异。
12 Petty, *First Napoleon*, 117; Bourdon de Vatry in Grouchy, *Mémoires*, Ⅳ, 105.
13 SHD C15, nr.1—5 (de Wit).
14 Martin, 'Lettre', 499.

15 Bonaparte, *Mémoires*, 96; Houssaye, *1815: Waterloo*, 264.这表明，在这一阶段近卫轻骑兵在马尔拜周边。

37　失去线索

1　Grouchy, *Mémoires*, Ⅳ, 23—4.
2　Chandler, 'Napoleon and Death', *Napoleonic Scholarship: The Journal of the International Napoleonic Society*, Volume 1, Number 1, April 1997 (online).
3　Latimer, *Talks of Napoleon*, 190.
4　Mauduit, *Derniers Jours*, Ⅱ, 201.例如，Sénéchal的报告称旺达姆拒绝了格鲁希攻击日利的命令（Grouchy, *Mémoires*, Ⅳ, 127），6月15日晚上10点，旺达姆的报告："Je pense que l'ennemi n'a que 12 à 15.000 hommes. Le maréchal Grouchy croit qu'il y a 30.000 hommes。" 或6月15日晚上10点帕若尔致格鲁希的信："J'aurais occupé ce village, si le général Vandamme eut voulu m'envoyer et me soutenir par quelque infanterie; mais il paraît que ce général a pris à tache de faire tout ce qui est contraire à la guerre。"
5　Martinien, *Tableaux*, 16.
6　Biot, *Souvenirs*, 244—5.
7　SHD C15 in de Wit.他抱怨说自己唯一的师兵微将寡，还缺少Clary的第一骠骑兵团。后者于6月20日之前的某个时刻归队，那时他们在那慕尔的战斗中遭受了损失（Martinien, *Tableaux*）。
8　Biot, *Souvenirs*, 245.
9　Grouchy, *Mémoires*, Ⅳ, 127 and de Wit.
10　在他从让布卢寄出的信件中，他重申了一早的抱怨（SHD）。
11　有人可能会猜测，格奈泽瑙失踪的弹药辎重采用了穿过格兰德莱兹和佩尔韦，然后转向瓦夫尔的路线。
12　Grouchy, *Mémoires*, Ⅳ, 128.
13　Latimer, *Talks of Napoleon*, 186.他任命絮歇为一支小型军队的指挥官，以对抗奥地利人。

38　四臂村的早晨

1　Clay, 'Narrative of Adventures', 141.
2　Jackson, 'Recollections', 8; Fitzroy Somerset in Owen, *Waterloo Papers*, 10; Vivian in Siborne, *Letters*, no.71; Hope, *Military Memoirs*, 416—17.
3　Anthony Bacon of the escort in Glover, *Letters*, 102.
4　Brouwet, 'Quatre documents', 363; Bülow in Glover, *Waterloo Archive*, Ⅴ, 62; Hanoverian staff report in Glover, *Waterloo Archive*, Ⅱ, 6; the brigade report (Glover, *Waterloo Archive*, Ⅱ, 94)说明90人伤亡；不伦瑞克从奥尔费曼处回返in 1815 Limited On-line Archive。第九十五步兵团的一名军官 in Waldie, *Near Observer*, 52。
5　Costello, *Campaigns*, 152; Clay, 'Narrative of Adventures', 139—40; Hemingway in Glover, *Waterloo Archive*, Ⅰ, 168.
6　George Maule in Glover, *Waterloo Archive*, Ⅰ, 130.
7　Robinson, *Quatre Bras*, 370, 366, 373.雷耶的报告提到第四轻步兵团夺取了一面旗帜，但是将它带走的那个人被击杀了。
8　Keppel, *Fifty Years*, 137; Howard, *Wellington's Doctors*, 73—4; Clark in Siborne, *Letters*, no.34; Brunswick Hussars helped (Glover, *Waterloo Archive*, Ⅴ, 154).
9　Jackson, 'Recollections', 11; Fitzroy Somerset in Owen, *Waterloo Papers*, 10; Müffling, *Memoirs*, 240.
10　Porter, *Royal Engineers*, Ⅰ, 280; Delancey, *Week at Waterloo*, 112.
11　British Library, Add MSS 57,635 ff.3—4.
12　由Brains、Dumaresq和Staveley在1815年5月做出的一套勘测图纸被保存在NAM 6807/137。Jackson, *Notes and Reminiscences*, 5, 97。
13　Owen, *Waterloo Papers*, 10; Jeremiah, *Life and Adventures*, 20; Wheeler, *Letters*, 169.在6月19日写下时，他被错误地告知比利时人正"慌慌张张地逃窜，落后者遭殃。"

14 Müffling, *Memoirs*, 241; Ollech, *Feldzuges von 1815*, 180;在米夫林的*History*, 16中, 公爵请求两个军的支援。乌赛的版本（*1815: Waterloo*, 261）是随意处理引文的典型：如果布吕歇尔不能一战，米夫林给出了自己的观点，即威灵顿应撤出斯凯尔特河，但是并没有说这事是威灵顿亲口说的。Hamilton-Williams, *New Perspectives*, 240遵从了乌赛的说法。弗雷泽知晓弹药方面的忧虑，这表明 von Massow（即这里的信使——译者）曾经透露过这些消息。
15 Costello, *Campaigns*, 152; Döring in Glover, *Waterloo Archive*, Ⅱ, 165.
16 Jackson, *Notes and Reminiscences*, 32—3; Wheatley, *Diary*, 60—1.
17 Döring in Glover, *Waterloo Archive*, Ⅱ, 165; Nyevelt in Franklin, *Netherlands Correspondence*, 51.
18 Gagern in Glover, *Waterloo Archive*, Ⅱ, 193.
19 Hay, *Reminiscences*, 168, echoed by Ingilby, 'Waterloo Diary', 54.

39 通向蒙圣让之路

1 Bessborough, *Lady Bessborough*, 241.
2 Fitzroy Somerset in Owen, *Waterloo Papers*, Ⅱ.
3 Ingilby, 'Waterloo Diary', 55.
4 Tomkinson, *Diary*, 284.
5 Hay, *Reminiscences*, 170.
6 Hay, *Reminiscences*, 171; Ingilby, 'Waterloo Diary', 55.
7 1815年7月9日，詹姆斯致他兄弟的信，in Glover, *Waterloo Archive*, Ⅰ, 7。
8 Pontécoulant, *Napoléon à Waterloo*, 186. Pontécoulant便是被拿破仑命令的那个军官。
9 Kincaid, *Adventures*, 333; Baring in Glover, *Letters*, 241.
10 Cotton, *Voice from Waterloo*, 22;这一事件的主要记述来自阿克斯布里奇（Siborne, *Letters*, no.4）和O'Grady, 后者娶了阿克斯布里奇的侄女，成为第七骠骑兵团的团长（*Letters*, no.65 and Glover, *Waterloo Archive*, Ⅲ, 77—9）。约翰·埃利爵士通过另一名军官给了西伯恩一段简短的口述，这名军官写道："他不愿意亲自把它写下来，而这一原因，我可以说，但不能写"（Glover, *Letters*, 30）。
11 Radclyffe in Glover, *Waterloo Archive*, Ⅰ, 24—5.
12 James, *Journal*, 24—5; Schreiber in Siborne, *Letters*, no.56. Macready, 'Journals', 521; Houssaye, *1815: Waterloo*, 269—71; Pontécoulant, *Napoléon à Waterloo*, 186; Pétiet, *Souvenirs militaires*, 205—8.
13 Kelly, NAM 2002-01-254.
14 不管怎样，凯利无疑是夺得了肩章，但是牺牲者的身份却是个谜，因为6月17日没有团长阵亡。苏尔是一名非常勇敢的人，曾多次受伤。1792年志愿参军后，他从基层一步步晋升上来，承担了许多需要勇敢和主动性的危险与特殊的任务。根据莫迪的说法（Mauduit, *Derniers Jours*, Ⅱ, 226—8），苏尔从侧翼攻击了一支停在热纳普不远处的步兵后卫，并且赶跑了支援他们的汉诺威骠骑兵，他带领一个中队追击他们时，其余3个中队逐退了布鲁塞尔大道上的敌人。之后，接到命令前去热纳普支援第一枪骑兵团，他逼迫英国人向他们的主力撤退。发现自己没有后援，苏尔返回，但却发现穿过热纳普的道路遭到了英军骑兵的封锁。一个资历更深的军官让他投降，不过被他刺死，之后他勇敢地同一群敌军作战，最终寡不敌众。
15 第七骠骑兵团承认仅有6人阵亡（均是列兵），21人受伤（5个中士、16个列兵），1个号手和14人失踪。17匹马死亡，20匹马受伤。但是，这份列表不包括军官，而有人不相信他们呈交给副官长的报告，比如Charles Radclyffe。报告称他们在6月18日遭受了惨重的伤亡，但是鲜有证据表明他们在当天参加了造成这种损伤的激烈战斗。Hodge 与 Myers 阵亡，O'Grady还给出了5名被俘中尉的名字（Simmons, *British Rifle Man*, 364）。Simmons写道："第七骠骑兵团发起了冲锋，但是遭到了痛扁。近卫骑兵团和骑乘近卫团进行了几次精彩的冲锋，不夸张地说这些冲锋让第七骠骑兵团脱离了覆灭的命运。"Maule写道："第七骠骑兵团的两个连几乎全被俘虏。"Thackwell上尉说他们在滑铁卢中，"第七骠骑兵团非常虚弱，前一天下午，在法军骑兵从热纳普奔出时他们的伤亡最为严重"。阿克斯布里奇的儿子亨利在6月24日写道，该团400人中有200人阵亡，仅有一名军官没有受伤（Glover, *Waterloo Archive*, Ⅲ, 5）。Radclyffe（Glover, *Waterloo Archive*, Ⅰ, 23）称："第七骠骑兵团的重大损失是在17日的不幸事件中由一支法军枪骑兵部队造成的。"第二枪骑兵团的41名军官中，有14人在6月17日受伤。在其他的法军团中，除了第一枪骑兵团中有一人受伤，没有军官伤亡。这表明第二枪骑兵团是唯一深度卷入激烈战斗的部队。

16　Pétiet, *Souvenirs Militaires*, 206. O'Grady给出了被俘的一名上尉和4名中尉的名字；佩吉特提到了另一名中尉（Glover, *Waterloo Archive*, Ⅲ, 6, 78）。
17　Bonaparte, *Mémoires*, Ⅸ, 99; Saint-Denis, *Tuileries to Saint Helena*, 128—9.
18　Niemann in Thorpe, 'Two Diaries', 542.
19　James, *Journal*, 26.
20　Duthilt in Field, *French Perspective*, 36.
21　Bonaparte, *Mémoires*, Ⅸ, 101；就像在蒙圣让那样，威灵顿的工兵也在阿尔调查了一个潜在的阵地。
22　第四师战斗经验较少的一部分和弗雷德里克亲王的尼德兰师。
23　Gourgaud, *Campagne*, 79; Dessales in *Souvenirs et correspondance*, 50. 拿破仑说有24门火炮，这可能是夸张的说法，但他也许会亲自带领一些近卫炮兵。
24　Dupuy, *Souvenirs*, 289; Thackwell, *Military Memoirs*, 70; Byam in Glover, *Waterloo Archive*, Ⅰ, 84; KGL第二轻龙骑兵团的报告（Glover, *Waterloo Archive*, Ⅱ, 33）。
25　Johannes Koch in 1815 Limited On-line Archive.
26　D'Erlon, *Mémoires*, 96; Dessales in *Souvenirs et correspondance*, 52.
27　Gourgaud, *Campagne*, 79—80; Bonaparte, *Mémoires*, 88—9.
28　向巴黎分社做的报告，6月24日的《箴言报》（Waldie, *Near Observer*, 1817 edition, Ⅱ, 111）。
29　Fraser, *Words on Wellington*, 1—3. 弗雷泽是阿克斯布里奇的一名副官。
30　Brouwet, 'Quatre Documents', 363.
31　Trefcon, *Carnet de Campagne*, 86.
32　Girod de l'Ain, *Vie Militaire du Général Foy*, 277—8.

40　阵线后的恐慌

1　Glover, *Waterloo Archive*, Ⅰ, 226; Creevey, *Creevey Papers*, Ⅰ, 230—1.
2　Glover, *Waterloo Archive*, Ⅰ, 227.
3　Heeley, 'Journal', 109—10.
4　Delancey, *Week at Waterloo*, 48—9.
5　Waldie, *Near Observer*, xiv—xv.
6　Carey in Brett-James, *Hundred Days*, 96—7.
7　Captain Jean-Baptiste Osten in Franklin, *Netherlands Correspondence*, 36—7.
8　Koopman in Franklin, *Netherlands Correspondence*, Ⅲ.
9　Rettberg in Glover, *Waterloo Archive*, Ⅱ, 47.
10　James, *Journal*, 34—5.
11　Glover, *Waterloo Archive*, Ⅱ, 89; Wheatley, *Diary*, 61—2.
12　Glover, Waterloo Archive, Ⅰ, 227.
13　Glover, *Waterloo Archive*, Ⅰ, 227—8；实际上，在他的骠骑兵溃败的过程中，阿克斯布里奇没有伤到一根毫毛。
14　Swiney, *Historical Records*, 117.
15　Jackson, 'Recollections', 181.

41　天空打开了水闸

1　Glover, *Waterloo Archive*, Ⅰ, 32.
2　Jacobi in Glover, *Waterloo Archive*, Ⅱ, 131—2.
3　Robertson, *Journal*, 152—3.
4　Officer of 95th in Waldie, *Near Observer*, 52—3.
5　Lindau, *Waterloo Hero*, 161—2.

6　Gagern in Glover, *Waterloo Archive*, Ⅱ, 193—4.
7　Barnett, NAM 1991-06-31.
8　James, *Journal*, 27—8.
9　Gibney, *Eighty Years Ago*, 183—4.
10　Gerard Rochell in Franklin, *Netherlands Correspondence*, 142—51.
11　Barnett, NAM 1991-06-31; *A soldier of the Seventy-first*, 105—6. KGL reports in Glover, *Waterloo Archive*, Ⅱ, 17—19.
12　Jeremiah, *Life and Adventures*, 20—1 and in Glover, *Waterloo Archive*, Ⅳ, 185—7.杰里迈亚将这个故事设定在6月18日，但是如果格洛弗将这个庄园正确地辨认为蒙普莱西尔，并且没有其他明显的候选者，杰里迈亚似乎不太可能在没有被法军俘虏的情况下早上前往那里。
13　Wheeler, *Letters*, 170.
14　Canler, *Mémoires*, 48; Martin, 'Lettre', 501.
15　Houssaye, *1815: Waterloo*, 273—4.
16　Pawly, *Imperial Headquarters* (2), 52—4.
17　Houssaye, *1815: Waterloo*, 277; Macbride, *With Napoleon at Waterloo*, 183.
18　Gourgaud, *Campagne*, 83—4; Bonaparte, *Mémoires*, 102—3. Houssaye, *1815: Waterloo*, 277. 来源是拿破仑的回忆录，但是苏尔特在上午10点写给格鲁希的信证实收到了这样一份报告。米约的士兵之前曾联系 von Sohr 的后卫。
19　Marchand, *Mémoires*, 221.
20　Marchand, *Mémoires*, 221; Keppel, *Fifty Years*, 143.
21　WD, Ⅻ, 476—8; WSD, Ⅹ, 501.
22　Robinson, *Memoirs of Picton*, Ⅱ, 386—9.
23　Lawrence, *Autobiography*, 204.
24　Heyland in Glover, *Waterloo Archive*, Ⅲ, 140.

42　普鲁士人的进军

1　Ollech, *Feldzuges von 1815*, 164.
2　Gneisenau to Hardenberg, 22 June 1815, in Delbrück, *Leben*, Ⅳ, 530—1.
3　Uffindell, *Eagle's Last Triumph*, 168; Gneisenau to Hardenberg, 22 June 1815, Delbrück, *Leben*, Ⅳ, 530—1.
4　Ollech, *Feldzuges von 1815*, 187—8, 191.齐滕的辎重先前从让布卢逃向了瓦夫尔，并像比洛的一样往北被送去了勒芬。
5　George von der Decken in Glover, *Waterloo Archive*, Ⅱ, 36.
6　Taylor in Siborne, *Letters*, no.75; Bülow's report in Ollech, *Feldzuges von 1815*, 192.
7　Müffling, *Memoirs*, 242; *History*, 17; Ollech, *Feldzuges von 1815*, 214—15, 在军事档案馆留存了下来; Frazer, *Letters*, 553。就像乌赛指出的那样，普军的命令清楚表明他们已经制订了以主力攻击拿破仑的侧翼，用余下的兵力支援威灵顿的计划。这碰巧同米夫林的提议几乎一致。
8　Rahden, *Wanderungen*, 365.
9　Wedell, *Geschichte*, 164, Dörk, *15tes Infanterie*, 128. Ollech, *Feldzuges von 1815*, 192是比洛的记述。
10　De Wit Copy in former KA, VI.C.55.1.11;他的标题是'Disposition des generals Bülow von Dennewitz, vor der Schlacht am 18. an den Lord Wellington geschickt'; Ollech, *Feldzuges von 1815*, 216. Cf. Pflugk-Harttung, *Von Wavre bis Belle Alliance*, 620—1; Lettow-Vorbeck, *Untergang*, Ⅲ, 401.
11　De Wit; Hofschröer, *German Victory*, 93—6.

43　寻觅早餐

1　James, *Journal*, 31.
2　Glover, *Waterloo Archive*, Ⅲ, 2. Frazer, *Letters*, 545—6.

3　Barnett, NAM 1991-06-31; *A Soldier of the Seventy-first*, 105—6.
4　Eyre in Glover, *Waterloo Archive*, Ⅲ, 115.
5　Wheeler, *Letters*, 170; Jeremiah in Glover, *Waterloo Archive*, Ⅳ, 185—7.英国士兵往往会将他们军队中的德意志人叫作不伦瑞克人。
6　Doring in Glover, *Waterloo Archive*, Ⅱ, 166—7.
7　Robertson, *Journal*, 153; Jacobi in Glover, *Waterloo Archive*, Ⅱ, 132—3.
8　Robertson, *Journal*, 153.
9　Mudie, 'Operations of the Fifth', 175.
10　Pitt-Lennox in Siborne, *Letters*, no.17; Hope, *Military Memoirs*, 425.
11　Glover, *Waterloo Archive*, Ⅱ, 132—4.
12　Morris, *Memoirs*, 77.
13　Jan Rem in 1815 Limited On-line Archive.
14　Mudie, 'Operations of the Fifth', 176.
15　Mudie, 'Operations of the Fifth', 176—7.
16　Wheatley, *Diary*, 62.格尔松是附属于KGL第二营的资深助理军医。

44　颤抖吧，暴君！

1　来自苏尔特的命令, Houssaye, *1815: Waterloo*, 286.这一命令证实了拿破仑意图尽早攻击，并且早就拟定了下发部队的部署命令。
2　Marchand, *Mémoires*, 221.
3　Canler, *Mémoires*, 18; Martin, *Souvenirs*, 283.
4　Girod de l'Ain, *Vie militaire*, 278.
5　Houssaye, *1815: Waterloo*, 319,这一对话引自博迪手稿的注释。
6　Girod de l'Ain, *Vie militaire*, 279.
7　Mauduit, *Derniers jours*, Ⅱ, 242,莫迪觉得参谋部未能掌握战场的地形，额外更称职的向导会透露威灵顿阵地易受攻击的地点是他的左翼，不过在我看来，参谋部察觉到了这个弱点，并且意图攻击左翼。
8　参谋长的信息收发登记簿, Houssaye, *1815: Waterloo*, 324—5.
9　Marbot, Ⅲ, 403, 405; Houssaye, *1815: Waterloo*, 325.乌赛准确地察觉到，骠骑兵的部署旨在促进同格鲁希部的联系，而不是像马尔博认为的那样，提早发出格鲁希接近的消息。
10　Petit, 'Waterloo Campaign', 324.
11　Martin, *Souvenirs*, 284; Canler, *Mémoires*, 18—19.有趣的是，这段文字并不在马丁8月1日的信件中。
12　Bowden 的数据（*Waterloo Campaign*, 271—2, 337）；乌赛的法军数据与此类似（Houssaye, *1815: Waterloo*, 330—1），不过他估算的6.8万名联军的数据基于西伯恩的数据。Bowden 论证了西伯恩的数据虽然传统上被公认，但却不包含军士和军官，于是需要向上修正。Muir（*Britain and the Defeat of Napoleon*, 361）对 Bowden 的数据表示赞同，认为威灵顿约有7.4万人。考虑到少量返回队列的伤员，Adkin 得出了一个略微低一些的数据（Adkin, *Waterloo Companion*, 37）。法军的火炮数差别很大，不过很可能是246门（Adkin）或254门（Bowden），取决于近卫军是3个还是4个12磅炮连。这些兵力数值是阅兵场数据，很明显，实际出现在战场上的兵力要少一些，因为在军队后方，许多人被分遣去看守行李或作为仆人。

45　阵　地

1　James, *Journal*, 31—2; Gronow, *Reminiscences*, 129.
2　Constant in Franklin, *Netherlands Correspondence*, 17.
3　这些数据基于 Bowden 和 Adkin 的测算结果（见上一章最后的注释）。火炮的数量（157/156）取决于有多少门尼德兰火炮从四臂村幸存下来。
4　Ellesmere, *Personal Reminiscences*, 183.
5　Shaw Kennedy, *Notes*, 72.
6　Glover, *Waterloo Archive*, Ⅱ, 156—8.

7 汉诺威军队的参谋部报告（Glover, *Waterloo Archive*, II, 12, 17）称每个营派出了50人，不过更为详细的旅报告（Glover, *Waterloo Archive*, II, 95）提供了更为具体的信息：每个营有100人前往乌古蒙。
8 Shaw Kennedy, *Notes*, 99—102.
9 Frazer, *Letters*, 554—5; Rudyard in Siborne, *Letters*, no.99.
10 Mercer, 120; *Instructions for officers and non-commissioned officers of cavalry on outpost duty* (1810)，经弗雷德里克·庞森比提炼后，在美国内战中它仍旧由联邦军使用。
11 Shaw Kennedy, *Notes*, 71.
12 Kincaid, *Adventures*, 340.
13 Belcher in NA, WO 71/242 161.如果事实如此，Haythornthwaite 的数据503过多了一点。
14 Ingilby, 'Waterloo Diary', 55.
15 Wheatley, *Diary*, 63.

46　法军的计划

1 Gourgaud, *Campagne*, 88. Bonaparte, *Memoirs*, 115—18; Bonaparte, *Mémoires*, 118—19.我同意 Barbero 的说法（*The Battle*, 96—8），反对 Houssaye 的说法：拿破仑期望从右路突破（*1815: Waterloo*, 333）。
2 Dessales in *Souvenirs et correspondance*, 52.不知何故，德萨勒将3个军属预备炮连和德隆的4个师属炮连的火炮总数计算为54门，他们的实际总数应为56门，可能有两门火炮被部署在了它处。乌赛在这一数据上增加了3个近卫军炮连，使得总数达到了80门，不过德萨勒（*Souvenirs et correspondance*, 54）称，这些火炮是英军骑兵冲锋后部署的，用来替代那些被损坏或无法移动的火炮。
3 Bowden（*Waterloo Campaign*, 321）通过增加近卫军预备步炮兵的12磅炮连到6个步炮连中达到80门的数据（按照 Bowden 给的数据，大炮阵的组成为：第一军的3个师属6磅步炮连，第一、第二、第六军的3个军属12磅步炮连，近卫军的4个12磅步炮连。——译者），而 Adkin（*Waterloo Companion*, 298）则包括了额外的近卫军6磅炮连（与 Bowden 不同的是，阿德金给出的大炮阵组成为：第一军的4个师属6磅步炮连，第一、第二、第六军的3个军属12磅步炮连，近卫军的3个6磅步炮连。——译者）
4 Heymès in Elchingen, *Documents inédits*, 15, *Waterloo: Récits de combattants*, 48, 50. Levavasseur, *Souvenirs Militaires*, 291—4.第三名副官的名字是 Devaux。
5 Elchingen, *Documents inédits*, 53—4. "位于主干道交会处"这一句表明拿破仑知道蒙圣让在地图上的位置，尽管他的一些副手似乎将蒙圣让同拉艾圣搞混了，在农场和附近两座小屋的后面就有一个道路交叉点。
6 Reille in Elchingen, *Documents Inédits*, 62; Robinaux, *Journal de route*, 208; Girod de l'Ain, *Vie militaire*, 281; Jolyet in *Souvenirs et correspondance*, 77; Combes-Brassard in *Souvenirs et correspondance*, 16: "在最初的计划中，法军将会从右翼和中路攻击，在左翼防御。"

47　对乌古蒙的第一次进攻

1 "乌古蒙"这个名字最早出现在费拉里斯地图上，测绘员将"du Goumont"写成了"d'Hougoumont"；测绘手稿展现出了时间更早、布局更宏大的庄园情况。
2 Waldie, *Residence in Belgium*, 289.
3 'Ten minutes': Glover, *Waterloo Archive*, II, 104; Colborne in Siborne, *Letters*, no.123.
4 Jolyet in *Souvenirs et Correspondance*, 77; Büsgen in Glover, *Waterloo Archive*, II, 157;根据 Glover, *Waterloo Archive*, II, 10的一份汉诺威军队报告，是榆树; Bull in Siborne, *Letters*, no.78。
5 Fletcher, *Desperate Business*, 106—7.
6 Mainwaring, 'Four Years', 409; Wheeler, *Letters*, 171; Siborne, *Letters*, no.63.
7 Elting, *Swords around a Throne*, 475.
8 Busgen in Glover, *Waterloo Archive*, II, 117.
9 对于威灵顿这则非常流行的轶事，见 Mittelacher, 'Nassauers at Hougoumont'；它最早的版本由 Pozzo di Borgo 在1815年7月24日记录（J. Malcolm, *The Life and Correspondence of Major-General Sir John Malcolm*, ed. J. W. Kaye, 2 vols, London, 1856, II, 102）。

10　Hervey, 'Letter', 433 称是26门火炮; Frazer, Letters, 556—7。
11　Glover, Waterloo Archive, Ⅰ, 148—9。
12　Keppel, Fifty Years, 145.
13　Hart, NAM 1981-11-84; Martin, Souvenirs, 110.
14　Clay, 'Adventures at Hougoumont', 220.
15　Walcott in Siborne, Letters, no.80.
16　Pétiet, Souvenirs militaires, 215; Mauduit, Derniers jours, Ⅱ, 321n. Pétiet 称他们的指挥官是Bonnet，不过这个名字并没有出现在Martinien的伤亡名录里。Pétiet的塔拉戈纳英雄可能是勒格罗。
17　Jolyet in Souvenirs et correspondence, 73. 弗雷泽中士的说法无法让我信服：他用长戟将屈比埃从马上挑落，然后骑着上校的马逃回了农场（Fletcher, Desperate Business, 109）。Glover, Waterloo Archive, Ⅲ, 111。
18　Fletcher, Desperate Business, 113.
19　Wachholtz in 1815 Limited On-line Archive. 有许多前卫营身处前线的证据。这些不伦瑞克人部队在四臂村损耗很大，不过向公爵证明了他们是值得信赖的。
20　Clay, 'Adventures at Hougoumont', 28.
21　Longford, Years of the Sword, 459. 来自莫迪的数据和战役开始前的报表数据，只考虑500人的四臂村战损。Adkin 给出的兵力值太高了，部分是因为他将兵力众多的第二轻步兵团，而不是第三战列步兵团包含在了该师之内，相对于前者，后者少了足足1200人。

48　察觉普军的踪迹

1　Houssaye, 1815: Waterloo, 293—4.
2　Houssaye, 1815: Waterloo, 343—4.
3　根据Gourgaud, Campagne, 89，这些部队被派去那里迎击普鲁士人，以防格鲁希未能按照皇帝（虚构的）前晚命令出现。根据Mémoires, 120—1, 拿破仑在右翼的远处发现了军队，并派遣多蒙和叙贝尔维的骑兵前去侦察。这个时间定为上午11点，不过这是在乌古蒙攻击开始前，就在奈伊将德隆的军投入攻击前（Mauduit, Derniers jours, Ⅱ, 287—9; Houssaye, 1815: Waterloo, 340—1, 346）。关于贝尔纳，见Charras, Campagne de 1815, 260 和 Bernhard of Saxe-Weimar in Franklin, Netherlands Correspondence, 97—8。
4　Houssaye, 1815: Waterloo, 292.
5　Houssaye, 1815: Waterloo, 295.
6　James, Campaign of 1815, 196—7; Mémoires du Maréchal Grouchy, iv, 71.
7　Houssaye, 1815: Waterloo, 300—5.

49　大炮阵

1　Kincaid, Adventures, 341; Leach, Rough Sketches, 386.
2　Muir, Tactics, 34.
3　Girod de l'Ain, cited by Field, French Perspective, 71.
4　Müffling, History, 17—8; Memoirs, 242.
5　拿破仑声称炮阵有80门火炮。Pontécoulant称包括两个近卫步炮连，共60门，Napoléon à Waterloo, 263—4。Mauduit 称共有10个炮连，包括数个近卫炮兵炮连，Derniers jours。但是Pontécoulant说，他所属的近卫骑炮连是在之后代替损失掉的加入其中的。
6　一些作者认为大炮阵初始便建立在前沿位置，但是在这一阶段，那里距离法军步兵很远，又有帕佩洛特和拉艾在侧，极其暴露，非常容易受到攻击。Shaw Kennedy证实大炮阵移动到了前沿山脊，不过没有说什么时间（Notes, 86—7）。
7　Glover, Waterloo Archive, Ⅱ, 17.
8　Mercer, Journal, 161.
9　Ross in Siborne, Letters, no.91，第三个炮连可能是Beane的，根据弗雷泽的说法，它被部署在紧邻罗斯的位置（Gunner John Edwards, Glover, Waterloo Archive, Ⅰ, 102）。
10　Muir, Tactics, 34.
11　Glover, Waterloo Archive, Ⅱ, 39; Brandis in Glover, Ⅴ, 56; Playford, Lifeguardsman, 48—9.

12. Rettberg in Glover, *Letters*, 156. Noguès, *Mémoires*, 274; Müffling, *History*, 21; Ingilby, 'Waterloo Diary', 55.
13. 因为缺少证据，对于第一军各师前进的次序，不同的历史学家进行了非常不同的解释。Batty 称东泽洛攻击了拉艾圣，基奥、马尔科涅和迪吕特那个没有指向帕佩洛特的旅攻击了皮克顿。Shaw Kennedy 称基奥攻击了拉艾圣，东泽洛、马尔科涅和迪吕特攻击了皮克顿。Siborne, *Waterloo Campaign*, 247—8, Roberts 和 Barbero 采信了 Batty 的说法。Charras、Houssaye、James、Weller、Chandler 和 Hamilton-Williams 采信了 Shaw Kennedy 的说法。Mauduit, *Derniers jours*, Ⅱ, 293—7，给出了我采信的版本。Janin, 53 所言甚少，不过称是 3 个攻击纵队，而不是 4 个。
14. Canler, *Mémoires*, 19.
15. Siborne, *Letters*, no.157.
16. Chapuis, 'Notice sur le 85e de ligne', 45.
17. Canler, *Mémoires*, 20; Noguès, *Mémoires*, 274; Martin, 'Lettre d'un officier Genèvois du 45e', 502; Schmitz in Brouwet, 'Quatre documents', 363; Rullière in Largeaud, *Napoléon et Waterloo*, 375—6.
18. Mauduit, *Derniers jours*, Ⅱ, 291.

50 德隆的攻击

1. Field, *French Perspective*, 70：一份给苏尔特的报告，主题是来复枪的优点。
2. Büsgen in Glover, *Waterloo Archive*, Ⅱ, 157; Jolyet in *Souvenirs et correspondance*, 77.
3. Mackinnon, *Coldstream Guards*, 217—8; Hepburn in Siborne, *Letters*, no.117.
4. Clay, 'Adventures at Hougoumont', 222.
5. Hornn, *Narrative*, 59.
6. Lindau, *Waterloo Hero*, 167—8, 187.
7. Canler, *Mémoires*, 19—20; Duthilt in Field, *French Perspective*, 99; Martin, *Souvenirs*, 287.
8. D'Huvelé in 1815 Limited On-line Archive; Rettberg in Glover, *Waterloo Archive*, Ⅱ, 48. BL Add Mss 19,590 有提及弹药消耗，不过尚不清楚消耗是否包含弹药箱爆炸时损失的弹药。
9. Martin, 'Lettre', 503; Koopman in Franklin, *Netherlands Correspondence*, 109; von Bronkhorst in 1815 Limited On-line Archive; Nyevelt in Franklin, *Netherlands Correspondence*, 55.
10. Kincaid, *Adventures*, 343—4; Canler, *Mémoires*, 21; Rogers and Maule in Siborne, *Letters*, nos.102—3.

51 克拉贝的冲锋

1. Brigade report in Glover, *Waterloo Archive*, Ⅱ, 95; Jacobi in Glover, *Waterloo Archive*, Ⅱ, 135; Bäring in Lindau, *Waterloo Hero*, 187—8; Biedermann in Glover, *Waterloo Archive*, Ⅴ, 42.
2. Levavasseur, *Souvenirs Militaires*, 298. 他可能不是从每个骑兵团都抽调了一个中队（Field, *French Perspective*, 85—6），不过似乎有枪骑兵在战场的这个区域作战。Lot, *Ordener*, 91. Macready, 'Journals', 523. Müffling, *History*, 22 证实，骑兵在德隆的突击前攻击了中路："炮兵刚向这个生力军（德隆军）开火，一支骑兵就来到了大道的左右两侧。"
3. Charras, *Campagne de 1815*, 275; Lot, *Ordener*, p.91; Houssaye, *1815: Waterloo*, 383; Field, *French Perspective*, 94; Barbero, *The Battle*, 160, 称它在会战后被夺回了。汉诺威资料没有这方面的内容。
4. Jacobi in Glover, *Waterloo Archive*, Ⅱ, 135—6.
5. Brigade report in Glover, *Waterloo Archive*, Ⅱ, 95—6. Ordener (Lot, *Ordener*, 91) 奥德内称是 24 门火炮，而这与罗斯、比恩、屈尔曼和劳埃德的火炮总数相匹配。
6. Beamish, *King's German Legion*, 355—6; Glover, *Waterloo Archive*, Ⅱ, 91.
7. Wheatley, *Diary*, 64.
8. Edwards in Glover, *Waterloo Archive*, Ⅰ, 102—3.
9. 例如，von Dreves in Glover, *Waterloo Archive*, Ⅱ, 68。

10　D. D. Vigors, 'Voices from the Napoleonic Wars', *Journal of the Royal Artillery*, CXI (September 1984), 138—9.

11　Dessales in *Souvenirs et correspondance*, 53—4. Simmons, *British Rifle Man*, 365 写道，在德隆的攻击开始之前，火炮前移了。

52　王室旅的冲锋

1　Playford in Glover, *Waterloo Archive*, Ⅳ, 38.
2　Uxbridge in Siborne, *Letters*, no.5.
3　Somerset in Siborne, *Letters*, no.18.
4　Elton in Glover, *Waterloo Archive*, Ⅳ, 49—50.
5　Gore, *Historical Account*, 89.戈尔称绝壁有40英尺高，但他有夸张的倾向。这一插曲是维克托·雨果笔下滑铁卢的著名特色。
6　Levavasseur, *Souvenirs*, 294.
7　Dörnberg in Glover, *Waterloo Archive*, Ⅱ, 30.
8　Hasker in Glover, *Waterloo Archive*, Ⅰ, 20; Page in Glover, *Waterloo Archive*, Ⅲ, 23.
9　Playford in Glover, *Waterloo Archive*, Ⅳ, 40; Lord in Glover, *Waterloo Archive*, Ⅰ, 14; Houssaye, *1815: Waterloo*, 354.
10　Cathcart in Siborne, *Letters*, no.15.
11　骑马行进在紧邻普莱福德左侧的4个骑兵均阵亡了。肖的故事最早见于Kelly, *Waterloo*, 94 和Waldie, *Near Observer* (1817 edition), 30，前者比较诚实，后者却不是，根据后者的说法，他死于一场同6个近卫军的战斗，杀死了其中4人，早前他还将一个胸甲骑兵的头颅劈成两半。他们的战斗在W. Knollys, *Shaw the Lifeguardsman* (London, 1885), 62—3到达高潮。
12　Marten in Siborne, *Letters*, nos 26—7; Waymouth in Siborne, *Letters*, no.20.
13　Uxbridge in Siborne, *Letters*, no.5.

53　联合旅的冲锋

1　Seymour in Siborne, *Letters*, nos 9—10; Tomkinson, *Diary*, 302.
2　关于这一事件有两个版本，其一见Swiney, *Historical Records*, 121，其二见Belcher in Siborne, *Letters*, no.154，后者称在一个法国军官抢夺它之前，自己从受伤的掌旗官那里拿过了军旗。
3　Batty, *Campaign of 1815*, 94—5; Müffling, *Memoirs*, 244 写道："当皮克顿将军（他在这一战倒下）对敌军第一军的攻击被击退时，我来到了左翼。"肯普特在报告（*WSD*, Ⅹ, 535）中暗示法军抵达了阵地的顶点，不过声称在骑兵抵达现场前，步兵击败了法国人。对于布儒瓦的旅来说，这可能是真的，在王室旅抵达他的侧翼后面时，它可能从后方崩溃了。第二十八步兵团的Cadell上尉（Glover, *Letters*, 268）合理地解释："在一个庞大的法军纵队遭到重骑兵的冲锋前不久，我们使用刺刀和步枪阻滞了他们。"Ingilby（Siborne, *Letters*, no.82）回忆说："我们的部队退缩，一些高地兵陷入了混乱。"
4　Martin, 'Lettre d'un officier Genevois', 503, 写于1815年8月1日。马丁之后的记述完全不同。根据他之后的说法，法军因为从凹路中射出的近距离火力而惊慌失措。使用刺刀将这些（可能是尼德兰人）步兵逐出后，越过树篱的他们又遭到了新对手（苏格兰人）的冲击。在肉搏战中，他在重组队列时遭到了骑兵的冲锋。我的看法是他早期的信件更为准确。
5　Clark in Siborne, *Letters*, nos 35 and 38，给我们的印象是他左侧的法军抵达山脊顶端，在他前方的肯普特的英国步兵在混乱中穿过树篱，朝着他那一侧的方向移动。他认为在一次成功的冲锋后他们可能会这样做。De Lacy Evans, Siborne, *Letters*, no.32声称"根据Gurwood上校的描述（1123把军刀），我敢说作为回报这是准确的，但是根据我谦逊的回忆和信仰，1123把军刀并不在战场上"。Clark估算出他们的实力至多是950—1000人（Siborne, *Letters*, no.39）。
6　Clark in Siborne, *Letters*, no.37; Styles in Summerville, *Who was Who*, 77, 368—70.
7　Dessales in *Souvenirs et correspondance*, 53—4.
8　Martin, 'Lettre', 504.
9　Schmitz in Brouwet, 'Quatre Documents', 363. Shelton声称一些皇家龙骑兵从第二十八步

兵团左侧绕过并"向前冲锋，遭遇了一支正在前进的庞大纵队"，当时这支纵队仍处在高地下面。Mountsteven in Siborne, *Letters*, no.151回忆，"当看到一些勇敢却太过鲁莽的家伙在没有停下再次重组的情况下，驱马向前杀去时，我们感到了强烈的焦虑，在我看来，他们的目标是一支维持完美秩序，且用作支援的庞大部队，但是我没看到它被标注在计划上。对于这支部队，他们当然没能撼动，却遭受了一些损失，虽然就我能看到的，只有一小部分朝他们开了火"。de Lacy Evans in Siborne, *Letters*, nos.31—3。

10 Wyndham in Siborne, *Letters*, no.41; Crawford in Glover, *Letters*, 60.
11 Ewart in Glover, *Waterloo Archive*, Ⅲ, 32—4.
12 俘虏数可能少于2000，也有可能比声称的更多。维维安在6月19日凌晨4点同威灵顿对话时，公爵认为1200名法军俘虏被带去了后方（Siborne, *Letters*, no.71）。
13 Clark in Siborne, *Letters*, no.36.

54 法军的反击

1 Elton in Glover, *Waterloo Archive*, Ⅳ, 50—1; Hibbert in www.qdg.org.uk/diaries, CARDG: 1985.1199. 根据Waymouth的说法，富勒被杀死在"拉艾圣右面我们阵地所处斜坡的下方"（Siborne, *Letters*, no.21）。如果奈伊真的创建了一支隶属于自己的重要打击力量，枪骑兵在中路的出现也就得到解释了。勒瓦瓦瑟尔认为他们由科尔贝将军指挥，在法军中有两个是这一姓氏的骑兵将领，所以他们可能属于近卫军，也可能属于叙贝尔维的骑兵师。
2 Hasker in Glover, *Waterloo Archive*, Ⅰ, 20—1.
3 Martin, 'Lettre', 504—5.
4 Canler, *Mémoires*, 21—2. 令人惊讶的是，第五十五步兵团真的有一名叫作拉比涅的少尉在滑铁卢遇难，而Martinien, 246将他记录为"失踪"。这表明拉比涅是在高大的庄稼地里进行的前哨战中阵亡的，或者丧命于龙骑兵之手，而康莱保留了他的包。
5 Waldie, *Near Observer*, Second edition 1815, xxvi. 它声称庞森比死于在乌古蒙向波兰枪骑兵的冲锋，但是这个故事的核心仍有可能是真实的。而苏格兰灰骑兵的军士Dickson则声称经历过冲锋中每一个生动的事件，我认为他的说法是靠不住的。Urban in Mauduit, *Derniers jours*, Ⅱ, 300—1，尽管Urban的说法和Dickson的一样有炫耀的嫌疑。
6 Tomkinson, *Diary*, 136n; Muir, *Tactics*, 117—18.
7 Tomkinson, *Diary*, 301, 304.

55 约翰·范德勒爵士旅的冲锋

1 Berckefeldt in Glover, *Waterloo Archive*, Ⅴ, 88.
2 1815年8月10日庞森比在BL Add Mss 19,590中的记述；Bessborough, *Lady Bessborough*, 242.
3 Hay, *Reminiscences*, 184.
4 Mauduit, *Derniers Jours*, Ⅱ, 307—9.
5 Bessborough, *Lady Bessborough*, 242—3.
6 Frazer, *Letters*, 560.
7 Hope, *Military Memoirs*, 431—2回忆称，火箭兵花了半小时试图攻破德隆坚实的增援纵队，不过没有取得成功。施米茨回忆有200发火箭射向他们师，Brouwet, ('Quatre Documents', 363), Heymès (Elchingen, *Documents inédits*, 15, Waterloo: Récits, 50) 和 Mauduit (*Derniers Jours*, Ⅱ, 299) 称是300发，不过弹药消耗记录记载的是52发 (BL Add Mss 19,590)。Couvreur, 'Des Belges à Waterloo', 26. Ravard in Calvet, *Destins de braves*, 37。

56 普鲁士人在哪？

1 'Campaign of Waterloo', 467.
2 Shaw Kennedy, *Notes*, 133. 基于同样的道理，肖认为格鲁希能在6月18日从让卢挺进20英里来到蒙圣让是难以置信的。
3 Cotton, *Voice From Waterloo*, 85.

4 Henckel, *Erinnerungen*, 642 (Diary of 19th Regiment).他至少将第六枪骑兵团的一个中队调拨给 Leutrum 伯爵指挥。
5 Salisch, *Geschichte*, 203.
6 Reiche，在 Brett-James, *Hundred Days*, 148 中被翻译。
7 Lieber, *Letters*, 107—8.
8 Ollech, *Feldzuges von 1815*, 207—8.
9 Batty, *Campaign of 1815*, 105, 基于斯特夫利亲自提供给他的信息，就像 Batty 在 Glover, *Letters*, 165—6 中说的那样。

57　大炮阵的重建

1 Shaw Kennedy, *Notes*, 114.
2 Mudie, 'Operations of the Fifth', 180, 183; Robertson, *Journal*, 155.
3 O'Neil, *Military Adventures*, 246—51.
4 Kelly, NAM 2002-01-254.
5 Bourdon de Vatry in Grouchy, *Mémoires*, 106.
6 Muir, *Tactics*, 203—4. Tomkinson, *Diary*, 289; Mercer, *Journal*, 138; Wyndham in Siborne, *Letters*, no.40.
7 见 Dessales in *Souvenirs et Correspondence*, 55。德萨勒称："在遭遇那次冲锋时，我还没有从前沿阵地移动。"
8 Pétiet, *Souvenirs Militaires*, 218; Mauduit, *Derniers Jours*, Ⅱ, 326; Houssaye, *1815: Waterloo*, 364—5.
9 Glover, *Waterloo Archive*, Ⅱ, 71.
10 Shaw Kennedy, *Notes*, 113；引自 Houssaye, *1815: Waterloo*, 364 中的阿尔滕写于6月20日的信。
11 Lawrence, *Autobiography*, 206—7.
12 Muir, *Tactics*, 201—2; Morris, *Memoir*, 105.
13 吕讷堡营的日志记录，在6月16日"Duwe 中尉在进军途中患病，无法参与作战"，而在6月17日"Stegmann 中尉感到不适，前往位于安特卫普的医院"（1815 Limited Online Archive）。根据 Best in Glover, *Waterloo Archive*, Ⅱ, 120—11，费尔登营的 Siegner 和 Ostvald 上尉，明登营的 Kuhlmann 中尉，吕讷堡营的 Jormin 和 Schneider 上尉，奥斯特勒德营的 von Rauschenplatt 上尉在6月16日或之后生病，撤往安特卫普。
14 Woodberry, *Journal*, 317.
15 WO 71/242 161 and 164.相较于 Henry Ross-Lewin, Charles Hames 获得的支持较少。
16 汉诺威军队和不来梅营的报告，引用自 Glover, *Waterloo Archive*, Ⅱ, 17, 105。
17 Weiz in Glover, *Waterloo Archive*, Ⅱ, 184.这可能是辛克莱的步炮连。
18 Wheatley, *Diary*, 65.
19 Macready, 'Journals', 524; Wheatley, *Diary*, 65.
20 他们可能在早些时候就逃离了；见 Meier in Glover, *Waterloo Archive*, Ⅴ, 15—16；Seymour in Siborne, *Letters*, no.9。1816年，von Hake 在汉诺威被送上军事法庭，并遭解职，他的副手被严厉斥责。
21 威灵顿致 Samuel Rogers 的信，引用自 Delancey, *Week at Waterloo*, 14 和第109页的注释。

58　快逃命！

1 Carey, 'Commissariat officer', 730—1.
2 Glover, *Waterloo Archive*, Ⅱ, 120—1; Simmons, *British Rifle Man*, 367, 375 生动描述了英军在蒙圣让农场的疏散。
3 Creevey, *Creevey Papers*, Ⅰ, 232.
4 Waldie, *Near Observer*, 1815 edition, xiv.
5 Elizabeth Ord in Glover, *Waterloo Archive*, Ⅰ, 228.
6 Heeley, 'Journal', 114.
7 Creevey, *Creevey Papers*, Ⅰ, 233—4.

59 拿破仑准备第二次进攻

1. Bourdon de Vatry in Grouchy, *Mémoires*, 108: 'Le comte de Lobau, commandant la droite à Waterloo, fit dire à l'Empéreur qu'il était attaqué par les Prussiens. Napoléon ne voulut pas admettre d'abord que la chose fût possible'（在滑铁卢指挥右翼的德·洛博伯爵送消息给皇帝，他正遭到普鲁士人的攻击。拿破仑最初认为这不可能。); Combes-Brassard in *Souvenirs et correspondance*, 19—20: 'Le 6e corps, formant la réserve... marcha pour soutenir l'attaque de la droite'（作为预备队的第六军……前去支援对英军左翼的攻击); Janin, *Campagne de Waterloo*, 35; cp. Barbero, *The Battle*, 144—5.
2. Best in Glover, *Waterloo Archive*, II, 120.
3. Glover, *Waterloo Archive*, II, 161, 167—8.
4. Adkin, *Waterloo Companion*, 264.
5. Clay, 'Adventures at Hougoumont', 222.
6. Leonhard in Glover, *Waterloo Archive*, II, 159.
7. Adair, 'Coldstream Guards', 30—1.
8. Seymour in Siborne, *Letters*, no.9.
9. Gow, '3rd Guards', 42. Miller, *Ball*, 42. 事后，一个朋友遵从Forbes的指示，将迷你画像的残存部分归还。
10. Brouwet, 'Quatre documens', 363.
11. 阿尔滕的报告, *WSD*, X, 534; Brinckmann in 1815 Limited On-line Archive.
12. Lindau, *Waterloo Hero*, 189—90.
13. 西蒙·贝尔纳，由伯恩哈德亲王记录 in Franklin, *Netherlands Correspondance*, 97—8; Ollech, *Feldzug von 1815*, 226。

60 米约的冲锋

1. *Bulletin de l'Armée*, 1815年6月21日发布在《箴言报》上，1815年6月27日在《晨邮报》(*The Morning Post*) 以 "Important French Papers" 为标题再度发布。见 Houssaye, *1815: Waterloo*, 366。近卫枪骑兵的 Fortuné de Brack 声称，他的过失导致近卫骑兵在胸甲骑兵之后冲锋 (*Waterloo: récits de combattants*, 14—15)，一个由莫迪讲述的故事 (Mauduit, *Derniers jours*, II, 346—8)，最近一次被Andrew Roberts重述 (*Waterloo: Napoleon's Last Gamble*, 76)。
2. Petty, *First Napoleon*, 126.
3. Field, *French Perspective*, 138.
4. Shaw Kennedy, *Notes*, 114—16; Gronow, *Reminiscences*, 129.
5. Wheatley, *Diary*, 62—6; Linsingen in Glover, *Letters*, 254—5.
6. Scriba in Glover, *Waterloo Archive*, II, 105—7.
7. Lot, *Ordener*, 94. Arentschildt in Glover, *Waterloo Archive*, II, 39.
8. Goben in Glover, *Letters*, 126, and 1815 Limited On-line Archive, reports Glover, *Waterloo Archive*, II, 24, 39. 这很可能就是Chevalier在*Souvenirs*, 323中描述的一个插曲。
9. Weiz in Glover, *Waterloo Archive*, II, 184—5; Morris, *Memoirs*, 78; Crumplin, *Guthrie's War*, 150.
10. Dalton, *Roll Call*, 17—18; Somerset in Siborne, *Letters*, no.18; Thornhill in Siborne, *Letters*, no.8.
11. Wheatley, *Diary*, 67; Beamish, *King's German Legion*, 359. 来复枪兵John Milius被授予圭尔夫勋章。
12. Hamilton, NAM 2002-02-1352.
13. Wellington to Mulgrave, 21 December 1815 in *WSD*, XIV, 618—20, 引自Muir, *Tactics*, 44—5。
14. Frazer, *Letters*, 558—9.
15. Bull in Siborne, *Letters*, no.78.
16. Captain Thackwell in Siborne, *Letters*, no.62; Wylly, *Thackwell*, 71.

61　洛博与普鲁士人

1　Janin, *Campagne de Waterloo*, 35.
2　Dörk, *15tes Infanterie*, 129,他的说法同乌赛的有冲突,后者断言树林里没有法国人。似乎其中只有一些法国人,就在树林的边缘。马尔博声称,他被告知在树林边缘部署200名步兵,而骑兵可能也是他的 (Marbot, *Mémoires*, Ⅲ, 405)。
3　Damitz, *Geschichte des Feldzuges von 1815*, 290.
4　Ollech, *Feldzug von 1815*, 242—3.
5　Wedell, *18.Infanterie-Regiments*, 165.
6　Dupuy, *Souvenirs*, 290.
7　Ollech, *Feldzug von 1815*, 242,引用Chesney的著作来论证威灵顿对于布吕歇尔援助的依赖。

62　骑兵大冲锋

1　Dörnberg in Glover, *Waterloo Archive*, Ⅱ, 29; Hellemann in 1815 Limited On-line Archive.
2　Barnett, NAM 1991-06-31; Hamilton, NAM 2002-02-1352.
3　Keppel, *Fifty Years*, 149—50.
4　Jeremiah in Glover, *Waterloo Archive*, Ⅳ, 189.
5　Wheeler, *Letters*, 172—3.
6　Lemonnier-Delafosse, *Campagnes*, 395—6; Foy, *Vie militaire*, 281.
7　Mercer, *Journal*, 168—9. Keppel, *Fifty Years*, 151.
8　Mercer, *Journal*, 169—70.
9　Mercer, *Journal*, 170.
10　Walcott in Siborne, *Letters*, no.80.
11　Latimer, *Talks of Napoleon*, 186—7.
12　Guyot, *Carnets de Campagnes*, 396.
13　Létang in Field, *French Perspective*, 148.
14　Lot, *Ordener*, 94.
15　Macready, 'Journals', 526.
16　Pringle, 'Remarks', cxxviii n.
17　Field, *French Perspective*, 149.
18　'Campaign of Waterloo', 468; Macready, 'Journals', 527; Wheatley, *Diary*, 67.

63　拉艾圣的陷落

1　Shaw Kennedy, *Notes*, 122—3评论说:"这一问题无疑是严重的管理不当。对于各旅获得他们备用弹药的安排是,每个旅应同弹药的守卫沟通,向前调配他们需要的弹药。对于这个旅为何未能这样做没有解释,因为它众多的高级军官在战斗中牺牲了。巴林无法解释这些,我在战斗当晚我们一起在'威灵顿树'旁一起睡下时知晓……备用弹药应当在一早送去。每人只有60发子弹,怎能防守住这样一个位置?"其他的汉诺威部队也遭遇弹药的短缺。
2　Glover, *Waterloo Archive*, Ⅱ, 175, 195; Ross-Lewin, *With the thirty-second*, 274—5.
3　Glover, *Waterloo Archive*, Ⅱ, 81—2.
4　Mauduit, *Derniers Jours*, Ⅱ, 334; Houssaye, *1815: Waterloo*, 390,乌塞同样引用了第一工兵团少校Borel-Vivier的档案。
5　Lindau, *Waterloo Hero*, 168—75; Baring in Glover, *Waterloo Letters*, 244—8; Graeme in Siborne, *Letters*, nos.179—80.
6　Cathcart in Siborne, *Letters*, no.15.
7　'Campaign of Waterloo', 465.
8　Linsingen in Glover, *Letters*, 253—4;第五战列营的报告,在 Glover, *Waterloo Archive*, Ⅱ,

89—90; von Ompteda, *Memoirs*, 311—13; Wheatley, *Diary*, 69—70。

64　火炮与战马

1. 威灵顿的《滑铁卢函件》没有给出拉艾圣陷落的时间。在一封写于1815年8月17日的信中，他说"因为该区域指挥官的疏忽"，农场在"大约2点丢失"（*WD*, XII, 610）。Gourgaud在 *Campagne*, 93 中将时间定为下午4点30分之前。大多数记述将陷落的时间定在5点30分至6点30分。
2. Pontécoulant, *Napoléon à Waterloo*, 315—6.
3. Weiz in Glover, *Waterloo Archive*, II, 186—9.
4. Macready, 'Siborne's History', 395; Morris, *Memoirs*, 78.
5. Morris, *Memoirs*, 78; Macready, 'Journals', 526.
6. Baring in Glover, *Letters*, 247; Buhse in Glover, *Letters*, 239.
7. 'Campaign of Waterloo', 469; Haythornthwaite, *Waterloo Men*, 87—8.
8. Kincaid, *Adventures*, 351—2.
9. Charles Wood 中士写于1815年7月的信，in *United Service Journal*, 1834 part 2, 555—6。
10. A *Soldier of the Seventy-first*, 108.
11. Dehnel in Glover, *Waterloo Archive*, V, 32—3.
12. Lewis in Glover, *Waterloo Archive*, I, 159.
13. A *Soldier of the Seventy-first*, 108; Barnett, NAM 1991-06-31.
14. Pringle, 'Remarks', cxxxi; Müffling, *History*, 32.

65　普军的推进

1. 关于普军前进的情况，第十骠骑兵团的泰勒少校有一个很好的描述，见 Siborne, *Letters*, no 75。
2. Wüssow in von Ollech, *Feldzuges von 1815*, 195; Houssaye, *1815: Waterloo*, 381.
3. Reiche, *Memoiren*, 210—13，翻译来自 Brett-James, *Hundred Days*, 148—50; Von Ollech, *Feldzuges von 1815*, 243—4。
4. Hornn, *Narrative*, 55—6; Pelet in d'Avout, 'Infanterie', 38—9.
5. Mauduit, *Derniers jours*, II, 390.
6. Rahden, *Wanderungen*, 365—6; Tromelin in Field, *French Perspective*, 164.
7. Damitz, *Geschichte des Feldzuges von 1815*, 296.
8. Macbride, *With Napoleon at Waterloo*, 184.

66　缓慢但无疑

1. Heymès in *Documents inédits*, 18, *Waterloo: Récits de combattants*, 52; Houssaye, *1815: Waterloo*, 393.
2. Thackwell in Siborne, *Letters*, 68. 从 Thackwell 自己的说法来看，他好像同 Griffith 少校一样，在同一次绝望的冲锋中落马，而不是像他的传记作者说的那样，在冲锋近卫军时坠马; Siborne, *Letters*, no.67, nos 62 and 63。
3. Girod de l'Ain, *Vie militaire*, 282; Lemonnier-Delafosse, *Campagnes*, 384; Trefcon, *Carnet de campagne*, 90—1.
4. KGL第一战列营的指挥官Göben少校在一份计划中向Siborne证实，那里便是富瓦所指的避难之所。
5. Tomkinson, *Diary*, 306; Frazer, *Letters*, 548.
6. Gibney, *Eighty Years Ago*, 197—8.
7. James, *Journal*, 35.
8. Somerset in Siborne, *Letters*, no.18；在这次冲锋中，Joseph Lord 的兄弟约翰（Glover, *Waterloo Archive*, I, 17）阵亡。
9. Morris, *Memoirs*, 80.

10 Macready, 'Siborne's History', 400—1; Morris, *Memoirs*, 80.
11 Glover, *Waterloo Archive*, Ⅱ, 96—7, 112, 114, 115—18 and Ⅴ, 63 and 137. 另见 Scovell in Glover, *Waterloo Archive*, Ⅲ, 3。
12 阿尔滕报告: "到了此时, 方阵因为敌军持续的炮火、步枪火力和最终的霰弹而极大地被削弱, 以至于幸存者已经不足以组成方阵, 因此被基尔曼斯埃格从阵地上撤出; KGL和汉诺威旅的残部, 以及英国旅的一部在蒙圣让村后面的大道上重组。" WSD, Ⅹ, 534。
13 Shaw Kennedy, *Notes*, 127—8. 实际上, 霍尔基特的旅也撤出了阵地, 而毋庸置疑的是肖也告诉了威灵顿这一情况。Owen, *Waterloo Papers*, 13。
14 Bridgeman, *Young Gentleman at War*, 179; Lemonnier-Delafosse, *Campagnes*, 373.
15 Ord in Glover, *Waterloo Archive*, Ⅰ, 228.
16 Tomkinson, *Diary*, 315; Hume in Glover, *Waterloo Archive*, Ⅰ, 216—7; 威灵顿在6月19日写给Aberdeen的信, 引自Pitt-Lennox, 121; 他于第二天凌晨3点去世。
17 Glover, *Waterloo Archive*, Ⅲ, 3 and Ⅱ, 115.
18 Baring in Glover, *Letters*, 247.
19 Lawrence, *Autobiography*, 210.
20 Lawrence, *Autobiography*, 210—11; Wray in Keegan, *Face of Battle*, 160—1 and 1815 Limited On-line Archive.
21 Robertson, *Journal*, 157.
22 Patton in Glover, *Waterloo Archive*, Ⅰ, 177.

67 齐滕的进攻

1 Glover, *Waterloo Archive*, Ⅱ, 168.
2 Reiche, *Memoiren*, 214—15.
3 Reichenau and Rettberg in Glover, *Waterloo Archive*, Ⅱ, 159—62.
4 Ingilby, *Waterloo Diary*, 57—8.
5 德鲁奥向下院做的报告(疑似为上院), 译自 Waldie, *Near Observer 1817*, Ⅱ, 112—13。
6 Gourgaud (*Campagne*, 99) 后来写道: "7点30分, 我们终于能听到格鲁希元帅的炮声; 据判断离我们右翼约6英里。" 滑铁卢战场上的任何人都不大可能听到6英里外的炮声, 但是德鲁奥所称的炮声明显更近; 格鲁希在6英里外的炮声几乎不会让拿破仑认为取得战斗的胜利已是板上钉钉的事, 因而决定释放近卫军。
7 Hornn, *Narrative*, 56.

68 普朗斯努瓦

1 希勒的记述, 引自 Ollech, *Feldzuges von 1815*, 248—9; Dörk, *15tes Infanterie*, 129—30; Damitz, *Geschichte des Feldzuges von 1815*, 298; Houssaye, *1815: Waterloo*, 380—2。权威们对于青年近卫军投入战斗的时间和地点有不同的看法, 但是如果在普军发动第一次攻击时, 青年近卫军已经成气候地出现在普朗斯努瓦, 普军不太可能取得任何进展。
2 Rahden, *Wanderungen*, 367—73.
3 Pelet in d'Avout, 'Infanterie', 43.
4 Marchand, *Mémoires*, 222—3.
5 Marchand, *Mémoires*, 223—4; Combier, *General Radet*, 342—3; Fleury de Chaboulon, *Mémoires*, 190—1.
6 Duuring in d'Avout, 'Documents', 116—19; Canler, *Mémoires*, 28; Combier, *General Radet*, 342—3.

69 最后的预备队

1 Greenock in Siborne, *Letters*, no.7; *Capel Letters*, 116; Seymour in Siborne, *Letters*, no.9; Hume in Glover, *Waterloo Archive*, Ⅰ, 213—14; Glover, *Waterloo Archive*, Ⅲ, 5.
2 Blair and Colborne in Siborne, *Letters*, nos 122—3; Frazer, *Letters*, 552; Girod de l'Ain, *Vie*

militaire, 281.
3　Nixon在Glover, *Waterloo Archive*, I, 135中说，第二天第二营集合起340人。
4　关于近卫军的部署是基于Petit in d'Avout, 'Documents', 107—10中的说法。Houssaye, *1815: Waterloo*, 409—10; Friant, *Vie militaire*, 388—90; Mauduit, II, 397—8都持相同的观点。唯一的变化是关于第四猎兵团，一些人说他们有两个营，一些人说一个，Petit称他们被部署在中央，不过其他人认为他们被部署在左翼。在进攻部队中，第三猎兵团的军官伤亡最大，所以可能是他们承受了科尔伯恩从侧翼发起的冲击，虽然也有可能是尼德兰炮兵造成了最大的伤亡。
5　Herzberg关于不伦瑞克分遣队的"详细报告" in Glover, *Waterloo Archive*, V, 160; Scovell in Glover, *Waterloo Archive*, III, 2—3; Macready, 'Siborne's History', 401.
6　Ingilby, 'Waterloo diary', 58; Murray in Siborne, *Letters*, no.76.
7　Vivian in Siborne, *Letters*, no.70.
8　Sleigh in Siborne, *Letters*, no.53, Barton in Siborne, *Letters*, no.58.
9　Bullock, 'Journal', 550. Taylor in Siborne, *Letters*, no.75, "他们宁愿撤退到我们这边"; 第十八骠骑兵团的George Luard说："我们从左侧阵地被调过来去支援我们右翼的步兵，此时的步兵正遭受巨大压力，节节败退。我们的出现鼓舞了他们，使他们能够集结起来……" Glover, *Waterloo Archive*, I, 93.
10　Glover, *Waterloo Archive*, II, 97, 109—10; van Delen in Franklin, *Netherlands Correspondence*, 125.

70　近卫军败退

1　Mercer, *Journal*, 180.
2　Macready, 'Siborne's History', 401.麦克雷迪在别处坚持称，他们正面的主要对手身着蓝大衣，属于近卫军，虽然他还描述说他们戴着熊皮帽，而这是中年近卫军所不具有的。这部分战斗的时间非常不确定，不过如果霍尔基特旅确实面对近卫军，他们似乎败退了。拿破仑的副官Billarderie说，步兵身着灰大衣，近卫军则是蓝大衣，并认为他们裤子的颜色相同。
3　Taylor in Siborne, *Letters*, no.75.
4　亨利·罗斯-卢因与Charles Hames的军事法庭审理文献，在NA WO 71/242 161和164; Officer of the 95th in Waldie, *Near Observer*, 54—5。
5　Martin, *Souvenirs*, 296—7.
6　Swinburne在Glover, *Letters*, 165中称，在此之前有一个召集散兵阻击法军的行动，他就是那些被派到前方的阻击者之一; Maitland, Saltoun, Powell, Dirom in Siborne, *Letters*, nos.105, 106, 109, 111。Nixon在Glover, *Waterloo Archive*, I, 135中提到一个尼德兰旅同近卫军一同发起了冲锋。
7　D'Avout在'Infanterie de la Garde'中称，根据其他"失踪者"同所属团队会合后的数据，从6月16日至6月18日，第三、第四猎兵团的2168人中，有1141人战死、受伤或被俘。
8　Houssaye, *1815: Waterloo*, 418n.

71　正前方，毫无疑问

1　Robertson, *Journal*, 158—9.
2　Smith; *Autobiography*, 272; Morris, *Memoirs*, 80; Kruse in Glover, *Waterloo Archive*, V, 137.
3　Vivian in Siborne, *Letters*, no.70; Taylor in Siborne, *Letters*, no.75; George Luard in Glover, *Waterloo Archive*, I, 93.
4　Bäring in Lindau, *Waterloo Hero*, 197.
5　Ingilby, 'Waterloo Diary', 58.
6　Pelet, Guillemin and Christiani in d'Avout, 'Documents', 109—10, 113, 114.
7　Captain Barton in Siborne, *Letters*, no.58.
8　Rigau in Field, *French Perspective*, 222.
9　Rullière在Largeaud, *Napoléon et Waterloo*, 377—8中的大多数记述都是值得怀疑的，不

过救下第九十五步兵团鹰旗的部分由他的陆军档案上的一段颂词证实，SHD Dossier Rullière, G.D. 2e Série 1135. Chapuis, *Waterloo*, 50。
10　Franklin, *Netherlands Correspondence*, 148—9.
11　Pelet in d'Avout, 'Infanterie de la Garde', 51—2; Tromelin in Field, *French Perspective*, 212, 223.
12　Maitland and Reed in Siborne, *Letters*, nos.105, 126.
13　威灵顿事后恶毒并且不正确地说，这些几乎就是布吕歇尔知道的所有法语了。格奈泽瑙的正式报告声称，布吕歇尔碰巧在佳姻遇到了威灵顿，并以此作为用这一农场酒馆为会战命名的理由之一。因此，1816年公爵着重否认了会面是在那里举行的，并声称晚上10点后他拜访了布吕歇尔位于热纳普的司令部（*WSD*, X, 509, 1816年6月8日致William Mudford 的一封信)。这并非事实：1815年7月3日，他的副官费尔顿·赫维写道，他和公爵沿着布鲁塞尔大道向南骑行，最远抵达马松迪鲁瓦，然后返回滑铁卢，他们于11点与午夜之间抵达。威灵顿事后告诉他的传记作者，他同布吕歇尔在马松迪鲁瓦相遇，另一个副官称布吕歇尔陪同威灵顿最远回至佳姻，这证实了巴兹尔·杰克逊的说法（Williams-Wynne, *Diaries of a Lady of Quality*, 293）。骑马跟随普鲁士追军的米夫林最至热纳普，午夜后他返回滑铁卢，他向威灵顿做了报告。俄罗斯代表Pozzo di Borgo 与奥地利代表文森特男爵均在他们的报告中称，威灵顿与布吕歇尔在佳姻相遇（Waldie, *Near Observer*, 1817, 208 and 214）。*WSD*, X, 506。在 von Ollech, *Feldzuges von 1815*, 252中，这一地点是事先精心安排的，格罗尔曼带领齐滕的士兵经帕佩洛特前往佳姻，格奈泽瑙和布吕歇尔自普朗斯努瓦骑马而来，勒德尔的骑兵出现，并且他们都唱着路德的赞美诗。冯·赖歇称指挥官在那里相遇，虽然他暗示齐滕、勒德尔和格奈泽瑙在别处。
14　Gronow, *Reminiscences*, 138; Jackson, *Notes and Reminiscences*, 57—8.

72　追　击

1　John Luard in Siborne, *Letters*, no.61; Vivian in Siborne, *Letters*, no.72.
2　Christiani in d'Avout, 'Documents', 111—13.
3　Canler, *Mémoires*, 298; Martin, *Souvenirs*, 298—301; Lindau, *Waterloo Hero*, 174—9; Wheatley, *Diary*, 74—7.
4　Hornn恢复了知觉。企业家William Bullock将他和拿破仑的马车带到了英国，他成了布洛克博物馆的一名固定成员，并撰写了自己的回忆录。
5　Hornn, *Narrative*, 57—8; Houssaye, *1815: Waterloo*, 440—1.
6　Duuring in d'Avout, 'Documents', 116—9.
7　Marchand, *Mémoires*, 224; Fleury de Chaboulon, *Mémoires*, 192. Dörk（142）和 von Keller（'Description of the...Carriage', 13）关于俘获司令部辎重的不同地点，有四臂村、维莱和梅莱。引文来自Fleury de Chaboulon。
8　这听起来很讽刺，不过旅馆在拿破仑出现以前很久就使用这个名字了。
9　Mach, *Geschichte*, 342.
10　Reiche, *Memoiren*, 216—17.
11　Houssaye, *1815: Waterloo*, 434; *Spectateur Militaire*, III, 1827, 666—7; Nostitz, 'Tagebuch', 44.
12　Brett-James, *Hundred Days*, 184.

73　胜利！胜利！

1　Longford, *Years of the Sword*, 485.
2　Thornton, *Cook*, 49; Longford, *Years of the Sword*, 485. 至少费尔顿·赫维、珀西、阿瑟·希尔（另一名副官）、波佐·迪·博戈和文森特一同骑马前往滑铁卢。
3　Delancey, *Week at Waterloo*, 116; Pitt-Lennox, *Three Years*, 217—18; Frazer, *Letters*, 560.
4　*WSD*, X, 531.
5　Amabel Yorke, Lady Lucas, diaries XXX, 132—3.
6　*Morning Post*, 24 June 1815.
7　*WSD*, X, 506.

8 *Morning Post*, 24 June 1815.
9 Amabel Yorke, Lady Lucas, diaries, XXX, 135.

74　阵亡者名单

1 Creevey, *Creevey Papers*, 236.
2 Brett-James, *Hundred Days*, 183; Bäring in Lindau, *Waterloo Hero*, 198.
3 James, *Journal*, 35—6.
4 Barbero, *The Battle*, 419; Adkin, *Waterloo Companion*, 73. WD, XII, 485; Muir, *Tactics*, 263.
5 Barbero, *The Battle*, 420. 威灵顿在报告中说5000名俘虏，之后又俘虏了2000名，他们要求英国海军部派遣船只接收7000名俘虏。
6 Barbero, *The Battle*, 420—1. 以下是译者的看法：此处作者引用了Alessandro Barbero, *The Battle: a New History of Waterloo*, Atlantic, 2005的第420至421页的论述，虽然Barbero在原书中并没有给出他所引用的数据出处，但其法军数据来源只可能是Aristide Martinien的 *Tableaux par Corps et par Batailles des Officiers tues et blesse pendant les guerres de l'Empire 1805—1815*, Charles-Lavauzelle, 1899，但是就像这本书的书名声称的那样，作者Martinien在书中只统计了法军军官受伤和阵亡数，这里的数据207仅是阵亡数，不包括失踪数，因此直接拿来和联军损失数对比是不严谨的。关于滑铁卢会战法军伤亡数据的最权威论断可能来自查尔斯·奥曼爵士，依据相同的数据来源，奥曼进行了细致的分析，并将其成果以 The French Losses in the Waterloo Campaign 为标题发表在了 *The English Historical Review* Vol.19, No.76, Oxford University Press, 1904上，奥曼认为法军在滑铁卢共伤亡2.95万人，另有7500人被俘，虽然译者无法对奥曼爵士的专业分析提出质疑，但如果法军的损失有3.7万人之众，只有3000人在战斗中当了逃兵，按照一般观点这是难以想象的。
7 一位不知名的中士，引自Glover, *Waterloo Archive*, I, 31; Morris, *Memoirs*, 82。
8 Bessborough, *Lady Bessborough*, 242—3.
9 Hasker, in Glover, *Waterloo Archive*, I, 19; Hibbert in www.qbg.org.uk/diariesCARDG: 1988.1746; Farmer, in *United Service Magazine*, 1842, part 1, 529—36 and part 2, 550—3.
10 Hibbert in www.qbg.org.uk/diariesCARDG:1988.1764.
11 Hasker, in Glover, *Waterloo Archive*, I, 19; Ingilby, 'Waterloo Diary', 58.
12 Robertson, *Journal*, 160—2.
13 来复枪军官 in Waldie, *Near Observer*, 55。
14 Gronow, *Reminiscences*, 132.
15 Mainwaring, 'Four Years', 410.
16 Smith, *Autobiography*, 275—6.

75　妻　子

1 Smith, *Autobiography*, 281—4.
2 Waldie, *Narrative*, 124ff.
3 Delancey, *Week at Waterloo*, 62.
4 Smith, *Autobiography*, 286—7.
5 Delancey, *Week at Waterloo*, 63—99.

76　这场悲惨战争的影响

1 Brett-James, *Hundred Days*, 196; Costello, *Campaigns*, 154.
2 Gibney, *Eighty Years Ago*, 206—7, 209.
3 Glover, *Waterloo Archive*, III, 217.
4 Glover, *Waterloo Archive*, III, 222.
5 Burney, *Diary and Letters*, VI, 240.
6 Blackadder in Glover, *Waterloo Archive*, IV, 239.

7 Hennen, *Principles of Military Surgery*, 236n.
8 Larrey, *Memoir*, 229—32.
9 Bell, *Letters*, 227; Blackadder in Glover, *Waterloo Archive*, Ⅳ, 239—40. Hennen, *Principles of Military Surgery*, 289—92也讲述了这个病例。
10 Hennen, *Principles of Military Surgery*, 236—7n.
11 Crumplin, *Guthrie's War*. Cp Gibney, *Eighty Years Ago*, 209.

结语 最为艰苦的一战

1 Gibney, *Eighty Years Ago*, 223—4.
2 Hibbert在7月26日写给他父亲的信，引自www.qdg.org.uk/diaries, CARDG:1985.1199。
3 Wheeler, *Letters*, 176—7.
4 Wheeler, *Letters*, 177.
5 James Hamilton in NAM 2002-02-1352.
6 William Nicolay in NAM 1989-03-48.
7 Morris, *Memoir*, 93—4, 97.
8 Fremantle, *Wellington's Voice*, 215.
9 Smith, *Autobiography*, 276.
10 Finlayson in Glover, *Waterloo Archive*, Ⅲ, 216; Arthur Shakespeare, 1815年6月23日的信, NAM 1977-06-17; Tennant in Glover, *Waterloo Archive*, Ⅲ, 94。
11 Lean, *Napoleonists*, 106—11; Duncan Wu, *William Hazlitt, the first modern man*, Oxford: OUP, 2008, 180; cp. Ian Bruce, *Lavallette Bruce*, London: Hamish Hamilton, 1953, 117—19 and 124—5.
12 Logie, *Waterloo*, 186.
13 Newman Smith, *Flying Sketches*, 34—6.
14 Glover, *Waterloo Archive*, Ⅲ, 15—16.
15 Waldie, *Residence in Belgium*, 256，7月15日。
16 Waldie, *Residence in Belgium*, 270—1.
17 Waldie, *Residence in Belgium*, 296—7.
18 Simon Bainbridge, *Napoleon and English Romanticism*, Cambridge: CUP, 1995, 153.
19 *Journal of a Tour to the Netherlands*, in Bainbridge, *Napoleon and English Romanticism*, 156; Scott, *Paris Revisited*, 39—40.
20 Byron's *Letters and Journals*, Ⅴ, 76.
21 Gore, *Historical Account*, 89。这里的阿瑟·戈尔与牺牲在四臂村的第三十三步兵团的阿瑟·戈尔不是同一人。
22 Ian Bruce, *Lavallette Bruce*, London: Hamish Hamilton, 1953, 144—245.Bruce得到了Robert Wilson爵士和John Hely-Hutchinson的帮助，他们让Lavallette假扮成一名英国军官混出了巴黎。
23 伍德的家族文件，East Sussex Record Office AMS 6297。能说一口流利法语的伍德在为查尔斯·斯图尔特爵士服务时发了一笔财，但是他的财富更有可能通过外交包裹穿过海峡走私物品而获得，并因此而臭名昭著，而不是给格鲁希传送贿赂。
24 BM 1989,1104.38 by Louis Charon, 公布在1815年9月2日的*Bibliographie de France*里。
25 Heuillet in d'Avout, 'Documents', 121—2.
26 Houssaye, *1815: Waterloo*, 418.

参考文献

Unpublished sources
Leeds, West Yorkshire Archive Service
Diary of Amabel Yorke of Studley Royal (in 1815 Lady Lucas)

London, British Library
Add Mss 34703-08, Siborne correspondence
Add Mss 30147A, Colonel Forbin-Janson's account of the campaign, dated London December 1817
Add Mss 19590, Papers relating to the battle of Waterloo including details of the expenditure of ammunition by the various artillery batteries, a letter from Wellington to William Mudford and accounts by John Hume the surgeon and Frederick Ponsonby.
Add Mss 57635, ff.3—4, survey of the battlefield by Lt Col James Carmichael-Smyth
Add Mss 63585, A-C Carte de Belgique used by Soult

London, National Army Museum
6807/137 surveys made by Brains, Dumaresq and Staveley in May 1815
1991-06-31 Jack Barnett
1995-01-118 Samuel Boulter .
1992-12-138 James Gubbins
2002-02-1352 James Hamilton
1981-11-84 John Hart
1984-09-98 Edward Heeley
2002-01-254 Edward Kelly
1989-03-48 William Nicolay
1977-06-17 Arthur Shakespeare
1999-06-149 William Staveley
1981-12-53-557 Thomas Wildman

London, The National Archives
WO 71241-5 Courts Martial 1815—16

University of Southampton, Hartley Library
Wellington papers

Private collection

Angus McDonald to his father, Antwerp, 20 June 1815,

Books and articles

Aaron, Martin, '2nd Battalion 69th (South Lincolnshire) Foot during the Waterloo Campaign', Napoleon Series

Abbott, P.E., 'A Waterloo letter: the Royal Artillery and its casualties', *Journal of the Society for Army Historical Research*, 42 (1964), pp. 113—20

Adair, P.R., 'The Coldstream Guards at Waterloo', *The Household Brigade Magazine* (1965), pp. 24—31

Adkin, Mark, *The Waterloo Companion*, London: Aurum, 2001

Aerts, Winand, *Waterloo; operations de l'armée prussienne du Bas Rhin pendant la campagne de Belgique en 1815 depuis la bataille de Ligny jusqu'à l'entrée en France des troupes prussiennes*, Bruxelles: Lib. Militaire Spineux et Cie, 1908

Ammon, Friedrich von and Theodor Herold, *Das Leben Dr Christian Samuel Gottlieb Ludwig Nagel's*, Cleve: F. Char, 1829

Anglesey, Marquess of and Hodge, F.R., 'Correspondence concerning the death of major Hodge 7th hussars, at Genappe 17 june 1815'. in *Journal of the Society for Army Historical Research*, 43 (1965), pp. 80—92

Anton, James, *Retrospect of a Military Life*, Edinburgh, 1841

Avout, Vicomte A. d', 'La cavalerie de la garde aWaterloo', *Carnet de la sabre-tache* (1901), pp. 360—73

Avout, Vicomte A. d', 'L'infanterie de la garde a Waterloo', *Carnet de la sabre-tache* (1905), pp. 33—54 and 107—28

Bagensky, Carl von, *Geschichte des 9ten Infanterie-Regiments genannt Colbergsches*, Colberg: Post, 1842

Baldet, Marcel, *La Vie Quotidienne dans lesArmées de Napoléon*, Paris: Hachette, 1964

Barbero, Alessandro, *The Battle: a New History of Waterloo*, trans. John Cullen, London: Atlantic, 2005

Barral, Georges, *L'épopée de Waterloo: narration nouvelle des cent jours et de la campagne en Belgique de 1815*, Paris: Flammarion, 1895

Barral, Georges, *Itinéraire illustré de l'épopée de Waterloo*, Paris: Flammarion, 1896

De Bas, F., and Augustin de Wommersen, *La Campagne de 1815 aux Bays Bas d'apres les rapports officials néerlandais*, 3 vols, Brussels, 1908

Batty, Robert, *An Historical Sketch of the Campaign of 1815*, Second edition, London: Rodwell & Martin, 1820

Baudus, Marie Elie Guillaume, *Etudes sur Napoléon*, Paris: Debecourt, 1841

Beamish, North Ludlow, *History of the King's German Legion*, 2 vols, London: Thomas and William Boone, 1837

Beauchamp, Alphonse de, *An Authentic Narrative of the Campaign of 1815, comprising a circumstantial detail of the Battle of Waterloo*, London: Henry Colburn, 1815

Becke, Archibald Frank, *Napoleon and Waterloo: The emperor's campaign with the Armée du nord 1815. A strategical and tactical study*, London: Routledge Kegan Paul Ltd, 1914

Bell, Charles, *Letters of Sir Charles Bell*, London: John Murray, 1870

Bertaud, Jean-Paul, 'Le regard des Francais sur les Anglais, des Révolutionnaires de l'An II au «Jacobin Botté» ', in Bertaud, Alan Forrest and Annie Jourdan, *Napoléon, le Monde et les Anglais: Guerre de mots et des images*, Paris: Éditions Autrement, 2004

Bertaud, Jean-Paul, *Quand les Enfants parlaient de Gloire: l'Armée au Coeur de la France de Napoléon*, Paris: Flammarion, 2006

Berthaut, Henri Marie Auguste, *Les ingénieurs géographes militaires, 1624—1831*, 2 vols, Paris: Imprimerie du Service géographique, 1902

Berthezene, Pierre, *Souvenirs Militaires de la République et de l'Empire*, II, Paris: J. Dumaine, 1855

Berton, Jean-Baptiste, *Précis historique, militaire et critique des batailles de Fleurus et Waterloo en 1815*, Paris, 1818

Bessborough, Vere Brabazon Ponsonby, 9th Earl of (ed.), *Lady Bessborough and her Family Circle*, London: John Murray, 1940

Bickert, Hans Gunther, 'Der Aufstands-Dörnberg: zu seiner Rolle im Widerstand gegen Jérôme Bonaparte vor 200 Jahren', *Zeitschrift des vereins für hessische Geschichte*, 114 (2009), pp. 177—98

Biot, Hubert-François, *Souvenirs anecdotiques et militaires du colonel Biot, aide de camp du général Pajol campagnes et garnisons*, Paris: H. Vivien, 1901

Bonaparte, Jérôme, *Mémoires et correspondence du roi Jérôme et de la reine Catherine*, VII, Paris: E. Dentu, 1866

Bonaparte, Napoleon, *Historical Memoirs of Napoleon, translated from the original Manuscript by B. E. O'Meara*, Philadelphia: Almon Ticknor, 1820

Bonaparte, Napoleon, *Mémoires pour servir à l'histoire de France sous la règne de Napoléon*, Second edition, vol. IX, Paris: Bossange père and Dufour et Cie, 1830

Bourgeois, *René [or François Thomas Delbarre], Relation fidèle et détaillée de la dernière campagne de Buonaparte*, Paris: Dentu, 1815

Bowden, Scott, *Armies at Waterloo*, Arlington: Empire Games, 1983

Brett-James, Antony, *The Hundred Days: Napoleon's Last Campaign from Eyewitness Accounts*, London, 1964

Bridgeman, Orlando, *A Young Gentleman at War*, ed. Gareth Glover, Godmanchester: Ken Trotman, 2008

Bro, Louis, *Mémoires, 1796—1844*, Paris: Plon, 1914

Brouwet, Emile, 'Quatre documents inedits sur la campagne de 1815', *Revue des études Napoleoniennes* (1932), pp. 360—5

Busse, Max Rudolph von, *Geschichte des königlichen Preussischen dreiundzwanzigsten Infanterie-Regiments*, Görlitz: Remer, 1859

Cadell, Charles, *Narrative of the Campaigns of the Twenty-eight Regiment Since their Return from Egypt in 1802*, London: Whittaker, 1835

Calvet, Stéphane, *Destins de braves: les officiers charentais de Napoleon au XIXe siècle*, Avignon: Université d'Avignon, 2010

'The Campaign of Waterloo Strategically examined', *United Service Journal*, 69 (August 1834), pp. 444—78

Canler, Louis, *Mémoires de Canler*, Paris: F. Roy, 1882

Capel, Caroline Paget Lady, *The Capel Letters: being the correspondence of Lady Caroline Capel and her daughters with the Dowager Countess of Uxbridge from Brussels and Switzerland, 1814—1817*, London: Jonathan Cape, 1955

Carey, Tupper, 'Reminiscences of a commissariat officer', *The Cornhill Magazine*, New series 6 (1899), pp. 724—38

Chandler, David, *Waterloo: the Hundred Days*, London: Osprey, 1980

Chapuis, Francois Claude, *Waterloo: Notice sur Ie 85e de ligne pendant la campagne de 1815*, Paris, 1863

Charras, Jean-Baptiste, *Histoire de la Campagne de 1815: Waterloo*, Brussels: Meline, Cans & Co, 1857

Chesney, Charles Cornwallis, *Waterloo Lectures*, London: Longmans, 1868

Chevalier, Jean-Michel, *Souvenirs des guerres napoleoniennes*, Paris, 1970

Clausewitz, Carl von, *Der Feldzug von 1815 in Frankreich*, Berlin, 1835

Clausewitz, Carl von and Arthur Wellesley, 1st Duke of Wellington, *On Waterloo: Clausewitz, Wellington, and the Campaign of 1815*, ed. and trans. Christopher Bassford, Daniel Moran and Gregory W. Pedlow, Clausewitz.com, 2010

Clay, Matthew, 'Adventures at Hougoumont', *Household Brigade Magazine* (1958), pp. 219—24

Clay, Matthew, 'A narrative of adventures at the battle of Quatre Bras, 1815 by private M. Clay, light company 2nd bataillon 3rd guards', *Household Brigade Magazine* (1958), pp. 139—42

Cluny, Claude Michel, *Waterloo: une bataille pour l'Europe*, Paris: La Différence, 2012

Coignet, Jean-Roche, *The Notebooks of Captain Coignet: Soldier of the Empire*, London: P. Davies, 1928

Colson, Bruno, *Le Général Rogniat Ingénieur et critique de Napoléon*, Paris: Economica, 2006

Combier, Amédée, *Mémoires du Général Radet, d'après ses papiers personnels et les archives de l'état*, Saint-Cloud: Blin frères, 1892

Conrady, Emil von, *Geschichte des königlich Preussischen sechsten Infanterie-Regiments*, Glogau: Flemming, 1857

Costello, Edward, *The Peninsular and Waterloo Campaigns*, ed. A. Brett-James, London: Longmans, 1967

Cotton, Edward, *A Voice from Waterloo*, Mont Saint-Jean: the author, 1854

Couvreur, Pierre, 'Des Belges a Waterloo?', in *Waterloo: lieu de Mémoire Européenne*, ed. M. Watelet and P. Couvreur, Louvain, [2000]

Creevey, Thomas, *The Creevey Papers: a Selection from the Correspondence & Diaries of the late Thomas Creevey M.P*, ed. Sir Herbert Maxwell, 2 vols, London: John Murray, 1904

Crumplin, Michael, *Guthrie's War: a Surgeon of the Peninsula and Waterloo*, Barnsley: Pen & Sword, 2010

Crumplin, Michael and Pete Starling, *A Surgical Artist at War: the Paintings and Sketches of Sir Charles Bell 1809—1815*, Edinburgh: Royal College of Surgeons, 2005

Dalton, Charles, *The Waterloo Roll Call, with Biographical Notes and Anecdotes*, Second revised and enlarged edition, London: Eyre and Spottiswood, 1904

Damitz, Karl von, *Geschichte des Feldzuges von 1815 in den Niederlanden und Frankreich*, Berlin: Ernst Siegfried Mittler, 1837—8

Delancey, Magdalene, *A Week at Waterloo in 1815*, ed. B. Ward, London: John Murray, 1906

Delbrück, Hans, *Das Leben des Feldmarschalls Grafen Neithardt von Gneisenau*, IV 1814—15, Berlin: G. Reimer, 1880

Demiau, Lt, *Historique du se Régiment d'Infanterie de Ligne*, Caen: Brulfert, 1890

A Description of the Costly and Curious Military Carriage of the late Emperor of France taken on the evening of the Battle of Waterloo, London: William Bullock, 1816

Dezaunay, Capt, *Histoire du premier régiment de cuirassiers*, Angers: Lachèse & Dolbeau, 1889

Dörk, E.M., *Das königlich Preussischer 15tes Infanterie Regiment Prinz Friedrich der Niederlande in den Kriegsjahren 1813, 1814 und 1815*, Eisleben: Reichardt, 1844

Dörnberg-Hausen, Hugo, *Wilhelm von Dörnberg: ein Kämpfer für Deutschlands Freiheit*, Marburg, 1936

Drouet, Jean-Baptiste, comte d'Erlon, *Vie Militaire*, Paris, 1844

Duhesme, Guillaume Philibert comte, *Essai sur l'infanterie légère ou traité des petites opérations de la guerre*, Paris: L.G. Michaud, 1814

[Dumas, Alexandre], Armée francaise. *Histoire du 2e régiment d'inJanterie légère*, Paris, 1843

Dupuy, Victor, *Souvenirs militaires, 1794—1816*, Paris, 1892

Edmonds, James E., 'Wellington's staff at Waterloo', *Journal of the Society for Army Historical Research*, 12, (1933), pp. 239—47

Elchingen, Michel Louis Felix Ney due de, *Documents Inedits sur la Campagne de 1815*, Paris: Anselin, 1840

Ellesmere, Francis 1st Earl of, *Personal Reminiscences of the Duke of Wellington*, London: John Murray, 1903

Elting, John R., *Swords around a Throne: Napoleon's Grande Armée*, New York: The Free Press, 1988

Erckmann, Emile and Alexandre Chatrian, *Waterloo: a Story of the Hundred Days*, London: Smith Elder & Co., 1865

Fairon, Emile and Henri Heuse, *Lettres de Grognards*, Liege: Bernard, 1936

Fforde, C.W. de L, (ed.), 'The Peninsula and Waterloo letters of captain Thomas Charles Fenton', in *Journal of the Society for Army Historical Research*, 53 (1975), pp. 227—31

Field, Andrew W., *Waterloo: the French Perspective*, Barnsley: Pen & Sword, 2012

Fletcher, Ian, *Wellington's Regiments*, Stroud: Spellmount, 1994

Fletcher, Ian, *Galloping at Everything: the British Cavalry in the Peninsular War and at Waterloo, 1808—15*, Staplehurst: Spellmount, 1999

Fletcher, Ian, *A Desperate Business: Wellington, The British Army and the Waterloo Campaign*, Staplehurst: Spellmount, 2001

Fleury de Chaboulon, *Mémoires pour servir a l'histoire de la vie privée, du retour et du regne de Napoleón en 1815*, 2 vols, London: John Murray, 1820

Forrest, Alan, 'Des droits de l'homme à Waterloo', in *Waterloo: lieu de Mémoire Européenne*, ed. M. Watelet and P. Couvreur, Louvain, [2000]

Forrest, Alan, *Napoleon's Men*, London: Hambledon and London, 2002

[Fouche, Joseph and Alphonse de Beauchamp], *The Memoirs of Joseph Fouché, Duke of Otranto, Minister of the General Police of France*, London: Charles Knight, 1825

Foulkes, Nick, *Dancing into Battle: a Social History of the Battle of Waterloo*, London: Weidenfeld & Nicolson, 2006

François, Charles, *Journal du Capitaine François*, ed. Jacques Jourquain, Paris: Tallandier, 2003

Franklin, John, ed., *Waterloo: Netherlands Correspondence*, Ulverston: 1815 Limited, 2010

Fraser, D.W., 'The first guards —2nd and 3rd battalions 16th/18th June 1815', *The Household Brigade Magazine* (1965), pp. 18—23

Fraser, Sir William, *Words on Wellington*, London: Nimmo, 1889

Frazer, Augustus Simon, *Letters of Colonel Sir Augustus Simon Frazer, K C.B., commanding the Royal Horse Artillery in the Army under the Duke of Wellington. Written during the Peninsular and Waterloo Campaigns*, ed. Edward Sabine, London: Longman, 1859

Fremantle, John, *Wellington's Voice: the Candid Letters of Lieutenant John Fremantle, Coldstream Guards, 1818—1837*, ed. Gareth Glover, London: Frontline, 2012

Friant, Jean-Franois, *Vie militaire du Lieutenent-Général Comte Friant*, Paris: Dentu, 1857

Gamot, Charles-Guillaume, *Réfutation en ce qui concerne Ie Maréchal Ney de l'ouvrage ayant pour titre Campagne de 1815...par Ie général Gourgaud...*, Paris: Antoine Bailleul, 1818

Gérard, Maurice, *Quelques documens sur la bataille de Waterloo*, Paris: Verdière, Denain and Mesnier, 1829

Gibney, Thomas, *Eighty Years Ago, or the Recollections of an Old Army Doctor*, London: Bellairs, 1896

Girod de l'Ain, Maurice, *Vie militaire du général Foy*, Paris: Plon, 1900

Glover, Gareth, ed., *Letters from the Battle of Waterloo: the unpublished correspondence by Allied officers from the Siborne papers*, London: Greenhill, 2005

Glover, Gareth, ed., *From Corunna to Waterloo: the letters and journals of two Napoleonic Hussars, 1801—1816*, London: Greenhill, 2007

Glover, Gareth, ed., *The Waterloo Archive*, 5 vols, Barnsley: Frontline, 2010—13

Glover, Gareth, ed., *Diary of a veteran: The Diary of Sergeant Peter Facey, 28th (North Gloucester) Regiment of Foot 1803—1819*, Godmanchester: Ken Trotman, 2007

Gore, Arthur, *An Historical Account of the Battle of Waterloo*, London: Samuel Leigh, 1817

Gourgaud, Gaspard, *Campagne de dix-huit cent quinze*, Paris: P. Mongie, 1818

Gow, J. M., 'The 3rd Guards at Waterloo', *The Household Brigade Magazine*, 1965, pp. 32—46

Grolmann, Karl von, *et al.*, 'The English and Prussian Armies', *United Service Journal*, 92 (July 1836), part 2, pp. 289—319

Gronow, Rees Howell, *Captain Gronow: his reminiscences of Regency and Victorian life 1810—60*, ed. C. Hibbert, London: Kyle Cathie, 1991

Grouchy, Emmanuel, comte de, *Observations sur la relation de la campagne de 1815, publiée par le Général Gourgaud*, Paris: Chaumerot jeune, 1819

Grouchy, Emmanuel, comte de, *Relation succincte de la campagne de 1815 en Belgique*, Paris: E-B Delanchy, 1843

Grouchy, Marquis de (ed.), *Mémoires de Maréchal de Grouchy*, IV, Paris: E. Dentu, 1874

Guyot, Claude-Etienne, *General Comte Guyot: Carnets de Campagnes (1792—1815)*, ed. Jean-Hugues de Font-Réaulx, Paris: Teissèdre, 1999

Hamilton-Williams, David, *Waterloo: New Perspectives*, London: Cassell, 1993

Hanger, George, *To All Sportsmen, Farmers and Gamekeepers*, London: J. Stockdale, 1816

Haswell, Jock, *The First Respectable Spy: The Life and Times of Colquhoun Grant, Wellington's Head of Intelligence*, London: Hamish Hamilton, 1969

Hay, William, *Reminiscences 1808—1815, under Wellington*, ed. S.C.I. Wood, London: Simpkin, Marshall & Co, 1901

Haythornthwaite, Philip, *The Armies of Wellington*, London: Arms and Armour, 1996

Haythornthwaite, Philip, *Waterloo Men: the Experience of Battle*, Marlborough: Crowood, 1999

Haythornthwaite, Philip, *The Waterloo Armies: Men, Organization and Tactics*, Barnsley: Pen & Sword, 2007

Heeley, Edward, 'Journal of Edward Heeley', *Journal of the Society for Army Historical Research*, 64 (1986), pp. 94—117 and 129—42

Henckel von Donnersmarck, Wilhelm Ludwig Victor Count, *Erinnerungen aus meinem Leben*, Kummer, 1846

Hennen, John, *Principles of Military Surgery*, Second edition, Edinburgh: Constable, 1820

Hervey, Felton, 'A Contemporary Letter on the Battle of Waterloo', *Nineteenth Century*, XXXIII (March 1893), pp. 430—5

Hibbert, Christopher (ed.), *A Soldier of the Seventy-first: the journal of a soldier of the Highland Light Infantry, 1806—1815*, London: Leo Cooper, 1975

Hofschröer, Peter, *1815, the Waterloo campaign: Wellington, his German allies and the Battles of Ligny and Quatre Bras*, London: Greenhill, 1999

Hofschröer, Peter, *1815, the Waterloo campaign: The German victory: from Waterloo to the fall of*

Napoleon, London: Greenhill, 1999

Hope, James, *The Military Memoirs of an Infantry Officer 1809—16*, Edinburgh: the author, 1833

Horn, Arthur von, *Geschichte des koniglich Preussischen Leib-Infanterie-Regiments*, Berlin: Rudolph Wagner, 1860

Hornn, Jean, *The Narrative of Jean Hornn, Military Coachman to the Emperor Napoleon*, Second edition, London: William Bullock, 1816

Houssaye, Henry, *1815: Waterloo*, 67th edition, Paris: Perrin, 1910

Howard, Martin, *Wellington's Doctors: the British Army Medical Services in the Napoleonic Wars*, Staplehurst: Spellmount, 2002

Howard, Martin, *Napoleon's Doctors: the Medical Services of the Grande Armee*, Staplehurst: Spellmount, 2006

Howarth, David, *A Near Run Thing*, London: Collins, 1968; 1999 edition

Hussey, John, 'At What Time on 15 June 1815 Did Wellington Learn of Napoleon's Attack on the Prussians?' *War in History*, 6 (1999), pp. 88—116

Ingilby, William, 'The Waterloo Diary of Lieutenant William Bates Ingilby RHA, ed. Sir James Marshall-Cornwall, *The Journal of the Royal Artillery*, 109, pp. 54—8

Jackson, Basil, 'Recollections of Waterloo, by a staff officer', *United Service Journal* (Aug 1847), pp. 1—11

Jackson, Basil, *Notes and Reminiscences of a Staff Officer*, London: John Murray, 1903

James, John Haddy, *Surgeon James's Journal, 1815*, ed. Jane Vansittart, London: Cassell, 1964

James, Walter Haweis, *The Campaign of 1815, chiefly in Flanders*, Edinburgh and London: William Blackwood & Sons, 1908

Janin, E.F., *Campagne de Waterloo, ou remarques critiques et historiques sur l'ou-vrage du Général Gourgaud*, Paris: Chaumerot, 1820

Jeremiah, Thomas, *A Short Account of the Life and adventures of Private Thomas Jeremiah 23rd or Royal Welch Fusiliers 1812—37*, ed. G. Glover, Godmanchester: Ken Trotman, 2008

Jomini, *The Political and Military History of the Campaign of Waterloo*, New York: Redfield, 1853

Keegan, John, *The Face Of Battle: a Study of Agincourt, Waterloo and the Somme*, London: Jonathan Cape, 1976 (Pimlico edition 1991)

Kelly, Christopher, *A Full and Circumstantial Account of the Memorable Battle of Waterloo...together with...Biographical Sketches of the Most Distinguished Waterloo Heroes*, London: Kelly, 1817

Kelly, Captain, 'Memoir of the late lieutenant colonel Kelly', *United Service Journal*, May 1829, pp. 601—2

Keppel, George, Earl of Albemarle, *50 Years of my Life*, 2 vols, London: Macmillan & Co., 1876

Kiley, Kevin, *Artillery of the Napoleonic Wars 1792—1815*, London: Greenhill, 2004

Kincaid, John, *Adventures in the Rifle Brigade in the Peninsula, France and the Netherlands from 1809 to 1815*, London: T. & W. Boone, 1847

Knollys, William, *Shaw the Lifeguardsman*, London: Dean & Son, 1877

Labedoyère, Charles Angélique Francois, *Memoirs of the Public and Private Life of Napoleon Bonaparte*, 2 vols, London: Virtue, 1827

Lachouque, Henry, *Le Général de Tromelin*, Paris: Bloud et Gay, 1968

Lachouque, Henry, *Waterloo*, London: Arms & Armour, 1975

Lagneau, Louis-Vivant, *Journal d'un Chirugien de la Grande Armée, 1803—1815*, Paris, 2000

Largeaud, Jean-Marc, *Napoleon et Waterloo: la défaite glorieuse de 1815 à nos jours*, Paris: Boutique de l'histoire, 2006

Larreguy de Civrieux, Sylvain, *Souvenirs d'un cadet 1812—1823*, Paris: Hachette, 1912

Larrey, Dominique Jean, *Memoir of Baron Larrey, Surgeon-in-Chief to the Grande Armée*, London: Henry Renshaw, 1861

Las Cases, Emmanuel comte de, *Mémorial de Sainte-Hélène*, VII, Paris: the author, 1823

Latimer, Elizabeth Wormeley, *Talks of Napoleon at Saint Helena with General Baron Gourgaud*, Chicago: A.C. McClurg & Co, 1903

Laudy, Lucien, 'Le Bourgogne du Maréchal Ney', *Revue des Études Napoléoniennes*, XXI (June 1932), pp. 321—39

Laudy, Lucien, 'Le Maison Dumont à Gosselies', *Revue des Études Napoléoniennes*, XXI (June 1932), pp. 340—8

Laudy, Lucien, 'La Mort de Frederic Guillaume, Duc de Brunswick-Lüneberg-Oels et Bernstadt au Quatre-Bras, 16 Juin 1815', *Revue des Études Napoléoniennes*, XXI (June 1932), pp. 349—59

Laudy, Lucien, 'Waterloo: à travers la «Morne Plaine»', *Revue des Études Napoléoniennes*, XXI (June 1932), pp. 366—76

Lawrence, William, *The Autobiography of Sergeant William Lawrence*, ed. G.N. Bankes, London: Sampson Law, Marston, Serle & Rivington, 1886

Leach, Jonathan, *Rough Sketches of the Lift of an Old Soldier*, London: Longman, 1831

Lean, Tangy, *The Napoleonists: a Study in Political Disaffection 1760—1960*, London: Oxford University Press, 1970

Leeke, William, *The History of Lord Seaton's Regiment at the Battle of Waterloo*, London: Hatchard, 1866

Le Gallo, Émile, 'Le «Waterloo» de Henry Houssaye', *Revue des Études Napoléoniennes*, VII (1915), pp. 341—52 and (1916), pp. 58—71

Lemonnier-Delafosse, Jean-Baptiste, *Campagnes de 1810 à 1815. Souvenirs militaires*, Le Havre: Auray le Haure, 1850

Lettow-Vorbeck, Oscar von, *Napoleons Untergang 1815*, Berlin: Mittler und Sohn, 1904

Levavasseur, Octave, *Souvenirs militaires d'Octave Levavasseur, officier d'artillerie, aide de camp du marechal Ney, 1802—1815*, Paris, 1914

Lieber, Francis, *Letters to a Gentleman in Germany, written after a Trip from Philadelphia to Niagara*, Philadelphia: Carey, Lea & Blanchard, 1834

Lindau, Friedrich, *A Waterloo Hero: the Reminiscences of Friedrich Lindau*, ed. James Bogle and Andrew Uffindell, London: Frontline, 2009

Lippe-Weissenfeld, Ernst Graf zur, *Geschichte des Königliche Preussische 6. Husaren-Regiments (ehemaligen 2. Schlesischen)*, Berlin: Decker, 1860

Logie, Jacques, *Waterloo: the Campaign of 1815*, Staplehurst: Spellmount, 2006

Longford, Elizabeth, *Wellington: The Years of the Sword*, London: Weidenfeld and Nicolson, 1969

Lot, Henri, *Les Deux Généraux Ordener*, Paris: R. Roger et F. Chernoviz, 1910

Macbride, Mackenzie, ed. *With Napoleon at Waterloo and other unpublished Documents of the Waterloo and Peninsular Campaigns*, London: Francis Griffiths, 1911

Mach, Anton von, *Geschichte des königlich Preussischen zweiten Infanterie-Regiments genannt Königs-Regiments*, Berlin: Mittler, 1843

MacGrigor, Sir James, *Autobiography and Services of Sir James MacGrigor*, London: Longman, 1861

Macready, Edward Nevile, 'On a part of Captain Siborne's History of the Waterloo Campaign', *United Service Magazine*, 47 (1845), pp. 388—404 and 69 (1852), pp. 51—7

Macready, Edward Nevile, 'Extracts from the Journals of the late Major Edward Macready', *United Service Magazine*, 69 (1852 part 2) pp. 338—46 and 518—30

Madelin, Louis, *Fouché 1759—1820*, Paris: Plon, 1903

Mackinnon, Daniel, *Origin and Services of the Coldstream Guards*, London: R. Bentley, 1833

Mainwaring, Frederick, 'Four Years of a Soldier's Life', *United Service Magazine*, 46 (1844), pp. 403—16

Malmesbury, John Howard Harris 3rd Earl of, *A Series of Letters of the First Earl of Malmesbury his Family and Friends*, II, London: Richard Bentley, 1870

Marbot, Jean-Baptiste, *Mémoires du Général Baron de Marbot*, Paris: Librairie Plon, 1891

Marchand, Louis-Joseph-Narcisse, *Mémoires de Marchand: premier valet de chambre et executeur testamentaire de l'empéreur Napoleon*, ed. Jean Bourguignon and Henry Lachouque, Paris: Tallandier, 2003

Martin, Jacques, *Souvenirs de guerre du lieutenant Martin: 1812—1815*, Paris: Tallandier, 2007

[Martin, Jacques], 'Lettre d'un officier genevois du 45e', *Carnet de la sabretache*, 3, (1895), pp. 493—517

Martinien, Aristide, *Tableaux par corps et par batailles des officiers tués et blessés pendant les guerres de l'empire 1805—1815*, Paris: Charles-Lavauzelle, 1899

Martinien, Aristide, *Tableaux par corps et par batailles des officiers tués et blessés pendant les guerres de l'empire 1805—1815: Supplement*, Paris: L. Fournier, 1909

Maxwell, Herbert, *The Life of Wellington, the Restoration of the Martial Power of Great Britain*, 2 vols, London: Sampson Lowe, 1899

Mauduit, Hippolyte de, *Les derniers jours de la grande armée*, 2 vols, Paris: the author, 1847—8

Mercer, Cavalié, *Journal of the Waterloo Campaign* [1870], reprinted London: P. Davies, 1969

Miller, David, *The Duchess of Richmond's Ball*, Staplehurst: Spellmount, 2005

Mittelacher, Martin, 'Nassauers at Hougoumont', *Journal of the Society for Army Historical Research*, 81 (2003), pp. 228—42

Moore Smith, George Charles, 'General Petit's account of the Waterloo Campaign', *English Historical Review*, LXX (1903), pp. 321—6

Moore Smith, George Charles, *The Life of John Colborne, Field Marshal Lord Seaton*, London: John Murray, 1903

Morris, Thomas, *Military Memoirs: Thomas Morris, The Napoleonic Wars*, ed. John Selby, London: Longmans, 1967

[Mudie, Charles], 'Operations of the Fifth or Picton's Division in the Campaign of Waterloo', *United Service Magazine*, XIII (June 1841), pp. 170—203

Müffling, Friedrich Carl Ferdinand, *The Memoirs of Baron von Müffling*, ed. Peter Hofschroer, London: Greenhill Books, 1997

Muffling, Friedrich Carl Ferdinand, *History of the Campaign*, ed. Sir John Sinclair, London: T. Egerton, 1816 (facsimile: Wakefield: S.R. Publishers, 1970)

Muir, Rory, *Britain and the Defeat of Napoleon, 1807—1815*, New Haven and London: Yale University Press, 1996

Muir, Rory, *Tactics and Experience of Battle in the Age of Napoleon*, New Haven and London: Yale University Press, 1998

Noguès, Antoine, *Mémoires du Général Noguès*, Paris, 1922

Nostitz, Ferdinand Graf von, 'Das Tagebuch des Generals der Kavallerie Grafen von Nostitz', II Theil, *Kriegsgeschichtliche Einzelschriften*, Heft 6, Berlin, 1885

Ollech, R. von, *Geschichte des Feldzuges von 1815, nach archivalischen Quellen*, Berlin: Ernst Siegfried Mittler, 1876

Ompteda, Louis von, 'ed., *Memoirs of Baron Ompteda*, London: H. Grevel & Co., 1894

O'Neil, Charles, *The Military Adventures of Charles O'Neil*, Staplehurst: Spellmount, 1997

Ortiz, José, 'The Revolutionary Flying Ambulance of Napoleon's Surgeon', *U. S. Army Medical Department Journal* (October—December 1998), pp. 17—25

Owen, Edward, ed. *The Waterloo Papers 1815 and Beyond*, Tavistock: AQ and DJ Publications, 1997

Pajol, Charles Pierre Victor comte, *Pajol, géneral en chef*, III (1812—44), Paris: Firmin-Didot, 1874

Pawly, Ronald, *Napoleon's Imperial Headquarters (2): On Campaign*, Oxford: Osprey, 2004

Pedlow, Gregory W., 'Back to the Sources: General Zieten's Message to the Duke of Wellington on 15 June 1813', *First Empire*, 82 (2005), pp. 30—6

Pétiet, Auguste, *Souvenirs Militaires*, Paris: Dumaine, 1844

Petit, Jean-Martin, 'General Petit's account of the Waterloo Campaign', *English Historical Review*, XVIII (1903), pp. 321—6

Petty, Henry William Earl of Kerry (ed.), *The First Napoleon: some unpublished documents from the Bowood papers*, Boston and New York: Houghton Mifflin, 1925

Pflugk-Harttung, Julius von, *Vorgeschichte von der Schlacht bei Belle-Alliance*, Berlin: R. Schroder, 1903

Pflugk-Harttung, Julius von, 'Die Verhandlungen Wellington's und Blucher's an der Windmuhle bei Brye', *Historisches Jahrbuch*, 23 (1902), pp. 80—97

Ptlugk-Harttung, Julius von, 'Die Preussische Berichterstattung an Wellington vor der Schlacht bei Ligny', *Historisches Jahrbuch*, 24 (1903), pp. 41—61

Ptlugk-Harttung, Julius von, *Belle Alliance (Verbundetes Heer). Berichte und Angaben uber die Beteiligung deutscher Truppen der Armee Wellington's an dem Gefechte bei Quatre Bras und der Schlacht bei Belle Alliance*, Berlin: Eisenschmidt, 1915

Piérart, Z. J., *Le Drame de Waterloo*, Paris: Bureau de la *Revue Spiritualiste*, 1868

Pigeard, Alain, *L'Armée de Napoleon 1800—1815, organisation et vie quotidienne*, Paris: Tallendier, 2000

Pigeard, Alain, *La Garde Imperiale 1804—1815*, Paris: Tallendier, 2005

Pion des Loches, Antoine-Auguste-Flavien, *Mes Campagnes (1792—1815)*, Paris: Firmin-Didot, 1889

Pitt-Lennox, William, *Three Years with the Duke, or Wellington in Private Life*, Second edition, London: Saunders & Otley, 1853.

Playford, Thomas, *A Lifeguardsman in Spain, France and at Waterloo: the memoirs of Sergeant-Major Thomas Playford 2nd Lifeguards*, ed. G. Glover, Godmanchester: Ken Trotman, 2006

Plotho, Carl von, *Der Krieg der verbundeten Europas gegen Frankreich im Jahre 1815*, Berlin: Carl Friedrich Amelang, 1818

Pontécoulant, Philippe Gustave le Doulcet de, *Napoléon à Waterloo*, Paris: Dumaine, 1866

Porter, Whitworth, *History of the Corps of Royal Engineers*, vol. 1, London: Longmans, Green & Co, 1889

Pringle, John W., 'Remarks on the Campaign of 1815' in Sir Walter Scott, *The Life of Napoleon Bonaparte, Emperor of the French*, IX, Appendix VIII, xcv-cxli, London and Edinburgh: Longman and Cadell, 1827

Quinet, Edgar, *Histoire de la Campagne de 1815*, Paris: Michel Levy Freres, 1862

Quintin, D. and B., *Dictionnaire des Colonels de Napoleon*, Paris: SPM, 1996

Rahden, Wilhelm von, *Wanderungen eines alten Soldaten*, I, Berlin: Alexander Duncker, 1846

Reiche, Ludwig von, *Memoiren des koniglich Preussischen Generals der Infanterie Ludwig von Reiche*, ed. Louis von Weltzien, part 2, Leipzig: Brockhaus, 1857

Reynell, Thomas, 'Sir Thomas Reynell on the movements of the 7Ist during the crisis at Waterloo', *United Service Journal* (1833), Part II, pp. 542—3

Rigau, Dieudonne, *Souvenirs des guerres de l'Empire*, Paris: Librairie des Deux Empires, 2000

Rogniat, Joseph, *Considerations sur l'Art de la Guerre*, Second edition, Paris: Magimel, Anselin & Pochard, 1817

Ross-Lewin, Henry, *With the thirty-second in the Peninsula and other campaigns*, Dublin: Hodges, Figgis & Co., 1904

Roberts, Andrew, *Waterloo: Napoleon's last gamble*, London: HarperCollins, 2005

Robertson, David, *Journal of Sergeant D. Robertson, late 92nd Foot*, Perth, 1842; facsimile, London: Maggs, 1982

Robinaux, Pierre, *Journal de route (1803—1832)*, ed. Gustave Schlumberger, Paris: PIon, 1908

Robinson, Mike, *The Battle of Quatre Bras 1815*, Stroud: History Press, 2009

Roy, D.R.H., 'The memoirs of private J. Gunn 42nd Highlanders', *Journal of the Society for Army Historical Research*, 49 (1971), pp. 90—120

Rumigny, M.T.G., *Souvenirs du général comte de Rumigny*, Paris: Emile-Paul Frères, 1921

Saint-Denis, Louis Etienne, *Napoleon from the Tuileries to St. Helena: Personal Recollections of the Emperor's Second Mameluke and Valet, Louis Etienne St. Denis (Known as Ali)*, New York and London, Harper & Brothers, 1922

Salisch, Gustav von, *Geschichte des königlich Preussischen siebenten Infanterie-Regiments*, Glogau: Flemming, 1854

Schom, Alan, *One Hundred Days: Napoleon's Road to Waterloo*, London: Michael Joseph, 1993

Schmidt, Oliver, *Prussian Regular Infantryman 1808—15*, Oxford: Osprey, 2003

Scott, John, *Paris Revisited, in 1815, by way of Brussels, including a walk over the field of battle of Waterloo*, London: Longman, 1816

'The 2nd battalion of the Rifle Corps at Waterloo', *United Service Journal* (1833) Part III, pp. 255—6

Shaw Kennedy, James, *Notes on the Battle of Waterloo*, London: John Murray, 1865

Siborne, Herbert Taylor (ed.), *Waterloo Letters*, London: Cassell, 1891

Siborne, William, *History of the Waterloo Campaign*, London, Greenhill Books, 1990; facsimile of the third revised edition of *History of the War in France and Belgium in 1815*, London: Boone, 1848 (First edition 1844)

Smith, Harry, *The Autobiography of Sir Harry Smith 1781—1819*, London, 1902

[Smith, Newman], *Flying Sketches of the Battle of Waterloo by a young traveller*, London: privately printed, 1852

Swiney, George Clayton, *Historical records of the 32nd(Cornwall) light infantry*, London: Simkin, 1893

Simmons, George, *A British rifle man. The journals and correspondence of Major George Simmons, Rifle Brigade, during the Peninsular War and the campaign of Waterloo*, London: Black, 1899

Souvenirs et correspondence sur la bataille de Waterloo, Paris: Teissèdre, 2000

Stawitzky, E. H. Ludwig, *Geschichte des koniglich Preussischen 25sten Infanterie-Regiments*, Koblenz: Bädeker, 1857

Summerville, Christopher, *Who was Who at Waterloo: a Biography of the Battle*, London: Roudedge, 2007

Swinton, J. R., *A Sketch of the Life of Georgiana, Lady de Ros*, London: John Murray, 1893

Thorpe, Francis Newton, 'Two Diaries of Waterloo', *The English Historical Review*, 3, No. 11 (July 1888), pp. 539—52

Tomkinson, William, *The Diary of a Cavalry Officer in the Peninsular and Waterloo Campaigns*, ed. James Tomkinson, Second edition, London: Swan Sonnenschein & Co., 1895

Trefcon, Toussaint Jean, *Carnet de campagne de colonel Trefcon*, Paris: Dubois, 1914

Tulard, Jean, *Napoleon: the Myth of the Saviour*, London: Methuen, 1985

Uffindell, Andrew, *The Eagle's Last Triumph: Napoleon's Victory at Ligny June 1815*, London: Greenhill, 1994

Uffindell, Andrew, *Napoleon's Immortals: the Imperial Guard and its Battles, 1804—1815*, Stroud: Spellmount, 2007

Urban, Mark, *Rifles: six years with Wellington's legendary sharpshooters*, London: Faber and Faber, 2003

Verner, William, 'Reminiscences of William Verner (1782—1871) 7th hussars', *Journal of the Society for Army Historical Research*, 43 (1965), pp. 39—51

[Waldie, Charlotte], *The battle of Waterloo also of Ligny and Quatre Bras etc. by a near observer*, ed. Hannibal Lloyd, London: Booth, Second edition, 1815; Tenth enlarged edition, 2 vols, 1817

[Waldie, Charlotte], *Narrative of a residence in Belgium during the campaign of 1815; and of a visit to the field of Waterloo*, London, 1817

Waresquiel, Emmanuel de, *Cent Jours: la tentation de l'impossible mars-juillet 1815*, Paris: Fayard, 2008

Waterloo: Recits de combattants, Paris: Teissèdre, 1999

WD: Gurwood, John (ed.), *Despatches of Field Marshal the Duke of Wellington*, 13 vols, London: John Murray, 1834—9

Wedell, Rudolph von, *Geschichte des königlichen Preussischen 18.Infanterie-Regiments von 1813 bis 1847*, Posen: Scherk, 1848

Weller, Jac, *Wellington at Waterloo*, London: Longmans, 1967

Wenzlik, Detlef, *Waterloo*, 3 vols, Hamburg: Roger Zörb, 2008

Wheatley, Edmund, *The Wheatley Diary*, ed. C. Hibbert, London: Longmans, 1964

Wheeler, Dennis and Gaston Demaree, 'The weather of the Waterloo campaign 16 to 18 June 1815: did it change the course of history?', *Weather*, 60 no. 6 (June 2005), pp. 159—64

Wheeler, William, *The Letters of Private Wheeler*, ed. Liddell Hart, London: Michael Joseph, 1951

[Williams-Wynne, Frances], *Diaries of a Lady of Quality from 1797 to 1844*, ed. A. Hayward, Second edition, London: Longman, 1864

[Wood, Charles], *Some Particulars of the Battle of Waterloo in a Letter from a Sergeant in the Guards*, London, 1816

Woodberry, George, *Journal du lieutenant Woodberry; campagnes de Portugal et d'Espagne, de France, de Belgique et de France; 1813—1815*, Paris: Plon, 1906

WSD: *Supplementary Despatches, Correspondence and Memoranda of Field Marshal Arthur Duke of Wellington, K G.*, 15 vols, London: John Murray, 1858—72.

Wylly, Harold Carmichael (ed.), *The Military Memoirs of Lieutenant General Sir Joseph Thackwell*, London: Murray, 1908

Zychlinski, Franz von, *Geschichte des koniglichen Preussischen 24sten Infanterie-Regiments*, Berlin: Mittler, 1854

Websites and online resources

16 juin 1815 Bataille de Ligny http://napoleon-monuments.eu/Napoleon1er/1815Ligny-Fleurus.htm

1815 Limited On-line Archive http://www.battleofwaterloo.net/

The British Museum collection online http://www.britishmuseum.org/ research/collection_online/search.aspx

The Campaign of 1815: a study by Pierre de Wit http://www.waterloo-campaign.nl

Carte de Cabinet de Ferraris http://www.ngi.be/FR/FR1-4-2-3.shtm

Diary of Amabel, Lady Lucas http://library.hud.ac.uk/calmview/Record.aspx?src=CalmView.Catalog&id=Yorke%2f30

Fondation Napoleon http://www.napoleon.org/

Hannoversche Militär Geschichte http://www.kgl.de/

Image of France http://artfl-project.uchicago.edu/content/image-france

Napoléon à Gilly en 1815 http://www.gilly.be/VVV/Napoleon_Gilly_1815.html

The Napoleon Series http://www.napoleon-series.org/

Panorama de l'entité de Fleurus http://www.fleurus-tourisme.be/photographies/panorama360.htm

Les uniformes pendant la campagne des cent jours http://centjours.mont-saint-jean.com/

附 录

战役序列

1. 利尼之战（1815年6月16日）

法兰西北方军团（右翼）

指挥官：拿破仑皇帝
参谋长：达尔马蒂公爵苏尔特元帅

分遣自第一军*
第四步兵师（168/3939）：迪吕特伯爵中将
　第一旅 佩戈少将
　　第八战列步兵团
　　第二十九战列步兵团
　第二旅 布吕少将
　　第八十五战列步兵团
　　第九十五战列步兵团
　师属炮兵
　　第六步炮团九连
　　第一炮兵运输中队三连
第一骑兵师（54/806）：雅基诺男爵中将
　第二旅 戈布雷希男爵少将
　　第三枪骑兵团
　　第四枪骑兵团
　师属炮兵
　　第一骑炮团二连
　　第一炮兵运输中队四连

分遣自第二军
　第七步兵师（185/4572）：吉拉尔男爵中将**
　　第一旅 德维利耶男爵少将
　　　第十一轻步兵团
　　　第八十二战列步兵团
　　第二旅 皮亚男爵少将
　　　第十二轻步兵团
　　　第四战列步兵团
　　师属炮兵
　　　第二步炮团三连
　　　第一炮兵运输中队十连
　　　第五炮兵运输中队二连

第三军 旺达姆伯爵中将
第八步兵师（230 / 4989）：勒福尔男爵中将
　第一旅 韦尼耶男爵上校***
　　第十五轻步兵团
　　第二十三战列步兵团
　第二旅 科尔桑男爵少将
　　第三十七战列步兵团
　　第六十四战列步兵团
　师属炮兵
　　第六步炮团七连
　　第一炮兵运输中队一连
第十步兵师（243/5522）：阿贝尔男爵

---

*　在德隆"谨慎行事"的命令下，作为第一军折返行军中被留在利尼战场的分遣队，迪吕特和雅基诺仅发挥了很有限的作用。
**　分遣自第二军，受第三军军长旺达姆节制。
***　原指挥官比亚尔少将在15日坠马身亡。

中将
 第一旅 让古尔特男爵少将
  第三十四战列步兵团
  第八十八战列步兵团
 第二旅 迪佩鲁男爵少将
  第二十二战列步兵团
  第七十战列步兵团
  第二外籍步兵团（瑞士团）
 师属炮兵
  第二步炮团十八连
  第五炮兵运输中队四连
第十一步兵师（173/4603）：贝尔特泽纳男爵中将
 第一旅 迪富尔少将
  第十二战列步兵团
  第五十六战列步兵团
 第二旅 拉加德男爵准将
  第三十三战列步兵团
  第八十六战列步兵团
 师属炮兵
  第二步炮团十七连
  第五炮兵运输中队五连
第三骑兵师（91/1106）：多蒙男爵中将
 第一旅 多芒热男爵少将
  第四猎骑兵团
  第九猎骑兵团
 第二旅 维诺男爵少将
  第十二猎骑兵团
 师属炮兵
  第二骑炮团一连
  第五炮兵运输中队六连
军属炮兵（8/192）
  第二步炮团一连
  第五炮兵运输中队六连

第四军 热拉尔伯爵中将

第十二步兵师（193/5342）：佩舍男爵中将
 第一旅 罗姆骑士少将
  第三十战列步兵团
  第九十六战列步兵团
 第二旅 舍费尔男爵少将
  第六轻步兵团
  第六十三战列步兵团
 师属炮兵
  第五步炮团二连
  第二炮兵运输中队六连
第十三步兵师（175/4198）：维舍里男爵中将
 第一旅 勒卡皮泰纳男爵少将*
  第五十九战列步兵团
  第七十九战列步兵团
 第二旅 德普雷伯爵少将
  第四十八战列步兵团
  第六十九战列步兵团
 师属炮兵
  第五步炮团一连
  第二炮兵运输中队二连
第十四步兵师（177/4293）：于洛男爵少将**
 第一旅 博梅上校
  第九轻步兵团
  第一百一十一战列步兵团
 第二旅 图桑男爵少将
  第四十四战列步兵团
  第五十战列步兵团
 师属炮兵
  第五步炮团三连
  第二炮兵运输中队六连
第六骑兵师（115/1684）：莫兰男爵中将
 第一旅 瓦兰男爵少将
  第六骠骑兵团

---

* 在利尼阵亡。
** 原指挥官布尔蒙伯爵中将在 15 日投敌。

第八猎骑兵团
第二旅 贝吕耶骑士少将
　　第六龙骑兵团
　　第十六龙骑兵团
师属炮兵
　　第二骑炮团一连
　　第二炮兵运输中队五连
军属炮兵（8/193）
　　第五步炮团五连
　　第二炮兵运输中队七连

第六军 洛博伯爵穆顿中将*
第十九步兵师（198/3985）：西梅男爵中将
　第一旅 德贝莱尔男爵少将
　　第五战列步兵团
　　第十一战列步兵团
　第二旅 特弗内骑士少将
　　第二十七战列步兵团
　　第八十四战列步兵团
　师属炮兵
　　第八步炮团一连
　　第七炮兵运输中队一连
　　第八炮兵运输中队四连
第二十步兵师（153/3094）：雅南男爵中将
　第一旅 博尼骑士少将
　　第五轻步兵团
　　第十战列步兵团
　第二旅 特罗默兰伯爵少将
　　第一零七战列步兵团
　师属炮兵连
　　第八步炮团二连
　　第八骑兵运输中队三连
第二十一步兵师（114/2584）：泰斯特男爵中将

　第一旅 拉菲特男爵少将**
　　第八轻步兵团
　第二旅 佩内男爵少将
　　第六十五战列步兵团
　　第七十五战列步兵团
　师属炮兵
　　第八步炮团三连
　　第六炮兵运输中队四连
军属炮兵（5/219）
　　第八炮兵团四连
　　第八炮兵运输中队五连

预备骑兵 格鲁希侯爵元帅
第一预备骑兵军：帕若尔伯爵中将
第四骑兵师（61/899）：小苏尔特男爵中将
　第一旅 圣洛朗少将
　　第四骠骑兵团
　第二旅 阿梅伊男爵少将
　　第五骠骑兵团
　师属炮兵
　　第一骑炮团一连
　　第一炮兵运输中队三连
第五骑兵师（112/1375）：叙贝尔维男爵中将
　第一旅 科尔贝伯爵少将
　　第一枪骑兵团
　　第二枪骑兵团
　第二旅 梅兰骑士少将
　　第十一猎骑兵团
　师属炮兵
　　第一骑炮团三连
　　第一炮兵运输中队四连
第二预备骑兵军：埃克塞尔曼斯伯爵中将
第九骑兵师（147/1396）：施特罗尔茨

---

*　战役结束前抵达战场，并没有参加实际战斗。
**　疑似缺阵。

男爵中将
　第一旅 比尔特男爵少将
　　第五龙骑兵团
　　第十三龙骑兵团
　第二旅 樊尚男爵少将
　　第十五龙骑兵团
　　第二十龙骑兵团
　师属炮兵
　　第一骑炮团四连
　　第一炮兵运输中队六连
第十骑兵师（142/1407）：沙泰尔男爵中将
　第一旅 博纳曼男爵少将
　　第四龙骑兵团
　　第十二龙骑兵团
　第二旅 贝尔东骑士少将
　　第十四龙骑兵团
　　第十七龙骑兵团
　师属炮兵
　　第四骑炮团四连
　　第八骑兵运输中队一连

第四骑兵军：米约伯爵中将
第十三骑兵师（124/1252）：圣阿方斯伯爵中将
　第一旅 迪布瓦男爵少将
　　第一胸甲骑兵团
　　第四胸甲骑兵团
　第二旅 特拉韦尔男爵少将
　　第七胸甲骑兵团
　　第十二胸甲骑兵团
　师属炮兵
　　第一骑炮团五连
　　第一炮兵运输中队八连
第十四骑兵师（132/1607）：德洛尔男爵中将
　第一旅 法里纳子爵少将
　　第五胸甲骑兵团
　　第十胸甲骑兵团

　第二旅 维亚尔男爵少将
　　第六胸甲骑兵团
　　第九胸甲骑兵团
　师属炮兵
　　第三骑炮团四连
　　第三炮兵运输中队六连

近卫军：德鲁奥伯爵中将
近卫掷弹兵（127/4039）：弗里昂伯爵中将
　第一近卫掷弹兵团
　第二近卫掷弹兵团
　第三近卫掷弹兵团
　第四近卫掷弹兵团
　师属炮兵
　　近卫步炮团五连
近卫猎兵（135/4749）：莫朗伯爵中将
　第一近卫猎兵团
　第二近卫猎兵团
　第三近卫猎兵团
　第四近卫猎兵团
　师属炮兵
　　近卫步炮团六连
青年近卫军：迪埃姆伯爵中将
第一师（119/4375）：巴鲁瓦伯爵中将
　第一旅 沙特朗骑士少将
　　第一狙击手团
　　第一腾跃兵团
　第二旅 居伊男爵少将
　　第三狙击手团
　　第三腾跃兵团
　师属炮兵
　　第七辅助步炮连
　　第八辅助步炮连
近卫重骑兵师（108/1808）：居约伯爵中将
　掷弹骑兵团
　近卫龙骑兵团
　精英宪兵

师属炮兵　　　　　　　　　　　近卫步炮团一连
　　　近卫骑炮团三连　　　　　　　近卫步炮团二连
　　　近卫骑炮团四连　　　　　　　近卫步炮团三连
　　预备炮兵（20/470）：圣莫里斯男爵中将　　近卫步炮团四连

普鲁士下莱茵军团

指挥官：布吕歇尔侯爵元帅　　　　马克伯爵少将
参谋长：格奈泽瑙伯爵中将　　　　步兵指挥官：许特上校
　　　　　　　　　　　　　　　　第十九步兵团
第一军　齐滕中将　　　　　　　　威斯特法伦第四民兵团
　第一旅（8557）：施泰因梅茨少将　　第十五步炮连
　　步兵指挥官：霍夫曼上校　　　军属预备骑兵：勒德尔中将
　　　勃兰登堡第二步兵团　　　　　第一旅（1368）：特雷斯科少将
　　　第二十四步兵团　　　　　　　　勃兰登堡枪骑兵团
　　　威斯特法伦第一民兵团　　　　　勃兰登堡龙骑兵团
　　　西里西亚射手营　　　　　　　　威斯特法伦第一龙骑兵团
　　　西里西亚第一骠骑兵团　　　　第二旅（1041）：吕措中校
　　　第七步炮连*　　　　　　　　　　第六枪骑兵团
　第二旅（7697）：皮尔希（第二）少将**　　库尔马克第一民兵骑兵团
　　步兵指挥官：卡纳尔上校　　　　　库尔马克第二民兵骑兵团
　　　威斯特法伦第一步兵团　　　　军属预备炮兵（1345）：莱曼中校
　　　第二十八步兵团　　　　　　　　第二重炮连
　　　威斯特法伦第二民兵团　　　　　第六重炮连
　　　威斯特法伦民兵骑兵团　　　　　第一步炮连
　　　第三步炮连　　　　　　　　　　第二骑炮连
　第三旅（8036）：雅戈少将　　　　　第七骑炮连
　　步兵指挥官：吕歇尔-克莱斯特中校　　第十骑炮连
　　　威斯特法伦第二步兵团　　　　　第一榴弹炮连
　　　第二十九步兵团　　　　　　第二军　皮尔希（第一）少将
　　　威斯特法伦第三民兵团　　　　第五旅（8047）：蒂佩尔斯基希少将
　　　西里西亚射手营　　　　　　　　波美拉尼亚第一步兵团
　　　第八步炮连　　　　　　　　　　第二十五步兵团
　第四旅（4970）：亨克尔·冯·唐纳斯

---

* 普军步炮和骑炮连都是由6门6磅加农炮和2门榴弹炮组成；重炮连由6门12磅加农炮和2门榴弹炮组成。
** 根据普鲁士以及俄国的习惯，军中拥有相同姓氏的军官会在姓氏后面冠以罗马数字加以区分，同姓氏军官中军衔和军职越高的所对应的数字就越小。这里普军第二旅指挥官皮尔希（第二）少将（Otto Karl Lorenz von Pirch，奥托·卡尔·冯·皮尔希）正好是第二军指挥官皮尔希（第一）少将（Georg Dubislav Ludwig von Pirch，格奥尔格·杜比斯拉夫·冯·皮尔希）的弟弟。

威斯特法伦第五民兵团
野战猎兵连
第十步炮兵连

第六旅（8155）：克拉夫特少将
  步兵指挥官：察斯特罗上校
    科尔贝格步兵团
    第二十六步兵团
    易北河第一民兵团
  第五步炮连

第七旅（7261）：布劳泽少将
  步兵指挥官：朔恩上校
    第十四步兵团
    第二十二步兵团
    易北河第二民兵团
  第三十四步炮连

第八旅（6987）：伯泽少将
  步兵指挥官：朗根上校
    第二十一步兵团
    第二十三步兵团
    易北河第三民兵团
  第十二步炮连

军属预备骑兵：瓦伦－于尔加斯少将
  第一旅（1724）：蒂门上校
    第一龙骑兵团
    诺伊马克龙骑兵团
    西里西亚枪骑兵团
  第二旅（1661）：佐尔中校
    勃兰登堡骠骑兵团
    波美拉尼亚骠骑兵团
    贝格骠骑兵团
  第三旅（1497）：舒伦堡上校
    易北河民兵骑兵团
    库尔马克第四民兵骑兵团
    库尔马克第五民兵骑兵团

军属预备炮兵（995）：勒尔中校
  第四重炮连
  第八重炮连
  第三十七步炮连
  第五骑炮连
  第六骑炮连

第三军 蒂尔曼男爵中将
第九旅（7597）：博尔克少将
  第八步兵团
  第三十步兵团
  库尔马克第一民兵团
  第十八步炮连

第十旅（4585）：肯弗上校
  第二十七步兵团
  库尔马克第二民兵团
  第三十五步炮连

第十一旅（4643）：卢克上校
  库尔马克第三民兵团
  库尔马克第四民兵团

第十二旅（6345）：施蒂尔普纳格尔上校
  第三十一步兵团
  库尔马克第五步兵团
  库尔马克第六步兵团

军属预备骑兵：霍贝男爵少将
  第一旅（1144）：马维茨上校
    第九骠骑兵团
    库尔马克第三民兵骑兵团
    库尔马克第六民兵骑兵团
  第二旅（1878）：洛图上校
    第七龙骑兵团
    第五枪骑兵团
    第七枪骑兵团
    第八枪骑兵团

军属预备炮兵（764）：蒙豪普特上校
  第七重炮连
  第十八骑炮连
  第十九骑炮连
  第二十骑炮连

2.四臂村之战（1815年6月16日）

法兰西北方军团（左翼）

指挥官：埃尔辛根公爵、莫斯科瓦亲王奈伊元帅
副官：埃梅斯上校

第一军 德隆伯爵德鲁埃中将 *
  第一步兵师（181/4071）：基奥·迪帕萨热男爵少将 **
    第一旅 沙莱骑士上校
      第五十四战列步兵团
      第五十五战列步兵团
    第二旅 布儒瓦男爵少将
      第二十八战列步兵团
      第一零五战列步兵团
    师属炮兵连
      第六步炮团二十连
      第一炮兵运输中队五连
  第二步兵师（196/5191）：东泽洛男爵中将
    第一旅 施米茨男爵少将
      第十三轻步兵团
      第十七战列步兵团
    第二旅 奥拉尔男爵少将
      第十九战列步兵团
      第五十一战列步兵团
    师属炮兵连
      第六步炮团十连
      第一炮兵运输中队九连

第二军 雷耶伯爵中将
  第五步兵师（249/5326）：巴舍吕男爵中将
    第一旅 于松男爵少将
      第二轻步兵团
      第六十一战列步兵团
    第二旅 康皮男爵少将
      第七十二战列步兵团
      第一零八战列步兵团
    师属炮兵连
      第六步炮团十八连
      第一炮兵运输中队三连
  第六步兵师（239/6465）：热罗姆亲王中将
    第一旅 博迪安男爵少将
      第一轻步兵团
      第三战列步兵团
    第二旅 苏瓦男爵少将
      第一战列步兵团
      第二战列步兵团
    师属炮兵连
      第二步炮团二连
      第一炮兵运输中队一连
  第九步兵师（212/4861）：富瓦伯爵中将
    第一旅 戈捷男爵少将
      第九十二战列步兵团
      第九十三战列步兵团
    第二旅 雅曼男爵少将
      第四轻步兵团
      第一百战列步兵团
    师属炮兵
      第六步炮团一连
      第一炮兵运输中队二连
  第二骑兵师（139/1862）：皮雷伯爵中将

---

* 在16日当天战斗结束后才抵达战场。
** 原指挥官阿利克斯·德沃男爵中将缺席，第一师由原第一旅指挥官基奥·迪帕萨热男爵少将代理指挥。

第一旅 于贝尔男爵少将
　第一猎骑兵团
　第六猎骑兵团
第二旅 瓦蒂耶男爵少将
　第五枪骑兵团
　第六枪骑兵团
师属炮兵
　第四骑炮团二连
　第五炮兵运输中队二连
军属炮兵（6/210）
　第二步炮团七连
　第一炮兵运输中队七连

分遣自第一预备骑兵军
第四骑兵师
　第一旅
　　第一骠骑兵团（36/489）*

第三预备骑兵军 瓦尔米伯爵克勒曼中将
　第十一骑兵师（145/1917）：莱里捷男爵中将
　　第一旅 皮凯男爵少将
　　　第二龙骑兵团
　　　第七龙骑兵团
　　第二旅 吉东男爵少将
　　　第八胸甲骑兵团
　　　第十一胸甲骑兵团
　　师属炮兵
　　　第二骑炮团三连
　　　第二炮兵运输中队三连

近卫军
近卫轻骑兵师（95/1771）：德努埃特伯爵中将
　近卫猎骑兵团**
　近卫枪骑兵团
　师属炮兵
　　近卫骑炮团一连
　　近卫骑炮团二连

英荷联军

指挥官：初代威灵顿公爵阿瑟·韦尔斯利陆军元帅
军需总监：德兰西爵士上校
军事秘书：菲茨罗伊·萨默塞特勋爵中校

第一军 奥兰治亲王上将
　尼德兰第二步兵师（231/6984）：佩尔蓬谢-塞德尼茨基男爵中将
　　第一步兵旅 比兰特伯爵少将
　　　荷兰第二十七猎兵营
　　　比利时第七战列步兵营
　　　荷兰第五民兵营
　　　荷兰第七民兵营
　　　荷兰第八民兵营
　　第二步兵旅 萨克森-魏玛亲王伯恩哈德上校
　　　第二十八"奥兰治-拿骚"步兵团
　　　　第一营
　　　　第二营
　　　拿骚-乌辛根第二步兵团
　　　　第一营
　　　　第二营
　　　　第三营
　　　拿骚志愿猎兵
　　师属炮兵
　　　比利时步炮连
　　　比利时炮兵运输队

---

* 分遣自第一预备骑兵军第四骑兵师第一旅，被部署在四臂村和尼韦勒之间执行侦察任务。
** 近卫猎骑兵和近卫枪骑兵各有一个中队在弗勒吕斯担任拿破仑的执勤中队。

荷兰骑炮连
荷兰炮兵运输队
尼德兰骑兵师（55/1265）
　第二轻骑兵旅 梅尔伦少将
　　比利时第五轻龙骑兵团
　　荷兰第六骠骑兵团
　师属炮兵
　　荷兰骑炮连
　　荷兰炮兵运输队
第一步兵师（152/4580）：库克爵士少将
　第一步兵旅 梅特兰爵士少将
　　第一近卫步兵团二营
　　第一近卫步兵团三营
　第二步兵旅 宾爵士少将
　　冷溪近卫步兵团二营
　　第三近卫步兵团二营
　师属炮兵
　　王家炮兵三营九连
　　KGL骑炮兵二连
第三师（265/5819）：阿尔滕爵士中将
　汉诺威第一旅 基尔曼斯埃格伯爵少将
　　吕讷堡轻步兵
　　奥斯纳布吕克轻步兵
　　格鲁本哈根轻步兵
　　费尔登轻步兵
　　不来梅轻步兵
　　野战猎兵
　第五步兵旅 霍尔基特爵士少将
　　第三十步兵团二营
　　第三十三步兵团一营
　　第六十九步兵团二营
　　第七十三步兵团二营
　师属炮兵
　　王家炮兵十营二连
　　KGL炮兵四连

第二军
　第四步兵师（5/233）

　师属炮兵
　　汉诺威第二步炮连

预备军
　第五步兵师（276/5188）：皮克顿爵士中将
　　第八步兵旅 肯普特爵士少将
　　　第二十八步兵团一营
　　　第三十二步兵团一营
　　　第七十九步兵团一营
　　　第九十五步兵团一营
　　第九步兵旅 帕克爵士少将
　　　第一步兵团三营
　　　第四十二步兵团一营
　　　第四十四步兵团二营
　　　第九十二步兵团一营
　　师属炮兵
　　　王家炮兵三营二连
　第六步兵师（87/2582）
　　汉诺威第四旅 贝斯特上校
　　　费尔登民兵营
　　　吕讷堡民兵营
　　　明登民兵营
　　　奥斯特勒德民兵营
　不伦瑞克军（329/6730）：不伦瑞克公爵中将
　　前卫
　　　前卫营
　　轻步兵旅 布特拉尔中校
　　　近卫营
　　　第一轻步兵营
　　　第二轻步兵营
　　　第三轻步兵营
　　战列步兵旅 施佩希特中校
　　　第一战列步兵营
　　　第二战列步兵营
　　　第三战列步兵营
　　不伦瑞克骑兵
　　　骠骑兵团

568

枪骑兵团
　　炮兵
　　　骑炮兵连
　　　步炮兵连
　　拿骚-乌辛根（53/2788）：克鲁泽男爵少将
　　　拿骚-乌辛根第一团
　　　　第一营
　　　　第二营
　　　　第三营

骑兵军（55/760）
　第三骑兵旅 德恩贝格爵士少将
　　第二十三轻龙骑兵团
　第四骑兵旅 范德勒爵士少将
　　第十一轻龙骑兵团

分遣自普鲁士军
　西里西亚第一骠骑兵团（50）：塞林少尉

3.滑铁卢之战（1815年6月18日）

法兰西北方军团（左翼）

总指挥官：拿破仑皇帝
参谋长：达尔马蒂公爵苏尔特元帅
指挥官：莫斯科瓦亲王奈伊元帅

第一军 德隆伯爵德鲁埃中将
　第一步兵师：基奥·迪帕萨热男爵少将
　　第一旅 沙莱骑士上校
　　　第五十四战列步兵团
　　　第五十五战列步兵团
　　第二旅 布儒瓦男爵少将
　　　第二十八战列步兵团
　　　第一零五战列步兵团
　　师属炮兵连
　　　第六步炮团二十连
　　　第一炮兵运输中队五连
　第二步兵师：东泽洛男爵中将
　　第一旅 施米茨男爵少将
　　　第十三轻步兵团
　　　第十七战列步兵团
　　第二旅 奥拉尔男爵少将
　　　第十九战列步兵团
　　　第五十一战列步兵团
　　师属炮兵连
　　　第六步炮团十连

　　　第一炮兵运输中队九连
　第三步兵师：马尔科涅男爵中将
　　第一旅 诺盖斯少将
　　　第二十一战列步兵团
　　　第四十六战列步兵团
　　第二旅 格勒尼耶男爵少将
　　　第二十五战列步兵团
　　　第四十五战列步兵团
　　师属炮兵
　　　第六步炮团十九连
　　　第一炮兵运输中队二连
　第四步兵师：迪吕特伯爵中将
　　第一旅 佩戈少将
　　　第八战列步兵团
　　　第二十九战列步兵团
　　第二旅 布吕少将
　　　第八十五战列步兵团
　　　第九十五战列步兵团
　　师属炮兵
　　　第六步炮团九连
　　　第一炮兵运输中队三连
　第一骑兵师：雅基诺男爵中将
　　第一旅 布鲁诺男爵少将
　　　第七骠骑兵团
　　　第三猎骑兵团

第二旅 戈布雷希男爵少将
　第三枪骑兵团
　第四枪骑兵团
　师属炮兵
　　第一骑炮团二连
　　第一炮兵运输中队四连
　军属炮兵
　　第六步炮团十一连
　　第一炮兵运输中队六连

第二军 雷耶伯爵中将
　第五步兵师：巴舍吕男爵中将
　　第一旅 于松男爵少将
　　　第二轻步兵团
　　　第六十一战列步兵团
　　第二旅 康皮男爵少将
　　　第七十二战列步兵团
　　　第一零八战列步兵团
　　师属炮兵连
　　　第六步炮团十八连
　　　第一炮兵运输中队三连
　第六步兵师：热罗姆亲王中将
　　第一旅 博迪安男爵少将
　　　第一轻步兵团
　　　第三战列步兵团
　　第二旅 苏瓦男爵少将
　　　第一战列步兵团
　　　第二战列步兵团
　　师属炮兵连
　　　第二步炮团二连
　　　第一炮兵运输中队一连
　第九步兵师：富瓦伯爵中将
　　第一旅 戈捷男爵少将
　　　第九十二战列步兵团
　　　第九十三战列步兵团
　　第二旅 雅曼男爵少将
　　　第四轻步兵团
　　　第一百战列步兵团
　　师属炮兵

　　　第六步炮团一连
　　　第一炮兵运输中队二连
　第二骑兵师：皮雷伯爵中将
　　第一旅 于贝尔男爵少将
　　　第一猎骑兵团
　　　第六猎骑兵团
　　第二旅 瓦蒂耶男爵少将
　　　第五枪骑兵团
　　　第六枪骑兵团
　　师属炮兵
　　　第四骑炮团二连
　　　第五炮兵运输中队二连
　军属炮兵
　　　第二步炮团七连
　　　第一炮兵运输中队七连

分遣自第三军
　第三骑兵师：多蒙男爵中将
　　第一旅 多芒热男爵少将
　　　第四猎骑兵团
　　　第九猎骑兵团
　　第二旅 维诺男爵少将
　　　第十二猎骑兵团
　　师属炮兵
　　　第二骑炮团一连
　　　第五炮兵运输中队六连

第六军 洛博伯爵穆顿中将
　第十九步兵师：西梅男爵中将
　　第一旅 德贝莱尔男爵少将
　　　第五战列步兵团
　　　第十一战列步兵团
　　第二旅 特弗内骑士少将
　　　第二十七战列步兵团
　　　第八十四战列步兵团
　　师属炮兵
　　　第八步炮团一连
　　　第七炮兵运输中队一连
　　　第八炮兵运输中队四连

570

第二十步兵师：雅南男爵中将
　第一旅 博尼骑士少将
　　第五轻步兵团
　　第十战列步兵团
　第二旅 特罗默兰伯爵少将
　　第一零七战列步兵团
　师属炮兵连
　　第八步炮团二连
　　第八骑兵运输中队三连
军属炮兵
　　第八炮兵团四连
　　第八炮兵运输中队五连

分遣自第一预备骑兵军
第五骑兵师：叙贝尔维男爵中将
　第一旅 科尔贝伯爵少将
　　第一枪骑兵团
　　第二枪骑兵团
　第二旅 梅兰骑士少将
　　第十一猎骑兵团
　师属炮兵
　　第一骑炮团三连
　　第一炮兵运输中队四连

第三骑兵军 瓦尔米公爵克勒曼中将
　第十一骑兵师：莱里捷男爵中将
　　第一旅 皮凯男爵少将
　　　第二龙骑兵团
　　　第七龙骑兵团
　　第二旅 吉东男爵少将
　　　第八胸甲骑兵团
　　　第十一胸甲骑兵团
　　师属炮兵
　　　第二骑炮团三连
　　　第二炮兵运输中队三连
　第十二骑兵师：德于巴尔中将
　　第一旅布朗卡尔男爵少将
　　　第一卡宾枪骑兵团
　　　第二卡宾枪骑兵团

　　第二旅 多诺普少将
　　　第二胸甲骑兵团
　　　第三胸甲骑兵团
　　师属炮兵
　　　第二骑炮团二连
　　　第二炮兵运输中队四连

第四骑兵军 米约伯爵中将
　第十三骑兵师：圣阿方斯伯爵中将
　　第一旅 迪布瓦男爵少将
　　　第一胸甲骑兵团
　　　第四胸甲骑兵团
　　第二旅 特拉韦尔男爵少将
　　　第七胸甲骑兵团
　　　第十二胸甲骑兵团
　　师属炮兵
　　　第一骑炮团五连
　　　第一炮兵运输中队八连
　第十四骑兵师：德洛尔男爵中将
　　第一旅 法里纳子爵少将
　　　第五胸甲骑兵团
　　　第十胸甲骑兵团
　　第二旅 维亚尔男爵少将
　　　第六胸甲骑兵团
　　　第九胸甲骑兵团
　　师属炮兵
　　　第三骑炮团四连
　　　第三炮兵运输中队六连

近卫军 德鲁奥伯爵中将
　近卫掷弹兵：弗里昂伯爵中将
　　第一近卫掷弹兵团
　　第二近卫掷弹兵团
　　第三近卫掷弹兵团
　　第四近卫掷弹兵团
　师属炮兵
　　近卫步炮团五连
　近卫猎兵：莫朗伯爵中将
　　第一近卫猎兵团

第二近卫猎兵团
　　第三近卫猎兵团
　　第四近卫猎兵团
　　师属炮兵
　　　近卫步炮团六连
青年近卫军：迪埃姆伯爵中将
第一师：巴鲁瓦伯爵中将
　第一旅 沙特朗骑士少将
　　第一狙击手团
　　第一腾跃兵团
　第二旅 居伊男爵少将
　　第三狙击手团
　　第三腾跃兵团
　师属炮兵
　　第七辅助步炮连
　　第八辅助步炮连
近卫重骑兵师：居约伯爵中将

　　掷弹骑兵团
　　近卫龙骑兵团
　　精英宪兵
　　师属炮兵
　　　近卫骑炮团三连
　　　近卫骑炮团四连
近卫轻骑兵师：德努埃特伯爵中将
　　近卫猎骑兵团
　　近卫枪骑兵团
　　师属炮兵
　　　近卫骑炮团一连
　　　近卫骑炮团二连
预备炮兵：圣莫里斯男爵中将
　　近卫步炮团一连
　　近卫步炮团二连
　　近卫步炮团三连
　　近卫步炮团四连

英荷联军

指挥官：初代威灵顿公爵阿瑟·韦尔斯利陆军元帅
军需总监：德兰西爵士上校
军事秘书：菲茨罗伊·萨默塞特勋爵中校

第一军 奥兰治亲王上将
　尼德兰第二步兵师：佩尔蓬谢－塞德尼茨基男爵中将
　　第一步兵旅 比兰特伯爵少将
　　　荷兰第二十七猎兵营
　　　比利时第七战列步兵营
　　　荷兰第五民兵营
　　　荷兰第七民兵营
　　　荷兰第八民兵营
　　第二步兵旅 萨克森－魏玛亲王伯恩哈德上校
　　　第二十八"奥兰治－拿骚"步兵团
　　　　第一营
　　　　第二营
　　　拿骚－乌辛根第二步兵团

　　　　第一营
　　　　第二营
　　　　第三营
　　　拿骚志愿猎兵
　　师属炮兵
　　　比利时步炮连
　　　比利时炮兵运输队
　　　荷兰骑炮连
　　　荷兰炮兵运输队
　尼德兰第三步兵师：沙塞男爵中将
　　第一步兵旅 迪特迈尔上校
　　　比利时第三十五猎兵营
　　　荷兰第二战列步兵营
　　　荷兰第四民兵营
　　　荷兰第六民兵营
　　　荷兰第十七民兵营
　　　荷兰第十九民兵营
　　第二步兵旅 达布勒梅少将
　　　比利时第三十六猎兵营
　　　比利时第三战列步兵营

荷兰第十二战列步兵营
荷兰第十三战列步兵营
荷兰第三民兵营
荷兰第十民兵营
师属炮兵
    比利时步炮连
    比利时骑炮连
第一步兵师：库克爵士少将
    第一步兵旅 梅特兰爵士少将
        第一近卫步兵团二营
        第一近卫步兵团三营
    第二步兵旅 宾爵士少将
        冷溪近卫步兵团二营
        第三近卫步兵团二营
    师属炮兵
        王家炮兵三营九连
        KGL骑炮兵二连
第三师：阿尔滕爵士中将
    汉诺威第一旅 基尔斯埃格伯爵少将
        吕讷堡轻步兵
        奥斯纳布吕克轻步兵
        格鲁本哈根轻步兵
        费尔登轻步兵
        不来梅轻步兵
        野战猎兵
    KGL第二步兵旅 翁普特达上校
        第一轻步兵营
        第二轻步兵营
        第五战列步兵营
        第八战列步兵营
    第五步兵旅 霍尔基特爵士少将
        第三十步兵团二营
        第三十三步兵团一营
        第六十九步兵团二营
        第七十三步兵团二营
    师属炮兵
        王家炮兵十营二连
        KGL炮兵四连

第二军 希尔勋爵中将
    第二步兵师：克林顿爵士中将
        第三步兵旅 亚当少将
            第五十二轻步兵团一营
            第七十一轻步兵团一营
            第九十五步兵团二营
            第九十五步兵团三营
        KGL第一旅 迪普拉特上校
            第一战列步兵营
            第二战列步兵营
            第三战列步兵营
            第四战列步兵营
        汉诺威第三旅 H.霍尔基特上校
            奥斯纳布吕克民兵营
            萨尔茨吉特民兵营
            布雷默弗德民兵营
            夸肯布吕克民兵营
        师属炮兵
            王家炮兵九营一连
            KGL第一骑炮连
    第四步兵师
        第四旅 米切尔爵士上校
            第十四步兵团三营
            第二十三步兵团一营
            第五十一轻步兵团一营
        师属炮兵
            汉诺威第二步炮连

预备军
    第五步兵师：皮克顿爵士中将
        第八步兵旅 肯普特爵士少将
            第二十八步兵团一营
            第三十二步兵团一营
            第七十九步兵团一营
            第九十五步兵团一营
        第九步兵旅 帕克爵士少将
            第一步兵团三营
            第四十二步兵团一营
            第四十四步兵团二营

第九十二步兵团一营
　汉诺威第五旅 芬克上校
　　　哈默尔恩民兵营
　　　希尔德斯海姆民兵营
　　　佩内民兵营
　　　吉夫霍恩民兵营
　师属炮兵
　　　王家炮兵三营二连
　　　汉诺威第一步炮连
第六步兵师
　第十步兵旅 兰伯特爵士少将
　　　第四步兵团一营
　　　第二十七步兵团一营
　　　第四十步兵团一营
　汉诺威第四旅 贝斯特上校
　　　费尔登民兵营
　　　吕讷堡民兵营
　　　奥斯特勒德民兵营
　　　明登民兵营
不伦瑞克军：奥尔费曼少将
　前卫
　　　前卫营
　轻步兵旅 布特拉尔中校
　　　近卫营
　　　第一轻步兵营
　　　第二轻步兵营
　　　第三轻步兵营
　战列步兵旅 施佩希特中校
　　　第一战列步兵营
　　　第二战列步兵营
　　　第三战列步兵营
　不伦瑞克骑兵
　　　骠骑兵团
　　　枪骑兵团
　炮兵
　　　骑炮兵连
　　　步炮兵连

　　　拿骚-乌辛根：克鲁泽男爵少将
　　　拿骚-乌辛根第一团
　　　　第一营
　　　　第二营
　　　　第三营

骑兵军　第二代阿克斯布里奇伯爵亨利·佩吉特中将
　第一骑兵旅 萨默塞特勋爵少将
　　　第一近卫骑兵团
　　　第二近卫骑兵团
　　　第一"国王"龙骑近卫团
　　　王家骑乘近卫团
　第二骑兵旅 W.庞森比爵士少将
　　　第一"王家"龙骑兵团
　　　第二"苏格兰灰"龙骑兵团
　　　第六"恩尼斯基伦"龙骑兵团
　第三骑兵旅 德恩贝格爵士少将
　　　第二十三轻龙骑兵团
　　　KGL第一轻龙骑兵团
　　　KGL第二轻龙骑兵团
　第四骑兵旅 范德勒爵士少将
　　　第十一轻龙骑兵团
　　　第十二轻龙骑兵团
　　　第十六轻龙骑兵团
　第五骑兵旅 格兰特爵士少将
　　　第七骠骑兵团
　　　第十五骠骑兵团
　第六骑兵旅 维维安爵士少将
　　　第十骠骑兵团
　　　第十八骠骑兵团
　　　KGL第一骠骑兵团
　第七骑兵旅 阿伦席尔德爵士上校
　　　KGL第三骠骑兵团
　汉诺威骑兵旅
　　　坎伯兰公爵骠骑兵团[*]
　王家骑炮兵 弗雷泽爵士中校

---

[*]　被临时划归到第三骑兵旅。

A连
　　D连
　　E连
　　F连
　　G连
　　H连
　　I连
　　第二火箭连
尼德兰骑兵师：科莱尔特男爵中将
　　第一重骑兵旅 特里普少将
　　　第一荷兰卡宾枪骑兵团
　　　第二比利时卡宾枪骑兵团
　　　第三荷兰卡宾枪骑兵团
　　第二轻骑兵旅 吉尼男爵少将
　　　第四荷兰骠骑兵团
　　　第八比利时轻龙骑兵团
　　第三轻骑兵旅 梅尔伦少将
　　　第五比利时轻龙骑兵旅
　　　第六荷兰骠骑兵团
　　师属炮兵
　　　荷兰骑炮连
　　　荷兰骑炮连

普鲁士下莱茵军团

指挥官：布吕歇尔侯爵元帅
参谋长：格奈泽瑙伯爵中将

第一军 齐滕中将
　第一旅：施泰因梅茨少将
　　步兵指挥官：霍夫曼上校
　　勃兰登堡第二步兵团
　　第二十四步兵团
　　威斯特法伦第一民兵团
　　西里西亚射手营
　　西里西亚第一骠骑兵团
　　第七步炮连
　第二旅：皮尔希（第二）少将
　　步兵指挥官：卡纳尔上校
　　威斯特法伦第一步兵团
　　第二十八步兵团
　　威斯特法伦第二民兵团
　　威斯特法伦民兵骑兵团
　　第三步炮连
　第三旅：雅戈少将
　　步兵指挥官：吕歇尔-克莱斯特中校
　　威斯特法伦第二步兵团
　　第二十九步兵团
　　威斯特法伦第三民兵团
　　西里西亚射手营
　　第八步炮连

　第四旅：亨克尔·冯·唐纳斯马克伯爵少将
　　步兵指挥官：许特上校
　　威斯特法伦第四民兵团
　　第十五步炮连
　军属预备骑兵：勒德尔中将
　第一旅：特雷斯科少将
　　勃兰登堡枪骑兵团
　　勃兰登堡龙骑兵团
　　威斯特法伦第一龙骑兵团
　第二旅
　　第六枪骑兵团
　　库尔马克第一民兵骑兵团
　　库尔马克第二民兵骑兵团
　军属预备炮兵：莱曼中校
　　第二重炮连
　　第六重炮连
　　第一步炮连
　　第二骑炮连
　　第七骑炮连
　　第十骑炮连

第二军 皮尔希（第一）少将
　第五旅：蒂佩尔斯基希少将
　　波美拉尼亚第一步兵团
　　第二十五步兵团

威斯特法伦第五民兵团　　　　　　　第十四步炮连
野战猎兵连　　　　　　　　　　　　第十六：希勒上校
第十步炮兵连　　　　　　　　　　　　第十五步兵团
第六旅：克拉夫特少将　　　　　　　　西里西亚第一民兵团
　步兵指挥官：察斯特罗上校　　　　　西里西亚第二民兵团
　科尔贝尔格步兵团　　　　　　　　第二步炮连
　第二十六步兵团　　　　　　　　军属预备骑兵：威廉亲王上将
　易北河第一民兵团　　　　　　　　第一骑兵旅：什未林伯爵上将
军属预备骑兵：瓦伦-于尔加斯少将　　　第六骠骑兵团
　第一旅：蒂门上校　　　　　　　　　第十骠骑兵团
　　第一龙骑兵团　　　　　　　　　　西普鲁士第一枪骑兵团
　　诺伊马克龙骑兵团　　　　　　　第二骑兵旅：瓦茨多夫中校
　　西里西亚枪骑兵团　　　　　　　　第八骠骑兵团
　　　　　　　　　　　　　　　　　　西里西亚第三民兵骑兵团
第四军　比洛博爵步兵上将　　　　　第三骑兵旅：叙多少将
　第十三旅：哈克中将　　　　　　　　诺伊马尔克第一民兵骑兵团
　　第十步兵团　　　　　　　　　　　诺伊马尔克第二民兵骑兵团
　　诺伊马尔克第二民兵团　　　　　　波美拉尼亚第一民兵骑兵团
　　诺伊马尔克第三民兵团　　　　　　波美拉尼亚第二民兵骑兵团
　　第二十一步炮连　　　　　　　　　西里西亚第一民兵骑兵团
　第十四旅：里塞尔第一少将　　　　　西里西亚第二民兵骑兵团
　　第十一步兵团　　　　　　　　　军属预备炮兵：布劳恩少将
　　波美拉尼亚第一民兵团　　　　　　第三重炮连
　　波美拉尼亚第二民兵团　　　　　　第五重炮连
　　第十三步炮连　　　　　　　　　　第十三重炮连
　第十五旅：罗斯廷少将　　　　　　　第十一步炮连
　　第十八步兵团　　　　　　　　　　第一骑炮连
　　西里西亚第三民兵团　　　　　　　第十一骑炮连
　　西里西亚第四民兵团　　　　　　　第十二骑炮连

4. 瓦夫尔之战（1815年6月18—19日）

法兰西北方军团（右翼）

指挥官：格鲁希侯爵元帅　　　　　　第二十三战列步兵团
　　　　　　　　　　　　　　　　　第二旅　科尔桑男爵少将
第三军　旺达姆伯爵中将　　　　　　　第三十七战列步兵团
　第八步兵师：勒福尔男爵中将　　　　第六十四战列步兵团
　　第一旅　韦尼耶男爵上校　　　　　师属炮兵
　　　第十五轻步兵团　　　　　　　　　第六步炮团七连

第一炮兵运输中队一连
第十步兵师：阿贝尔男爵中将
　　第一旅 让古尔特男爵少将
　　　第三十四战列步兵团
　　　第八十八战列步兵团
　　第二旅 迪佩鲁男爵少将
　　　第二十二战列步兵团
　　　第七十战列步兵团
　　　第二外籍步兵团（瑞士团）
　　师属炮兵
　　　第二步炮团十八连
　　　第五炮兵运输中队四连
第十一步兵师：贝尔特泽纳男爵中将
　　第一旅 迪富尔少将
　　　第十二战列步兵团
　　　第五十六战列步兵团
　　第二旅 拉加德男爵准将
　　　第三十三战列步兵团
　　　第八十六战列步兵团
　　师属炮兵
　　　第二步炮团十七连
　　　第五炮兵运输中队五连
军属炮兵（8/192）
　　　第二步炮团一连
　　　第五炮兵运输中队六连

第四军 热拉尔伯爵中将
　　第十二步兵师：佩舍男爵中将
　　第一旅 罗姆骑士少将
　　　第三十战列步兵团
　　　第九十六战列步兵团
　　第二旅 舍费尔男爵少将
　　　第六轻步兵团
　　　第六十三战列步兵团
　　师属炮兵
　　　第五步炮团二连
　　　第二炮兵运输中队六连

第十三步兵师：维舍里男爵中将
　　第一旅 洛兰骑士上校
　　　第五十九战列步兵团
　　　第七十九战列步兵团
　　第二旅 德普雷伯爵少将
　　　第四十八战列步兵团
　　　第六十九战列步兵团
　　师属炮兵
　　　第五步炮团一连
　　　第二炮兵运输中队二连
第十四步兵师：于洛男爵少将
　　第一旅 博梅上校
　　　第九轻步兵团
　　　第一百一十一战列步兵团
　　第二旅 图桑男爵少将
　　　第四十四战列步兵团
　　　第五十战列步兵团
　　师属炮兵
　　　第五步炮团三连
　　　第二炮兵运输中队六连
第六骑兵师：莫兰男爵中将＊
　　第一旅 瓦兰男爵少将
　　　第六骠骑兵团
　　　第八猎骑兵团
　　第二旅 贝吕耶骑士少将
　　　第六龙骑兵团
　　　第十六龙骑兵团
　　师属炮兵
　　　第二骑炮团一连
　　　第二炮兵运输中队五连
　　军属炮兵
　　　第五步炮团五连
　　　第二炮兵运输中队七连

分遣自第六军
第二十一步兵师：泰斯特男爵中将
　　第一旅 拉菲特男爵少将

＊ 因伤缺阵，由瓦兰男爵少将代为指挥。

第八轻步兵团
　第二旅 佩内男爵少将
　　第六十五战列步兵团
　　第七十五战列步兵团
　师属炮兵
　　第八步炮团三连
　　第六炮兵运输中队四连
　军属炮兵（5/219）
　　第八炮兵团四连
　　第八炮兵运输中队五连

第一预备骑兵军 帕若尔伯爵中将
　第四骑兵师：小苏尔特男爵中将
　　第一旅 圣洛朗少将
　　　第一骠骑兵团
　　　第四骠骑兵团
　　第二旅 阿梅伊男爵少将
　　　第五骠骑兵团
　　师属炮兵
　　　第一骑炮团一连
　　　第一炮兵运输中队三连

第二预备骑兵军 埃克塞尔曼斯伯爵中将
　第九骑兵师：施特罗尔茨男爵中将
　　第一旅 比尔特男爵少将
　　　第五龙骑兵团
　　　第十三龙骑兵团
　　第二旅 樊尚男爵少将
　　　第十五龙骑兵团
　　　第二十龙骑兵团
　　师属炮兵
　　　第一骑炮团四连
　　　第一炮兵运输中队六连
　第十骑兵师：沙泰尔男爵中将
　　第一旅 博纳曼男爵少将
　　　第四龙骑兵团
　　　第十二龙骑兵团
　　第二旅 贝尔东骑士少将
　　　第十四龙骑兵团
　　　第十七龙骑兵团
　　师属炮兵
　　　第四骑炮团四连
　　　第八骑兵运输中队一连

普鲁士下莱茵军团

分遣自第一军 施滕格尔少校
　第十九步兵团
　第六枪骑兵团
　威斯特法伦民兵骑兵团

第三军 蒂尔曼男爵中将
　第九旅：博尔克少将
　　第八步兵团
　　第三十步兵团
　　库尔马克第一民兵团
　　第十八步炮连
　第十旅：肯弗上校
　　第二十七步兵团
　　库尔马克第二民兵团
　　第三十五步炮连

　第十一旅：卢克上校
　　库尔马克第三民兵团
　　库尔马克第四民兵团
　第十二旅：施蒂尔普纳格尔上校
　　第三十一步兵团
　　库尔马克第五步兵团
　　库尔马克第六步兵团
　军属预备骑兵：霍贝男爵少将
　　第一旅：马维茨上校
　　　第九骠骑兵团
　　　库尔马克第三民兵骑兵团
　　　库尔马克第六民兵骑兵团
　　第二旅：洛图上校
　　　第七龙骑兵团
　　　第五枪骑兵团

第七枪骑兵团　　　　　　　　第十八骑炮连
第八枪骑兵团　　　　　　　　第十九骑炮连
军属预备炮兵：蒙豪普特上校　　第二十骑炮连
　第七重炮连

出版后记

19世纪著名作家雨果就曾在小说《悲惨世界》中写道:"乌古蒙是一个伤心惨目的地方,是障碍的开始,是那名叫拿破仑的欧洲大樵夫在滑铁卢遇到的初次阻力,是巨斧痛劈声中最初碰到的盘根错节。"而到目前为止,直接描写和论述滑铁卢战役的作品更是不胜枚举,本书也是其中之一。在滑铁卢战役200周年之际,本书作者蒂姆·克莱顿有机会完成一本有关这场会战的著作,与读者共同分享他对这场具有重大历史意义的战争的独特感悟。

蒂姆·克莱顿是著名的军事史专家,出版过多本军事史著作,比如《海狼:第二次世界大战中英国潜水艇精彩绝伦的故事》(Sea Wolves: The Extraordinary Story of Britain's WW2 Submarines)和《海员:使大不列颠统治海洋的人》(Tars: The Men Who Made Britannia Rule the Waves)。他是畅销书作者,曾获得2008年度英国海事基金会蒙巴顿奖等奖项。

1815年6月15—18日,法军和反法联军在布鲁塞尔附近进行了3场决定欧洲命运的战斗。蒂姆·克莱顿通过广泛引用新近发现的史料,以"小时"为计量单位,精细入微地重新评估了滑铁卢战役这一陈旧的传奇,力图揭示整场战役中大小事件的真实次序,以便正确考量困扰滑铁卢战役的种种争议,同时致力于阐述各方观点,由此尽可能提供一份由各国军队在其中扮演角色的公正记述,以便再现滑铁卢战役的全景图。

本书也涵盖了拿破仑的最后一战和他与威灵顿的第一次对抗,但他们并不是书中出现的仅有的两位重要人物,还有令人惊讶的普鲁士军队元帅布吕歇尔,他的重大干预为盟军赢得了胜利,法军元帅奈伊和格鲁希的行动也影响了最终的会战结果。滑铁卢战役并不只是一场简单的战争,蒂姆·克莱顿在书中探讨的是，在这个邮政服务仍是新事物的时代，有多少战争不是靠聪明的战略，而是靠错误、嫉妒，或许最重要的是依赖通讯赢得了战争。本书也生动地讲述了在马匹、步枪和大炮混杂的时代最后一次重要的战役中那些遭遇疯狂行军、极端恶劣天气、残酷的战斗，却仍然具备非凡勇气的人的故事。本书有一个特别之处是把冲突中的巨人（拿破仑、威灵顿、布吕歇尔和格奈泽瑙）与普通士兵的生活和经历融合在一起，向普通读者展现了参战者的生活和思想掠影。

本书无疑具有深度和广度，书中提供了诸多历史细节和参战军队的详细战斗序列，虽然专业度要求比较高，但也不影响它的可读性，尤其是涉及某些方面的内容时，本书作者蒂姆·克莱顿也非常高兴地说："我们不知道……"当事实不为人所知时，这种态度是诚实而有帮助的，并且在很大程度上解释了有关这场战争的各种不同的说法，从而有助于我们更加深刻地理解这场战役。

本书篇幅颇长，在编校过程中花费了不少精力和时间。我们在此要感谢译者的辛勤付出，他精彩的译笔为本书增色不少。由于编辑水平有限，错漏之处在所难免，敬请广大读者批评指正。

后浪出版公司
2019 年 6 月

© 民主与建设出版社，2023

图书在版编目（CIP）数据

滑铁卢：决定欧洲命运的四天 /（英）蒂姆·克莱顿（Tim Clayton）著；高阳译. -- 北京：民主与建设出版社, 2019.9（2023.11重印）

书名原文: Waterloo: Four Days that Changed Europe's Destiny

ISBN 978-7-5139-2624-9

Ⅰ. ①滑⋯ Ⅱ. ①蒂⋯ ②高⋯ Ⅲ. ①滑铁卢战役(1815)—史料 Ⅳ. ①E194.1

中国版本图书馆CIP数据核字(2019)第199179号

Waterloo: Four Days that Changed Europe's Destiny
by Tim Clayton
Copyright © Tim Clayton 2014
The moral right of the author has been asserted.
All rights reserved.
Simplified Chinese translation copyright © 2019 Ginkgo (Beijing) Book Co., Ltd.

本书中文简体版权归属银杏树下（上海）图书有限责任公司

版权登记号：01-2023-1629
地图审图号：GS（2019）3710号

滑铁卢：决定欧洲命运的四天
HUATIELU: JUEDING OUZHOU MINGYUN DE SITIAN

著　　者	［英］蒂姆·克莱顿	译　　者	高　阳
出版统筹	吴兴元	责任编辑	王　颂
特约编辑	沙芳洲	营销推广	ONEBOOK
封面设计	徐睿绅	装帧制造	墨白空间

出版发行　民主与建设出版社有限责任公司
电　　话　（010）59417747　59419778
社　　址　北京市海淀区西三环中路10号望海楼E座7层
邮　　编　100142
印　　刷　北京盛通印刷股份有限公司
版　　次　2019年10月第1版
印　　次　2023年11月第4次印刷
开　　本　655毫米×1000毫米　1/16
印　　张　37.5
字　　数　518千字
书　　号　ISBN 978-7-5139-2624-9
定　　价　118.00元

注：如有印、装质量问题，请与出版社联系。